CW01021342

INSTITUTUM CARMELITANUM

TEXTUS ET STUDIA HISTORICA CARMELITANA

VOLUMEN 35

Claudemir Rozin, O.Carm

«IN OBSEQUIO IESU CHRISTI»:
A FRATERNIDADE CARMELITANA
NA IGREJA DE COMUNHÃO

Aspectos eclesiológicos da Regra do Carmo
à luz do Concílio Vaticano II

Edizioni Carmelitane

Collana: Textus et Studia Historica Carmelitana, 35

© Edizioni Carmelitane, 2013

EDIZIONI CARMELITANE
Via Sforza Pallavicini, 10
00193 Roma, Italia
edizioni@ocarm.org

ISBN: 978-88-7288-179-3
ISSN: 0394-7793

Finito di stampare nel mese di Maggio 2013
dalla tipografia Abilgraph srl – Roma

Dedico o esforço deste trabalho a duas "Terezinhas" que me ensinaram a amar Cristo e a Igreja:

Terezinha Teixeira Rozin, *minha mãe, que cultivou e nutriu em meu coração a graça da fé. E hoje, vivendo na plena comunhão com o Senhor onde celebra a sua Páscoa definitiva, acompanha-me em cada momento de minha vida.*

Terezinha Cordeiro da Silva Molin, *minha grande catequista, que me ensinou amar as Comunidades Eclesiais de Base e consagrou sua vida por amor e serviço ao Reino, construindo o sonho da Igreja de comunhão, na qual o laicato assume o seu protagonismo.*

A elas, a minha gratidão e reconhecimento.

PREFÁCIO

Existem textos do passado que continuam a falar. Um destes é o *Obsequium*, a Regra carmelitana que inspirou e sustentou gerações de frades e monjas através dos séculos, desde a sua redação, no início do século XIII, até hoje.

Existem vários estudos sobre o *Obsequium*, a nível de história, de espiritualidade, de Direito Canônico. O presente trabalho analisa este texto fundacional e suas releituras ao longo da história procurando entender o seu aspecto propriamente eclesiológico. Trata-se de uma abordagem pouco usada, mas particularmente interessante, visto que assume a Ordem do Carmo com a sua Regra e sua tradição plurissecular como tópico que pode ser estudado para compreender a vida da Igreja e a sua própria constituição. Na verdade, juntamente com as outras Ordens Mendicantes, os Carmelitas são partícipes de uma transformação da vida eclesial sem precedentes. Depois da reforma gregoriana, serão sobretudo estas fileiras de clérigos que realizarão o universalismo da Igreja desejado por Gregório VII, praticado por Inocêncio III, mas realmente tornado possível através da presença e da ação de novas forças que desenvolveram e enraizaram esta ideia no corpo eclesial. Portanto, entre os protagonistas de primeiro plano, esta grande Ordem teve um modelo de Igreja, surgido num contexto particular, enriquecendo-o com a novidade de seu ideal de vida cristã contida naquela página escrita por Alberto, Patriarca de Jerusalém, para o primeiro grupo de eremitas.

Portanto, a Regra que plasmou gerações e gerações de frades e, através deles, gerações de cristãos, merece um estudo a nível eclesiológico. Essa página tão essencial constitui um documento excepcional não só para a história da Ordem carmelitana mas também para a vida da Igreja que, nesta Ordem, mostrou um dos frutos que permitem ver a incansável ação do Espírito. A forma de vida dos Irmãos do Monte Carmelo, fundamentada na fraternidade, apresenta-se como um modelo de Igreja que reverbera os ideais da *evangelica vivendi forma*, em descontinuidade com a eclesiologia institucional que naquele momento estava se delineando, centrada principalmente na defesa das prerrogativas da hierarquia em geral e do papado em particular.

Com estas premissas, o estudo do *Obsequium* torna-se não só possível, mas também útil e, de certa forma, um tanto intrigante quando se deseja entrar nas implicações dos desenvolvimentos eclesiológicos do segundo milênio no Ocidente. Na verdade, as Ordens Mendicantes mostraram, explicitamente no plano prático e implicitamente no doutrinal, que a Igreja não consiste e não se resolve somente na instituição visível. A história mostrou como esta distinção foi muitas vezes transformada em dicotomia, convertendo-se em contraposição conflitual entre a Igreja institucional e a Igreja espiritual, ou do Espírito; ou como, para se superar o conflito, operou-se uma espécie de institucionalização dos movimentos pauperistas e proféticos, impondo uma clericalização forçada aos homens e uma «monacalização» igualmente forçada às mulheres.

Todos estes aspectos constituem a linha do horizonte no qual se move o estudo. Por outro lado, o aspecto histórico, com as várias reformas da Ordem, já foi estudado e Claudemir Rozin não quis simplesmente repetir aquilo que já foi dito. Por isso, depois de haver delineado o conteúdo da Regra e mostrado como esta deu vida a um fecundo caminho da Ordem do Carmo na Igreja, Claudemir fixou sua atenção principalmente no Vaticano II e nas mudanças produzidas pela eclesiologia conciliar, direta ou indiretamente, na vida religiosa e em particular na vida da Ordem carmelitana. Desta forma, a pesquisa imediatamente encontrou um equilíbrio próprio também na divisão das partes: a *primeira*, de caráter histórico, articulada em dois capítulos que estudam a identidade da Ordem na sua origem e no seu desenvolvimento histórico (cap. I e II); a *segunda*, de caráter hermenêutico, focaliza o evento do Concílio Vaticano II e os seus conteúdos, especialmente aqueles sobre a vida religiosa e a releitura que a Ordem fez da vida religiosa à luz da reflexão conciliar (cap. III e IV); a *terceira*, de caráter mais teológico/eclesiológico, que delineia a eclesiologia que emergiu a partir deste laborioso processo de releitura do carisma carmelita, indicando os desafios e os objetivos para o futuro da Ordem.

Longe de considerar este estudo uma questão interna da Ordem, a pesquisa consegue mostrar como a história do Carmelo é de interesse para toda a Igreja: não só porque a renovação bem sucedida ou não de um setor tão importante como o da Vida Religiosa em geral ou de uma família religiosa em particular, não seja indiferente para a atualização do modelo eclesiológico proposto pelo Concílio, mas também porque mostra em ato a recepção ou não de um modelo de Igreja.

É notável como o longo processo da pesquisa consiga reconstruir na unidade o aspecto teológico com aquele propriamente espiritual, superando uma dicotomia que perdura desde a Escolástica e que a teologia de hoje há urgência em remediar. Nesta perspectiva, o estudo da Regra permite esclarecer questões eclesiológicas complexas, como a do carisma da Ordem e das formas através das quais se pode renová-lo continuamente na história, mantendo-se fieis à intuição originária.

Um livro, portanto, que será muito útil à Família Carmelita, para reler a sua identidade à luz do perfil da Vida Religiosa definido pelo Concílio Vaticano II, mas também à teologia, porque mostra a contínua renovação de um sujeito eclesial que permite ler, em um registro muito particular, o complexo processo de recepção do Concílio ainda em andamento.

Prof. Dr. Dario Vitali

INTRODUÇÃO

O mistério da Igreja é somente a ampliação do mistério de Cristo. E nestes dois mistérios é contida a nossa fé[1].

A Regra do Carmo é um texto pequeno e simples, apenas uma carta. Porém, há oito séculos orienta a vida de muitas pessoas, tornando-se um caminho, reconhecido pela Igreja, para o seguimento de Jesus Cristo. Muitos que consagraram a sua vida ou se inspiraram na proposta contida na Regra, encontram nela um itinerário concreto e desafiador para a vivência radical do Batismo, na base de uma espiritualidade específica que enfatiza os valores centrais do cristianismo.

Sendo um texto também de inspiração bíblica, sua riqueza torna-se algo sempre a descobrir, a aprofundar, confrontar, refletir, questionar, desafiar. Neste sentido, são várias as leituras e as óticas de reflexão feitas da Regra, sempre no desejo de «escavar» ainda mais para descobrir esse «tesouro», às vezes «empoeirado» pelo tempo, ou com a necessidade de algum «polimento» e «restauro» para continuar expressando sua «beleza» e «riqueza», sem deixar de ser sempre o mesmo, de ter o mesmo valor de sempre.

Além das reflexões sobre a Regra presentes na Tradição do Carmelo, nos últimos anos, especificamente após o Concílio Vaticano II, foram feitos muitos estudos e novas propostas de leituras e interpretações, sempre no sentido de enriquecer e tornar o projeto de vida mais presente e atual. Estes estudos vão desde o seu aspecto mais histórico, jurídico, contextual, até outras leituras sobre a sua fundamentação bíblica, dimensão cristológica, espiritual, simbólica, dinâmica, etc. Há também a preocupação de reler a Regra nas diferentes realidades de hoje, encarnada nas diversas experiências eclesiais e desafios contemporâneos. Todas essas reflexões contribuíram significativamente para a releitura do carisma carmelita e para o esperado «aggiornamento» da Ordem do Carmo, proposto pelo Concílio a toda Vida Religiosa.

---

[1] «Das Geheimnis aber der Kirche ist nur die Weiterung des Geheimnisses Christi. In diesen Geheimnissen zusammen aber ist unser Glaube beschlossen». K. RAHNER, *Schriften zur Theologie*, IV, 137.

Entre todos os estudos, muitos deles focados na dimensão da espiritualidade ou do carisma da Ordem[2], constata-se que falta ainda algo específico sobre os aspectos da eclesiologia da Regra. Não foi ainda suficientemente analisado se ela também propõe, no seu projeto de vida de seguimento de Cristo, um modo de viver que condiz com a reflexão eclesiológica da Igreja hoje, orientando a sua presença e atuação eclesial. Se a Regra é cristocêntrica, ou seja, coloca o seguimento de Cristo como fundamento da sua proposta de vida, deve ser também eclesiológica, pois é como Igreja que se vive o mistério de Cristo, o qual leva à comunhão trinitária.

A partir desta constatação, surgiu a motivação de realizar a presente pesquisa para contribuir com a reflexão da Ordem e, a partir desta, ser também alguma luz para a Vida Religiosa e, consequentemente, para toda a Igreja.

1.   Tema do presente estudo

O objetivo deste estudo é propor uma releitura da Regra do Carmo a partir dos seus aspectos eclesiológicos, para perceber como a fraternidade carmelitana, que está na base do seu *propositum*, sintetizada na frase *"In obsequio Iesu Christi"*, pode ser relida a partir do Concílio Vaticano II, tendo como inspiração o modelo da Igreja de Comunhão.

O intuito é analisar se na Regra encontra-se aspectos de uma visão eclesiológica, principalmente nos elementos que estruturam a vida fraterna, os quais são os mesmos valores eclesiais da Igreja primitiva, que podem mostrar qual seria o «rosto» da Igreja que os carmelitas assumem na vivência do carisma, relido a partir dos desafios da nova eclesiologia conciliar. Aprofundando tal aspecto, a Ordem pode, de uma forma mais consciente e fecunda, ser presença na Igreja e contribuir na contínua reflexão e recepção da eclesiologia pós conciliar, que parece ser ainda um constante desafio.

"In obsequio Iesu Christi" é a síntese do carisma carmelita: estar no seguimento de Jesus Cristo e a Ele servir. Neste *propositum*, já vivido na experiência do grupo antes mesmo de receberem uma *vitae formula*, o aspecto da fraternidade ganha uma importância muito grande, pois é em torno de um projeto comum que os carmelitas querem viver tal ideal de vida. É na estrutura desta vida fraterna em comunidade que se pode perceber os principais aspectos eclesiológicos da Regra, iluminando a releitura e a atualização da mesma.

---

[2] Uma lista dos comentários e estudos feitos da Regra, desde o século XIII até o ano de 2002, encontra-se em. E. BOAGA, «I commenti della Regola Carmelitana», 496-512. Entre os mais recentes, destaca-se: P. MCMAHON, al., ed., The Carmelite Rule 1207-2007 – Proceedings of the Lisieux Conference 4-7 July 2005 (2008).

2. Relevância teológica do tema

É comum lembrar a afirmação de K. Rahner de que o Vaticano II foi um Concílio *da* Igreja *sobre* a Igreja, havendo uma concentração de temas eclesiológicos jamais vista em outros Concílios[3]. A eclesiologia, portanto, foi o grande tema conciliar, justamente porque nela deveria se fundamentar o tão necessário «aggiornamento» da Igreja em diálogo com o mundo contemporâneo.

Sabe-se também que a nova eclesiologia proposta pelo Concílio parte do aspecto da Igreja como sacramento de comunhão: «instrumento da íntima união com Deus e da unidade de todo o gênero humano»[4]. Tal conceito é de suma importância para a compreensão da eclesiologia e, ao mesmo tempo, ganhou grande amplitude, entrando no vocabulário comum da teologia hodierna. Isto fez com que houvesse também muitas formas ambíguas na compreensão e aplicação do novo paradigma eclesiológico na recepção do concílio e na experiência concreta do «aggiornamento» pós-conciliar.

Aprofundar tal tema, portanto, na vivência concreta de uma Ordem Religiosa e, através desta, de toda a vida consagrada, pode também ser uma contribuição no debate teológico e eclesiológico atual. Refletir sobre o aspecto da comunhão e como esta deve ser vivida na experiência da vida fraterna, pode colaborar, entre tantas discussões que são feitas, para uma compreensão mais clara desta categoria central da eclesiologia conciliar e suas reais consequências na vida da Igreja.

Juntamente com o tema da comunhão, hoje se reflete um aspecto central da sua concretização na vida eclesial: a fraternidade. A Igreja como «Povo de Deus», fundamentada na radical igualdade de todos os batizados que respondem ao chamado universal à santidade, criando maior consciência do sacerdócio comum de todos os fiéis, fez com que o tema da fraternidade fosse considerado elemento fundamental para a reflexão da nova eclesiologia do Vaticano II. A fraternidade seria o resultado da Igreja de Comunhão, fundamentada na filiação divina, onde todo ser humano, em comunhão com Deus e com os irmãos e irmãs, sentem-se filhos e filhas do mesmo Pai, formando a mesma e grande família, a partir do rosto paterno de Deus revelado em Jesus de Nazaré.

A fraternidade foi um dos aspectos mais discutidos pela Ordem do Carmo a partir do Concílio Vaticano II. Isto ganhou uma relevância muito grande, pois na tradição do Carmelo, embora a vida fraterna esteja presente já na experiência do primeiro grupo (vida eremítica cenobíti-

---

[3] Cfr. K. RAHNER, «Das neue Bild der Kirche», *Geist und Leben* 39 (1966) 4.
[4] LG 1.

ca), esta não foi tão enfatizada pela tradição carmelitana como aspecto central do carisma. O acento maior sempre foi colocado no sentido mais «eremítico» da Ordem, ou seja, na experiência da oração e da solidão. Aprofundar o aspecto da comunhão eclesial a partir da experiência da fraternidade pode ser uma luz para a compreensão da comunhão como vida fraterna e as consequências que esta porta na experiência da Igreja como um todo. Os religiosos podem ser sinais concretos desta dimensão a qual é chamada toda a Igreja.

Para a Ordem, o tema assume particular relevância, pois se percebe que não é possível uma verdadeira renovação do carisma e da presença na Igreja, se não estiver também claro a eclesiologia que inspira e alimenta todo esse processo, que deve ser estimulado pela própria renovação eclesial. Certamente, tornar claro o carisma e sua encarnação na atual realidade em que se vive trará frutos para toda a Igreja, na qual o Carmelo sente-se parte integrante e para a qual pode ser «sinal», «testemunho» e «instrumento» de como viver em fraternidade.

3.   Fontes e método de pesquisa

As principais fontes para esta pesquisa são: o texto original da Regra do Carmo, aprovado em 1247 por Inocêncio IV; os documentos oficiais da Ordem, aprovados após o Concílio Vaticano II, tais como: Capítulos Gerais, Congregações Gerais e os Conselhos das Províncias[5]; pronunciamentos oficiais do prior geral; as Constituições e o documento que orienta a formação *Ratio Institutionis Vitae Carmelitanae*. Documentos do magistério da Igreja, principalmente do Concílio Vaticano II, os relacionados à eclesiologia e alguns direcionados especificamente à Vida Religiosa.

O método utilizado é a combinação de uma análise histórico-crítica do surgimento da Ordem e do processo de formação do seu carisma, na aprovação final da Regra; e uma análise crítica-eclesiológica dos recentes documentos da Ordem, da renovação de suas Constituições e da

---

[5] São todos encontros oficiais da Ordem a nível geral, previsto a partir da renovação da estrutura de governo, após o Vaticano II, que permite maior participação e corresponsabilidade de todos. A Congregação Geral (*Congregatio Generalis*) é o encontro da Ordem que se realiza no período entre os Capítulos Gerais, tendo como um dos seus objetivos a preparação e definição dos temas a serem abordados nos mesmos. Em todos esses encontros internacionais, elabora-se ao final um documento oficial que é destinado a toda Ordem, tendo um destaque especial o Capítulo Geral no qual as decisões mais importantes – também a renovação das Constituições, quando necessária – e a programação dos passos futuros a serem dados são discutidos e aprovados.

releitura da Regra à luz do magistério da Igreja, principalmente da nova eclesiologia do Concílio Vaticano II.

Ao analisar e expor a história do surgimento da Ordem e da Regra carmelitana, o seu contexto histórico e seu processo de amadurecimento, procura-se esclarecer a sua identidade e definir o seu carisma e presença na Igreja. Com base em tal análise, é possível fazer a releitura do carisma examinando os documentos recentes da Ordem, na sua dimensão eclesiológica, para expor o processo de renovação da mesma, e como esta está também fundamentada num modo de ser na Igreja, em sintonia com uma releitura da Regra a partir da nova reflexão eclesial.

Como o objetivo do estudo é uma releitura da Regra, a ênfase maior foi dada aos principais elementos do carisma contidos nas leituras dos documentos pós-conciliares da Ordem, os quais expressam e fundamentam a atualização da mesma. Foram analisados todos os documentos oficiais da Ordem publicados após o Concílio Vaticano II, identificando neles os temas que mais foram discutidos, a fim de perceber como estes influenciaram na nova leitura da Regra, bem como esta releitura influenciou no aprofundamento da espiritualidade carmelita. A partir desta análise, é possível também iluminar os aspectos eclesiológicos que a Regra contém, pois os mesmos estão em conexão com estes principais elementos do carisma aprofundados no pós-concílio.

4. Delimitação do tema e seus limites

O objetivo desta pesquisa é analisar os aspectos eclesiológicos da Regra, à luz do Concílio Vaticano II, dando ênfase aos elementos que estruturam a vida fraterna como sinal do mistério da Igreja de Comunhão, recuperada pela eclesiologia conciliar. Ou seja, é uma proposta de releitura de alguns aspectos da Regra em uma visão eclesiológica que analisa, principalmente, alguns números centrais da mesma, onde tais elementos eclesiológicos podem ser apresentados de forma mais evidente.

Não se tem como objetivo uma interpretação global da Regra do Carmo, de sua estrutura ou análise de todos os temas nela contidos, muito menos uma análise da mesma no seu contexto medieval. Também não se tem como finalidade um grande aprofundamento e reflexão da eclesiologia conciliar, e sim alguns aspectos que ajudem a sintetizar a nova proposta e novidade trazida pelo Concílio. Tais perspectivas, tanto da história carmelitana, da origem da Regra, quanto da eclesiologia conciliar, pela complexidade e abrangência do tema, merecem um estudo específico, o que fugiria do objetivo aqui proposto. Neste estudo, eles são trabalhados na medida em que servem de um necessário embasamento para fundamentar a releitura da Regra, apoiada na identidade da Ordem e na proposta conciliar, sem a pretensão de um grande aprofundamento ou exaurimento da apresentação dos mesmos.

Alguns limites também se fazem presentes. Além da pouca informação oficial sobre o primeiro grupo que deu origem à Ordem[6], uma dificuldade é interpretar um texto medieval respeitando a sua realidade e sua original mensagem. É claro que uma «releitura» necessita também de uma «leitura» do texto relido. Entretanto, é muito difícil ir ao texto livre dos conceitos e métodos de interpretação modernos, o que dificulta entrar no real contexto em que o mesmo foi escrito, com o grande perigo de colocar no texto aquilo que ele não quis dizer para a sua época.

Outra dificuldade da Regra é que ela não possui tantas citações literais da Bíblia, mesmo que se percebe a sua grande inspiração bíblica. A questão dos estudos das verdadeiras fontes utilizadas por Alberto ainda é um tema que deve ser aprofundado e que requer muito estudo e pesquisa. Por outro lado, o cuidado de interpretação de um texto antigo, sendo fiel à sua original intenção, não pode ser motivo para que ele não seja relido, atualizado, ao contrário, este é o grande desafio para tornar o texto ainda vivo hoje. A atenção, certamente, é sempre aquela de saber interpretar o que é do texto em si mesmo, e o que é a releitura dos mesmos valores trazidos para a realidade de hoje, o que nem sempre é fácil de distinguir.

Outro limite do tema é justamente delimitar sua extensão. Sendo uma releitura da Regra, é claro que a ênfase maior deve ser dada na atual interpretação e encarnação dos elementos do carisma. Porém, para se definir os elementos do carisma presentes na Regra é necessária também uma boa fundamentação histórica, que mostre a identidade da família religiosa e as fontes de sua espiritualidade, dos valores a serem relidos. Trabalhar a questão da identidade histórica, entretanto, pode ser tão exigente quanto a releitura, sendo difícil aprofundar os dois temas ao mesmo tempo, tendo que escolher um ou outro. Acentuando a releitura, a questão histórica, mesmo sendo importantíssima, torna-se mais uma base e fundamento, que realmente um grande aprofundamento que tal perspectiva requer num estudo específico.

---

[6] Não há quase nenhum documento deste período. O original do primeiro texto da *Vitae formula* escrita por Alberto, Patriarca de Jerusalém, não existe nos arquivos da Ordem, e sim somente uma transcrição feita numa compilação de documentos do século XIV, o qual acredita ser idêntica ou muito próxima do texto original. Também a bula original com o texto aprovado da Regra, em 1247, encontra-se desaparecido. Utiliza-se uma cópia do texto retirada dos arquivos vaticanos do papa Inocênio IV, o que garante a autenticidade do mesmo. As primeiras Constituições que se tem da Ordem correspondem a 1281, sendo que as anteriores não foram conservadas.

5.   Estrutura e itinerário da pesquisa

O tema é desenvolvido em três grandes partes, contendo dois capítulos em cada uma. A primeira dá ênfase ao contexto histórico das origens; a segunda à renovação proposta pelo Concílio Vaticano II; e a terceira nos aspectos eclesiológicos da Regra, relidos a partir da eclesiologia conciliar.

Na primeira parte, «*História e Identidade da Ordem*», nos seus dois capítulos, é apresentado o contexto social, histórico e eclesiológico em que nasce a Ordem Carmelitana e uma síntese do processo de sua origem, bem como da elaboração e aprovação da Regra. O objetivo desta primeira parte é uma visão de caráter mais histórico das origens da Ordem do Carmo e da Regra carmelitana, para poder compreender melhor a sua identidade e as principais características específicas que assumem, em sintonia com a realidade e desafios da época em que surgem. Mostra também o processo vivido pela Ordem até o seu reconhecimento oficial pela Igreja, e ainda as adaptações, comentários e releituras que foram surgindo de acordo com as exigências das novas circunstâncias em que se encontrava.

O primeiro capítulo – «*Contexto histórico, social e eclesiológico dos séculos XI-XIII*» – é um olhar para os primeiros séculos do milênio para verificar a realidade em que surge a Ordem do Carmo. Lembrando as grandes mudanças sociais, como a decadência do sistema feudal e o desenvolvimento das grandes cidades; a reforma gregoriana e suas consequências eclesiológicas; os movimentos espirituais e a grande peregrinação à Jerusalém com as cruzadas; o surgimento da vida eremítica e das Ordens Mendicantes, pode-se ter um panorama geral do contexto em que surgem os carmelitas e a realidade que confrontam, principalmente quando emigram do Monte Carmelo para a Europa. As características daquela realidade histórica e eclesial podem ser importantes para compreender suas opções e as adaptações realizadas para aprovação definitiva da Regra em 1247.

O segundo capítulo, entitulado «*Origem dos carmelitas e da Regra Carmelitana*», oferece um panorama geral das origens daquele primeiro grupo e do processo de transformação de sua *vitae formula* em uma Regra, sendo aprovada como Ordem Mendicante de origem eremítica, firmando, assim, sua identidade. Vê-se como eles surgem num momento de crise do monaquismo e de grande peregrinação à Terra Santa, incentivado também pelas Cruzadas e o «desejo feudal» de «estar a serviço do Senhor» na sua terra, onde crescerá a experiência da vida eremítica.

Este capítulo, portanto, propõe mostrar como o projeto de vida daquele primeiro grupo, a partir de um *propositum*, que já seria uma experiência concreta experimentada por eles antes mesmo de receberem a *vitae formula*, tem como objetivo central viver *in obsequio Jesu Christi*. Esta frase, que sintetiza o cerne do carisma, mostra o desejo de servir o Senhor de forma radical, vivendo uma profunda experiência de Deus, que vai se transformando de vida eremítica em cenobítica e, mais tarde, fazendo parte do grande movimento dos Mendicantes. A Regra, que será o resultado de todo esse processo e a síntese do carisma, será o texto fundamental, relido nas diferentes reformas da Ordem, numa tentativa de que o projeto de vida por ela proposto seja sempre vivo e atual.

A segunda parte é sobre o «*Concilio Vaticano II e a releitura da espiritualidade carmelita*». Contendo também dois capítulos, faz-se uma síntese do processo de renovação da Igreja e da Vida Religiosa proposta pelo Concílio, mostrando ainda como este concretamente foi recebido pela Ordem do Carmo, e todo o caminho de renovação e releitura do carisma vivido por ela. Para isso, analisam-se algumas características da renovação da Igreja proposta pelo Vaticano II, principalmente no aspecto da eclesiologia de comunhão, e como esta requer e influencia a renovação da Vida Religiosa. Em especial, vê-se a recepção do Concílio concretamente na renovação da Ordem Carmelitana através da renovação de suas Constituições e releitura do seu carisma, na qual a Regra é o fundamento.

O terceiro capítulo – na sequência da parte anterior, primeiro desta segunda parte – com o título: «*O evento do Vaticano II: renovação da Igreja e da vida consagrada*», procura recordar alguns passos da renovação conciliar vividos pela Igreja e os principais elementos da nova eclesiologia. Recordando o contexto em que aconteceu o Concílio e a grande novidade trazida por ele no novo modo de pensar a eclesiologia, analisa-se também como todo esse processo influencia e questiona a Vida Religiosa, impulsionando também a renovação dos seus paradigmas e sua presença na Igreja.

Deste modo, com toda a Igreja, a vida consagrada também é desafiada a repensar um novo modo de ser para responder aos desafios atuais e dialogar com o mundo contemporâneo. Fala-se também de algumas questões ainda abertas que não foram suficientemente aprofundadas ou resolvidas, que continuam sendo desafio para a vida consagrada na Igreja atual. Porém, mostra-se o quanto a Igreja também espera da Vida Religiosa como elemento característico de uma Igreja de Comunhão, marcada pela vida fraterna, que deve ser vivida e testemunhada como sinal para toda a Igreja.

Todo esse processo de renovação eclesiológica, e as questões por ele levantadas, atinge diretamente a vida dos carmelitas, que entram também num grande processo de «aggiornamento» de sua espiritualidade, no aprofundamento da identidade e da atualização de seu carisma. Por isso, o quarto capítulo – «*Recepção do Concílio Vaticano II na Ordem do Carmo*» – tem como objetivo verificar como todo o processo de renovação indicado no capítulo anterior foi assumido concretamente na Ordem Carmelitana. Este período será marcado por um momento de «crise de identidade», pois vários aspectos do estilo e dos valores de vida assumidos até então deveriam ser revistos e renovados. Esta crise será a grande oportunidade para uma releitura do carisma e encarnação do mesmo no contexto atual.

Analisando todo o processo feito de estudos, encontros e discussões através dos documentos oficiais da Ordem, tendo em vista também a renovação de suas Constituições, o capítulo mostra as duas grandes fases desse caminho percorrido: até a promulgação das primeiras Constituições renovadas, em 1971, quando se aprofundou a «*Ratio Ordinis*», que deu as bases da releitura do carisma e da identidade; e depois até a promulgação das atuais Constituições, em 1995, adequadas ao novo Código de Direito Canônico (1983), e também aos elementos do carisma melhor aprofundados nos vários encontros internacionais e pelo inédito documento *Ratio Institutionis Ordinis Carmelitanae*[7], publicado em 1988. Como resultado de todo esse processo, vê-se a presença de alguns temas centrais, entre eles, o resgate da fraternidade, que motiva uma nova leitura da Regra e, ao mesmo tempo, é também influenciada por estas novas leituras. Por fim, torna-se claro a presença dos elementos da nova eclesiologia nos documentos e na renovação feita pela Ordem.

Depois de todo o percurso de conhecer o contexto histórico e as origens da Ordem, tendo uma base mais segura para compreender a sua identidade e carisma; vendo a serguir como o Concílio propõe a renovação da Igreja e da Vida Religiosa, tendo como fundamento a renovação das estruturas e paradigmas eclesiológicos; e ainda como a Ordem enfrentou o difícil caminho do «aggiornamento», aprofundando a identidade e atualizando a sua espiritualidade; finalmente é possível ler a Regra

---

[7] A *Ratio Institutionis Ordinis Carmelitanae* (RIVC) será o primeiro documento oficial da Ordem que trata especificamente sobre a formação no Carmelo, aprofundando o carisma de acordo com a Regra e as Constituições. Ele indica um programa comum que orienta os aspectos principais do processo que todos na Ordem devem fazer para internalizar e viver os valores da vida carmelitana. O documento, apesar de ser orientado principalmente para a formação inicial, torna-se também uma referência para a formação permanente de todo carmelita e para o aprofundamento e atualização do carisma.

a partir dos seus ascpetos eclesiológicos à luz da reflexão do Concílio Vaticano II.

A terceira parte fala justamente dos «*Aspectos eclesiológicos da Regra Carmelitana*». Nos seus dois capítulos, procura-se verificar os elementos eclesiológicos contidos na Regra, à luz do Concílio Vaticano II, e perceber quais são as consequências concretas que esta visão eclesial trás aos carmelitas, diante da proposta conciliar, ao pensar também o seu futuro.

Assim, «*Rumo a uma eclesiologia: aspectos eclesiológicos da Regra à luz do Concílio Vaticano II*» é o título do quinto capítulo. Este mostra como todo o processo de recepção do Concílio, analisado na segunda parte, está presente nas atuais Constituições e no atual documento da formação (*RIVC 2000*)[8], ajudando a reler a Regra do Carmo desde a perspectiva de uma eclesiologia pós-conciliar. Esta releitura da Regra acentua principalmente o aspecto da fraternidade, o que permite iluminar a leitura com o modelo de Igreja de Comunhão, e perceber as consequências concretas que isto traz ao Carmelo. Deste modo, pode-se perceber até que ponto os carmelitas, na vivência atual do seu carisma, identificam-se com a Igreja refletida pelo Concílio.

Através de alguns fundamentos da vida fraterna contidos na Regra, como: a escuta da Palavra, a Eucaristia, a comunhão de bens e a pobreza, o encontro semanal da comunidade e a oração do ofício comunitário, o capítulo analisa as consequências eclesiológicas que tais valores trazem ao serem ilumimados pelo Vaticano II. Tais elementos criam uma comunhão eclesial que estão em sintonia com a eclesiologia de comunhão proposta pelo Concílio. O resultado de tal leitura será a presença de valores como a igualdade fundamental, participação, corresponsabilidade, unidade na diversidade, compromisso com a justiça e a paz, envolvimento da Família Carmelitana, entre outros.

O sexto e último capítulo – «*Rosto do Carmelo para o futuro*» – procura mostrar, também a modo de consequência de toda a leitura feita anteriormente, o que toda essa perspectiva da Igreja de Comunhão porta ao Carmelo na sua realidade atual e nos desafios para o seu futuro. Tal aspecto da Igreja pode ser visto como parte da própria releitura do carisma, o que compremete ainda mais a Ordem com sua vivência e testemunho, podendo também contribuir para a contínua e necessária recepção da eclesiologia conciliar.

Este capítulo ainda mostra como a Ordem continua assumindo tal reflexão nos seus recentes documentos, colocando a questão eclesio-

---

[8] O documento, promulgado pela primeira vez em 1983, foi renovado e publicado no ano 2000, sendo atualizado com as Constituições de 1995.

lógica na pauta de suas atuais discussões[9]. Relendo a Regra a partir da eclesiologia do Concílio, surgem algumas dimensões da Igreja que o carmelita deve valorizar na vivência do carisma, como a vida de comunhão, o testemunho da pobreza, a promoção da paz, da hospitalidade, da consciência missionária, da necessidade da mística que anima todos esses valores. Todas essas são formas concretas de viver a fraternidade, que é a base da Igreja de Comunhão.

Por fim, percebe-se que no «modo de ser carmelita» acentua-se também o testemunho de um «modo de ser Igreja», mesmo se não absolutizando um modelo específico, mas destacando o aspecto da comunhão, em toda a sua abrangência e consequências práticas, como a «construção» e vivência de comunidade, de participação e corresponsabilidade. Sem perder o seu específico na Igreja, que é ser uma «comunidade orante no meio do povo»[10], acentuando a atitude contemplativa que envolve todo seu carisma de ser orante, fraterno e profético[11], vê-se como o Carmelo pode promover os valores da vida fraterna como valor eclesial fundamental, sendo uma «escola de fraternidade», testemunhando uma Igreja «serva e pobre», contribuindo para criar consciência de que todos formam um único «Povo de Deus», formando uma comunidade ministerial, antecipando a comunhão do Reino que um dia será vivida em plenitude. Maria e Elias são lembrados como inspiradores nesta releitura do carisma e no atual compromisso de viver *na* Igreja, *como* Igreja e *pela* Igreja, o dom que Deus faz a toda humanidade através do carisma do Carmelo.

6.   Contribuição do tema

É certo que vivemos num momento eclesiológico pós-conciliar muito significativo para toda a Igreja, com a necessidade ainda de continuar a constante recepção do Concílio e, principalmente, aprofundar a reflexão eclesiológica nele proposto. Ainda hoje, não são poucos os debates e reflexão sobre a eclesiologia, ou as eclesiologias, do Vaticano II e, principalmente, sua recepção concreta na vida da Igreja. Abordar o tema, também sob a perspectiva da Vida Religiosa, pode ser uma contribuição dentro de todo esse processo.

---

[9] Neste sentido, é importante lembrar que a última Congregação Geral, realizada em 2011, teve justamente como tema a dimensão eclesiológica do Carmelo, refletindo sobre a sua missão na Igreja hoje. Isto mostra que a eclesiologia está na ordem do dia das discussões e preocupações atuais da Ordem.

[10] Cfr. *Const. 1995*, 16-24.117.

[11] Cfr. *RIVC 2000*, 23.

Na releitura do carisma e testemunho da fraternidade, a vida consagrada pode contribuir para o debate e aprofundamento da eclesiologia conciliar, principalmente no que se refere ao tema da comunhão. Convocados a serem na Igreja «expertos de comunhão»[12], é inegável a grande missão que os religiosos e religiosas podem desenvolver, sobretudo no sentido de serem «sinais» e «instrumentos» da vida fraterna. Para isso, porém, necessitam também de aprofundar o aspecto da fraternidade e o alcance que esta pode ter na vida da Igreja.

Desta forma, embora o presente estudo possa contribuir na reflexão da vida carmelita, pode também ir além do específico de uma Ordem, ajudando a Vida Religiosa a perceber-se mais como Igreja e integrar tantas novas reflexões ainda feitas no constante desafio da releitura dos diversos carismas. Os frutos de tal processo, certamente, serão colhidos não somente pelos consagrados e consagradas, mas por toda a Igreja na qual todos juntos, como único Povo de Deus, participam e fazem parte.

---

[12] Cfr. VC 46.

PRIMEIRA PARTE

HISTÓRIA E IDENTIDADE DA ORDEM

Capítulo I

Contexto histórico, social
e eclesiológico dos séculos XI-XIII

*Desde então iniciou-se o reflorescimento da Igreja Oriental e a ex-
pansão da vida religiosa no Oriente. A vinha do Senhor brotou novamente. Parecia realizada a palavra dos Cânticos: o inverno passou e
as chuvas pararam; nos campos reaparecem flores, chegou o tempo
da poda. Pois, de várias partes do mundo, de todas as tribos e línguas, e de cada povo que há sob o céu, acorriam peregrinos, homens
piedosos, para a Terra Santa, atraídos pelo ambiente sagrado e pelos
lugares veneráveis [...] Homens santos abandonavam o mundo e,
no seu zelo pelo serviço do Senhor, escolhiam, movidos por diversos
sentimentos e motivos, lugares que eram mais apropriados ao seu
ideal e seus anseios piedosos [...] Assim, alguns viviam na imitação
do exemplo do grande profeta Elias, como eremitas no monte que
se eleva acima da cidade de Porphiria [atual Accon] e Haifa, perto
da fonte, que é chamada Fonte de Elias, não longe do mosteiro da
Bem-aventurada Margarida. Viviam em solidão, cada um por si, em
cubículos como colmeias, onde como abelhas colhiam o mel divino
da doçura espiritual*[1].

As palavras de Jacques de Vitry, bispo latino de Accon (1226-1228),
recordam aquele momento histórico, no tempo das Cruzadas, quando
Jerusalém torna-se o centro dos anseios e do verdadeiro testemunho da
vida cristã, e um grupo de eremitas no Monte Carmelo, entre outros,
era o sinal de um reflorescimento da vida religiosa na Terra Santa. Este
testemunho histórico nos motiva a dar um mergulho naquela realiadade

---

[1] Texto de Iacobus de Vitry, *Historia Orientalis*, cc.51 e 52; ed. J. Bongars, *Gesta
Dei per Francos*, I, Hannover 1611, 1074; tradução e citação de E. Boaga, *Como pedras
vivas*, 30.

e buscar as raízes de uma experiência de vida que gerou e continua gerando seus frutos na Igreja ainda hoje.

Nas últimas décadas, cresceu a consciência de que uma abordagem histórica e do contexto de onde surge um escrito ou uma experiência de vida são importantes para a melhor compreensão do fato em si, bem como das reais motivações presentes na sua origem. No século passado, vê-se uma grande busca, seja no campo bíblico, cristológico, antropológico, arqueológico, enfim, em vários setores da própria teologia, dando ênfase na recuperação da história, dos fatos, dos condicionamentos sociais, como base importante para uma correta compreensão dos valores que herdamos e mesmo para um aprofundamento de nossa fé.

Para a Ordem do Carmo não foi diferente. A partir dos anos 60, foi-se descobrindo a necessidade de aprofundar o conhecimento sobre o contexto histórico, social e eclesiológico no qual surgiu a experiência do primeiro grupo de carmelitas. Este contexto foi a base para o processo de definição do carisma da espiritualidade carmelita e da composição e aprovação definitiva da Regra do Carmo. Nesta perspectiva é que após o Concílio Vaticano II, com a grande chamada à releitura dos carismas na vida religiosa, abriu-se um novo horizonte para uma nova abordagem e leitura[2].

Para situar o contexto geral no qual surgem a Ordem e a Regra do Carmo, faz-se necessário recuperar alguns fatos históricos que ajudam a compreender melhor o conteúdo e a importância do ideal de vida assumido pelo primeiro grupo de eremitas, bem como o seu significado eclesiológico diante daquela realidade específica. A intenção desde primeiro capítulo não é uma abordagem exaustiva de todo este contexto – o que fugiria do específico do tema proposto – mas sim das principais ideias que, direta ou indiretamente, ajudam a conhecer a base fundante de tal experiência e a sua influência na elaboração da Regra e definição do carisma.

1.   Uma sociedade em profundas mudanças

É uma época muito particular. O início do segundo milênio trouxe consigo grandes crises e, consequentemente, transformações da sociedade e das estruturas, o que influencia diretamente na vida e função da Igreja, assim como no surgimento de movimentos religiosos de renova-

---

[2] Neste sentido, é significativa a iniciativa e a tese de doutorado de Carlos Cicconetti, *La Regola del Carmelo. Origine, natura, significato*, de 1973, sempre citada nos recentes estudos da Regra, pois é pioneira em propor este novo modo de leitura. Para uma visão geral dos estudos e propostas de reflexão sobre a Regra a partir do pós-concílio, com referência aos trabalhos e bibliografias de diversos autores, ver o artigo: E. BOAGA, «La Regola Carmelitana tra passato e futuro» (1997).

ção próprio daquela época. Este novo milênio alimenta a espera de uma nova história, colocando em crise a estrutura social, política e religiosa, e reforçando uma esperança escatológica na passagem do fim da Idade Média para uma nova era. Nas palavras de Raffaello Morghen, uma

> attesa della nuova età, che non è stata «inventata» dagli storici, ma che fu consapevole e trepidante certezza degli uomini degli ultimi secoli del Medioevo e maturò dal terrore della «fine dei tempi» e dal sentimento di espiazione delle penitenze collettive, all'aspettativa fiduciosa di un riscatto, cui la nuova spiritualità francescana e la rinnovata fede nella validità dei poteri carismatici della Chiesa dava vigore[3].

O que caracterizou a grande mudança social do início do segundo milênio foi o declínio progressivo do sistema feudal e o surgimento, ou fortalecimento, de uma nova maneira de organização social: as cidades[4].

---

[3] R. MORGHEN, *Civiltà medioevale al tramonto*, 58.

[4] A bibliografia sobre este tema é muito vasta. Entre tantas obras, podemos citar os mais antigos estudos de: G. VOLPE, *Medio Evo italiano* (1923); A. FANFANI, *Le origini dello spirito capitalistico in Italia* (1933); P. CONTAMINE, – al., *L'économie médiévale* (1923); G.M. MONTI, *Le corporazioni nell'evo antico e nell'alto Medioevo* (1944); N. OTTOKAR, *I comuni cittadini nel Medioevo* (1946); M. BLOCH, *La società feudale* (1962); *Nuove questioni di storia medioevale* (1964); J. LE GOFF, *La civilisation dell'Occident médiévale* (1964); R. BOUTRUCHE, *Signoria e Feudalismo, I-II*, (1971-1974); P. CAMMAROSANO, *Le campagne nell'età comunale (metà sec.XI-Metà sec.XII)* (1974); C.M. CIPOLLA, *Storia economica dell'Europa pre-industriale* (1974); R.S. LOPEZ, *La rivoluzione commerciale nel Medioevo* (1975); J. LE GOFF, *Tempo della Chiesa e tempo del Mercante* (1976). Também as posteriores obras de: V. FUMAGALLI – G. ROSSETTI, ed., *Medioevo rurale* (1980); H. KELLER, *Signori e vassalli nell'Italia delle città (secoli IX-XII)* (1980); M. MONTANARI, *Campagne medioevali* (1984); J. E. R. DOMENEC, *La memoria de los feudales* (1984); G. DUBY, *L'economia rurale nell'Europa medioevale* (1984); W. RÖSENER, *Bauern in Mittelalter* (1985); N. OHLER, *I viaggi nel Medioevo* (1988); J. LE GOFF, *L'uomo medievale* (1988); G. DUBY, *Lo specchio del Feudalismo* (1989); H.W. GOETS, *Vivere nel Medioevo* (1990); C. VIOLANTE, *Prospettive storiografiche sulla società medioevale* (1995); Entre os mais recentes temos: G.M. CANTARELLA, *Principi e corti. L'Europa del XII secolo* (1997); J. JARNUT – P. JOHANEK, ed., *Die Frühgeschichte der europäischen Stadt im 11. Jahrhundert* (1998); G. VITOLO, *Medioevo. I caratteri originali di un'età di transizione* (2000); H. KLEINSCHMIDT, *Understanding the middle ages* (2000); A. CASTAGNETTI, «Feudalità e società comunale» (2000); R. FOSSIER, *Le Travail au Moyen Âge* (2000); R. DELORT – F. Walter, *Storia dell'ambiente europeo* (2002); J. LE GOFF, *À la recherche du Moyen Âge* (2003); L. FELLER – C. WICKHAM, ed., *Le marché de la terre au Moyen Âge* (2005); I. AIT, *Il commercio nel Medioevo* (2005); A. CORTONESI – G. PICCINNI, *Medioevo delle campagne* (2006); A. CORTENESI – F. VIOLA, ed., *Le comunità rurali e i loro statuti (secoli XII-XV)*, I-II (2005-2006); G. PICCINI, *I mille anni del Medioevo* (2007); A. CORTONESI, *Il medioevo: profilo di un millennio* (2008).

É claro que esta passagem aconteceu de forma complexa e gradativa, alcançando sua maior visibilidade nos séculos XII e XIII. O crescimento demográfico, tanto nos campos como nas cidades, tanto dos nobres quanto dos servos, e o desenvolvimento da agricultura com sua ampliação na busca de novas terras e novas técnicas para o plantio, são os principais fatores que contribuíram para tal mudança, tanto social quanto econômica.

1.1   O sistema feudal

O sistema feudal[5] foi uma das características mais marcantes da história medieval do Ocidente. Sendo uma forma de organização econômica, social, política e cultural baseada na posse da terra e não no comércio, afirma-se nos séculos XI e XII como a base do sistema político e social, substituindo gradativamente um sistema de poder fragmentado pelos diversos senhores e príncipes locais[6].

Na base da relação feudal há um contrato[7] feito entre o senhor (dono da terra) e os seus vassalos (aqueles que fazem o juramento de fidelidade):

> Da una parte, dunque, un signore, nel vocabolario feudale detto *dominus*: termine ambiguo (nel latino classico indicava il proprietario, poi aveva assunto una connotazione di tipo onorifico, in prosieguo di tempo avrebbe indicato un titolare di diritti di natura pubblica sugli uomini di un territorio), e per ciò sostituito talora dal più tecnico *senior*. Dall'altra un *vassus* o *vassallus* (parole di

---

[5] Para uma síntese, consultar em *Storia del Mondo Medievale*, II (1999): P. VINOGRADOFF, «Le origine del feudalismo», 397-421; ID., «Il Feudalismo», 702-733.

[6] Em torno dos feudos podiam formar-se uma cadeia de proprietários de terras ligados por uma relação de suserania e vassalagem, a qual na base estavam os camponeses que sustentavam tal sociedade com seu trabalho: «Un re poteva essere vassallo di un altro re, un conte del suo re, un signore di castello poteva avere a titolo feudale le sue competenze di giurisdizione e di amministrazione, una città poteva richiedere giuramento di fedeltà ai signori di castello del suo territorio». P. CAMMAROSANO, *Guida allo studio*, 79.

[7] «In un certo senso il feudalesimo potrebbe essere definito come un ordinamento della società basato sul contratto». P. VINOGRADOFF, «Il Feudalismo», 702. Esse contrato era firmado a partir de uma cerimônia: «Gli atti che sanzionavano il rapporto feudale erano chiamati *homagium* ed *investitura*. Colui che si sottometteva alla protezione di un potente doveva presentarsi di persona davanti al signore circondato dalla propria corte, inginocchiarsi davanti a lui e mettere le sue mani congiunte nelle mani del signore, dicendo: "Giuro di essere fedele e legato e te come un uomo deve esserlo al suo signore"... A questo atto di omaggio corrispondeva l'"investitura" da parte del signore, il quale consegnava al suo vassallo uno stendardo, un bastoncino, una carta o qualche altro simbolo dei beni concessi». *Ibid*, 703.

identico significato, la prima più frequente nei testi più antichi), detto anche *homo* del suo signore, o suo *fidelis*. Quest'ultimo termine si riferisce al contenuto essenziale del rapporto, una *fides*, un impegno reciproco, stretto con un giuramento e una semplice cerimonia rituale, a prestarsi aiuto e consiglio: *auxilium et consilium*[8].

Em troca da *fidelitas*, do cumprimento das suas obrigações, os vassalos recebiam o *beneficium*[9] que era não somente proteção do senhor feudal, mas o recebimento dos bens e renda necessários para sua vida, utilizando as suas terras para o trabalho. Era interesse também dos senhores feudais manter os servos em boas condições físicas para o serviço militar. Tal *beneficium* era a garantia de uma vida mais segura: «Porsi al di fuori delle regole e dei legami feudali era manifestamente pericoloso. In un'epoca di lotte feroci per la pura sopravvivenza ognuno aveva bisogno di cercare attorno a sé aiuto e sostengo in quanto la protezione del potere centrale, anche nel migliore dei casi, era insufficiente»[10].

1.2   *Crescimento demográfico e desenvolvimento da agricultura*

O grande crescimento demográfico ocorrido no início do segundo milênio é notório e de suma importância para compreender o contexto dos seus primeiros séculos. Ele será o grande propulsor do surgimento e fortalecimento das cidades, provocado pelo aumento da produção e o

---

[8] P. CAMMAROSANO, *Guida allo studio*, 77-78. O *auxilium* era fundamentalmente relacionado ao serviço armado, à proteção militar que o vassalo é obrigado a prestar perante o seu senhor que, por sua vez, também protege seus vassalos. O *consilium* era geralmente as informações e sugestões dadas pelos vassalos ao seu senhor e também, posteriormente, a participação nos tribunais feudais que julgavam casos de descumprimento das obrigações recíprocas entre ambas as partes. Cfr. *Ibid.*, 78.

[9] «Per nominare questa controprestazione si ricorse a un termine di matrice latina, *beneficium*, termine generico e anche ambiguo che accennava al carattere grazioso della concessione, e implicitamente alla sua revocabilità a beneplacito del concedente. Più tecnicamente, si adoperò il termine *feodum* (più tardivo: *feudum*), da una radice germanica che aveva il valore di salario, controprestazione di un servizio». P. CAMMAROSANO, *Guida allo studio*, 78. Este termo dará o nome e a característica do sistema: «... occorre considerare i mutamenti subiti nel tempo dal legame vassallatico-beneficiario, nel cui ambito, peraltro, si stava affermando un nuovo termine, quello di *feudum* (dall'antico germanico *fëhu*, donde *vieh*, "bestiame, possesso di bestiame") comparso alla fine del IX secolo a indicare prima la ricompensa per servizi specializzati, poi i beni concessi in beneficio, e che dalla seconda metà dell'XI fu utilizzato per indicare il rapporto giuridico stesso». A. CORTONESI, *Il Medioevo*, 154.

[10] P. VINOGRADOFF, «Il Feudalismo», 704.

consequente desenvolvimento do comércio, que será a base da nova vida urbana:

> sembra innegabile che dalla fine del secolo X o, in ogni caso, dalla metà del secolo XI, la densità umana dell'Occidente sia aumentata ad un ritmo sostenuto. Fenomeno di capitale importanza e di molteplici conseguenze, due delle quali, soprattutto, meritano di essere attentamente considerate, essendo gravide di effetti per il futuro del medioevo e della sua cultura: l'espansione del mondo cristiano e la ripresa del commercio col suo corollario: la rinascita delle città... Per tre secoli le città crescono ininterrottamente, come è dimostrato, specialmente, dai tracciati delle mura, sempre più larghi o dalla proliferazione delle chiesa urbana[11].

Com o aumento da população da área rural, a busca de novas terras ainda não cultiváveis[12] e o uso de novas técnicas para a produção agrícola com a utilização do arado[13], desenvolve-se muito a agricultura, aumentando significativamente a sua produção:

---

[11] L. Genicot, *Profilo della Civiltà Medioevale*, 197.198. Embora não tenhamos dados seguros sobre este aumento demográfico em toda a Europa, G. Duby nos dá um conhecido exemplo que é muito ilustrativo: «In realtà, il regno d'Inghilterra è il solo paese per il quale le ipotesi demografiche possono poggiare su una solida base documentaria, grazie a indagini d'insieme di eccezionale ricchezza come il *Domesday Book* o i registri della *Poll tax* riscossa nel 1377. Le valutazioni più serie fanno pensare che la popolazione del regno crebbe da 1.100.000 abitanti nel 1086 a 3.700.000 nel 1346». G. Duby, *L'economia rurale*, 186. As causas e origens deste crescimento não são bem conhecidas: «La natura e le ragioni dell'incremento demografico del periodo 1000-1300 rimangono avvolte nel mistero. Anzitutto non è chiaro se si trattasse di un fenomeno del tutto nuovo o dell'accelerazione di un fenomeno iniziatosi precedentemente». C.M. Cipolla, *Storia dell'Europa*, 203.

[12] Muitos terrenos deviam ser divididos e ainda buscavam-se novas terras para plantar, as vezes até mesmo com o desmatamento: «In molte regioni i piccoli poderi, già occupati, in linea di principio, da una sola famiglia, sono stati ben presto divisi in quartieri e questi si polverizzano a loro volta in concessioni più piccole. Ai confini dei villaggi, la foresta, la steppa o il maggese indietreggiano davanti ai giovani campi. Dovunque sorgono nuovi agglomerati, "nuovi centri". Nonostante l'incessante aumento delle superfici coltivabili, le terre rincarano. Questi e molti fattori non si spiegano senza un aumento del numero degli abitanti». L. Genicot, *Profilo della Civiltà Medioevale*, 198.

[13] «Il perfezionamento dello strumento aratorio e del suo attacco così come la moltiplicazione dei lavoratori della terra, che costituivano l'essenziale del progresso tecnico, accrebbero notevolmente l'importanza dell'aratura nel lavoro agricolo... L'"arato" – intendiamo l'insieme dell'attrezzo, dei buoi o dei cavalli capaci di muoverlo, e dell'uomo che li guidava – finiva allora per imporsi come la cellula economica di base, come la misura che permetteva al signore di stimare il valore dei contadini suoi dipendenti e dei servizi che se ne riprometteva». G. Duby, *L'economia rurale*, 178.179.

Il perfezionamento delle tecniche agrarie aumentò considerevolmente la produzione di vettovaglie. Come l'allargamento della superficie coltivata, rimosse gli ostacoli e aprì un libero campo alla spinta demografica che, d'altronde, già di per sé, stimolava potentemente lo sforzo di dissodamento e di miglioramento dei metodi di coltura. Incontestabilmente le campagne d'Occidente si popolarono allora di più; ma lo storico manca di mezzi per misurare da vicino questa crescita[14].

1.3   *O campo, o comercio e as cidades*

Diante do crescimento da produção agrícola, surge um grande movimento comercial que fortifica as cidades já existentes[15] e contribuem para o surgimento de muitos novos centros urbanos[16]. É certo que a vida urbana estará intimamente relacionada ao comércio que a mantém e a sustenta:

In nessuna civiltà la vita urbana si è sviluppata indipendentemente dal commercio e dall'industria... Un agglomerato urbano, in effetti, può sussistere solo con l'importazione di derrate alimentari, tratte dall'esterno. Ma a questa importazione deve corrispondere una esportazione di manufatti che ne costituisce la contropartita o il controvalore. Si stabilisce così, tra la città e il suo contesto una relazione permanente di servizi. Il commercio e l'industria sono indispensabili

---

[14] G. DUBY, *L'economia rurale*, 184.

[15] Não é que não existiam as cidades já no século IX, ou na época carolíngia. A especificidade, porém, das cidades medievais é o nascimento de uma população que não vive mais do trabalho agrícola, mas se dedica ao comércio e à indústria, havendo também uma personalidade jurídica que rege a vida comum, fazendo de todos cidadãos: «...se si pensa alla città come a un centro amministrativo e come ad una fortezza, ci si persuaderà senza difficoltà che l'epoca carolingia ha conosciuto, approssimativamente, tante città quante i secoli successivi. Ciò significa che le città che si ritrovano nel IX secolo furono private di due degli attributi fondamentali delle città sia del Medioevo che dei tempi moderni: una popolazione borghese e un'organizzazione municipale». H. PIRENNE, *Le città del Medioevo*, 41.

[16] Sobre as cidades medievais pode-se consultar, entre outras, as específicas obras de: E. ENNEN, *Storia della città medioevale* (1978); G. FASOLI –F. BOCCHI, *La città medievale* (1973); L. BENEVOLO, *Storia della Città* (1982); H. PIRENNE, *Le città del Medioevo* (1982); R.S. LOPEZ, *Intervista sulla città medioevale* (1984); V. FUMAGALLI, *Città e campagna nell'Italia medievale* (1985); G. VITOLO, *Città e coscienza cittadina nel Mezzogiorno medievale (secc. IX-XIII)* (1990); J. HEERS, *La ville au Moyen Âge en Occident. Paysages, pouvoirs et conflits* (1990); K. SCHULZ, «*Denn sie lieben dir Freiheit so sehr...*». *Kommunale Aufstände und Entstehung des europäischen Bürgertums im Hochmittelalter* (1992); *Les élites urbaines au Moyen Âge*, XXVIIe Congrès de la Société des Historiens Médiévistes (1996); A. GROHMANN, *La città medievale* (2005).

al mantenimento di questa dipendenza reciproca: senza l'importazione che assicura l'approvvigionamento, senza l'esportazione che la compensa con oggetti di scambio, la città morirebbe[17].

A atividade comercial e industrial[18] será a base do abastecimento das cidades, que surgem justamente como grande sinal da transformação ocorrida na Idade Média, o que mudará também significativamente a estrutura social com o progressivo declínio do sistema feudal. Toda esta mudança, entre os mencionados fatores que a propulsionam, começa justamente na relação entre os nobres e os servos. Entre os nobres começam certos conflitos pelo crescimento de pequenos feudos, e os servos vão conquistando certas concessões com a possibilidade de pagarem taxas (*libertas* – privilégios), ao invés de prestação de serviço:

> la stessa concessione di *libertas* (privilegi) svincola gli individui da una terra e da una situazione per aprire loro le possibilità altrove di una nuova esistenza. La parola *libertas* indica la tassa per ottenere l'esenzione da alcuni obblighi feudali: sui *rustici* pesano ora più i *census*, tributi in denaro, che le *corvées*, tributi in lavoro. Ciò non significa sempre un miglioramento della condizione e della esistenza, ma indica un processo di movimento all'interno della massa dei lavoratori della terra che si fanno salariati da *domestici* che erano, mentre altri, attratti dalle maggiori possibilità dei nuovi e vecchi centri urbani, lasciano la campagna e svolgono nuove attività artigianali e commerciali, tutte concesse alla nuova dinamica economica[19].

---

[17] H. PIRENNE, *Le città del Medioevo*, 89. Sem as cidades também não se comprende o grande desenvolvimento do comércio e da indústria ocorrido neste período o qual abordamos: «Senza considerare le città, la loro posizione, la loro dimensione e la loro funzione, non si potrebbe osservare validamente né comprendere i meccanismi della produzione o della circolazione dei beni nelle campagne vicine a partire dall'XI secolo». G. DUBY, *L'economia rurale*, 198.

[18] Um dos produtos que fortificou o comércio da época foi o consumo de luxo pelos nobres, que aos poucos foi-se tornando presente na vida daquela sociedade: «La più attiva circolazione corrisponde anzitutto alla estensione dei consumi di lusso. Due principali ornamenti rendevano allora piacevole la vita dei nobili: i vini di qualità e le stoffe di bella lana, tinte e colori smaglianti» G. DUBY, *L'economia rurale*, 196. O que ajudou o grande crescimento desta atividade comercial foi o maior desenvolvimento dos meios de transporte, principalmente a navegação: «Le caratteristiche della rinascita economica del Medioevo è dunque il grande commercio o, se si preferisce un termine più preciso, il commercio a lunga distanza». H. PIRENNE, *Le città del Medioevo*, 83.

[19] M.T. BEONIO-BROCCHIERI FUMAGALLI, *La Chiesa invisibile*, 17.

Este fato resultará em uma maior organização dos servos como categoria (econômica e, posteriormente, jurídica), formando as primeiras «vilas rurais» (muitas delas em torno às paróquias rurais[20]), ou ainda, como já mencionados, o fortalecimento dos centros urbanos já existentes ou o surgimento de novos, o que causa também uma grande migração dos campos para as cidades[21]. Mesmo que as condições econômicas no meio rural também estavam melhorando, a migração para as cidades era um modo de romper com o sistema de então, na busca de uma nova forma de vida. A cidade representa um «elemento di rottura, come luogo in cui emigrare per tentare fortune nuove... un mondo dinamico e nuovo in cui la gente riteneva di poter rompere con i vincoli passato, dove la gente avvertiva o immaginava nuove possibilità di riuscita economica e sociale... premiando l'iniziativa, l'audacia e il rischio»[22].

Este processo de «êxodo» para as cidades, as quais tornam-se o «novo centro» da organização social[23], vem de encontro aos anseios de

---

[20] Várias paróquias rurais surgiram a partir do grande crescimento demográfico do campo, nas comunidades formadas nas áreas das novas terras cultiváveis, com a costrução de casas eclesiais nas vilas rurais para receberem os padres e constituir as novas paróquias que ali se estabelecem: «Questa capillare presenza di preti nelle campagne simboleggiava il cammino della Chiesa verso il mondo degli uomini, per incontrarsi con il popolo dei campi a cui il IV Concilio Lateranense attribuì un sacerdote proprio, per la cura sacramentale dei fedeli e la loro trasformazione in comunità cristiana». G. ANDENNA, «Il contadino», 178. Sobre a criação das paróquias rurais, interessante a síntese em: C. VIOLANTE, «Pievi e parrocchie», 730-737.

[21] Este «êxodo rural» foi importante não somente para o surgimento dos novos centros urbanos, mas também para absorver a população excedente nos campos: «Uno degli effetti più importanti dell'espansione urbana fu il parziale assorbimento dell'eccedenza della popolazione rurale, e l'alleggerimento della pressione demografica nei villaggi circostanti». G. DUBY, *L'economia rurale*, 198. Mesmo com esse processo de migração para as cidades, não se deve esquecer que a população da área rural também cresce: «Nello stesso tempo, e ciò dimostra che non ci troviamo di fronte a un semplice fenomeno di esodo o di concentramento, cresce anche la popolazione rurale». L. GENICOT, *Profilo della Civiltà Medioevale*, 198.

[22] C.M. CIPOLLA, *Storia dell'Europa*, 200.

[23] Embora não podemos enquadrar as cidades medievais todas num mesmo modelo devido à variedade dos tempos e locais onde as mesmas surgiram, G. Fasoli, ao falar das cidades medievais italianas, dá uma ideia dos principais pontos que as caracterizavam e a novidade que traziam: «...possiamo soltanto dire che una documentazione discontinua ed eterogenea, ma abbondante e probante, consente di affermare che le città continuano ad essere sede delle autorità laiche ed ecclesiastiche che amministrano il territorio circostante; che sono centro di relazioni economiche che si estendono in quello stesso territorio e nei territori vicini; che vi si mantiene, anche nei periodi più depressi, una certa vita culturale; ma la cosa più importante è che le città conservano la loro personalità giuridica, il loro patrimonio e certi organi amministrativi che agiscono liberamente: le città non verrano mai infeudate ed il con-

uma sociedade, de certa forma, igualitária: «Già alla fine del secolo XII esiste un enorme divario fra la società rurale in cui il feudatario domina sugli uomini a lui "fedeli" e la società cittadina che elabora una nuova visione del mondo meno precaria e un nuovo ordine almeno formalmente più egualitario»[24]. Entretanto, um dos grandes problemas que surgirão mais tarde nas cidades será a presença dos "minores"[25], ou seja, daqueles que não participam diretamente da nova riqueza gerada pelo comércio, mercados, indústrias têxtil, produções artesanais, etc, constituindo um grupo de pessoas pobres e necessitadas, caracterizadas normalmente como «assalariados» ou como aqueles que fazem serviços gerais.

Dentro deste contexto, é importante lembrar o surgimento, nas cidades, de uma nova «classe social»: os burgueses. Se no sistema feudal as duas grandes categorias eram o clero e a nobreza, nas cidades sur-

---

te non sarà altro che un funzionario, un agente del re». G. FASOLI, «Le autonomie cittadine», 146-147. A grande novidade è que as cidades serão um «nucleo di una nuova società e di una nuova cultura che elabora nuove strutture sociali, che riscopre lo Stato, che elabora nuovi valori, nuove aspirazioni e una nuova economia». C.M. CIPOLLA, Storia dell'Europa, 203.

[24] M.T. BEONIO-BROCCHIERI FUMAGALLI, La Chiesa invisibile, 18. «Se nel mondo feudale era prevalsa un'organizzazione tipicamente verticale della società dove il rapporto tra uomini era dettato dai binomi fedeltà-protezione e omaggio-investitura, nelle città trionfò l'organizzazione orizzontale, la cooperazione tra uguali, la corporazione, la confraternita, e al di sopra di esse la corporazione delle corporazioni, l'università dei cittadini, il Comune». C.M. CIPOLLA, Storia dell'Europa, 202. A busca de novas terras cultiváveis, mesmo motivada pela necessidade do crescimento demográfico rural, já era também uma forma de ir ao encontro da liberdade: «Il progresso agricolo provocò, come prima conseguenza, alcuni ritocchi alle strutture giuridiche. L'espansione verso le terre nuove affrettò l'alleggerimento dei gravami signorili, e le aree di dissodamento apparvero in genere come zone di libertà». G. DUBY, L'economia rurale, 175-176.

[25] «I diplomi regi e imperiali, i documenti locali parlano di civis maiores, mediocres, minores: è da ritenere che questi termini non vogliano indicare delle classi sociali giuridicamente definite, ma dei gruppi di persone che si distinguevano gli uni dagli altri per il loro modo di vivere, per il prestigio da cui erano circondati in conseguenza della loro ricchezza e dei doveri militari che ne conseguivano, con l'autorità morale e l'influenza che avevano nelle assemblee civiche, con le funzioni che svolgevano alle dipendenze del conte o del vescovo». G. FASOLI, «Le autonomie cittadine», 148. Assim, a sociedade estará organizada em torno de três grandes pólos: os «maiores», que seriam os nobres, os patrícios e os pequenos feudatários; os «mediocres», ou também chamados burgueses, referindo-se aos comerciantes e artesãos; finalmente os «menores», que seriam «os pobres e especialmente assalariados, usados pelas corporações nos trabalhos mais genéricos, os quais não gozavam de nenhum direito no sistema comunal». E. BOAGA, Como pedras vivas, 22. Embora há uma complexidade no uso dos termos «maiores/minores», ora usado como diferença social (ricos/pobres), ora contrapondo maiores (como a elite, nobres, governantes, cavaleiros, juízes...) não a minores, mas sim a populus (restante do povo), o que faz com que o termo seja usado de forma ampla e genérica. Cfr. D. RANDO, «Essere "maggiore"», 183-206.

gem os «cidadãos do burgo»[26], caracterizados como os comerciantes e artesãos que, aos poucos, se organizam em associações profissionais ou corporações, assumindo o governo urbano, até então também nas mãos dos nobres. Como consequência, também os bispos, dentro desta nova estrutura social emergente, vão perdendo sua importância diante do fortalecimento do «governo dos cidadãos»[27].

Com o crescimento demográfico e econômico da Europa nos séculos XI-XII, e o consequente desenvolvimento comercial e urbano, dá-se também a necessidade de uma recomposição política e territorial. Esta caminha, aos poucos, da fragmentação do poder de tantos senhores e principados locais, a uma ordem de governo mais ampla e sólida, baseado nos novos conceitos de «autoridade» e «poder público», ainda que sempre inspirados no binômio: senhor/servo. Em alguns lugares, o sistema monárquico também é reordenado numa visão nova de realeza que, através dos recentes conceitos ideológicos e jurídicos do século XII, passa a ser garantida não mais somente pelas funções atribuídas ao soberano, como: proteção, garantia de paz, condução de guerras, mas agora essencialmente pela posse de um grande patrimônio. Este faz com que o rei tenha direitos e possa exercitá-los como fazem os outros senhores, garantindo assim sua soberania[28].

1.4   O «indivíduo» e o «comunitário»

A transformação social trazida pelos fatos acima citados conduzem a dimensões ainda maiores, como o surgimento de uma nova ordem para pensar o «indivíduo» e o «comunitário». Hagen Keller defende a ideia de que

---

[26] H. Pirenne esclarece que os burgos comerciais (dos quais seus habitantes serão chamados «burgueses») surgiram primeiramente fora dos burgos já existentes, pois estes não tinham mais espaços dentro de seus muros: «I borghi erano fortezze le cui mura racchiudevano un perimetro strettamente limitato, per cui fin dal principio i mercanti furono costretti a stabilirsi, per mancanza di spazio, al di fuori di questo perimetro. Essi costituirono, accanto al borgo, un borgo esterno, cioè un sobborgo (forisburgus, suburbium). Questo sobborgo è anche chiamato dai testi borgo nuovo (novus burgus) in opposizione al borgo feudale o borgo vecchio (vetus burgus), al quale si è aggiunto». Os burgos comerciais aos poucos vão absorvendo os mais antigos, dando origem às novas cidades: «Così, furono gli abitanti del borgo nuovo, cioè del borgo mercantile, a ricevere o, più probabilmente, a darsi l'appellativo di borghesi. È interessante rilevare come tale appellativo non sia mai stato attribuito a quelli del borgo vecchio, che ci sono noti sotto il nome di castellani o di castrenses. È una prova di più, e particolarmente significativa, che l'origine della popolazione urbana dev'essere cercata non tra la popolazione delle fortezze primitive, ma nella popolazione immigrata che il commercio fece affluire attorno ad essa e che, a partire dall'XI secolo, cominciò ad assorbire gli antichi abitanti». H. PIRENNE, Le città del Medioevo, 97.103.

[27] Cfr. E. BOAGA, «Il contesto storico», 39.

[28] Cfr. A. CORTONESI, Il Medioevo, 154-155.

as duas evoluções presentes no século XII, ou seja, da presença do indivíduo, com sua personalidade singular, com seu modo de existir e pensar, inseridos em uma vida social, e a mudança na ordem política, seja do sistema monárquico ou comunal, sujeitando-se às normas explícitas e universais, estão diretamente relacionadas[29]. A responsabilidade da pessoa e a organização da vida social serão marcas da evolução cultural para os séculos posteriores.

Este novo princípio estrutural presente no século XII traz uma nova configuração às formas de comunidades já existentes[30], relacionando os membros da comunidade com a comunidade em si, interpretando as cidades como *universitas*, ou assumindo com maior evidência o caráter corporativo destas. O «juramento» entre os membros[31], desde então, estava relacionado com a totalidade da sociedade política, não sendo mais como antes uma relação de fidelidade «contratual» entre dois indivíduos, baseados em significados éticos e religiosos incorporados em tal promessa, mas «un autonomo vincolarsi a principi della vita in comune»[32].

O novo «ordenamento» da vida social será importante não somente para pensar o ser humano real, concreto, individual, interagindo com o todo, isto é, a relação entre o particular e o universal, mas a própria internalização de normas e valores, o que levará a um confronto também na dimensão da experiência eclesial.

> Ciò che conferisce alla responsabilità del singolo, nella concezione dell'ordinamento sociale del XII secolo, un maggiore valore rappresentativo sta in un'interiorizzazione ragionata che non consente all'io di scomparire o semplicemente di trasferirsi in una volontà superiore

---

[29] Cfr. H. KELLER, «La responsabilità del singolo», 67-88.

[30] O termo *comune* já era usado anteriormente, mas no século XII reaparece com um sentido específico: «Fra il V e il VI secolo, i termini *communitas, communio, comune*, indicano riunioni di collettività e le collettività stesse; fra il IX e l'XI secolo questo vocaboli sembrano sparire, ma nel corso dell'XI i testi parlano di deliberazioni prese *in comune*, di riunioni indicate come *comune consilium* ed a metà del secolo XII l'espressione *comune* ricompare per indicare il complesso degli abitanti di una città. L'accezione politico-amministrativa del termine è invece cosa moderna». G. FASOLI, «Le autonomie cittadine», 153. O que afirma a existência de uma comunidade de cidadãos é a presença de um conselho que passa a ser a suprema autoridade que rege a vida em comum, controla as atividades comerciais e representa a cidade nas relações externas. A formação desses conselhos começam a aparecer já no final do século XI. Cfr. E. ENNEN, *Storia della città medioevale*, 130.

[31] «Il mondo medioevale conosceva da gran tempo la pratica delle associazioni giurate: associazioni a scopo pio, associazioni a scopo pratico, associazioni a scopi meno confessabili, che le autorità avevano sempre cercato di controllare. Ed aveva anche conosciuto la pratica del giuramento per impegnare i singoli ad un certo modo di agire: tutto il sistema feudale si reggeva sul giuramento; sul giuramento si erano rette le paci di Dio; da una associazione giurata nasce il comune». G. FASOLI, «Le autonomie cittadine», 152-153.

[32] H. KELLER, «La responsabilità del singolo», 73.

o in un modello normativo, ma fa della volontà consapevole e dell'agire premeditato l'unità di misura della responsabilità individuale[33].

Esta responsabilidade do indivíduo em discernir entre o bem e o mal, e optar pelo bem, pela justiça, pela ordem da comunidade, no pensamento do século XII será inspirada numa vontade divina, que faz com que a responsabilidade tenha sua dimensão religiosa baseada na relação entre o indivíduo e Deus[34]. Esta relação entre a ordem da comunidade e a responsabilidade do indivíduo, motivado pelo novo contexto social da organização urbana, segundo Keller, será um grande tema do século XII para os séculos seguintes[35].

Talvez esta nova realidade seja também iluminadora para compreender a dimensão da responsabilidade do indivíduo frente a um projeto comunitário, assumindo-o não somente como uma lei, uma norma, mas como valores comunitários a serem vividos dentro de uma opção, seja religiosa ou social, de convivência e de busca de um ideal comum. A *vitae formula* dada aos primeiros carmelitas também tem essa ideia de um projeto comum para todo o grupo, não tirando a responsabilidade pessoal, pelo contrário, acreditando que todos a possam viver com responsabilidade e maturidade, contendo várias expressões que deixam claro a liberdade responsável frente à «lei». Assim, respeita as diferenças e limitações de cada um, o que não diminui, muito menos anula, o esforço e ascese para a vivência do ideal comum.

2.   A Igreja nos séculos XI a XIII

O conceito de eclesiologia não deve ser a mesma coisa que o conceito de organização e estrutura eclesial de cada época, nem tão pouco nesta deve se resumir. Porém, a organização eclesial está sempre em profunda relação com a concepção eclesiológica que se tem, produzindo os

---

[33] H. KELLER, «La responsabilità del singolo», 82. Neste sentido, o juramento prestado para formar a coletividade não tira a responsabilidade individual justamente porque o juramento continua sendo pessoal: «Proprio dell'epoca è che questi giuramenti non sono prestati impersonalmente della collettività ai suoi rappresentanti e da questi alla collettività, ma sono prestati personalmente, secondo formule assai prossime allo schema del giuramento feudale: la concezione dell'autorità è ancora del tutto personale e tale resterà ancora per molto tempo». G. FASOLI, «Le autonomie cittadine», 155.

[34] «E qui raggiungiamo il cuore di ciò che fonda la responsabilità del singolo nel pensiero e nella concezione del mondo del XII secolo, facendo la base dell'ordinamento della società: la decisione consapevole che continua a rinnovarsi, a favore del bene, della giustizia, dell'ordine della comunità attraverso le sue norme ispirate alla volontà divina. Tale responsabilità possiede sempre una dimensione religiosa, essendo ancorata al rapporto tra l'individuo e Dio». H. KELLER, «La responsabilità del singolo», 85.

[35] Cfr. H. KELLER, «La responsabilità del singolo», 86.

meios necessários para realizá-la. Ao falar da eclesiologia e da relação desta com a organização eclesial, nos esclarece G. Miccoli:

> L'organizzazione della Chiesa, il suo modo di inserirsi cioè nella società, nella vita degli uomini, è in relazione diretta con la coscienza che essa ha di sé, della sua funzione nella storia, del deposito di dottrine che intende conservare e propagare... Ma la vita delle strutture ha una sua storia anche al di là degli uomini, delle circostanze, dei principi e delle idee, che le hanno generate. Esse possono, nel variare delle situazioni, non corrispondere più ai fini per i quali erano nate ed apparire, agli occhi di nuove generazioni, assolutamente contraddittorie a quei principi nei confronti dei quali un tempo esse erano potute sembrare perfettamente adeguate e congruenti. Quando questo avviene esse entrano in crisi: vengono ricercate allora nuove forme di organizzazione e si procede nel contempo ad un approfondimento e ad un rilancio della propria tradizione dottrinale...[36].

Neste sentido, as grandes mudanças sociais e econômicas ocorridas no início do novo milênio, e a própria vida da Igreja em relação com esses diferentes momentos históricos, trazem novas concepções e modos de se organizar que influenciam também na própria maneira de compreender a missão eclesial.

O sistema feudal era uma prática que já estava a tempo presente na atuação dos imperadores, dos soberanos, e também dos papas, sendo encontrado na própria estrutura eclesial. O declínio do feudalismo, portanto, traz grande crise e transformações em todos os setores da sociedade, questionando as próprias estruturas que não respondem mais ao momento histórico, motivando a busca de novas respostas. Já na Igreja do século XI e XII, pode-se encontrar dois movimentos opostos: um em direção à sua decadência, pelo processo de «enfeudamento» da hierarquia eclesiástica, bem como da presença de outros problemas, entre os quais a simonia, o concubinato do clero; e outro em direção a um movimento de reforma, tanto da vida monástica e do clero, quanto dos próprios leigos[37], todos conclamados pela reforma gregoriana.

Segundo Y. Congar, de Gregório VII (1073-1085) a Inocêncio III (1198-1216) a Igreja passa por um período decisivo, marcado pela influência da época carolíngia, quando «l'Eglise était le peuple de Dieu gouverné conjointement par le *Sacerdotium* et le *Regnum*»; e pela reforma gregoriana,

---

[36] G. MICCOLI, «Aspetti del rapporto», 75-76.

[37] «... testimoni entrambi di quella funzione subordinata a Roma, di sostegno armato alla gerarchia, in difesa della fede e nella lotta contro eretici ed infedeli, che nella riforma gregoriana verrà indicato come compito precipuo del laicato e che troverà la sua espressione più piena nella crociata». G. MICCOLI, «Aspetti del rapporto», 95.

quando a Igreja «prenant son indépendance à l'égard de la société tempo-
relle, favorisait par contrecoup, en celle-ci, la conscience d'une consistance
propre et autonome»[38]. Na sua base, porém, inspirado nos esquemas dioni-
sianos[39], prevalece a ideia de que o poder espiritual é que constitui o poder
terreno e, por isso mesmo, este deve ser àquele submisso.

2.1   *Igreja e Império, «Sacerdotium» e «Regnum»: o projeto da cristandade*[40]

No início do segundo milênio encontra-se uma organização eclesial fortemente influenciada e derivada do período carolíngio[41]. A estrutura eclesiástica continuava sendo de uma Igreja imperial:

---

[38] Y. CONGAR, *L'Eglise*, 177.

[39] Dionísio Areopagita, ou Pseudo-Dionísio Areopagita, é um personagem que se
diz discípulo do Apóstolo Paulo (At 17,34), sendo assim reconhecido por toda a Idade Média. Os recentes estudos, entretanto, mostram sem fundamento essa informação e propõe
que seus escritos – *Corpus Areopagiticum* (o *Dionysiacum*) – são provavelmente do fim do
século V e início do VI. Sua obra é uma tentativa de integrar conceitos neoplatônicos com
o cristianismo, auxiliado pela reflexão dos padres alexandrinos e capadócios. Com um
pensamento eminentemente teocêntrico e destacando a absoluta transcendência de Deus,
assume o sistema hierárquico como uma forma de assemelhar-se a Deus e de ajudar a
mente humana a elevar-se à realidade imaterial. Na sua teoria sobre a hierarquia celeste,
deixa claro que tudo deve convergir para o alto. Deste modo: «La gerarchia celeste, che
ha struttura rigidamente ternaria, prevede che i membri superiori ricevano la luce direttamente da Dio e la trasmettano a quelli inferiori, producendo in essi il triplice effetto della
purificazione, dell'illuminazione e dell'iniziazione, per cui tutti gli ordini vengono coinvolti
in un dinamismo che tende verso l'alto». A. BONATO, *Invito alla lettura*, 8. Para consultar
todas as obras do autor: DIONIGI AREOPAGITA, *Tutte le opere* (1983).

[40] Da vastíssima bibliografia sobre esse tema, pode-se consultar: Y. CONGAR,
L'Eglise, de saint Augustin à l'époque moderne (1970); R. W., SOUTHERN, *Western Society
and the Church in the Middle Ages* (1970); C. BROOKE, «Princes and Kings as Patrono of
Monasteries» (1971); C. VIOLANTE, *Studi sulla cristianità Medievale* (1972); *Le Istituzioni
ecclesiastiche della "Societas Christiana" dei secoli XI-XII* (1974); L. PROSDOCIMI, «Per la
storia della cristianità Medievale in quanto istituzione» (1974); G. TABACCO, «Autorità
Pontificia e Impero» (1974); A. ACERBI, *Il diritto della Chiesa* (1977); G. TELLENBACH, «Im-
pero e Istituzioni Ecclesiastiche locali» (1977); M.T. BEONIO-BROCCHIERI FUMAGALLI, ed.,
La Chiesa invisibile (1978); O. CAPITANI, «Papato e Impero nei secoli XI e XII» (1983);
La cristianità dei secoli XI e XII in Occidente (1983); G. TABACCO, «Cristianità e Impero
fino al concordato di Worms» (1983); K. A. FINK, *Chiesa e papato nel Medioevo* (1987);
W. ULLMANN, *Il papato nel Medioevo* (1987); L. ORABONA, *La Chiesa dell'anno mille* (1988);
C. MORRIS, *The papal monarchy* (1989); G. TELLENBACH, *The Church in western Europe from
the tenth to the early twelfth century* (1993); M. MACCARRONE, *Nuovi studi su Innocenzo III*
(1995); C. AZZARA, *L'ideologia del potere regio* (1997); G.M. CANTARELA, «Dalle Chiese alla
monarchia papale» (2001); A. AMBROSIONI, *Milano, papato e impero in età medievale* (2003);
C. AZZARA, *Il papato nel Medioevo* (2006).

[41] Segundo G. B. Ladner, pode-se falar neste período de duas grandes tradições

La nascita di un nuovo impero in Occidente richiese anche una rielaborazione teorica del tradizionale rapporto tra l'autorità pontificia e il potere politico... Nell'impero fondato da Carlo Magno si crearono le condizioni perché venisse riprodotto il tradizionale modello di una chiesa imperiale, con il monarca franco ormai sostituitosi al *princeps* di Costantinopoli. Ne risultò un equilibrio complicato e ambiguo, in un sistema contraddistinto da un'inestricabile simbiosi a tutti i livelli fra il potere laico e quello ecclesiastico, chiamato a partecipare attivamente alla vita politica e amministrativa. Malgrado Carlo affermasse che le istituzioni ecclesiastiche in quanto poste sotto la sua protezione dovevano per questo trovarsi sotto il suo comando, fu in realtà il papa ad assumere un crescente controllo di tutta la chiesa occidentale. Muovendo da tale ruolo di guida dell'intero corpo ecclesiastico la sede romana avrebbe gradatamente elaborato, non senza contrasti, l'idea di una propria supremazia addirittura sull'intera società dell'Occidente e sulle stesse istituzioni politiche[42].

O modelo carolíngio[43] também entrará em crise, e o seu ideal vai se enfraquecendo à medida em que os centros de autoridade vão se descen-

---

quando se refere à relação da Igreja com o estado político: «It is a fact that ever since the era of St. Gregory VII there have been two different traditions concerning the relation between Church and State, between *Sacerdotium* and *Regnum*, between Papacy and Empire. One was the old , that is to say, the Carolingian or modified Gelasian tradition according to which both *Regnum* and *Sacerdotium* were *in* the Church, in the Church understood as the Body of Christ. The other one was both new and old, it was the Gregorian renovation of the original Gelasian two power doctrine, and in some respect another modification of it». G. B. LADNER, «The concepts of "Ecclesia"», 50. Na época pre-gregoriana, o poder civil era visto também como função da Igreja, pois esta era concebida como «Corpo de Cristo», que envolve tanto o temporal como o espiritual: «If the temporal *as such* formed part of the Body of Christ, then it was even more difficult to draw the demarcation line between the spiritual and the temporal spheres than if the State was outside of the Church». *Ibid.*, 50-51. Gregório VII enfatizará a distinção nem tanto para «separar» os dois poderes, mas para mostrar a superioridade do espiritual sobre o temporal.

[42] C. AZZARA, *Il papato nel Medioevo*, 37-38.

[43] Com a grande expansão territorial na formação do Império, Carlos Magno preocupou-se em organizar administrativamente as regiões conquistadas confiando-as à gerência de um nobre que, sob à sua autoridade central, era controlado e fiscalizado pelos *missi dominici* (enviados do senhor), onde o episcopado teve um papel importante: «Carlo Magno cercò di dare ai vasti domini del regno, formati da nazioni diverse e popolazioni eterogenee una struttura politica e organizzativa centralizzata. Il territorio fu inquadrato in una rete di distretti territoriali, i comitati, che vennero affidati ai *comites* (conti), funzionari regi, già presenti in età merovingia, posti a capo anche delle terre di nuova conquista. I conti appartenevano a potenti famiglie aristocratiche e dipendevano direttamente dal sovrano, in nome del quale amministravano la giustizia, convocavano e guidavano l'esercito; come compenso per il servizio prestato incameravano i proventi dell'azione giudiziaria, le

tralizando e passando para as instâncias mais locais. O que se concebia como uma autoridade hierárquica, baseada em uma dependência que correspondia a recíprocos «direitos de imunidades»[44], tornam-se uma justaposição de autoridades sempre mais limitadas e restritas, sempre mais independentes.

Em Gregório VII, retomando a doutrina do papa Gelásio I[45], faz-se uma distinção entre a Igreja e o Império, entre o poder religioso e político, no sentido da «dignidade» do poder exercido por cada um: apostólico e real, como os dois poderes que regem o mundo. O que estará na base da relação entre o poder eclesial e o poder político, porém, será o pensamento de uma «*Societas Christiana*» que envolverá toda a sociedade e suas estruturas, quer religiosa ou política:

> Gregory VII's doctrine on the problem of Church and State relationship was largely based on the historical fact that both the Church as the supranatural Body of Christ and the natural political communities found themselves placed on earth in the temporal framework of a society called *Christianitas* of Christendom... The use of the term *Christianitas* beside *Ecclesia* to designate Christian society is connected with a further development of great consequence[46].

---

esazioni dei pedaggi (un terzo di quanto spettava al sovrano) e ricevevano in beneficio terre ubicate all'interno del comitato... Per sorvegliare l'operato dei funzionari Carlo Magno fece ricorso all'istituto dei *missi dominici*, esponenti dell'aristocrazia laica ed ecclesiastica che periodicamente ispezionavano una circoscrizione e riferivano al sovrano; di solito erano nominati a coppie, formate da un vescovo e da un laico scelto perlopiù tra i funzionari del *palatium*. L'episcopato, dunque, svolgeva nell'organizzazione dello Stato un ruolo importante e contribuiva al buon funzionamento dell'amministrazione: per conseguenza la nomina vescovile divenne questione sempre più delicata e fu normalmente riservata al sovrano». A. CORTONESI, *Il Medioevo*, 91.

[44] Cfr. G. MICCOLI, «Aspetti del rapporto», 80.

[45] O papa Gelásio I (492-496) falará de «*duo quippe sunt*», fazendo um paralello entre l'«*autoritas sacrata pontificum*» e a «*regalis potestas*», afirmando o poder universal da sede romana e de seu príncipe: «*Duo sunt quippe, imperator auguste, quibus principaliter mundus hic regitur, auctoritas sacrata pontificum et regalis potestas, in quibus tanto gravius pondus est sacerdotum, quanto etiam pro ipsis regibus hominum in divino reddituri sunt examine rationem*». GELASIUS I, Ep. *Famuli vestrae pietatis* ad Anastasium I imp., a.494 in DH, 190.

[46] G. B. LADNER, «The concepts of "Ecclesia"», 52. O termo «*Christianitas*» aparece já pela primeira vez no século IX com os papas Nicolau I e João VIII, mas no sentido de enfatizar que havia uma sociedade cristã a qual era maior que os Impérios cristãos do Leste ou Oeste. Cfr. *Ibid.*

Os reis, e o próprio Imperador, passam a ser vistos nem tanto como apenas «funcionários» em função da Igreja, mas como líderes e possuidores de terras nas quais vivem os cristãos. A primazia papal e a sede de Roma vão se fortificando como ponto de unidade e o termo *ecclesia* crescerá no sentido de uma identificação com a Igreja Romana. A questão não será tanto quem é o «poder superior» na Igreja, mas sim quem é o «poder superior» entre os cristãos, ou seja, a supremacia do espiritual sobre todo poder temporal, da Igreja sobre uma sociedade formada de cristãos.

No modelo carolíngio, o temporal havia sido tão «sacralizado» que não se percebia muito a distinção entre os dois poderes[47]. No período gregoriano se reconhece a diferença, mas também a subordinação de todas as instituições à finalidade do poder eclesiástico[48]. Surge de forma mais clara uma «República Cristã», onde o conceito de uma «Igreja Universal» assume dois significados: «... the Mystical Body of Christ and the *Corpus Christi Juridicum* of the Roman Church as an eminently clerical corporation culminating in the Pope»[49].

A concepção de poder que surge na época gregoriana era a subordinação do «temporal»[50] não mais somente no sentido moral e pedagógi-

---

[47] «Si prospettava così la possibilità di concepire un'alterità di piani di funzioni, che al limite, vanificava ogni concreto atteggiarsi del rapporto temporale-spirituale: il rapporto sussisteva nella misura in cui la religiosità era parte integrante ed indissolubile del mondo medioevale, che certamente riconosceva una duplicità di funzioni, ma in una coscienza unitaria». O. CAPITANI, «Esiste una'"età gregoriana"?», 458.

[48] «... sembra egualmente incontestabile, soprattutto nel medioevo, l'impegno della cultura ecclesiastica nel legittimare tutte le istituzioni, stabilendo un raccordo fra la loro finalità e quelle proprie delle istituzioni religiose. Il raccordo, nel medioevo, fu elaborato con tale intensità e fu proclamato con tale intransigenza, da far convergere tutte le istituzioni in una sorte di istituzione globale...». G. TABACCO, «Cristianità e Impero», 3. É importante compreender que a cristandade se desenvolve e é compreendida como um sistema de instituições: «Certo, il principe, quale tutore delle chiese del regno, si poneva, come ogni altro príncipe territoriale del mondo Cristiano, all'interno di una cristianità intesa come sistema di istituzioni... Divenne un modello di funzionamento di quella simbiosi politico-ecclesiastica, che aveva il suo precedente più illustre nel mondo carolingio e che ora si presentava strutturata diversamente, ma non certo meno profondamente, per il modo nuovo in cui le responsabilità pubbliche venivano conferite alle chiese, in ambiti territoriali determinati e esclusivi, e per l'intensificazione sostanziale e formale dei rapporti personali del re con i vescovi». *Ibid.*, 8.

[49] G. B. LADNER, «The concepts of "Ecclesia"», 56.

[50] Importante compreender o significado desta subordinação. P. Zerbi, discutindo uma apresentação de G. Tabacco, faz uma observação de que sobre este período histórico se falou muito de uma interferência do religioso no político. Dentro de uma visão unitária, porém, é difícil falar desta interferência com os conceitos modernos que usamos hoje. O erro que se comete é de «proiettare nel Medioevo certe distinzioni di competenze, che

co, mas também jurídico, fazendo com que até mesmo o poder militar do Império no cumprimento de sua tarefa esteja sujeito ao poder eclesial. A jurisdição secular e espiritual se unificarão na sede romana[51].

Na cristandade[52], o papel do Império como potência regia e hegemônica sobre o mundo cristão, autorizado pela Igreja gregoriana, será proteger a «*pax omnium Christianorum*», com o objetivo da extensão do mundo cristão e defesa da Igreja de qualquer outro poder:

> L'idea e la realtà della Cristianità medievale è dunque quella di una Chiesa allargata, si da comprendere la società umana in tutti i suoi molteplici aspetti. Ciò voleva chiaramente dire, per i medievali, concepire questo «Popolo di Dio» come organizzato integralmente nell'unica somma istituzione, senza residuo alcuno all'esterno; sicché anche l'imperatore (e l'Impero, quindi, come istituzione) era dentro di essa, quale secondo potere vicariale del Cristo re e sacerdote eterno[53].

Um pensamento comum que permanecerá no século XII é o conceito de que os reis deviam ser os defensores, os advogados da Igreja, concebendo a realeza com uma função eclesiástica: «Cette notion ministérielle et cléricale du *Regnum* s'appliquait tout naturellement à la dignité impériale car, empereur *romain*, il était comme tel sacré par le pape *pour* la défense de l'Eglise romaine et pour garder la paix, sous la présidence du pape, comme "brachium ecclesiae romanae"»[54].

---

sono tipiche della mentalità moderna. In altre parole, non si può parlare in quell'epoca di intrusione di un potere nella sfera dell'altro semplicemente perché il limite, almeno così come lo intendiamo oggi, non esisteva e pertanto non poteva essere valicato». G. TABACCO, «Autorità Pontificia», 151.

[51] Cfr. G. TABACCO, «Autorità Pontificia», 135.

[52] L. Prosdocimi insiste que a cristandade foi sempre afrontada exclusivamente no seu sentido terminológico e conceitual, limitando-a a uma ideia. Ele defende que «la Cristianità... è stata anche e soprattutto una grossa realtà istituzionale..., la prima e più grande istituzione dell'Europa medievale, tanto grande e primaria da ricomprendere nel suo seno tutte le cento altre istituzioni, a cominciare dall'Impero e dalla stessa Chiesa». L. PROSDOCIMI, «Per la storia», 13.

[53] L. PROSDOCIMI, «Per la storia», 14. A cristandade envolve a visão de uma única sociedade: «Per i medievali infatti la Chiesa "totale", ossia la Cristianità, era l'unico vero corpo sociale; più sotto, come le dispute e i dissensi (a cominciare da quelli fra Papato e Impero), così anche le prese di coscienza e i ripensamenti dottrinali». *Ibid.*, 15. Por isso, «questa società assorbente e globalizzante dell'Europa medievale che fu la Cristianità, fu non soltanto un mito o una pura idea ma, nei limiti in cui le cose degli uomini possono esserlo, anche una realtà vissuta e operante per secoli nella nostra storia». L. PROSDOCIMI, «Verso una storia globale», XXV.

[54] Y. CONGAR, *L'Eglise*, 182. «...dobbiamo stare attenti per quanto riguarda il se-

2.2   O sistema da «Igreja privada»

Um dos grandes problemas que a Igreja enfrenta é o sistema da chamada «Igreja privada», que se desenvolve trazendo grandes consequências. No início, tal sistema dava ao proprietário da terra onde se construía uma Igreja o direito, até então pertencente ao bispo, do rendimento da igreja, bem como da nomeação do clérigo que servirá a esta. Tal acordo crescerá, ganhando grandes dimensões, até chegar à própria sede romana[55], quando os reis começam a nomear também os bispos. A Igreja se enquadra no sistema vigente:

> Con la diffusione delle *«chiese private»* le strutture ecclesiastiche si integrano strettamente nelle strutture economiche della società feudale e, in un ordinamento in cui il possesso della terra era l'elemento fondamentale della forza politica, anche in quelle politiche. I contraccolpi si estesero inevitabilmente a tutti i livelli di azione della chiesa [56].

Tentou-se através da legislação canônica inserir tais igrejas, ao invés de aboli-las, na ordem eclesiástica reconhecendo os direitos dos senhores feudais proprietários das terras, mas também indicando os direitos do clero e restabelecendo certa superioridade dos bispos. Os clérigos recebiam o «benefício» que se traduziam em uma série de direitos e garantias concedidos pelo dono das terras, com o consentimento do bispo, através da forma feudal do *beneficium*. Reconhecendo a autoridade do bispo, este tinha o direito de visita, o poder judiciário e o recebimento de um tributo[57].

---

colo XII e i seguenti: i principi secolari si sono sempre occupati personalmente della vita ecclesiastica e delle istituzioni della Chiesa, e sono stati chiamati a farlo». G TELLENBACH, «Impero e istituzioni», 34.

[55] «Il contraccolpo maggiore si avvertì, però, quando il sistema delle "chiese private" si estese da quelle inferiori verso le chiese maggiori, fino a lambire la stessa sede romana». A. ACERBI, *Il diritto nella Chiesa*, 35.

[56] A. ACERBI, *Il diritto nella Chiesa*, 35. «Il diritto della "chiesa privata" si presentava così come espressione di un moto dal basso, che tendeva ad assorbire la chiesa nelle strutture della società, abolendo la specificità della sua costituzione. La lotta contro tale sistema – che culminò nella "lotta per le investiture" – fu perciò una lotta per l'esistenza della chiesa come una struttura sociale specifica ed autonoma, paragonabile, pur su piani diversi, alla lotta contro la gnosi, anche per l'effetto di consolidamento e di ampliamento dei poteri che entrambe ebbero sull'organo che le impersonò (là l'episcopato, qui il papato)». *Ibid.*, 36.

[57] Cfr. A. ACERBI, *Il diritto nella Chiesa*, 34.

Porém, com o crescimento do número de Igrejas privadas[58] e de tal sistema beneficiário chegando até às Igrejas Catedrais, desestrutura-se a unidade patrimonial das dioceses e o benefício começa a aparecer como o único modo de conferir os novos serviços eclesiais:

> La situazione comunque era quella che era: un diffuso smembra-mento del patrimonio ecclesiastico fatto oggetto del più vario mer-cato, un continuo intervento dei laici a tutti i livelli nella nomina del clero, con l'accompagnamento frequente di versamento di denaro, alienazione di beni e di rendite, e nomine che sottostavano perciò assai sovente a criteri assai lontani da quelli più propriamente di valutazione religiosa e pastorale[59].

2.3   Época Gregoriana

A luta contra a investidura, uma forte bandeira da reforma grego-riana[60], vem de encontro com este desejo de reassumir a existência da Igreja como uma estrutura social específica e autônoma. Isto desenca-deia a necessidade de uma profunda reforma em toda a Igreja.

O programa de reforma não foi idealizado ou formulado num só momento, nem deve ser visto somente como obra de Gregório VII. Hou-

---

[58] Apesar do sínodo de 1059, com Nicolau II, ter proibido o clero de aceitar Igrejas privadas, o número destas aumenta muito: «... già dal 1100 il numero delle chiese private in mano a chiese e monasteri superava di gran lunga presumibilmente il numero di quelle laiche». G. TELLENBACH, *Impero e istituzione ecclesiastiche locali*, 35.

[59] G. MICCOLI, «Aspetti del rapporto», 99-100. «La risposta riformatrice fu di iden-tificare nel modo più stretto ufficio ecclesiastico e diritti reali ad esso connessi, chiesa e proprietà, e di individuare perciò come simonia ogni mercato o transazione in qualche modo connesso con i beni e le rendite ecclesiastiche». *Ibid.*, 100.

[60] Entre tanta bibliografia que se encontra sobre a reforma gregoriana, pode-se citar: A. FLICHE, *La Reforma Gregoriana e la conquista cristiana* (1959); *La vita comune del clero nei secoli XI e XII*. Atti della Settimana di Studio Mendola (1962); O. CAPITANI, «Esiste un'"età gregoriana"?» (1965); G. MICCOLI, *Chiesa Gregoriana* (1966); ID., *Gregorio VII* (1966); ID., *Aspetti del rapporto tra ecclesiologia ed organizzazione ecclesiastica* (1968); R. MORGEHEN, ed.,*Chiesa e Riforma nella spiritualità del sec. XI* (1968); O. CAPITANI, *Immunità vescovili in età "pre-gregoriana" e "gregoriana"* (1973); R. MORGHEN, *Grego-rio VII* (1974); O. CAPITANI, «Episcopato ed ecclesiologia nell'età gregoriana» (1974); A. FLICHE, *Reforma Gregoriana e conquista* (1976); R. MORGHEN, *Medioevo Cristia-no* (1978); G. FORNASARI, «Del nuovo su Gregorio VII?» (1983); G. M. CANTARELLA – D. TUNIZ, *Il papa e il sovrano* (1985); G. TELLENBACH, «Gregorianishe Reform Kritische Besinnungen» (1985); O. CAPITANI, «"Ecclesia Romana" e Riforma: "Utilitas"» (1986); B. BOLTON, *Lo spirito di Riforma nel Medioevo* (1988); O. CAPITANI, «Gregorio VII, santo» (2000); U.-R. BLUMENTAHL, *Gregor VII. Papst zwischen Canossa und Kirchenreform* (2001); G. M. CANTARELLA, *Il sole e la luna* (2005).

ve experiências anteriores de várias tentativas de um novo relacionamento entre a Igreja e o Império para definir o papel e o lugar de cada um, o que ficará muito mais claro e definido na época gregoriana:

> Esso fu piuttosto il frutto di una lunga e complessa esperienza di contrasti e di falliti tentativi d'accordo tra il papato e l'Impero, e, sulla base di tradizionali posizioni della Chiesa, si andò lentamente chiarendo, specialmente per opera di Ildebrando, attraverso le vicende del pontificato di Stefano IX, Nicolò II e Alessandro II[61].

2.3.1 «Libertas ecclesiae» – a busca de autonomia

A base de todo o contexto da reforma é a autonomia da Igreja[62] em relação ao poder temporal, ou ainda a sua superioridade sobre este. É a famosa «luta pela investidura»[63], contra todo o tipo de simonia[64]. Esta já

---

[61] R. MORGHEN, *Medioevo cristiano*, 109. No seu conhecido artigo: «Esiste un'"età gregoriana"?», O. Capitani deixa claro que Gregório VII concretiza algo que já a tempo vinha sendo idealizado, e nem tudo encontrará nele uma resposta definitiva. Questionado se è possível falar em uma «idade gregoriana», o autor responde: «Se si dovesse continuare a guardare a Gregório VII come al "realizzatore", all'"interprete", pur solitário, di tutti i motivi della sua età, la risposta dovrebbe essere negativa: molto c'era da tempo in via di realizzazione – nell'ambito economico e sociale – che trovò una sua completa manifestazione *nel tempo* di Gregorio VII, non ad opera sua. Molti fenomeni, in Gregorio VII, non trovarono un interprete "definitivo": la realizzazione del centralismo romano in una misura di compressione di alcuni aspetti dell'"episcopalismo", che fu certamente il fenomeno più vistoso di quella realizzazione, doveva conoscere attenuazioni e modificazioni». O. CAPITANI, «Esiste un'"età gregoriana"?», 480-481.

[62] «In fondo siamo sempre più convinti che la vera originalità e il profondo significato storico di Gregorio VII e dell'età "gregoriana" siano consistiti nell'aver trovato uno spazio storico autonomo per la Chiesa, spazio che certamente non mancava del tutto nel periodo precedente, ma che fu reso più reale e palpabile dall'azione di Ildebrando: la Chiesa con una sua presenza, una sua autonomia, un suo diritto...» G. FORNASARI, «Del nuovo su Gregorio VII?», 350.

[63] Uma pratica presente na época eram as «regalias», conseguidas através da investidura: «Un concetto complesso e molto controverso nella sua interpretazione, su cui però da decenni vertevano le trattative, è quello delle regalie. Nei rapporti impero (regno) e Chiesa esso è di estrema importanza. Dall'epoca della costruzione della "Chiesa imperiale", esso indica i possedimenti (territori e diritti) assegnati di volta in volta al vescovo o all'abate eletto o nominato dal re tramite investitura conferita con anello e scettro. Dalle regalie derivava, come nel diritto feudale, l'obbligo di fedeltà e di determinate prestazioni verso l'impero (servizio militare)». K. A. FINK, *Chiesa e papato*, 43-44.

[64] Uma obra importante da época que reflete em termos teológicos a presença da Igreja e o grande problema da simonia é o *Adversus Simoniacos* (1057/1058), do Cardeal Umberto di Silva Candida. Uma síntese do seu pensamento encontramos em: G. MICCOLI,

era combatida deste o começo do século X, pelos papas e também imperadores:

> Se consideriamo i regolamenti ecclesiastici del tempo di Benedetto
> VIII e di Enrico II in relazione fra di loro, è chiaro che essi si rivol-
> gono principalmente contro la simonia ed il matrimonio del clero
> che, peraltro, sono le esigenze più note della prima fase della rifor-
> ma ecclesiastica dell'XI secolo, per le quali si dovrà ancora lottare
> in fasi successive[65].

A luta pela investidura tinha como meta «libertar» a Igreja das
mãos e da influência dos reis e Imperadores, assumindo a sua autonomia
diante de qualquer outro poder. O problema é que antes a Igreja e Império governavam juntos. Isto leva à necessidade de pensar um novo tipo
de relação entre o poder espiritual e temporal, o que vem de encontro
com a concepção assumida até então: «In relazione a una siffatta concezione ecclesiologica dovevano essere definiti su un nuovo piano anche i
rapporti della Chiesa col supremo potere laico, l'Impero. Il papato aveva
diviso nel passato con esso il grave compito di governare la cristianità in
un'intima unione di propositi e di intenti»[66].

O grande desafio será mostrar que o poder temporal é inferior ao
eclesiástico e, por isso mesmo, ainda que juntos governem a humanidade deve aquele a este se submeter. No fundo, era uma certa «redução»
do poder temporal, que motivará um novo conceito que contradiz com
a «concezione della sacralità del potere regio che era uno dei cardini
sui quali aveva poggiato tutta la costituzione politico-religiosa dell'Alto
Medioevo»[67]. Ainda que permaneça o conceito de unidade entre a Igreja

---

«Aspetti del rapporto», 102-113. A este respeito também é importante o pensamento de
Pier Damiani. Ver: D. VITALI, «La chiesa da riformare: l'ecclesiologia damianea» (2009).

[65] G. TELLENBACH, «Impero e istituzioni», 30. Essa luta levará ao sínodo de 1059,
com Nicolau II, o qual proibirá absolutamente ao clero de aceitar qualquer Igreja dos leigos, o que não será muito respeitado na história posterior. *Ibid.* 34.

[66] R. MORGHEN, *Medioevo cristiano*, 116.

[67] R. MORGHEN, *Medioevo cristiano*, 117. O autor mostra como surge esta nova
concepção do poder temporal, inspirada num pensamento agostaniano que indicava tal
poder como diabólico, pois os grandes impérios usavam meios ilícitos – *magna latrocinio*
– para conquistá-lo: «La concezione agostiniana ha esercitato in questa parte del pensiero
gregoriano una influenza indiscutibile. Mentre però la visione pessimistica dell'umanità e
della sua storia doveva condurre nel pensiero del vescovo di Ippona alla fuga dal mondo
e all'esaltazione dell'ideale ascetico, Gregorio VII ricava invece da essa il principio della
supremazia delle cose spirituali sulle terrene, e invece di fuggire il mondo, lo sottoponeva
alla legge della suprema giurisdizione spirituale morale e politica del pontefice». *Ibid.*, 119.
A origem do poder humano é diabólica porque faz com que os homens, que são iguais por
natureza – *pares per natura* –, use qualquer meio para dominar o outro. Somente o poder

e o Império, irá mudar profundamente o modo de relação entre os dois. O Imperador, como simples *caput laicorum*, deverá sujeitar-se ao magistério e à disciplina eclesiástica, na pessoa do Sumo Pontífice, vigário de Cristo e seu representante na terra[68].

O grande desafio era definir não somente a autoridade da Igreja sobre o poder temporal, mas também sobre o próprio episcopado, que muitas vezes se mostrava arredio, para garantir a supremacia e a unidade eclesial. Uma das questões centrais para a reforma era a nomeação dos bispos, a sua comunhão com a Igreja Universal e o seu verdadeiro ofício de representante desta:

> Il nodo stesso delle questioni pendenti fra l'Impero e il papato era costituito in massima parte dalle elezioni vescovili e dalla necessità di precisare con esattezza la dipendenza gerarchica del vescovo e la estensione dei suoi poteri. L'episcopalismo, questa formidabile partenza saldamente ancorata a un intransigente spirito di casta, oltre che a tutto quel complesso d'interessi con i quali e per mezzo dei quali s'era affermata, opponeva una resistenza tenace ed una considerevole forza d'inerzia ad ogni tentativo che comunque menomasse i privilegi sui quali essa si fondava[69].

Com a tomada de autonomia da Igreja, vai diminuindo a influência dos reis sobre a vida eclesial e as instituições eclesiásticas locais, ainda que eles continuassem a desenvolver um papel importante de proteção dos bens da Igreja. «Le chiese avevano tuttora bisogno di protezione per

---

da Igreja, porque é sobrenatural, isto é, divino, pode ser superior e pode redimir o poder humano. Justo é o rei que governa segundo a lei de Deus, o que quer dizer: obediente à Igreja. Sobre essa temática: H.-X. ARQUILLIÈRE, *L'Augustinisme politique* (1972).

[68] Cfr. R. MORGHEN, *Medioevo cristiano*, 123.

[69] R. MORGHEN, *Medioevo cristiano*, 111. A obediência dos bispos à Igreja romana, com a definição do primado papal, será também o forte desafio da época gregoriana: «Se "la dignità apostolica" era il sole, ad essa occorreva riferirsi. E questo non valeva solo per il re, ma ovviamente, in prima istanza, per il clero. I vescovi dovevano riconoscersi nel pontefice di Roma. Dunque, non sarebbe stato più consentito loro essere i pilastri del regno e i detentori del sapere formalizzato della regalità? Proprio loro, che per tradizione secolare erano ovviamente i depositari e i detentori del *discorso episcopale della regalità* (che era *episcopale* perché era stato *inventato* dai vescovi e dunque *maneggiato con proprietà* da loro) ne sarebbero stati spogliati e avrebbero dovuto rinunciare alla *capacità contrattuale* che era loro conferita dal fatto stesso di detenere quel sapere e quel discorso?». G. M. CANTARELLA, *Il sole e la luna*, 25. Desta questão dependia a unidade de toda a Igreja: «...le discussioni che si svolgono sulla natura dell'ordine episcopale in relazione all'obbedienza dovuta alla Sede apostolica pongono drammaticamente il problema dell'unità della Chiesa». O. CAPITANI, «Episcopato ed ecclesiologia», 318.

tutelare le loro proprietà ed i loro diritti, che spesso venivano minacciati non solo dall'esterno ma anche dall'interno»[70].

A recuperação da investidura, porém, traz uma grande e consequente centralização do poder eclesiástico em Roma, na pessoa do Sumo Pontífice, que se torna também «juiz da cristandade». A justiça eclesiástica começa a julgar não somente casos que envolvem a Igreja, mas também a sociedade civil. Assim, influencia de forma direta tanto a vida do indivíduo quanto da sociedade, sempre à luz da fé, com base na justiça eclesiástica que tinha propriamente em Roma a sede e fundamento de sua autoridade.

2.3.2 «Plenitudo Potestatis» - o poder centralizado

Para conduzir a Igreja num processo de verdadeira reforma, recuperar a investidura e a unidade da Igreja universal, Gregório VII define de forma clara e prática o conceito de plenitudo potestatis[71], ou seja, o primado absoluto da Igreja de Roma e de seu pontífice[72]. A universalidade e o primado da Igreja de Roma é algo presente e refletido já desde os primeiros séculos[73], retomada e aprofundada nos séculos posteriores[74].

---

[70] G. TELLENBACH, «Impero e istituzioni», 31.

[71] O termo plenitudo potestatis era usado primeiramente para indicar o poder daqueles que representavam o papa, sendo por ele delegado, o que não incluía necessariamente o poder temporal: «When the term plenitudo potestatis made its first appearance in papal documents, it was used to describe the delegated power of papal legates rather than the power of the pope himself. It was meant to imply, not complete and thorough-going fullness of power which would necessarily include temporal power, but fullness of power within the limits of the definition of that power, whatever those limits may have been». W. MCCREADY, «Papal plenitudo potestatis», 654.

[72] Para aprofundar este tema: M. MACCARONE, Vicarius Christi: storia del titolo papale (1952); G. LADNER, «The concepts of "Ecclesia" and "Christianitas"» (1954); G. TELLENBACH, The growth of papal government in the middle age (1955); W. D. MCCREADY, Papal plenitudo potestatis and the source of temporal authority (1973); M. MACCARONE, «La teologia del Primato Romano del secolo XI» (1974); Y. CONGAR, Titoli dati al Papa (1975); O. CAPITANI, «Le Istituzioni ecclesiastiche medioevali» (1976); G. TELLENBACH, «Impero e Istituzioni ecclesiastiche locali» (1977); J. LECLERCQ, «Ecclesia "Corpus Christi" et "Sacramentun Fidei"» (1986).

[73] No século II, Santo Inácio já mencionava que a Igreja romana tinha a função de «presidente dell'agape» e Santo Irineu a definiu como «potentior principalitas». Os autores do séculos III e IV falam do seu valor universal como «communio». Porém, a definição clássica do primado da sede romana encontramos no sínodo de Roma de 382, com o papa Dâmaso, passado aos escritos canônicos com o nome de Decretum Gelasianum. Cfr. M. MACCARRONE, «La teologia del Primato», 21-22.

[74] O papa Leão IX (1049-1054) foi um dos grandes teorizadores do primado romano. Retoma a tradição, mas a novidade de sua eclesiologia «sta nel fatto che la sede di Roma

Com o *Dictatus Papae* (1075), porém, Gregório VII apresenta de forma direta e esquemática as prerrogativas do papado e da Igreja de Roma, deixando claro o primado desta – *a solo Domino sit fundata* – e a dignidade e exclusiva universalidade do ofício do Sumo Pontífice – *iuri dicatur universalis*. Em uma lógica de pensamento, partindo de uma primeira afirmação dogmática – *Quod Romana ecclesia a solo Domino sit fundata* – Gregório VII deixa claro: «L'ubbidienza indiscutibile alla Chiesa di Roma. La sua posizione nel mondo. La sua superiorità ontologica. La superiorità ontologica, dunque, del suo vescovo. E tutte le conseguenze logiche di questo»[75].

A teoria do primado papal fundamenta-se em duas bases teológicas: a «*Romana ecclesia*» e «*vicarius Petri*». Partindo da relflexão bíblica, o *Decretum Gelasianum* afirma que o primado da Igreja romana não é uma decisão humana, mas vontade do próprio Cristo que assim se manifestou: «*Tu es Petrus, inquiens, et super hanc petram aedificabo Ecclesiam meam...*»[76]. Desta forma,

> La Chiesa di Roma è e rimane una Chiesa locale, però possiede per volontà di Cristo stesso, non già per disposizione dell'ordinamento ecclesiastico fissato in un concilio (chiara allusione a Nicea e a Constantinopoli), una sua superiore funzione rispetto alle altre Chiese. È un primato (termine da intendersi non nel senso giuridico posteriore), che fa della Chiesa di Roma la 'prima Chiesa', così come san Pietro fu il primo apostolo[77].

---

non è presentata tanto quale fonte ed elargitrice di privilegi a chiese ed a monasteri, come era in genere descritta nei documenti dei papi precedenti, bensì come il punto di necessaria convergenza di tutta la Chiesa, centro dinamico, che per sua natura deve essere presente ed efficace dovunque in un rapporto immediato con ognuno, per il vantaggio delle istituzioni ecclesiastiche locali in primo luogo, ma più in generale – e qui consiste la sua funzione nella Chiesa – per sollevare chi è decaduto o è debole e per assicurare libertà e stabilità». M. MACCARRONE, «La teologia del Primato», 37.

[75] G. M. CANTARELLA, *Il sole e la luna*, 143.

[76] Cfr. *Decretum Gelasianum*, in DH, 196. Mt 16,13-18 é o texto bíblico que fundamenta a teoria do primado papal.

[77] M. MACCARRONE, «La teologia del Primato», 22. Portanto, o bispo de Roma, através da sucessão apostólica, que é constitutiva e permanente na Igreja, assume a *cathedra Petri* numa relação transcendente e imediata com o apóstolo, recebendo, assim, o ofício de «*vicarius Petri*». Pier Damiani, dando grande contributo no desenvolvimento da teoria do primado romano, falará em «*vicarius Christi*», diminuindo o peso jurídico de autoridade e figura do apóstolo que carregava o termo «*vicarius Petri*» durante o século XI, enfatizando uma relação transcendente e direta com o próprio Cristo. «In consequenza di questa nuova posizione del papa, veniva in qualche modo a diminuire la distanza, che lo stesso san Pier Damiani afferma, nello spirito della tradizione, tra l'uffizio di capo della Chiesa che ha Cristo, e quello del papa dipendente dal 'privilegium Petri' e legato ad una cattedra

Tomando esta teoria do primado, ligando-a com a concepção de Igreja universal como «*mater et magistra*», vendo «São Pedro» e a «Igreja Romana» com a mesma importância e unidade, ambos essenciais e complementares na única doutrina do primado romano, pode-se compreender o pensamento de Gregório VII a respeito da *plenitudo potestatis*. Deve-se considerar, entretanto, que o conceito de Igreja romana permanece no âmbito da Igreja, mas o de autoridade petrina transcende o âmbito eclesial por ser um poder sem limites dado por Cristo, estendendo-se a todos os setores da sociedade, podendo «ligar» ou «desligar» tudo aquilo que compreende «o céu e a terra»[78]. A abrangência deste poder rompe os limites do poder espiritual, da própria Igreja.

A afirmação do primado romano será de suma importância para um dos aspectos centrais da reforma: a universalidade da Igreja, combatendo a mentalidade dos bispos que queriam «independência» de Roma, permanecendo no particularismo de suas Igrejas locais. Para isso, era preciso afirmar o primado absoluto do bispo de Roma, «configurandone la funzione in una sfera d'azione decisamente e nettamente superiore a quella di tutti gli altri vescovi e insistendo sul carattere sovrannaturale della sua istituzione e sulla diretta derivazione dei suoi poteri da Dio»[79].

Se o *Dictatus Papae* criava tensões no sentido de tirar os privilégios dos bispos, centralizando o poder em Roma, mais difícil ainda foi para a relação entre Igreja e Império, pois vinha de encontro com o ideal mais universal da tradição medieval: «quello dello stato Cristiano, espressione e strumento della potenza di Dio nel mondo»[80].

A centralização do poder na pessoa do papa[81] não deixará de encontrar críticas e resistências, não somente da parte do Império, mas

---

episcopale». *Ibid*, 78-79. Sobre a contribuição de Pier Damiani: G. FORNASARI: «Pier Damiani e Gregorio VII: Dall'ecclesiologia "monastica" all'ecclesiologia "politica"?» (1982); ID., *Medioevo riformato del secolo XI. Pier Damiani e Gregorio VII* (1996); M. TAGLIAFERRI, ed., *Pier Damiani: l'eremita, il teologo, il riformatore (1007-2007)*. Atti del XXIX convegno del Centro studi e ricerche antica provincia ecclesiastica ravennate, Faenza-Ravenna, 20-23 settembre 2007 (2009).

[78] Cfr. M. MACCARRONE, «La teologia del Primato», 92.

[79] R. MORGHEN, *Medioevo cristiano*, 111-112. A autoridade e supremacia da Igreja romana não era para anular as Igrejas locais, mas manter a unidade com a Igreja-Mãe: «Ciò vale in particolare per la concezione dei rapporti tra la Chiesa romana e le singole Chiese, come per i rapporti tra il papa ed i vescovi. La superiorità della Chiesa romana non è una supremazia che annulli le altre Chiese, bensì è inquadrata nella formula centrale nella ecclesiologia di Gregorio VII: "mater omnium ecclesiarum". Perciò il loro rapporto è da lui concepito con un rapporto da Chiesa a Chiesa». M. MACCARRONE, «La teologia del Primato», 97.

[80] R. MORGHEN, *Medioevo cristiano*, 118.

[81] Segundo A. Acerbi, a *plenitudo potestatis* era «un organo non personale (il papa so-

também de muitos bispos. A concepção do poder absoluto da Igreja romana teria «subvertido» a ordem eclesiástica, tirando do episcopado o «poder» por este exercido «em nome do Senhor», especialmente no que diz respeito ao aspecto judiciário. Nos séculos anteriores, foram usados os títulos de «vicarius Dei» e «vicarius Christi» respectivamente para os soberanos e para os bispos, aqueles porque exerciam na terra o mesmo poder de Deus, e estes porque são representantes de Cristo na Igreja. A consequência disto era «la subordinazione dei vescovi al sovrano, poiché essi sono uniti, e formano propriamente una collegialità episcopale, nell'ambito del proprio regno, dove il re è il capo per diritto divino, non solo per l'unità politica del territorio»[82]. É este pensamento eclesiológico[83], muito presente e comum na Alta Idade Média, será questionado e,

---

lo), ma collegiale. Il soggetto titolare della *plenitudo potestatis*, infatti, era la *ecclesia Romana*, cioè un soggetto collettivo, costituito all'epoca sia dal vescovo di Roma che dai cardinali». A. ACERBI, *Il diritto nella Chiesa*, 38. Porém, a Igreja romana torna-se a fonte de todo poder e direito na Igreja, o que constitui a sua estrutura fundamental, tendo o papa na sua direção geral. Muitos limites trandicionais, com a definição da *plenitudo potestatis* papal, são eliminados, como a autonomia do episcopado, a obrigação de sínodos para importantes atos de governo, reivindicando o direito ao papa de agir e legislar sozinho, amparado pelo direito divino que lhe dava um poder ilimitado. «Il papa fu, perciò, considerato la fonte del diritto comune e divenne il vertice anche della funzione giudiziaria», o que centraliza todo o poder nas suas mãos. *Ibid.*, 39.

[82] Cfr. M. MACCARRONE, «La teologia del Primato», 107-109.

[83] Ao qual se dava o nome de *Reichskirche*, ou seja, a Igreja do Império, ou do *Regnum*. Já a partir de Otão I (962-973), mas tendo o auge em Henrique III (1046-1056), nomeavam-se bispos e abades como *condes* (título que no início da Idade Média estava associado à autoridade militar e civil) do Império, a fim de fortalecer o poder imperial. O episcopado «venne di fatto associato al governo attraverso la concessione di privilegi di immunità e, soprattutto, di poteri comitali sulle città e i loro territori (donde l'espressione vescovi-conti): in cambio di ciò il re otteneva fedeltà e consistenti aiuti militari». A. CORTONESI, *Il Medioevo*, 116. Forma-se, assim, a chamada *Reichskirche*: «Nell'XI secolo attraverso le sedi della Chiesa del *Regnum* transitarono tanto i *propinqui regis*, gli uomini legati al re dalle relazioni familiari, quanto gli uomini che, pur provenendo ugualmente dall'aristocrazia, non avevano particolari legami di parentela con i sovrani... Quegli uomini venivano preparati a esercitare l'ufficio episcopale oltreché il *servitium regis*; si potrebbe quasi dire che del *servitium regis* entrava a far parte il corretto adempimento delle funzioni ecclesiastiche e pastorali. Gli ecclesiastici erano formati e selezionati nel rispetto della normativa canonica, nell'attenzione alle sue procedure, nel controllo della corruzione, nella ripulsa della simonia (l'acquisto e la vendita degli uffici ecclesiastici): la maggiore onorabilità personale di vescovi (e abati) avrebbe esaltato la sacertà del potere imperiale... contemporaneamente, essa si traduceva in una maggiore affidabilità per il potere regio, che era così in grado di esercitare un controllo sulle sedi episcopali (e abbaziali) senza il timore che il denaro potesse aprire la strada a qualche elemento indesiderabile, perché non appartenente al sistema di alleanze sul quale si reggeva il controllo del *Regnum*». G. M. CANTARELLA, ed., *Chiesa, chiese, movimenti religiosi*, 29-30.

enfim, superado pela reforma, para justamente recuperar a investidura e o sentido do episcopado em comunhão com a Igreja universal na pessoa do seu romano Pontífice.

A supremacia papal é ainda mais clara com a crise do Império, quando o pontífice torna-se soberano sobre os estados e *«in plenitude potestatis»* concede terra e reinos, escolhe, confirma e depõe soberanos, etc. Tal situação desencadeia um conflito entre a Igreja e o Império, em que ambos reivindicam para si o direito de dar as normas de vida ao indivíduo e à sociedade. Será momento de grande discussão entre o papel da Igreja e do Império/*Regnum*, o confronto entre o eclesiástico e o civil, entre o poder espiritual e temporal.

No século XII, «Le pouvoir papal conçu comme "plenitudo potestatis" dans un sens monarchique, entre de plus en plus dans la vision de l'Église»[84]. Cresce de maneira significativa a autoridade papal e o seu poder legislativo como soberano. Em Inocêncio III, por exemplo, percebe-se ideias eclesiológicas «déterminées par l'impact d'un ideál vertical christologique sur une vision horizontale d'extension universelle. L'expression *universalis ecclesia* peut désigner, comme chez Grégoire le Grand, la totalité du corps du Christ, au ciel et sur la terre, Chef compris»[85]. Distinguem-se as duas ordens: Igreja e sociedade temporal, porém, o poder eclesial se estende aos dois, tanto à Igreja – na sua estrutura eclesial – quanto à sociedade cristã – que forma a sociedade civil.

2.3.3 *A moralidade do clero e o testemunho da vida monástica*

A reforma necessária na Igreja, porém, não era somente na sua dimensão política, jurídica ou institucional, mas também espiritual e moral, principalmente no que diz respeito ao clero. Muitos deles viviam em concubinato, principalmente aqueles que haviam recebido ordenações simoníacas.

> Le cariche episcopali e abbaziali venivano abitualmente occupate da esponenti dell'aristocrazia in cerca di uffici lucrosi, che consentivano il controllo degli ingenti patrimoni ecclesiastici e aumentavano il potere e il prestigio dell'intero lignaggio di coloro che li detenevano. Ne derivava che l'alto clero era costituito in massima parte da soggetti sprovvisti di un'autentica vocazione, e quindi della necessaria formazione e di un adeguato spessore morale, i quali anche da ecclesiastici persistevano in stili di vita propri dell'aristocrazia laica: privilegiavano l'attività politica e

---

[84] Y. CONGAR, *L'Eglise*, 185.
[85] Y. CONGAR, *L'Eglise*, 193.

magari militare rispetto alle occupazioni spirituali, si dedicava-
no agli svaghi nei banchetti o nella caccia, tenevano presso di sé
delle concubine. Anche il clero di rango inferiore si dimostra-
va inadeguato, in genere talmente incolto da non essere capace
nemmeno di leggere i testi sacri. Lo stesso papato, infine, si trovò,
come s'è visto, a lungo ostaggio della competizione fra le grandi
famiglie romane, ciascuna delle quali mirava a monopolizzare la
carica pontificia[86].

Juntamente com a simonia, o celibato do clero será uma forte bandeira levantada pela reforma da Igreja, já presente desde o início do milênio[87]. A vida dos mosteiros também eram alvo de duras críticas, pois não
testemunhavam, ao menos aparentemente, a pobreza evangélica do ideal
de vida apostólica que deviam assumir. Morando em grandes abadias,
auto-suficientes e ricas, davam um grande motivo para um juízo negativo
daquela sociedade:

> La vita indegna tra il clero suscitava critiche in tutti gli strati del-
> la società. In particolar modo era criticata la vita dei monaci e
> dei canonici regolari perché non appariva conseguente all'ideale
> della «vita apostolica» come l'immaginazione popolare lo dipin-
> geva, soprattutto per quanto riguardava la pratica della povertà.
> I monaci infatti non apparivano poveri: ben vestiti, abitavano in
> grandi edifici monastici, con vitto assicurato e con una agiatezza e
> con una non mediocre posizione sociale nella società del tempo[88].

Neste sentido é que a reforma da Igreja insistirá tanto na vida
comum do clero. E em contraste com esta realidade e estilo de vida,
tanto do clero secular quanto dos monges, na busca de um maior testemunho de vida evangélica, surgirão os vários movimentos religiosos
com ênfase em aspectos importantes, como a «vida apostólica», ou
seja, o seguimento de Jesus e dos apóstolos, com referência à primitiva comunidade cristã de Jerusalém; a «pobreza evangélica», com a
redescoberta do seu valor social e espiritual; e a «pregação», anúncio

---

[86] C. Azzara, *Il papato nel Medioevo*, 47.

[87] Interessante notar que a questão do matrimônio do clero, além do aspecto espiritual e moral, envolve também uma questão econômica, pois esta situação desestabilizava
a unidade do patrimônio eclesial, prejudicando assim os bens da Igreja: «Il celibato ha un
aspetto spirituali ed anche uno più materiale... le preoccupazioni riguardo alla eventuale
perdita di beni ecclesiastici in seguito a matrimoni e concubinati del clero; preoccupazioni
che erano allora tanto più giustificate in quanto molti preti erano sposati ed avevano prole».
G. Tellenbach, «Impero e istituzioni», 26.

[88] E. Boaga, «Il contesto storico», 41.

do Evangelho. Tudo isto tanto para a renovação da vida do clero, dos monges e dos leigos.

2.4   Consequências eclesiológicas

É difícil falar em uma eclesiologia formulada, projetada ou sistemática neste período de reforma da Igreja[89]. As posições tomadas eram reações e respostas práticas aos grandes desafios da época e à necessidade de salvaguardar a identidade e missão da Igreja[90]. Porém, tais posições, pensamentos, decisões tornam-se elementos concretos de uma nova eclesiologia e «nell'aver agito in termini appunto di una nuova ecclesiologia consisteva l'efficacia del nuovo concetto di *libertas ecclesiae*»[91].

A concepção de Igreja continua sendo como o «Corpo Místico de Cristo», esposa de Cristo e mãe de todos os fiéis, referindo-se sempre à Tradição[92]. Mas, ao tomar decisões radicais, como a definição clara do primado absoluto da Igreja de Roma e de seu Pontífice, identificando *ecclesia* com a Igreja romana, isto com certeza traz consequências enormes na concepção eclesiológica que influenciará a história futura:

Con Gregório VII, infatti, la trasformazione delle istituzioni ecclesiastiche ebbe modo di esprimirsi nella maniera più matura e incisiva, sia nelle forme dell'organizzazione interna sia nei rapporti verso l'esterno, con il potere politico. Durante il suo pontificato, che durò dodici anni, si affermò con un'evidenza senza precedenti il concetto dell'assoluto primato del papa di Roma nell'ambito della chiesa, tanto da disegnare, nella teoria e nelle strutture concrete, un nuovo modello del corpo ecclesiastico ordinato non più in senso «orizzontale» e collegiale (com'era stato nella chiesa più antica e come continuava a essere

---

[89] «...e diciamo generale concezione della Chiesa e non propriamente ecclesiologia, poiché nessuno più di noi è convinto che di una compiuta sistemazione teorica, per Gregorio VII, è piuttosto difficile parlare». O. CAPITANI, «Episcopato ed ecclesiologia», 320.

[90] Como, por exemplo: «Il problema delle ordinazioni simoniache e della loro definizione in sede teologico-disciplinare e in sede canonistica non è solo espressione della evoluzione della "riforma", ma concreta manifestazione delle possibilità di esiti diversi di esigenze nate da reazione comune e immediata a certe situazioni della Chiesa, specie italiana, ma complicate poi e condizionate dagli ambienti in cui propriamente si formulano». O. CAPITANI, «Esiste un'"età gregoriana"?», 477-478. O poder legislativo exercido por Gregorio VII è «un "potere legislativo" tutto particolare, connesso strettamente alla *necessitas cogens* e inserito in un contesto precipuamente biblico-etico». G. FORNASARI, «Del nuovo su Gregorio VII?», 337.

[91] O. CAPITANI, «Esiste un'"età gregoriana"?», 460.

[92] Cfr. R. MORGHEN, *Medioevo cristiano*, 115.

in quella ortodossa), bensì piramidale e gerarchico, con il papa come vertice unico e indiscusso[93].

Sem entrar no mérito moral da questão[94], não pode-se deixar de perceber a grande influência que este período trouxe para a eclesiologia de todo o milênio.

3. A vida apostólica: desafio para a renovação do clero e da Igreja

Embora a questão da «vida apostólica» esteja presente na Igreja desde os primeiros séculos, o tema ressurge fortemente no movimento de reforma dos séculos XI e XII[95]. Procura-se resgatar o ideal da Igreja primitiva, vista como modelo eclesial capaz de repropor os valores originários e necessários que firmam a identidade da Igreja desde o seu nascimento, principalmente no seu aspecto comunitário, característica já presente na vida monástica:

> Il tema dell'imitazione degli Apostoli, cioè dei Dodici e di Paolo, è uno dei preferiti della Chiesa primitiva, presente anzitutto nelle lettere paoline. Imitando l'Apostolo, i fedeli imiteranno il Cristo e, infine, Dio stesso. La fonte di questa imitazione è la dottrina degli Apostoli fedelmente trasmessa dai loro successori, che debbono essere essi stessi dei modelli. Vi sono dunque due modi di continuare gli Apostoli: con la pratica della vita o con il ministero del Vangelo, e per tutto un millennio è il primo a essere indicato con l'espressione vita apostolica[96].

---

[93] C. AZZARA, *Il papato nel Medioevo*, 57.

[94] De acordo com A. Acerbi, a intenção não era uma pura busca de poder: «L'ascesa del papato come monarchia universale, che improntò di sé tutto questo periodo, non fu espressione di un puro progetto di potere. Ciò che spinse i papi a rivendicare la sottomissione della chiesa e del mondo alla loro autorità era di dar corpo, nelle condizioni storiche dell'umanità, al Regno di Dio, mediante un ordinamento che fosse la proiezione nel mondo della verità e santità divina. L'autorità della chiesa Romana fu posta, perciò, come il vertice dell'ordinamento divino della chiesa e del mondo, da cui derivava la sapienza e il vigore della giustizia». A. ACERBI, *Il diritto nella Chiesa*, 38.

[95] Cfr. M.-H. VICAIRE, «Vita Apostolica», 192-203. Para uma visão geral dos diversos aspectos do tema: *La vita comune del clero nei secoli XI e XII*. Atti della Settimana di Studio Mendola (1962). Também pode-se consultar: M.D. CHENU, «Moines, clercs, laïcs au carrefour de la vie évangélique» (1954); E.W., McDONNELL, «The Vita Apostolica» (1955); M. H. VICAIRE, *L'imitation des Apôtres, moines, chanoines, mendiants* (1963); G. OLSEN, «The idea of the Ecclesia Primitiva» (1969); I. DA MILANO, «Vita evangelica e vita apostolica» (1976); S.H. HENDRIX, «In quest of the Vera Ecclesia» (1976); R. GREGOIRE, *La vocazione sacerdotale* (1982); A. BONI, «La vita religiosa apostolica» (1990); ID., «Vita apostolica» (1994); entre outros.

[96] M.-H. VICAIRE, «Vita Apostolica», 192. A ideia da «Igreja Primitiva» estava in-

No século XI, com o impulso da reforma gregoriana, a vida apostólica surge como proposta para promover a vida comum dos clérigos, inspirados no estilo monástico, com o intuito de uma renovação que levasse a um verdadeiro testemunho diante das muitas críticas que recebiam[97]. Para isso, era indicada a vida de comunhão e recusa de bens ou propriedades:

> Al matrimonio ed al concubinato del clero, alla proprietà privata dei beni, al continuo implicarsi in negozi e contese secolari che tutto ciò comporta, viene contrapposta la «forma primitivae ecclesiae» quale risulta dalla testimonianza degli Atti degli apostoli; e si propone perciò l'eliminazione di ogni forma di proprietà individuale, tale che permetta una vita in comune di autentica scambievole carità, più consona all'ufficio di predicazione e di insegnamento cui il clero è deputato (tipica della tematica riformatrice del tempo è l'affermazione che l'esempio di vita è la prima e più efficace forma di predicazione)[98].

---

timamente ligada com a «vida apostólica», ou seja, uma vida de comunhão baseada na pobreza evangélica: «In the eleventh and twelfth centuries, the idea of the primitive Church was commonly associated with the following of the apostolic life and evangelical poverty, and with the practice of the full common life». G. OLSEN, «The idea», 65.

[97] «La *vita communis* dei chierici è il generale rimedio che 'i riformatori' approntano per salvaguardare il clero dalla simonia e dal nicolaismo». M. AUGÉ – E. SASTRE SANTOS – L. BORRIELLO, *Storia della Vita Religiosa*, 273. Assim, se lutará contra a simonia e concubinato do clero, «per il quali proprio la vita in comune sarà sentita come uno dei mezzi più efficaci di superamento». G. MICCOLI, «Pier Damiani», 187. Segundo C. Violante, este será o aspecto mais importante da reforma: «La vita comune del clero, la istituzione o la riforma di canoniche – secolari o regolari – sono uno degli aspetti non solo più vistosi, ma in realtà più importanti della riforma ecclesiastica "gregoriana", soprattutto nei decenni successivi al pontificato del grande papa che diede il nome all'età sua, nel momento, cioè, in cui lo slancio riformatore trovò concreta realizzazione in nuove forme istituzionali o nel rinvigorimento e nel rinnovamento di tradizionali organismi e istituti». C. VIOLANTE, *Studi sulla cristianità*, 114-115. Além dos valores espirituais, a vida comum do clero traz também consigo uma questão de ordem econômica de unidade dos bens eclesiásticos: «...la vita canonica è chiaramente individuata come uno strumento adatto a combattere la dispersione e l'alienazione dei beni ecclesiastici, il concubinato e la corruzione morale del clero». G. MICCOLI, «Pier Damiani», 190-191. Cfr. acima, nota 87.

[98] G. MICOLLI, «Ecclesiae primitivae forma», 470-471. Segundo Pier Damiani, o clérigo deve renunciar os bens não somente porque é um testemunho e exemplo perante aquilo que se prega da Palavra de Deus, mas porque é a primeira forma de imitação apostólica, que fez com que a pregação dos apóstolos fosse válida: «Lo stato di povertà diviene cosi un elemento essenziale della condizione ecclesiastica, della validità e autenticità del suo magistero». G. MICCOLI, «Pier Damiani», 204.

A vida comum para os clérigos será caracterizada, na metade do século XI, por dois grupos: os *cônegos regulares*, ou seja, aqueles que imitam a vida dos monges[99]; e o *cônegos seculares*, que serão aqueles que mantêm vida privada e direito de parte da renda das igrejas que assistem. A diferença entre os dois grupos será a prática da pobreza e o uso dos bens[100].

O movimento em torno da «vida apostólica», inspirado neste aproximar-se do ideal da vida cristã vivida pelas primeiras comunidades, é motivado também por todo o contexto histórico da época. Basta lembrar o grande movimento de peregrinação à Terra Santa marcado, naquele tempo, principalmente pelas cruzadas, com o desejo de recuperar as terras onde viveu Jesus, onde nasceu a primeira comunidade cristã, alimentando a promessa de reconstruir a «nova Jerusalém». Com este povo havia o ideal de reconquistar a «Jerusalém terrestre», isto é, ter de volta aquele lugar sagrado, berço do cristianismo, que era uma expressão concreta da «Jerusalém celeste», da comunidade cristã perfeita, da «morada de Deus-com-os-homens»[101], como foi sempre profetizada e esperada na vida da Igreja[102]. Esta esperança e ideal era muito presente motivando os vários movimentos de reforma da época.

---

[99] «...le comunità canonicali regolari riformate costituivano i nuclei ideali dell'organizzazione ecclesiastica, in quanto realizzavano l'ideale monastico della vita comune in povertà entro le strutture tradizionali della 'Taufenkirchenorganisation', nella dipendenza giuridica dall'ordinario diocesano: nei centri plebani, attorno alla stessa chiesa matrice, si formava sotto l'arciprete divenuto prevosto una comunità canonicale costituita dai chierici officiali delle cappelle comprese entro la circoscrizione». C. VIOLANTE, *Studi sulla cristianità*, 121. Será uma vida paralela ao monaquismo, combinando os conselhos evangélicos e a vida comunitária com o trabalho ministerial, numa vida de contemplação e ação, o que não deixará de suscitar tensões com a vida monástica: «La tensioni fra il nuovo (canonici regolari) e il tradizionale (monaci) diede luogo alla discussione su quale delle due vite fosse quella veramente apostolica, cioè riproducesse il tenore di vita evangelico seguito dagli apostoli». J.M. LOZANO-NIETO, «Vita Apostolica», 1786.

[100] Cfr. R. GREGOIRE, *La vocazione sacerdotale*, 38-43.

[101] Ap 21,3

[102] Cardeal C. M. Martini, no prefácio do livro *La Gerusalemme celeste*, diz: «Gerusalemme è un grande sogno per l'uomo e soprattutto per il credente. Essa è segno della storia , cioè, della presenza di Dio nell'interno della trama delle vicende umane. È il luogo in cui finito e infinito si intrecciano, è il simbolo dell'incarnazione, dell'unione tra Dio e umanità... Gerusalemme è, inoltre, il segno del mistero. Proprio per il fatto che in essa si sono svolti gli eventi decisivi della storia della salvezza, la morte e la resurrezione del Cristo, la città supera la sua dimensione storica e spaziale e diventa per eccellenza l'area salvifica ed escatologica, presente dappertutto e sempre. È per questo che Gerusalemme è terrestre e celeste al tempo stesso, è la Chiesa e il cuore di ogni fedele». M. L. GATTI PERER, ed., *La Gerusalemme celeste*, 5.

O fato de «retornar» ao modelo originário da comunidade primitiva traz à tona outras questões, como a discussão em torno de qual seria o
«modelo ideal da vida cristã». Segundo G. Olsen, nos escritos desta época
pode-se ver esta discussão muito presente, o que mostra que a reforma
acaba propondo não um simples «retornar ao passado», mas como viver
aqueles valores cristãos e eclesiais em uma nova realidade, ou ainda, o
que é realmente testemunhar uma vida cristã:

> Often this literature passed beyond the use of the idea of the *eccle-*
> *sia primitiva* as a tool of reform to the use of the idea as a basis for
> the discussion of the more basic problem of what the perfect form
> of the Christian life had been or should be. In this regard, 'reform'
> signified not only the restoration and reestablishment of the terms
> of the Christian life of the past, but also the search for the conti-
> nuing perfection of both the individual and the Church... Men not
> only returned to the forms of the past, but also explored ways of
> introducing new structures and forms of the life into the Church[103].

Na época carolíngia, a ideia de «Igreja Primitiva» já era usada para
falar da prática de vida comum como ideal de espiritualidade dos primeiros cristãos. É nos séculos XI e XII, porém, que tal reflexão se alarga,
estando presente em muitos escritos da época. A reforma gregoriana, ao
propô-la de modo tão insistente para a reforma do clero, fez com que
o termo se tornasse tão comum na metade do século XII que algumas
vezes era usado não mais para referir-se aos valores da primeira comunidade, mas simplesmente para falar da sua existência na história antiga[104].
Foi, entretanto, no impulso do movimento eremítico que, juntamente com a obra de Pier Damiani, a vida comunitária deixa de ser pen-

---

[103] G. OLSEN, «The idea», 64-65. O ideal da pobreza evangélica e da vida apostolica passam a ser visto como a própria essência do ser cristão: «Diese beiden Gedanken,
die Forderung der christlichen, evangelischen Armut und des apostolischen Lebens und
Wirkens, sind zu Brennpunkten einer neuen Auffassung vom Wesen des Christentums
geworden, von der aus einerseits die bisher bestehende kirchliche Ordnung und Lehre
der Kritik unterzogen und andrerseits ein neues Richtmaß für eine wahrhaft christliche
Lebensgestaltung gesucht wird». H. GRUNDMAN, *Religiöse Bewegungen*, 15.

[104] «But the middle of the twelfth century, and especially in the writings of the
canonists of the second half of the twelfth century, the term was so frequently used that
it sometimes lost its special association with reform, the search for Christian perfection,
and the practice of the common life, and became simply the label to describe anything
which was thought to have existed in the first age of the Church. Although the association
with the idea of reform was hardly ever fully replaced, simply because the reference to
antiquity itself was generally approved of, in some cases the expression *ecclesia primitive*
was little more than a neutral term to describe the earliest period of Church history».
G. OLSEN, «The idea», 70.

sada apenas como um *ideal de perfeição*, presente sobretudo na vida mo-
nástica-cenobítica que se considerava como a única e verdadeira «encarnação» do ideal apostólico, para ser um desafio proposto pela reforma:

> negli scritti di Pier Damiani dedicati alla vita comune del clero si
> assisti ad una precisa accentuazione del carattere pauperistico, di
> personale rinuncia ad ogni bene terreno, che la vita della primitiva
> comunità apostolica comportava. Rilievi questi che non rimangono
> tuttavia su di un piano di astratta contemplazione edificante, ma si
> traducono immediatamente in categorico comando a tutto il cle-
> ro, legittimo successore dei discepoli di Cristo, di attuare concre-
> tamente, nelle sue consuetudini quotidiane, questo paradigmatico
> esempio. La prospettiva di rottura con la tradizione che veniva in
> questo modo aperta era molto ampia, anche se solo in parte consa-
> pevole nei primi teorizzatori di questo indirizzo di riforma[105].

Ao referir-se à «Igreja Primitiva», temos também uma diferença
de ordem eclesiológica presente na reflexão da época. Por exemplo, Pier
Damiani refere-se à primeira comunidade cristã como estática, paradig-
mática, para a qual

> il vivere nel tempo della Chiesa, non é stato suscettibile di apporta-
> re arricchimenti qualitativi, nuove indicazioni e suggestioni ad un
> operare cristiano del resto ormai largamente diffuso nel mondo,
> ma che deve piuttosto consolidarsi e approfondirsi nella coscienza
> degli uomini attraverso lo sforzo di una esatta imitazione del pro-
> prio passato[106].

Por outro lado, Gregório VII defende uma visão dinâmica, apoiada
no primado romano e na função da hierarquia, «consapevole del rinnovamento che la storia propone ed impone alla vita della Chiesa, e portata
perciò a valorizzare in modo tutto particolare la tradizione»[107].

---

[105] G. MICCOLI, «Ecclesiae Primitivae forma», 472. Sobre a contribuição de Pier Damiani em referência à vida comum do clero: G. MICCOLI, «Pier Damiani», 186-211.

[106] G. MICCOLI, «Ecclesiae Primitivae forma», 481.

[107] G. MICCOLI, «Ecclesiae Primitivae forma», 481. Juntamente com a ideia de «Igreja Primitiva» e «vida apostólica» se alimenta a concepção de «Igreja apostólica» e, consequentemente, a primazia papal com a plenitude do seu poder: «...with the simultaneous
growth of the emphasis on the apostolic life and Church and of the emphasis on the primacy
in the eleventh century, in a interesting intermingling of concepts the 'Roman Church' and
the 'apostolic Church' began to be used sometimes as interchangeable terms. As a result of
this, the idea of the papal plenitude of power was associated with the primitive Church».
G. OLSEN, «The idea», 75.

Embora o termo «Igreja Primitiva» acaba ganhando um significado mais técnico, usado sobretudo como um ideal moral da reforma da vida canônica regular, também estará presente de forma significativa e inovadora no movimento eremítico itinerante. Em confronto com a tradição cenobítica e também canônica – justamente aqueles que pretendiam uma identificação com a «Igreja Primitiva»[108] –, os eremitas acentuam, mais do que o fato comunitário, a pobreza absoluta da vida apostólica. Desta forma, com o eremitismo do século XII, o ideal da vida apostólica passa a ser mais individual, de certa forma distanciando a espiritualidade das implicações comunitárias, preocupando-se mais com a pregação itinerante e evangelização como ministério para a salvação[109]. A vida apostólica, mais que vida de comunhão, acaba assumindo um novo acento no apostolado e pregação, no ministério da Palavra e na prática da vida, inspirando-se mais nos Evangelhos que no Atos dos Apóstolos, em um novo modo de reler as primeiras comunidades cristãs[110].

Deste modo, a «Igreja Primitiva» deixa de ser um fato somente institucional, uma disciplina de vida dentro de uma estrutura, para ser um «costume morale, un modo di essere fedele allo spirito e alla lettera dell'insegnamento di Cristo»[111]. Abre espaço para novas iniciativas de vivência do ideal da «vida apostólica» no seguimento de Jesus, fora dos mosteiros ou da vida canônica[112], os quais normalmente não eram mais

---

[108] «...all'esaltazione del carattere peculiare del sacerdozio e dei privilegi dei canonici derivanti loro dall'essere gli unici successori degli apostoli e i veri prosecutori della vita apostolica, contrastavano la tendenza di molte fra le stesse comunità canonicali a una nuova vita squisitamente monastica e le teorie di coloro i quali sostenevano la pratica della vita comune più severa come doverosa meta ideale per tutti i chierici». C. VIOLANTE, *Studi sulla cristianità*, 113.

[109] No século XII, com o movimento pauperista, junta-se a experiência de pobreza com a peregrinação apostólica. Os Mendicantes se inspirarão tanto no movimento de pobreza itinerante, quanto na vida comunitária dos canônicos: «Gli ordini mendicanti ereditarono entrambe le tendenze: quella dei movimenti di povertà e quella canonicale. Cominciano con la povertà e con l'evangelizzazione itinerante e adottano presto la tendenza della comunità con ministeri». J.M. LOZANO-NIETO, «Vita Apostolica», 1786.

[110] Inocêncio III falará em complementaridade das duas vertentes, num desejo de unir a vida comunitária com a vida de evangelização. Os dominicanos – Ordem dos Pregadores –, comunidade de vida apostólica e ao mesmo tempo de vida comum e de pregação itinerante, será uma concretização deste ideal. Cfr. M.-H. VICAIRE, «Vita Apostolica», 199.

[111] G. MICCOLI, «Ecclesiae Primitivae forma», 487.

[112] A vida monástica não é mais o único caminho para a «perfeição da vida cristã». Abre-se espaço para novas expressões de vida religiosa, que respondem mais às exigências e mudanças daquela época: «...il modello di perfezione cenobitica, che pur abbraccia ancora una realtà umana di alta spiritualità e cultura, non corrisponde più alle esigenze di una società in completo e radicale rinnovamento su tutti i campi». G. MICCOLI, «Ecclesiae

testemunhos visíveis da vida de comunhão e de pobreza da comunidade primitiva. Todo esse processo levará a uma significativa tradução do termo *forma primitivae ecclesiae* para *vita vere apostolica*:

> Non è solo la formula che muta, quando muta; ma anche nel persistere qua e là della prima, diversa è la realtà che sottintende, diverso il significato che acquista questo richiamarsi al lontano passato delle origini: esso non evoca più lo stato di vita perfetto che si vuole ancora riprodurre istituzionalmente, ma piuttosto lo spirito di un insegnamento che va realizzato in se stessi, e che è fatto di povertà e di predicazione[113].

Esta ênfase na vida apostólica traz consigo toda uma espiritualidade de retorno ao ideal da primeira comunidade cristã, no desejo de recuperar os seus valores e reconstruir na «Jerusalém terrestre» a «Jerusalém celeste», a «cidade de Deus» para o ser humano. Este ideal irá fundamentar a vida de muitos movimentos religiosos[114].

4.   Movimento laical: uma resposta ao ideal da reforma.

No final do século XI e início do XII, surge um grande desejo de vida espiritual também entre os leigos[115], motivados por uma pobreza voluntária, busca da vida eremítica, de «vida apostólica»[116], de participação

---

Primitivae forma», 496. Assim, este ideal estará também muito presente na vida laical: «Nel travaglio di una crisi di strutture nella economia e nella società, il profondo e tormentato processo di trasformazione che si operava – fra tanti constrati politici ma ancor più culturali e spirituali – nell'organismo ecclesiastico e nelle sue istituzioni era vivamente sentito negli ambienti laicali, anche popolari, dove l'idea della vita apostolica e la esigenza di un ritorno alle origini cristiane nell'osservanza delle virtù evangeliche erano ampiamente diffuse». C. VIOLANTE, *Studi sulla cristianità*, 113.

[113] G. MICCOLI, «Ecclesiae Primitivae forma», 488.

[114] O tema da pobreza evangélica estará muito presente nos séculos posteriores como base dos novos grupos que surgem: «Apostolic poverty was itself one of the dominant religious themes of the later twelfth and thirteenth centuries. The desire to practise it in emulation of Christ's life of mendicant poverty and preaching had underlain numerous apostolic and religious groups from the eleventh century onwards». G. LEFF, «The apostolic ideal», 74.

[115] O tema do movimento laical deste período foi tratado nos seus variados aspectos, e por diversos autores, em: *I laici nella «Societas Christiana» dei secoli XI e XII*. Atti della terza settimana internazionale di studio, Mendola (1968). Também continua uma referência importante: H. GRUNDMANN, *Religiöse Bewegungen im Mittelalter* (1961).

[116] O ideal da vida apostólica sempre esteve presente nos vários movimentos espirituais da Idade Média levando, no fundo, a uma questão central: «Die Evangelien und Apostelschriften selbst wurden ihnen zur Norm des wahrhaft christlichen Lebens, zur

na atividade e plano espiritual, não deixando esta tarefa somente para o clero[117]. A grande missão era predicar e anunciar o Evangelho, propondo os valores da Igreja apostólica, com a pobreza evangélica e a pregação itinerante. Tal espiritualidade vinha de encontro aos anseios e desafios eclesiais da época, como resposta à própria reforma gregoriana que havia «convocado» a todos, também os leigos. «Infatti i laici, uomini e donne, in particolare quelli degli agglomerati urbani in fase di espansione, si associano ai movimenti di riforma»[118].

O movimento, porém, não vai diretamente contra a vida monástica tradicional, mas propõe um novo caminho para a conversão como alternativa para aqueles que não optam pela vida fechada nos mosteiros e nem um isolamento do mundo:

> L'evoluzione non contesta il monachesimo tradizionale, né il suo carattere sostitutivo della penitenza pubblica, tuttavia l'ingresso in monastero non è più considerato la *conversio* per antonomasia ad uno stato penitenziale, poiché si fanno avanti altre forme di *conversio* che non si qualificano come rifiuto del mondo e suo abbandono[119].

Quelle ihrer Frömmigkeit, zum Appell an jeden Christen, sich wie Jesu Jünger und Apostel zu verhalten. Nach deren Weisung und Vorbild begannen Mönche, Eremiten, Kanoniker zu predigen, um die Gläubigen auch außerhalb des Klosters und des Klerus aufzurütteln und für ein wahrhaft christliches Leben zu gewinnen. Die Frage war nur, wie dieses apostolische Wirken auf die Laienwelt und die religiösen Gemeinschaften, die sich dadurch bildeten, sich in die hergebrachten Ordnungen der Kirche mit ihrer Ständegliederung in Laien, Mönche und Klerus einfügen ließen. Diese Frage wurde zum Scheideweg für die religiöse Bewegung des 12. Jahrhunderts». H. GRUNDMANN, *Religiöse Bewegungen*, 508.

[117] Entre os leigos difunde-se no século XII um desejo de «oferecer-se a si mesmo» numa radical experiência religiosa: «La pratica antica di offrire se stessi, con la globalità dei propri beni, pare diffondersi notevolmente nel XII secolo. *Redditio, didicatio, oblatio, offersio, conversio*, significano adozione di uno stato di vita, in tutto o in parte imitativo della condizione monastica, propedeutico alla salvezza, giunti al termine della vita, oppure esprime una più radicale volontà di conversione a Dio: c'è chi entra in una comunità monastica o canonicale; molti rimangono nella proprio casa». G. G. MERLO, «Religiosità e cultura religiosa», 204. Com isso cresce também a ideia de que a perfeição individual não depende tanto da pertença a um ou outro estado de vida – clerical ou laico – mas sim ao modo como se vive. Reconhece-se «l'ideale della perfezione cristiana come un elemento costitutivo e congeniale alla vita laicale, di insistere sulla responsabilità del laico alla salvezza del mondo e sulla necessità di supplenza quando un altro *ordo* – nel caso l'*ordo praedicatorum* – venisse meno al suo ufficio; di dare cioè meno rilevo alla gerarchia degli "officia", derivando merito e perfezione dall'impegno e non dallo stato di vita». C.D. FONSECA, «Discorso di Apertura [I laici]», 7.

[118] E. PERETTO, *Movimento spirituali*, 18.

[119] E. PERETTO, *Movimento spirituali*, 35. «Conversi» são aqueles que iniciam uma experiência de vida monástica, mas permanecem no estado de vida laico: «...si associano

Desta maneira, favorecem uma espiritualidade em diálogo com o mundo ao mesmo tempo que recusam a segurança oferecida pela Igreja-instituição, permanecendo abertos a iniciativas pessoais e uma nova dimensão da vivência da Palavra de Deus. Insistindo na vida apostólica e na pobreza evangélica como valores coletivos[120], não somente pessoais, tentam integrar o modelo tradicional da renúncia individual dos bens com a vida religiosa em comum, sendo uma proposta que envolve e acaba questionando a própria vida dos mosteiros.

Porém, se a reforma gregoriana por um lado «convoca» os leigos para uma reforma da Igreja, de outro acentua o poder clerical da mesma:

> La réforme grégorienne avait, au plan tactique, appelé les laïcs à l'action; au plan des idées et des mesures juridiques, elle avait favorisé une conception cléricale, sacerdotale, et même curialiste de l'Eglise. Les mouvements que nous avons évoqués s'élèvent contre une ecclésiologie dominée par la catégorie de puissance, contre une Eglise de clercs, ils cherchent une fraternité laïque où compte l'évangélisme *personnel*, non la situation juridique d'autorité, le *meritum*, non l'*officium*[121].

Alguns movimentos espirituais[122] fazem uma oposição forte contra a estrutura eclesial que reproduz o poder temporal, conhecidos como

---

spiritualmente ai monaci nella preghiera o con la vestizione monacale compiuta sul letto di morte "ad succurrendum"; entrano in comunità in età matura per motivi penitenziali o per altri e assumono, a seconda della preparazione, oneri gravosi oppure ammnistrativi; la diversità della norma li considera o monaci di second'ordine, perché non chierici e separati da questi giuridicamente e nell'abitazione, oppure monaci a tutti gli effetti. Si rileva il fatto che nella loro offerta al monastero gli sposati includono anche i figli e i propri beni, tavolta con riserva dell'usufrutto. Altri preferiscono rimanere nel mondo tentando di vivere una specie di monachesimo domestico». *Ibid.*, 19-20. Sobre esse tema: G.G. MEERSSEMAN, «I penitenti nei secoli XI e XII» (1965).

[120] «L'insistenza sulla vita apostolica e sulla povertà cristiana proposta non solo come valore personale, ma anche come valore collettivo, significa tentativo di integrare lo schema tradizionale della rinuncia individuale al possesso dei beni con un nuovo schema che coinvolga il monastero, come luogo di vita religiosa in comune. Da una certa angolazione è una proposta di vita religiosa nuova, che esalta la volontà creatrice dell'uomo religioso e gli assegna un ruolo che non può demandare ad altri». E. PERETTO, *Movimento spirituali*, 11.

[121] Y. CONGAR, *L'Eglise*, 202-203.

[122] Nos séculos XI e XII aparecem muitos grupos e movimentos espirituais variados, que vão desde o desejo de fidelidade à ortodoxia até posições heréticas contra ela: «Rimangono, tuttavia, parimenti evidenti la contemporaneità di tali movimenti religiosi, la comune esigenza di una vita più aderente alla legge del Vangelo, e il senso d'autonomia spirituale, di fronte all'autorità della Chiesa, che animò riformatori, asceti e ribelli».

anti-eclesiásticos ou hereges[123], porque protestam de maneira radical contra a Igreja que se atrelou ao sistema feudal ou monárquico, e contra as atitudes imorais do clero, não sendo mais testemunha coerente do Evangelho de Cristo[124]. O chamado «movimento erético» da Idade Média pode ser visto em dois grandes momentos: no início do milênio, influenciado por ideias dualísticas, ligada à crise do cristianismo que confronta um *realismo* com o *espiritualismo* da época. Eles têm como convicção «che ai fini della salvezza la fede ortodossa è del tutto inutile e anzi dannosa, sicché occorre abbracciare una fede nuova e alternativa, esclusivamente "spirituale"; che bisogna affrettare la crisi del cristianesimo negandone ogni struttura, ogni apparato sacramentale e politico, in quanto degradazione "carnale", supporto diabolico»[125]. E na primeira metade do século XII, fortemente ligada à reforma gregoriana com a contestação à vida imoral do clero: «...c'è il compiersi della rivoluzione "gregoriana", ossia quella svolta gigantesca che requisendo lo Spirito entro l'istituzione da un lato caricava questa di ogni responsabilità salvifica e dall'altro desacralizzava le strutture profane, che pertanto riscoprono una propria autonomia»[126].

R. Morghen, *Medioevo cristiano*, 211. O movimento herético, entretanto, se define com duas grandes características: «Alla fine del XII secolo, dopo circa duecento anni di vigorosa espansione, l'eresia medievale ci si rivela dunque con caratteri peculiari inconfondibili: da una parte vi è un movimento di pensiero che propugna dottrine dualistiche ispirate da profonde tendenze ascetiche; dall'altra v'è un movimento permeato di vive esigenze pratiche, che tende alla riforma della vita e del costume ecclesiastici, e si ispira al mito della Chiesa apostolica, della quale s'intende restaurare la purezza primitiva e la piena aderenza alla lettera del Vangelo... L'ideale del rinnovamento morale dell'individuo e della Chiesa formarono pur tuttavia il sostrato comune e fondamentale di esso». *Ibid.*, 211-212.

[123] Para aprofundar o tema pode-se consultar: R. MANSELLI, *L'eresia del male* (1963); O. CAPITANI, ed., *L'eresia nel Medioevo* (1971); R. MANSELLI, *Studi sulle eresie del secolo XII* (1975); R. MORGHEN, *Medioevo cristiano* (1978); O. CAPITANI, ed., *Medioevo ereticale* (1977); G.G. MERLO, *Eretici ed Eresie medioevali* (1989); ID., *Contro gli eretici* (1996); entre outros.

[124] Neste sentido, surgem duras críticas à Igreja de Roma por ter sido atrelada ao Império Romano, este fundado com «la rapina e com la violenza»: «...dal valore addirittura centrale attribuito da tutte le sètte al problema ecclesiologico e dalla fiera e costante opposizione di tutti gli eretici, dell'XI secolo come dei secoli sucessivi, alla Chiesa romana, raffigurata concordemente nella meretrice dell'Apocalisse, nella Babilonia della prima lettera di Pietro, nella "Ecclesia malignantium" o nella "Ecclesia diaboli", adulteratrice della pura tradizione dell'Evangelo, in contrapposizione all'"Ecclesia Dei", unica continuatrice legittima della tradizione apostolica della Chiesa primitiva, attraverso il penoso tirocinio della persecuzione, della povertà, della sofferenza». R. Morghen, *Medioevo cristiano*, 248.244.

[125] G. GRACCO, «Gli eretici», 348.

[126] G. GRACCO, «Gli eretici», 364.

Como consequência, esses grupos vão contra o direito canônico, o clericalismo, o sacramentalismo, no fundo como forma de recusar tal concepção de Igreja vinculada ao mundo, às suas estruturas. Criticam também as posses da Igreja com a intenção de condenar a sua base de subsistência vinculada às estruturas feudais. O desafio da Igreja será «la costrizione e la persecuzione degli eretici da una parte e l'opera di persuasione e di conversione dall'altra»[127].

Para estes movimentos, o problema reside desde a chamada «Igreja de Constantino», quando ela se une ao poder temporal, iniciando assim o «processo de sua decadência»[128]. Os grupos que fazem parte deste movimento – como os valdenses, cátaros ou albigenses...[129] – consideram-se os únicos fiéis, os únicos que continuam na verdadeira Igreja: «Weil sie überzeugt waren, evangeliengemäß und nach dem Vorbild der Apostel zu leben, deshalb beanspruchten sie, die wahre Kirche, die echte Gefolgschaft Christi darzustellen»[130]. Por serem vistos como «bons cristãos», difundiam suas ideias alimentadas pela falta de testemunho também presente na Igreja: «...rimane un fatto che essi sono sempre riusciti ad inserirsi tra i fedeli e ad ottenere il consenso, grazie ad una precisa contrapposizione al cattolicesimo: essi erano i buoni cristiani, costituiva-

---

[127] R. MANSELLI, «Aspetti e significato», 68.

[128] Cfr. Y. CONGAR, L'Eglise, 202-203. Esta ideia, porém, traz à tona uma realidade complexa e questiona a própria identidade da Igreja e sua inserção no mundo. Criticada por confundir o poder religioso com o poder político, tornando-se plenamente «mundana» desde o seu reconhecimento oficial por Constantino (313), alguns movimentos cairão no extremo oposto condenando radicalmente qualquer vínculo com as estruturas do mundo, vendo a Igreja unicamente como «congregatio fidelium», como uma espécie de «Igreja celeste» que não pode estar inserida nas organizações sociais, como se a Igreja não pudesse «misturar-se» com as realidades do mundo. Neste sentido, C. Leonardi, lembrando o pensamento de Ottone di Frisinga na sua Historia de duabus civitatibus, recupera uma reflexão diferente, defendendo a Igreja no seu aspecto espiritual, mas também inserida no mundo, dando ao fato da «Igreja de Constantino» uma consequente e necessária presença desta nas estruturas do mundo, como parte de sua própria identidade, não somente divina, mas também presente na realidade humana: «Il grande cambiamento è questo: la distinzione tra i due poteri, la conseguente diversità tra religione e politica, che è costitutiva dell'Occidente e che dà origine, alla fine, a un potere politico laico, sino al rischio della tirannide, e a una Chiesa storicamente autonoma, sino al rischio della teocrazia. La Chiesa non è più il momento spirituale del potere politico, del potere di guida del popolo cristiano che l'imperatore impersona. La Chiesa, diventa una società che ha un fondamento escatologico, ma che proprio per questo ha una natura insieme carnale e spirituale, è analoga a Cristo suo unico capo, di cui è il corpo; è pienamente umana e pienamente divina». C. LEONARDI, «Monaci, chierici e laici», 369.

[129] Para uma síntese dos diversos grupos do movimento herético da Idade Média: G.G. MERLO, Eretici e Eresie Medievali (1989).

[130] H. GRUNDMANN, Religiöse Bewegungen, 19.

no la vera Chiesa contro i preti indegni e la Chiesa malvagia»[131]. Pregam a pobreza absoluta, numa vida evangélica, pobre e penitente, sem que para isto devam entrar nos mosteiros, mas permanecendo nas realidades do mundo as quais devem evangelizar. Reclamam para si o direito da pregação, até então função somente dos sacerdotes, e exigem a renovação do indivíduo e da Igreja através do Evangelho e da Igreja apostólica. Pretendem ser um sinal de contestação:

> Durch eine Lebensführung nach dem Vorbild der Apostel, durch Verzicht auf alle Güter der Welt in freiwilliger Armut, durch Predigt des Evangeliums in rastlosem Herumwandern das christliche Leben zu erneuern und die christliche Lehre zu befolgen, zugleich aber dadurch die hierarchische Kirche und den katholischen Klerus, solange er nicht wahrhaft christlich, evangelisch und apostolisch lebte, als einen unrechtmäßigen Anwärter auf die Nachfolge der Apostel zu entlarven – das ist der treibende Gedanke in der Ketzerbewegung des 12. Jahrhunderts[132].

Contra as críticas e o «cisma» destes movimentos considerados heréticos, mais no sentido reformista, embora também com algumas heresias doutrinárias[133], reforça-se a definição da Igreja como *congregatio* o *universitas fidelium* «da Igreja católica romana»:

> Si l'ecclésiologie du XIIe siècle est encore largement une considération del la *res*, c'est-à-dire de la grâce, transcendante aux moyens externes et aux structures historiques, les débats que nous évoquons ont commencé à faire sentir la nécessité de préciser davantage. La définition de l'Eglise comme *congregatio* ou *universitas fidelium*, encore plus le thème de «ab Abel iusto usque ad ultimum electum» ne suffisaient plus. Ils garderont du reste longtemps encore la faveur des théologiens, mais, pour affronter les sectaires il fallait introduire, dans le concept de l'Eglise, la mention des moyens externes: l'Eglise est l'assemblée des fidèles *confessant le Christ et le*

---

[131] R. MANSELLI, «Aspetti e significato», 78.

[132] H. GRUNDMANN, *Religiöse Bewegungen*, 28.

[133] No movimento dos cátaros, por exemplo, baseados no dualismo, encontram-se o *principium lucis*, isto é, Deus, e um *principium tenebrarum*, a saber, Lúcifer. Tal dualismo os levava, entre outros, a negar a encarnação e ressurreição de Jesus: «Dottrine principali o in cui si accordano la più parte: concezione dualistica del mondo, dominato e animato da uno spirito malvagio, artefice di tutte le cose sensibili e terrene, e da uno spirito buono che generò le creature belle e senza macchia; donde la negazione del purgatorio, delle offerte e preghiere per i defunti e del relativi ammenicoli ecclesiastici, non essendovi nulla di intermedio tra la felicità eterna e l'eterna dannazione». G. VOLPE, «Le sorgente nuove e antiche», 153.

secours des sacraments, «Ecclesia est congregatio fidelium *confiten-tium Christum et sacramentorum subsidium*», dit Nicolas d'Amiens (*De art. cath. Fidei 4:* PL 210, 613). Il fallait préciser qu'il s'agissait, non de n'importe quelle communion de grâce, mais de l'Eglise catholique romaine[134].

5.   Peregrinação à Jerusalém e as Cruzadas

Importante para compreender a eclesiologia desta época é o grande movimento de peregrinação à terra Santa, que cresce muito no século XI[135], culminando com as Cruzadas[136], as quais tiveram grande influência

---

[134] Y. CONGAR, *L'Eglise*, 207-208. É interessante a observação que Congar faz ao dizer que muitos dos considerados hereges no século XII «ont été souvent de pauvres gens sans instruction», e as heresias muitas vezes eram mais ideologias não cristãs que propriamente heresia cristã, como no caso dos cátaros. E ainda afirma: «Mais bien des prédicateurs itinérants, plus d'un "apostolique", l'ensemble des Vaudois ou Pauvres de Lyon, ne voulaient qu'être chrétiens selon la lettre de l'Evangile. Leurs critiques contenaient une part de vérité et partaient de perception religieuses profondes. On demeure impressionné par leur constance, leur cohérence. Elles représentent une protestation qui ne s'est pas interrompue pedant deux siècles et s'est ensuite continué jusqu'à la Réforme, à travers des oppositions inégalement dignes d'intérêt. On ne peut pas ne pas penser que si le valable ecclésiologique – hélas! Trop mêlé à du négatif irrecevable! – de cette protestation avait été assumé, des drames plus graves eussent été peut-être évités! *Ibid.*, 209. Não deixa de ser uma reflexão também necessária de se fazer.

[135] A peregrinação à Jerusalém era comum desde o século IV quando Helena, mãe de Constantino – primeiro Imperador cristão –, manda construir uma basílica para abrigar a verdadeira cruz por ela descoberta. (Cfr. A. DEMURGER, *I Cavalieri di Cristo*, 31). Mas o auge será no século XI: «Il pellegrinaggio Occidentale allora ricomincia e conosce il suo periodo d'oro nell'XI secolo». *Ibid.*, 32. Entre os vários motivos: «There are a variety of reasons for this: the conversion of Hungary to Catholicism, and the extension of Byzantine power in the Balkans and north Syria meant that most of the journey could be made through Christian territory, while on religious level there was a greater awareness of the humanity of Christ». B. HAMILTON, «The impact», 696.

[136] A definição do que foram as Cruzadas e as suas reais motivações é um grande debate entre os estudiosos do tema. Ver: N. HOUSLEY, *Contesting the Crusades*, 2-23. G. Constable fala de quatro categorias de definições: os «generalistas», segundo os quais as Cruzadas podem ser consideradas todas as formas de «guerra santa»; os «tradicionalistas», que a ligam diretamente à libertação de Jerusalém e do Santo Sepulcro; um pequeno grupo, os «populistas», para os quais é uma manifestação da preocupação escatológica principalmente dos camponeses; e os «pluralistas», que falam da peregrinação como combate espiritual/penitencial que envolve também outros conflitos, como a guerra armada, e não somente na Palestina (cfr. G. CONSTABLE, «The historiography of the crusades», 1-22). Para o autor: «The crusading army was the *militia Dei* or *Christi*, the army of God or Christ, and its members were the *bellatores Domini, milites Christi*, or sometimes *athletae Christi*, like the monks and martyrs of the early Middle Ages». G. CONSTABLE, «The place of the cru-

na vida da Igreja e dos cristãos do Ocidente[137]. As cruzadas aconteceram dentro de um contexto de grande migração da Europa para a Palestina, por motivos não somente religiosos, mas também econômicos e sociais[138]. No aspecto religioso, porém, a peregrinação, que já era algo comum entre os cristãos rumo à Terra Santa, ganha um caráter muito específico:

> La propaganda, fatta soprattutto dai predicatori, tendeva a presentare come drammatica la situazione dei cristiani oppressi: uomini uccisi, pellegrini vessati, chiese profanate, trasformate in stalle o, peggio, in moschee. Ricuperare il Santo Sepolcro significava quindi ripristinare l'accesso al luogo sacro, ma anche ridare a Cristo Signore la sua eredità, la sua terra. Questo servizio reso con le armi era un'opera di fede, ma anche testimonianza di una fedeltà vassallatica[139].

---

sader», 377. Uma das inspirações bíblicas para o termo *militia Christi* é 2Tm 2,3: «*labora sicut bonus miles Christi Iesu*».

[137] Dinate da enorme bibiliografia sobre esse tema, pode-se citar alguns estudos mais antigos de: R. GROUSSET, *Histoire des croisades* (1934-1936); C. ERDMAN, *Die Entstehung des Kreuzzuggedankens* (1935); M. VILLEY, *La Croisade* (1942); S. RUNCIMAN, *A History of the Crusades* (1955-1957); R. C. SMAIL, *Crusading Warfare* (1956); H. R. MAYER, *The Crusades* (1972). Uma obra sem dúvida importante é: *'Militia Christi' e Crociata nei secoli XI-XIII*, da undicesima settimana internazionale di studio, Mendola, publicado em 1992. Entre os escritos mais recentes encontra-se: C. H. TYERMAN, *The Invention of the Crusades* (1998); H. E. MAYER, *Geschichte der Kreuzzüg* (2000); J. FLORI, *Les Croisades* (2001); J. RILEY-SMITH, *What were the Crusades?* (2002); A. DEMURGER, *Chevaliers du Christ* (2002); J. PHILLIPS, *The Crusades* (2002); V. SIBILIO, *Le parole della prima crociata* (2004); N. HOUSLEY, *Contesting the Crusades* (2006); W. J. PURKIS, *Crusading Spirituality* (2008); entre outros.

[138] Muitas das migrações foram facilitadas pelos novos itinerários marítimos na costa do Mediterrâneo e a crescente atividade comercial internacional favorecida por eles. «Western pilgrims found the journey much easier than before, because as soon as the coastal cities of Syria and Palestine had come into Christian hands the fleets of the great Italian maritime republics, Genoa, Pisa, and Venice, began to trade with the Crusader States and to bring pilgrims there». B. HAMILTON, «The impact», 704.

[139] S. GIORDANO, «La Terra Santa», 42. Há toda uma discussão em relação ao verdadeiro objetivo das cruzadas. O que aparece normalmente, como na convocação da primeira cruzada, era libertar o povo cristão das «garras» dos muçulmanos, reconquistando a cidade de Jesualém, cidade santa e referência central do cristianismo (cfr. J. PHILLIPS, *Le prime Crociate*, 32). Mas, pensa-se também que por trás de tal objetivo poderia ter, na verdade, uma intenção de expansão do cristianismo com a conversão dos pagãos. Segundo C. Erdman, a ideia de Cruzada de Urbano II era, originariamente, de guerra contra os pagãos, e não a preocupação com o Santo Sepulcro ou as peregrinações, que são objetivos acrescentados para realizar o objetivo primeiro. O fato de evidenciar Jerusalém era um meio para recrutar o exército, o que fez necessário colocá-la como meta de tal expedição:

A ideia de uma «guerra santa» estava presente no pensamento agostiniano quando se fala que o *bellum iustum* se justifica pela defesa de um direito violado ou insidiado, para punir o mal ou quando é vontade expressa de Deus:

> Ricorrendo agli scritti di sant'Agostino di Ippona (354-430) era possibilile costruire un caso in cui la violenza cristiana poteva essere ordinata da Dio tramite il suo rappresentante in terra – il papa – e se era messa in atto nelle circostanze appropriate (una causa giusta) e con il giusto intento (motivazione propria), costituiva un atto di amore cristiano[140].

Nada melhor como «causa justa» a libertação dos cristãos e dos lugares santos da opressão muçulmana. Porém, as cruzadas serão chamadas de «peregrinação armada», o que causava o questionamento se «guerra santa» e cruzadas podem ser consideradas a mesma coisa, por não possuírem a mesma origem:

> La guerra santa è la guerra giusta per eccellenza; è un'opera meritoria, un'opera pia, perché si esercita contro i nemici della fede e della chiesa cristiana: per colui che vi muore vale la palma del martire... Ci si chiede se la crociata abbia origine nella guerra santa, di cui sarebbe in qualche modo l'esito, con l'aggiunta di tratti specifici, o se abbia origine nel pellegrinaggio a Gerusalemme, atto di contrizione, atto penitenziale, difficile e meritorio... una volta che la crociata sarà riuscita a conquistare Gerusalemme e a stabilire stati franchi in Oriente, la difesa di Gerusalemme e di questi stati sarà un azione di guerra santa[141].

«Es bedarf ohnehin kaum eines Beweises mehr dafür, daß im Bereich der populären Kreuzzugsidee der Heidenkrieg die wichtigste Rolle spielte... Die Herausstellung Jerusalems war also für den Papst einfach ein Mittel der Heereswerbung. Um dieses Zweckes willen sah er sich veranlaßt, Jerusalem als Marschziel zu bezeichnen – aber das Kriegsziel war und blieb die Befreiung der orientalischen Kirche in ihrer Gesamtheit... Der Kreuzzugsgedanke Urbans II. ist also keineswegs aus seiner Sorge für das heilige Grab und für das Pilgertum herausgewachsen. Das Ältere und Primäre war vielmehr bei ihm die Idee des kirchlich-ritterlichen Heidenkrieges, und erst im Laufe seiner Wirksamkeit hierfür kam der Wallfahrtsgedanke als ein Akzidenz hinzu». C. ERDMAN, *Die Entstehung des Kreuzzugsgedankens*, 267.307.308. O certo é que as motivações poderiam ser várias: «Urban's readiness to link ideas of Christian expansion, pilgrimage, the Holy Land, and penance anticipated some of the most important elements of the crusade appeal». M. BULL, *Knightly Piety*, 3. Entretanto, «È difficile decidere se per il papa era più importante la liberazione dei luoghi santi dal potere dei Turchi selgiuchidi o il recupero della Chiesa greca». K. A. FINK, *Chiesa e papato*, 55.

[140] J. PHILLIPS, *Le prime Crociate*, 31.

[141] A. DEMURGER, *I Cavalieri di Cristo*, 26. O termo «peregrinação armada» junta a

Todo o movimento de «peregrinação armada» à Terra Santa para defesa dos cristãos e dos lugares sagrados era motivado também pelo grande desejo e necessidade de "recuperar" o verdadeiro valor do cristianismo e testemunho da vida cristã. Entre os peregrinos haviam clérigos[142], abades e monges[143], e até eremitas, que deixavam seus mosteiros para se juntar aos cruzados, no desejo de viver e renovar o *imitatio Christi* de forma mais autêntica e concreta. A ideia da «imitação de Cristo» está no coração da Igreja primitiva[144], a qual leva os seus seguidores a assumir a cruz através do sofrimento e do sacrifício que tal seguimento exige: «Quem não carrega a sua cruz e não vem após mim, não pode ser meu discípulo»[145].

Para isso, era importante externar este desejo estando no lugar onde Jesus nasceu, viveu, pregou o Reino, entregou sua vida, numa referência clara ao aspecto da sua humanidade e presença. «La crescente attenzione dedicata all'umanità di Cristo nella letteratura spirituale dell'XI e XII secolo trovò riflesso nel comportamento dei Pellegrini in Terra Santa»[146]. Esta espiritualidade em torno da humanidade de Jesus era muito forte naquele momento em que os sofrimentos e perseguições

---

questão espiritual e bélica: «… la crociata non ha un aspetto di "guerra santa" tanto nella misura in cui è pellegrinaggio armato al Santo Sepolcro o spedizione di pellegrini – armati appunto, in deroga alle pratiche abituali del pellegrinaggio e alla normativa ecclesiastica ad esso relativa – diretta alla liberazione, alla difesa e quindi al recupero di Gerusalemme e dei Luoghi Santi, quanto piuttosto nella misura in cui è sentita come guerra rivolta contra l'Islam, ed esso è a sua volta concepito non già come una qualunque forma di "paganesimo", bensì come il nemico fondamentale della Cristianità, la religione stessa dell'Anticristo». F. CARDINI, «La guerra santa nella cristianità», 396. Pode-se até usar o termo «cruzada» e «guerra santa» como sinônimos, mas não no sentido muçulmano *jihad*. Cfr. *Ibid.*, 390.

[142] «…clerics were allowed to carry arms and defend themselves when they were on pilgrimage or traveling». G. CONSTABLE, «The place of the crusader», 383. Este fato não deixou de receber críticas, com a dúvida se alguém podia ser padre e cavaleiro ao mesmo tempo, ou seja, ter uma vida clerical e laical juntas. Cfr. *Ibid.*, 383-384.

[143] A própria espiritualidade monacal era vista na *perspective* do «combate»: «Monks and nuns were seen as soldiers of Christ engaged in spiritual warfare against both external and internal foes… Througout the Middle Ages monks were called *milites* and monasterios were compared to armies». G. CONSTABLE, «The place of the crusader», 381. Mas a oposição em relação à participação nas Cruzadas foi grande, pois vinha contra o voto de estabilidade que era maior que qualquer outro voto feito como peregrino ou cruzado. Sobre esse argumento: G. CONSTABLE, «Opposition to pilgrimage», 123-146.

[144] Cfr. E. J. TINSLEY, *The imitation of God in Christ* (1960).

[145] Lc 14, 27 «Et, qui non baiulat crucem suam et venit post me, non potest esse meus discipulus».

[146] J. SUMPTION, *Monaci, Santuari, Pellegrini*, 117. «Ai suoi livelli più alti, la vita del pellegrino a Gerusalemme era concepita come il dramma della vita di Cristo continuamente ripetutto». *Ibid.*, 118.

levavam a assumir na própria vida aquilo que Jesus também viveu[147]. Nasce uma nova «piedade», mas diferente daquela «perfeição» proposta pelo movimento de vida apostólica:

> This affective piety, which stresses Christ's human weaknesses rather than his superhuman strengths, is very different from the eleventh-century quest for the perfection of the Apostolic Life. I would suggest that this change in Western religious sensibility occurred at least in part because throughout most of the twelfth century Jerusalem had been a western, Catholic city and it had been possible for the pilgrims who visited it to appreciate the Gospel narratives on a literal level because the whole ethos gave them every encouragement to do so[148].

A dimensão da vida penitente e orante do movimento eremítico terá suas bases neste contexto.

Outra grande motivação que disponibilizavam as pessoas para as Cruzadas, desde a primeira convocada pelo papa Urbano II, em 1095, era a expiação dos pecados pessoais[149], pois muitos se colocavam nesta «peregrinação»[150] como penitentes, para receber o cancelamento da pena

---

[147] Por isso mesmo o símbolo das cruzadas era a cruz, recebida junto com o voto que faziam: «What is certain, though, is that the sign of the cross was not only intended to be a symbol of the crusader's vow, and therefore a tangible reminder of his commitment to the expedition: it was also to be a visual encapsulation of the scriptural ideal of *Imitatio Christi*. By displaying the sign of the cross on his clothing the crusader was seen to be literally fulfilling Christ's injunction to the faithful that they ought to take their crosses and follow him». W. J. PURKIS, *Crusading Spirituality*, 32.

[148] B. HAMILTON, «The impact», 713.

[149] «Il bisogno di scontare i propri peccati – peccati che erano commessi con pensieri e atti di avarizia, avidità, invidia, lussuria e violenza – era un messaggio inculcato a fondo nei cristiani... Il peccato era onnipresente nella vita quotidiana, specialmente nella società violenta della fine dell'XI secolo e il bisogno di tutti – ricchi e poveri, nobili e lavoratori – di espiare per i loro atti è un elemento fondamentale per spiegare il livello di entusiasmo raggiunto dalla prima crociata». J. PHILLIPS, *Le prime Crociate*, 23.30.

[150] Chamam-se os cruzados de «peregrinos» por causa da sua motivação espiritual e penitencial. Porém, «valeva la norma secondo la quale al pellegrino non era lecito portare armi» (Cfr. C. ERDMAN, *Alle origini dell'idea di Crociata*, 301). Isto tornou-se um tema de debate entre os historiadores: «In addition to being sanctified solders and, in a certain sense, secular monks, crusaders were pilgrims, who were both called *peregrini* and regarded themselves as pilgrims and their expeditions as pilgrimages. It is a matter of dispute, however, whether crusading should be seen as a special type of pilgrimage, or as a new different activity. Though pilgrims were supposed to be unarmed, in practice they had to defend themselves. Crusaders can therefore be seen as armed pilgrims, and contemporaries drew no clear distinction between pilgrimage and crusade». G. CONSTABLE, «The place of the crusader», 384-385.

merecida pelos pecados cometidos, mesmo aqueles considerados mais graves:

> in cambio della lotta contro i nemici di Dio sulla terra e del compimento del pellegrinaggio a Gerusalemme, una persona poteva ricevere una ricompensa spirituale di portata senza precedenti. Per i peccati confessati nel modo appropriato, questi atti avrebbero costituito una penitenza sufficiente a cancellare le conseguenze di quelle colpe. Urbano diede grande evidenza al carattere della crociata come atto penitenziale, e questo concetto sarebbe sempre rimasto al cuore dell'idea[151].

A peregrinação à Terra Santa ganha uma conotoção fortemente penitencial: «Al tempo delle guerre per la liberazione della Terra Santa, l'arruolamento nell'esercito crociato viene pensato come equivalente ad un periodo di penitenza»[152]. Existiam basicamente dois tipos de peregrinações: *voluntárias*[153], assumidas por uma opção de fé pessoal; e *obrigatórias*, impostas como penitência pelos confessores ou juristas. Ambas, porém, apesar da diferença de origem, traziam consigo a necessidade e desejo da expiação dos pecados[154]. Tanto os peregrinos penitenciais como

---

[151] J. PHILLIPS, *Le prime Crociate*, 30. Quando o cristão confessava o seu pecado recebia uma penitência, a qual deveria ser cumprida mediante um ato formal da Igreja: a indulgência. Esta não cancelava a culpa – isto somente com a confissão e absolvição –, mas sim o tempo da pena devida. No século X, a Igreja franca permitia que aqueles que não podiam cumprir a penitência por motivo físico, a pagassem (Cfr. J. SUMPTION, *Monaci, Santuari, Pellegrini*, 179). A questão da indulgência não deixará de se tornar um problema: «The shifting nature of the crusader's indulgence is no less problematic. What is at issue here is whether the process of undertaking an armed pilgrimage to the Holy Sepulchre was a penitential act of so exacting a nature that it purged the penalties that any sinning Christian incurred at the hands of a just God, or whether it fitted the technical meaning of the word 'indulgence' in the tighter sense of an activity which was considered so meritorious that is was deemed by the Church to replace all the penitential acts that would otherwise be required to purge the sinner». N. HOUSLEY, *Contesting the Crusades*, 50-51. Além da indulgência, quem participava das Cruzadas tinha certos privilégios, confirmados pela bula *Quantum praedecessores* (1145), de Eugênio III, como: proteção à família e propriedades; imunidade de taxas e débitos; direito de penhorar terra e bens para angariar fundos para as cruzadas (Cfr. G. CONSTABLE, «The place of the crusader», 391).

[152] E. PERETTO, *Movimenti spirituali laicali*, 138.

[153] «L'*Ordo* dei penitenti volontari è composto sia nel tardo-antico e nall'Alto Medioevo, che nel secolo XIII e accoglie chi ha promesso di aderirvi per ottenere una guarigione da una grave malattia, o a seguito di una vera "conversione", o perché, consacrato a Dio dai genitori in tenera età, da adulto ha accettato il voto, infine chi vi aderisce in età matura o addirittura in età avanzata... I penitenti volontari sono detti anche "conversi", cioè convertiti». E. PERETTO, *Movimenti spirituali laicali*, 132-133.

[154] Cfr. J. SUMPTION, *Monaci, Santuari, Pellegrini*, 126.

os cruzados faziam um voto que era irrevogável: «While the precise content of this vow or promise is unknown, and may have varied from person to person, it was regarded as irrevocable unless it was replaced by a greater vow to enter a religious community, and severe penalties were imponed, at least in theory and sometime in fact, on those who failed to carry out its obligations»[155].

Todo este movimento traz um horizonte religioso, físico, cultural e intelectual novo ao Ocidente. A conquista de Jerusalém, centro da fé cristã, muda o itinerário a ser percorrido para alcançar a salvação. A conquista da Terra Santa refletia a esperança e as aspirações, muito comum naquele tempo, de busca da salvação espiritual[156], não sendo mais um privilégio somente daqueles que optam por uma vida monacal, mas uma possibilidade aberta a todos: «Quel che l'indulgenza (come la promessa di Urbano è tecnicamente nota) significava era che il laico vedeva aperta davanti a sé una nuova via per ottenere la salvezza, laddove in precedenza l'unica strada per conseguire una tale ricompensa consisteva nell'entrare in un monastero»[157].

Embora seja difícil fazer uma avaliação com parâmetros e conceitos modernos, as cruzadas deixaram na história da Igreja uma marca forte e polêmica, principalmente pelo fato de contradizer princípios cristãos, como o uso da violência, dada como «inevitável» para alcançar aquele fim proposto; gerando conflitos dos quais muitas vezes não se tinha mais controle[158]; e ainda pelo desfecho negativo que obteve:

> Sicché non c'è da meravigliarsi per il grande disinganno relativo alle crociate e anche per il debole successo dei molti appelli al pagamento dei tributi per le crociate proprio nel XIII secolo, malgrado

---

[155] G. CONSTABLE, «The place of the crusader», 388. «La legge canonica stabiliva che nessuno potesse rompere il voto di un pellegrinaggio e salvarsi. Non importava se il colpevole fosse un pacifico pellegrino o un crociato armato. Il voto era imposto attraverso la scomunica e in alcune parti d'Europa il mancato adempimento di un voto era punito da tribunali sia ecclesiastici che secolari». J. SUMPTION, Monaci, Santuari, Pellegrini, 176.

[156] «It does not amount to a naive acceptance of stated motivations, or to an attempt top rise religious thinking free of its social setting, which was unusually complex. It means rather that most participants would not have committed themselves to the crusade without the impetus of a worldview that set a premium on their spiritual health and above all on their chances of salvation». N. HOUSLEY, Contesting the Crusades, 29.

[157] J. PHILLIPS, Le prime Crociate, 30-31.

[158] «Ma poiché tale impresa non poteva difendere i pellegrini, i cristiani d'Oriente e i Luoghi Santi senza essere una guerra di conquista di queste terre contro gli infedeli, ne derivava inevitabilmente un retaggio di violenze, di conflitti di potere, di tensioni particolari, destinate a vanificare gradualmente le possibilità di controllo del 'pellegrinaggio armato' da parte della S. Sede». A. VASINA, «Cristianità e 'Civitates'», 223.

l'ampia disponibilità del tesoro della Chiesa a concedere indulgenze. Dell'entusiasmo delle prime spedizioni non restò molto più che un grande risentimento contro la gerarchia ed una rassegnazione non più sanabile. Dal punto di vista teologico, l'estensione dell'idea di crociata alla colonizzazione orientale e soprattutto alla crociata contro gli eretici fu ancora peggiore, più funesta per l'immagine della Chiesa, e accelerò il cosiddetto mutamento di civiltà del tardo Medioevo[159].

6. O despertar da vida eremítica: um confronto com a vida monástica tradicional

Nos séculos XI e XII, vê-se um grande despertar da vida eremítica[160], juntamente com a necessidade da reforma do clero através da vida comunitária e imitação da «vida apostólica»[161], diante do momento de crise da vida monástica tradicional[162], a qual desejava ser «una società perfettamente cristiana sulla terra, testimonianza di fede ed insieme di speranza, simbolo della ideale Gerusalemme celeste che è il paradiso»[163]. Já a partir do século X, mas sobretudo nos séculos seguintes, vê-se uma busca da vida eremítica no recolhimento, oração, ascese, trabalho e testemunho concreto de uma pobreza absoluta, em um seguimento radical de Jesus Cristo:

---

[159] K. A. FINK, *Chiesa e papato*, 56.

[160] Uma obra de referência sobre o tema do eremitismo deste período é: *L'eremitismo in Occidente nei secoli XI e XII*. Atti della seconda settimana internazionale di studio, Mendola, publicado em 1965, onde encontra-se artigos de diversos autores, entre eles: J. LECLERCQ, «L'érémitisme en Occident jusqu'à l'an mil»; L. GENICOT, «L'érémitisme du XIe siècle»; G.G. MEERSSEMAN, «Eremitismo e predicazione itinerante». Para uma síntese, pode-se consultar: C. LIALINE – P. DOYERE, «Erémitisme» (1960); J. SAINSAULIEU, «Ermites. En Occident» (1963); J. GRIBOMONT, *al.*, «Eremitismo» (1976). Entre os estudos: H. LEYSER, *Hermits and the new Monasticism* (1984); A.VAUCHEZ, *Ermites de France et D'Italie (XIe-XVe siècle)* (2003).

[161] Cfr. C. VIOLANTE, *Studi sulla cristianità*, 127-143.

[162] Sobre a crise da Vida Monástica, pode-se consultar o conhecido artigo de: J. LECLERCQ, «La crise du monachisme aux XIe et XIIe siècles», 19-41. É claro que esta crise estará ligada com todo o contexto de mudança de início do novo milênio: «È una crisi, cioè, che è venuta maturando al limite del rinnovamento e della riorganizzazione della società europea dopo il Mille, come uno degli aspetti della inquietudine religiosa che caratterizza specialmente il secolo XI e dello sforzo compiuto dalla organizzazione ecclesiastica, papi, vescovi, uomini di Chiesa ed, appunto, anche monaci per rispondere a quella inquietudine e per comprenderne gli aspetti e le esigenze». R. MANSELLI, «Certosini e Cisterciensi», 81.

[163] R. MANSELLI, «Certosini e Cisterciensi», 78.

Un altro soffio nuovo di vita spirituale e di rinnovamento religioso sorge quindi intorno al Mille, destinato a mettere in crisi il cenobitismo tradizionale di tipo benedettino e cluniacense per assumere poi varie forme contrassegnate da un tipo diverso di esperienza religiosa. Ora si cerca di aderire a Dio nella contemplazione da raggiungere mediante una severa ascesi e con una lotta aperta e dichiarata contro il demonio, alla ricerca di una più avvertibile intimità interiore che si persegue fuggendo gli uomini per ritrovarsi nella natura[164].

Esta vida eremítica acontece, quer com experiências individuais ou em grupos, ligados a algum mosteiro ou longe deles[165], como permanente ou temporária, acolhendo tanto monges, clérigos ou leigos, no intuito de ser uma resposta para o testemunho de uma vida religiosa mais evangélica e coerente. Para isso, assumem uma vivência radical do evangelho, marcado pelo despojamento e pela pobreza, individual e comunitária:

> Carattere comune di tutti gli eremiti è soprattutto – nel periodo da noi considerato – l'impegno della povertà, non solo individuale ma anche collettiva, per coloro che vivono in comunità (monastica o canonicale). In polemica con il cenobitismo ricco e potente (specie cluniacense) si rifiutano i grandi e solenni edifici, si respingono le rendite ecclesiastiche e le proprietà (o almeno i grandi domini da far coltivare da «rustici»), si adottano vesti povere e incolori («habitus pauper»), si sdegnano perfino lo sfarzo dei paramenti e degli arredi e la preziosità dei vasi sacri. Si inaspriscono la pratiche ascetiche del digiuno, delle veglie prolungate, delle flagellazioni e di altre rigorose mortificazioni corporali[166].

Deste modo, a vida eremítica ressurge não tanto num sentido de um absoluto isolamento físico, mas em assumir uma vida de penitência e conversão, muitas vezes em grupos, ainda que com celas separadas, possibilitando um mínimo de vida em comum. Muitos daqueles que op-

---

[164] L. ORABONA, *La chiesa*, 115.

[165] «...nei secoli XI e XII espressioni come 'eremus', 'eremita', 'solitudo', 'vita solitaria', assumono significazioni ben diverse fra loro, in quanto possono indicare eremitaggi solitari di un singolo eremita, accompagnato a volte da uno, due o più compagni e discepoli sopraggiunti, con o senza legami con un cenobio-base, oppure gruppi di cellule eremitiche (come – ad esempio – a Fonte Avellana) o infine, anche, veri e propri cenobi costituiti in zone solitarie, lontano dalla vita cittadina». C. VIOLANTE, *Studi sulla cristianità*, 131.

[166] C. VIOLANTE, *Studi sulla cristianità*, 132. Uma vivência da pobreza absoluta inspirada no próprio Cristo: «... il riferimento e il modello ideale non è più tanto, ormai, la primitiva comunità cristiana degli Apostoli, ma la figura del Cristo povero, nudo e solo». *Ibid*, 134.

taram pelo eremitismo deixando a vida dos mosteiros para uma vida eremítica independente, não tinham a intenção de fundar novos mosteiros,
novas ordens[167]. Mas, a necessidade de acolhimento de tantos que procuram a vida do ermo[168] e de orientação à vida daqueles que vivem uma
experiência eremítica comum, faz com que aos poucos a vida eremítica
seja integrada com aspectos da vida comunitária:

> La lenta affermazione della disciplina comunitaria sull'individua-
> lismo dei solitari e conseguente diffidenza verso la componente
> anarchica dello statuto eremitico avrebbero giustificato la progres-
> siva definizione delle forme di questa scelta religiosa estrema che,
> com'è noto, venne sempre più strutturata in forme canonicamente
> regolari[169].

A base da experiência mística do eremita será o profundo e contínuo colóquio com Deus, que o faz viver na constante contemplação
de sua presença, mas também numa permanente luta contra o maligno
– «militia diaboli». Vivem a «fuga do mundo» – que também era um valor da vida monástica – não como um simples isolamento, mas como a
ascese de uma luta espiritual que os conduzem à perfeição[170]. Para tanto,
assumem os valores da solidão como parte predominante de suas vidas;
uma oração prolongada, baseada nos salmos e na Lectio Divina, isto é,

---

[167] Como São Romualdo – fundador dos Camaldulenses em 1030 – que não tinha
a intenção de fundar uma nova ordem, mas «soltanto riformare con il suo ordinamento
eremitico la vecchia disciplina monastica». L. ORABONA, La chiesa, 120.

[168] «Numerosi eremiti esercitano grande influenza e sono costretti, non sempre di
buon grado, a creare piccoli monasteri per i candidati che accorrono verso di loro. D'altra
parte, monaci generosi, delusi dalla vita troppo comoda delle abbazie tradizionali, le
lasciano per cercare, da soli o in piccoli gruppi, un'esperienza di vita povera, davvero solitaria e rivolta esclusivamente alla ricerca di Dio. In un caso come nell'altro, si arriva alla
formazione di piccoli gruppi semieremitici che armonizzano felicemente una solitudine
autentica e un fraterno aiuto reciproco». Ph. ROUILLARD, «Eremitismo», 1231.

[169] A. BENVENUTI, «Eremitismo urbano», 242.

[170] Cfr. C. VIOLANTE, Studi sulla cristianità, 135-136. Embora tanto a espiritualidade
monacal como a eremítica se fundamentam no desejo de uma «fuga do mundo», esta será
vivida de modo diferente: «Ciò che distingue la spiritualità eremitica da quella monastica
sembra consistere non tanto nel fatto comunitario, inteso come complesso degli elementi
di vita in comune, quanto piuttosto in una specie di smaterializzazione di essa, che trova
riscontro anche in una maggiore più intensa e significativa personalizzazione o, se si vuole,
individualizzazione degli atteggiamenti spirituali e delle forme di preghiera. La preghiera è
intesa come colloquio con Dio nel combattimento spirituale e nella lotta contro il demonio
sostenuti con una dura penitenza che giunge fino alla macerazione di sé, mentre per i monaci è l'opus Dei, l'ufficio divino, e il cenobio è considerato un rifugio di beata separazione
dal mondo, quasi la pregustazione della gioia del paradiso». L. ORABONA, La chiesa, 116.

na meditação da Palavra de Deus; um contínuo jejum e mortificação do corpo; o trabalho manual e ajuda das pessoas como forma de subsistência[171]; e, mais no final do século XII e início do XIII, a itinerância para a pregação em meio ao povo e para a venda do fruto do trabalho ou mendicância, posteriormente canalizada para o surgimento das Ordens Mendicantes[172].

A novidade trazida pelo movimento eremítico dos séculos XI e XII foram algumas «rupturas», como o rompimento com uma visão pré-existente de uma sociedade formada por clérigos, monges e leigos dentro do quadro das estruturas eclesiais tradicionais. O eremitismo monástico dos séculos anteriores, pelo vínculo com os mosteiros e obediência ao abade, se enquadra ainda nesta concepção. A manifestação de um eremitismo independente, diante das novas exigências de uma vivência mais autêntica da vida religiosa, de um testemunho moral e pobreza radical, vem de encontro com uma nova realidade social que está em grande transformação e que exigia grande «mobilidade» perante o surgimento de novos centros urbanos, coisa que a «estabilidade» dos mosteiros não respondiam mais. Uma «ruptura» também era em relação à passagem direta do estado de vida clerical ou laical ao eremítico, sem precisar mais ter a experiência monástica como necessária para uma preparação ao ermo[173].

O movimento eremítico questiona a vida monástica tradicional[174] que, juntamente com toda a Igreja, sente a necessidade de reformar-se.

---

[171] «Si stabilisce una sorta di rapporto di scambio: beni materiali da parte dei fedeli, che assicurano in questo modo la sopravvivenza stessa dell'eremita, beni spirituali da parte dell'asceta, che ricompensa i fedeli con la sua parola e la sua taumaturgia». S. BOESCH GAJANO, «Alla ricerca dell'identità eremitica», 487.

[172] As Ordens Mendicantes, no século XIII, terão suas bases na experiência e espiritualidade deste movimento eremítico: «Rifiorito verso la fine del secolo X, l'eremitismo in Occidente sfocia in gran parte nei movimenti e negli Ordini Mendicanti all'inizio del secolo XIII». C. VIOLANTE, *Studi sulla cristianità*, 130.

[173] Cfr. C. VIOLANTE, *Studi sulla cristianità*, 138-142.

[174] A bibliografia sobre o monaquismo medieval é muito vasta. Entre tantos trabalhos, são sem dúvida importantes as duas semanas de estudos: *Il monachesimo e la riforma ecclesiastica (1049-1122)*. Atti della quarta settimana internazionale di studio, Mendola, publicado em 1971; *Istituzioni monastiche e istituzioni canonicali in Occidente (1123-1215)*. Atti della settima settimana internazionale di studio, Mendola, publicado em 1980. Também: M.D. CHENU, «Moines, clercs, laïcs au carrefour de la vie évangélique» (1954); J. LECLERCQ, «Monachisme, sacerdoce et mission au Moyen âge» (1981); P. DESEILLE, *L'évangile au désert* (1985); R. GREGOIRE, *al.*, *La Civiltà dei Monasteri* (1985); J. LECLERCQ, «Diversification et identité dans le monachisme au XIe siècle» (1986); B. STEIDLE, *Beiträge zum alten Mönchtum und zur Benediktusregel* (1986); M.G.R. STEPHANOS, «Les origines de la vie cénobitique» (1987); J. ÁLVAREZ GÓMEZ, *Historia de la vida religiosa*, I (1987);

A reforma de Cluny teve sua importância por tirar o mosteiro das mãos do domínio dos senhores locais – prática comum até então – deixando-o sob a responsabilidade do abade em obediência direta ao Sumo Pontí-fice[175], desvinculando-se do sistema feudal vigente[176]. Mas, «Con le sviluppate e raffinate pratiche liturgiche e con l'alto esempio di spiritualità i monasteri – particolarmente quelli cluniacensi – attiravano donazioni di terre e di chiese private da parte dei laici»[177], fazendo dos mosteiros grandes e ricas potências. Desta forma, as estruturas dos mosteiros permaneciam.

G.G. MERLO, «Tra "vecchio" e "nuovo" monachesimo» (1987); L. MOULIN, *La vita quotidiana dei monaci nel Medioevo* (1988); G. PENCO, *Medioevo monastico* (1988); C.H. LAWRENCE, *Medieval Monasticism* (1989).

[175] «La protezione della Santa Sede prima e l'esenzione totale poi consentivano a Cluny di scavalcare l'ordinamento diocesano e al Papato una più decisa affermazione in campo disciplinare. Si creava così una vigorosa spinta verso la centralizzazione organizzativa con una struttura piramidale al cui vertice era l'abate che dipendeva dal papa. Si operava inoltre un radicale cambiamento della struttura ecclesiastica: nella Chiesa tutto partiva e tutto ritornava al Papa, che poteva ormai intervenire in ogni ambito e in ogni questione». C.D. FONSECA, «Discorso de apertura - Il monachesimo», 10. Será uma base para a reforma gregoriana. Tal situação, porém, não deixará de fomentar dificuldades na relação entre os mosteiros e os bispos, ainda que o movimento de reforma monástica estará em conexão com aquele da reforma episcopal. A este respeito: G. TABACCO, «Vescovi e Monasteri», 105-123.

[176] Tomando como experiência a história antecedente que mostrava que um mosteiro sempre acabava em decadência quando era propriedade de um senhor feudal, o qual tinha domínio sobre ele, Cluny inicia uma nova história: «Guglielmo d'Aquitania "rimette ai santi apostoli Pietro e Paolo" alcune terre su cui sorgerà il monastero, il quale, dunque, apparterrà al primo vicario di Cristo e al suo successore, il romano pontifice. Nessun potere temporale avrà ormai il diritto di intervenirvi, specialmente per nominare l'abate, nè l'ardire di avanzare pretese sui suoi possedimenti». L. GENICOT, *Profilo della Civiltà Medioevale*, 167. Tal iniciativa servirá de base para a reforma de toda a Igreja: «Infine, il costume, introdotto da Cluny, di fare delle abbazie la proprietà di san Pietro, in altri termini, della Santa Sede, aumenta l'autorità di quest'ultima, le assicura dei punti d'appoggio in tutto il mondo cristiano, la impegna anzi a partecipare attivamente all'opera di riforma. Senza volerlo, gli apostoli del rinnovamento monastico preparano il terreno a un movimento più ampio, il movimento gregoriano». *Ibid.*, 171-172.

[177] C.D. FONSECA, «Discorso de apertura [Il monachesimo]», 8. Também o monaquismo reformado de origem e tendência eremitica acabará por tornar-se rico e poderoso: «...il nuovo monachesimo (ad esempio: vallombrosano o cisterciense) cominciò a divenire più potente, e con la conquista progressiva di esenzioni e con l'acquisito sempre più rilevante di chiese private e di giurisdizioni ecclesiastiche, venne ad avere molti caratteri di quel cenobitismo tradizionale che già aveva condannato...». C. VIOLANTE, *Studi sulla cristianità*, 114.

troppo capitalistiche e feudali, troppo umanamente potenti per rispondere alle esigenze di una società in pieno sviluppo demografico, economico e sociale che cerca una alternativa evangelica alla diffusa sete di benessere e una soluzione alle nuove esigenze religiose degli agglomerati borghesi e artigiani delle città. Alla prosperità monastica fatta di costruzioni imponenti, di vita moderata e tranquilla, di preoccupazioni e di impegni amministrativi legati ai vasti possedimenti e all'acquisto di chiese private, si contrapporrà la ricerca della povertà nella vita quotidiana e negli edifici, l'impegno del duro lavoro manuale, nella penitenza e nella preghiera[178].

Se Cluny tem o mérito de inspirar a reforma em toda a Igreja, desvinculando-se do domínio dos senhores feudais, afirmando a autoridade do papa, buscando um estilo de vida realmente monacal, por outro lado falta o testemunho evangélico de uma vida baseada na pobreza não só individual, mas também comunitária. É neste sentido que a novidade do movimento eremítico ajuda a pensar uma verdadeira reforma religiosa e eclesial que será sinal e testemunho para toda a Igreja:

> È dall'esperienza eremitica, piuttosto, che matura un più organico discorso ecclesiologico e di riforma. Da un'esperienza che si muove ancora al di fuori da schemi sicuri di tradizioni organizzative, che traduce il proprio rigoroso impegno religioso e morale in un anelito di perfezione individuale che cerca sì la solitudine, ma da essa esce sovente a riformare cenobi e canoniche, a consigliare vescovi, ad organizzare clero[179].

7.   A vida dos Mendicantes: uma síntese para a reforma da vida religiosa

Diante de todos os movimentos em busca de uma reforma da Igreja, em torno da pobreza evangélica, da vida apostólica, da inspiração da comunidade primitiva, no seguimento mais radical de Jesus Cristo, surgem as Ordens Mendicantes[180] como uma das expressões mais fortes

---

[178] F. Dal Pino, *I frati servi di S. Maria*, 469.

[179] G. Miccoli, «Aspetti del rapporto», 86.

[180] Sobre os Mendicantes, pode-se consultar: H. Hefele, *Die Bettelorden und das religiöse Volksleben* (1910); F. Vernet, *Les Ordres Mendiants* (1933); A. Matanic, «Il pensiero di s. Tommaso d'Aquino sulla vita religiosa, in particolare degli Ordini Mendicanti» (1963); Id., «La problematica della vita e dell'attività dei primi mendicanti» (1966); M.-H Vicaire, *L'imitation des Apôtres, moines, chanoines, mendiants (IVe-XIIIe siècles)* (1964); O. Steggink, «Fraternità e possesso in comune. L'ispirazione presso i mendicanti» (1968), revisto e republicado em: «Fraternità apostolica. Storia e rinnovamento» (1985); F.A. Dal Pino, *Rinnovamento monastico-clericale e movimenti religiosi evangelici nei sec. X-XIII*

do desejo de uma Igreja pobre, através de uma Vida Religiosa simples e coerente. Embora sendo fruto de todo o movimento do século anterior[181], surge como uma proposta nova que também acabará se confrontando com o estilo de vida dos monges e as estruturas de seus mosteiros, ainda que destes recebem suas inspirações e origens[182].

Com base em uma longa tradição monástica que também assume o movimento por uma Igreja pobre, as Ordens Mendicantes surgem no início do século XIII como um fenômeno novo na Igreja Ocidental, propondo um novo modo para a Vida Religiosa, na sua maneira de compreender os valores evangélicos e vivê-los. Não serão contra a hierarquia eclesial, pelo contrário, buscarão dentro da própria Igreja e a serviço desta, com aprovação eclesiástica e em comunhão com o magistério, responder aos vários desafios presentes na época, profundamente inseridos naquela realidade. Propõem uma nova maneira de vida apostólica, com mais coerência e testemunho, diante de uma sociedade que está em constante transformação: «L'interpretazione nuova e originale della *vita apostolica* da parte dei mendicanti, l'istituzione delle vere e proprie fraternità evangeliche, nasce da una reazione di fronte ai "segni dei tem-

---

(1973); *Les mendiants en pays d'Oc au XIIIe siècle* (1973); M.-H. VICAIRE, «Recherches sus le premier siècle des Ordres mendicants» (1973); J.M. MOLINER, *Espiritualidad Medieval. Los Mendicantes* (1974); R.B. BROOKE, *The coming of the Friar* (1975); L. DE CANDIDO, «I Mendicanti ieri e oggi: proposte fondamentali del loro messaggio» (1975); *La povertà del sec. XII e Francesco d'Assisi*. Atti del II Convegno Internazionale Assisi (1975); W.R. THOMSON, «The Image of the Mendicants in the Chronicles of Mathew of Paris» (1977); L. DE CANDIDO, *I mendicanti. Novità dello Spirito* (1983); entre outros.

    [181] A base dos Mendicantes está no movimento pauperista presente no século XII (cfr. DAL PINO, «Papato e Ordini Mendicanti-apostolici», 110-111). Embora surjam como novidade no modo radical de viver a pobreza, inspiram-se nos movimentos religiosos do século anterior: «But although the Mendicant Orders embodied a revolutionary concept of the religious life, they had antecedents. The roots of the plant that flowered so prolifically in the thirteenth century lay in the religious experience and the social changes of the previous hundred years». C.H. LAWRENCE, *Medieval Monasticism*, 239.

    [182] «Los mendicantes comienzan rechazando toda posesión y prohibiendo la edificación de grandes monasterios. Desean vivir junto al pueblo. Es significativo que adopten el nombre de *fratres* (hermanos) en lugar de Dom, abreviatura del *dominus* (señor) que utilizaban los monjes». J.M. MOLINER, *Espiritualidad Medieval*, 34. «Senza tema di forzare uno schema interpretativo, si può affermare che frate Francesco, mentre accoglie talune ispirazioni della tradizione monastica più rigorosa ed evangelica, rappresenti il superamento di quella stessa tradizione: poiché, in ultima analisi, il monachesimo – per quanto "nuovo" e "riformato" – voleva far diventare il mondo un chiostro, mentre per frate Francesco e i suoi primi *fratres* il chiostro era costituito dal mondo». G.G. MERLO, «Il cristianesimo latino», 259.

pi": le trasformazioni profonde nella società del secolo XII e le esigenze pastorali di quell'epoca»[183].

O movimento dos Mendicantes será uma resposta concreta para uma verdadeira renovação da Vida Religiosa, em comunhão com a desejada renovação eclesial, contrastando e questionando o estilo da vida monástica que não corresponde mais àquelas mudanças sociais: «In questa società alterata appaiono gli ordini mendicanti. Al monaco, che vive nella ritiratezza della sua abbazia, dedito alla liturgia e alla vita contemplativa, succede il *frater*, frate, che dimora e fraternizza con la gente del villaggio e della città, predicando "verbo et opere" la povertà evangelica»[184].

A importância dos Mendicantes é dada à sua capacidade de síntese dos vários movimentos ocorridos anteriormente, tentando conjugar diversos valores destacados como necessários para uma retomada autêntica da vida cristã e eclesial. Esta síntese terá como base uma forma de vida na qual conciliam a pobreza individual e coletiva com a vida apostólica de pregação e serviço à Igreja. Além de responder às necessidades de evangelização do crescente desenvolvimento urbano e à proposta de um verdadeiro testemunho de pobreza individual e coletiva, são acolhidos pela Igreja também como modo eficaz de combater o movimento herético e trazer os vários grupos à ortodoxia: «The question was whether this unruly flood of enthusiasm could be canalised and made to serve the cause of orthodoxy. Innocent was playing for high stakes when he gave his qualified approval to certain groups of mendicant lay preachers, but it was a gamble that succeeded»[185]. Por isso, são «destinati a incontrarsi

---

[183] O. STEGGINK, «Fraternità apostolica», 46.

[184] O. STEGGINK, «Fraternità apostólica», 47.

[185] C.H. LAWRENCE, *Medieval Monasticism*, 241. O Papa Inocêncio III teve grande importância neste momento: «Il papato di Innocenzo III (1198-1216) segna una fase decisiva nella lotta antiereticale. La strategia papale è chiara, contemplando l'assimilazione di chi voleva farsi assimilare e la repressione cruenta di quanti, invece, restavano fedeli alle proprie posizioni "ereticali", di disobbedienza alla chiesa romana». G.G. MERLO, «Il cristianesimo latino», 256. Inocêncio III será um grande articulador e incentivador da Vida Religiosa, reconhecendo o importante papel desta na vida da Igreja: «É noto del resto che Innocenzo III seppe con un'acuta penetrazione delle esigenze che allora animavano le masse dei fedeli, comprendere come non tutte le forme di religiosità che pullulavano nel seno della Chiesa, spesso debordando verso l'eresia, fossero per loro natura ed origine pericolose...». R. MANSELLI, «I vescovi italiani», 315. Sobre a importância e papel de Inocêncio III: M. MACCARRONE, *Studi su Innocenzo III* (1972). «In realtà l'importanza di Innocenzo III non viene solo dalla sua ricca personalità, bensì anche dal tempo in cui visse, in quell'esuberanza di sviluppi e di nuova vita ecclesiastica che segna il trapasso dal sec. XII al XIII, e due grandi secoli del Medio Evo tra i quali Innocenzo III – se è lecito il paragone manzoniano – si assise e si fece arbitro». *Ibid.*, 223.

positivamente con i disegni egemonici del papato e a livello sia di inquadramento dei fedeli, sia di repressione antiereticale»[186].

7.1   Origem das Ordens Mendicantes

As duas grandes ordens – «the most innovative force in the thirteenth-century church»[187] – que dão origem aos Mendicantes são: os *Minores*, sendo de procedência laica e penitente; e os *Praedicatores*, que desde o seu início eram clérigos que predicavam contra as heresias.

Os franciscanos – ou *Ordem dos Frades Menores* – surgem por volta de 1208 com uma primeira comunidade formada em torno de Francisco de Assis (1182-1226), que a partir de 1209 inicia a sua vida de grande pregador itinerante, popular e penitente. Neste mesmo ano, Inocêncio III aprova oralmente a «*formula vitae primitiva*» como Regra, dando início canonicamente à Ordem Franciscana, confirmada pelo mesmo papa no Concílio Lateranense IV (1215). Em 1221, Francisco redige uma segunda edição da Regra mais ampliada e detalhada, contendo muitos textos bíblicos e de caráter mais ascético, conhecida como *Regra I «non bullata»*. Uma nova versão, porém, breve e de caráter mais jurídico, foi feita com a colaboração do Cardeal Ugolino, conhecida como *Regola II*, aprovada por Honório III, em 1223, com a bula *Solet annuere*[188].

A espiritualidade franciscana é marcadamente cristocêntrica e evangélica. Através de uma vida penitencial, testemunham com radicalidade a pobreza não só individual, mas também coletiva, vivendo do trabalho manual e, quando este não for suficiente, da mendicância. O propósito de vida era «la separazione dal "mondo" senza uscire dalla società, la condivisione delle condizioni di esistenza degli "ultimi", la pratica del lavoro manuale, la rinuncia a qualsiasi potere sugli altri, la *sequela* di un Gesù povero, umile e rifiutato, il rovesciamento dei valori del secolo»[189]. A contribuição para a reforma eclesial era de grande importância, por viverem de forma simples, humilde e coerente os valores evangélicos e em plena comunhão com a Igreja. Pela influência dos dominicanos, também assumem posteriormente os estudos como forma de apostolado.

---

[186] G.G. MERLO, «Il cristianesimo latino», 250.

[187] C. MORRIS, *The papal monarchy*, 452.

[188] Cfr. L. DI FONZO, «Francescani», 464-511, com uma ampla bibliografia sobre os franciscanos (507-511). Pode-se consultar também os seguintes verbetes: L. DI FONZO, «Francesco d'Assisi», 513-527; A. POMPEI, «Francescanesimo», 446-464; M. CONTI – G. ROCCA, «Regola francescana», 1471-1494; L. DI FONZO, «Questione Francescana», 1133-1154.

[189] G.G. MERLO, «Il cristianesimo latino», 258.

Os dominicanos – ou *Ordem dos Pregadores* – surgem contemporaneamente aos franciscanos. O espanhol Domingos de Gusmão (cerca 1175-1221), sendo canônico regular, orienta um grupo de clérigos, que pregavam contra as heresias dos Albigenses e Cátaros, à vida de comunidade adaptada à atividade de evangelização. Eles adotam, como os outros canônicos, a Regra Agostiniana. Em 1215, são aprovados pelo bispo Falco de Tolosa e, em 1216, pelo papa Honório III com a bula *Religiosam vitam*[190]. No Capítulo Geral de 1220, assumem claramente a característica de Ordem Mendicante adotando oficialmente a pobreza com a renúncia de toda forma de propriedade e de renda, com a possibilidade da mendicância, a qual era proibida aos clérigos – provável influência dos franciscanos. Definem também a pregação com a finalidade de defender e propagar a fé católica.

A grande novidade da Ordem Dominicana era ter o ofício de predicadores, função quase que exclusiva dos bispos. Tal missão exigia preparação numa vida assídua aos estudos. Alimentados por uma vida comunitária e litúrgica, fazem da oração contemplativa a base para o apostolado, realizando-o como o fruto de uma vida interior. Consideram o estudo e a pregação como um verdadeiro trabalho.

A estas duas grandes Ordens que deram origem aos Mendicantes, juntam-se mais tarde os Agostinianos e Carmelitas. Os Agostinianos eram grupos de eremitas do século XII e início do XIII que viviam nas regiões de Toscana e Emília-Marque (centro da Itália), assumindo uma vida de pobreza e oração, com pouco apostolado. Esses grupos assumem a Regra Agostiniana e, em 1244, formam a Ordem dos Eremitas de Santo Agostinho aos quais, em 1256, unem-se outras Ordens (Eremitas de Brettino, Eremitas de João Bono)[191].

Os eremitas latinos do Monte Carmelo – como será abordado no capítulo seguinte – inserem-se oficialmente no contexto mendicante em 1247 quando, já presentes no Ocidente, recebem de Inocêncio IV a aprovação definitiva da Regra. Esta prevê a mendicância como possível modo de subsistência, na vivência da pobreza sem posses e sem rendas, o que já havia sido aprovado anteriormente por Gregório IX, em 1229. Para ambos os grupos, as intervenções papais é que os qualificaram e os confirmaram como Ordem Mendicante, visto serem de origem eremítica.

---

[190] Cfr. L. A. REDIGONDA, «Frati Predicatori», 923-970, contendo no final uma vasta bibliografia sobre os dominicanos (967-970). Sobre a vida de Domingos: A. V. FERRUA, «Domenico di Guzman, santo», 948-961. Também: A. D'AMATO, *L'Ordine dei Predicatori* (1983) e P. LIPPINI, *La spiritualità domenicana* (1987).

[191] Cfr. B. RANO, «Agostiniani», 278-381.

Esse processo de passagem da vida eremítica à mendicante tinha como base a adaptação às novas exigências que surgiram:

> Both the Carmelites and Augustinian Friars, then, originated as groups of monks pursuing the eremitical life. Their conversion into orders of friars attests the powerful impact of the mendicant idea upon the religious consciousness of the thirteenth century. Once the notion gained currency that the authentic imitation of Christ involved an active ministry of preaching, as well as voluntary poverty, it proved impossible to withstand. But the change in each case meant a radical reorientation – from the secluded contemplative life to an active missionary one[192].

Somente os franciscanos e carmelitas terão Regras próprias, enquanto as outras ordens assumem a Regra Agostiniana[193]. A diferença de origem de cada uma enriquece e desenvolve todo o movimento mendicante, tendo como forte característica a espiritualidade e o apostolado que marcaram a vida dos primeiros:

> In linea di massima si può comunque dire che Francesco appare la figura ispiratrice primaria, sul piano evangelico, degli altri Ordini mendicanti o al momento stesso delle origini o almeno nel periodo immediatamente successivo, mentre i frati Predicatori, con la loro predicazione teologica e la loro legislazione, finiranno col costituire un punto di riferimento comune: se i Minori – è stato detto – hanno col tempo trasformato in frati i Predicatori, questi faranno dei primi degli uomini di studio e dei soci nell'inquisizione ereticale[194].

---

[192] C.H. LAWRENCE, *Medieval Monasticism*, 269.

[193] Cfr. E. KASPAR, «Gli Ordini Mendicanti», 13; DAL PINO, «Papato e Ordini Mendicanti-apostolici », 107.

[194] F. DAL PINO, *I frati servi di S. Maria*, 596. «Mentre in un primo tempo i papi e la curia denominarono mendicanti solo i *fratres praedicatores et minores*, il concilio di Lione aggiunse nel 1274 i Carmelitani e i *Fratres Eremiti Sancti Augustini* dando inizio ad una tradizione mantenutasi fino ai nostri giorni». E. KASPAR, «Gli Ordini Mendicanti», 6. São consideradas as quatro grandes Ordens Mendicantes, embora mais tarde juntam-se ainda: «i frati Servi di s. Maria del gruppo Monte Senario-Firenze, i frati della Penitenza di Gesù Cristo e ei Servi di s. Maria di Cristo di Marsiglia, tutti d'origine laica e nati, quasi contemporaneamente, nell'alveo mendicante». F. DAL PINO, *I frati servi di S. Maria*, 594. Para as outras Ordens, pode-se ver: F. DAL PINO – C. BORN TRANGER – P. BRANCHESI, «Servi di Maria», 1398-1423; R. I. BURNS – K. ELM, «Penitenza di Gesù Cristo, Frati della», 1398-1404; A. FRANCHI, «Beata Maria Madre di Cristo, frati o servi della», 1143-1145.

7.2 Clerizalização

Com exceção da Ordem dos pregadores, que desde o seu início foi formada por clérigos, os Mendicantes não surgem como grupos de formação clerical, mas vão aos poucos e progressivamente se clericalizando. Os motivos de tal mudança eram vários, como a própria exigência da época que necessitava de mais clérigos para a grande demanda das Igrejas nas cidades que surgiam e cresciam:

> La clerizalizzazione, la vita itinerante, l'urbanizzazione e lo studio furono imposti agli ordini sia perché le nuove città richiesero un clero all'altezza dei nuovi bisogni, sia perché il papato, dopo due secoli di lotta per la riforma del clero, non potendo tollerare il moltiplicarsi di movimenti laicali più o meno spontanei affidò il compito dell'evangelizzazione a corpi più disciplinati[195].

O papado esperava e confiava ao clero a missão de reformar a Igreja e instaurar uma nova sociedade cristã. Para isso, era preciso de mais padres e melhor preparados[196], que dessem um testemunho verdadeiro e anunciassem o Evangelho a todos. A vida em comum conjugada com a pregação era o ideal proposto pela reforma para a renovação do clero. Também a clericalização, no fundo, era uma forma de controle pelo papado dos vários movimentos itinerantes e eremíticos, procurando conter os grupos laicos espontâneos que muitas vezes pregavam sem autorização, causando muitas dificuldades e confusões.

7.3 Estrutura centralizada

A vida das Ordens Mendicantes era estruturada a partir de um corpo único centralizado em um prior geral. A divisão em Províncias vinha ao encontro de uma necessidade puramente administrativa. Mesmo que a base seja uma fraternidade local, depende em última instância do prior geral. A realização de capítulos provinciais e gerais mostra que a centralização não significa a falta de participação e corresponsabilidade na caminhada da Ordem.

---

[195] E. Kaspar, «Gli Ordini Mendicanti», 10.

[196] A má formação do clero também era um grande problema que levou os Mendicantes a assumir a missão de pregadores: «The homily had long since ceased to be part of the normal experience of the church-going laity. Few of parish clergy, in fact, had enough education to offer their people moral ou doctinal instruction. It was the achievment of the Mendicants to lead a revival of popular preaching that was just beginning. In their hands, sermon-making became a new art, which was inculcated in their schools and through their writings». C.H. Lawrence, *Medieval Monasticism*, 256-257.

> Essi si strutturano in modo centralizzato, sono guidati rispettivamente da un ministro o maestro generale, riuniscono periodicamente i rappresentati di tutti i conventi – quando le dimensioni assunte non consentono più di radunare tutti i frati come nei primi tempi – in capitoli generali e provinciali: soprattutto i *fratres* sono incardinati in un Ordine, superando le ambiguità insite nelle sperimentazioni organizzative delle congregazioni monastiche e canonicali, anche le più avanzate nei tentativi di centralizzazione[197].

A opção por esta estrutura tem como consequência uma necessária consciência de pertença a um grupo maior e à disponibilidade pessoal em função do projeto comum. Embora o frade fizesse a sua profissão em um convento, não havia estabilidade fixa neste, mas deveria estar disponível às necessidades de sua Província ou da Ordem. É uma mudança grande em relação à estrutura monástica, em que a comunidade local, sob jurisdição de um abade, era autônoma e os monges haviam estabilidade fixa no mosteiro onde haviam professado seus votos.

7.4   *Pobreza individual e coletiva*

Um dos grandes desafios, e uma das principais características de tal movimento, era a vivência da pobreza coletiva, não somente individual, «formando le loro possibilita di esistenza non su basi fondiarie e immobiliari, bensì sul largo ricorso alle "elemosine" dei fedeli»[198]. A crítica feita à vida monástica era que os monges faziam o voto de pobreza individual, mas no coletivo a vida era muito diferente, dada a riqueza de muitos mosteiros e o seu estilo de vida. Por isso mesmo, as Ordens Mendicantes eram uma grande afronta a esta situação:

---

[197] G.G. MERLO, «Il cristianesimo latino», 260. A estrutura centralizada facilita a direta jurisdição do papado sobre a vida religiosa, tornando-os mais «independentes» do poder eclesiástico local e mais «móbiles» para a sua missão específica, a serviço da Igreja universal: «Infatti, la centralizzazione all'interno degli ordini e l'esenzione dalla giurisdizione diocesana permetteva al papato di scavalcare con uno strumento pastorale alle sue dipendenze la tradizionale pastorale diocesana». E. KASPAR, «Gli Ordini Mendicanti», 10. Já ao tentar gerir o caso do movimento «degli umiliati», Inocêncio III «affermava implicitamente il nuovo principio che la legislazione canonica sui religiosi era competenza della Sede apostolica, non più lasciata unicamente alla vigilanza dei vescovi diocesani, e pertanto la Curia passava dalla semplice protezione accordata alle case religiose nei secoli precedenti, e anche dalla approvazione concessa dai papi del sec. XII ai nuovi Ordini e Congregazioni, ad un diretto intervento ed a una propria elaborazione dell'ordinamento e della disciplina dei religiosi». M. MACCARRONE, *Studi su Innocenzo III*, 290.

[198] G.G. MERLO, «Il cristianesimo latino», 250. A vida de mendicância não era praticada pelos monges e nem era permitida aos clérigos. Cfr. F. DAL PINO – *al.*, «Ordini Mendicanti», 1174.

L'abbazia, autonoma e in certo senso tendente all'autarchia, si era venuta costituendo come un feudo, e l'abate godeva nel suo territorio di poteri anche politici (amministrazione della giustizia, proprie milizie ecc.). La povertà monastica era individuale, non collettiva, perché i monasteri erano spesso ricchi. I Mendicanti, rinunciando a ogni possesso anche collettivo e rifiutando ogni rendita, si staccano decisamente da questo mondo feudale, liberandosi di colpo da tutte le beghe temporali e politiche in cui monasteri trovavano invischiati[199].

Embora as várias maneiras de conceber a pobreza[200], para os Mendicantes esta será marcada basicamente pela pobreza coletiva, tendo o trabalho para o sustento e a esmola como forma alternativa de subsistência. Para Francisco, a mendicância não era a primeira forma de pobreza, mas sim o trabalho manual: «...la position de ces derniers éclaire celle de S. François pour qui la mendicité n'est pas le moyen premier de la pauvreté évangélique et qui veut que chaque frère s'adonne à quelque travail manuel»[201].

O fato de não possuir bens individuais também servirá como base para a própria vida itinerante: «...la pobreza para los mendicantes no solo era carecer de dinero, era también no tener convento proprio. Los monjes ingresaban en un monasterio y en él vivían y morían; los mendicantes no hacían el voto de estabilidad, sino que estaban siempre disponibles, estaban siempre de huéspedes en sus casas»[202]. A motivação maior da pobreza, contudo, será a espiritualidade de viver o seguimento de Cristo a partir da sua própria experiência humana, «...l'idée évangélique du pauvre, replique ou "vicaire" du Christ souffrant de salut. L'attitude christocentrique que cette idée suppose tire sa force de la dévotion contemporaine à l'humanité du Christ»[203].

---

[199] F. DAL PINO – al., «Ordini Mendicanti», 1173.

[200] «Le regole antiche accentuano qualche lato: S. Agostino privilegia la povertà come comunione dei beni; S. Francesco esalta la povertà come assenza di possesso». L. DE CANDICO, I Mendicanti, 69.

[201] M.-H. VICAIRE, «Bulletin d'Historie Ecclésiastique», 682-683. «Nel testamento (1226) S. Francesco considera la questua come prassi eccezionale, alternativa alla mancanza di retribuzione del lavoro: "Quando poi non ci fosse data la ricompensa del lavoro, ricorriamo alla mensa del Signore chiedendo l'elemosina di porta in porta". Ma la questua poteva fruttare solo beni in natura, non denaro: "Ordino fermamente – dice s. Francesco nella regola – a tutti i frati che in nessun modo ricevano denari o pecunia direttamente o per interposta persona"». L. DE CANDICO, I Mendicanti, 70.

[202] J.M. MOLINER, Espiritualidad Medieval, 35.

[203] M.-H. VICAIRE, «Bulletin d'Historie Ecclésiastique», 681.

Diante de uma sociedade em que se tem origem uma nova economia monetária, com o surgimento e fortalecimento do comércio nas grandes cidades[204], a mendicância, a opção por não possuir bens, e a não utilização de dinheiro certamente questionava e era um grande sinal profético de uma Igreja pobre, inspirada no seu fundador e a ele seguindo de forma radical. Este empenho evangélico, presente no movimento paupersta, não era uma contestação contra a Igreja em si, mas sim a um estilo de desenvolvimento social e econômico descontrolado, que muitas vezes estava presente também na vida eclesial[205].

Embora todo este testemunho, com o crescimento das ordens e a grande inserção no mundo urbano, o ideal da pobreza entre os Mendicantes nem sempre foi coerente com a prática, aos poucos diferenciando também entre eles o próprio modo de concebê-la: enquanto alguns continuavam considerando-a como parte viva do seu ideal, para outros era somente um «meio» de apostolado, de inserção social, para estar mais perto do povo.

7.5 *Urbanização*

A tarefa de combater o movimento herético[206]; a necessidade de sobreviver do trabalho e da esmola[207]; o trabalho pastoral, principalmen-

---

[204] «Non c'è dubbio che la persuasività degli ideali della povertà e della fraternità può essere capita solo nel contesto della sorgente economia e del commercio che caratterizzano la nuova società urbana. Dal momento che i nuovi ordini rinunciano ad ogni rendita fissa e rifiutano il possesso colletivo, essi si staccano dal mondo feudale e allo stesso tempo tagliano ogni legame con le nuove forme di rendita e di ascesa sociale sviluppatesi all'interno della società urbana». E. KASPAR, «Gli Ordini Mendicanti», 10-11.

[205] Como explica Grundmann: «Sie ist nicht eine Reaktion der Enterbten, der Verarmten, der Ausgeschlossenen gegen die führenden Schichten in Kirche, Gesellschaft und Wirtschaft ihrer Zeit, sondern sie ist eine religiöse Reaktion in den Reihen dieser führenden Schichten selbst gegen die gesellschaftliche, wirtschaftliche, kulturelle Entwicklung... sie widerstrebt um der Religion willen den Verlockungen und dem Umsichgreifen weltlichprofaner Kultur und Gesinnung... Der wirtschaftliche und kulturelle Aufschwung im Klerus, im Adel und im kaufmännischen Bürgertum im Laufe des 12. Jahrhunderts, die glänzende Lebensentfaltung und die Freude an den Schätzen des irdischen Daseins, die in Klöstern und an Bischofshöfen, auf den Burgen und in den Städten die Herzen erfüllte und das Streben lenkte, gefährdete den Rang des Religiösen als der höchsten und wesentlichsten Aufgabe und machte es zum bloßen Rahmen irdischer Werke und Freuden. Gegen diese Entwicklung hat sich die religiöse Bewegung gewendet». H. GRUNDMANN, *Religiöse Bewegungen*, 168.169.

[206] «It's a truism that city populations provided the most fertile seed-bed for religious dissent and anti-clericalism». C.H. LAWRENCE, *Medieval Monasticism*, 240.

[207] «Communities could only live by mendicancy in large centres of population, and as establishments became larger they tapped urban sources of revenue and came to

te a evangelização através da pregação[208], fez com que os Mendicantes vivessem próximos ou nas cidades, sendo acolhidos e ajudados por essas: «Les ordres mendiants, devenus essentiellement urbains, ont beaucoup reçu de la société urbaine et lui ont donné beaucoup»[209]. Eles serão um fenômeno próprio das cidades, dada à sua estrutura e opções, propondo assim um novo estilo de vida religiosa:

> Questo inurbarsi dei mendicanti ha avuto effetti benefici sia per la città sia per i mendicanti stessi. Esso costituisce anzitutto una svolta nella vita religiosa del loro tempo. Alla radice della esperienza dei mendicanti, infatti, sta lo stesso dualismo di «fuga» e di «fondazione» d'una città di Dio, che era l'essenza del monachesimo. Solo che ora la «fuga» non è dal mondo, ma dall'organizzazione stabile e auto-sufficiente dei monasteri, e la «fondazione» si opera nella stessa città[210].

Não será uma «fuga» das cidades, pelo contrário, deverão viver nas cidades, ou perto delas, mas com uma mentalidade nova, com uma proposta diferente. A «fuga», portanto, não è mais da sociedade civil, mas das formas de poder e de possuir que criam divisão e desigualdade. Por isso, esse ideal procura estender-se a todos, surgindo também as Confrarias e Ordens Terceiras que envolvem um maior número de pessoas da sociedade civil que aceitam viver essa espiritualidade.

Esta inserção nas cidades como meio de sobrevivência também trouxe suas contradições, as quais não deixaram de ser alvo de críticas. Como a mendicância fazia parte do estilo de sua vida, devia acolher as ofertas que lhes eram feitas, sem muita outra alternativa dentro de tal opção. O problema é que depois de um certo tempo acabam por aceitar também o dinheiro dos benfeitores, enfraquecendo o ideal radical da pobreza, ou até mesmo mudando ou atenuando o seu conceito. «...accettando il denaro dai benefattori, i Mendicanti venivano nello stesso tempo a sminuire la forza della loro "povertà assoluta", quando riconoscevano

---

derive a modest security from donations and bequests by townsmen». C. Morris, *The papal monarchy*, 458.

[208] «Both orders [Franciscans and Dominicans] made the evangelisation of the urban populations the objective of their missionary effort». C.H. Lawrence, *Medieval Monasticism*, 256.

[209] M.-H. Vicaire, «Bulletin d'Historie Ecclésiastique», 689.

[210] F. Dal Pino – *al.*, «Ordini Mendicanti», 1176-1177. Neste sentido é que serão também colaboradores do desenvolvimento das cidades: «In direct contrast with Cistercians, whose expansion had antecipated them, the frias founded their houses in the cities. Recent studies have indicated that they were very responsive indeed to urbanization». C. Morris, *The papal monarchy*, 458.

A gratuidade dos serviços pastorais por eles prestados nas suas Igrejas, desligando-os da base dos benefícios, do dízimo ou do direito de estola dos párocos, faz com que muitas pessoas se distanciem das paróquias para participarem das Igrejas onde eles atuam, o que afetará também a questão econômica do clero secular que dependia da estrutura paroquial, gerando assim muitos conflitos[216]. Eles serão acusados de criar uma «segunda» estrutura pastoral paralela às paróquias, não estando em comunhão com estas. Mais tarde, a importante presença e trabalho dos Mendicantes nas universidades não deixarão também de ser alvo de críticas porque «tomam» o lugar dos professores seculares[217].

7.7 *Espiritualidade*

A espiritualidade dos Mendicantes será marcada por alguns elementos que darão vida e identidade àqueles grupos. Podemos dizer que os principais pontos da sua espiritualidade são: a *fraternidade*, com igualdade econômica e jurídica, também entre os clérigos e leigos, ao menos na sua origem; a *pobreza*, como meio privilegiado para testemunhar o Evangelho na devoção da «humanidade de Jesus», próprio do século XII, imitando sua pobreza e humildade; a *itinerância*, ligada diretamente à pregação, em contraposição à estabilidade monástica; a *imitação dos apóstolos*, tanto no ideal de comunhão da comunidade primitiva, quanto no envio missionário deixado por Jesus, inspirados sempre na vida apostólica[218].

7.8 *Síntese da reforma – síntese de um período*

Assim podemos perceber, através das características mencionadas acima, porque o movimento mendicante é visto como uma espécie de síntese das várias reformas, dos movimentos monásticos e eremíticos, canônicos e leigos, suscitados pela reforma gregoriana. Na base está o intuito de juntar a vida comum com a vida de pregação e anúncio, pontos básicos da reforma do clero e da Igreja. E o chão sobre a qual era construída esta espiritualidade é o ideal da vida apostólica: vida comum com

---

[216] «...quando i conventi cominciarono a crescere di numero e d'importanza e si vennero abbellendo ed arricchiendo per doni di cittadini, quando le chiese dei nuovi ordini s'affollarono di fedeli, quando francescani e domenicani cominciarono ad avere incarichi importanti, come quelli di inquisitori, allora l'urto fra vescovi e frati, fra clero e frati scoppiò irrefrenabile, durando con episodi anche di gravità estrema fino a buona parte del secolo». R. Manselli, «I vescovi italiani», 329.

[217] Cfr. Manselli, «I vescovi italiani», 331-334.

[218] Cfr. F. Dal Pino – *al.*, «Ordini Mendicanti», 1175-1176.

pobreza coletiva e a pregação itinerante e mendicante, aberta a novos projetos de vida. Por isso, eles se tornarão grande força *da* e *na* Igreja, como resposta concreta aos grandes desafios suscitados naqueles últimos séculos:

> La verità è che durante tutto il corso del sec. XIII, nelle lotte contro l'eresia, contro la corruzione del clero, contro le violenze delle città o dei sovrani, il papato aveva trovato sempre accanto a sé, pronti ad ogni battaglia proprio questi ordini nuovi, che per la loro struttura centralizzata, per la libertà di cui godevano rispetto alla gerarchia, per la loro alta qualità culturale e religiosa, furono la forza più sicura di cui il papa poteva disporre[219].

8.   Conclusão: um mundo em constante transformação

Diante dos pontos abordados neste primeiro capítulo, não se tem dúvidas de que este é um período de constantes desafios, em um mundo em constante transformação. Os primeiros séculos deste novo milênio é marcado pela grande mudança e desenvolvimento social, econômico e político, que trazem àquela sociedade a necessidade de acolher os novos paradigmas, adaptar-se aos novos tempos e à nova mentalidade que esta mudança provoca. É claro que tal realidade não deixa de atingir a vida da Igreja inserida no seu tempo, provocando-a à reforma, à busca de novos caminhos que reafirmem a sua presença e identidade.

A Igreja vive um momento novo, particular, ao sair do período carolíngio, em que era protagonista na estruturação das ideias e na organização social, havendo a hegemonia do poder – pois nem mesmo havia uma separação nítida entre o poder secular e religioso –, para entrar em um período no qual o confronto entre esses dois poderes se faz cada vez mais presente, sinalizando uma sociedade que busca sua autonomia numa nova visão do direito e organização política que se desenvolvem.

Frente a este momento histórico, à necessidade de afirmar sua identidade e presença no mundo, a Igreja entra em todo um movimento de reforma que busca, mais que fortificar seus valores e aspectos espirituais, acentuar a sua demensão institucional, reforçando a sua estrutura visível, definindo a sua universalidade na pessoa do Sumo Pontífice – *caput Ecclesiae* – e a superioridade do poder papal sobre o secular – *in plenitudine potestatis*. Desta forma, acaba por enfatizar o seu aspecto institucional e, consequentemente, hierárquico, para afirmar-se também como entidade social e garantir sua presença e papel naquela sociedade. Da luta entre o poder secular e religioso nascem o direito público ecle-

---

[219] R. MANSELLI, «I vescovi italiani», 315.

siástico e uma noção de Igreja jurídica que marcará a eclesiologia de todo o segundo milênio, centrando-se «en su carácter de institución y de sociedad pública, convirtiéndose antes que nada en justificaciones del talante jurídico y teológico-apologético. La importancia de esta orientación resulta fundamental, pues marcará de forma muy consistente la eclesiología hasta el mismo umbral del Vaticano II»[220].

Os vários movimentos espirituais da época, motivados pela necessidade de reforma, fundamentalmente inspirados no ideal da igreja primitiva, na vida e testemunho dos apóstolos, mesmo com suas limitações, no fundo, buscam recuperar certos valores espirituais. Estes, ainda se não totalmente ignorados ou esquecidos pela «Igreja-Instituição», não são mais testemunhados ou suficientemente enfatizados por esta, no risco de não ser mais um verdadeiro testemunho e anúncio do Evangelho de Cristo, base fundamental da sua existência. Como no caso dos Mendicantes que, mesmo inseridos e propulsores da Igreja institucional, centralizada no papa, recuperam valores, como a fraternidade apostólica e a pobreza evangélica, que não podem deixar de fazer parte essencial de toda a Igreja, revelando o seu rosto e sentido profundo de ser.

---

[220] S. PIÉ-NINOT, *Eclesiología*, 33-34. «En este sentido, no se puede negar que tal planteamiento influirá de manera decisiva en la eclesiologia del Segundo milenio y estructuralmente tendrá aún más relevancia que la propria eclesiología posterior forjada en la Contrarreforma, ya que profundizará la esclesiología de la Iglesia universal nacida a partir de la reforma gregoriana, siendo llevada a su extremo por Inocencio III y sobre todo por la bula *Unam sanctam* de Bonifacio VIII». *Ibid.*, 35. Esta orientação trará consequências grandes para a vida da Igreja latina: «En este sentido, a diferencia de la teología del Oriente cristiano, la eclesiología latina optó claramente por la dimensión universal de la Iglesia y el consiguiente abandono de la dimensión local, dejándose sentir sus repercusiones en la relación entre el Papa y los obispos. Debe tenerse en cuenta que esta opción implicaba también un desplazamiento del centro de gravedad en la consideración de la Iglesia, ya que la realidad sacramental y concreta de la comunidad de culto reunida en torno a su pastor – propria de la eclesiología sacramental de comunión –, deja paso a la realidad institucional y jurídica de ámbito universal – centrada en el Papa – que se convierte en la característica de la eclesiología jurídica de unidad». *Ibid.*, 38.

CAPITULO II

Origem dos carmelitas e da Regra Carmelitana

*Muitas vezes e de diversas maneiras os Santos Padres estabeleceram
como cada um – qualquer que seja o estado de vida a que pertença
ou a forma de vida que tenha escolhido – deve viver no obséquio de
Jesus Cristo e servi-lo fielmente com coração puro e reta consciência.
Mas, uma vez que nos pedis que vos demos uma fórmula de vida de
acordo com o vosso projeto comum e à qual deveis permanecer fiéis
no futuro...* [1]

É a partir da experiência de um «projeto comum», vivido por um
grupo de eremitas no Monte Carmelo, que surgem os frades carmelitas,
através de um processo de adaptação e consolidação desta experiência
em uma Regra de vida que, consequentemente, dá origem à Ordem Carmelitana.

Todo este processo, seja de forma direta ou indireta, está em conexão com a realidade daquela época, em constante diálogo com os desafios por ela trazidos, tanto no campo social quanto eclesial. Do desejo
de viver *in obsequio Jesu Christi* de forma radical, sendo uma presença e
testemunho na Igreja, aquele grupo foi encontrando caminhos, desbra-
vando fronteiras, adaptando-se às novas realidades encontradas, enfrentando as dificuldades, integrando-se nas novas exigências de cada momento, de cada lugar, sem perder de vista o essencial do seu *propositum*
de vida que os animava desde o princípio.

---

[1] Rc 2 e 3: «Multipharie multisque modis sancti Patres instituerunt qualiter
quisque, in quocumque ordine fuerit, vel quaemcumque modum religiosae vitae elegerit,
in obsequio Ihesu Christi vivere debeat, et eidem fideliter de corde puro et bona conscientia deservire. Verum, quia requiritis a nobis, ut iuxta propositum vestrum tradamus vobis
vitae formulam, quam tenere in posterum debeatis...». A numeração da Regra do Carmo
(Rc) usada, bem como as correções feitas nas citações da Regra anteriores ao sistema atual
(que serão colocados entre colchetes), seguirá a numeração uniforme de referência da Regra estabelecido pelos dois Conselhos O.Carm. e O.C.D., em 1998, como será apresentado
em seguida.

Este segundo capítulo mostra um pouco desta história, da origem dos carmelitas e do processo de elaboração e consolidação da Regra, do seu conteúdo e valores principais, bem como alguns comentários e interpretações que dela foram feitos durante a sua história. Também é importante perceber como nos diversos momentos, principalmente naqueles de apelo à reforma, a Regra é retomada e confrontada pelas provocações de cada realidade, para iluminar a vida quotidiana e ajudar a recuperar os valores fundantes, «encarnando-os» nas diferentes situações em que se encontravam.

1.   Origem dos eremitas latinos no Monte Carmelo

É no contexto da história do século XII e início do século XIII que podemos citar a origem da Ordem Carmelitana[2]. Surge como um simples grupo de eremitas latinos leigos que viviam como penitentes, na mortificação, simplicidade e pobreza, junto «à Fonte», no Monte Carmelo:

> La loro provenienza è da cercarsi negli ambienti della spiritualità dei laici che spontaneamente assumevano su di sé gli obblighi di mortificazione, semplicità e povertà, propri allo stato penitenziale canonico: sono laici ritiratisi in solitudine (*in eremis*) a vivere *in sancta poenitentia*; sono *conversi* o *penitenti* non viventi presso Ordini monastici o canonicali di forme tradizionali, ma in una forma di vita più o meno spontanea e povera di istituzioni[3].

---

[2] Sobre a história da Ordem do Carmo, sua origem e desenvolvimento, pode-se consultar: B. ZIMMERMAN, *Monumenta Historica Carmelitana* (1907); G. SANVICO, «Chronica» (1914); A. CUSHIERE, «L'origine dell'Ordine carmelitano in Europa» (1930); H. PELTIER, *Historie du Carmel* (1958); L. SAGGI, *Storia dell'Ordine carmelitano* (1962-1963); P.-T. ROHRBACH, *Journey to Carith: The Story of the Carmelite Order* (1966); R. M. LOPEZ-MELÙS, Espiritualidad Carmelitana (1968); J. SMET, *The Carmelites: a history of the brothers of Our Lady of Mount Carmel* (1975-1988); E. FRIEDMAN, *The Latin Hermits of Mount Carmel. A study in Carmelite origins* (1979); A. STARING, *Medieval Carmelite Heritage: Early Reflections on the Nature of the Order* (1989); E. BOAGA, *Como pedras vivas... Para ler a história e a vida do Carmelo* (1989); A. JOTISCHKY, *The perfection of Solitude. Hermits and Monks in the Crusaders Satates* (1995); A. DECKERT, *Von den Anfängen des Karmelitenordens (13. Jahrhundert). Ein revidiertes Bild* (1996); A. JOTISCHKY, *The Carmelites and Antiquity: Mendicants and Their Pasts in the Middle Ages* (2002); entre outros.

[3] C. CICCONETTI, «Regola del Carmelo», 1455. Na época existia um *ordo conversorum* no qual, mesmo permanecendo no *status laicorum*, viviam uma vida religiosa ascética que os diferenciava de simples leigos, mas também não os enquadravam nas formas de Vida Religiosa juridicamente reconhecidas, a saber, monacal, canônica ou clerical: «Naturalmente non si tratta di un *Ordine* nel senso odierno del termine e perciò da non confondersi con l'ordine che nella metà del secolo XIII portava questo titolo (Ordine della Penitenza di Gesù Cristo). Si tratta invece di uno *status* canonico di vita ascetica (veniva a volte

Em sua origem não eram nem mesmo considerados um «*collegium*», pois no início não seguiam uma Regra ou uma *vitae formula* juridicamente reconhecida, nem mesmo eram ligados a uma Igreja ou a um oratório ao qual estavam a serviço[4].

1.1 *Crise do monaquismo*

Ainda que não se tenha documentos que provem exatamente quem era na sua origem aquele grupo de eremitas que vivia no Monte Carmelo, citado no início da Regra, provavelmente na base da sua origem está o contexto histórico e religioso da época. Como foi mencionado no primeiro capítulo, o movimento eremítico, intensificado no final do século XII, traz consigo uma forte oposição à vida monástica tradicional que não testemunhava os valores da pobreza e simplicidade da vida cristã, mas reproduzia a estrutura do sistema feudal, sendo incoerente com a proposta evangélica. Consequentemente, isto levará a uma recusa das regras monásticas de então e da ideia – esta também enfraquecida pela proposta das Cruzadas – de que somente a vida nos mosteiros poderia garantir a salvação eterna àqueles que optam pela Vida Religiosa:

> Contro questa mentalità reagiscono, specie nel sec. XII e XIII, numerosi movimenti che intendono rifarsi direttamente al vangelo per soddisfare le loro aspirazioni ascetiche. Essi stentano a riconoscere nei monasteri di tipo tradizionale, pienamente integrati nel sistema feudale in posizione di prestigio, ricchezza e potere, la povertà e semplicità genuinamente evangelica. Sono portati perciò a cercare fuori dei quadri istituzionali un modo di vita che meglio rispecchi i valori ai quali aspirano. Esse non accettano, in polemica con gli *Ordines* tradizionali, che la loro vita sia meno perfetta solo perché vissuta al di fuori delle *regulae*, purché secondo il Vangelo[5].

---

semplicemente detta *vita*. Sottintendendo *religiosa*, o forse "*in sancta poenitentia*") al quale appartenevano uomini e donne che o *per imposizione a seguito di peccati pubblici o crimi* ("*poenitentia coacticia*"), *o spontaneamente*, vivevano secondo il regime ascetico penitenziale canonico che la Chiesa imponeva ai pubblici peccatori all'atto della reconciliazione». ID., *La Regola del Carmelo*, 58-59.

⁴ Cfr. C. CICCONETTI, «Regola del Carmelo», 1455.

⁵ C. CICCONETTI, *La Regola del Carmelo*, 57. O autor observa ainda que tal fato amplia o conceito de Vida Religiosa, incluindo nesta também os leigos que, mesmo não assumindo as regras monásticas oficiais, vivem a radicalidade do Evangelho, ainda que não oficialmente reconhecidos: «Il concetto di religioso assume un significato più ampio sino a comprendere quanti, modellando la loro vita religiosa sull'antichità, vivono fuori di una comunità religiosa. Una forma di vita religiosa che ritrova la sua attualità nel periodo di tempo che interessa il nostro gruppo di eremiti». *Ibid*, 58.

Todo este movimento trará uma forte busca da vida eremítica como proposta de uma vida de solidão e de pobreza radical, numa «fuga verso il deserto e la solitudine (con il moltiplicarsi delle forme eremitiche) e un acceso desiderio di seguire Cristo "in vera povertà e nudità"»[6]. Desta forma, rompe-se com as «estruturas do mundo» para viver uma vida mais intensa de oração, mortificação e, em muitos casos, uma ascética penitência prevista pela Igreja para o perdão dos pecados e uma verdadeira conversão.

G. Meersseman mostra como este movimento dos penitentes trouxe na sua história uma variedade de motivações que levavam as pessoas a uma vida de conversão e penitência:

> Nel V, VI e VII secolo, come ancora nel XIII, i Penitenti volontari formavano una categoria poco omogenea. Alcuni s'erano convertiti dopo aver condotto una vita più o meno mondana, altri avevano domandato la penitenza pubblica durante una grave malattia. Volendo riparare ad un passato di cui provavano rimorso, pur non avendo nessun peccato particolarmente scandaloso da confessare, si dichiaravano peccatori e, una volta guariti, dovevano osservare per sempre gli obblighi della vita penitenziale[7].

Os penitentes podiam viver a «*sancta penitentia*» como eremitas[8], na solidão ou em grupos, nas cidades ou nos ermos. «Alcuni conservano il diritto di possedere, altri vivono mettendo tutto in comune e formando un istituto unico o *collegium, hospitium poenitentium* sotto la direzione di un chierico, non necessariamente sacerdote, o anche di un laico»[9].

1.2 *Peregrinação à Terra Santa*

Uma outra forma comum de penitência para viver a «fuga do mundo» é a vida de peregrinação. O peregrino é aquele que abandona a estabilidade do seu lugar, as seguranças da sua vida, tendo as coisas do mundo como provisórias, passageiras. Vivendo como peregrino, opta pelos lugares desconhecidos, onde será estrangeiro, sem amigos, sem se-

---

[6] B. SECONDIN, *La regola del Carmelo*, 19.

[7] G. G. MEERSSEMAN, *I penitenti nei secoli XI e XII*, 310.

[8] Era muito comum a vida eremítica entre os penitentes ao ponto de muitas vezes não se diferenciar ambas as formas de vida: «È difficile dunque distinguere un eremita vero e proprio da un *penitente* o *converso* ritiratosi in solitudine: ma, a nostro parere, quando si tratta di un penitente spontaneo, non è nemmeno necessario. Non sono infatti incompatibili "quoad statum vel ordinem", sotto il profilo giuridico, e non lo sono asceticamente». C. CICCONETTI, *La Regola del Carmelo*, 71.

[9] C. CICCONETTI, *La Regola del Carmelo*, 60.

gurança, sem proteção, tendo sua única garantia em Deus, numa vida de abandono a ele.

> Il pellegrino che parte lasciando tutto, scegliendo di vivere fuori della propria patria come uno straniero e uno sconosciuto, affrontando, inerme e povero, un itinerario avvolto di mistero e d'incertezza alla ricerca del perdono e della grazia, è ritenuto un eremita itinerante che come il patriarca Abramo di Gen. 12,1 (testo applicato frequentemente anche alla vita religiosa), «pellegrino e nomade del Dio unico», risponde al comando di lui che lo invita a lasciare la propria terra e a dirigersi verso quella che gli ha indicato[10].

Portanto, tal estilo de vida não será contraditório com a opção eremítica, mas será uma forma de viver os valores da pobreza e solidão numa vida itinerante, num total abandono a Deus através da experiência do êxodo, sendo um «eremita itinerante»[11].

As peregrinações tinham como destino os lugares sagrados, sejam aqueles locais onde os santos haviam vivido ou os que guardavam suas relíquias. Com a convocação das Cruzadas para libertar lugares santos do domínio dos muçulmanos, a peregrinação à Terra Santa, que já era uma prática presente entre os cristãos, ganha uma grande intensidade, inspirados em textos bíblicos e com uma forte motivação: contemplar e imitar a humanidade de Jesus[12]. Cresce fortemente todo um movimento de reconquista de Jerusalém, a eterna Jerusalém, com todo o significado e importância, tanto geográfica quanto espiritual, que ela contém:

> Assim a «Terra Santa» começa a surgir no horizonte das aspirações do povo como o grande ideal que começa a polarizar tudo: a Terra Santa é a terra onde Jesus anunciou o Evangelho em toda a sua novidade. É a terra em que os primeiros cristãos deram forma nova à

---

[10] F. DAL PINO, *I frati servi di S. Maria*, 516.

[11] Neste sentido, C. Cicconetti afirma que a *peregrinatio* é uma «ricerca di solitudine, una forma di vita solitaria. Con la *vita peregrina* infatti si spezzano i legami di parentela e di amicizia e le altre relazioni sociali raggiungendo così un grado più alto di solitudine, di distacco, di deserto. Il *peregrinus* è un viaggiatore solitario, che è partito per isolarsi: in questo senso non è incompatibile essere *eremita itinerante*». C. CICCONETTI, *La Regola del Carmelo*, 73.

[12] «The conquest of, or the visit to, the Holy Land put one in touch with the human realities of the life of Jesus (love, suffering and humility). It occasioned a new way of contemplating Christ: a preeminence was given to Christology in the individual and collective religious experience. Finally, it fostered the imitation of Jesus as a man. It was a historical Christology which completed and integrated Pauline Christology without upsetting it. To go on the "pilgrimage to Jerusalem" was an exercise in faith; it was a practical expression of the following *(sequela)* of Christ». C. CICCONETTI, «The History of the Rule», 37-38.

vida fraterna ou apostólica. Este novo tipo de vida evangélica estava ausente na Europa. Assim, abafados pelas estruturas pesadas do feudalismo e das formas antigas do monaquismo, começa a surgir no horizonte deles uma alternativa possível para a situação que estavam vivendo. Surge um ideal novo e polarizador: 1. Ir para a Terra Santa em peregrinação; 2. Recriar lá e viver em toda a sua pureza o Evangelho; 3. Imitar assim bem de perto na própria vida a vida de Jesus; 4. Imitar assim a vida dos apóstolos[13].

Como resultado de todo este processo, acontece esta grande peregrinação à Terra Santa, chamada de *peregrinatio hierosolimytana*[14]. Esta trará um novo impulso para a vida eremítica, penitente e peregrina, com a valorização da vida no deserto, do êxodo, do «combate espiritual», de uma espiritualidade do caminho[15] rumo à «Jerusalém Celeste», inspirados nos temas do seguimento de Jesus Cristo, assumindo a sua cruz, sinal de total despojamento:

> Nella *Peregrinatio hierosolimytana* tutti i temi e valori ascetici descritti sin qui sembrano ritrovarsi in modo eminente: la rottura col mondo, con la propria patria, la *conversio* e il «percurrere terras amore Christi», il seguirlo «nudus nudum», o il prendere dietro di lui «nudam crucem», l'aspirazione a liberarsi da ogni legame terreno per aspirare più liberamente al cielo, il viaggiare verso la terra promessa come Abramo: ecco i temi ricorrenti e frequenti[16].

---

[13] C. Mesters, *A Regra do Carmo*, 33-34.

[14] «A peregrinação à Terra Santa ("peregrinatio hierosolimytana") é o cume da vida eremítica, penitente e peregrina. Os temas constantes desta "peregrinatio hierosolimytana" são: ruptura com o mundo e com a própria pátria; a conversão; o "seguir nu a Cristo nu"; o tomar a Cruz "nua" no seguimento de Cristo; o caminhar rumo à Terra Prometida, como Abraão; a libertação da Terra Santa, posse do Senhor, através das "armas espirituais", uma vez que se concebia a perda desta pelos cristãos como conseqüência do pecado deles». E. Boaga, *Como pedras vivas*, 27.

[15] Sobre a questão da "espiritualidade do caminho": E. Boaga, *Como pedras vivas*, 27.29.

[16] C. Cicconetti, *La Regola del Carmelo*, 74. Muitas vezes, esta opção de vida era feita a partir de um voto: «La *vita peregrinationis* è spesso l'oggetto di un voto, che se fatto con la decisione di una crisi definitiva, di un mutamento di vita ("conversio, saeculum relinquere") costituisce *uno stato di vita*, una forma di *ascesi permanente*. Essa aveva inizio molto spesso con una *benedizione* e l'assunzione o la consegna delle *insignia sanctae peregrinationis*: un *abito speciale* e il *bordone da pellegrino*». *Ibid.*, 73. E, às vezes, um voto perpétuo de permanência na Terra Santa: «Esta peregrinação a Jerusalém, esta espiritualidade do caminho, abrange também, às vezes, o voto perpétuo de permanência na Terra Santa (voto com cláusula "nunquam ad propria reverendi" = jamais voltar às próprias coisas, ou seja, família, pátria, etc.). A infidelidade a este voto tem o caráter de apostasia». E. Boaga, *Como pedras vivas*, 29.

1.3 *As Cruzadas e a conquista*

As Cruzadas não se caracterizam somente pelos conflitos, pelas guerras, mas intensificam todo este movimento espiritual, também marcado pela própria necessidade de reforma da Igreja e da Vida Religiosa. Juntamente com o objetivo concreto de libertar os lugares santos do domínio muçulmano, traz consigo os valores de uma vida ascética e a esperança de reconstruir a «eterna Jerusalém»:

> Le Crociate, che riempiono abbondantemente i secoli XII e XIII non sono solo movimento di conquista militare o ecclesiastica, sono anche alimentate da un grande bisogno di ritornare – attraverso la riconquista materiale della terra di Palestina – ad un cristianesimo più autentico, quasi un simbolo della volontà di rifondazione dell'esperienza cristiana, appesantita dai tempi. In quella terra s'era manifestata la novità e grandezza dell'amore di Cristo Salvatore e là i credenti della Chiesa giovane avevano praticato la prima forma di sequela postpasquale[17].

Jerusalém torna-se o lugar privilegiado para aqueles que querem resgatar e viver os valores originários da vida cristã. Após um momento de grande crise da vida cenobítica-eremítica e religiosa, com a vitória do sultão Saladino em Hattin (1187), que conquista Jerusalém e outros territórios, a reconquista de Acre pelos cruzados, em 1191, faz do Monte Carmelo um lugar seguro para os cristãos, por continuar a pertencer ao Reino Latino. Será um lugar propício para aqueles que querem permanecer na Terra Santa numa vida eremítica e penitencial[18]. É neste contexto de reconquista da Terra Santa que a vida eremítica ressurge com grande

---

[17] B. SECONDIN, *La regola del Carmelo*, 20. No contexto das Cruzadas, estão sempre presentes também aqueles que, pelos motivos já referidos, optam por uma vida de penitência: «Soprattutto a partire dal secolo XI l'aspirazione e l'attrattiva verso la Terra Santa diviene un movimento di notevole proporzione nella Chiesa con le crociate per la liberazione dal dominio dei musulmani. L'aggiunta di questo scopo di guerra non toglie l'uso di recarvisi "sola devotione" e, del resto, la medesima Crociata si presenta carica di tutti i valori ascetici propri della *peregrinatio*, e della *sequela Christi*. La *Peregrinatio hierosolymytana* era una forma di ascesi particolarmente suggerita ai laici che volessero intraprendere una vita di penitenza». C. CICCONETTI, *La Regola del Carmelo*, 74.

[18] Cfr. J. SMET, *The Carmelites*, I, 5. O autor menciona a hipótese de que muitos dos eremitas que vêm ao Monte Carmelo poderiam ser refugiados de outras partes da Terra Santa ainda em domínio dos muçulmanos: «The appearance of Western hermits on Mt. Carmel in 13th century literature, the fact that other eremitical locations were now under Moslem control, suggest that refugees from other parts of Palestine found a haven on Carmel. Perhaps it is not all imagination that leads the early chroniclers of the Carmelite Order to trace a relationship between Carmel and other deserts in Palestine and Antioch». *Ibid*.

expressão, e o Monte Carmelo é um lugar de referência para tal experiência.

1.4 *Grupo de eremitas no Monte Carmelo*

Embora não se encontre nenhuma documentação específica sobre a origem do primeiro grupo[19], a não ser o que é citado no começo da sua *vitae formula*[20], recebida do Patricarca Alberto de Jerusalém, referindo-se a um certo "B." e outros eremitas que viviam sob sua obediência no Monte Carmelo, acredita-se, diante do contexto histórico da época e das evidências, que era um grupo de leigos penitentes, provavelmente de diversas origens. Segundo B. Secondin: «Possiamo dire allora che la *vitae formula* fu dettata (o fatta dettare) da Alberto patriarca di Gerusalemme, per un gruppo di laici – *latini* – *asceti* – *penitenti* – *pellegrini* – *forse ex combattenti*, viventi come colonia di eremiti»[21].

Este grupo, provavelmente vindo de diversas experiências religiosas – pode ser que alguns já tinham uma experiência de vida eremítica anterior – estabelecem-se no Monte Carmelo, «junto à Fonte»[22], num lugar chamado *Wadi'ain es-Siāh*, que significa: vale do peregrino, ou vale

---

[19] Com base nos estudos de E. Friedman sobre os itinerários que seguiam os peregrinos em Terra Santa, constata-se que havia um grupo de eremitas latinos no Monte Carmelo: «The itineraries at our disposal relating to the Latin hermits of Mount Carmel all date from the second crusader kingdom, that is, from after the Third Crusade (1192)» E. FRIEDMAN, *The Latin Hermits*, 104. Desta forma, pode-se concluir: «Prima della III Crociata (1187-1192), la totale assenza nelle fonti di citazioni riguardo ai presunti Carmelitani non lascia pensare all'esistenza di un gruppo di eremiti pre-carmelitano in conessione con l'esperienze posteriore, oltre quella simbolica del luogo». V. MOSCA, *Alberto Patriarca di Gerusalemme*, 431. Fala-se da presença de um grupo de eremitas em outra parte do Monte Carmelo, em el-Khader, junto à «Gruta de Elias», desde 1155, mas que eram provavelmente de origem grega e, segundo Friedman, não teriam ligação com o posterior grupo latino: «The community at el-Khader was known to crusader pilgrims as that of "the hermits of Carmel". One itinerary distinguishes between "hermits of Carmel" and "the Latin hermits", also called "the Brothers of Carmel", who lived in a delightful place on the side of the mountain, further down the coast... It is clear that if the one group of hermits was "Latin", that is "Catholic", the other one group, called simply "the hermits of Carmel", was not Catholic, but by opposition, Greek». E. FRIEDMAN, *The Latin Hermits*, 153.

[20] «...dilectis in Christo filiis B.[rocardo] et caeteris eremitis, qui sub eius obedientia iuxta Fontem in monte Carmeli morantur...». Rc 1.

[21] B. SECONDIN, *La regola del Carmelo*, 22.

[22] Cfr. prólogo da Regra: «*iuxta Fontem in monte Carmeli*». Era a assim chamada «Fonte de Elias», lugar onde segundo a tradição morou o profeta.

dos eremitas[23]. O Monte Carmelo é conhecido pela memória dos profetas Elias e Eliseu, o que certamente também era significativo para aqueles que lá vivam. Para E. Boaga, na sua origem esses eremitas deveriam ser

> cristãos que vivem em «santa penitência», com oração centralizada na Bíblia e talvez na Eucaristia, e com mortificação; que vivem a espiritualidade da peregrinação aos lugares santos e consequente procura do Reino do Senhor a ser instaurado visivelmente também na «sua» terra com «armas espirituais» e com particular atenção aos valores do êxodo. São cristãos que cumpriram o voto de dirigir-se à Terra Santa (peregrinação à Jerusalém) onde unidos, pretendem permanecer para o resto da vida a fim de «vivere in obsequio Christi» (=prestar serviço a Cristo). Um compromisso, portanto, que possui um sentido particular pelo fato de achar-se na Terra Santa[24].

Ainda que na sua origem não é um grupo oficialmente reconhecido[25], eles vivem um *propositum*[26] que anima e dá sentido às suas vidas, ou

---

[23] Cfr. E. FRIEDMAN, *The Latin Hermits*, 36. «This site on Mount Carmel has been clearly identified today, without any shadow of doubt, in Wadi-'Ain-es-Siah, near the fountain traditionally called "The Fountain of Elijah." Both literary as well as archeological evidence, and some maps of the time, all coincide in making this identification. It is situated some 3 ou 4 kilometers from Haifa, 25 km. from Acre, and 35 k. from Caesarea Marittima». C. CICCONETTI, «The History of the Rule», 27.

[24] E. BOAGA, *Como pedras vivas*, 29. Em termos jurídicos: «Sono *eremiti* non di tipo *monastico* o *canonicale*, ma di tipo laicale, conversi eremiti in *sancta penitentia*. Il loro *propositum* è quello di vivere la *sancta poenitentia in obsequio Jesu Christi*: vale a dire come *peregrini* nella Terra Santa che è il suo *patrimonium*, e perciò come *homines-ligii*, come vassali suoi, soggetti alla sua obbedienza e alla sua *lex*. Sono cioè *conversi-peregrini-eremitae*: tipica espressione delle correnti di vita spirituale dei laici dei secoli XII e XIII. Hanno abbandonato il mondo, *saeculum riliquerunt*, sono impegnati in una vita fervorosa, sono *devoti Deo*, hanno impegni di *vita laudabilis*, voti davanti a Dio, sia pure non solennizzati, impegni circa la *continenza*, *l'abdicatio proprii* e persino la *oboedientia*: ma sono impegni personali, che non li costituiscono una *domus religiosa*. Possiamo dire: abbracciano tutti i contenuti ascetici della vita di perfezione evangelica, ma non verificano le condizioni o i requisiti che l'organizzazione giuridica della Chiesa del tempo richiede, non fanno parte perciò dell'*Ordo* o dello *status regularis*, né come monaci, né come canonici, né come *conversi professi*». C. CICCONETTI, *La Regola del Carmelo*, 106.

[25] Neste sentido, Cicconetti esclarece: «Gli Eremiti del Monte Carmelo non costituiscono ancora neppure un *collegium*, non hanno una *professio*: tuttavia il loro non è un semplice desiderio, una *deliberatio*, mas perché *conversi, eremiti, peregrini*, "in obsequio Jesu Christi", per il "votum peregrinationis" in Terra Santa, essi sono impegnati davanti a Dio, e, in certa misura anche "in jure", anche pubblicamente, in un *laudabile propositum*». C. CICCONETTI, *La Regola del Carmelo*, 103.

[26] O termo *propositum*, que aparece no prólogo da Regra, tem um sentido teológico

seja, viver na pobreza, penitência, oração, escuta da Palavra, à serviço do «senhor do lugar», no obséquio de Jesus Cristo – fundamento do *proposi-tum* –, provavelmente através de um «voto»[27], costume presente naquele contexto:

> Il fatto stesso di essere in Terra Santa comportava di per sé una decisione di *militare Jesu Cristo*, non necessariamente nel senso bellico del termine, ma come «servitium, militia spiritualis». Infatti la Terra Santa era considerata *patrimonium Jesu Christi*, sua *here-ditas* o *regnum*. Chi vi abitava era perciò ad un titolo speciale suo *homo-ligius* e cioè vassallo, in *obsequio Jesu Christi*, e a lui doveva *fidelitatem*, seu *fidele servitium*[28].

Na falta de documentos que deem informações seguras sobre o primeiro grupo, é neste contexto que se pode compreender a origem dos eremitas no Monte Carmelo, dos quais nascem os carmelitas, bem como a essência do ideal que reúne e anima suas vidas, sintetizada por Alberto na introdução da *vitae formula*: viver no seguimento de Jesus Cristo, em total *obsequio* a Ele.

2.   Alberto, Patriarca de Jerusalém

O grupo de eremitas do Monte Carmelo pede a Alberto, Patriarca de Jerusalém entre os anos 1206 a 1214, uma «fórmula de vida» (*vitae formula*) para que pudessem seguir, de acordo com o projeto de vida co-mum que já viviam[29]. Ao sistematizar aquela proposta de forma concreta

---

específico para aquela época, o que nos ajuda a entender melhor o significado da *vitae for-mula*: «Con la parola *"propositum"* nella tradizione monastica si intendeva a volte anche la "professione religiosa" o più spesso un progetto serio di *sequela Christi*. In questo periodo in genere (sec. XII-XIII) si usa nel senso di una decisione seria e vincolante di dedicarsi ad una forma di vita cristiana più esigente (conversi, penitenti, pellegrini, crociati...), senza che ciò comporti però una vera professione di voti religiosi». B. Secondin, *La regola del Carmelo*, 46-47, nota 1.

[27] «Gli Eremiti del Monte Carmelo vivono già "laudabiliter" per il fatto che hanno scelto la vita solitaria che è diversa dalla "saecularis seu mondana conversatio": questo è già un *propositum*, un *simplex votum*. Non importa che l'abbiamo enunciato "ore". Per il medioevo la dichiarazione di volontà ferma, implicita in un gesto o in un fatto è più efficace che la formale dichiarazione verbale. Naturalmente non è una "professio certae regulae", ma è pur sempre un "modus vitae *religiosae*", cioè fervorosa, che comporta per-sonalmente, se non davanti alla Chiesa, un impegno stabile». C. Cicconetti, *La Regola del Carmelo*, 99.

[28] C. Cicconetti, *La Regola del Carmelo*, 76.

[29] No início da Regra está escrito: «*Verum, quia requiritis a nobis, ut iuxta proposi-tum vestrum tradamus vobis vitae formulam, quam tenere in posterum debeatis*». Rc 3. Não

dando-lhes uma «fórmula de vida», Alberto tem um papel fundamental na definição e identidade do grupo[30]. Ele sintetiza os valores essenciais necessários para o fiel seguimento de Jesus Cristo, de acordo com o *propositum* que o grupo já vivia e agora queria assumir de forma oficial:

> L'attività di Alberto in favore degli eremiti-fratelli del Monte Carmelo è costituita essenzialmente dalla *congregatio* di eremiti, viventi in *sancta poenitentia*, in *unum collegium*. Il significato principale dell'opera di Alberto è quello di avere organizzato giuridicamente gli eremiti latini, in un'unità organica, come *collegium*. Praticamente, Alberto li ha costituiti eremiti-fratelli. È questa una qualifica qualitativa[31].

Alberto Avogrado[32] pertencia aos Cônegos Regulares de Santa Cruz de Mortara (Pavia). Foi bispo de Bobbio (1184) e depois de Vercelli

---

se sabe se este *propositum* era algo escrito, um texto legislativo, alguns pontos propostos pelos eremitas a Alberto, segundo conta a tradição de uma compilação de textos feita pelo carmelita catalão Felipe Ribot, no século XIV, ou até mesmo o próprio texto citado nesta obra. Cfr. abaixo, nota 43; C. CICCONETTI, *La Regola del Carmelo*, 93-103. O fato é que o grupo já tinha uma experiência que direcionava as suas vidas e que certamente inspirou a *vitae formula* escrita por Alberto, não sendo esta experiência uma simples intenção, mas algo mais vinculante, um *simplex votum*. Cfr. acima, nota 27. Para uma tradução inglesa da obra de Ribot: R. COPSEY, *The Ten Books on the Way of Life and Great Deeds of the Carmelites (including The Book of the First Monks)* (2005).

[30] Segundo B. Secondin, a intervenção de Alberto é muito importante porque leva o grupo a assumir uma verdadeira identidade: «Albert had three roles: 1) He had a *social* role, in so far as he united in one association (*in unum collegium*), now juridically autonomous, a group which hitherto recognized B[rocardus] as leader, but without the necessary legal requirements. 2) He had a *cognitive* role, in that he gave the group's existence a rational structure. He enriched it with symbolism; that is, he pointed out and codified an aim which went beyond the merely visible, material facts. 3) He had a role of *affective orientation*, because in using the word "brothers" (*fratres*), he channeled the feelings of the "hermits" in the direction of a warm, shared fraternity. In other words, through Albert the *ethos*, which had been lived without organic thematization, assumed a nature as well as institutional, linguistic and symbolic forms which were allied to the social and ecclesial needs of the time». B. SECONDIN, «What is the heart of the Rule?», 99.

[31] V. MOSCA, *Alberto Patriarca di Gerusalemme*, 495.

[32] Para uma visão ampla da vida e obra de Alberto: V. MOSCA, *Alberto Patriarca di Gerusalemme. Tempo – Vita – Opera* (1996). A tese do autor consiste em mostrar a grande importância da intervenção de Alberto na origem da Ordem Carmelitana, propondo não o ver somente no seu papel de "legislador", mas também na própria "fundação" da Ordem: «Quest'opera è compiuta con la trasmissione della *vitae formula*, con la quale Alberto trasforma gli eremiti latini in eremiti-fratelli del Monte Carmelo, un grande passaggio, nel quale lui si è identificato come *Padre*, con il futuro di questi uomini, tramite l'esperienza di tutta la sua vita. Senza di lui il gruppo non avrebbe avuto identità, e in questo senso

(1185-1205). Destacou-se como importante legislador de diversas formas de vida, entre elas a do complexo grupo dos Humilhados, compostos por pessoas de diferentes estados de vida (clero, religiosos, casados), com o desafio de inserí-los na estrutura da Igreja, propondo-lhes um projeto comum de vida[33].

Alberto foi grande incentivador da Vida Religiosa e muito famoso pela sua habilidade em pacificar conflitos, proporcionando diálogo entre diferentes grupos. Isto o fez grande amigo e importante colaborador dos papas. Neste sentido, foi indicado e nomeado por Inocêncio III para ser Patriarca de Jerusalém, terra de tantos conflitos e desafios[34]. Foi nomeado em 1205 e passou a morar, a partir de 1206, em Accon (Acre) – pois Jerusalém estava sob o poder dos Sarracenos – , até 1214, ano de sua morte[35].

A pessoa de Alberto vem sendo resgatada nos últimos estudos da Regra como de grande importância para compreendermos a espiritualidade do carisma carmelita, por ele proposto na «fórmula de vida». Alberto, que também havia feito a experiência da vida de comunidade e de oração, demonstra ser um homem de profunda espiritualidade e maturidade. Ele sintetiza num pequeno texto, todo inspirado na Sagrada Escritura, a experiência já vivida por aquele grupo, trazendo presente os aspectos principais da comunidade cristã, enfatizando o essencial que deve inspirar a vida daqueles que buscam uma experiência verdadeira de

---

Alberto non assiste al parto, ma genera gli eremiti-fratelli del Monte Carmelo, poiché il suo discernimento non è compiuto solo come legislatore ma anche come fondatore. Infatti con lui ha inizio una nuova vita». V. Mosca, *Alberto Patriarca di Gerusalemme*, 500. É uma questão que o autor coloca para continuar sendo aprofundada: «... noi sosteniamo la posizione che Alberto non sia stato solo lagislatore ma anche fondatore dei Carmelitani. La nostra posizione resta aperta». *Ibid.*, 545. Para uma visão geral desta discussão, com os argumentos favoráveis e contra, ver: E. Boaga, «Dalla Norma di vita», 641-643. Para uma síntese sobre a vida e obra de Alberto: A. Staring, «Alberto, patriarca di Gerusalemme» (1972); K. Alban, «Alberto Avogadro, Patriarca di Gerusalemme» (2008).

[33] Cfr. V. Mosca, *Alberto Patriarca di Gerusalemme*, 297-354.

[34] «Chiesto con votazione all'unanimità dai vescovi di Palestina e da altri gruppi del luogo, Alberto fu nominato patriarca di Gerusalemme e legato pontificio da Innocenzo III (alla fine del 1205): il papa dovette un po' insistere per ottenerne il consenso di Alberto. Anzi gli diede privilegi e contributi economici per facilitargli il trasferimento. Intento del papa era anche quello di riprendere con più vigore il tema delle crociate per liberare la Terra Santa. Pensava che l'abilità già mostrata da Alberto nel trattare con gli imperatori europei potesse far ben sperare per i rapporti con i vari sovrani d'Oriente». B. Secondin – L. A. Gamboa, *Alle radici del Carmelo*, 44.

[35] «Mentre ad Accon il 14 settembre 1214 partecipava ad una processione, Alberto fu ucciso a colpi di coltello dal Maestro dell'Ospedale di Santo Spirito, che egli aveva rimproverato e deposto per la sua malavita». A. Staring, «Alberto, patriarca di Gerusalemme», 158.

Deus, no seguimento de Jesus Cristo, através de uma vida fraterna como irmãos.

Pelo seu modo de escrever inspirado na mensagem bíblica, Alberto demonstra ser um homem de grande intimidade e conhecimento da Palavra de Deus. G. Helewa afirma: «La nostra Regola, infatti, è un progetto di vita concepito e formulato da una persona in cui dimorava abbondantemente la Parola di Dio e, di conseguenza, portata d'istinto a tutto pensare ed esprimere con verbo biblico»[36]. Revela ser alguém de grande espiritualidade, sabedoria, testemunho, como realmente confirma a sua história e sua obra. Ao escrever a *vitae formula*, partilha com os eremitas do Monte Carmelo a sua própria espiritualidade e experiência:

> Essi [B. e gli eremiti] ormai sono partecipi della sua stessa esperienza. In questo si evince anche una certa fisionomia spirituale di Alberto, uomo religioso e pastore soprattutto di dialogo. Profondo conoscitore della Parola di Dio, contemplata, vissuta. Uomo di comunione e fraternità che attinge la sua radice dal silenzio e dalla solitudine. Uomo di tensione operosa per il Regno. Uomo di vita austera e penitente, che trova nella preghiera la forza di essere in vigilante attesa[37].

É importante também lembrar que Alberto faz parte e vive num contexto onde toda a Igreja ainda sente os grandes desafios propostos pela Reforma[38]. Em sintonia com esta realidade eclesial de sua época, é «veramente un uomo del suo tempo, con le sue ansie e difficoltà, ma anche con i suoi valori e positività»[39]. Provavelmente, Alberto também sonhava com a «Jerusalém celeste»[40], pois na *vitae formula* não deixa de mencionar os valores das primeiras comunidades cristãs como experiência fundamental de toda espiritualidade cristã e modelo de vida eclesial.

---

[36] G. HELEWA, «Parola di Dio», 79.

[37] V. MOSCA, *Alberto Patriarca di Gerusalemme*, 472-473.

[38] «Alberto come membro della Congregazione dei canonici regolari di S. Croce di Mortara, che seguiva una propria Regola, fondata sui principi ispirativi della Regola agostiniana, partecipava già in questo senso di quei movimenti religiosi che contribuivano nella Chiesa ad una riforma spirituale di essa». V. MOSCA, *Alberto Patriarca di Gerusalemme*, 539.

[39] V. MOSCA, *Alberto Patriarca di Gerusalemme*, 539.

[40] Cfr. Ap 21. C. Cicconetti lembra que esta aspiração era próprio do contexto de Alberto quando escreveu a *vitae formula*: «Il Legislatore stesso, "Patriarca di Gerusalemme" (*prologo*) residente ad Accon, aveva nella sua stessa situazione personale e nel suo compito uno stimolo vivo ad aspirare di entrarvi più che chiunque altro. L'*iter hyerosolimitanum* si ispirava e nutriva di rievocazioni bibliche, come il tema dell'esodo, della Terra promessa, di raduno a Gerusalemme escatologico». C. CICCONETTI, «Il progetto globale», 71.

3. Da *Vitae Formula* à *Regra do Carmo*: surgimento da Ordem Carmelitana

Entre os anos de 1206 a 1214[41], elcs pedem a Alberto uma «*vitae formula iuxta propositum*» e não uma *Regula*, justamente porque não faziam parte de uma ordem monástica[42] e parece que nem tinham a intenção de inserir-se nesta tradição. Recebendo de Alberto a *vitae formula*[43],

---

[41] A data exata não se tem notícia. Calcula-se entre os anos 1206 e 1214 por ser o período em que Alberto foi Patriarca de Jerusalém. Cfr. A. STARING, «Alberto, patriarca di Gerusalemme», 158. Alguns sugerem o ano de 1209, mas são sempre hipóteses: «The date, 1209, often proposed by Carmelite authors, is a mere hypothesis. They gave Albert three years grace, in which to acquaint himself with the customs of the Latin hermits before venturing to commit them to writing. One infers, from the expression in the Rule, "near the entrance to the place", that Albert had probably made a personal visit to w. 'ain es-Siāh». E. FRIEDMAN, *The Latin Hermits*, 174.

[42] «Non si tratta di un *propositum regulare*: non vivono né chiedono ad Alberto *certam regulam* per divenire appartenenti ad uno degli *Ordines regulares* della Chiesa: l'*Ordo monasticus* o l'*Ordo canonicus*». C. CICCONETTI, *La Regola del Carmelo*, 103. Alberto, pela sua condição episcopal, antes de também ser Patriarca de Jerusalém e Legado Pontifício, tinha autoridade eclesiástica para aprovar uma *domus religiosa*: «In realtà una *domus religiosa* approvata dal vescovo aveva compiuto già il suo iter completo. Per ogni *nova domus* eretta si ripeteva il medesimo procedimento sia che si trattasse di una *regula approbata*, sia che si trattasse di un *collegium poenitentium*, o *hospitale*, purchè "oratorium habeat". E tuttavia il significato che il medesimo termine *approbata* assumeva era diverso secondo che si trattasse di un "monasterium sub regula S. Benedicti", o di una canonica "sub regula S. Augustini", o di una "domus religiosa" che non avesse "regulam": poco importava che a "tradere regulam" e rispettivamente "vitae formulam" fosse il vescovo o il papa. Questo vale naturalmente per il tempo in cui Alberto interviene nella organizzazione degli eremiti». *Ibid.*, 110-111. Ele dá ao grupo, porém, uma *vitae formula*: «*Formulae vitae, conversationis formula, forma vitae, formula vivendi, norma vivendi, modus vitae* o *vivendi*: sono espressione usate comunemente per disposizioni ascetiche diverse dalla *regula* o dalle *regulae* tradizionali. E generalmente stanno ad indicare la legislazione particolare dei conversi o comunque di quelle *formae quasi laicales* di vita religiosa». *Ibid.*, 116. Assim, a *vitae formula*, dada por um representante oficial da Igreja, era o reconhecimento oficial de um *collegium*, porém, não como Ordem Religiosa ou como Regra de vida. Era «un tipo de legislazione più frequente per i gruppi di asceti e penitenti, chiaramente laici, e pertanto non facenti parte di un *ordo monasticus*, né di un *ordo canonicalis*, coi relativi impegni giuridici e privilegi». B. SECONDIN, *La regola del Carmelo*, 24.

[43] Não se tem mais o texto e nem cópia da *vitae formula* original de Alberto. Uma transcrição antiga normalmente usada é do século XIV da coleção de escritos compilados por Felipe Ribot (†1391), em torno de 1385, na qual no capítulo 3 do livro 8 (*Epistula Cyrilli*) encontra-se o texto da pretensa *vitae formula*. Cfr. F. RIBOTI, *Decem libri de institutione et peculiaribus gestis religiosum Carmelitarum*, in *Spec. Carm.1680*, I, 72-80; trad. inglesa, R. COPSEY, *The Ten Books*, 112-114. Não há provas da autenticidade do texto . Alguns autores defendem que pode ter sido escrito pelo próprio Ribot. Sobre esta discussão: P. CHANDLER, *The Liber de Institutione et peculiaribus gestis Religiorum Carmelitarum in*

eles são reconhecidos como *collegium* ou *domus religiosa*[44], assumindo o *propositum* de uma vida penitente *in obsequio Iesu Christi*. Isto é, viver num total abandono e serviço a Ele, senhor e «dono» daquelas terras, daquele lugar, ao qual querem servir, usando uma linguagem feudal, própria da época:

> gli eremiti del Monte Carmelo sono già di fatto *"in obsequio Iesu Christi"*, gli debbono *"oboedientia"*, e *"fidele servitium"* perché sono nella sua terra, nel suo *"patrimonium"*, egli è il *"dominus loci"*: la decisione di venire a vivere stabilmente, chiara dal fatto che chiedono una *vitae formula* *"quam tenere in posterum [debent]"* dice che si tratta di un *propositum*, nel senso più stretto[45].

3.1 Aprovação da vitae formula como Regra

A *vitae formula* irá passar por um processo de reconhecimento e adaptação até tornar-se uma Regra, dando origem a uma nova Ordem Religiosa[46]. Tal processo será motivado pela expansão daquele grupo, em

---

lege veteri exortorum et in nova perseverantium ad caprasium Monachum, by Felip Ribot. A critical Edition with an Introdoction (1991). Porém, há também indícios de que pode ser verdadeiro, como constata D. Secondin: «Nonostante la poca attendibilità del contesto in cui si trova, questa redazione del testo primitivo Albertino sembra possa essere quella vera. Infatti l'analisi linguistica interna – come quella del *"cursus"* latino: cioe la posizione degli accenti nelle frasi – il confronto con altre fonti storiche indipendenti (Siberto de Beka, Baconthorp, Vincenzo di Beauvais) possono far ritenere che la sua edizione dell'originale albertino ha molte probabilità di essere sostanzialmente fedele, o comunque molto vicina alla forma dell'originale della prima *vitae formula*». B. SECONDIN, *La regola del Carmelo*, 14.

[44] Mesmo não sendo uma Ordem Religiosa, com a *vitae formula* criam um mínimo de estrutura que organiza as suas vidas em torno de uma comunidade religiosa: «Alberto, come patriarca di Gerusalemme, e perciò avente giurisdizione ordinaria sugli eremiti del Carmelo, li riconosce *collegium* o *domus religiosa*, concedendo e intimando di costruire un oratorio e consegnando una *vitae formula*. In tal modo, infatti, la promessa di obbedienza al priore eletto canonicamente diventa e assume il carattere vincolante di una *professio* fatta in mano del prelato della chiesa (od oratorio) presso la quale vivono in comunità (*religiosa*)». C. CICCONETTI, «Regola del Carmelo», 1456.

[45] C. CICCONETTI, *La Regola del Carmelo*, 100-101. «...l'"obsequium" era il rapporto speciale di sudditanza e dipendenza dei "fideles" viventi nel "patrimonium" di un signore feudale al quale si prometteva "bonum et fidele servitium", aiuto in caso di guerra e partecipazione alle deliberazioni in cambio della "protectio"». *Ibid.*, 44.

[46] Sobre a Regra do Carmo, sua origem e significado, uma obra fundamental, por aprofundar o aspecto legislativo dentro do contexto histórico da origem, o que abriu novos horizontes para os posteriores estudos da regra, é: C. CICCONETTI, *La Regola del Carmelo. Origine, natura, significato* (1973). De uma vasta bibliografia especificamente sobre a Regra Carmelitana, pode-se citar: H. CLARKE – B. EDWARDS, *The Rule of Saint Albert* (1973);

confronto com a proibição do surgimento de «*novam religionem*», feito pelo Concílio Lateranense IV, em 1215, que convidava as pessoas a entrarem nas Ordens Religiosas já aprovadas, e os novos grupos a assumirem «*regulam et institutionem*» de uma destas.[47]. Tal decisão conciliar tinha

---

O. STEGGINK – J. TIGCHELER – K. WAAIJMAN, *Karmel Regel: ingeleid, vertaald en van aantekeningen voorzine door Otger Steggink, Jo Tigcheler, Kees Waaijman* (1978); S. POSSANZINI, *La Regola dei Carmelitani. Storia e spiritualità* (1979); B. SECONDIN, *La Regola del Carmelo. Per una nuova interpretazione* (1982); ID., ed., *La Regola del Carmelo oggi* (1983); ID., ed., *Un proyecto de vida. La Regla del Carmelo hoy* (1985); C. MESTERS, *A Regra do Carmo. Sua Origem, seu sentido, sua atualidade* (1985); J. JANTSCH – C. BUTTERWECK, *Die Regel des Karmel. Geschichte und Gegenwart einer Lebensnorm* (1986); R. GIRADELLO, ed., *Le origini e la Regola del Carmelo* (1987); M. MULHALL, ed., *Albert's way.* The First North American Congress on the Carmelite Rule (1989); E. PALUMBO, *La Regola del Carmelo come progetto di vita. Commento teologico-spirituale*, Fraternità Carm. Pozzo di Gotto (1992); A. BALLESTRERO, *Alla fonte del Carmelo. Commento alla Regola primitiva dell'ordine della Beata Vergine Maria del Monte Carmelo* (1996); *La Regola del Carmelo.* Convegno di Sassone, 21.22 Novembre 1997 (1997); K. WAAIJMAN, *The Mystical Space of Carmel. A Commentary on the Carmelite Rule* (1999); *La Regola del Carmelo. Nuovi Orizzonti* (2000); C. MESTERS, *Ao Redor da Fonte. Círculos de oração e de meditação em torno da Regra do Carmo* (2001); E. BOAGA – A. C. COTTA, *In ossequio di Gesù Cristo. Programma di studi sulla Regola del Carmelo* (2002); B. SECONDIN, *La Règle du Carmel. Un projet spirituel pour aujourd'hui* (2004); E. GRIFFIN, *Ascending the Mountain: The Carmelite Rule Today* (2004); B. SECONDIN, – L. A. GAMBOA, *Alle radici del Carmelo*, Roma 2005; C. DOBNER, *Luce Carmelitana, dalla radice santa* (2005); D. STERCKX, *La Règle du Carmel, Structure et esprit, Parole de Vie pour aujourd'hui* (2006) ; C. CICCONETTI, *Regola del Carmelo.* Collana Orizzonti. (2007); P. MCMAHON, *al.*, ed., *The Carmelite Rule 1207-2007* – Proceedings of the Lisieux Conference 4-7 July 2005 (2008).

   [47] O Concílio Lateranense IV proibe o reconhecimento canônico de novos grupos ou movimentos religiosos (*religionum diversitas*) que queiram constituir uma *nova religio* e fundar uma nova *religiosa domus*. É o famoso cânon *Ne nimia* (Cfr. J. D. MANSI, *Sacrorum Conciliorum*, XXII, 1002). Por *religioni* entende-se «i *regulares* e comprendono gli appartenenti a ordini o congregazioni, che godevano di privilegi ed esenzioni di fronte ai vescovi e di una propria e riconosciuta disciplina... La *religione* era il termine che tutti li abbracciava, perché ne avevano gli elementi costitutivi: la professione, con i tre voti perpetui di castità, povertà e obbedienza, e la vita sotto una regola: *regulariter professi* o *regulariter viventes*, termini che si applicavano ad ogni comunità religiosa riconosciuta come tale». M. MACCARRONE, *Studi su Inocenzo III*, 310-311. A proibição era para o surgimento de novas formas de Vida Religiosa, e não do crescimento desta. Aqueles que querem aprovação: *regulam et institutionem accipiat de religionibus approbatis.* «Si tratta dunque delle "religiones" che hanno "regulam apporbatam"... delle "religiones" che professano "regulam S. Benedicti" e "S. Augustini", in pratica cioè l'"Ordo monasticus" e l'"Ordo canonicus". Non si tratta comunque di abolire le altre "formae vitae", ma il concilio intende indirizzare "qui voluerit ad religionem converti" verso questi "Ordines" tradizionali». C. CICCONETTI, *La Regola del Carmelo*, 129-130. Tal disposição trará dificuldades para os carmelitas, ainda que eles tenham sua origem antes da data do Concílio, mas por constituir, de certa forma, uma *nova religio*: «Essi erano stati fondati precedentemente alla surriferita proibizione. La

a intenção de haver um certo controle sobre os muitos grupos que surgiam, tanto dos heréticos, mas principalmente de pregadores itinerantes que muitas vezes causavam grandes confusões, fugindo da jurisdição da própria Igreja. Esta situação demandava a «necessità di arginare i nuovi movimenti di deviazione ereticale, e di offrire una base giuridica ai movimenti innovatori di fede cattolica, di estrazione spiritualistica e pauperistica, la cui vita, itinerante e apostolica, non era riconducibile alle tre istituzioni di religione in atto»[48].

Diante da determinação do Concílio, a solução mais simples e lógica seria pedir a aprovação do grupo assumindo uma das Regras já existentes e aprovadas: beneditina ou agostiniana. Os eremitas do Monte Carmelo, porém, pedem a aprovação da *vitae formula* que já possuem. O primeiro reconhecimento papal foi dado por Honório III (1216-1227), em 30/01/1226, com a bula *Ut vivendi normam*[49], reconhecendo a *vitae formula* e concedendo indulgência – *in remissionem peccatorum* – àqueles que a observarem. Esta será confirmada mais tarde por Gregório IX (1227-1241), em 06/06/1229, com a bula *Ex officii nostri*[50]. Além de a chamar Regra – *ad haec etiam regulam approbatam a bonae memoriae Honorio papa praedecessore nostro*[51] –, proíbe aos frades terem propriedades

---

loro era una comunità legittimamente approvata. Ma si trattava pure di una *religio* in certo senso *nova*: non aveva cioè una delle regola approvate secondo la tradizione e consuetudine. A essi veniva rimproverato anzi di non avere una *regula*, ma un *modus vitae* o una *vitae formula*: ciò che, in altri termini, voleva dire che essi non erano *regulares*, ma *laici*. E questo non perché mancasse l'approvazione del Papa». C. CICCONETTI, «Regola del Carmelo», 1456. Para uma síntese sobre o Concílio Laterano IV, ver: M. MACCARRONE, «Lateranense IV. Concilio (1215)», 474-495.

[48] A. BONI, «Vita Apostolica», 1796.

[49] De forma muito sucinta diz: «Dilectis filiis Priori, et fratribus Eremitis de Monte Carmelo salutem et apostolicam benedictionem. *Ut vivendi normam* regulariter, a bonae memoriae Hierosolimitano patriarcha editam, quam ante generale concilium vos dicitis humiliter suscepisse, in posterum vos et successores vestri, quantum cum Dei adjutorio poteritis, observetis, in remissionem vobis injungimus peccatorum. Datum Reate, 3 Kalendas Februarii, pontificatus nostri anno decimo». *Bull. carm.*, I, 1. O tipo de documento pontifício era um «*mandatum seu littera executoria senso latu* (*Bull.Carm.*,I, 1), dunque di una lettera con la quale il pontefice raccomandava la forma di vita carmelitana e abbinava ad essa un'indulgenza da attuarsi obbligatoriamente». G. GROSSO, «"Formula vitae" e Regula», 414.

[50] *Bull. carm.*, I, 4-5. «...è una *littera gratiosa*, usata per la concessione benevola di un diritto stabile; il valore giurídico di questo documento è pertanto superiore a quello dei *mandati*». E. BOAGA, «Dalla Norma de vita», 644.

[51] «Dunque, quale che sia stata la vera natura della "approbatio" della "norma vivendi regulariter" da parte di Onorio III, la conferma di Gregorio IX è senza dubbio valida a tutti gli effetti... Possiamo dunque dire che la posizione giuridica degli Eremiti del Monte Carmelo è senza ombra di dubbio consolidata da Gregorio IX... Non si tratta di "regula

ou rendas[52] – *inhibitio possessionum*[53] – e imporem um prior que não seja aceito pelo grupo[54].

Com a vinda dos Carmelitas para a Europa[55]; o encontro com uma realidade diferente e as grandes dificuldades que esta lhes trouxe; o confronto com a decisão conciliar que proibia «*nova religio*»; sentem a necessidade de uma nova aprovação e adaptação ao novo estilo de vida em que se encontram. Com as bulas *Ex officii nostri*[56] (08/06/1245) e *Religionis vestrae*[57] (13/06/1245), Inocêncio IV (1243-1254) confirma a aprovação anterior, renovando os preceitos da pobreza, da eleição do prior e a permissão de celebrar em tempo de interdito. Com a bula *Quoniam ut ait Apostolus*[58] (13/06/1245), reconhece o «*titulus paupertatis*» e concede o direito à mendicância, algo que já estava presente na vida de muitos ere-

---

approbata consuetudine, in jure communi, in conciliis", ma di "regula approbata a Sede Apostolica", nonostante il decreto del IV concilio del Laterano, perché si sa che da questi decreti si deve sempre ritenere eccettuato il papa». C. CICCONETTI, *La Regola del Carmelo*, 152-153.

[52] «Possono però vivere di elemosine, e possedere *"asinos masculos et aliquod animalium sive volatilium nutrimentum* dai quali ricavare il proprio sostentamento». V. MOSCA, *Alberto Patriarca di Gerusalemme*, 505. A proibição de terem posses e rendas colocam os carmelitas ainda mais próximos ao estilo dos Mendicantes: «Una cosa comunque si può con certezza affermare: la proibizione di Gregorio IX è certamente una delle vie aperte agli Eremiti del Monte Carmelo, quando si saranno trasferiti in Occidente per riconoscersi più nei Frati Minori e Predicatori che non nei monaci. Ed è anche la via che permetterà la trasformazione innocenziana del 1247». C. CICCONETTI, *La Regola del Carmelo*, 171.

[53] Ver: C. CICCONETTI, *La Regola del Carmelo*, 155-164.

[54] Ainda em duas outras bulas – *Providi more* (*Bull. Carm.*, I, 4), de 05/06/1229, e *Religionis vestrae* (*Bull. Carm.*, I, 5), de 09/06/1229 –, Gregório IX, respectivamente, delega ao prior a faculdade de absolver da excomunhão aqueles que cometem apostasia, ou seja, o abandono do ermo e da obediência do prior; e a permissão para celebrar em tempo de interdito (pena imposta em determinados tempos por algum sério motivo).

[55] «According to Vicent of Beauvais (d. 1264), the Carmelites migrated to Europe in 1238. This date need not be regarded as anything more than approximate, nor the migration as a single event that took place in one year» J. SMET, *The Carmelites*, I, 10. Segundo A. Cuschieri, a vinda para a Europa seria o reencontro com a terra de origem: «...e poichè i membri di cui si componeva non eran, neppur in parte, greci – anche questo si volle affermare – ma latini o per meglio intenderci europei, era naturale che in alcuni di esse nascesse subito il desiderio di lasciare la Terra Santa per fondare conventi nei loro paesi, tanto più che la vita in Oriente era tut'altro che facile e sicura». A. CUSCHIERI, «L'origine dell'Ordine», 196-197.

[56] *Bull. carm.*, I, 5-6.

[57] *Bull. carm.*, I, 6.

[58] *Bull. carm.*, I, 7.

mitas que dependiam da ajuda do povo, prática não presente, entretanto, aos cônegos regulares, clero e monges.

Em 27/07/1247, recebem a bula *Paganorum incursus*[59] esclarecendo a situação do grupo que, sentindo-se cada vez mais ameaçados pelos muçulmanos, começam a emigrar do Monte Carmelo para a Europa – «*mutatio loci*» – onde também podem viver a «*utilitas*» ao povo de Deus, «ut statum consequi valeant, in quo sibi et proximis Deo propitio ad salutem proficere hilarescant»[60]. Pela necessidade de se estabilizarem nos lugares com seus oratórios e Igrejas, causando certa «concorrência» com as Paróquias já existentes, deparam-se com muitos conflitos, também pelo grande número de franciscanos e dominicanos já presentes nas cidades. Tal fato faz com que o papa peça aos bispos para acolhê-los nas suas dioceses e Igrejas.

Assim sendo, juntamente com a aprovação definitiva da *vitae formula*, vivem um processo de maturação e definição da própria identidade:

> Gli Eremiti del Monte Carmelo vogliano conseguire «statum in quo sibi et proximis proficere ad salutem hilarescant»: non chiedono dunque una «licentia praedicationis» per qualcuno, ma l'ingresso nello «status», che unisce la «vita simul activa et contemplativa», come avviene per i «rectores ecclesiae», per i «clerici», per coloro che attendono non solo a sé, non solo ad ascoltare, ma anche ad insegnare[61].

Segundo os dados fornecidos pela própria bulla papal, numa decisão de um Capítulo Geral, motivados pelo desejo de obter «uno stato

---

[59] *Bull. carm.*, I, 8.

[60] Tal expressão contida na referida bula, segundo o significado e uso da época, quer dizer «ser útil à salvação própria e do próximo»; o mesmo significado se encontra também no termo «*utilitas*»: «In tutti questi scritti la *utilitas* indica la capacità, l'abilità, il possesso di qualità adatte a ben servire, a portare frutto soprattutto in relazione alla salvezza propria ed altrui. In questo senso essa è soprattutto richiesta come qualità indispensabile nel vescovo o sacerdote; mentre la "inutilitas" è impedimento all'ordinazione. La "utilitas" sta allora ad indicare la capacità di insegnare, predicare, guidare il popolo». C. CICCONETTI, *La Regola del Carmelo*, 195. Na Igreja encontram-se dois grandes *status*: aqueles que vivem «*privatae utilitati*», ou seja, os monges, penitentes ou convertidos, eremitas; e os que vivem «*communi utilitati*», a saber, aqueles que unem «contemplativam et activam vitam»: bispos, sacerdotes, pregadores, enfim, os «rectores ecclesiae». Cfr. *Ibid.* Isto indicaria uma mudança de *status* dos frades eremitas do Monte Carmelo, acenando para a adaptação e aprovação difinitiva da Regra como Ordem Mendicante, mesmo com sua origem eremítica.

[61] C. CICCONETTI, *La regola del Carmelo*, 199-200.

in cui potessero rallegrarsi di essere utili a sé e al prossimo»[62], e diante da realidade que viviam na Europa desde 1238, delega-se os frades Reginaldo e Pedro para levar à Santa Sé um pedido ao papa para corrigir e aprovar a *vitae formula*[63]. Depois de solicitar a revisão e correção de dois dominicanos[64], com a bula *Quae honorem Conditoris*[65], de 01/10/1247, Inocêncio IV transforma definitivamente a *vitae formula* em verdadeira «*Regula correcta, declarata et mitigata*», adaptando-a à nova realidade do grupo, unindo a vida contemplativa com a vida apostólica, transformando-os em Ordem Religiosa Mendicante[66]. O texto é definitivamente reconhecido como Regra:

> La dichiarazione riguardava il dubbio dello *status* di *regulares:*
> *esplicitando*, accanto alla promessa di obbedienza, la necessità di
> osservare la castità e la rinuncia alla proprietà, toglieva il dubbio
> che si trattasse di laici osservanti un semplice *modus vivendi* che
> non obbligava necessariamente ai tre impegni ritenuti essenziali

---

[62] C. CICCONETTI, «Regola del Carmelo», 1457.

[63] «...la richiesta di approvazione da parte degli eremiti Carmelitani è interessante: essi non chiedono di ricevere "una ex regulis approbatis", ma la conferma della *Formula vitae* già ricevuta da Alberto. Per loro questo testo costituisce il fondamento spirituale e giuridico della propria identità; non viene neppure posto il problema se abbandonare quel testo e prenderne un altro». G. GROSSO, «"Formula vitae" e Regula», 419.

[64] «The pope charged Cardinal Hugh of St. Cher and William, Bishop of Anterados (Tartous), both Dominicans, with the task. Hugh of St. Cher was an eminent jurist, of whose talents Innocent had made use in the recent council at Lyon in 1245». J. SMET, *The Carmelites*, I, 11.

[65] *Bull. carm.*, I, 8. A bula original está perdida. Porém, existe uma cópia autêntica nos Registros de Incêncio IV conservada nos arquivos do Vaticano (Reg.Vat. 21, ff.465v-466r), a qual foi editada por G. WESSELS, «*Quae honorem Conditoris*», *An.O.Carm.* 2 (1911-1913), 557-561; uma edição crítica de M.-H. LAURENT, «La lèttre *"Quae honorem Conditoris"*», in *Eph. Carm.* 2 (1948), 5-16. Ainda por L. SAGGI in *Constitutiones 1971*, 15-22 (somente o texto da Regra); e C. CICCONETTI, *La regola del Carmelo*, 201-215 (1973). Desta vez é uma *littera sollemnis*: «Come si vede dalla forma giuridica dei suindicati documenti pontifici, vi è un crescendo del loro valore, fino a giungere alla forma giuridica più solenne, usata in quel tempo, ossia la *littera sollemnis* o *bulla plumbata*. Questa differenza giuridica tra le conferme di Onorio III (1226), Gregorio IX (1229) e di Innocenzo IV (1242), e la bolla innocenziana *Quae honorem Conditoris* del 1247 generalmente non viene mai considerata da molti autori, che pongono indebitamente sullo stesso piano di valore questi documenti pontifici, diversi per vigore giuridico e loro interpretazione». E. BOAGA, «Dalla Norma de vita », 645-646.

[66] «Com esta sua ação, Inocêncio IV realiza a transformação dos carmelitas em "regulares" no sentido verdadeiro e próprio (=religiosos), e a sua inserção na fraternidade apostólica dos Mendicantes». E. BOAGA, *Como pedras vivas*, 35. «... la trasformazione mendicante conduce la comunità a divenire una fraternità nella linea apostolica con appello alle origini contemplative». ID., «La Regola carmelitana», 53.

(tria substantialia) a una *regula*. In tal modo la *vitae formula* di Alberto veniva a trovarsi giuridicamente nelle medesime condizioni della *Vita (=formula vitae*, o *propositum)* di s. Francesco dopo l'approvazione di Onorio III (1223: la cosiddetta *Regula secunda)*. Era cioè certamente *regula*[67].

A transformação para a Ordem Mendicante, porém, não elimina a opção pela vida eremítica[68]. Não significava que todos deveriam obrigatoriamente morar nas cidades, abandonando a solidão do ermo e a opção de uma vida preferentemente contemplativa. A Regra aprovada deixa aberta a possibilidade de escolha do prior com seus confrades em viver «*in heremis*» ou em outros locais «*vobis donata fuerent*»[69]:

> La regola del Carmelo, modificata da Innocenzo IV, autorizza la vita mendicante, in tutto il suo significato di particolare tipo di povertà, e insieme di forma itinerante apostolica. Con Inocenzo IV gli Eremiti del Monte Carmelo sono certamente Mendicanti «ex regula», e non solo di fatto. Il modello al quale guardano è quello dei Domenicani e Francescani. Non significa questo che essi perdono completamente il ricordo delle origini: la regola continua a prevedere due forme di vita, la eremitica e la mendicante[70].

3.2   Adaptações e «mitigações» da Vitae Formula

No seu processo de aprovação, a Regra passou por algumas adaptações e «mitigações»[71], sempre no sentido de ajustar o texto às novas condições e realidades da experiência carismática do grupo.

---

[67] C. CICCONETTI, «Regola del Carmelo», 1457.

[68] Muito menos pela vida contemplativa, que será sempre o centro da vida carmelitana: «Nella maturazione dell'esperienza carismatica, terminata con l'approvazione dell'unica Regola del Carmelo da parte di Innocenzo IV nel 1247, i Carmelitani da gruppo laicale di penitenti-eremiti si trasformano in ordine religioso vero e proprio inserito nella fraternità apostolica dei Mendicanti. In questa definitiva codificazione l'esperienza carismatica, nutrita dai valori maturati fin dall'inizio, si allarga alle caratteristiche dei Mendicanti, pur continuando una radicale coscienza della propria vocazione contemplativa». E. BOAGA, «Dal secolo XII», 73.

[69] Rc 5.

[70] C. CICCONETTI, *La regola del Carmelo*, 298. Mesmo que a partir desta aprovação são já Mendicantes, a identificação definitiva virá em 21/11/1326, com a bula *Inter coeteros* (*Bull. carm.*, I, 66-67) de João XXII (1316-1334), através da qual o papa concede aos carmelitas os mesmos privilégios e isenções concedidos aos dominicanos e franciscanos.

[71] Fala-se de «mitigações» em referência à expressão usada na própria bula e, mais tarde, no século XV, pelo prior geral Jean Soreth, que na verdade se referia ao texto de Inocêncio IV com os apêndices das mitigações feitas em 1432, que não foram introduzidas

As alterações inocencianas feitas na *vitae formula* de Alberto foram de questões mais práticas e estruturais. Ainda que alterando o ritmo de vida, não tocava na essência do carisma vivido pelo grupo na sua origem. Acrescentou-se a menção dos votos de castidade e pobreza, além de obediência que já havia (Rc 4); a permissão para habitar também nas cidades, fora dos ermos, devido à nova condição de mendicância (Rc 6); a refeição em comum, elemento da vida comunitária (Rc 7); a Liturgia das Horas em substituição da recitação dos salmos, mostrando já a presença de clérigos e leigos na composição do grupo (Rc 11); a proibição de ter propriedades, possuindo coisas simples quando necessário, como burros e mulos para as viagens e para o trabalho (Rc 13); a permissão de comer carnes em viagens, visto a vida também de itinerância (Rc 17); a redução do tempo do silêncio noturno absoluto das Vésperas até a Terça, para as Completas até a Prima (Rc 21).

Portanto, não foi alterada na sua essência, no seu *propositum*. Com Inocêncio IV,

> Gli unici punti che furono di fatto «mitigati» furono la possibilità di avere luoghi anche in città, la concessione di mangiare «pulmenta cocta cum carnibus» (*Regola*, 17) e la riduzione del grande silenzio notturno (*Regola*, 21). Se servisse, anche questo dimostra che in realtà l'intervento di Innocenzo IV non mitigò la *Formula vitae*, rendendo meno rigorosa, ma piuttosto la adattò a una situazione ben differente da quella iniziale e coerentemente con la nuova condizione di mendicanti, senza però sminuirne la portata carismatica, o stravolgerne l'essenziale struttura favorevole ad

---

no texto da Regra. A Reforma Mantuana, que não aceitava as mitigações, também começou a usar o termo «Regra mitigada» para diferenciá-la do texto de Alberto que seria a «Regra primitiva». Essa distinção será a base para o movimento reformista da Ordem, principalmente teresiano. Nos escritos dos séculos XIII e XIV, porém, a intervenção de Inocêncio IV é qualificada como *aprovação* e *confirmação* do texto albertino, e não *mitigação*. Cfr. E. BOAGA, «Dalla Norma di vita », 648-650. Assim, as intervenções de Inocêncio IV seriam *correções* e *adaptações* à nova realidade: «Non sembra neppure in questo caso che si possa parlare di "mitigazione"; in realtà, il pontificie non mitiga alcunché; semmai, egli trasforma alcune strutture da puramente eremitice a pienamente cenobitiche (luoghi, refettorio, ore canoniche), ma il senso profondo, spiritualmente rilevante della *Regola* resta lo stesso dato da Alberto nella *Formula vitae*. Inoltre, l'espressione "declaratio, correctio et mitigatio" che si riscontra variamente declinata e articolata per ben cinque volte nella *narratio* della bolla di Innocenzo IV, la quale include a sua volta quella redatta dai revisori, ha il sapore della formula di cancelleria riguardante un intervento autoritativo che potremo definire d'interpretazione autentica del testo sottoposto ad approvazione». G. GROSSO, «"Formula vitae" e Regula», 421.

un'autentica esperienza di Dio, al *vacare Deo* sempre cercato dai Carmelitani[72].

Embora mude o jeito de viver, de se organizar, adaptando-se à nova realidade do grupo e às exigências das novas condições de vida, a essência do carisma continua intocável, mesmo com o desafio de concretizá-lo em uma realidade e forma diversas:

> Mentre le correzioni e «mitigazioni» innocenziane, essendo di carattere prettamente giuridico, praticamente non hanno apportato nessun elemento spirituale nuovo – eccetto l'interessante richiamo al rapporto tra carisma e strutture abitative (cap. 2 e 4 [Rc 5 e 7]) – sarà però il nuovo contesto ecclesiale che darà ad alcuni fattori «secondari» (come abitare anche in luoghi non solitari, *itinerario*, rilevanza dei momenti comunitari, come pasti, lode salmica, eucaristia) un'importanza che condurrà a profondi cambiamenti, mutando dal profondo la fisionomia dei «frati»[73].

Posteriormente, a pedido da própria Ordem[74], pelas necessidades que sentem diante das novas condições eclesiais e sociais do século XIV[75], recebem novas «mitigações» que alteram alguns procedimentos, dando uma nova possibilidade no que diz respeito à permanência nas celas, à abstinência de carne e ao tempo de jejum. Porém, sem alterar o texto da Regra aprovado em 1247, mostrando «da una parte la considerazione e il rispetto del testo da parte dei frati e della stessa S. Sede, dall'altra l'intenzione di non intervenire sullo spirito dei precetti, ma sulla loro interpretazione e attuazione concreta da ripensare alla luce di condizioni

---

[72] G. GROSSO, «"Formula vitae" e Regula», 421. «Le correzioni e gli adattamenti "innocenziani" saranno di carattere tipicamente giuridico, e non apportano quasi nulla di nuovo nella prospettiva spirituale. Gli unici punti un po' originali di Innocenzo IV sono il legame fra carisma e fraternità (è il caso delle strutture abitative: R5 e R7), l'apertura alla predicazione itinerante (R17) e la spiritualità della povertà collettiva (R13). Altro punto di fatto significativo è l'orientamento verso una liturgia comunitaria con il popolo (R11). Tutto questo non snatura, ma rende più ecclesiale il progetto». B. SECONDIN – L. A. GAMBOA, *Alle radici del Carmelo*, 49.

[73] B. SECONDIN, *La regola del Carmelo*, 25.

[74] «Nel capitolo generale del 1430 fu deciso di chiedere al papa la mitigazione della regola dell'Ordine». L. SAGGI, «La mitigazione del 1432», 5. O capítulo teve início em 3 de junho de 1430, vigília de Pentecostes, em Nantes. Cfr. *Ibid.*, 3.

[75] «Modificações reais na vida da Ordem e no ambiente sócio-cultural-religioso da época levam a solicitar aos Papas uma atenuação da letra da Regra para eliminar algumas diferenças entre prescrições e práticas». E. BOAGA, *Como pedras vivas*, 85.

interne ed esterne profondamente differenti rispetto a quelle iniziali»[76]. Datada em 15/02/1432, recebem a bula *Romani Pontificus providentia circumspecta*[77], de Eugênio IV (1431-1447), dando a permissão de estar e movimentar-se nas suas igrejas, claustros e lugares ligados a estes, em horários livres; bem como a concessão ao prior geral de dispensar alguns dias a abstinência, podendo comer carne três vezes na semana. Tal decisão é confirmada em 05/12/1459, com a bula *Ad hoc divina miseratio*[78], de Pio II (1458-1464), que também permite a dispensa do jejum nos mesmos dias da dispensa da abstinência; e em 1476, com a *Mare magnum*[79], de Sisto IV (1471-1484), acrescenta-se que «il priore generale avrebbe potuto regolare la materia secondo coscienza, diventando cosi di fatto il garante e l'interprete autentico dell'osservanza e delle sue modalità»[80]. Tais mitigações serão motivo de grandes reações, de uma parte de acolhida – o rigor não atraia mais novos vocacionados[81] – e por outra de rejeição – vendo como um relaxamento do carisma original. Esta última reação será a base que inspira e sustenta as razões propostas por alguns reformadores da Ordem.

4.   A Regra dos Irmãos da Bem Aventurada Virgem do Monte Carmelo

Apresenta-se abaixo o texto final da Regra, ou seja, aquele aprovado por Inocêncio IV com a bula *Quae honorem Conditoris*, de 1º de outubro de 1247, oficializando definitivamente a Regra do Carmo. É a menor Regra de Ordem Religiosa existente na Igreja, escrita como uma simples carta, sem divisões nem capítulos, muito breve e sintética[82]. A

---

[76] G. GROSSO, «"Formula vitae" e Regula», 425.

[77] *Bull. carm.*, I, 182. A bula foi entregue em 1435, porém, conservou a data do pedido. O pedido, bem como a bula com suas cópias autênticas, podem ser encontradas em: L. SAGGI, «La mitigazione del 1432 della Regola Carmelitana, tempo e persone» (1958).

[78] *Bull. carm.*, I, 260.

[79] *Bull. carm.*, I, 320-346.

[80] G. GROSSO, «"Formula vitae" e Regula», 427.

[81] «...in certain chapters is so strict and severe that the members of the Order out of human frailty and in some cases out of physical debility, are unable to observe it in so strict and severe form. The same strictness and severity impede the propagation of the Order, withholding many from profession in the Order, and cause detriment to the salvation of the members of the Order, of those, namely, who become remiss in observance and transgress the rule in these details». J. SMET, *The Carmelites*, I, 72. Cfr. L. SAGGI, «La mitigazione del 1432», 16.

[82] «Quantitativement, la Règle est courte pour une Règle du XIIIe siècle. De ce point de vue, elle s'apparente plutôt aux règles latines des Ve et VIe siècles, par exemple

organização em capítulos e a referência de títulos a cada um deles foram feitos posteriormente[83] e não fazem parte da mesma.

Da necessidade de unificar a apresentação da Regra[84], em 1998, foi decidido pelos dois Conselhos Gerais O. Carm. e O.C.D. uma nova numeração do texto latino sem, porém, a utilização de títulos para evitar uma influência prévia na sua interpretação e percebê-lo melhor na sua unidade original.

REGULA ORDINIS[85].

[1]   *Albertus, Dei gratia Ierosolymitanae Ecclesiae vocatus patriarcha, dilectis in Christo filiis B. et coeteris heremitis, qui sub eius obedientia iuxta Fontem in monte Carmeli morantur, in Domino salutem et Sancti Spiritus benedictionem.*

[2]   *Multipharie multisque modis sancti patres instituerunt qualiter quisque, in quocumque ordine fuerit, vel quemcumque modum religiosae vitae elegerit, in obsequio Ihesu Christi vivere debeat, et eidem fideliter de corde puro et bona conscientia deservire.*

[3]   *Verum, quia requiritis a nobis, ut iuxta propositum vestrum tradamus vobis vitae formulam, quam tenere in posterum debeatis:*

[4]   *Illud in primis statuimus, ut unum ex vobis habeatis Priorem, qui ex unanimi omnium assensu, vel maioris et sanioris partis, ad hoc*

---

la Règle de saint Césaire d'Arles pour les moines ou celle de Saint Augustin, écrite pour des moines laïcs comme l'étaient les premiers frères du Mont Carmel, et bien connue d'Albert qui l'avait pratiquée lorsqu'il était chanoine de Mortara». D. STERCKX, *La Règle du Carmel*, 384.

[83] Cfr. *Ep.O.Carm./O.C.D.*, «*Circa modum referendi*», 149-150.

[84] «Dalle confusioni originate dai vari modi di riferirsi alle singole parti della *Regola del Carmelo*, nell'ambiente di maggior scambio e incontro tra O.Carm e O.C.D. nasce la esigenza di utilizzare un sistema uniforme di riferimento, accettato da entrambi e da usarsi almeno nei documenti ufficiali». *Ep.O.Carm./O.C.D.*, «*Circa modum referendi*», 150.

[85] Arquivo do Vaticano – *Regestum Vaticanum,21, ff. 465v-466r.* Cfr. *Const. 1971*, 15-22. Editada ainda em: *Ep.O.Carm./O.C.D.*, «*Circa modum referendi verba Regulae Carmelitanae*», 151-155. Cfr. acima, nota 65, foram realizadas várias edições críticas do texto: «...l'originale della bolla innocenziana del 1247 è andato perduto. Però una sua trascrizione è conservata nell'Archivio Vaticano (Reg. Vat. 21, ff. 465-466). È questo il testo più antico fra quelli che sono stati conservati. Abbiamo diverse edizioni critiche di questo testo, curate da: Gabriel Wessels (nel 1911-13), Marie-Hyacinte Laurent (1946), Ludovico Saggi (1971), Carlo Cicconetti (1973). Altre pubblicazioni del testo latino della Regola sono prese dall'una o d'altra di queste edizioni precedenti». E. BOAGA – A. C. COTTA, *In ossequio di Gesù Cristo*, 45. A tradução em português encontra-se no apêndice.

*officium eligatur; cui obedientiam promittat quilibet aliorum, et pro-
missam studeat operis veritate servare cum castitate et abdicatione
proprietatis.*

[5] *Loca autem habere poteritis in heremis vel ubi vobis donata fuerint,
ad vestrae religionis observantiam apta et commoda, secundum
quod Priori et fratribus videbitur expedire.*

[6] *Praeterea, iuxta situm loci quem inhabitare proposueritis, singuli
vestrum singulas habeant cellulas separatas, sicut per dispositionem
Prioris ipsius, et de assensu aliorum fratrum vel sanioris partis, eaedem cellulae cuique fuerint assignatae.*

[7] *Ita tamen ut in communi refectorio ea que vobis erogata fuerint,
communiter aliquam lectionem sacrae Scripturae audiendo, ubi
commode poterit observari, sumatis.*

[8] *Nec liceat alicui fratrum, nisi de licentia Prioris, qui pro tempore
fuerit, deputatum sibi mutare locum, vel cum alio permutare.*

[9] *Cellula Prioris sit iuxta introitum loci, ut venientibus ad eundem
locum primus occurrat; et de arbitrio et de dispositione ipsius postmodum que agenda sunt cuncta procedant.*

[10] *Maneant singuli in cellulis suis, vel iuxta eas, die ac nocte in lege
Domini meditantes, et in orationibus vigilantes, nisi aliis iustis occasionibus occupentur.*

[11] *Hii, qui horas canonicas cum clericis dicere norunt, eas dicant
secundum constitutionem sacrorum Patrum et Ecclesiae approbatam consuetudinem. Qui eas non noverunt, vigintiquinque vicibus Pater noster dicant in nocturnis vigiliis, exceptis dominicis
et sollemnibus diebus, in quorum vigiliis praedictum numerum
statuimus duplicari, ut dicatur Pater noster vicibus quinquagin-
ta. Septies autem eadem dicatur oratio in laudibus matutinis. In
aliis quoque horis septies similiter eadem sigillatim dicatur oratio, praeter officia vespertina, in quibus ipsam quindecies dicere
debeatis.*

[12] *Nullus fratrum aliquid esse sibi proprium dicat, set sint vobis
omnia communia et distribuatur unicuique per manum Prioris,
id est per fratrem ab eodem ad idem officium deputatum, prout
cuique opus erit, inspectis aetatibus et necessitatibus singulo-
rum.*

[13] *Asinos autem sive mulos, prout vestra expostulaverit necessitas, vobis habere liceat, et aliquod animalium sive volatilium nutrimentum.*

[14] *Oratorium, prout comodius fieri poterit, construatur in medio cellularum, ubi mane per singulos dies ad audienda missarum sollemnia
convenire debeatis, ubi hoc comode fieri potest.*

[15]   Dominicis quoque diebus vel aliis, ubi opus fuerit, de custodia ordinis
       et animarum salute tractetis; ubi etiam excessus et culpae fratrum, si
       quae in aliquo deprehensae fuerint, caritate media corrigantur.

[16]   Ieiunium singulis diebus, exceptis dominicis, observetis a festo Exal-
       tationis sanctae Crucis usque ad diem dominicae Resurrectionis,
       nisi infirmitas vel debilitas corporis aut alia iusta causa ieiunium
       solvi suadeat, quia necessitas non habet legem.

[17]   Ab esu carnium abstineatis, nisi pro infirmitatis vel debilitatis reme-
       dio sumantur. Et quia vos oportet frequentius mendicare itinerantes,
       ne sitis hospitibus onerosi, extra domos vestras sumere poteritis pul-
       menta cocta cum carnibus; sed et carnibus supra mare vesci licebit.

[18]   Quia vero temptatio est vita hominis super terram, et omnes qui pie
       volunt vivere in Christo persecutionem patiuntur, adversarius quo-
       que vester diabolus, tanquam leo rugiens, circuit querens quem de-
       voret, omni sollicitudine studeatis indui armatura Dei, ut possitis
       stare adversus insidias inimici.

[19]   Accingendi sunt lumbi cingulo castitatis; muniendum est pectus co-
       gitationibus sanctis, scriptum est enim: cogitatio sancta servabit te.
       Induenda est lorica iustitiae, ut Dominum Deum vestrum ex toto
       corde et ex tota anima et ex tota virtute diligatis, et proximum ves-
       trum tanquam vos ipsos. Sumendum est in omnibus scutum fidei, in
       quo possitis omnia tela nequissimi ignea extinguere: sine fide enim
       impossibile est placere Deo. Galea quoque salutis capiti imponenda
       est, ut de solo Salvatore speretis salutem, qui salvum facit populum
       suum a peccatis eorum. Gladius autem spiritus, quod est verbum
       Dei, habundanter habitet in ore et in cordibus vestris; et quaecumque
       vobis agenda sunt, in verbo Domini fiant.

[20]   Faciendum est vobis aliquid operis, ut semper vos diabolus inve-
       niat occupatos, ne ex ociositate vestra aliquem intrandi aditum ad
       animas vestras valeat invenire. Habetis in hoc beati Pauli apostoli
       magisterium pariter et exemplum, in cuius ore Christus loquebatur,
       qui positus est et datus a Deo praedicator et doctor gentium in fide et
       veritate, quem si secuti fueritis, non poteritis aberrare. In labore, in-
       quit, et fatigatione fuimus inter vos nocte ac die operantes, ne quem
       vestrum gravaremus: non quasi nos non habeamus potestatem, sed
       ut nosmetipsos formam daremus vobis ad imitandum nos. Nam,
       cum essemus apud vos, hoc denuntiabamus vobis: quoniam si quis
       non vult operari non manducet. Audivimus enim inter vos quos-
       dam ambulantes inquiete, nihil operantes. Hiis autem, qui eiusmodi
       sunt, denuntiamus et obsecramus in Domino Iesu Christo, ut cum
       silentio operantes suum panem manducent: haec via sancta est et
       bona; ambulate in ea.

*[21]   Commendat autem Apostolus silentium, cum in eo praecipit ope-
        randum et quemadmodum propheta testatur: cultus iustitiae silen-
        tium est; et rursus: in silentio et spe erit fortitudo vestra. Ideoque
        statuimus ut dicto completorio silentium teneatis usque ad pri-
        mam dictam sequentis diei. Alio vero tempore, licet silentii non
        habeatur observatio tanta, diligentius tamen a multiloquio cave-
        atur, quoniam sicut scriptum est, et non minus experientia docet,
        in multiloquio peccatum non deerit; et qui inconsideratus est ad
        loquendum sentiet mala. Item, qui multis verbis utitur, ledit ani-
        mam suam. Et Dominus in evangelio: de omni verbo otioso, quod
        locuti fuerint homines, reddent rationem de eo in die iudicii. Faciat
        ergo unusquisque stateram verbis suis, et frenos rectos hori suo,
        ne forte labatur et cadat in lingua, et insanabilis sit casus eius ad
        mortem. Custodiens cum propheta vias suas, ut non delinquat in
        lingua sua, et silentium in quo cultus iustitiae est, diligenter et cau-
        te studeat observare.*

*[22]   Tu autem, frater B. et quicumque post te institutus fuerit Prior, illud
        semper habeatis in mente, et servetis in opere, quod Dominus ait in
        evangelio: Quicumque voluerit inter vos maior fieri, erit minister
        vester, et quicumque voluerit inter vos primus esse, erit vester ser-
        vus.*

*[23]   Vos quoque, caeteri fratres, Priorem vestrum honorate humiliter,
        Christum potius cogitantes quam ipsum, qui posuit illum super
        capita vestra, et ecclesiarum praepositis ait: Qui vos audit, me
        audit, qui vos spernit, me spernit, ut non veniatis in iudicium
        de contemptu, sed de obedientia mereamini eternae vitae merce-
        dem.*

*[24]   Haec breviter scripsimus vobis, conversationis vestrae formulam
        statuentes, secundum quam vivere debeatis. Si quis autem superero-
        gaverit, ipse Dominus, cum redierit, reddet ei ; utatur tamen discre-
        tione, que virtutum est moderatrix.*

5.   A originalidade da Regra dos carmelitas

Um tema complexo, mas não sem grande importância, é sobre
a originalidade da Regra carmelita. Alguns escritos do século XIV falam de uma ligação com a Regra de Basílio, ou ainda que os carmelitas
realmente professavam segundo esta[86]. Mas a pouca semelhança com
a Regra basiliana e a ausência de qualquer menção desta na *Rubrica*

---

[86] Sobre esta questão da originalidade da Regra ver: C. CICCONETTI, *La regola del
Carmelo*, 367-426; E. BOAGA – A. C. COTTA, *In ossequio di Gesù Cristo*, 60-65.

prima[87] das primeiras constituições, descarta a possibilidade de qualquer dependência ou inspiração. Também se descarta outra hipótese de que a Regra seria fundamentada na *Institutio Primorum Monachorum*[88] pelo fato de que o texto provavelmente é posterior à Regra. Assim, C. Cicconetti afirma: «L'Ordine Carmelitano non professa una regola in comune con altri Ordini (per es. quella di S. Agostino o di S. Benedetto), ma una speciale, data ad esso appositamente dal patriarca Alberto di Gerusalemme»[89].

O fato de que naquela época a Regra do Carmo não era citada entre as quatro grandes regras da tradição da Igreja (S. Basílio, S. Bento, S. Agostinho e S. Francisco) pode indicar que não era considerada como original, ou pode ainda indicar uma certa confusão em reconhecê-la como Regra e

---

[87] A *Rubrica prima* era o texto que iniciava as antigas constituições e que dava respostas sobre a origem da Ordem: «In all the old constitutions that have come down to us the first rubric is entitled *Qualiter respondendum sit*, with the *incipit, Cum quidam fratres in ordine* [*nostro*] *iuniores*. The rubric is designed to give an official answer to the question, how the Order originated; the constitutions of 1281 add "and by whom". This question was no doubt not asked by oursiders alone; even the older brethren probably had no satisfactory answer». A. STARING, *Medieval Carmelite Heritage*, 33.

[88] Texto que faz parte da compilação feita por Felipe Ribot. Cfr. acima, notas 29 e 43. Os 7 primeiros livros da obra constituem o que se intitula "Formação dos primeiros monges", também chamada "Regra de João XLIV", suposto autor do texto, que seria patriarca de Jerusalém no século V. Esta atribuição, entretanto, não tem fundamento histórico. Hoje a tendência dos estudiosos é admitir que o texto seja do próprio Ribot, com a utilização de fontes antigas, o que não exclui a importância da obra: «Quest'opera è di grande valore per la conoscenza della vita dell'Ordine. L'assunto viene svolto attraverso una "visione storica" della nascita e sviluppo dell'Ordine, in cui storia e leggenda si mescolano insieme, e in cui non mancano anche influenze della letteratura gioachimita. Attraverso un linguaggio attento ai simbolismi propone la esemplarità viva di Elia e dei suoi seguaci e, in pratica, si presenta come una esposizione sistematica-simbolica della spiritualità eliana vissuta dai carmelitani del secolo XIV». E. BOAGA, *Come pietre vive*, 74. Edição crítica: P. CHANDLER: *The Liber de Institutione* (1991); trad. inglesa: R. COPSEY, *The Ten Books* (2005).

[89] C. CICCONETTI, *La regola del Carmelo*, 367. Estudos recentes confirmam: «In passato alcuni studiosi che hanno trattato delle fonti della norma albertina, indicavano due scritti come base fondamentale del testo: il *De Institutione Primorum Monachorum* e la Regola di san Basilio. Gli studi più recenti condotti dalla critica storica hanno chiaramente provato che il *De Institutione* è un testo ben posteriore a quello di sant'Alberto e quindi non può esserne fonte. Per quanto si riferisce alla Regola di san Basilio, pur presentando deboli e rare somiglianze in alcuni punti di contatto, la attuale critica esclude qualsiasi dipendenza della *Norma* da questa regola monastica. Inoltre, nel caso dei carmelitani, non si può parlare nemmeno di una semplice ispirazione dal tipo di vita e organizzazione monastica secondo la Regola di san Basilio». E. BOAGA, «Dalla Norma de vita», 640.

não mais simplesmente como *vitae formula*[90]. Em todo caso, a «fórmula de vida» carmelitana continua sendo diferente das outras Regras, seja na sua proposta de vida, quanto na sua estrutura[91].

O fato de que Alberto pertencia aos Cônegos Regulares de Santa Cruz de Mortara (Pavia), os quais tinham uma Regra própria[92], inspirada nos textos agostinianos que, de forma geral, regiam a vida canônica, fazia dele um grande conhecedor da Vida Religiosa e da espiritualidade agostiniana. Isto pode ter exercido alguma influência no seu escrito, ou ainda despertado alguma inspiração da espiritualidade dos padres do deserto. Isto, porém, não exclui a originalidade da Regra Carmelitana. O fato é que o texto não encontra grandes semelhanças com nenhuma das outras Regras ao ponto de dizer que delas depende ou que nelas foi baseado.

Pode-se dizer que uma influência que a Regra teve é a linguagem feudal próprio da época, relida numa perspectiva espiritual, no qual nasce o *propositum* de «*servir ao senhor do lugar*», no *Patrimonium Jesu Christi*.

6.   A Regra e a sua inspiração bíblica

A Regra do Carmo é profundamente inspirada na mensagem bíblica[93]. A espiritualidade por ela proposta é totalmente fundamentada pela

---

[90] C. Cicconetti é da opinião que poderia ser por um certo "complexo de inferioridade" frente às outras Regras: «Per quanto riguarda la asserita dipendenza della regola di Alberto da quella di S. Basilio possiamo dunque ritenere che sia nata per vincere il complesso di inferiorità derivante dal fatto di non avere "unam ex regulis approbatis", nel senso tecnico più volte rilevato». C. CICCONETTI, *La regola del Carmelo*, 372.

[91] Ver, por exemplo, o confronto com a Regra de S. Basílio em: C. CICCONETTI, *La regola del Carmelo*, 379-385.

[92] A Regra Mortariense é conhecida como "Regula Sanctorum Patrum". Como Agostinho era modelo e ideal de «vida apostólica», os Cônegos Regulares de Santa Cruz de Mortara não podiam seguir outra inspiração senão aquela agostiniana, muito difusa entre os cônegos regulares. Embora não se tenham referências diretas da Regra Agostiniana nas bulas de aprovação, ela aparece mais tarde mencionada: «Solo nel 1168, in una bolla di papa Alessandro III, troviamo per la prima volta il chiaro riferimento alla *"regola"* di S. Agostino: dobbiamo concluderne che solo in quest'anno o poco prima la regola agostiniana risulta ufficialmente adottata dai canonici di Mortara o almeno da una parte di essi». V. MOSCA, *Alberto Patriarca di Gerusalemme*, 184.

[93] Um primeiro artigo recuperando as fontes bíblicas de inspiração da Regra foi de PIETRO DELLA MADRE DE DIO, «Le fonti bibliche della Regola carmelitana», em 1948; mais tarde o importante artigo de C. MESTERS, «Fundamentação bíblica da Espiritualidade Carmelitana», de 1978; posteriormente, escreveram sobre o tema: M. CONTI, «Tipi di lettura e modelli biblici» (1982); G. HELEWA, «Parola di Dio e Regola del Carmelo» (1983); R. FORNARA,

Palavra de Deus, que ilumina a vida e indica o caminho a percorrer. Segundo M. Conti, dois textos estariam na base da inspiração da Regra e da sua proposta: o anúncio profético da "Nova Jerusalém" e a experiência da primeira comunidade cristã.

> Due sembrano i modelli biblici ai quali si ispira la Regola del Carmelo e dai quali prende corpo l'esperienza del fratello B. e degli altri eremiti a lui legati da un comune ideale. Questi testi, capaci di determinare la «funzione» e la «fisionomia» della comunità carmelitana, rinviano alla «nuova Gerusalemme», annunziata dal profeta Ezechiele per i tempi messianici (Ez 40-48), e all'ideale «socio-religioso» realizzato dalla Chiesa Madre di Gerusalemme (At 2,42). Benché non esplicitamente citati, Ez 40-48 e At 2,42 sono i testi più presenti. È intorno ad essi infatti che si articola e si costruisce la Regola del Carmelo[94].

As exatas fontes bíblicas utilizadas por Alberto, porém, não são fáceis de serem determinadas, pois frequentemente ele usa citações não literalmente iguais às encontradas na *Vulgata*, ou mesmo na *Vetus Latina*[95]. O que fica claro é que na sua utilização da Bíblia ele mostra a sua interpretação e escolha dos valores essenciais que devem orientar a vida daquele grupo:

> in the Carmelite Rule we have the opportunity to read the Bibble with Albert, Patriarch of Jerusalem, to observe his choice of texts, his hermeneutic, and his interpretation of particular biblical passa-

---

«Le radici bibliche della Regola» (1994); C. MORRISON, «The Carmelite Rule: reading the Bible in the quest for holiness» (2008).

[94] M. CONTI, «Tipi di lettura», 25.

[95] Segundo C. Morrison, são várias as possibilidades de textos bíblicos utilizados por Alberto: a *Vulgata* de Jerônimo; a *Vetus Latina*; os comentários dos Padres da Igreja; ou ainda uma combinação de tais fontes, mostrando, assim, a complexidade da questão. Cfr. C. MORRISON, «The Carmelite Rule», 16. A crítica literária hoje usa o termo «intertextualidade» para falar de textos que são combinações de partes, alusões, expressões que pertencem a outros textos, no qual se inspiram: «The Carmelite Rule represents such an intersection of texts. At least three texts can be identified (there are others): the Bible, the exegetical traditions of the Latin Fathers, and Albert's own composition». *Ibid.*, 17. P. Mullins, em recente tese, propõe possíveis fontes usadas por Alberto o qual, segundo o autor, provavelmente citava os textos bíblicos através da literatura e exegese da tradição latina patrística, antes que diretamente da *Vulgata* ou *Vetus Latina*. Assim, propõe que, mais do que focalizar a interpretação no contexto original das citações bíblicas, o contexto usado pela tradição latina seria a verdadeira fonte para iluminar a intenção de Alberto e evitar interpretações errôneas da Regra. Cfr. P. MULLINS, *St Albert of Jerusalem and the Roots of the Carmelite Spirituality* (2012).

ges. Given the Rule's brevity, the texts Albert selected were central, at least in his mind, for illuminating the way of life that the hermits sought to follow[96].

A Palavra de Deus faz da Regra não apenas um conjunto de normas, mas um itinerário de valores bíblicos para aqueles que querem colocar-se num verdadeiro seguimento de Jesus Cristo. A autoridade da Regra[97] é justamente por estar em continuidade com a proposta bíblica:

> Aqui reside a raiz da autoridade da Regra. A Regra não é uma nova autoridade que ficaria além ou ao lado da Bíblia, mas situa-se dentro da tradição que vem desde a Bíblia, através dos «Santos Padres». A autoridade da Regra se impõe por ela estar em perfeita continuidade com a Bíblia e por ser dela uma concretização atualizada[98].

O texto é de inspiração bíblica, principalmente por citações indiretas ou alusivas. O modo de escrever de Alberto é profundamente bíblico: «...le continue citazioni o allusioni alla S. Scrittura, sono messe maggiormente in rilievo dalla sua stessa brevità ed il lettore facilmente si accorge che alcuni paragrafi non sono altro che un seguito di citazioni bibliche»[99]. Ele usa muitas vezes a Bíblia sem fazer citações, demonstrando grande intimidade com a Palavra, como se fossem suas próprias. Esta

---

[96] C. MORRISON, «The Carmelite Rule», 13.

[97] Muitas vezes, Alberto parece utilizar expressões bíblicas justamente para dar autoridade aos seus argumentos: «Albert can borrow biblical language for his argument, such as *in obsequio Iesu Christi* or *in ore et in cordibus vestris*, without comment. The function of such borrowing is to lend authority to his discourse. Thus, when he introduces St. Paul (*a Deo praedicator et Doctor gentium in fide et veritate*), he borrows language from the Pauline corpus without exegetical comment». C. MORRISON, «The Carmelite Rule», 35.

[98] C. MESTERS, «Fundamentação bíblica», 81. Deste modo de atualização que Alberto faz do texto bíblico, segundo C. Morrison tem-se alguns exemplos: «...by rewriting the Ephesians text [6, 14], [Albert] offers his exegesis of it as it applies to the way of life for the hermits on Mount Carmel. When they read the Ephesians text they are to realize that the "truth" with which they are girt in the fight against the enemy is their chastity. Albert is reading and interpreting the Bible in light of the hermits' quest for holiness». C. MORRISON, «The Carmelite Rule», 24. Ou ainda: «In this treatment of the Acts text [4, 32.35], Albert introduces another technique for handling the Bible. Instead of citing the biblical text directly (as does the Rule of St. Augustine), he rewrites the Acts text adapting it to the structures of the hermits' community on Mount Carmel, inserting the word "prior" where Acts has "the apostles"». *Ibid.*, 21.

[99] PIETRO DELLA MADRE DE DIO, «Le fonti bibliche», 65.

intimidade é tanta que, segundo C. Mesters, permite a Alberto usar a Bíblia com liberdade, «adaptando-a» quando necessário, «modificando» alguns termos, usando-a não «como se ela fosse o livro de um outro, mas como sendo o *seu*, o livro da Igreja, da qual ele faz parte», muitas vezes nem mais distinguindo «entre as suas próprias idéias, nascidas da Bíblia, e a Bíblia»[100].

Este uso da Bíblia na Regra não tem a intenção de justificar a norma com a Palavra de Deus, mas, sobretudo, fundamentar a espiritualidade daquela experiência de vida. Tanto é que nas questões mais práticas[101] não se tem tanta preocupação com a fundamentação bíblica:

> a preocupação da Regra era tender mais ao espírito da Bíblia do que à sua letra. Pois, se Alberto quisesse, poderia ter encontrado palavras na Bíblia para justificar e expressar todas as normas concretas, recomendadas nos primeiros seis capítulos da Regra [Rc 4-9]. Isso não teria sido estranho naquela época em que predominava a exegese alegórica[102].

Alberto faz uso, porém, da chamada «exegese espiritual», muito comum na época, que reflete a Palavra de Deus não simplesmente como uma doutrina, uma lei, fixando-se no sentido-em-si do texto, mas como Palavra que ilumina o quotidiano de suas vidas, trazendo o sentido que ela tem para cada momento, cada realidade, atualizando a sua mensagem[103]. A Idade Média herdou esta prática da tradição. A *Lectio Divina*,

---

[100] C. MESTERS, «Fundamentação bíblica», 82-83. Explica o mesmo autor: «Esta liberdade, porém, que marca o uso que a Regra faz da Bíblia, não é sinal de rebeldia ou de leviandade, mas de obediência e de seriedade. Por mais contraditório que isto possa soar, a liberdade usada exprime o profundo respeito que eles tinham para com a Palavra de Deus e a submissão que devotavam a ela. A liberdade nasceu da convicção de que o ideal de Brocardo estava em continuidade com a raiz evangélica ou bíblica. Para que esta convicção pudesse aparecer de maneira concreta, Alberto só tinha uma única preocupação: expressar o ideal do Carmelo com frases tiradas da Bíblia». *Ibid*, 90-91. Para C. Morrison, esta «liberdade» nas citações faz com que Alberto se utilize de várias técnicas: o empréstimo da linguagem bíblica para apoiar seus argumentos; a utilização de vários textos juntos para explicarem-se mutuamente, ou resultando em um novo significado que representaria uma exegese própria de Alberto; ou, então, rescrevendo textos de acordo com sua interpretação, ou adaptando-os ao seu argumento. Cfr. C. MORRISON, «The Carmelite Rule», 35-36.

[101] Como: a escolha do prior (Rc 4); o lugar da moradia (Rc 5); as celas separadas (Rc 6); o refeitório em comum (Rc 7); a proibição de mudar de lugar sem licença do prior (Rc 8); e a cela do prior à entrada do lugar onde moram (Rc 9).

[102] C. MESTERS, «Fundamentação bíblica», 85.

[103] Cfr. C. MESTERS, «Fundamentação bíblica», 84-85; 92. Segundo C. Morrison: «Thus his [Albert] composition, the Carmelite Rule, represents the results of his study

que justamente será indicada como a base da vida dos frades, «*die ac nocte in lege Domini meditantes*»[104], será este exercício de um constante confrontar e iluminar a vida com a Palavra de Deus, seja pessoalmente como em comunidade[105].

No fundo, a inspiração bíblica da Regra mostra que a preocupação de Alberto não era «criar» para aquele grupo uma norma baseada na Bíblia, mas iluminar aquela experiência de vida que já era enraizada na Palavra, na proposta evangélica:

> o critério que orientou a sua leitura da Bíblia foi a vida do jeito que era vivida e a preocupação de revelar a dimensão evangélica desta vida dos frades do Monte Carmelo. Ele não faz simples leitura da Bíblia, mas re-leitura à luz do ideal de vida, apresentado por Brocardo... Os eremitas tinham um ideal na vida. A Regra nada mais é do que uma tentativa de expressar este ideal por meio de textos da Bíblia. Portanto, o critério que guiava Alberto na leitura e releitura que fazia da Bíblia, era este ideal do jeito que ele era vivido no Monte Carmelo e lhe fora apresentado por Brocardo. Foi este ideal que o ajudou a selecionar os textos bíblicos. Não era um ideal abstrato, mas muito concreto. Era a própria vida, por eles vivida perto da fonte de Elias[106].

Ao fundamentar esta experiência de vida na Bíblia, porém, segundo G. Helewa, surge uma tensão de base, importante para a vivência da espiritualidade proposta: de um lado, os valores da espiritualidade da comunidade de Jerusalém, que orienta a vida comunitária, a fraternidade; de outro, o empenho, o combate espiritual e perseverança de cada um na vivência do silêncio e da solidão, buscando a radicalidade da identidade de batizado.

> La simultanea presenza di queste due linee imprime alla Regola una tensione caratteristica: la prima linea trova riscontro coerente in un progetto comunitario, dove l'unione fraterna è sede e veicolo di una novità di vita in Cristo e quindi degna dell'avvenuta «pienezza dei tempi»; la seconda linea invece si precisa in un orientamento a prima vista divergente: pur vivendo in comunità e ricercando la

---

from the third and fourth levels of medieval biblical interpretation, namely, what to do and what to aim for. And, for the most part, it is when Albert deals with the question of "aiming" (i.e., his exhortation) that the Bible comes into play». C. Morrison, «The Carmelite Rule», 15.

[104] Rc 10.

[105] «...*in communi refectorio... communiter aliquam lectionem sacrae Scripturae audiendo...*» (Rc 7).

[106] C. Mesters, «Fundamentação bíblica», 84. 93.

perfezione evangelica dell'unione fraterna, il carmelitano combatterà la battaglia della fedeltà cristiana nell'«eremo» accomodato di una solitudine vigile, orante e temprante. E precisamente nel rapporto vissuto di queste due tendenze od esigenze sta, a nostro avviso, la proposta religiosa più originale della Regola – almeno secondo il suggerimento del dato biblico[107].

Esta «tensão fecunda» ajudará a perceber a necessária complementaridade de ambos aspectos no acolhimento e vivência da Palavra de Deus.

7.   «*Vivere in obsequio Iesu Christi*»

A Regra é profundamente cristocêntrica no seu texto[108] e, consequentemente, na sua proposta de vida[109]. O ideal central da espiritualidade de todo carmelita, e que inspira todo o texto da Regra, vem expresso já no seu início:

> *Multipharie multisque modis sancti patres instituerunt qualiter quisque, in quocumque ordine fuerit, vel quemcumque modum religiosae vitae elegerit, in obsequio Ihesu Christi vivere debeat, et eidem fideliter de corde puro et bona conscientia deservire*[110].

---

[107] G. HELEWA, «Parola di Dio», 81-82.

[108] «In effetti, ogni capitolo o quasi parla di Cristo, o esplicitamente o per allusione». C. CICCONETTI, «Il simbolismo di Cristo», 3.

[109] Sobre o tema do cristocentrismo da Regra pode-se consultar: C. CICCONETTI, *La regola del Carmelo*, 441-447; S. POSSANZINI, *La Regola dei Carmelitani*, 42-47.261-263; B. SECONDIN, *La regola del Carmelo*, 22-23; J. SALIBA, «Aspetti del cristocentrismo nella Regola, 219-224; A. NEGLIA, «"Pie vivere in Christo": verso una nuova qualità di vita», 123-138; L. RENNA, «Una comunità di fratelli attorno a Cristo Signore», 103-122; B. SECONDIN, «Tentare fraternità», 89-93; ID., «What is the heart of the Rule?», 116-119; R. M. VALABEK, «The spirituality of the Rule», 151-161; K. WAAIJMAN– H. BLOMMENSTIJN, «The Carmelite Rule as Model of Mystical Transformation», 69-73.77-90; D. W. BUGGERT, «Jesus in Carmelite Spirituality», 91-107; V. MOSCA, *Alberto Patriarca di Gerusalemme*, 473-476; C. CICCONETTI, «Il simbolismo di Cristo», 3-22; C. MACCISE, «Biblical Spirituality in the Rule», 12-32; J. McCAFFREY, «The Carmelite Rule», 32-34; P. MULLINS, «The theological presuppositions of living "In obsequio Jesu Christi"», 279-302; B. SECONDIN, *La Règle du Carmel*, 113-128; ID. – L. A. GAMBOA, *Alle radice del Carmelo*, 85-107; D. STERCKX, *La Règle du Carmel*, 67-95.

[110] Rc 2.

Viver *in obsequio Iesu Christi*[111] é, portanto, o ideal, o *propositum* de vida daquele grupo[112]. É interessante perceber o sentido que tal expressão tinha naquela época para compreender também a dimensão do que isto significava para eles: «L'"obsequium" era il rapporto speciale di sudditanza e dipendenza dei "fideles" viventi nel "patrimonium" di un signore feudale al quale si prometteva "bonum et fidele servitium", aiuto in caso di guerra e partecipazione alle deliberazioni in cambio della "protectio"»[113]. Naquele ambiente feudal, o peso de tal expressão natu-

---

[111] A expressão se inspira no texto de 2Cor 10,5. Cfr. *Const. 1995*, 14. Respondendo às acusações de fraqueza por agir «secundum carnem», o apóstolo Paulo responde que, a serviço do Senhor, as armas que usa vem do próprio Deus – *arma potentia Deo* (2Cor 10, 3-4). É neste contexto de «militia» – na linguagem paulina: exercício da missão apostólica – que se pode entender tal expressão: «Com le arme ricevute da Dio, e per questo, potenti, Paolo conta di abbattere le fortificazioni che tentano di opporsi alla propagazione del Vangelo... L'"obsequim Christi" richiama dunque nel contesto paolino le armi di Dio, la "militia", e le qualità di essa... Il "propositum" di "vivere in obsequio Jesu Christi" si attua mediante l'uso delle armi spirituali, indossando cioè l'"armatura Dei"». C. CICCONETTI, *La regola del Carmelo*, 444.445. Neste sentido, os números 18 e 19 da Regra falam do "combate espiritual". No contexto do século XIII, a expressão estará ligada ao sistema feudal onde «tutta la gente è "in obsequio", "in servitio", in quanto è ritenuta vincolata da una promessa, da una "fides", da un "juramentum" ad un sovrano o signore temporale, oppure a Dio. L'*obsequium* designava infatti nel medioevo il rapporto che vincolava il vassallo al próprio signore». *Ibid.*, 447. Analisando a diferença gramatical entre a expressão usada por Alberto «*in obsequio*» (*in* + ablativo) e a do texto bíblico «*in obsequium*» (*in* + acusativo), P. Mullins sugere que o fundamento da expressão é o sistema de vassalagem da época: «...rather than having a particular Biblical source, it [*in obsequio Jesu Christi*] derives from the institution of vassalage in Feudal times. Distinguishing between the service or allegiance of vassals, implied by the expressions *obsequium* and *in obsequium*, on the one hand, and the status implications of *in obsequio*, on the other, we argued that "in allegiance to Jesus Christ" was not entirely satisfactory as a translation and that "as vassal of Jesus Christ" would be more appropriate. Albert draws an analogy between an already traditional understanding of the status of every Christian with respect to Christ the Lord and the status of a Feudal vassal with respect to his lord and he outlines the implications of that vassal as faithfully giving Feudal service to Christ "from a pure heart and a good conscience" (1 Tim 1:5). The way in which Jesus Christ is presented as the Lord and Saviour of his vassals in the various other texts from the Formula of Life that refer to Christ seems to support this conclusion». P. MULLINS, «The theological presuppositions», 314.

[112] As atuais Constituições da Ordem dizem: «"Vivere in ossequio di Gesù Cristo e servirlo fedelmente con cuore puro e retta coscienza" (*Regola*, prologo [Rc 2]. Cfr. 2 Cor 10, 5; 1 Tm 1, 5): questa frase di ispirazione paolina è la matrice di tutte le componenti del nostro carisma e la base su cui Alberto ha costruito il nostro progetto di vita. Il particolare contesto palestinese delle origini e l'approvazione dell'Ordine nella sua evoluzione storica da parte della Sede Apostolica hanno arricchito di nuovi sensi ispirativi la formula di vita della Regola». *Const. 1995*, 14.

[113] C. CICCONETTI, *La regola del Carmelo*, 44.

ralmente trazia consigo um sentido de total submissão a Cristo, tendo-o como o próprio sentido último da vida. Estavam no «*Patrimonium Jesu Christi*» e a ele querem servir com fidelidade e entrega: «"Vivere in obsequio Jesu Christi", significa vivere come suoi sudditi anche in terra, nel suo "patrimonium", nella sua Terra. Il fatto stesso che scelgono di vivere in Terra Santa e non altrove la vita eremitica autorizza a spiegare così l'espressione»[114].

«Viver em obséquio de Jesus Cristo» não é, porém, vocação somente do carmelita, mas de todos os cristãos que, seguindo a Cristo e conformados à sua imagem, «são chamados à plenitude da vida cristã e à perfeição da caridade»[115]. Este seguimento, como fundamento universal do cristianismo, tem sua origem nos Evangelhos e está presente em toda a tradição da vida da Igreja, formada por aqueles que, convocados e batizados, a seguem:

> Infatti vi è tutt'altro che generico riferimento a Cristo: è piuttosto un radicamento sugli assi portanti, o dinamismi vitali di tutta l'esistenza cristiana. È interessante anche notare che questa centralità di Cristo è presentata – nel *prologo* [Rc 2] – come lezione della molteplice e variegata tradizione spirituale della chiesa e quindi via accessibile, ma anche obbligatoria per tutti[116].

---

[114] C. CICCONETTI, *La regola del Carmelo*, 459. Dentro do contexto da época, este ideal ganha dimensões até muito concretas, numa realidade em que a Terra Santa está dominada por não-cristãos e precisa ser recuperada: «Il cristocentrismo della regola del Carmelo si può definire un cristocentrismo quasi fisico o, direi, politico, di cittadinanza anche terrena. Questo come spirito iniziale che ha subito certamente i suoi spostamenti d'accento col venir meno prima dell'idea politico-spirituale della crociata e della Terra Santa come "patrimonium Jesu Christi", a titolo speciale; e poi della categoria stessa dell'"obsequium" feudale». *Ibid.*, 44-45. Neste sentido, P. Mullins propõe que, baseado na realidade feudal em que viviam, Alberto queria enfatizar, com o uso da expressão «in obsequio Jesu Christi», não somente o aspecto do «serviço», mas também os outros elementos a ele relacionados: «The Vulgate's use of the preposition *in* with the accusative carries the connotations of movement (against, into, towards) or temporary duration (for which time, until) while the preposition *in* with the ablative, used by Albert, carries the connotations of relatively fixed location (among, at, in, on within) or relatively unchanging circumstance (in the case of)... By using the expression *in obsequio Jesu Christi*, and by highlightings the status of vassalage rather than the allegiance typical of the state, he was probably appealing to the many different elements associated with *obsequium*, rather than focusing on the notion of service alone. The status of vassalage implied by the expression *vivere in obsequio alicui* required deference, devotion, obedience, reverence, service, and worship...». P. MULLINS, «The theological Presuppositions», 290.294.

[115] Cfr. LG 40.

[116] B. SECONDIN, «Tentare fraternità», 89. Viver na *sequela Christi*, no seu serviço, é a forma de viver o Batismo com radicalidade, base para a tradição histórica da vida monásti-

Para o «seguimento de Jesus Cristo», conforme proposto pela Regra, deve-se servi-lo com «*corde puro e bona coscientia*»[117]. Este tema está ligado à tradição monástica, e traz ao *propositum* uma especificidade e o desafio de uma vida de inteiro abandono a Deus:

> La «*puritas cordis*»: è il grande scopo della vita monastica. È una frase che viene da Paolo e che la tradizione ha arricchito di molte indicazioni anche pratiche (soprattutto Cassiano). Vuol dire la totale adesione del cuore, la trasparenza, un qualcosa che orienta tutta la vita: desideri, virtù, emozioni. La *puritas cordis* è l'esito della vita monastica, come la *discretio* è il segno della maturità: possiamo dire che siano sinonimi, per dire un cuore trasparente al vero e al bello e sensibile alla voce dello Spirito[118].

Por sua vez, «*bona coscientia*» (consciência reta ou, pode-se dizer, uma consciência serena) não se refere a um aspecto moral, mas à consciência de estar a caminho, de conhecer o processo, de ir ao encontro de Deus que dá o sentido pleno da vida:

> Alguns traduzem *reta consciência*. Preferimos traduzir *consciência serena*. Em português, a expressão «reta consciência» acentua a dimensão moral: uma consciência moralmente correta. Sem excluir a retidão, o acento da Regra é outro. É ter uma consciência fundamentada na humildade, no chão da realidade tal como ela é. O *coração puro* vai gerando em nós uma *consciência serena*. É a consciência de quem, para além de seu próprio ego, encontrou em Deus a raiz do seu ser, a fonte da sua paz e da sua identidade[119].

Eram estes princípios que já orientavam aquele grupo de eremitas do Monte Carmelo. De acordo com esta experiência vivida é que a *vitae formula* foi escrita, delineando o caminho a percorrer para ser fiel ao se-

---

ca. Ao propor a vida *in obsequio Jesu Christi*, a Regra une o específico da vida carmelitana – *iuxta propositum vestrum* (Rc 3) – à tradição espiritual: «A first observation, therefore, on "following" according to the Rule is that it is to be understood as a global principle, unifying both life and the spiritual tradition... it indicates the necessary personalization and concretization, as well as an attention to contextualization and adaptation. As a result, the whole Rule has to be read as an adaptation of the universal law of the "following" to particular group with its experiences and needs (the way of life – *propositum*). In other words, the concrete reality is concerned with this "following" the primacy of Christ is lived in a particular way». B. SECONDIN, «What is the heart of the Rule?», 116.117.

[117] Rc 2. Refere-se à 1Tm 1,5. Cfr. *Const. 1995*, 14.

[118] B. SECONDIN – L. A. GAMBOA, *Alle radici del Carmelo*, 88.

[119] C. MESTERS, *Ao Redor da Fonte*, 45.

guimento de Jesus. Este seguimento leva necessariamente a uma forma de vida que passará desde a experiência do crescimento pessoal, na solidão e oração, marcada pela luta espiritual daqueles que querem «*vivere in Christo*»[120], até a dimensão comunitária que, não separada daquela, é um caminho consequente daqueles que querem seguir um mesmo mestre, um mesmo projeto de vida. A meditação da Palavra de Deus – «*meditatio legis Domini*»[121] –, quer pessoal quanto comunitária, e a celebração quotidiana da Eucaristia – «*audienda missarum sollemnia*»[122] –, centro e meta da vida comunitária, será a síntese deste itinerário e a forma concreta do «*obsequio Iesu Christi*».

Esta espiritualidade do seguimento é alimentada também por uma dimensão escatológica, presente no final da Regra, quando nos fala do retorno do Senhor – «*cum redierit*»[123]. Mais uma vez não se pode compreender bem a expressão se não contextualizá-la na realidade daquela época. A espera do retorno final, já motivada desde a passagem para o novo milênio, era muito presente. Na teologia dos séculos XII e XIII, como, por exemplo, nos pensamentos de Joaquim de Fiore (†1202)[124] e Ruperto de Deutz (†1135)[125], os temas do juízo final, da salvação das almas, alimentavam muito a vida daqueles que buscavam a conversão e o seguimento de Jesus na radicalidade da pobreza, do eremitismo, da itinerância, também na peregrinação à Terra Santa. A Regra parece ter influência deste contexto quando, por exemplo, fala da necessidade de estar vigilantes, lutar para uma «vitória final»[126], atentos ao Senhor que

---

[120] Cfr. Rc 18.

[121] Rc 10.

[122] Rc 14.

[123] Rc 24.

[124] Monge cisterciense, depois fundador da Abadia de Fiore (ou de Flora) nas montanhas da Calábria, filósofo, exegeta e místico. Joaquim de Fiore foi muito conhecido, principalmente, pelos seus escritos apocalípticos que anunciavam o advento da idade do Espírito Santo. «Scrisse opere bibliche e asceiche, e gli furono attribuiti scritti apocalittici, profetici ed esegetici sicuramente spuri, che nocquero non poco alla sua fama. Gli storici sono unanimi nel rendere testimonianza alle virtù di Gioacchino, al suo spirito di preghiera e di povertà. Fu scrittore fecondo, le cui idee esercitarono un influsso enorme nei sec. XIII e XIV. Movimenti religiosi medievali, apocalittici, spirituali, francescani, si sono ispirati a lui. Il suo messaggio sulla prossima venuta dello Spirito Santo, suscitò aspettative ansiose e contribuì alla fama di profeta; ma questo spirito di profezia è stato valutato in modi diversi». F. CARAFFA, «Gioacchino da Fiore, beato», 1189.

[125] Teólogo e abade beneditino, grande escritor medieval e famoso pela sua exegese bíblica. Uma síntese sobre sua vida e obra em: M. L. ARDUINI, «Ruperto, di Deutz», 2063-2070.

[126] Cfr. Rc 18 e 19.

julgará as palavras, os pensamentos[127], etc... A esperança da «Jerusalém celeste», promessa e herança[128], sustentava ainda mais esta dimensão.

A espera, porém, não deve ser vista simplesmente como o medo do futuro, do julgamento, do juízo final, mas como a certeza de que se caminha para a plenitude, que é o próprio Cristo. Ser conscientes da «piena rivelazione di Dio che ha avuto luogo in Gesù, l'apparizione di Dio nel mondo che costituisce l'evento decisivo che imprime alla storia il suo orientamento definitivo; con Cristo irruppe nel mondo "l'ultimo"; sarebbe ancora meglio dire che egli è "l'ultimo"»[129].

A dimensão escatológica dá um sentido especial à Regra tornando-a, mais do que um conjunto de normas burocráticas ou legalistas, um itinerário a percorrer, que alimenta a esperança da chegada, da concretização do Reino que «já está misteriosamente presente; mas quando o Senhor vier, atingirá a perfeição»[130]. Desta forma, pode-se ainda fazer alguma coisa a mais – «*si quis autem supererogaverit*»[131] – do que está prescrito, guiados e iluminados pelo Espírito que, diante de novas situações, pode indicar novos caminhos, novos desafios, no discernimento – *discretio* –, que é um dom do próprio Espírito que livremente atua na vida e orienta o percurso.

8.   Eremitas ou Frades?

Pelo fato de que o grupo no Monte Carmelo teve uma origem eremítica, a tendência da tradição da Ordem foi interpretar a «solidão da cela» – «*die ac nocte lege Domini meditantes*»[132] – como o aspecto central que caracteriza a vida do carmelita: aquele que vive «dia e noite meditando na lei do Senhor». Esta interpretação enfatiza os aspectos mais «solitários», os momentos mais individuais da espiritualidade, muitas vezes em detrimento daqueles comunitários, ou seja, tendo-os como secundários, ainda que estes não sejam ignorados.

Na origem, entretanto, não havia esta separação tão acentuada entre o aspecto do «ermo» e da «fraternidade». Basta lembrar que a *vida apostólica*, sinônimo também de *koinonia*, de vida em comunidade, era

---

[127] Cfr. Rc 21.
[128] Cfr. Ap 21.
[129] L. F. LADARIA, «Escatologia», 392.
[130] GS 39: «His in terris Regnum iam in mysterio adest; adveniente autem Domino consummabitur».
[131] Rc 24, como na parábola do Bom Samaritano: Lc 10,35.
[132] Rc 10.

tida como processo de crescimento e perfeição da vida monástica, e também proposta para as demais formas de Vida Religiosa[133].

Também não se pode esquecer que a própria história da origem da Ordem, da «gestação» do seu carisma na definição de sua identidade[134], adaptando-se às diversas e novas situações e realidades que foram surgindo[135], ajudou a perceber o ideal primeiro e originário sempre mais num contexto de vida comunitária, de fraternidade[136]; até mesmo pela necessidade da própria sobrevivência da experiência inicial. O fato de identificar-se como Ordem Mendicante, por exemplo, não precisa ser considerado como uma contraposição ao carisma, mas pode ser justamente a maturidade e resposta eclesial do mesmo. «L'identità carmelitana tenderà a modellarsi integrandosi tanto nella vita mendicante, la fraternizzazione e la solidarietà con gli uomini e col mondo, quanto nella

---

[133] Cfr. M.-H. VICAIRE, «Vita Apostolica», 192-203.

[134] O processo de desenvolvimento e definição do carisma carmelita pode ser visto em três fases: 1) a experiência vivida pelo grupo ainda antes da intervenção de Alberto – o *propositum*; 2) a norma de vida dada ao grupo por Alberto, unindo-os em um *collegium* – a *vitae formula*; 3) finalmente a aprovação definitiva por Inocêncio IV, em 1247 – a *Regra bullata*. Cfr. E. BOAGA – A. C. COTTA, *In ossequio di Gesù Cristo*, 56-58.

[135] Como diz B. Secondin: «L'intervento di Alberto risulta un passaggio importante verso la piena identità, che apparirà dopo. Gli avvenimenti posteriori ad Alberto, mostrano che il processo non era chiuso e che la *"vitae formula"* (albertina) non era ancora in grado di corrispondere pienamente alle esigenze necessarie della vita del gruppo, ormai trapiantato in Europa». Continua o autor dizendo que, depois de todo o discernimento feito no Capítulo Geral de 1246/1247, em Aylesford, e a aprovação final da Regra, é que a identidade do grupo encontra a sua maturidade: «Così il *"logos vitale"* (cioè la parola vivente, nella sua maturità piena) del testo viene riconosciuto e approvato con discernimento ecclesiale, e viene inserito in maniera vivibile nelle nuove situazioni. Il modello di riferimento sarà non più la vita eremitica antica, e neppure il monachesimo classico delle abbazie, ma la forma dei nuovi gruppi evangelici-apostolici, detti *mendicanti*. Anche se restano tracce dei vari momenti e delle varie stagioni, tutto viene integrato in un *corpus* che va letto in totalità». B. SECONDIN – L. A. GAMBOA, *Alle radici del Carmelo*, 57-58.

[136] É interessante notar a passagem da vida somente eremítica para a cenobítica através do encaminhamento das bulas enviadas à Ordem: «Infatti, dalla prima bolla di Onorio III del 1226, ove si afferma il titolo *"Dilectis filiis Priori et fratribus eremitis de Monte Carmelo"* o a quello forse più antico della bolla di Gregorio IX del 1229 *"Dilecto filio Priori Eremi Montis Carmeli"* si afferma, invece, dal 1246 in poi, l'uso del titolo ufficiale *"Dilectis Filiis Priori et Fratribus Ordinis Beatae Mariae de Monte Carmelo"*, ove scompare gradualmente la qualifica di eremiti, ed emerge la precizione del titolo del primo oratorio alla Vergine Maria. L'ultima volta che si accenna alla qualifica di *eremiti* è nella bolla di Bonifacio VIII del 5 maggio 1299 (Cfr. *Bullarium Carmelitanum*, I, 1-49)». V. MOSCA, *Alberto Patriarca di Gerusalemme*, 500.

contemplazione, dando forma completa a quel postulato che era centrale nella nostra tradizione: silenzio e solitudine come cammino a Dio»[137].

É interessante a imagem usada por C. Cicconetti ao mostrar o carmelita como «l'uomo in cammino», que está neste constante «sair-de-si» para ir ao encontro do outro, dinâmica de toda vida cristã:

> Se in questo camminare, in questo movimento, si rivela simbolicamente l'uomo che il Legislatore ha in mente non possiamo non rilevare che questi è un «frate» (un fratello) che dalla solitudine marcia verso la comunione, che va incontro, che esce da sé e accoglie e riceve, che passa eventualmente dall'ego-centro al Cristo-centro (c. 10 [Rc 14]), proprio nella comunione. L'itinerario è da Eremita (Prologo) a Frate (in tutti gli altri capitoli della Regola). Ciò del resto è confermato anche storicamente: da eremiti singoli e dispersi ad «unico collegio» e dall'eremo del Monte Carmelo all'itineranza apostolica, verso la comunione con tutti i fratelli, e per la loro salvezza. Lo stesso silenzio sia nel lavoro (c. 15 [Rc 20]) che nell'espressa prescrizione (c. 16 [Rc 21]) è in vista della «coltivazione di giusti rapporti» positivamente e come necessità di evitare il danno e l'inquietudine[138].

Deste modo, a questão não é se o carmelita deve ser eremita ou frade[139], e sim que a sua identidade encontra-se justamente nesta «tensão» da permanência dos dois valores, ao mesmo tempo «complementares», presentes na sua origem. A solidão indicada na Regra não é proposta para se isolar da vida comunitária, mas justamente para fundamentar e viver ainda melhor a verdadeira fraternidade. «Il frate previsto nella Regola è un uomo di comunione già nella *Forma*

---

[137] O. STEGGINK, «Fraternità apostolica», 43. Assim também não haverá uma contradição entre a vida contemplativa e apostólica: «Il travaglio quindi della nuova generazione dei carmelitani in Europa nel secolo XIII non è una crisi d'identità, oppure l'antinomia e il dissidio contemplazione-azione, come sarà in epoche sucessive, ma piuttosto la questione del posto dell'azione stessa nella visione della loro vita. Dal punto di vista tipologico i carmelitani risultano essere mendicanti con accento monastico, e in questa loro esperienza spirituale non vi è dualismo. Nella Regola del Carmelo è assolutamente estranea quasiasi antinomia tra contemplazione e azione. Tale dualismo nell'Ordine sarà una problematica successiva». E. BOAGA, «Dal secolo XII», 77.

[138] C. CICCONETTI, «Il progetto globale», 69-70.

[139] «Quando, infatti, la Regola parla (e praticamente sempre) di «fratelli» non intende usare una funzione o denominazione giuridica, ma proporre un programma e un modello di vita». L. RENNA, «Una comunità di fratelli», 110. E como já foi dito, na Regra permanece a possibilidade dos dois estilos de vida, de acordo com a opção do lugar feita pelo grupo. Cfr. acima, nota 68.

di Vita al Carmelo: la sua esistenza matura in un equilibrato andirivieni dalla solitudine alla comunità e da questa di nuovo alla solitudine»[140]. O momento pessoal, individual, importantíssimo para alimentar e concretizar a intimidade com Deus, é tanto mais profundo e autêntico quanto mais levar a uma vida de relação fraterna com os irmãos[141].

9.   Comentários e interpretações da Regra Carmelitana

Como se pode perceber, o texto da Regra é curto e objetivo[142], sem deixar de expressar a riqueza de uma experiência de vida que se faz presente e torna-se um sinal profético para a Igreja da época. Sendo também um texto normativo, jurídico, aprovado pela Igreja como Regra, contém tanto questões mais práticas, organizativas, como o essencial da espiritualidade do carisma carmelita. Propõe um modelo de vida fraterna que concretiza a experiência do seguimento de Jesus Cristo na vivência dos valores comunitários, assim sendo, eclesiais.

Por ser uma Regra de Vida Religiosa, um texto que fala tanto da vivência de um carisma, das linhas centrais de uma espiritualidade, quanto também das normas e orientações para a concretização do mesmo, são possíveis diferentes interpretações e leituras[143]. Estas muitas vezes se

---

[140] C. Cicconetti, «Il progetto globale», 70.

[141] «La Regola non concede che il singolo *"frater"* viva secondo le proprie esigenze personali assolutizzandole, come se fosse lui solo. La solitudine (R10, R6, R8), la *meditatio* personale (R10, R19, R22), il silenzio (R21), l'avere una *"propria cella separata"* (R6, R8, R9), hanno senso solo in un cammino di *fratelli-in-comunità*. Colui che «dimora solo» (R10) è un *"frater"*, al quale la comunità ha assegnato uno spazio personale, secondo un processo di *valutazione* collettiva (R6)». B. Secondin – L. A. Gamboa, *Alle radici del Carmelo*,112.

[142] No final da Regra lê-se: *haec breviter scripsimus vobis* (Rc 24).

[143] Sobre os vários comentários e os tipos de leituras da Regra na história do Carmelo, consultar: J. Smet, «A list of Commentaries on the Carmelite Rule» (1947); A. M. Martino, «Il commento della Regola nel Carmelo Antico» (1948); Victor de J. M., «La exposición canónico moral de la Regla Carmelitana según los Descalzos» (1948); R. M. Lopez-Melús, *Espiritualidad Carmelitana* (1968), 91-95; E. Palumbo, «Letture della Regola lungo i secoli» (1983); M. Caprioli, «Commenti alla Regola Carmelitana» (1987); E. Boaga, *Como pedras vivas... Para ler a história e a vida do Carmelo* (1989), 84-104; C. Cicconetti, «Letture simboliche della Regola del Carmelo» (1992); E. Boaga – A. C. Cotta, *In ossequio di Gesù Cristo. Programma di studi sulla Regola del Carmelo* (2002), 123-132; D. Sterckx, *La Règle du Carmel* (2006), 407-414; R. Copsey, «Approaches to the Rule in the Early Centuries» (2008); E. Boaga, «I commenti della Regola Carmelitana» (2008). Para uma síntese númerica dos vários comentários e estudos durante os séculos, ver neste último artigo citado a tabela da página 474. É interessante a observação feita pelo próprio autor que os dois momentos, antes do Concílio Vaticano II, de maior florescimento de comentários

complementam e mostram a riqueza, profundidade e atualidade do texto nas diversas realidades e momentos históricos.

Os vários tipos de leitura da Regra, desde os mais antigos até os mais recentes, estão profundamente relacionados às necessidades e ao contexto histórico, social, cultural e religioso de cada época, refletindo a própria história da Ordem nos seus diferentes momentos e desafios por ela enfrentados. Neste sentido, são vários os fatos que influenciam na interpretação do texto:

> Basti pensare all'influsso esercitato nell'Ordine Carmelitano, nei secoli XIV e XVI, dalle figure di Maria ed Elia, nuovi simboli evocatori delle origine dell'Ordine, ormai geograficamente lontane. Ricordiamo, inoltre, la *Devotio moderna* e le esigenze di riforma della Chiesa e della Vita Religiosa, nei secoli XIV-XV; la cultura barocca e l'"'invasione mistica" nel secolo XVII; e nel nostro secolo, il trapasso culturale da una spiritualità individualista e devozionale ad una rinnovata visione della persona e della comunità, da una immagine di Chiesa in antagonismo al mondo ad una Chiesa fermento nel mondo e nella sua cultura, da una Vita Religiosa aperta a seguire la strada del Concilio Vaticano II, ma ancora inabile ad operare una sintesi vitale che la inserisca nel contesto culturale d'oggi[144].

Respeitar a memória e a característica de cada comentário – o que não significa permanecer numa visão do passado – ajuda a acolher as riquezas do texto vendo os valores e limites de cada um, dentro da base comum que é a vivência do carisma da Ordem «encarnada» em cada momento da sua história. Entre os elementos comuns encontrados nas diversas leituras da Regra temos: o cristocentrismo, o primado da Palavra de Deus na Sagrada Escritura e na Eucaristia, a oração, a fraternidade, o deserto, o silêncio e a solidão, a penitência, o trabalho e a pobreza, o serviço eclesial[145].

9.1   *Comentários Antigos da Regra Carmelitana*

Segundo A. M. Martino[146], entre os comentários mais antigos temos quatro que deram a base e inspiração para os demais. A *Ignea Sa-*

---

foram justamente os séculos XVII e XX, num contexto de reforma da Igreja e da Vida Consagrada requerida pelos Concílios de Trento (1545-1563) e Vaticano II (1962-1965). Após este último, é notória a grande riqueza de novos comentários e novas leituras sugeridas.

[144] E. Palumbo, «Letture della Regola», 157-158.

[145] Cfr. E. Boaga, «La Regola carmelitana», 62-63.

[146] Cfr. A. M. Martino, «Il comento della Regola», 99. Para uma visão geral dos

gitta[147], de Nicolaus Galicus, prior geral da Ordem entre 1266 a 1271, considerado o primeiro a comentar alguns capítulos da Regra[148], ao escrever questionando as mudanças acontecidas na Ordem com a alteração do texto Albertino; ele enfatiza o caráter eremítico da origem e convida a tornar ao estilo de vida inicial, com a vida mais solitária e contemplativa. Um segundo comentário é a «*Carta de São Cirilo*» e o opúsculo de Siberto de Beka, que fazem parte da coleção de Felipe Ribot[149]; apesar da problemática em torno da autenticidade da autoria e data do texto, exerceu uma grande influência na reflexão da espiritualidade da Ordem. Um importante comentário da Regra foi feito por Jean Soreth (1394-1471), prior geral de 1451 a 1471, chamado *Expositio Regulae*, mais conhecida como *Expositio Paraenetica in Regulam Carmelitarum*[150]; é considerado um dos mais belos comentários da Regra com a finalidade de buscar o verdadeiro espírito do Carmelo na vida contemplativa e no exemplo de Elias, dentro das exigências e desafios encontrados na sua época[151]. Por fim, Juan Bautista de Lezana (1586-1659), teólogo, jurista e historiador, autor do maior comentário do século XVII: *Expositio Regulae Carmelitarum*[152], acentuando o aspecto jurídico da Regra, com acenos históricos e morais.

---

comentários da Regra nos primeiros séculos, ver também: R. COPSEY, «Approaches to the Rule», 381-409.

[147] NICOLAUS GALLICUS, *Ignea Sagitta* (1270), edição crítica de A. STARING (1962); edição e tradução francesa: *La flèche de feu* (2000). Sobre seu conteúdo, pode-se consultar: C. CICCONETTI, *La Regola del Carmelo*, 299-308; ID., «Letture simboliche», 30-46; R. COPSEY, «The *Ignia sagitta* and its readership», 164-173.

[148] O primeiro a fazer um comentário de todo o texto da Regra foi John Baconthorp (1280c.-1348c.) com sua obra *Tractatus super Regulam Carmelitarum* (edição crítica em: A. STARING, *Medieval Carmelite Heritage* (1989), 193-199). Ele dá atenção à dimensão mariana, «intendendo così dimostrare che la Regola sia stata redatta con attenzione al modello di vita e virtù della Madonna. Per questo, egli traccia un parallelo tra i testi evangelici e racconti popolari che parlano di Maria, da una parte, e i precetti, le disposizioni e i consigli proposti nella Regola, dall'altra. Le deduzioni dell'autore cercano così di sottolineare la marianità dell'Ordine». E. BOAGA, «I commenti della Regola», 476. Cfr. C. CICCONETTI, «Letture simboliche», 46-68.

[149] Cfr. cima, nota 43.

[150] J. SORETH, *Expositio paraenetica in regulam Carmelitarum*, in *Spec. Carm.* 1680, I, 689-736. Sobre o tema, a tese de: B. DESCHAMP, «The "*Expositio Paraenetica*": Bl. John Soreth's understanding of the Rule» (2008).

[151] «This commentary, written around 1455, is the first commentary which, like modern commentaries, seeks to base a Carmelite spirituality on an analysis of the actual text of the Rule». R. COPSEY, «Approaches to the Rule», 409.

[152] J. B. de LEZANA, *Expositio regulae Carmelitarum*, editada no volume III da *Summa quaestionum regularium* (1655-1666), 192-214.

Estes quatro comentários antigos influenciaram todos os outros posteriores, com algumas exceções:

> Non si esagera dicendo che i commenti posteriori sono contenuti nelle opere di questi autori. Si faccia eccezione per le note ascetico-mistiche del V. Giovanni di S. Sansone, e per la pubblicazione polemica del P. Valentino di S. Amando che non hanno riscontro negli scrittori precedenti. Presentano tuttavia una fisionomia propria i trattati del Ven. Girolamo Graziano, di Stefano di S. Francesco e del Ven. Michele di S. Agostino[153].

Os vários comentários sempre enfatizaram diferentes aspectos, desde uma visão mais histórica[154], jurídica e moral, até o aspecto mais espiritual, carismático, acentuando normalmente o aspecto da vida «contemplativa»[155], vendo o «estar na solidão da cela» – «*die ac nocte in lege Domini meditantes*»[156] – como o ideal central da vida carmelitana no seguimento de Jesus Cristo.

Como um texto também jurídico e oficial, a Regra foi muitas vezes lida no sentido estritamente legalista ou moralista, para saber o que era permitido ou proibido, o que era um dever, uma transgressão ou pecado[157]. Ou seja, uma tendência de analisar o texto somente como um conjunto de normas, de leis. Embora devamos considerar e respeitar a

---

[153] A. M. Martino, «Il commento della Regola», 99. A bibliografia de todos os comentários e estudos feitos da Regra encontram-se em: E. Boaga, «I commenti della Regola», 496-512.

[154] Principalmente nos autores medievais e no século XVII, a visão histórica da Regra era importante para afrontarem as seguintes questões: a origem Eliana da Ordem, com a sucessão ininterrupta; a originalidade da Regra, diante da problemática colocada pelo Concílio de Lyon (1274) com a «nota vacillationis»; e sua paternidade, sendo que a maioria concorda que o texto foi escrito pelo patriarca Alberto. São as questões fundamentais que estão presentes na história da origiem da Ordem. Cfr. E. Boaga, «I commenti della Regola», 489-490.

[155] Neste sentido, se enfatiza o aspecto eremítico da origem da Ordem.

[156] Rc 10.

[157] Esta questão está relacionada à antiga problemática sobre a natureza da Regra e também das Constituições: «Tale questione era assai sentita nel mondo dei religiosi sia nel medioevo, sia in epoca moderna, e lo è stata in pratica fin quasi ai nostri giorni. Le soluzioni proposte rispecchiano alle volte anche quanto sull'argomento si pronunciano le Costituzioni in vigore nelle varie epoche. Così, agli inizi del sec. XIV, accettando la posizione domenicana, le mancanze alle Costituzioni sono soggette a pene e non a colpa; ma si diffonde il riferimento, invece, dell'obbligo d'osservare la Regola "sub culpa veniali". Si hanno, di conseguenza, commentatori che vedono peccato in ogni trasgressione pur minima della Regola; altri invece scorgono solo un obbligo di coscienza *vi regulae*». E. Boaga, «I commenti della Regola», 490-491.

linguagem, o contexto e as necessidades de cada época, as suas motivações e o seu modo de pensar, hoje sabemos que tal leitura empobrece
a Regra, no seu conteúdo e na sua intenção, não ajudando a percebê-la
na sua real função como proposta e itinerário para a vivência de um
carisma.

9.2 *Comentários e estudos recentes da Regra Carmelitana*

Ultimamente vem sendo resgatado nos estudos da Regra a importância de ver o seu contexto mais amplo, a sua proposta global, o «projeto comum» que realmente está por trás das «normas» e da opção de vida
que identifica o carmelita na vivência do seu *propositum*.

Entre os vários comentários e estudos mais recentes, surgidos depois do Vaticano II, uma obra fundamental, que abriu fronteiras para os
novos estudos da Regra, foi a já citada: *La Regola del Carmelo. Origine,
natura, significato* (1973), de C. Cicconetti. Ela contribui para a revisão
de muitos aspectos da história da origem da Ordem, suprindo a falta de
«uno studio che miri a riporre nel suo contesto legislativo e storico la
regola del Carmelo nel suo insieme e nelle sue prescrizioni»[158]. Tal obra é
considerada hoje «come il migliore e fondamentale studio e commento
alla Regola carmelitana, anche se in alcuni punti può essere completato
o approfondito, specialmente in riguardo alla terza parte»[159].

Um pouco antes, o artigo de Joseph Baudry: «Solitude et fraternité
aux origines du Carmel» (1971), resgata a inspiração eremítica e o ideal de
vida fraterna mendicante, falando do «érémitisme collectif» e enfatizando o
aspecto comunitário da experiência de vida proposta pela Regra: «...érémi-
tisme certes, car ils désiderent avant tout la solitude; mais aussi fraternité,
car ils refusent de concevoir cette solitude sur le mode d'un pour isolament,
la voulant au contraire animée par une intense communion fraternelle»[160].

Nesta linha de pensamento, surge posteriormente o comentário
dos padres holandeses Otger Steggink, Jo Tigcheler e Kees Waaijman:
*Karmel Regel: ingeleid, vertaald en van aantekeningen voorzine door Otger
Steggink, Jo Tigcheler, Kees Waaijman* (1978)[161]. Eles propõem uma visão

---

[158] C. Cicconetti, *La Regola del Carmelo*, 36.

[159] E. Boaga, «Studi recenti sulla Regola», 485, com a referência bibliográfica sobre
a recensão da obra. A referida terceira parte é sobre as características jurídicas e espirituais da Regra Carmelitana.

[160] J. Baudry, «Solitude et fraternité», 86.

[161] Traduzida em várias línguas, entre elas inglês: *The Carmelite Rule: introduction,
translation into Dutch and annotations by Otger Steggink, Jo Tigcheler, Kees Waaijman*
(1978); trad. italiana, com observações e acréscimos, *La Regola del Carmelo: introduzione,
testo e commento* (1982); reeditada em: *Quaderni carmelitani* 2-3 (1987) 211-241; trad.

da Regra num equilíbrio entre estrutura e espiritualidade, entre pessoa e comunidade, inspirados nos Padres do deserto e no desejo de «vivere come eremiti-in-comunità»[162], tendo na figura do prior um símbolo de tal opção.

Propondo uma leitura dinâmica e global da Regra, Bruno Secondin em *La Regola del Carmelo. Per una nuova interpretazione* (1982), fala de um núcleo central e intencional presente em Rc 10-15, que seria um projeto unitário, capaz «di fornire unità organica al tutto e di far risaltare come il modello di vita della Regola sia di tipo dinamico e aperto», passando «delle strutture di coscienza del singolo, in vista di introdurlo nella totalità e nella globalità del significato collettivo ricercato»[163]. O vértice de tal projeto é a Eucaristia, fundamento último da vida fraterna.

Kees Waaijman e Hein Blommestijn em *«The Carmelite Rule as a model of mystical transformation»* (1991), utilizando um método de pesquisa dinâmico-estrutural[164], apresenta a arquitetura mística da Regra como a tensão entre duas estruturas polares e dinamicamente dialógicas: a *estrutura espiritual* (Rc 5-13) e o *caminho interior* (Rc 16-21). O coração místico da Regra, que é a Eucaristia – participação na vida de Cristo –, e a correção fraterna – viver concretamente o amor de Cristo – leva a uma transformação da vida, visto que «the perspective of the Carmelite Rule is clearly mystical transformation in Christ»[165].

Em *Alberto Patriarca di Gerusalemme. Tempo – Vita – Opera* (1996), Vicenzo Mosca destaca que a *vitae formula* de Alberto (texto sem os acréscimos inocencianos) «presenta una maggiore coesione interna, e naturalmente tematica, come sviluppo di un discorso interno che raggiunge un acme in una unità centrale che ha il suo apice nell'Eucaristia»[166]. Propõe ler a Regra a partir de uma unidade de valores que tem a centralidade na Eucaristia, a qual pode ser também encontrada no texto final da Regra bulada.

---

portuguesa, «Modelo de Vida», in *Carmelita. Un estilo de vida* (1980) 97-223.

[162] O. Steggink – J. Tigcheler – K. Waaijman, *La Regola del Carmelo*, 24.

[163] B. Secondin, *La Regola del Carmelo*, 30.

[164] Segundo os próprios autores, é o método de pesquisa utilizado no «Instituto Titus Brandsma» de Nijmege, que utiliza 5 níveis na interpretação de um texto: sincrônico, diacrônico, contextual, dialógico e místico. Cfr. K. Waaijman – H. Blommenstijn, «The Carmelite Rule», 61.

[165] K. Waaijman – H. Blommenstijn, «The Carmelite Rule», 88. O tema é ainda melhor desenvolvido em: K. Waaijman, *The Mystical Space of Carmel. A Commentary on the Carmelite Rule* (1999).

[166] V. Mosca, *Alberto Patriarca di Gerusalemme*, 462.

Outras várias leituras recentes enriquecem a reflexão e atualidade da Regra, como: a interpretação simbólica, proposta por C. Fitzgerald[167] e C. Cicconetti[168]; a sua ligação com a espiritualidade oriental, sugerida por Sœur Eliane (ortodoxa)[169] e Sœur E. Poirot[170], e também por J. Sleiman[171]; uma leitura a partir da opção preferencial pelos pobres na reflexão de C. Mesters[172]; as várias propostas de leituras inculturadas na ótica dos diferentes contextos e realidades, como: a africana, por E. Nnadozie[173]; a latino-americana, por C. Maccise[174]; a indiana, por A. Mulloor[175]; e a europeia, por D. Sterckx[176]; ou ainda a leitura desde a perpectiva feminina, analisada por A. Henderson[177]; ou acentuando a sua visão antropológica, como reflete A. C. Cotta[178]; entre outras tantas leituras[179].

10. A Regra Carmelitana nas reformas da Ordem

Os séculos XIV a XVI foram marcados também como um período de grandes necessidades de reforma, tanto na Igreja quanto na Vida Religiosa. A grande crise eclesial provocada pelo exílio dos papas em Avinhão e pelo cisma do Ociente era o contexto que desafiava uma tomada de posição:

---

[167] Cfr. C. FitzGerald, «How to read the Rule: an interpretation» (1989).

[168] Cfr. C. Cicconetti, «Letture simboliche della Regola del Carmelo» (1992).

[169] Cfr. Sœur Eliane (ortodoxa), «La règle du Carmel. Points communs et différences avec le monachisme orthodoxe» (1980).

[170] Cfr. E. Poirot, «La Règle du Carmel et la tradition monastique orientale» (1995).

[171] Cfr. J. Sleiman, «"Vattene di qui, dirigiti verso Oriente" (1 Re 17, 3). Riflessioni orientali sulla Regola del Carmelo» (2000).

[172] Cfr. C. Mesters, *A Regra do Carmo. Sua Origem, seu sentido, sua atualidade* (1985).

[173] Cfr. E. Nnadozie, «La Regola carmelitana in dialogo con il continente africano» (2000).

[174] Cfr. C. Maccise, «Rilettura della Regola secondo il contesto odierno dell'America Latina» (2000).

[175] Cfr. A. Mulloor, «Una rilettura indiana della "Regola Primitiva"» (2000).

[176] Cfr. D. Sterckx, «Rileggere oggi la Regola nel contesto dell'Europa» (2000).

[177] Cfr. A. Henderson, «Ri-leggere la Regola oggi: un punto di vista femminile» (2000).

[178] Cfr. Cotta, A.C., *Regra do Carmo, contemporânea do futuro. Caminho de realização humana* (1995).

[179] Cfr. E. Boaga, «I commenti della Regola», 496. No final do artigo (496-512) pode-se consultar uma ampla bibliografia dos vários comentários da Regra desde o século XIII até 2002. Para uma visão geral dos vários comentários e estudos recentes da Ordem: Id., «Studi recenti sulla Regola» (1989) e «La Regola carmelitana» (1997).

A partir de la baja Edad Media, sobre todo después de los quebrantos sufridos por la Iglesia en el cautiverio de los Papas de Aviñón (1303-1378) y el cisma de occidente (1378-1417), de todas partes brotaba un clamor universal, anheloso de mejoramiento; clamor que era aprovechado por los enemigos del Pontificado romano como arma de combate contra los eclesiásticos y contra la misma Iglesia. Ni fueron solamente los enemigos y los herejes los que ponderaban la situación caótica de la Iglesia, mas también los hombres beneméritos de la causa de Dios reconocían esta situación deplorable y clamaban por un remedio eficaz[180].

Os Concílios de Constança (1414-1418), de Basileia (1434-1437) e de Ferrara-Florença (1438-1442); as pregações de penitências e a atuação dos grandes papas renascentistas: Nicolau V (1447-1455) e Pio II (1458-1464), tinham como intuito tais reformas, embora muitas vezes insuficientes por não chegarem à raiz do problema, de modo que «el mejoramiento fué más bien local y pasajero, de modo que hacia fines del siglo XV la situación fué empeorando cada vez más»[181].

Outra situação que marca a sociedade da época e traz grandes dificuldades à Vida Religiosa foi a peste negra (1348-1349). Esta devasta os conventos e mosteiros diminuindo significativamente o número de religiosos[182], tanto por aqueles morriam semanalmente[183], quanto por muitos outros que abandonavam os conventos fugindo em busca de um lugar mais seguro. Em decorrência deste fato, para atender às necessidades causadas pela grande ausência de religiosos, se aceita candidatos com pouquíssima idade e não se importavam tanto pela formação científica, espiritual e moral dos mesmos, com todas as consequências que isto trará:

---

[180] E. M. ESTEVE – J. M. GUARCH, *La Orden del Carmen*, 264.

[181] E. M. ESTEVE – J. M. GUARCH, *La Orden del Carmen*, 265.

[182] «Per quanto si riferisce all'Ordine del Carmelo, è sufficiente indicare alcuni dati per avere un'idea della sua situazione in questo periodo. All'inizio della calamità, 200 religiosi morirono durante il capitolo generale celebrato a Metz nel 1348, o nei viaggi di andata e ritorno. Nel convento di Avignone morirono 66 religiosi prima che la popolazione comprendesse il contagio dell'epidemia. Nella provincia di Toscana le vittime di questa pestilenza, in pochi giorni, furono più di 100 religiosi, secondo la testimonianza del necrologio del convento di Firenze». E. BOAGA, *Come pietre vive*, 110.

[183] «Partout où il y avait agglomération d'habitants, comme dans les monastères, la peste trouva un foyer. Dans les églises monastiques où tel dimanche la messe avait été chantée par cinquante ou cent religieux, le dimanche suivant il n'en resta plus que sept ou huit, blanchis par les scènes terribles par lesquelles ils avaient passé au courant de la semaine». B. ZIMMERMAN (BENOIT-MARIE DE LA CROIX), «Les Réformes», 157.

> Les monastères qui ne furent pas complètement éteints se trouvè-
> rent réduits aux dernières limites. Le personnel ne suffisait plus
> pour l'administration, et encore moins pour la pleine observance de
> la règle. Le recrutement régulier devint impossible. Pour pouvoir
> aux besoins actuels on ne pouvait attendre ni la formation scien-
> tifique ni l'éducation spirituelle et morale du nouveau clergé. Les
> Mendiants n'hésitèrent pas à recevoir dans leurs rangs et à admet-
> tre à la profession des enfants de huit ou neuf ans, souvent à l'insu
> ou contre la volonté connue des parents[184].

Na vida das Ordens Mendicantes também existia um movimento
conhecido como «conventualismo»[185] o qual, pela necessidade de adaptar
as normas da Vida Religiosa com o trabalho pastoral e outras atividades,
acaba abrindo espaço para um certo «relaxamento» na observância da
Regra. Propõe-se uma interpretação «menos rígida», criando privilégios
que resultam em problemas na prática dos preceitos estabelecidos, principalmente no que diz respeito à vida comunitária, à pobreza e à obediência. Se inicialmente poderia ser algo positivo por proporcionar um
equilíbrio e moderação na vivência da Regra em harmonia com as novas
realidades, acaba muitas vezes tornando se abusivo e fonte de justificação de conduta não coerente com a Vida Religiosa assumida.

Em muitas comunidades a desordem ou escândalo provocado,
ainda que só por alguns religiosos, era o bastante para que os habitantes
do local exigissem a reforma total do convento, o qual muitas vezes foi
por eles construído. O fato é que muitos assumiam a Vida Religiosa ainda sem ter uma consciência maior do que faziam:

> La facilité avec laquelle les jeunes gens étaient admis à faire pro-
> fession religieuse (et s'agissait toujours de profession solennelle
> pour toute la vie) avant même de bien comprendre la nature et la
> portée de leur engagement, fut cause que, chez certains religieux,
> la vocation était faible ou douteuse. Le fait n'était pas rare. Ceux
> qui croyaient honnêtement s'être trompés en embrassant un état
> de vie-dessus de leur force n'avaient guère autre choix que d'ob-
> tenir une dispense papale leur permettant d'accepter un bénéfice
> ecclésiastique et de passer ainsi pour un temps determiné ou pour

---

[184] B. ZIMMERMAN (BENOIT-MARIE DE LA CROIX), «Les Réformes», 157-158.

[185] «Esso consisteva in un sistema particolare di vita nei conventi, di solito situati
al centro delle città, caratterizzato da una interpretazione meno rigida della Regola e degli
ideali del fondatore, e ciò col consenso della Gerarchia e come risposta ad esigenze concrete di apostolato a servizio della chiesa e della società. Queste interpretazioni "meno rigide"
introducevano col tempo alcune attenuazioni». E. BOAGA, *Come pietre vive*, 109. Para uma
síntese sobre o tema: G. ODOARDI, «Conventualesimo» (1973).

toujours, dans les rangs du clergé séculier. Ces dispenses que l'on trouve dans tous les ordres religieux sont presque innombrales[186].

A «capelania pontifícia», que dava permissão para pregar e exercer os ministérios fora da diocese, acaba tornando-se um título honorífico – o qual podia ser comprado na chancelaria pontifícia – que dispensava o religioso de suas obrigações e os deixava livres da obediência aos superiores e da vivência do voto de pobreza. A observância de tal voto, «une des plus grandes difficultés pratiques de la vie religieuse»[187], era dificultado pelos bens que alguns possuíam:

> Si aggiunga in pratica la difficoltà del voto di povertà. In teoria tutto va bene; ma quando nella pratica, vicino ai risparmiatori, economi, si trovano altri più prodighi e meno laboriosi, sorge naturale nei primi il desiderio di poter esser trattati meglio degli altri. Si aggiunga poi il diritto feudale per cui parecchi religiosi durante la vita godevano di alcuni beni fondiari che alla loro morte passavano alla famiglia. Quale difficoltà per un superiore far osservare da tutti ugualmente la povertà[188]!

A necessidade de reforma na Vida Religiosa torna-se evidente[189].

Para sanar tais dificuldades e combater os abusos do «conventualismo», surgem os vários movimentos de reforma[190] que prezam pelo retorno à observância, geralmente acentuando: a vida comunitária no convento, separando-se da vida secular e limitando os privilégios e isenções; uma vida mais austera e ascética; uma vida de oração mais intensa, buscando na meditação um meio de união com Deus; observância da Regra contra os abusos e o «conventualismo»; vivência concreta da pobreza, eliminando qualquer propriedade particular; uma renovação litúrgica; elaboração de legislação própria para concretizar a reforma, quer da parte dos papas ou Congregações romanas, ou por iniciativa interna de cada Ordem[191].

---

[186] B. ZIMMERMAN (BENOIT-MARIE DE LA CROIX), «Les Réformes», 159.

[187] B. ZIMMERMAN (BENOIT-MARIE DE LA CROIX), «Les Réformes», 160.

[188] L. SAGGI, *La Congregazione Mantovana*, 4.

[189] Segundo o conteúdo das bulas papais endereçadas aos carmelitas, tal realidade não deixava de estar presente também na Ordem do Carmo. Cfr. L. SAGGI, *La Congregazione Mantovana*, 12.

[190] «I moti di riforma pullularono numerosi in seno agli ordini religiosi nei secoli XIV e XV e si estrinsecarono nelle considette "osservanze" dei Mendicanti, dei Benedettini e dei Canonici Lateranensi». L. SAGGI, *La Congregazione Mantovana*, 3.

[191] Cfr. E. BOAGA, *Come pietre vive*, 109. «Per attuare questi contenuti si dà importanza alle strutture come veicolo del rinnovamento spirituale, secondo la mentalità medievale

A Ordem do Carmo, vivendo em todo este contexto, se confronta com a necessidade de mitigação da Regra, solicitada pelos frades em 1432[192], o que não deixou de causar também reações. É certo que a mitigação da Regra não tinha como intenção uma atenuação da mesma, e sim a sua real vivência, não mudando em nada a sua essência.

> Esta modificación accidental, que es la mitigación, se verificó para salvar lo esencial y fundamental de la Regla en circunstancias particularmente adversas; tal fue la mente de los Papas que oficialmente la aprobaron, como también de los genuinos representantes de la Orden, que, aceptando el hecho, iniciaron una verdadera restauración en el seno de la misma, con la mira puesta en elevar la observancia religiosa, restringiendo las concesiones hechas a la débil y astuta naturaleza[193].

Entre as várias reformas acontecidas na Ordem entre os séculos XV e XVIII[194], as três grandes reformas – mantuana, teresiana e turonense –, acontecidas em momentos, realidades e lugares diferentes, nos ajudam a perceber como a releitura da Regra, sempre na tentativa de recuperar os valores primitivos e fundantes, era importante para iluminar e consolidar os aspectos a serem reformados.

10.1 *A Congregação Mantuana*

A realidade em que se encontrava a Ordem Carmelita era também desafio para uma reforma. Segundo o prior geral Beato Jean Soreth (1451-1471)[195], grande promotor e incentivador da reforma, muitos pro-

---

(in pratica si ha l'operazione: restaurare pratiche e osservanze è rinnovare la vita spirituale)». *Ibid.*

[192] Cfr. acima, nota 74 e 75.

[193] E. M. Esteve – J. M. Guarch, *La Orden del Carmen*, 262.

[194] Para um quadro e cronologia das diversas reformas do século XV a XVIII: E. Boaga, *Come pietre vive*, 128.

[195] Jean Soreth promoveu uma reforma na Ordem: incentivando a observância da Regra mitigada; lutando contra o «conventualismo»; renovando a liturgia e a formação dos novos candidatos; propagando a doutrina da «Devotio moderna», vendo a meditação como meio para realizar o ideal contemplativo. Cfr. E. Boaga, *Come pietre vive*, 115. A importância da reforma promovida por Soreth é muito reconhecida na história da Ordem: «Tra i priori generali che maggiormente curarono la riforma fu il più volte nominato B. Giovanni Soreth. Eletto nel 1451, continuò per tutto l'Ordine quanto già era andato promovendo da provinciale di Francia, cioè la riforma dei conventi... percorse l'Ordine in ogni senso per correggere gli abusi dei benefici ecclesiastici e della disciplina regolare rilassata, costringendo alla osservanza dei voti i singoli religiosi che avessero bisogno di un richiamo e favorendo ogni sforzo di riforma: fu molto amico della Congregazione Mantovana». L. Saggi,

blemas deveriam ser enfrentados: a não observância dos votos; a falta de disciplina e vida comunitária; a diferença entre os que tinham ricas vestes enquanto outros uma única túnica; a falta de mortificação no comer e beber; a ausência da leitura espiritual durante as refeições; as deficiências na recitação dos ofícios; as palavras fortes contra os superiores, etc[196]. Levando em consideração a linguagem retórica e muitas vezes exagerada da época, o fato é que a situação exigia a uma observância mais fiel da Regra, combatendo os abusos e restaurando o ideal carismático da Ordem. Em outras palavras, a necessidade de uma «volta às fontes», característica de toda verdadeira reforma.

A primeira reforma no Carmelo, na linha da observância[197], foi conhecida como reforma Mantuana, da qual recebeu o nome da Congregação[198]. Iniciada antes mesmo da mitigação da Regra, no Convento de *Le Selve* (1412-1413), perto de Florença, espalhou-se posteriormente à Mantova e Gironda, mas teve a sua aprovação oficial como congregação somente em 03/09/1442, com a bula *Forma laudabilis*, de Eugênio IV[199]. Em 1783, o papa Pio VI a agregou definitivamente à Ordem.

La Congregazione Mantovana, 21. Sobre a vida e obra do Beato: L. SAGGI, «Giovanni Soreth, beato» (1972); G. GROSSO, «Giovanni Soreth (1394-1471), Generale riformatore e il suo ruolo nell'evoluzione del Carmelo femminile» (1995); ID., *Il B. Jean Soreth priore generale, riformatore e maestro spirituale dell'Ordine Carmelitano* (2007); ID., «Soreth Giovanni, beato, carmelitano (1394-1471)» (2008). Posteriormente a Soreth, também promoveram reformas na Ordem os priores gerais: Nicolò Audet (1524-1562) e Giovanni Battista Rossi (1564-1578). Cfr. E. BOAGA, *Come pietre vive*, 116-117.

[196] Cfr. L. SAGGI, *La Congregazione Mantovana*, 13-14. «Forse, rispetto ad altre famiglie religiose, la situazione del Carmelo non era delle peggiori; tuttavia non mancava la necessità di fare pulizia di eccessi e di rafforzare la vita conventuale e spirituale dei frati. C'erano troppe esenzioni, spesso ottenute per privilegio in cambio di appoggi se non addirittura di denaro». G. GROSSO, «Soreth Giovanni, beato», 820.

[197] As reformas nos séculos XIV-XVI eram realizadas em duas tendências: na linha da «observância», conhecida como *eugeniana* – favorecida pelo papa Eugênio IV (1431-1447) – que incentivava a reforma de conventos, os quais se desmembravam das províncias formando as «Congregações de Observância»; e a reforma através da ação dos priores gerais, ou de suas visitas, que reformavam os conventos para que esses fossem incentivos de reforma para toda a província. Esta foi conhecida como linha *callistina* por ser propagada pelo papa Callisto III (1455-1458). Cfr. E. BOAGA, *Come pietre vive*, 111-112; L. SAGGI, *La Congregazione Mantovana*, 23.

[198] Um estudo acurado sobre o tema foi feito por: L. SAGGI, *La Congregazione Mantovana dei Carmelitani sino alla morte del B. Battista Spagnoli (1526)*, em 1954.

[199] «La Congregazione Mantovana come tale non esiste prima della approvazione pontificia del 1442: esistono conventi riformati ed una *societas fratris Thomae* che dopo la morte del capo si stabilisce nel convento di Mantova; quindi parlare della origine della Congregazione prima dell'approvazione significa parlare dei singoli tre conventi che nel 1442 ne formarono il primo nucleo». L. SAGGI, *La Congregazione Mantovana*, 25.

Foi estruturada com certa autonomia, tendo o próprio Vigário Geral que era submetido ao Prior geral da Ordem, ainda que as interferências deste não fossem muito bem acolhidas, às vezes, até mesmo opondo-se à sua visita oficial às casas reformadas. A Congregação também foi berço para místicos, beatos e intelectuais. Entre eles, destaca-se o famoso B. Battista Spagnoli (1447-1516)[200], o Mantovano, célebre pela sua formação cultural e escritos poéticos, recebendo o nome de «Virgílio Cristiano», tendo grande influência na vida da Congregação e desenvolvimento da reforma. Ele foi várias vezes Vigário Geral da Congregação e, por fim, Prior geral da Ordem (1513-1516).

Embora não se conheça muito sobre o espírito e aspirações do início da reforma, sabe-se que viveram «un gran fervore e un'eccezionale osservanza»[201]. No intuito de combater os abusos e favorecer uma verdadeira reforma, buscam viver com autenticidade a Regra nos seus aspectos mais importantes. «La Congregación Mantuana floreció en la observancia regular, sintiéndose gran fervor por el culto divino, la oración, el silencio, la soledad, pobreza y austeridad»[202].

A Congregação aceita a Regra inocenciana, porém, somente um pouco mais tarde aceitará as mitigações de 1432, introduzidas por Eugênio IV[203]. Dois pontos eram centrais como causa da separação da Ordem e justificação da reforma: as mitigações e a vivência da pobreza.

As mitigações eugenianas da Regra não foram em um primeiro momento assumidas pela Congregação.

Eugênio IV aveva mitigato la regola carmelitana in ciò che concerne l'astinenza perpetua dalle carni ed il continuo rimanere nelle celle: non era però obbligato (dalla bolla pontificia) accettare tale

---

[200] Uma síntese sobre sua vida e obra: E. Coccia, «Battista Spagnoli, detto il Mantovano, beato» (1972); Id., «Battista Spagnoli, detto "il mantovano", e Loreto» (2007).

[201] G. Gava – A. Coan, Carmelo, 130.

[202] E. M. Esteve – J. M. Guarch, La Orden del Carmen, 268. Embora tal ideal acabará mais tarde, com o crescimento da Congregação, causando grandes conflitos e a ruptura com a Ordem: «Tant que la congrégation fut peu nombreuse elle n'eut pas d'autre prétention que de rétablir la vie religieuse dans le sens de la sainte règle et de réformer ce qui avait été déformé. Mais en devenant plus nombreuse et plus consciente de sa force juvénile, elle se mit franchement en opposition avec le tronc de l'Odre, auquel elle arrachait un privilège après l'autre au point que bientôt le lien qui les unissait ne fut plus que nominal; avouons-le, ce n'était pas édifiant, d'autant moins que la Congrégation était loin de se maintenir à la hauteur spirituelle de son commencement». B. Zimmerman (Benoit-Marie de la Croix), «Les Réformes», 162-163.

[203] A Congregação Mantuana, que se distinguia pela recusa das mitigações da Regra, as aceitará uns vinte anos mais tarde, ainda que somente as mitigações da parte eugeniana, e não as posteriores. Cfr. L. Saggi, La Congregazione Mantovana, 240.

mitigazione. E la Congregazione non l'accettò facendo di ciò il motivo per vivere separata dalle provincie. Però non durò molto questo stato di cose[204].

E, embora mais tarde assumam com a mitigação da Regra a dispensa da abstinência de carne três dias na semana[205], a dispensa do jejum nesses mesmos dias não deve ter sido rapidamente aceita, e a autonomia do Prior geral em poder estabelecer ainda outro dia de dispensa, não foi aceito pela Congregação:

> Tale accettazione riguardava la facoltà di mangiar carne tre volte la settimana e non la dispensa dal digiuno nei giorni in cui era lecito mangiar carne. Abbiamo motivi per supporre che la dispensa dal digiuno non fu subito accettata... L'ultimo addolcimento alla regola riguardo ai cibi (cioè la facoltà data dal generale da Sisto IV nel 1476 di poter ridurre di un altro giorno la astinenza ed il digiuno) non fu ammesso dalla Congregazione[206].

A pobreza era um dos aspectos centrais para a reforma e um dos maiores desafios para a observância. Embora com a adaptação à vida mendicante, com a autorização de possuir em comum o necessário para o culto divino, habitação e sustento dos frades, modificando a radicalidade da pobreza – também comunitária – do início[207], a proibição de ter bens individuais jamais foi mitigada. Todos os bens deveriam estar em comum, administrados pelo prior e distribuídos por ele conforme a necessidade de cada um[208]. Com o passar do tempo, e dentro das novas situações em que viviam, não era muitas vezes o que acontecia e muitos encontravam justificativas para possuir seus próprios bens ou dinheiro. Mesmo entre os «reformados» não faltavam grandes incoerências, ainda que a observância fiel da Regra devesse ser o norteamento de suas vidas.

---

[204] L. SAGGI, *La Congregazione Mantovana*, 239.

[205] «P. Claudio Catena crede di poter affermare, sulla base del trattato *De vita beata* dello Spagnoli, che la mitigazione fu accettata nel 1466». L. SAGGI, *La Congregazione Mantovana*, 240. Saggi, porém, é da opinião que a aceitação da mitigação pode ter sido decidida no capítulo da Congregação de 1465. Cfr. *Ibid.*, 241.

[206] L. SAGGI, *La Congregazione Mantovana*, 241.

[207] Em 1229, com a bula *Ex officii*, o papa Gregório IX proíbe o recebimento de propriedades «*loca, possessiones, domos aut redditus*», podendo somente ter, quando necessário, burros ou mulos, ou algum tipo de criação, para o trabalho e alimentação do frades (Cfr. Rc 13). Isto será adaptado na revisão e aprovação da Regra pela nova realidade de vida Mendicante que assumiam.

[208] Cfr. Rc 12.

Le stesse prescrizioni furono fatte proprie dalla Congregazione e nei vari capitoli non mancava quasi mai qualche decreto riguardante la povertà: si ordinava un sacerdote incaricato della distribuzione delle vesti; venivano ribaditi i controlli settimanali circa le entrate e le spese; si proibiva di scrivere libri di coro o suonare organo fuori della Congregazione per motivo di mercede. Se qualche conventuale passava alla Congregazione non si poteva accettare «se non rinuncierà e consegnerà nelle mani del Vicario Generale gli suoi beni mobili ed immobili, accio conforme gli statuti se gli provegga»[209].

A Congregazione Mantuana teve um grande apreço à Ordem em si e à sua tradição[210], procurando resgatar os valores centrais de sua espiritualidade, como a vida mística, na vivência da solidão e silêncio, seja interno que externo. A falta de uma vida interior era a causa de muitas das transgressões que se cometiam, por isso recuperá-la era necessário para uma verdadeira retomada da observância:

> Relativamente alla Congregazione Mantovana non abbiamo molte testimonianze che ci dicano quali cose in particolare essa si proponeva di differente dal resto dell'Ordine: sappiamo che in principio non vi si mangiava carne. Ma è certo che la «osservanza» non doveva consistere soltanto in questo. Sarà stato certamente anche una povertà più stretta. Ma soprattutto dovè trattarsi di un ritorno alla solitudine del cuore, e, finché fu possibile, anche a quella del corpo[211].

A reforma justamente começa no Convento de *Le Selve*, lugar propício para uma experiência profunda de vida orante: «Sus orígenes se encuentran en el solitario convento toscano de *Santa María delle Selve*, santificado en tiempos anteriores por la presencia de San Andrés Corsini, que celebró en él su primera Misa (1324?), y situado en un paraje muy hermoso, perfectamente adaptado a la contemplación»[212].

Mesmo depois de aceitarem a mitigação da Regra, continuam dando muita atenção à solidão interior. Estabelecem normas que regulam o recebimento de pessoas nos conventos; as saídas sem grande necessidade; o envio de religiosos fora do território do convento, a não ser por mo-

---

[209] L. SAGGI, *La Congregazione Mantovana*, 243 (na última frase citando: GUARGUANTI, *Annali*, 27v, s.).

[210] «... attaccamento che si manifesta nella evidente compiacenza di considerarsi la depositaria del suo vero spirito». L. SAGGI, *La Congregazione Mantovana*, 251.

[211] L. SAGGI, *La Congregazione Mantovana*, 253.

[212] E. M. ESTEVE – J. M. GUARCH, *La Orden del Carmen*, 267.

tivo sério; a celebração de Missas e ofício fora, a não ser em casos excepcionais; etc., procurando viver o silêncio conforme o preceito da Regra[213], o que levará Battista Spagnoli a considerar a reforma Mantuana como «una resurrezione dello spirito del Carmelo»[214]. Pena que nem mesmo a um século da sua fundação, vivendo num contexto difícil em que toda a Igreja necessitava de uma reforma profunda e geral, a Congregação «aveva perduto lo slancio vitale, sí da potersi considerare alla stregua di una qualunque provincia dell'Ordine, e non delle più osservanti»[215].

10.2 A Reforma Teresiana

A Regra do Carmo ganha uma posição importante na reforma teresiana[216]. Embora a experiência mística de Teresa d'Ávila (1515-1582)[217] e o desejo de viver com maior radicalidade a vida carmelitana precede um contato maior e profundo com o texto da Regra, esta vem de encontro com seus anseios e concretiza aquilo que buscava. Teresa lê a Regra a partir da experiência de sua vida: «quanto mette in connessione spirituale con la Regola non le proviene dalla sua lettura, approfondita o meno, ma dalla sua forte esperienza spirituale di donna dotata di una vocazione particolare e profonda. Ciò significa che venne prima lo spirito, la vita, e non il desiderio di vivere la Regola»[218].

De fato, ainda que a Regra ocupe um lugar privilegiado no pensamento teresiano, como um documento principal tanto no sentido da espiritualidade quanto da norma[219], a leitura e aprofundamento do texto era limitada entre as monjas da época pela falta do conhecimento do latim – inclusive de Teresa – e de uma boa tradução em castelhano[220]. A esta

---

[213] Cfr. L. M. SAGGI, *La Congregazione Mantovana*, 254.

[214] L. M. SAGGI, *La Congregazione Mantovana*, 273.

[215] L. M. SAGGI, *La Congregazione Mantovana*, 275.

[216] Sobre o pensamento de Teresa a respeito da Regra, pode-se consultar: EFRÉN DE LA MADRE DE DIOS, «El ideal de Santa Teresa en la Fundación de San José» (1963); L. SAGGI, «Questioni connesse con la Riforma Teresiana» (1964); T. ALVAREZ, «Nuestra "Regla del Carmen" en el pensamiento de Santa Teresa» (1985); L. SAGGI, «Santa Teresa di Gesù» (1983); T. ALVAREZ, *Estudios teresianos, I – Biografia e Historia* (1995); M. HERRÁIZ, «La Regola interpretata da Santa Teresa e da San Giovanni della Croce» (2000).

[217] Para uma síntese da vida e obra de Teresa, com a principal bibliografia: T. ALVAREZ, «Teresa di Gesù (1515-1582), santa e dottore della Chiesa» (2008).

[218] M. HERRÁIZ, «La Regola», 45.

[219] Cfr. T. ALVAREZ, «Nuestra "Regla del Carmen"», 148.

[220] Não se sabe de algum texto da Regra traduzido e editado em castelhano antes de 1562: «No disponemos de estudios serios sobre las versiones castellanas de la Regla, anteriores al año 1562. Conocemos algunas versiones manuscritas anteriores a esa fecha.

terão acesso somente mais tarde, em 1581, por ocasião do Capítulo de Alcalá que redige oficialmente as Constituições dos mosteiros reformados. Ainda que a Regra faça parte da formação e oriente a vida das carmelitas, as quais segundo a mesma Regra fazem a sua profissão religiosa, não se sabe ao certo que tipo de contato e que acesso Teresa teve da Regra nos primeiros anos de sua vida no Carmelo de Encarnación (1535-1562): «...no podemos precisar hasta qué punto llegó la sensibilidad de la Santa de cara a la Regla en esa primera mitad de su vida carmelitana. De hecho, el interés por ella, el real descubrimiento de su valor y contenido será posterior...»[221].

O encontro mais profundo com a Regra acontece pelo desejo de viver com mais perfeição a vida carmelita, resgatando os valores das origens, como: a contemplação, o silêncio, o abandono do mundo e, de modo especial, a pobreza evangélica. Esta a faz descobrir na «Regra Primitiva» uma orientação mais radical, em grande contraste com o que se vivia na sua época[222]. Nasce da sua experiência mística o chamado à

Pero no tenemos noticia de que existieran ediciones castellanas en letra de molde. Situación precaria, que no sólo condicionaba, sino que dificultaría la lectura personal de la Regla en comunidades tan numerosas como la de la Encarnación de Avila». T. ALVAREZ, *Estudios teresianos*, I, 189. Nas chamadas «Constituciones de la Encarnación» não se incluía ainda o texto da Regra, que serão editado juntos somente em 1662, utilizando uma versão da Regra posterior a 1581 – Capítulo de Alcalá (Cfr. T. ALVAREZ,«Nuestra "Regla del Carmen"», 150, nota 4). Existia um manuscrito do século XV chamado «Códice de Avila» que reunia textos sobre a Regra em versão bilíngue: latim e espanhol. Este contém três textos da Regra: um na obra «Tractatus de Origine», do teólogo catalão Pedro Riera, que apresenta a versão inocenciana da Regra; os outros dois textos da obra «De Institutione et peculiaribus», de Felipe Ribot, nas versões albertina e inocenciana como se apresentam no livro VIII, respectivamente capítulos 3 e 7 (Cfr. T. ALVAREZ, *Estudios teresianos*, I, 189 e nota 32). Há a hipótese de que Teresa pode ter tido contato com essa obra ainda que, apesar da riqueza do seu conteúdo, a tradução dos textos da Regra em espanhol é muito ruim: «La única lástima entre tantos méritos consiste en la calidad de la version castellana de los textos de la Regla. No solo dificiente, sino desastrosa. Llena de errores y graves deformaciones, hasta tal punto que resulta inverosímil que esos textos hayan sido leídos en comunidad o utilizados por una formadora o maestra de novicias (incluso desconocedoras del latín), sin enmendarlos o rechazarlos. Ninguna de esas versiones castellanas era apta para una lectura pública. Y para una posible lectura privada, cualquiera de las tres versiones era mala trasmisora de información». *Ibid.*, 190. Sobre o «Códice de Avila», ver: GRAZIANO DI SANTA TERESA, «Il Codice di Avila» (1958) e T. ALVAREZ, «Santa Teresa y la Regla del Carmelo. Nuevos textos de la Regla anteriores a la Santa» (1985).

[221] T. ALVAREZ,«Nuestra "Regla del Carmen"», 150.

[222] «La Santa tiene una idea clara en materia de pobreza. No se la ha procurado a la base de una cultura erudita, anacrónica en su caso, sino merced a una visión realista de las cosas: de un lado, la Regla con su prescripción de pobreza; y de otro, la situación

reforma, a ser fundadora, a contribuir para o momento difícil pelo qual passa Igreja[223], assumindo a Regra «sem as mitigações» para aproximar-se mais do exemplo dado pelos «primeiros padres»[224] e vivê-la «con la mayor perfección que pudesse»[225].

Entre os anos 1560-1562, Teresa procura um maior conhecimento e aprofundamento da Regra. Para tanto, lê muito as Constituições[226], ouve e aprende daqueles que a leram ou a conhecem bem[227]. O encontro com a beata Maria de Jesús (Yepes)[228] foi decisivo para assumir a «Regra primitiva», pois descobre que a «Regra não mitigada» proibia possuir qualquer coisa[229]. Tal descoberta vem de encontro com o seu ideal de

---

concreta de su monasterio de la Encarnación (y de cualquier otro en el Carmelo español), cargado de rendas, adquiridas siempre por el cauce de las legítimas licencias y dispensas». T. ALVAREZ, «Nuestra "Regla del Carmen"», 151, nota 7.

[223] Os seus ideais serão alimentados pela difícil situação que a Igreja enfrentava com os ataques protestantes, procurando fortificar com o testemunho cristão a fé católica e interceder pelo aumento dos seus ministros. Buscava o rigor da Vida Religiosa para promover uma reforma da vida cristã. Vendo «las dimensiones del problema de la Iglesia, y todo dejó en ella una brecha sangrante. Eran momentos de angustia y no podía inhibirse, y así entendió que la mejor forma de colaborar con la Iglesia tenía que ser "seguir los consejos evangélicos con toda la perfeción que pudiese" (Camino 1, 2). Y aquella perfección le exigía no quedarse solo en lo justo, sino cargar más la mano con generosidad, para compensar lo que otros quitaban a la Iglesia, y asegurar los votos con la aspereza exterior». EFRÉN DE LA MADRE DE DIOS, «El ideal de Santa Teresa», 218.

[224] Ao enfatizar os valores da origem e o testemunho dos primeiros carmelitas, Teresa os chama «santos padres», porque viveram e transmitiram as raízes da espiritualidade carmelita dando a esta a sua identidade: «...porque éste fue nuestro principio; de esta casta venimos, de aquellos santos padres nuestros del Monte Carmelo que en tan gran doledad y con tanto desprecio del mundo buscaban este tesoro, esta preciosa margarita de que hablamos [la contemplación]...». Moradas quintas 1, 2. (Todas as citações dos escritos de Teresa serão de acordo com a obra: SANTA TERESA DE JESÚS, Obras Completas, Madrid 2000, 5ª ed.). Desta forma, os considera como verdadeiros «fundadores» – «Tengamos delante nuestros fundadores verdaderos, que son aquellos santos padres de donde descendimos...» Fundaciones 14, 4 –, fazendo uma clara referência às origens e ligando toda a reforma a uma retomada desses valores originários: «È sempre costante negli scritti teresiani questa prospettiva, e in modo ancor più significativo nel libro delle Fondazioni. Sono sufficienti alcuni testi per confermare questo innesto della Riforma con gli "inizi" dei nostri predecessori, con il "principio" fondante ed ispiratore, con "i nostri veri fondatori". "Gli inizi del nostro Ordine" sono il paradigma di quanto stanno per realizzare Teresa e coloro che le si sono aggregati, chiamati da Dio». M. HERRÁIZ, «La Regola», 47.

[225] Vida 32, 9.
[226] Cfr. Vida 35, 2.
[227] Cfr. Camino 2, 7.
[228] Cfr. Vida 35, 1-2. Maria de Jesús foi fundadora do Carmelo de Alcalá.
[229] Refere-se à proibição feita por Gregório IX, em 1229, cfr. acima, notas 50 e 52.

viver com radicalidade a pobreza evangélica, decidindo fundar os novos mosteiros «sem rendas». Esta será uma das bandeiras da reforma, pois Teresa identifica a proibição «de ter propriedades» a «não ter rendas»:

> Y hasta que yo la hablé [com María de Jesús], no había venido a mí noticia que nuestra Regla, antes que se relajase, mandaba no se tuviese propio, ni yo estaba en fundarle sin renta, que iba mi intento a que no tuviésemos cuidado de lo que habíamos menester, y no miraba a los muchos cuidados que trae consigo tener propio[230].

Mais do que a preocupação em não possuir propriedades, o acento será colocado em não viver com rendas[231], como viviam os primeiros carmelitas, segundo o que ela havia escutado: «...que me han dicho quien lo há leído que aun de un dia para outro no guardaban nada...»[232]. Pretendia, assim, recuperando os valores da origem, conformar a reforma com a vivência da «Regla de nuestra Señora y Emperadora con la perfección que se comenzó»[233].

Teresa assume como «Regra primitiva»[234] – o que entendia como «sem mitigações» – o texto oficial aprovado por Inocênio IV, em 1247. Na sua época, a Regra tinha duas referências: o texto oficial inocenciano, que era considerado como a «primeira Regra»; e os documentos pontifícios que mitigaram a Regra posteriormente, porém, sem alterar o texto. Quando se refere à «Regra primitiva» está desconsiderando as mitigações feitas pelos papas a partir de 1432, porém, o texto da Regra permanece o mesmo. «En una cosa se equivocaba la Santa: en o creer que esa Regla adoptada por ella era la carmelitana "sin relajación". Según el tenor canónico, no era así. La Regla "ordenada por fray Hugo" – como dice la Santa – y aprobada por Inocencio IV el 1 de octubre de 1247 "aclaraba, corregía y mitigaba" la Regla de san Alberto»[235]. Teresa não tinha conhecimento da história da Regra, do processo de sua aprovação, e a

---

[230] *Vida* 35, 2.

[231] «Más que en la propriedad radical, la insistencia de Santa Teresa versa sobre el "tener renta" o vivir de ella. La propiedad radical, que se excluía en la Regla primitiva, nunca fué cuestión para Santa Teresa ni pensó jamás en ella. La "Regla primitiva" que bullía en la mente de la Santa solo reclamaba carecer de renta». Efrén de la Madre de Dios, «El ideal de Santa Teresa», 215.

[232] *Camino* 2, 7.

[233] *Camino* 3, 5.

[234] «Guardamos la Regla de nestra Señora del Carmen, y cumplida ésta sin relajación, sino como la ordenó fray Hugo, cardenal de Santa Sabina, que fue dada a 1248 años, en el año quinto del pontificado de papa Inocencio IV». *Vida* 36, 26. Há um erro ao citar o ano que é 1247.

[235] T. Alvarez, «Nuestra "Regla del Carmen"», 155.

tradução que provavelmente tinha acesso omitia a parte inicial da bula que indicava a correção e mitigação do texto da *vitae formula* de Alberto, e tinha como título: «Regla primitiva sin relación alguna...»[236].

Ela renunciará à Regra mitigada[237], na qual havia feito sua profissão, para assumir uma opção de vida mais radical:

> La opción de la Santa es concreta: abandona la Regla profesada y practicada en la Encarnación, en que se había atenuado el rigor penitencial y la práctica de la pobreza, y adopta la Regla en su tenor anterior e genuino. No se trata de abandonar un "texto" de la Regla para regresar a otro. El texto es el mismo: el mismo en la Encarnación (Regla eugeniana) que en San José (Regla inocenciana). Pero en la Encarnación se profesa y practica según un conglomerado de dispensas y adaptaciones – pontificias o consuetudinarias –, que en San José son dejadas de lado[238].

A renúncia à Regra mitigada compreendia a observância da Regra sem as dispensas e privilégios dados pelos papas, as quais condicionavam a sua interpretação prática. «Por lo que ella misma escribe[239] podemos saber cuáles eran los puntos de rigor de la "primitiva" en oposición a la "relajada": no comer carne sin necesidad, ayuno de ocho meses, renuncia a las rentas»[240]. A vivência da pobreza absoluta, questão já presente nas inquietações e questionamentos de sua vida, é confirmado com a opção pela «Regra primitiva» e ratificado pela autorização em poder viver sem rendas: «Lo spirito precedeva la scoperta della Regola, però essa le offre fondamento, sicurezza "oggettiva", "giustificazione", e fortezza invincibile per seguire la sua via, fino a vederla ratificata dalla parola del Papa con un nuovo "Breve" che "permette di vivere senza rendite" (*Vida* 39,14)»[241].

---

[236] Cfr. T. Alvarez, «Nuestra "Regla del Carmen"», 155.

[237] O Comissário Apostólico Pe. Pedro Fernándes decidiu que as monjas que deixassem o Mosteiro de Encarnación para entrar na nova fundação deveriam fazer uma renúnica formal da Regra mitigada. Cfr. T. Alvarez, *Estudios teresianos*, I, 193.

[238] T. Alvarez, «Nuestra "Regla del Carmen"», 155. O importante para Teresa era o resgate dos valores vividos nas origens: «Para ella es Regla primitiva el conjunto de preceptos y ejemplos "antes que la Regla se relajase": todo es norma de vida para quienes desean tornar a la forma primitiva de la Orden». L. Saggi, «Santa Teresa di Gesù», 139.

[239] Cfr. *Vida* 35,2; 36,7.

[240] L. Saggi, «Santa Teresa di Gesù», 143.

[241] M. Herráiz, «La Regola», 52. Teresa recebe um «Breve» – documento papal que contém uma decisão de caráter particular – especial, em 05/12/1562, que proibia possuir bens tanto em comum como privado.

Embora a renúncia às mitigações, para seguir com maior radicalidade os preceitos originais da Regra, seja uma das características da reforma, não se absolutiza tal posição. Permite também fundar, diante das necessidades, mosteiros onde se podia comer carne ou ter rendas, de acordo com o que já era permitido pelos papas[242], deixando claro aquilo que na Regra é essencial e o que são meios para atingir o fim: «...non c'è un culto della lettera, ma una chiara valorizzazione della gerarchia degli elementi che la compongono: è lo "spirito" che bisogna captare, e metterlo in pratica senza tentennamenti né pusillanimità, con libertà»[243].

O retorno de Teresa ao texto da Regra inocenciano – o qual sem deixar a inspiração eremítica acentua a vida cenobítica – e não ao texto Albertino – cujo acento é eremítico, mas também com elementos de vida comum – corresponde a dois princípios fundamentias por ela almejados e claramente presentes no texto aprovado por Inocêncio IV: a *solidão* e a *comunidade*.

> A ella le interesaba ante todo la puesta en marcha de un estilo de vida carmelitana bien definido, brotado de su doble experiencia personal: experiencia de Dios y de la comunidad fraterna. Al regresar a la Regla y buscar en ella una norma de vida carmelita, fue esa doble experiencia carismática la que orientó su elección y la hizo optar por un determinado texto de la Regla[244].

Estes dois elementos estão na base da leitura da Regra feita por Teresa, que a faz ser fiel à herança fundamental do Carmelo e a prescrever as orientações da reforma, como: uma rigorosa clausura; meditação intensa em horas determinadas; recreação como ato comunitário; a pobreza absoluta, individual e coletiva; a austeridade do lugar onde morar, no que vestir e calçar; no número reduzido de religiosas por comunidade e severa seleção das mesmas; na igualdade entre todas e espírito de fraternidade; na renúncia às mitigações[245]. «Prese nel loro insieme, le

---

[242] Cfr. L. SAGGI, «Questioni connesse», 175. Também na prática haviam a posse do lugar onde moravam: «Né a S. Teresa è mai venuto in mente che il monastero di S. Giuseppe non fosse proprietà delle monache. Quindi nonostante la proprietà "radicale", vi può essere la povertà assoluta. E lo stesso vale delle elemosine: una volta date, sono di colui cui vengono date (o del corpo morale cui egli appartiene se personalmente è incapace di ricervele)». *Ibid.*, 174-175.

[243] M. HERRÁIZ, «La Regola», 53. «È molto chiaro alla Madre Fondatrice che la Regola e le Costituzioni *"non servono ad altro* se non come mezzi per custodire tale amore [a Dio e al fratello] con maggiore perfezione" (1M 2,17). Non le assolutizza in blocco. Sono semplicemente *mezzi* con i quali si va realizzando il fine». *Ibid.*, 54.

[244] T. ALVAREZ, «Nuestra "Regla del Carmen"», 155-156.

[245] Cfr. L. SAGGI, «Questioni connesse», 170.

prescrizioni teresiane per i monasteri riformati sono una originale interpretazione della regola carmelitana»[246].

Na interpretação teresiana da Regra pode-se destacar alguns núcleos ou elementos essenciais que fazem parte do carisma carmelita[247]. Antes de tudo, o *primado do absoluto de Deus* expresso na vida de contemplação, recolhimento, abandono do mundo, de tudo que não leva ao seguimento de Cristo, bastando «lo que nos ha dado [el Padre] en darnos a su Hijo…»[248]. A *vida comunitária* que nasce da *escuta da Palavra* e se concretiza na fraternidade, comunidade teologal onde é Deus que reune como irmãos e irmãs para se viver e praticar as virtudes humanas. Assim, um grupo menor traz mais possibilidades de concretizar tal experiência de modo mais intenso. «Teresa ci presenta la triade "amore-distacco-umiltà", assunta con "decisa determinazione" per basare e rendere possibile non solo la nostra amicizia con Dio (orazione), ma anche la nostra reciproca relazione comunitaria»[249]. A oração terá uma dimensão *apostólica* porque é anúncio do Reino e presença orante à serviço da Igreja. E a comunidade torna-se *profética* pelo testemunho de suas vidas.

Apesar de não ser «*significativamente* molti i riferimenti espliciti alla Regola negli scritti»[250], Teresa a utiliza para alimentar e orientar toda a reforma[251]; o chamado a viver a pobreza de forma concreta[252]; desenvolver a vida interior e a fidelidade à Igreja[253]; a necessidade de ligar a vida quotidiana à oração[254]; a importância da centralidade da oração[255] e a solidão na vida carmelitana[256]; o vínculo de união espiritual de toda família carmelita (monjas e frades)[257]; para ver nas Constituições uma declaração e aplicação da Regra que as precede; enfim, para um contato direto com a experiência carismática originária do Carmelo com o testemunho daqueles que a viveram[258].

---

[246] L. SAGGI, «Questioni connesse», 170.

[247] De acordo com: M. HERRÁIZ, «La Regola», 55-57.

[248] *Moradas quintas* 3, 7.

[249] M. HERRÁIZ, «La Regola», 57.

[250] M. HERRÁIZ, «La Regola», 45.

[251] Cfr. *Vida* 32, 9; 36, 26-27.

[252] Cfr. *Vita* 35, 3; 39, 14.

[253] Cfr. *Fundaciones* 29, 33; *Camino* 1.

[254] Cfr. *Camino* 4, 1.

[255] Cfr. *Camino* 4, 2; 4, 9; 21, 10.

[256] Cfr. *Camino* 4, 9; 11, 4; 13, 6.

[257] Cfr. *Fundaciones* 2, 5; 3, 18; 9.

[258] Sobre a presença da Regra nos escritos de Teresa: T. ALVAREZ, «Nuestra "Regla del Carmen"», 159-163.

Portanto, viver a «Regra primitiva» para Teresa não era simplesmente renunciar às mitigações feitas a partir de Eugênio IV. Ela vai além da «letra»[259] para recuperar o carisma original dentro da sua realidade concreta, tanto espiritual, histórica, eclesial...

> La obra verdadera de santa Teresa radica, toda ella, en el esfuerzo por la vida interior, por mantenerse fiel a la herencia fundamental del Carmelo, fidelidad a la que imprime una muy marcada orientación eclesial: santificarse por la Iglesia y rogar "por los que son defensores de la Iglesia y predicadores y letrados que la defienden" (Camino 1,2)[260].

10.3 *A Reforma Turonense*

Outra grande experiência de reforma que influenciará posteriormente toda a Ordem é a da Província francesa de Touraine[261]. Esta reforma também não acontece por um acaso, mas está enraizada tanto na constante necessidade de reforma da Vida Religiosa, decadente pelo excesso de institucionalização, quanto pela realidade e desafios do renascimento católico na França do século XVII. A efetiva aplicação da reforma de Trento na Espanha e Itália; a série de papas reformadores (Pio IV, Pio V, Gregório XIII, Xisto V e Clemente VIII); a política religiosa dos reis franceses (Henrique IV, Luís XIII e Luís XIV); tudo colabora para um renascimento católico da França e da Vida Religiosa no século XVII[262].

---

[259] «Vocazionalmente ben definita, Teresa sa o, almeno, opera in questa direzione: la Regola è una parola che non possiamo trascurare di udire. Però non è l'ultima parola, chiusa, quindi, ad ulteriori comprensioni e traduzioni di vita. Il carisma, vissuto in una determinata circostanza culturale e storica, può offrire la comprensione di virtualità non ancora conosciute nelle tappe precedenti, e nuove forme di incarnarle». M. Herráiz, «La Regola», 54.

[260] L. Saggi, «Santa Teresa di Gesù», 146.

[261] Os dois grandes estudos sobre a reforma de Touraine são: S.-M. Bouchereaux, *La réforme des Carmes en France et Jean de Saint-Samson* (1950) e P. W. Janssen, *Les origines de la réforme des Carmes en France au XVIIe siècle* (1963). Para uma síntese, pode-se consultar: O. Steggink, «Carmelitani», 496-500; J. Smet, *The Carmelites*, III, parte I, 32-62; E. Boaga, «A Reforma de Touraine», 9-34.

[262] «Os religiosos empenham-se na reforma das velhas Ordens (veja-se, por exemplo, o movimento monástico dos cartuxos e dos capuchinhos). Além disso, surgem numerosas Congregações novas, de acordo com as exigências do tempo. Alguns dados: nos anos 1625-1630, contam-se na França cerca de 1500 conventos, sendo a metade de fundações recentes. Em Paris, nos primeiros 40 anos do século XVII, foram fundadas mais de uma centena de novas casas religiosas». E. Boaga, «A Reforma de Touraine», 12.

O contato com a difusão de grandes obras de espiritualidade traduzidas de vários autores – a chamada «invasão mística»[263] – traz um
grande reavivamento místico e renovação intelectual e moral. Todo este
movimento de renascimento e renovação da Vida Religiosa na França
dará impulso à reforma turonense que, em sintonia com aquele momento, dará grande ênfase à vida espiritual interior: «...le Carmel déchaussé
s'assimila complètement les nouvelles idées et donna la prépondérance à
la prière intérieure»[264].

O precursor da reforma é Pierre Behourt (1564-1633), o qual não
alcançou muitos resultados pela sua grande rigidez. «Seu pensamento
de reforma: "restaurare" (mais do que renovar) o antigo ideal dos ob-
servantes; restabelecer a disciplina primitiva com uma vida comunitária
integral e estreita observância dos três votos»[265]. Mudando de estratégia,
começa a propagar suas ideias entre os jovens estudantes que estão no
início da sua formação religiosa. Entre eles estará outro mentor da reforma que se tornará o principal reformador: Philippe Thibault (1572-
1638). Estudando em Paris, conhece as reformas de outras Ordens Religiosas e entra em contato com as novas ideias sobre a vida espiritual e
aprofundamento da vida interior. Mais tarde, se junta a esses dois outro
reformador, Louis Charpentier, com ideias mais conservadoras, pensando que é suficiente estabelecer a disciplina através de decretos dados pelo
prior geral[266].

Os três se encontrarão, em 1608, no convento de Rennes – primeiro convento da província totalmente reformado. Embora com o mesmo

---

[263] «...it is all-important to remember that the reform of Touraine was taking root
at the very time that the spiritual terrain of France was being deluged by what Bremond
has rightly called "mystical invasion" from Spain, Italy, the Netherlands and the German
Rhineland. The spiritual influence of these countries was tremendous, and can be mea-
sured at least partially by the manifold translation of spiritual books that flooded France».
K. HEALY, *Methods of Prayer*, 16.

[264] P. W. JANSSEN, *Les origines de la réforme*, 189. «...gli autori del sec. XVII accentuano il carattere personale e interiore di tale vita alla presenza di Dio, più che non gli autori
precedenti». O. STEGGINK, «Carmelitani», 495.

[265] E. BOAGA, «A Reforma de Touraine», 14.

[266] Em 1603, a província recebe a visita canônica do Prior geral Henry Sylvius
(1598-1613) que estabelece alguns decretos de reforma baseados em outros deixados pelo papa Clemente VIII (1592-1605), em visita apostólica, no ano de 1594, à Curia Geral dos
Carmelitas em Transpontina, Roma. Tais decretos papais tornaram-se modelo de reforma
para toda a Ordem. No capítulo provincial de 1604, em Nantes, o Padre Geral reúne os
decretos que serão semelhantes àqueles indicados para a reforma geral da Ordem. Eles serão a «base» de referência, conhecidos como a «magna charta» dos conventos reformados.
Cfr. P. W. JANSSEN, *Les origines de la réforme*, 136-149; J. SMET, *The Carmelites*, III, parte I,
39-40; E. BOAGA, «A Reforma de Touraine», 16.

objetivo de reforma, possuem três diferentes pontos de vista para realizá-la: enquanto Charpentier pensa a reforma somente como o esforço para seguir a legislação em vigor deixada pelo prior geral, em 1604, Behourt tende a aproximar-se dos costumes dos descalços. Já Thibault pensava na reforma como uma resposta aos desafios colocados pela «nova espiritualidade»[267]. Para ele, «A Reforma devia ser fundada, conforme o espírito da Ordem, sobre o relacionamento íntimo com Deus. A união e a fraternidade ofereciam um fundamento mais sólido que o perfeccionismo das práticas exteriores. Não julgava oportuno renunciar à Regra mitigada, nem útil uma separação como Congregação independente»[268].

Tornando-se prior em Rennes, em 1608, Thibault terá uma grande influência e será o líder da reforma, tendo as suas ideias prevalecidas. Em 1633, com a chegada da reforma a Chalain, todos os conventos da Província tinham aderido ao renovado estilo de vida[269].

A fim de estabelecer regras e estatutos e melhor sistematizar as práticas conventuais, em 1612, a comunidade de Rennes, a partir de discussões e de sua experiência de vida, produz *Regles et Status Conventuels des Carmes de Rennes* para orientar aquela comunidade reformada[270]. Com o intuito de fazer uma legislação mais definida sobre a reforma, com um horizonte mais amplo que servisse de orientação também para outros conventos reformados, em 1615, escreve-se *Exercitia Conventualia*. Esta «had a wider scope than the *Reigles et Status* wich applied only to the single convent of Rennes»[271]. Fazem uma reflexão maior sobre os votos, a oração e a vida comunitária. Publicam separadamente as regras para o noviciado chamado *Directoire Spirituel*, ou *conduit interiéure du*

---

[267] «Charpentier was satisfied with the restauration of the common life, Behourt favored certain practices of the Discalced, while Thibault wanted to incorporate the forms of spirituality current in the French revival to which he was closely linked». J. SMET, *The Carmelites*, III, parte I, 41.

[268] E. BOAGA, «A Reforma de Touraine», 18. «Il grande organizzatore dell'osservanza, Filippo Thibault (1572-1638), rinunciò decisamente a fondare una congregazione indipendente... La "osservanza piú stretta" (i suoi iniziatori preferirono questo nome a quello di "riforma") nacque e si sivilippò in seno all'Ordine, con l'approvazione e l'appoggio del generale di Roma, allontanando quanto potesse portare alla separazione...). O. STEGGINK, «Carmelitani», 494. «The principal exponents of this reform were explicit in their desire to remains united to the Order, and so they preferred to be called the "Stricter Observance"». R. M. VALABEK, *Prayer life in Carmel*, 94.

[269] Cfr. S.-M. BOUCHEREAUX, *La réforme des Carmes*, 94.

[270] «Estas normas regulam a vida dos reformados até as minúcias. Isto é notado como necessidade e como coisa normal. Com o passar do tempo, porém, isto levará a um rígido formalismo no século XVIII». E. BOAGA, «A Reforma de Touraine», 23.

[271] J. SMET, *The Carmelites*, III, parte I, 54.

novitiat de l'Observance, e comprometem a reforma à observância estrita das Constituições e todos os estatutos até então publicados[272].

Mais tarde, com a reforma de toda a província, sente-se a necessidade de ter as próprias Constituições da Reforma, tarefa delegada pelo Capítulo de 1635. O primeiro texto aparece em 1636, ainda não impresso. Finalmente, em 1639, recebem *Regula et Constituiones Fratrum B. Dei Genitricis et Virginis Mariae de Monte Carmeli pro conventibus reformatis Provinciae Turonensis*, as quais serão revistas e reimpressa em 1650[273]. As Constituições reformadas e os «diretórios» escritos tiveram grande influência em toda a Ordem. «The French Touraine Reform was one such movement which in reality had a healing effect on the whole Order, as its Constitutions gave impetus to renewal of the Constitutions of the entire Carmelite Order»[274].

A reforma busca o verdadeiro sentido do Carmelo: «La Réforme de Touraine, authentiquement carmélitaine, n'a donc eu d'autre ambition que de faire revivre chez ses fils le "vrai esprit du Carmel"»[275]. K. Healy questiona uma visão que limita a reforma de Touraine somente a um retorno à vida comunitária e maior fidelidade à vivência dos votos:

> Was this reform a mere return to common life and practice of the three vows – a return to a life of regularity free from scandal and bad exemple, or was it more than this? Was it also a return to the primitive spirit of the Order of Carmel? …it has been alleged, and we believe erroneously, that the reform of Touraine was not a reform in the true sense, that is, a return to the primitive spirit of the Order, but that it was essentially only a determined effort to return to the common life and regular observance[276].

Mesmo que houvesse também a intenção de recuperar a vida comunitária, a pobreza e a vivência dos votos – «...the reformers aimed to restore the common life, revitalizing a life of poverty and simplicity,

---

[272] Cfr. P. W. JANSSEN, *Les origines de la réforme*, 172-173; J. SMET, *The Carmelites*, III, parte I, 54.

[273] Cfr. S.-M. BOUCHEREAUX, *La réforme des Carmes*, 96-97; J. SMET, *The Carmelites*, III, parte I, 55.

[274] R. M. VALABEK, «The Blind Brother», 125. «Tais Constituições serviram depois de fundamento para as de toda a Ordem redigidas em 1904 e 1930, até às novas de 1971. O "Directorium vitae spiritualis", desejado pelas autoridades da Ordem e com a supervisão de Frei Brenninger, valorizou, em vista da formação dos jovens carmelitas, muitos escritores da Reforma Turonense e os "Directórios" da mesma». E. BOAGA, «A Reforma de Touraine», 32.

[275] S.-M. BOUCHEREAUX, *La réforme des Carmes*, 355.

[276] K. HEALY, *Methods of Prayer*, 15.

eliminating privileges that militated against the vow»[277] –, no fundo o que
se buscava era resgatar tais valores num retorno ao ideal primitivo da
Ordem, dentro dos novos desafios e realidade do momento[278]:

> it seems to us after an examination of some of the more important
> documents of the reform that this was not merely a return to the
> common life, but that it was much more, it was above all a return to
> the primitive spirit of Carmel – a return to a life that was primarily
> (but not exclusively) contemplative where in the spirit of solitude,
> silence and prayer would reign supreme[279].

Não querem, porém, simplesmente recuperar o passado, mas adap-
tá-lo e vivê-lo no presente: «Ils visaient à renouveler la manière de vivre
l'idéal carmélitain dans des formes qui, tout en rejoignant autant que
possible le passé, étaient adaptèes aux conceptions contemporaines»[280].
Dentro desta retomada do «verdadeiro espírito do Carmelo», a
grande ênfase será dada aos valores da oração, solidão e silêncio, sintetizados na parte que consideram central e fundamental da Regra: *die ac
nocte in lege Domini meditantes*[281]. Embora não se tenha uma definição
formal, nos estatutos e diretórios de Touraine, bem como nos escritos
dos autores da reforma, a contemplação é considerada como o principal
ideal da vida carmelitana[282], reafirmando que a vida de «constante oração» nunca foi alterada ou mitigada na Regra, como diz o *diretório dos
noviços*:

> The first and principal obligation of our Institute is to attend and
> stand with God in solitude, silence and continual prayer, following
> the wish of our first father and founder St. Elias, the prophet. For
> this reason our dwelling has been placed in the desert, where the

---

[277] R. M. VALABEK, «The Blind Brother», 134.

[278] «History proves that the Carmelites of Touraine also fell under the spell of the
mystical invasion». K. J. HEALY, *Methods of Prayer*, 17.

[279] K. HEALY, *Methods of Prayer*, 16. As Constituições dos reformados dizem: «It is
necessary that a convenient time and place be given to the newly professed so that they
may be more deeply imbued with the spirit of our holy Institute, and implant virtues in
their minds, and transfer all their affections totally in God, so that in time they may advance in internal conversation with God and in the sweet presence of God, which beyond
a doubt constitutes and makes the true Carmelite». *Regula e Constitutiònes Fratrum Beatae
Dei Genitricis et Virginis Maria de Monte Carmelo* [1636], Part I, chap. Vi, p.73, citado por:
K. HEALY, *Methods of Prayer*, 17.

[280] P. W. JANSSEN, *Les origines de la réforme*, 200.

[281] Rc 10. O então conhecido Capítulo VII da Regra.

[282] Cfr. K. J. HEALY, *Methods of Prayer*, 15-21; J. SMET, *The Carmelites*, III, parte
I, 57-61.

express command of our Rule orders us to remain continually withdrawn in our cells, meditating day and night on the law of God. And although after many centuries we have been transported from the deserts of Palestine to the cities and populated towns of Europe, nevertheless, this obligation of continually being attentive to God in prayer has always remained the same. Our Rule on this point has never been changed. Hence, the principal work of the Order is prayer, solitude an silence, all other work should be considered accessory, and should never destroy or be prejudicial in any manner to the principal work[283].

O problema não estava em assumir a vida contemplativa como ideal e objetivo da Ordem. Isto era claro. A grande questão é como integrá-la às novas realidades, de forma especial com o apostolado[284]. Este será o grande desafio e contributo da reforma[285]. No século XVI, com o surgimento de novas congregações religiosas de vida ativa, acentuou-se a tendência de separar a vida de oração do apostolado. Estas novas congregações, tendo o apostolado como principal objetivo de suas fundações

---

[283] *Direttorio spirituale dei Carmelitani* (2nd. ed., 4v., Torino, 1757), I, 300-301, citado por K. HEALY, *Methods of Prayer*, 18. Jean Soreth já havia dito na sua *Expositio paraenetica* que a oração contínua jamais foi mitigada por nenhum papa. Cfr. C. M. CATENA, «La meditazione in comune», 323. A Reforma de Touraine seguirá a Regra mitigada, como dizem os seus estatutos: «Nous desirons etroitement garder nostre règle, pour le moins mitigée par Eugene 4, Pij 2 et Sixte 4, le plus exactement que faire se pourra, et semblement (!) les constitutions, et status de nostre ordre, tant anciens que modernes». *Reigles et statuts 1612*, f. I r., citado por P. W. JANSSEN, *Les origines de la réforme*, 192.

[284] O apostolado torna-se cada vez mais presente na vida carmelitana desde a sua «identificação» como Ordem Mendicante, confirmada com as várias adaptações feitas neste sentido. No capítulo geral de 1287, por exemplo, mudam a cor da capa em função disto: «I padri raccolti in quella assemblea decidono di adottare il colore bianco della cappa in sostituzione dei due colori precedenti, per facilitare ai religiosi l'accesso alle università e all'apostolato». C. M. CATENA, «La meditazione in comune», 317. Há testemunhos de que os carmelitas viveram um equilíbrio entre a vida contemplativa e apostólica, como diz, nos primeiros anos dos século XIV, o cardeal Berengario Fredol: «"Ipsius ordinis professores... in conspectu Altissimi et eius B. V. Matris phialas odoramentorum in orationis assiduitate praesentant... Sacrae paginae documentis instructi fructus perutiles saluberrimae praedicationis gratia et exemplis salutaribus in Dei Ecclesia producere non desinunt" (*Spec. Carm.* (1680), I, n. 513). Il cardinale, quindi, è impressionato contemporaneamente dalla vita di orazione continua e dall'efficace apostolato dei carmelitani del suo tempo». *Ibid.*, 317-318.

[285] A questão da vida apostólica era um desafio para a espiritualidade carmelita da época: «The Discalced Constitutions of 1611 contain a prologue which defines the nature of the Carmelite Order, declaring that the better *(potior)* part of Carmelite life consists in "the contemplation and love divine things"; action *(actio)* takes second place – "*(pars) posterior*"». J. SMET, *The Carmelites*, III, parte I, 57.

e a espiritualidade de contemplar Deus no próximo, assumem a oração como meio necessário para a vida apostólica, mas limitada a períodos determinados de oração metódica. As Ordens antigas, tendo a oração, o ofício no coro, a leitura espiritual, o trabalho manual e estudo como ideal principal de vida, privilegiando um contato direto com Deus, veem o apostolado como fruto e prolongamento desta vida espiritual. Dão ênfase à vida de oração, pessoal e comunitária, e devem «evitar» tudo aquilo que contraria a esta prioridade[286].

O grande desafio, portanto, será integrar a vida contemplativa e o apostolado:

> Le probléme du rapport entre la vie contemplative et l'apostolat se posa de nouveau dans toute son acuité. L'idéal contemplatif de l'Ordre avait l'adhésion indiscutable des Tourangeaux. La difficulté n'etait pas là. Mais tandis que, d'une part, ils voulaient maintenir la vocation de leur Ordre à l'apostolat et le cadre traditionnel, ils étaient portés, d'autre part, à identifier la vie contemplative à la prière intérieure et ils adoptèrent avec empressement la pratique méthodique de la prière intérieure. L'application systématique de cette dernière tendance devait mettre en danger tant l'apostolat que le cadre de vie traditionnel[287].

Nesta discussão sobre o apostolado, surgem duas linhas de pensamento defendidas por dois grandes expoentes da reforma: Phelippe Thibault e Jean de Saint-Samson (1571-1636)[288]. Enquanto que para Thibault o apostolado, ainda que não seja a parte principal ou essencial, era parte integrante do espírito da Ordem[289], para Jean de Saint-Samson era algo muito secundário na vida carmelitana, devendo ser colocado em segundo plano, ou até mesmo evitado: «Le fait que les Carmes soient devenus des moines mendiants et se soient mis à s'occuper activement

---

[286] Cfr. E. BOAGA, «A Reforma de Touraine», 19-20.

[287] P. W. JANSSEN, Les origines de la réforme, 190.

[288] O grande místico Jean de Saint-Samson – «who has been called the French St. John of the Cross», R. M. VALABEK, Prayer life in Carmel, 96 –, com a vivência e partilha de sua profunda experiência de Deus, torna-se o diretor espiritual e a «alma» da reforma. Para uma visão geral da sua vida e obra: R. M. VALABEK, «The Blind Brother», 124-143. Também para uma síntese com a bibliografia básica: Y. DURAND – E. BOAGA, «Giovanni di San Sansone, mistico e venerabile, O. Carm (1571-1636)» (2008).

[289] Esta ideia irá prevalecer: « ... le costituzioni del 1639 riconoscono pienamente la vocazione dell'Ordine alla vita apostolica, in un articolo rimasto anch'esso sino ai nostri giorni, nel quale si riconosce la chiamata fatta dalla Chiesa all'apostolato con il conseguente obbligo di dedicarsi – oltre che alla teologia mistica quale parte ottima per i Carmelitani – agli studi delle lettere e delle scienze». O. STEGGINK, «Carmelitani», 495.

d'apostolat dans les Villes, a été désastreux pour l'Ordre selon le frère Jean de Saint-Samson»[290]. Thibault, apesar de suas atividades pastorais, sabe bem que a oração deve ser prioritária, mas não deixa de ter o apostolado como indispensável à vida carmelita. «On retrouve la même attitude chez beaucoup de Tourangeaux. Pour eux l'apostolat était un element indispensable de la vie carmélitaine. Ils soulignent bien, oralement et par écrit, que, pour le Carmel, la prière et la solitude viennent en premier lieu; mais ils n'en affirment pas moins que l'activité pastorale a aussi une place importante»[291].

O ideal sera a harmonia entre os dois aspectos, não perdendo de vista a essência da vida no Carmelo. Deste modo, «Le moine qui devait quitter ce cadre pour l'exercice de son apostolat, était tenu à préserver l'atmosphère contemplative; pour cela il devait constamment être attentif à la présence de Dieu et s'unir constamment à lui par de courts et ardents témoignages d'amour»[292]. Aos noviços será claro, no seu diretório[293], a necessidade de aprender bem um método de oração para que esta seja sempre a prioridade em sua vida também de apostolado: «C'est ainsi que les novices apprennent systématiquement la pratique de la prière perpétuelle, même quand leurs occupations les appellent hors du couvent. C'était là, suivant les Tourangeaux, la voie tout indiquée pour combiner harmonieusement apostolat et contemplation»[294].

Para enfatizar a centralidade do então «Capítulo VII» da Regra – *die ac nocte in lege Domini meditantes*[295] – e preservar a essência da vida carmelitana, que é a experiência contemplativa, a Reforma propõe duas formas de contínua oração: o exercício da *presença de Deus*, que é o pres-

[290] P. W. JANSSEN, *Les origines de la réforme*, 196.

[291] P. W. JANSSEN, *Les origines de la réforme*, 197.

[292] P. W. JANSSEN, *Les origines de la réforme*, 200.

[293] O *Directoires des novices*, com uma exposição da espiritualidade da reforma em quatro volumes, foi publicado nos anos 1650-1651, por Marc de la Nativité (1617-1696), para a formação dos noviços e religiosos reformados. Teve uma grande difusão em toda a Ordem: «Este "directorium" praticamente permaneceu o manual de uso no noviciado de toda a Ordem, até ao Concílio Vaticano II». E. BOAGA, «A Reforma de Touraine», 32. Após falar sobre a preparação à Vida Religiosa, catecismo ou instrução cristã e a vida regular nos três primeiros volumes, o quarto volume – *Méthode claire et facile pour bien faire oraison mentale et pour s'exercer avec fruit en la presence de Dieu. Faisant le quatriesme traitté de la conduitte spirituelle des novices pour les convens reformez de l'Odre de Nostre-Dame du Mont-Carmel* – fala sobre os métodos de oração, o qual tornou-se uma obra importante na formação espiritual da vida carmelitana. Especificamente sobre esta obra a importante tese doutoral de K. HEALY, *Methods of Prayer in the Directory of the Carmelite Reform of Touraine*, de 1956, reeditada em 2005.

[294] P. W. JANSSEN, *Les origines de la réforme*, 200.

[295] Rc 10.

suposto para a *oração aspirativa*: «Les Tourangeaux croyaient pouvoir préserver l'atmosphère contemplative dans leurs activités en ayant recours à deux formes de prière, qu'ils jugeaient très appropriées: l'exercice de la présence de Dieu eu l'oraison aspirative qui est une forme plus élevée de l'oraison jaculatoire»[296].

Para o carmelita, viver esta constante *presença de Deus*, numa forma de *vacare Deo*, é parte essencial do seu carisma[297]: um constante «esvaziar-se de tudo» para «encher-se de Deus», alimentados pelo silêncio e a solidão, que preservam «o coração puro» e o colocam no verdadeiro «seguimento de Cristo». Por isso, o silêncio, a solidão, a oração, serão a base da experiência da presença de Deus, e os outros elementos da Vida Religiosa o suporte para concretizá-la:

> Pour acquérir l'habitude de cette actuelle présence: la solitude, le silence, la prière. Solitude et silence qui font prendre conscience de l'universelle et personnelle Présence; prière qui noue et entretient

---

[296] P. W. JANSSEN, *Les origines de la réforme*, 197. «A life of familiarity with God is the first thing necessary for a Carmelite. Together with the practice of the presence of God aspirative prayer is essential to preserve the true spirit». R. M. VALABEK, *Prayer life in Carmel*, 96. A *oração aspirativa* será vivida e tão bem expressa por Jean de Saint-Samson. Afirmando que a vida mística é um chamado feito a todos – «Tirelessly, he taught that all are called to the mystical life, that is, to experience in some way even here on earth God himself and his actual presence». *Ibiden*, 96-97 –, e enfatizando o aspecto afetivo do relacionamento com Deus – «Stressed especially is the loving aspect of prayer, much more than the speculative aspect». ID., «The Blind Brother», 138 – , a oração aspirativa será a sua forma preferida de oração, sobre a qual tão bem descreve: «Aspiration n'est pas seulement un colloque affectueux, quoy que de soy-mesme ce soit un bon exercice; d'où mesme naist et procède l'Aspiration. C'est un élancement amoureux et enflammé du coeur et de l'esprit, par lequel l'Ame se surpassant et toute chose crée va s'unir étroitement à Dieu en la vivacité de son expression amoureuse. Cette expression ainsi essentiellement faite, surpasse tout amour sensible, raisonnable, intellectuel, et compréhensible; arrivant par l'impétuosité de l'Esprit de Dieu et de son effort, à l'union divine non tellement quellement; mais par une soudaine transformation de l'Esprit en Dieu». *Le Miroir et les flames de l'amour divin*, D. 321, citado por C. JANSSEN, «L'Oraison Aspirative», 195. Para uma visão mais ampla do tema, o referido artigo: C. JANSSEN, «L'Oraison Aspirative chez Jean de Saint Samson» (1956); também: V. POSLUSNEY, *Prayer, Aspiration and Contemplation from the writings of John of St. Samson, O. Carm., Mystic and Charismatic* (1975). Para uma síntese: R. DE LIMA GOUVEIA, «Orazione aspirativa» (2008).

[297] Desde os primeiros séculos da Ordem, os carmelitas assumem a contemplação «non nella linea del "Contemplata aliis tradere" di marca domenicana, ma in una propria comprensione, nel solco monastico, cioè il "Vacare Deo": la contemplazione come base e fondamento della propria esistenza, il contemplare con lo sguardo di Dio e l'amare, di conseguenza, con il suo cuore. Quindi la contemplazione, o esperienza dell'Assoluto, come fonte di tutta la vita e principio di unificazione di ogni suo aspetto». E. BOAGA, «Dal secolo XII», 76-77.

la relation avec elle. Les supports d'une telle vie nécessairement dépouillée seront la pauvreté, l'obéissance, la pureté et, par voie de conséquence, le travail, la pénitence, la mortification: tous ces retranchements pour qu'on puisse continuellement vaquer à Dieu seul, *soli Deo vacare, partem esse Carmelitarum optimam (Constit. Obs. Rhed.*, pars Iª, ch. XIV)[298].

Neste sentido, através dos métodos de oração apresentados no diretório dos noviços (*Méthode*), a reforma difunde a oração mental em três modos: *meditação metódica, oração mista* (uma mistura da oração oral e mental) e *oração aspirativa*. «These ways of prayer are predominatly affective. That is, the affections are given the greatest part in prayer, although the intellect must supply the considerations which move the will. The will is the queen of faculties. Love is an enexhaustible source of holy thoughts. Affective union is the end to be obtained»[299]. Uma grande marca da reforma será a meditação em comum duas vezes ao dia[300], além da leitura bíblica na cela, exame de consciência três vezes ao dia e dez dias de retiro por ano[301].

Além da ênfase que as *Reigles et Status* dão à vida contemplativa, também assumem outros pontos para a reforma, principalmente em relação à pobreza e vida comunitária. Proíbe-se a posse privada, sendo que tudo deveria estar guardado num lugar comum chamado *depositum*, a serviço da comunidade. As comunidades também deviam ter as coisas em comum: os conventos mais ricos ajudariam os mais desfavorecidos, criando um fundo provincial para as novas fundações ou reconstruções dos conventos antigos. Para implementar a vida comunitária, abolem-se os privilégios e títulos acadêmicos que dispensavam da vida comum; prescreve-se uma igualdade no vestuário e na alimentação; igualdade entre os irmãos ordenados e não ordenados, os quais não deveriam ser vistos somente como servidores, mas como irmãos; quem não participa

---

[298] S.-M. BOUCHEREAUX, *La réforme des Carmes*, 357.

[299] K. HEALY, *Methods of Prayer*, 171.

[300] A meditação em comum aparece primeiramente entre as monjas no século XV e entre os frades somente na metade do século XVI. Não era imposta como uma obrigação pelo receio de que o carmelita, que deve dedicar a maior parte do seu tempo à contemplação – «meditar dia e noite» – se restringisse aos momentos estabelecidos, colocando em perigo o ideal contemplativo da Ordem. A meditação em comum seria somente para os mais débeis e negligentes que têm muita dificuldade em viver aquilo que a Regra pede. Mais tarde, porém, estará presente nas reformas, como na de Touraine. Sobre o tema ver: C. M. CATENA, «La meditazione in comune nell'Ordine Carmelitano: origine e sviluppo» (1955).

[301] Cfr. P. W. JANSSEN, *Les origines de la réforme*, 194; J. SMET, *The Carmelites*, III, parte I, 59.

é privado de voz e lugar na comunidade; não se pode ausentar do coro; e para algum trabalho externo deve ter a autorização do provincial; e outras normas que pedem o cuidado na escolha do lugar onde morar; o estilo de vida simples e pobre para todos[302]. Não deixa de ser uma forma de interpretar e colocar em prática a proposta da Regra.

A reforma renova o espírito religioso da província e torna-se um modelo para a Ordem: «Other provinces of the Order in France as well as in other countries begged for Touraine friars to teach them their way of live. The reform produced many men with profound experience of the interior life and in spite of an early mistrust of academic learning a rich literature of devotion»[303].

11. Conclusão: valores permanentes de um projeto de vida comum

A Regra do Carmo não surgiu do acaso, mas de uma experiência de vida enraizada na história e em uma realidade concreta, com seus desafios e necessidades, sendo também sinal a um contexto social e religioso particular e em constante transformação. Da experiência fundante e original, sabem escutar os apelos de Deus em cada momento histórico, vivendo um processo de aprofundamento e maturidade até chegar à identidade definitiva de carmelitas, seguidores de Jesus Cristo, como Ordem Mendicante de origem eremítica, inspirados num *propositum* que se transforma em uma *vitae formula*, enfim, custodiado e aprovado como uma Regra.

A tensão entre a origem eremítica que se torna vida cenobítica; da experiência pessoal que caminha rumo ao comunitário; de uma solidão do ermo preferivelmente contemplativa para uma vida mais ativa perto das cidades; dos momentos dedicados à oração àqueles destinados ao apostolado; ambos «conflitivos» por vezes, outras vezes «harmoniosos»; foi fundamental para definir o carisma e encontrar um equilíbrio entre os diferentes valores, que necessariamente não se contrapõem, mas para o carmelita se complementam. Ainda que em determinados momentos, pessoas ou comunidades, como é natural, enfatiza-se mais um aspecto ou outro, como a própria Regra dá liberdade para tanto. Como foi visto, a grande ênfase no «meditar dia e noite a lei do Senhor» como centro da Regra e da vida carmelitana era justamente para não se perder de vista o essencial, mesmo integrando outros elementos que não o substituía,

---

[302] Cfr. S.-M. Bouchereaux, *La réforme des Carmes*, 101-109; P. W. Janssen, *Les origines de la réforme*, 201-209; . Smet, *The Carmelites*, III, parte I, 58-60.

[303] Smet, *The Carmelites*, III, parte I, 60.

pelo contrário, davam àquele um sentido ainda mais profundo e uma consequente resposta mais concreta.

A Regra é a base para aqueles que querem viver a experiência do Carmelo. Como um texto inspirado na Palavra de Deus, e sendo esta Palavra sempre *viva e eficaz*[304], a Regra também deve ser lida e interpretada nas diferentes realidades, pois estas a ilumina, fazem descobrir ainda mais sua riqueza e a faz ser um texto «vivo», «novo» e sempre «atual». Assim foram as várias tentativas de cada momento de sua história: interpretar e viver a Regra segundo as realidades e desafios dos diferentes tempos, tanto sociais como eclesiais, sem perder de vista os valores centrais de sua origem e, portanto, universais e permanentes.

O essencial deve permancer em cada momento: uma vida de profunda experiência de Deus (*Vacare Deo*), em constante atitude de oração (*die ac nocte in lege Domini meditantes*[305]), centrada na Eucaristia (*Oratorium in medio cellularum*[306]), que leva a uma experiência concreta de fraternidade (*sint vobis omnia communia*[307]), que extrapola os muros dos conventos para ser vivida no serviço ao povo de Deus, como sinal profético e como apostolado, em um *status in quo sibi et proximis proficere valeant ad salutem*[308]. Esta foi a riqueza das várias leituras, reformas, lidas e acolhidas em seu contexto.

A leitura da Regra hoje continua sendo um desafio para os nossos tempos. Principalmente a partir do Concílio Vaticano II, a releitura da Regra ganhará um espaço importante, fundamentando a reflexão sobre o carisma e sendo uma base de apoio naquele que foi um dos períodos mais importantes para a Igreja nos últimos tempos, também para a Ordem do Carmo. São nesses momentos «privilegiados» da história que o carisma é aprofundado e a Regra mostra o quanto ainda tem de riqueza a ser descoberta, na sua espiritualidade e projeto de vida, nos quais os valores permanentes continuam sendo inspirados e iluminados pela própria história, nas suas diferentes realidades e desafios.

---

[304] Cfr. Hb 4,12.

[305] Rc 10.

[306] Rc 14.

[307] Rc 12.

[308] Cfr. Bula «*Paganorum Incursus*», in *Bull. Carm.*, I, 8.

SEGUNDA PARTE

CONCÍLIO VATICANO II
E A RELEITURA
DA ESPIRITUALIDADE CARMELITA

Capítulo III

O evento do Vaticano II:
renovação da Igreja e da vida consagrada

À vida consagrada está confiada outra grande tarefa, à luz da doutrina sobre a Igreja-comunhão proposta com grande vigor pelo Concílio Vaticano II: pede-se às pessoas consagradas para serem verdadeiramente peritas em comunhão e praticarem a sua espiritualidade, como «testemunhas e artífices daquele "projeto de comunhão" que está no vértice da história do homem segundo Deus». O sentido da comunhão eclesial, desabrochando em espiritualidade de comunhão, promove um modo de pensar, falar e agir que faz crescer em profundidade e extensão a Igreja. Na realidade, a vida de comunhão «torna-se um sinal para o mundo e uma força de atração que leva à fé em Cristo. (...) Dessa maneira, a comunhão abre-se para a missão e converte-se ela própria em missão», melhor, «a comunhão gera comunhão e reveste essencialmente a forma de comunhão missionária»[1].

Um momento de suma importância para a eclesiologia de nossos tempos é, sem dúvida, o Concílio Vaticano II. Este foi a oportunidade da Igreja entrar em diálogo com o mundo e refletir sobre os novos desafios que constantemente ele propõe. Também foi um momento importante para recuperar algumas dimensões da eclesiologia, as quais constituem

---

[1] VC 46: «Un grande compito è affidato alla vita consacrata anche alla luce della dottrina sulla Chiesa-comunione, con tanto vigore proposta dal Concilio Vaticano II. Alle persone consacrate si chiede di essere davvero esperte di comunione e di praticarne la spiritualità, come "testimoni e artefici di quel 'progetto di comunione' che sta al vertice della storia dell'uomo secondo Dio". Il senso della comunione ecclesiale, sviluppandosi in *spiritualità di comunione*, promuove un modo di pensare, parlare ed agire che fa crescere in profondità e in estensione la Chiesa. La vita di comunione, infatti, "diventa un *segno* per il mondo e una *forza* attrattiva che conduce a credere in Cristo [...]. In tal modo la comunione si apre alla *missione*, si fa essa stessa missione", anzi *"la comunione genera comunione* e si configura essenzialmente come *comunione missionaria"*».

o próprio ser da Igreja, e que estavam esquecidas ou encobertas pelo tempo ou pelo rumo da própria história e dos limites humanos que ela traz à experiência eclesial.

Este capítulo tem como objetivo recordar, de modo muito sintético, alguns passos do processo de renovação conciliar vivido pela Igreja e os principais elementos da nova eclesiologia proposta pelo Concílio Vaticano II, sem a presunção de um grande aprofundamento ou esgotamento do assunto. A partir destes elementos, pode-se ver a grande influência que a eclesiologia do Concílio teve na renovação da vida consagrada, levando-a, de modo sem precedentes, a uma inédita posição na reflexão eclesiológica que a coloca inserida no mistério eclesial, em compromisso com a Igreja de Comunhão. Todo esse processo não acontecerá sem uma grande «crise» da Vida Religiosa, que levará à necessidade de aprofundar sua identidade diante do novo quadro eclesiológico proposto pelo Concílio. É assim que a vida consagrada estará presente em todo o contexto de renovação eclesial pós-conciliar e nele será desafiada a ser uma presença na Igreja, de acordo com o específico dos diversos carismas que possui.

A eclesiologia do Concílio resgata o sentido sacramental da Igreja, convidando toda comunidade eclesial, e nesta também toda a vida consagrada, a ser «sinal e instrumento» da presença de Cristo, continuando na humanidade a realização do Reino inaugurado por ele e que segue para a plenitude. Para tanto, desafia-se à participação e corresponsabilidade, porque todos formam o único «Corpo Místico de Cristo», o novo «Povo de Deus» que caminha na história, convocados e enviados pela Palavra, comprometidos pelo Batismo, alimentados pela Eucaristia, a testemunhar a unidade fraterna da Igreja universal que assim se concretiza.

1.   Contexto histórico e causas da reforma da Igreja

A reforma proposta pelo Concílio Vaticano II[2] não é fruto do acaso, mas está intimamente inserida no seu contexto histórico, social e religioso. Mais uma vez, é o dinamismo da história que se transforma constantemente, de uma sociedade e humanidade em profundas mudanças, que leva a Igreja – inserida e partícipe desta história pela sua própria constituição divina e humana – a uma intensa e necessária reforma para continuar atuando e sendo uma presença significativa no mundo contemporâneo.

---

[2] Para a história do Concílio, consultar a autorévole obra de: G. Alberigo, ed., *Storia del Concilio Vaticano II*. I-V (1995-2001). Para uma bibliografia básica, ver: N. Tello, «Vaticano II», 1792-1793.

Os últimos tempos foram marcados por grandes fatos históricos, mudanças de conceitos e pensamentos, que constrangem a teologia e, com ela, toda a Igreja a repensar sua atuação no mundo como anunciadora da mensagem cristã, aprofundando a natureza do seu ser, fazendo uma «autocrítica» jamais vista na sua história[3]:

> Il Vaticano II rappresenta un Evento di una *originalità unica*. I Concili precedenti erano stati quasi sempre provocati da eresie o deviazioni particolari, anche regionali. Lo stesso concilio di Trento si muove dentro frontiere dottrinali ben limitate: rapporto scrittura-tradizioni, peccato originale, giustificazione, sacramenti. Il Vaticano II mette in atto un processo che raggiunge la Chiesa universale, a tutti i livelli e in tutti i suoi aspetti. All'universalità dei temi fa eco l'universalità della rappresentanza episcopale[4].

1.1 *Contexto histórico do Concílio Vaticano II*

Um dos maiores desafios do Concílio era, certamente, o diálogo aberto com o mundo moderno, orientando as bases para a vivência do cristianismo contemporâneo. Não era possível mais somente colocar-se contra as ideias modernistas[5] ou o mundo contemporâneo, mas era necessária a coragem de abrir-se para acolher este mundo que havia se transformado e aquela sociedade que, aos poucos, vai se deparando com novos valores.

Segundo G. Martina, dois grandes aspectos marcam o contexto social nos anos precedentes à convocação do Concílio: por um lado uma forte e rápida evolução em muitos campos da sociedade, principalmente

---

[3] «Une telle autocrique était assez nouvelle dans l'Église, ou du moins elle n'avait pas été entendue depuis longtemps». Y. CONGAR, *Vraie et Fausse Réforme*, 35. Como disse K. Rahner, no final do Concílio: um Concílio *da* Igreja *sobre* a Igreja, pela concetração de temas eclesiológicos jamais visto em outros Concílios anteriores: «Dieses Konzil war also ein Konzil der Kirche über die Kirche. Ein Konzil der Ekklesiologie in einer Konzentration der Thematik, wie es bisher in keinem anderen Konzil der Fall war, da selbst das Erste Vatikanum mit seiner Definition über die primatiale Gewalt des Papstes neben dieser Frage ganz andere Themen, wie z. B. über Gott und sein Verhältnis zur Welt, behandelt hat». K. RAHNER, «Das neue Bild der Kirche», 4.

[4] R. LATOURELLE, «Introduzione – Vaticano II», 9.

[5] Neste sentido, um exemplo emblemático foi o documento *Syllabus* (1864), de Pio IX, que recolhe em 80 proposições as condenações feitas pelo papa nos diversos documentos precedentes do seu magistério eclesiástico, em relação aos erros presentes naquela época, principalmente as ideias liberais: «La publicación del *Sylabus* exasperó los ánimos de numerosos católicos, que simpatizaban con ciertas ideas liberales del mundo laico y, en un primer momento, creyeron sentirse obligados a tener que romper con la Iglesia para no dejar de ser hombres de su tiempo». A. ANTÓN, *El misterio de la Iglesia*, II, 331.

no após guerra; e na Igreja um contraste entre setores conservadores e aqueles abertos, que querem mudanças[6].

No contexto da sociedade contemporânea, três grandes fatores conduzem a uma mudança de mentalidade, no modo de ser e de ver o mundo na sua estrutura global, questionando até mesmo a presença e viabilidade da proposta cristã. O primeiro, é a crescente ascensão dos então chamados «países do terceiro mundo» do domínio colonial. Eles, juntamente com o seu crescimento demográfico, começam também a impor suas culturas e seus valores, os quais muitas vezes contrastam com a hegemonia dos valores europeus. Outro fator foi a grande industrialização com o forte crescimento das indústrias que utilizam as novas tecnologias e pesquisas científicas, que revolucionam e transformam a economia mundial. E no campo das comunicações, a difusão da televisão traz consigo, além da influência sobre os costumes, um apelo intenso ao consumismo, concomitante com aquele momento de grande produção industrial. São fatores que mudam a maneira de pensar e encarar o próprio mundo:

> Sono cresciute le esigenze, confermando il principio elementare di ogni economia, la relatività e la mutabilità del concetto di bisogno. È tramontato il modello tradizionale di famiglia, ridotta nei suoi componenti e da cui, sia per le difficoltà che per le facilità dei trasporti urbani, si sono moltiplicate le evasioni, mentre all'interno si riduce il dialogo. E, nel mondo economico, la concentrazioni di grandi capitali anonimi, la concentrazione delle imprese, la presenza di gruppi di potere hanno portato a seguire come criterio predominante l'utilità individuale, il benessere del maggior numero di persone, la ricerca di prestazioni quantitativamente minori e qualitativamente superiori[7].

B. Kloppenburg, escrevendo em 1962 sobre a preparação do Concílio, assim sentetiza aquele momento particular da história:

> O momento histórico em que vivemos difere profundamente do passado: a técnica e a industrialização trouxeram uma revolução social, econômica, política, industrial, comercial e rural. O próprio Ocidente deixou de ser o centro político e espiritual do mundo. Assistimos ao fim do colonialismo. Terminou também a época na qual os Estados e as estruturas sociais eram cristãos. A vida foi laicizada e descristianizada. O espírito de liberdade sem freios, de autonomia, de auto-suficiência, de impaciência, de busca de novi-

---

[6] Cfr. G. MARTINA, «Il contesto storico», 27.
[7] G. MARTINA, «Il contesto storico», 36.

dade inquieta, as mentes não cristianizadas. No campo religioso o grande problema mundial de hoje não é uma religião falsa, mas a anti-religião, não um ou outro erro teológico, mas a negação da teologia[8].

No confronto com esta realidade, surgem grandes questões em relação ao sentido e importância do cristianismo no mundo contemporâneo, e a atuação da Igreja como a instituição que o representa. O grande desafio é o diálogo com um mundo e o ser humano moderno, que mudou o seu modo de ser e pensar, e que não aceita mais uma imposição de valores ou a autoridade das instituições, mas cresce na consciência pessoal e pensamento individual: «...la grande tendance caractéristique du monde moderne à passer d'un monde objectif à un monde subjectif, d'un monde de l'ordre, de la hiérarchie et de la tradition à un monde de la conscience personnelle, de la pensée individuelle»[9]. É com essa realidade que a Igreja deve se confrontar, saindo de uma posição fortemente apologética, buscando as bases para uma autorreflexão e renovação.

Portanto, a originalidade do Concílio Vaticano II não era «combater» uma determinada heresia, como era normalmente o objetivo dos Concílios anteriores[10], mas justamente uma grande reflexão da identidade da Igreja Universal frente à realidade concreta que a circundava, e sua presença e atuação no mundo contemporâneo. A urgência de tal processo torna-se ainda maior nos anos anteriores ao Concílio, marcado pelo «contesto storico degli anni cinquanta, il clima generale della società nell'immediato dopoguerra, il contrasto fra una società in fortissima evoluzione e una Chiesa per molto aspetti arroccata a difesa di posizioni ormai logore»[11]. Em tal realidade, o Concílio representa um grande passo:

> Siamo passati in definitiva dalla condanna al dialogo, dal ghetto alla presenza, dalla difesa della cristianità all'edificazione di una Chiesa che si appoggia alla forza della verità e all'efficacia della grazia e si presenta come un richiamo, come la custode di valori immutabili anche per quella società che sembra dimenticarli o rinnegarli, come la città posta sul monte, come la lampada sul moggio, come la fonte d'acqua viva da cui tutti attingono[12].

---

[8] B. KLOPPENBURG, *Concílio Vaticano II*, 30.

[9] Y. CONGAR, *Vraie et Fausse Réforme*, 36.

[10] Cfr. J. M. ROVIRA BELLOSO, *Vaticano II*, 21-22.

[11] G. MARTINA, «Il contesto storico», 82.

[12] G. MARTINA, «Il contesto storico», 82. Da vasta bibliografia sobre o tema das reformas na Igreja, pode-se citar: Y. CONGAR, *Vraie et Fausse Réforme* (1968); J.-J. ALLMEN, *Une Réforme dans l'Église* (1971); A. MÜLLER – N. GREINACHER, ed., «La riforma della Chie-

1.2   *A necessária reforma na Igreja*

Falar de reforma não é uma novidade na Igreja. Na sua clássica obra, Y. Congar mostra como a Igreja esteve sempre em movimento de reforma: «L'Église a toujours été en activité de se réformer elle-même. Au moins depuis la fin de cette période classique ou, avec les grands conciles, les Pères, la fixation de sa liturgie, l'Église a en quelque sorte défini son type d'être, son histoire est comme rythmée par des mouvements de réforme»[13].

Diante das mudanças de cada época, a Igreja, como organismo vivo e presente na história, sente também a necessidade de rever e adaptar algumas formas de vida concreta, e até mesmo algumas estruturas, que não condizem mais com o anúncio e vivência do Evangelho. Adaptar formas e estruturas não significa mudar a essência da estrutura da Igreja – dogmas, sacramentos, constituição hierárquica –, mas relê-la e aprofundá-la à luz das fontes bíblicas, do cristianismo primitivo, da liturgia e do magistério, para renovar «le visage humain de l'Église et faire qu'elle apparaisse mieux comme Église du Christ!»[14].

---

sa» (1972); K. RAHNER, *Strukturwandel der Kirche* (1972); e os mais recentes: S. XERES, *La Chiesa corpo inquieto* (2003); D. VITALI, ed., *Annuncio del vangelo, forma Ecclesiae* (2005). Para uma síntese sobre as reformas na Igreja, pode-se consultar: G. TANGORRA, «Riforma» (2010).

[13] Y. CONGAR, *Vraie et Fausse Réforme*, 25. Antes do Vaticano II, porém, não se afirmava oficialmente esta constante necessidade de reforma na Igreja: «Cela n'a jamais signifié que l'Église serait sans défaut mais, avant Vatican II e Paul VI, on n'avait jamais dit, à un niveau aussi officiel et de façon si publique, que l'Église est en perpétuel besoin de réforme». ID., *Le Concile de Vatican II*, 19.

[14] Y. CONGAR, *Vraie et Fausse Réforme*, 57. Na nota n. 50 da introdução, o autor explica o sentido do termo «estruturas da Igreja»: «Ceux qui emploient cette expression un peu vague ne se préoccupent pas toujours de définir ce qu'ils entendent. Cepedant, on peut dire qu'il existe un réel consensus qui se traduirait ainsi: 1° Il ne s'agit absolument pas de la sctructure de l'Église (dogme, secrementes, constitution hiérárchique). *Personne* ne met cette structure en cause. Il s'agit de réalités qui, par rapport à notre distinction entre structure et vie, se tiennent du côté de la vie. – 2° Cepedant, à l'intérieur de la structure essentielle de l'Église, la vie de celle-ci emprunte des formes dont les unes sont tout à fait occasionnelles, mais dont les autres ont une certaine stabilité. L'éloquence de tel orateur est une forme passagère de la doctrine, mais la façon dont le catéchisme est fait, le style et le schéma d'organisation des paroisses, de type commun des grand'messes, sont des formes beaucoup plus stables de la via ecclésiale: ces choses ne sont pas de la sctructure essentielle de l'Église, elles se sont formées historiquement, comme des formes de sa vie, et ont ainsi une valeur seulement relative. Mais elles sont tellement admises que, à l'instar des habitudes, elles sont une sorte de seconde nature et caractérisent un type concret de la vie ecclésiale. C'est à leur sujet, me semble-t-il, qu'on parle, *au pluriel*, de "structures ecclésiales"». *Ibid.*, 57-58, nota 50.

O século passado foi marcado por um grande desejo de reforma na Igreja. Já antes da segunda guerra mundial eram vários os movimentos neste sentido. Depois da guerra, concentra-se uma grande literatura de reforma, onde as novas ideias e sentimentos eram expressos de forma mais livre, mesmo se ainda não bem recebidos. O desejo de reforma nasce do confronto com os fatos da história e a observação de uma sociedade que cada vez mais vai se tornando indiferente à dimensão religiosa, e a fé formal vai desaparecendo da vida e dos valores das pessoas. Embora a Igreja mantenha o «depósito da fé e os sacramentos», muitos modos de vivê-los e expressá-los tornam-se ultrapassados, não condizendo mais com o modo de ser e de viver de um mundo e um ser humano que se transformaram:

> Certaines formes de son culte, l'usage déplacé de formules excessivement analytiques et abstraites dans sa catéchèse, la structure bourgeoise et trop peu vraiment communautaire de la vie paroissiale (au moins dans la plupart des régions de France), bien des attitudes d'esprit chez les clercs, bien des pratiques et des exigences qui relèvent d'un état de «Chrétienté» généralement dépassé chez nous redent pratiquement impossible l'assimilation de nouveaux membres qui viennent d'un monde trop différent[15].

Sabendo distinguir o «cristianismo» de «modo de ser cristão», o valor essencial da proposta cristã não muda, continua sempre o mesmo, mas o modo histórico de concretizá-lo, de viver o cristianismo deve ser atualizado, através dos seus gestos, de suas formas pastorais. Renovam-se aquelas estruturas que não correspondem mais o ser e missão da Igreja, que é anunciar e testemunhar o Evangelho, a pessoa de Jesus:

> Mais, on le voit, ces idées de «périmé» et de changement ne portaient nullement sur le christianisme lui-même, sur ses dogmes et sa structure hiérarchique. Ce qui était mis en cause, et très franchement, c'était certaines formes, pratiques ou habitudes du catholicisme historique: on dirait plus exactement, des catholiques, d'un certain monde catholique historique, de certaines réalités historic-sociales du catholicisme[16].

O grande problema que impede a reforma é quando se absolutizam as «formas», fazendo com que elas deixem de ser «meios» e passem a ser vistas como «fim»; ou ainda, quando se acomodam às formas adquiridas e homologadas, não vendo mais a necessidade de aprofundá-las.

---

[15] Y. CONGAR, *Vraie et Fausse Réforme*, 51.
[16] Y. CONGAR, *Vraie et Fausse Réforme*, 52.

A reforma tem haver com o «modo histórico» de viver e concretizar os valores cristãos, e não com o cristianismo em si. Não é a ruptura com a Tradição, pelo contrário, o aprofundamento desta é que dá as bases para a uma verdadeira reforma[17].

1.3   Movimentos de reforma pré-conciliares

Os movimentos de reforma bíblica, litúrgica, patrística, teológica, pastoral, missionária, ecumênica e social, que foram surgindo gradativamente já a partir do pontificado de Leão XIII (1878-1903), tiveram grande influência para a convocação e realização do Concílio Vaticano II[18]. O próprio fato de ter que alimentar e defender a fé diante do mundo moderno que começa a questioná-la, desperta o desejo e necessidade de retomar e aprofundar as fontes: «La réaction du corps ecclésial contre le modernisme a eu sa part dans le renouveau, par un retour aux affirmations profondes de la foi et une étude sérieuse des sources»[19].

O movimento de renovação bíblica valoriza a presença da Sagrada Escritura na vida da Igreja, no projeto pastoral e na espiritualidade dos fiéis. A partir de um desenvolvimento científico-teológico, através dos estudos das línguas antigas, de novos métodos e técnicas – como a crítica textual, a compreensão das formas literárias, das novas descobertas arqueológicas e do método histórico –, há um verdadeiro progresso e florescimento da exegese bíblica[20]. Cresce notoriamente o número de exegetas qualificados e se retoma fortemente o interesse pela Bíblia.

---

[17] «Mais l'état du monde et des esprits, la nature même des conditions faites à l'évangélisation par le monde moderne, posent des questions extrêmement graves sur ce qu'on peut appeler les structures ou les formes d'expression de l'Église. Ce n'est pas à côté ou contre la tradition de l'Église qu'on veut en chercher la solution, c'est dans la profondeur même de cette tradition». Y. Congar, Vraie et Fausse Réforme, 59.

[18] «On n'aurait pas eu la vague réformiste actuelle sans une prise de conscience apostolique implacablement lucide; on ne l'aurait pas eue non plus, en tout cas pas avec cette qualité, sans un renouveau théologique, liturgique, don les premiers artisans furent les papes Léon XIII et S. Pie X; sans un renouveau du sens même de l'Église, manifeste surtout depuis un quart de siècle». Y. Congar, Vraie et Fausse Réforme, 44. Para uma síntese: «Movimientos de Renovación preconciliares» em C. O'Donnell – S. Pié-Ninot, Diccionario de Eclesiología, 744-747. Muitos desses movimentos terão um papel fundamental na reflexão e desenvolvimento da nova eclesiologia conciliar.

[19] Y. Congar, L'Église, 461.

[20] Alimentando a discussão em torno das novas descobertas e uso da investigação científica no estudo da Bíblia, mostrando também os perigos do mal uso de tais métodos, são famosas as encíclicas Providentissimus Deus (1893), de Leão XIII, e Divino afflante Spiritu (1943), de Pio XII. Também a Comissão Bíblica, fundada em 1903, publicará textos muito duros e repressivos contra o que muitas vezes eram consideradas «tendências modernistas».

Também há um grande aprofundamento no campo teológico com a retomada dos padres da Igreja através da renovação patrística. Com a edição crítica dos textos patrísticos, estudou-se mais afundo a teologia feita pelos primeiros padres, despertando um grande interesse pela Igreja dos primeiros séculos. Recupera-se a rica eclesiologia patrística que vai se contrastando com aquela mais apologética e institucional oferecida pelos manuais de então. Juntamente com o movimento de renovação litúrgica, estudos bíblicos e patrísticos, se retoma uma reflexão sobre a Igreja que será fundamental para a eclesiologia pós-conciliar:

> Le renouveau des études bibliques et patristiques, qui a pris toute son ampleur un peu plus tard, a œuvré dans le même sens, celui d'une intelligence du mystère de l'Église comme plénitude, dans le cadre du dessein de Dieu ou de l'histoire du salut, c'est-à-dire d'une histoire en continuité avec celle d'Israël, centrée sur le Christ, finalisée par la consommation eschatologique[21].

De grande importância, sem dúvida, principalmente para o desenvolvimento da nova eclesiologia, foi o Movimento litúrgico. Recuperando o mistério Eucarístico como centro da vida cristã, será o precursor do renovamento eclesial, apresentando a Igreja no seu mistério de união com a Trindade:

> Il mistero del culto presentava la chiesa nella sua unione con Cristo e nell'accesso di tutti i credenti al Padre. La liturgia permise di scoprire il mistero della chiesa per vivere di esso; e fece sperimentare che non è il clero a costituire la chiesa, ma che questa è la comunità dei fedeli riunita intorno ai ministri e in comunione con la Trinità[22].

O tema da liturgia, possibilitando uma maior consciência e participação do laicato, trará consigo outros grandes temas que serão aprofundados, como o sacerdócio comum, a vivência do Batismo, a participação na missão da Igreja, o ecumenismo, que darão base e impulso para outros movimentos de reforma.

Um movimento que cresce e que será também fundamental em todo esse processo é a maior consciência dos leigos e leigas na participa-

---

[21] Y. CONGAR, *L'Église*, 462.

[22] A. ACERBI, *Due Ecclesiologie*, 34-35. «La liturgie est vraiment "la didascalie de l'Église" (Pie XI), le lieu où le mystère de l'Église est le plus totalement réalisé et le plus authentiquement vécu. Elle réalise la synthèse entre extérieur et intérieur , hiérarchie et communauté, primauté de l'action du Christ et participation de l'homme, réalité présente et visée eschatologique, terre et ciel... C'est à elle, à son explication par de grands liturgistes, qu'est due, en très grande partie, la redécouverte de l'Eglise comme *mystère du Christ*, dans la ligne de la grande Tradition». Y. CONGAR, *L'Église*, 461-462.

ção da vida e missão da Igreja. Inspirados na Ação Católica[23] e no apelo para que o laicato assuma sua missão apostólica no mundo, vai-se desenvolvendo uma nova consciência de participação e corresponsabilidade, junto com a orientação e governo da hierarquia:

> Cela manifeste une nouvelle prise de conscience, par les laïcs, du fait qu'ils sont d'Église et on *à faire*, d'une certaine façon, *l'Église*. Ils discutent les questions de l'Église parce qu'ils se sentent responsables de celle-ci... L'Église se structure hiérarchiquement, mais elle vit aussi d'en bas. Tous les fidèles sont, à un certain titre, responsables du corps entier, surtout dans les circonstances graves. C'est ce qui justifie, qu'aujoud'hui prêtres et laïcs ne puissent s'empêcher de penser les problèmes *de l'Église elle-même*[24].

Temas como o sacerdócio comum dos fiéis, teologia do Batismo, a Igreja como «Corpo Místico» de Cristo, fundamentaram e deram importância à ação católica dos leigos, iluminando a própria reflexão sobre a missão da Igreja no mundo atual, vendo também a necessidade de rever e renovar seus métodos pastorais. Surge ainda todo um movimento de renovação missionária para recuperar algo que estava no coração da Igreja nascente. Vê-se a missão não mais somente como a proclamação do Evangelho aos povos que ainda não haviam recebido a mensagem cristã, mas também como a re-evangelização dos próprios países onde o cristianismo já estava presente há muito tempo, mas com uma necessidade urgente de despertá-lo ou reavivá-lo. Mais uma vez o laicato terá um papel fundamental. É indiscutível o quanto tais movimentos influenciaram na tomada de posição eclesiológica do Vaticano II.

Outro movimento importante para compreender o ambiente que prepara o Vaticano II foi o movimento ecumênico. Embora a Igreja Ca-

---

[23] Expressão que aparece no século XX para falar do apostolado dos leigos como missão apostólica no mundo, sob o governo da hierarquia: «El nombre procedía del grupo italiano *Azione Cattolica*; Pío X fue el primer papa en usarlo. Pero fue Pío XI quien habló del valor de la labor de los laicos: "Unidos a sus pastores y obispos, participan en las labores del apostolado, tanto individual como social" (*Ubi arcano Dei*: AAS 14 (1925) 695). Tendía este a restringir la Acción Católica a los trabajos y actividades apostólicas de los laicos, organizados y llevados a cabo por mandato especial de los obispos. Este sentido estricto de la Acción Católica será más frecuente en la Europa latina. En la década de 1950, sin embargo, su significación se desplaza de este sentido estricto a toda acción de los laicos católicos inspirada en la fe. Al mismo tiempo se desarrolla una espiritualidad del apostolado de los laicos y de la Acción Católica». C. O'DONNELL – S. PIÉ-NINOT, *Diccionario de Eclesiología*, 65-66. Importante neste «despertar» do laicato foi o livro de Y. CONGAR, *Jalons pour une théologie du laïcat* (1954).

[24] Y. CONGAR, *Vraie et Fausse Réforme*, 45.

tólica tardou em entrar oficialmente no diálogo ecumênico moderno[25], aumentou-se consideravelmente o interesse teológico pelo ecumenismo, percebendo a importância da unidade dos cristãos, as riquezas presentes nas teologias protestante, luterana, e também oriental, com o grande desafio de crescer na unidade do projeto cristão comum a todos. Esta abertura ao ecumenismo será importante e muito influenciará a renovação da eclesiologia católica:

> La eclesiología católica, en sus esfuerzos de renovación, debe al *movimiento ecuménico* el haber descubierto, de cara al ecumenismo, elementos nuevos, o al menos casi olvidados, el la eclesiología del Vaticano I y de los decenios siguientes. A medida que la Iglesia ha ido abriéndose a las preocupaciones de otras Iglesias y confesiones cristianas, la eclesiología católica no ha cesado de beneficiarse del pensamiento eclesiológico que dichas Iglesias han desarrollado como patrimonio propio... La apertura de la eclesiología católica al diálogo ecuménico hizo necesaria la tarea de elaborar una teología de los aspectos internos del ser mismo de la Iglesia y de su misión y despertar en la comunidad creyente una conciencia eclesial más abierta a los problemas implicados en la unidad y catolicidad de la Iglesia di Cristo[26].

Em todo esse contexto, foi também de grande expressão as novas discussões e correntes teológicas que surgiam na França depois da segunda guerra mundial, conhecido como *La nouvelle théologie*, propondo uma renovação no pensamento teológico num maior retorno à patrística, não com a superação do tomismo, mas sim do escolasticismo:

> Riaffioravano nella polemica motivi già emersi durante la crisi modernista, l'opportunità di un rinnovamento teologico (preoccupazione che generò il nome dato alla corrente soprattutto dai suoi avversari, *La nuova teologia*), di un avvicinamento al mondo moderno, l'istanza di un superamento non del genuino tomismo, sempre giovane e attuale, ma dello scolasticismo, spesso inariditosi in forme stereotipate, la preoccupazione di un maggior ritorno ai

---

[25] «Suele datarse el nacimiento del ecumenismo moderno con la Conferencia Misionera Internacional celebrada en Edimburgo en 1910. La Iglesia católica tardó en tomar parte en el ecumenismo, siendo la primera apertura oficial la carta del Santo Oficio *Ecclesia Catholica*, de 1949, que permitía a los católicos una participación limitada en las actividades ecuménicas (ASS 42 (1950) 142-147)». C. O'DONNELL – S. PIÉ-NINOT, *Diccionario de Eclesiología*, 746.

[26] A. ANTÓN, *El misterio de la Iglesia*, II, 518.

padri. Tommaso doveva restare un faro, non costituire un «muro di Berlino»[27].

Nos Congressos e discussões sobre a realidade das paróquias, cresce a consciência coletiva dos problemas sociais:

> Dans ces années singulièrement fécondes, il n'était pas de conférence ou de retraite pastorale, de conversation entre prêtres ou séminaristes, oú l'on n'abordât, d'une manière ou d'une autre, des questions qui, vraiment, s'imposaient à la conscience de tout ministre de l'Évangile soucieux d'une pastoration efficace et vraie: prédication moins formaliste, plus réelle; catéchisme mieux apte à préparer des chrétiens pour la vie; liturgie moins routinière et mécanique, qui soit vraiment le culte d'une communauté; formes de vie paroissiale moins formalistes, plus dynamiques, plus vraies au regard des besoins réels des hommes, etc.[28].

Todos esses movimentos de renovação, marcados por uma retomada e releitura das fontes, ajudou não somente uma melhor compreensão da Igreja, mas também do mundo. Amadurecendo o diálogo e aprofundando as relações com este numa perspectiva escatológica, não precisará mais contrapor o poder eclesial ao poder temporal na condição de rivais, mas a Igreja conhecerá melhor a si mesma como aquela que pode atuar no mundo, reconhecendo a laicidade deste, buscando transformá-lo, não com sua clericalização, mas por uma humanização, segundo o projeto cristão: «...ce n'est pas seulement la compréhension de l'Église en ell-même qui a été transformée par le ressourcement, c'est celle du monde: fait dont on mesure la portée quand on se souvient que la manière de

---

[27] G. MARTINA, «Il contesto storico», 55. «...cogli anni '40 e '50 cominciano ad affiorare nella teologia cattolica, soprattutto nella cosiddetta *theologie nouvelle*, le tematiche ecclesiologiche che il Vaticano II farà proprie (H. De Lubac, Y. Congar e altri loro colleghi diverranno periti conciliari), e che da tempo convivevano con quelle tipiche del Vaticano I. Sarebbe un grave errore opporre sistematicamente le due prospettive, perché il Vaticano II in campo ecclesiologico integra e completa la visione del Vaticano I». C. DELPERO, *La Chiesa del Concilio*, 16. Mas é claro que com estas correntes de renovação, o magistério não deixava de se pronunciar: «In questo clima di polemiche, di diffidenza da parte della Santa Sede per correnti che si presentavano come fortemente innovatrici, matura ed è publicata il 12 agosto 1950 l'enciclica *Humani Generis*. Essa ribadiva l'immutabilità del dogma, l'importanza del magistero pontificio, l'inerranza della Scrittura, la validità della Scolastica, il valore didattico dei primi capitoli del Genesi, che senza costituire un racconto storico nel senso più comune di quest'espressione, affermano però verità fondamentali sull'origine del genere umano. L'enciclica si mostra cautamente prudente nei confronti dell'evoluzionismo...». G. MARTINA, «Il contesto storico», 56.

[28] Y. CONGAR, *Vraie et Fausse Réforme*, 31.

comprendre l'Église a été largement conditionnée par la façon de voir sa relation avec le monde»[29].

2. Eclesiologia do Concílio Vaticano II

É comum citar a frase de K. Rahner[30] que o Vaticano II foi um Concílio «da Igreja *sobre* a Igreja», para mostrar o quanto esta foi o tema central do Concílio. Refletindo sobre o «ser da Igreja», procurou-se aprofundar sua origem, natureza, missão[31], em relação com os vários temas teológicos a ela relacionados, no grande desafio de fidelidade à Tradição, mas também de releitura e aprofundamento desta em diálogo com o mundo contemporâneo, abertos à renovação[32]. Nas palavras de A. Antón:

> Describir las nuevas características de la *eclesiología* del Vaticano II lleva necesariamente a exponer la imagen de la *Iglesia* conciliar. La historicidad de la Iglesia y de la eclesiología tiene sus raíces en el nexo mutuo e indisoluble vigente entre la Iglesia *realidad* trascendente y encarnada en el mundo y la eclesiología como *doctrina* teológica de la Iglesia[33].

---

[29] Y. CONGAR, *L'Église*, 462.

[30] Cfr. acima, nota 3.

[31] Como afirmou o Papa Paulo VI, no seu discurso ao final da última sessão do Concílio: «Dirá alguém que o Concílio, mais do que das verdades divinas, se ocupou principalmente da Igreja, da sua natureza, da sua estrutura, da sua vocação ecumênica, da sua atividade apostólica e missionária. Esta secular sociedade religiosa que é a Igreja esforçou-se por pensar sobre si mesma, para melhor se conhecer, melhor se definir e, consequentemente, melhor dispor os seus sentimentos e os seus preceitos (Dixerit aliquis Concilium minus versatum esse in pertractandis veritatibus divinis quam - idque praecipue - in consideranda Ecclesia, eius natura, eius compage eius oecumenico munere, eius opera apostolica et missionali. Haec enim pervetus societas religiosa, hoc est, Ecclesia studuit de se ipsa cogitare, quo melius se cognosceret, melius se definiret atque ex his mentem ac praecepta sua componeret)». PAULO VI, *Homilia in IX SS. Concilii Sessione (d. 7 dec. 1965)*, 6.

[32] A necessária síntese entre a fidelidade ao passado e abertura ao futuro: «Più concretamente: il progresso tanto della Chiesa come della dottrina sulla Chiesa nel tempo segue la legge dinamica dell'*equilibrio* instabile tra la *fedeltà* a un passato, sempre ancorato alle origini stesse della Chiesa, e l'*apertura* alle nuove esigenze di ogni epoca storica; anche il *conservare* in ogni situazione storica determinata i tratti essenziali dell'immagine apostolica della Chiesa, sbarazzandosi di una zavorra inerte e forse anacronista, e il *rinnovarsi* interiormente per realizzare in modo più efficace la propria missione di salvezza secondo le nuove esigenze del *kairos* dell'ora presente (Cfr. C. Journet, *Le progrès de l'Eglise dans le temps*, 7-8)». A. ANTÓN, «Lo sviluppo della dottrina», 28.

[33] A. ANTÓN, *El misterio de la Iglesia*, II, 835.

A novidade do Concílio será, justamente, na auto-reflexão sobre o ser da Igreja, aprofundar a sua existência no mundo contemporâneo, levando em consideração sua realidade transcendente e encarnada. Assim, poderá propor uma nova eclesiologia baseada numa imagem nova de Igreja, dentro do contexto da história recente, mas já presente nos primeiros séculos de sua existência, agora expressa e assumida num novo contexto social e religioso, num novo momento da história da humanidade. O retorno às raízes da Igreja primitiva e a reflexão eclesial dos primeiros padres serão as bases seguras para repensar a eclesiologia com fidelidade à sua natureza fundante, mas também adaptando-a numa nova fase de sua história, num novo modo de «encarnar» e expressar a essência e sentido do seu existir[34].

A maior consciência da dimensão histórica da Igreja que, como mistério de comunhão, se realiza e concretiza nos diversos e desafiantes momentos do desenvolvimento da história humana, ajuda a perceber os seus limites e a necessidade de estar aberta ao novo, ao futuro, sem negar sua origem e sua natureza. Era o equilíbrio necessário para não cair num tradicionalismo, fechando-se na transmissão imutável do passado, preso à formas e concepções que já não mais condizem com o presente; mas também evitando um modernismo que se desvincula do passado, assumindo a novidade do presente como completa ruptura. É neste contexto que se pode falar do «progresso da eclesiologia», inspirando-se no progresso da realidade histórica da Igreja, que precede a teologia e está intimamente ligada à doutrina sobre a mesma: «Pertanto l'ecclesiologia trae i suoi dati dalla *realtà* stessa della Chiesa nel suo manifestarsi storico e dalla *rivelazione*, che dice della Chiesa più di quanto la Chiesa può giungere a manifestare di se stessa (Cfr. H. Volk, *Gesammelte Schriften*, II, 1966, 113)»[35].

---

[34] Como afirmou o papa João XXIII na abertura do Concílio Vaticano II, em 11/10/1962: «O que mais importa ao Concílio Ecumênico é o seguinte: que o depósito sagrado da doutrina cristã seja guardado e ensinado de forma mais eficaz... é necessário que esta doutrina certa e imutável, que deve ser fielmente respeitada, seja aprofundada e exposta de forma a responder às exigências do nosso tempo (Quod Concilii Oecumenici maxime interest, hoc est, ut sacrum christianae doctrinae depositum efficaciore ratione custodiatur atque proponatur... oportet ut haec doctrina certa et immutabilis, cui fidele obsequium est praestandum, ea ratione pervestigetur et exponatur, quam tempora postulant nostra)». João XXIII, *Allocutio in Sollemni SS. Concilii Inauguratione (Sessio I: 11 oct. 1962)*, 5.6.

[35] A. Antón, «Lo sviluppo della dottrina», 31.

2.1   *A eclesiologia anterior ao Vaticano II*

A grande passagem da eclesiologia do Vaticano I (1869-1870) ao Vaticano II (1962-1965) será a mudança de uma visão eclesial preferencialmente jurídica, que acentuava a imagem da Igreja como «sociedade visível e perfeita», para uma reflexão do mistério da Igreja, acentuando o aspecto da comunhão[36]. Recupera-se, assim, a visão da Igreja como «Corpo de Cristo», presente na teologia dos primeiros séculos, ainda que de modo não sistemático:

> En simplifant quelque peu, nous pouvons affirmer que la conception de l'Église en tant que «communauté de charité» a été l'idée-maîtresse de la théologie des dix premiers siècles sans pour cela lui inspirer un traité systématique *De Ecclesia*. L'étude des structures juridiques ne prend son plein essor qu'au début du Moyen Âge, et ancore avant tout en Occident[37].

Na Idade Média, como mencionado no primeiro capítulo, o confronto com o Império e a ideia da cristandade acentua o aspecto da instituição eclesiástica e o poder frente à sociedade, deixando enfraquecido outros aspectos essenciais da Igreja[38]. Não é a toa que o considerado mais

---

[36] O que foi chamado de «eclesiologia jurídica» e «eclesiologia de comunhão». Cfr. A. ACERBI, *Due Ecclesiologie: ecclesiologia giuridica ed ecclesiologia di comunione nella «Lumen Gentium»* (1975). O autor deixa claro, porém, já no início da sua obra que a eclesiologia jurídica não é simplesmente porque esta se utiliza de conceitos jurídicos, os quais também são necessários à Igreja, mas pelo excessivo acento dado a estes: «Orbene, l'ecclesiologia giuridica o societaria non è quella in cui si fa ricorso a concetti giuridici. L'uso di questi, nei debiti termini, non ostacola, anzi è necessario per una adeguata comprensione della chiesa. È invece, una ecclesiologia dominata dall'idea di chiesa come società visibile, giuridicamente costituita e organizzata (con tutto quello che l'idea implica, soprattutto l'autorità)». *Ibid.*, 10. Por sua vez, a eclesiologia de comunhão é assim chamada por resgatar um conceito essencial e prioritário no ser da Igreja: «...una ecclesiologia di comunione è dominata dal concetto di "comunione di vita divina" storicamente manifestata. La realtà centrale è, qui, la soprannaturale unità di vita di tutti i membri del corpo di Cristo ("sanctorum societas") per la comune partecipazione ai beni e ai mezzi della salvezza ("rerum sanctarum communicatio")». *Ibid.*

[37] G. PHILIPS, *L'Église*, 7.

[38] «Il quadro in cui la chiesa medievale espresse la coscienza di sé (la "christianitas" e il confronto con l'Impero) condusse nella prassi allo sviluppo della "potestas" ecclesiastica e, nella dottrina, alla accentuazione del lato istituzionale della chiesa (ne furono segno le grandi collezioni canoniche). La chiesa assunse la veste di suprema autorità e in essa la chiesa di Roma comprese se stessa come colei cui dovevano sottostare sia le chiese sia i regni». A. ACERBI, *Due Ecclesiologie*, 14.

antigo tratado «*de Ecclesia*»[39] é escrito nesta concepção, centrado na defesa do poder hierárquico, principalmente papal, buscando desenvolver a teologia do primado, acentuando a realidade institucional e social do cristianismo e o aspecto visível da Igreja. Se solidifica a imagem da Igreja como «sociedade perfeita»[40].

Na contrareforma, o confronto antes com o Império passa a ser com outras confissões religiosas não católicas, mantendo a mesma tendência na concepção de Igreja, acentuando agora principalmente a autoridade doutrinal. Nestas circunstâncias, a eclesiologia passa a ser fortemente apologética, característica que continuará presente até o Vaticano II. Contra o *laicismo* e *absolutismo*, vem de encontro uma eclesiologia que realça a estrutura social, defendendo seus direitos de sociedade perfeita. Para combater o *racionalismo* e a *crise modernista*, o acento será sobre a autoridade do Magistério eclesiástico[41]. Mesmo depois da Reforma e contrareforma, a imagem *institucional* da Igreja prevalecerá:

> Anche dopo che fu superato il furore polemico dello scontro frontale della Riforma e Controriforma, gli autori del trattato «de Ecclesia» continuarono a difendere a spada tratta l'immagine istituzionale della Chiesa e a rivendicarne i diritti di *società perfetta* e i poteri gerarchici, soprattutto quelli del Romano Pontefice. Prevale perciò un'immagine apologetica e estrinsecista della Chiesa. Manca la valorizzazione e la sistemazione adeguata dei suoi aspetti misterici[42].

---

[39] Joaquim de Viterbo, *De regimine cristiano* (1301-1302), editado por H.X. Arquilière em 1926. Cfr. A. ANTÓN, «Lo sviluppo della dottrina», 39.

[40] «La noción de "sociedad" e "sociedad perfecta" estaba presente en la teoría política griega. Tal como se desarrolló en la eclesiología, una sociedad perfecta tenía dentro de sí todo lo que necesitaba para conseguir sus fines. Una familia o una ciudad, por tanto, no son sociedades perfectas, ya que dependen de otras para la consecución de sus fines. Había, según este análisis, dos sociedades perfectas: la Iglesia y el Estado, ya que ambas contaban con todos los medios que necesitaban». C. O'DONNELL – S. PIÉ-NINOT, *Diccionario de Eclesiología*, 1000.

[41] A reação da Igreja aos movimentos do século XVIII, que atacavam essa concepção de Igreja, reforça ainda mais aquele tipo de eclesiologia: «Nel secolo XVIII dominavano in varie nazioni idee politiche, culturali e religiose, che si raggruppano attorno al gallicanesimo, al giansenismo, al febronianismo, al giuseppinismo e all'episcopalismo. Questi movimenti ideologici attaccavano la Chiesa nella sua esistenza pubblica, cioè nella sua forma costituzionale e nel suo regime di governo, provocando come reazione una *ecclesiologia centrata sull'autorità* e sulla forma monarchica di governo ricevuta da Cristo». A. ANTÓN, «Lo sviluppo della dottrina», 40.

[42] A. ANTÓN, «Lo sviluppo della dottrina», 39-40.

Embora já houvesse antes do Concílio Vaticano I propostas para
a superação desta eclesiologia[43], tal Concílio herda da história prevalentemente esta concepção eclesiológica: o acento societário, autoritá-
rio e hierárquico da Igreja, centralizado na autoridade pessoal do romano pontífice[44]. Mesmo o primeiro esquema sobre a Igreja proposto
por K. Schrader, o qual falava no primeiro capítulo do «Corpo Místico», no seu restante permanecia muito jurídico, acentuando o aspecto de «sociedade perfeita» da eclesiologia que predominava naquele momento[45]. Recusado este primeiro esquema, o segundo feito por
J. Kleutgen dá as bases para a compreensão da unidade a partir do princípio da autoridade na sua forma suprema, isto é, o primado papal:

> Respinto questo schema I, si impone come centro di prospetti-
> va ecclesiologica la nozione di *società perfetta*. Lo Schema II, di
> Kleutgen, concepisce il Primato nella Chiesa, che è comunione di
> fede e carità, non solo come il centro, ma anche come il principio e
> il fondamento visibile della sua unità... La *Pastor Aeternus* accolse
> solo la dottrina dell'istituzione, perpetuità e natura del Primato e
> del Magistero infallibile del Romano Pontefice (DS 3050-3075)[46].

---

[43] «Alcuni decenni prima del Vaticano I si gettavano già le fondamenta per un rinnovamento dell'ecclesiologia, che superasse la nozione apologetica della Chiesa ereditata dalla
Contrariforma e proposta sotto il segno dell'affermazione della sua costituzione e autorità
gerarchiche. J. A. Möhler, della *Scuola di Tubinga*, fu il rappresentante e l'ispiratore delle
tendenze rinnovatrici più feconde nell'ecclesiologia precedente e susseguente il Vaticano I.
Möhler ereditò una buona parte delle sue idee rinnovatrici dai suoi predecessori sulla
cattedra, ma è merito suo averle incorporate e sistematizzate in una sintesi teologica, che
per più di un secolo è stata di perenne attualità nel compito di rinnovare l'ecclesiologia».
A. ANTÓN, «Lo sviluppo della dottrina», 41-42.

[44] «...en la eclesiología de los concilios provinciales que preceden inmediatamente
al Vaticano I, prevalecen los temas de la Iglesia *sociedad perfecta* y de su autoridad como
maestra de la verdad. Esta aparece con las características de una sociedad visible, pero
está animada por la acción interna de Cristo-cabeza y de su Espíritu. El Señor la instituyó
sobre los apóstoles y tiene como *propiedades* el ser una, santa, católica y apostólica, como
profesamos en el símbolo de la fe. Estas cuatro propiedades manifiestan su naturaliza y
son, por esto, *notas* que la distinguen como verdadera Iglesia de Cristo entre lo demás
sociedades religiosas. Es obvio que esta temática eclesiológica influyera de modo decisivo
en los trabajos y discusiones del Vaticano I». A. ANTÓN, *El misterio de la Iglesia*, II, 327-328.

[45] Cfr. A. ACERBI, *Due Ecclesiologie*, 24. Embora o esquema é rejeitado pelo Concílio, a ideia de «Corpo de Cristo» permanecerá no pós-Concílio recebendo a inspiração de
renovação nos vários documentos pontifícios: «La nozione di Corpo di Cristo costituirá
il centro di prospettiva dell'ecclesiologia del secondo periodo già pieno di rinnovamento».
A. ANTÓN, «Lo sviluppo della dottrina», 44.

[46] A. ANTÓN, «Lo sviluppo della dottrina», 47. «...la chiesa non fu più vista come
l'espansione del mistero di Cristo, ma come una società legale, ineguale e perfetta, istituita
da Cristo e da lui diretta mediante lo Spirito attraverso i pastori, la quale si identifica col re-

Para tanto, será acentuada a reflexão eclesiológica no primado e infabilidade papal, isolando tais aspectos do restante da eclesiologia. Segundo A. Antón[47], a imagem da Igreja que influencia o desenvolvimento da sua doutrina pós-Conciliar pode ser sintetizada como: de autoridade, tornando-se elemento decisivo e central para afrontar o *racionalismo*, através do Magistério, e as tendências *minimalistas*, com a infabilidade; com prioridade à instituição e aspecto social da Igreja, acentuando o conceito de sociedade perfeita, numa eclesiologia extrínseca e apologética; de orientação papalista, com uma forma monárquica de governo na pessoa do sucessor de Pedro, fazendo parte da estrutura essencial da Igreja que não muda[48]; uma prioridade teórica e prática dada às estruturas hierárquicas com o perigo de proporcionar uma imagem muito clericalizada da mesma, havendo uma dicotomia entre a realidade teológica e histórica da Igreja; enfim, uma eclesiologia apologética: «...il Vaticano I accetta e riafferma l'ecclesiologia apologetica delle strutture costituzionali della Chiesa facendo partire dal suo vertice con la definizione del Primato Romano e dell'infallibilità del Successore di Pietro»[49].

O acento sobre esta eclesiologia jurídica, realçando a estrutura hierárquica, institucional e de autoridade do papa, como uma reação ao modernismo[50], estará predominantemente presente nos manuais de eclesiologia entre os dois Concílios do Vaticano[51]. Numa imagem de Igre-

---

gno de Cristo in terra e nella quale i fedeli partecipano ai beni della "sanctorum communio"». A. ACERBI, *Due Ecclesiologie*, 25.

[47] Cfr. A. ANTÓN, «Lo sviluppo della dottrina», 45-49.

[48] Embora se reconheça a infabilidade e o magistério na comunhão com a Igreja e o corpo episcopal: «Essendo l'Episcopato una realtà di diritto divino si esclude per principio ogni interpretazione del Primato Pontificio nel senso di una pura monarchia. Pero questo la *Pastor Aeternus* non lasciò spazio a tendenze ultramontane chiaramente esagerate nella relazione dell'infallibilità del Papa con l'infallibilità della Chiesa. *Questa* non è stata dedotta da *quella*, né è stata considerata come costituita da essa, ma è invece evidente che l'una deve essere concepita in comunione e dipendenza dall'altra. Il Vaticano ha fondato l'infallibilità del Papa *in* quella della Chiesa e la funzione docente *nella* comunione di tutto il corpo episcopale». A. ANTÓN, «Lo sviluppo della dottrina», 48-49.

[49] A. ANTÓN, «Lo sviluppo della dottrina», 49.

[50] «Alla crisi *razionalista e modernista*, che minaccia l'esistenza stessa della Chiesa *dal di dentro*, la Chiesa reagisce sostenendo la sua *autorità docente* e i suoi diritti di *società perfetta*». A. ANTÓN, «Lo sviluppo della dottrina», 50.

[51] «I manuali presentano tra loro un alto grado di omogeneità nella impostazione e nella materia. Sostanzialmente essi sistemavano una serie di questioni ereditate dalla polemica contro la riforma (la visibilità della chiesa e l'appartenenza ad essa, i poteri gerarchici, in specie il primato, il magistero) e dalle rivendicazioni contro lo stato liberale (la chiesa "società perfetta"), con l'aggiunta, dopo la polemica antimodernista, di alcune

ja baseada na autoridade, tal eclesiologia será preponderantemente *horizontal* – dimensão visível, externa, jurídica da Igreja como sociedade perfeita – deixando em segundo plano o aspecto *vertical* – parte sobrenatural e invisível da Igreja como mistério[52]. Centralizando o tema do primado papal, fundamentado no mandato de Jesus ao constituir Pedro como sucessor e fundamento de unidade e estabilidade da Igreja, numa estrutura piramidal, a eclesiologia continua fragmentária.

O acento no caráter hierárquico e clerical proporciona uma dicotomia entre a Igreja instituição e comunidade dos fiéis, uma contraposição entre a hierarquia e o laicato, numa relação apenas de submissão e obediência:

> La nozione della Chiesa-istituzione mette in ombra e accentua la *contrapposizione* strutturale e funzionale tra Pastori e fedeli, Chiesa docente e Chiesa discente, infallibilità *in docendo* e infallibilità *in credendo*, autorità e obbedienza, invece di tendere al punto di unione strutturale e funzionale tra i due poli: gerarchia e laicato. La via per tracciare un'ecclesiologia armonica nelle sue strutture gerarchiche e laicali non sta nel contrapporli, ma nel considerarli uniti nel mistero di *comunione* intima che riunisce tutti i credenti nella comunità di fede e degli altri doni della redenzione[53].

O caráter apologético dos manuais pós-conciliares, ao invés de utilizar a apologia eclesial no seu sentido originário do século XIII – que era de *legitimar* racionalmente e *defender* a teologia, apresentando uma *gnosiologia* teológica previa à prova dogmática[54] –, era utilizado somente para legitimar a missão da Igreja na transmissão e tutela e interpretação legítima da Revelação, mostrando a Igreja como mestra autêntica e infalível[55].

---

tesi dirette a dimostrare che Cristo volle realmente fondare una chiesa visibile e giuridica». A. ACERBI, *Due Ecclesiologie*, 33.

[52] Cfr. A. ANTÓN, «Lo sviluppo della dottrina», 51. Acentua-se o aspecto externo, visível, para afirmar sua existência como sociedade civil: «L'ecclesiologia nel mezzo secolo successivo al Vaticano I parte *dall'esterno verso interno*, in concreto, dalla nozione di *società perfetta*, insistendo perciò sugli aspetti orizzontali o elementi istituzionali dell'Chiesa. Mentre perde *di fatto* ogni potere temporale, la Chiesa reagisce affermando il *suo diritto* all'esistenza a parità con la società civile». *Ibid.*, 52. É por isso que no Vaticano II será considerado uma «revolução copernicana» o fato da eclesiologia não partir inicialmente dos aspectos externos, visíveis, mas do mistério, isto é, da sua essência sobrenatural.

[53] A. ANTÓN, «Lo sviluppo della dottrina», 58.

[54] Cfr. A. ANTÓN, «Lo sviluppo della dottrina», 60.

[55] «Il risultato di questa dimostrazione apologetica fu sempre la conclusione che la Chiesa è *Maestra* autentica e infallibile nella trasmissione della rivelazione, o, in termini di

Com o impulso dos movimentos de renovação, após a primeira guerra mundial surge também na eclesiologia um despertar para novas forças renovadoras, colocando-a no centro das discussões teológicas, fazendo do século XX o chamado «século da Igreja». Há uma busca maior do sentido comunitário, principalmente contra a institucionalização formal e jurídica da Igreja. Renasce uma espiritualidade cristocêntrica que contribui muito para conhecer melhor o mistério da Igreja e o seu sentido comunitário, com a necessidade de aprofundar, principalmente, o conceito de «Corpo Místico de Cristo».

A noção de Igreja como «Corpo de Cristo», inspirada na teologia patrística[56], foi de suma importância para resgatar o sentido mistérico da Igreja como a essência do seu ser, bem como harmonizar o sentido da hierarquia e do laicato na estrutura eclesial, que não deve se contrapor, mas serem vividos na unidade. Tal noção, entretanto, recebe várias interpretações ou acentos[57], quase sempre ainda enfatizando a dimensão societária e visível da Igreja. A discussão em torno da prevalência entre o «mistério» ou a «instituição», entre o «Corpo Místico» ou a «sociedade perfeita», levanta a questão da definição da natureza da Igreja.

A encíclica *Mystici Corporis* (1943), de Pio XII, tendo na base a reflexão sobre essas várias tendências, procura corrigir os desvios históricos e práticos de considerar a Igreja num «biologismo espiritual», ou

---

scuola, *regola* ferma, *criterio* infallibile e *norma* sicura della certezza soprannaturale della nostra fede». A. ANTÓN, «Lo sviluppo della dottrina», 61. O grande desafio da renovação eclesiológica será a passagem do método prevalentemente *apologético*, que parte da Igreja Instituição, para o *teológico/dogmático*, que tem como ponto de partida a Igreja mistério: «Un'esposizione integrale della dottrina dell'essere intimo della Chiesa non si adattava alle dimensioni dello schema apologetico del trattato sulla Chiesa. La natura intima della Chiesa è oggetto del "credo Ecclesiam". Da questa realtà della Chiesa-mistero di fede, ossia verità rivelata e evento soprannaturale dell'azione salvifica di Dio nei riguardi dell'uomo, deve partire il trattato *de Ecclesia* che risponda al suo compito di presentare la dottrina teologica integrale sull'essere intimo della Chiesa». *Ibid.*, 69.

[56] Os padres da Igreja usavam constantemente tal noção para identificar a Igreja. Veja-se várias citações em C. MILITELLO, «Corpo di Cristo», 364-365.

[57] Acerbi fala de quatro tendências na discussão sobre esse tema entre as duas guerras: *organalógica*, assimilando o corpo místico a um organismo natural, e a pertença a este como a realização em si da salvação, isto é, unidade de vida com Cristo, na ideia de Igreja como «encarnação continuada»; *personalista*, acentuando o encontro livre e responsável entre Deus e o ser humano, num legame pessoal entre Cristo e os fiéis através da vivência das virtudes, principalmente do amor, não como um ato "natural", mas "pessoal"; no *domínio da graça de Cristo*, valorizando os aspectos da graça e santidade da Igreja, propondo a vida sobrenatural de santidade à comunidade daqueles que pertencem a Deus em virtude da graça; e *corporativa*, destacando o aspecto societário da Igreja, como sociedade fundada por Cristo sob o governo do papa. Cfr. A. ACERBI, *Due Ecclesiologie*, 40-44.

num «falso misticismo», mas acentua ainda muito o aspecto sociológico e visível, não sendo suficiente para integrar as duas correntes teológicas presentes[58]. Na tentativa de mostrar o equilíbrio entre o aspecto institucional e mistérico, acaba identificando o «Corpo Místico» com a Igreja católica romana:

> La preoccupazione di contrastare la separazione del lato istituzionale da quello spirituale nella chiesa trovava sfocio nella definizione di questa come «società visibile ed organica, fondata da Cristo e vivificata da lui mediante il dono del suo Spirito» (secondo la linea cristologico-istituzionale della scuola romana) e, quindi, nella stretta identificazione del corpo mistico con la chiesa cattolica romana[59].

Porém, supera a ideia de «encarnação continuada» como união hipostática ao afirmar que o princípio de identificação entre Cristo e a Igreja é o Espírito Santo, sendo ambos a raiz do mistério eclesial. A Igreja se identifica com o Cristo na missão do seu Espírito. Este é a alma do Corpo Místico enquanto é o Espírito de Cristo, comunicado por ele à Igreja.

A teologia do «Corpo Místico», no período entre as duas guerras mundiais, ajudou a conscientizar a compreensão da Igreja prioritariamente como comunhão vital com Cristo – *communio mystica*» – e a sua relação como o aspecto institucional, societário, mas não modificou a impostação dada ao aspecto sobrenatural da Igreja pela eclesiologia societária. Esta, na verdade, não negava a existência da dimensão sobrenatural da Igreja, mas a reduzia à uma pura realidade espiritual, no domínio da interioridade pessoal, sem adquirir uma forma institucional. Por isso, a «*communio sanctorum*» torna-se irrelevante na compreensão da Igreja, dando maior ênfase ao aspecto institucional da comunidade fundada por Cristo. Acentuando o lado invisível da Igreja como essencial para sua compreensão, a teologia do «Corpo Místico» deparou-se com o limite puramente espiritual, extrajurídico. A tendência era: ou desvalorizar o aspecto institucional negando a sua importância no mistério da

---

[58] Cfr. A. ANTÓN, «Lo sviluppo della dottrina», 76.

[59] A. ACERBI, *Due Ecclesiologie*, 45. Embora alcance o objetivo de superar na teologia a oposição entre o aspecto mistérico e institucional da Igreja, cria outras questões: «La *"Mystici Corporis"* ottenne gli scopi intesi: nella teologia cattolica che seguì, appare superata la tentazione di opporre il lato mistico e quello istituzionale della chiesa o identificare unilateralmente quest'ultima con Cristo. Ma essa affidava al futuro la soluzione di altri problemi. Anche se aveva ricusato la visione puramente societaria della chiesa, essa restava soprattutto sensibile all'organismo societario; lo dice lo stesso frequente ricorso al termine "res publica christiana" per indicare la chiesa». *Ibid.*, 46.

Igreja, ou manter a sua prevalência como visibilidade da Igreja[60]. No fundo, ainda permanecia a dissociação das duas dimensões na compreensão da Igreja como um todo.

Mesmo com seus limites, a *Mysticis Corporis* abre caminhos para o desenvolvimento da eclesiologia. O tema do «Corpo Místico» será retomado com novos estudos e aprofundamentos após a segunda guerra mundial[61], tornando-se um dos aspectos essenciais para a nova eclesiologia do Vaticano II. Juntamente com o conceito de «Corpo de Cristo», se aprofundará a sacramentalidade da Igreja e o conceito desta como Povo de Deus, temas que serão assumidos nos documentos conciliares.

2.2   *Tendências presentes na eclesiologia do Vaticano II*

Segundo A. Acerbi:

La situazione della riflessione ecclesiologica al momento del Concilio risultava dalla confluenza di tre filoni teologici… cominciavano ad affermarsi alcune riflessioni relative al rapporto tra gli elementi costitutivi della dimensione storica e sociale della chiesa, cioè il dato gerarchico, quello sacramentale e quello comunitario della società ecclesiale[62].

Foram tais elementos que dividiam opiniões, confrontavam diferentes ideias e posições, sendo a base da discussão eclesiológica do Concílio.

A visão societária ainda prevalecia nos manuais, mas crescia também a reflexão da Igreja como mistério, recuperando a sua dimensão pneumatológica, mostrando a missão eclesial deixada por Jesus aos apóstolos e seus sucessores como continuidade, através do seu Espírito, na construção do Reino. Isto se concretiza através da instituição como estrutura necessária à missão. Esta perspectiva alimenta o aspecto Trini-

---

[60] Cfr. A. ACERBI, *Due Ecclesiologie*, 47-48.

[61] Após a segunda guerra, o desafio da Igreja para o diálogo com o mundo moderno torna-se ainda maior: «La segunda guerra mundial (1939-1945) perturbo en lo más íntimo la conciencia de los cristianos, que, sin distinción de confesiones y en compañía de muchos otros creyentes, defendían en las trincheras y en la retaguardia los derechos fundamentales del hombre, violados por regímenes totalitarios. Este reto de envergadura incalculable sorprendió a las Iglesias cristianas no preparadas para dar una solución inmediata a tan graves problemas. La guerra estimuló enormemente el desarrollo de las ciencias y de la técnica, acelerando con esto el proceso de secularización de la cultura occidental y de la misma sociedad. Este proceso arrastraba irresistiblemente al divorcio entre la Iglesia y el mundo moderno». A. ANTÓN, *El misterio de la Iglesia*, II, 703.

[62] A. ACERBI, *Due Ecclesiologie*, 49.

tário da comunhão com Deus, que fundamenta a comunhão entre o ser humano, portando a uma dimensão escatológica que faz com que a humanidade esteja a caminho para a plena comunhão divina, na realização plena do Reino de Deus – fim e sentido da Igreja.

Para garantir a unidade entre o aspecto mistérico e histórico da Igreja, sem levar a uma dimensão personalística – Igreja como experiência da graça pessoal –, o Concílio irá aprofundar a dimensão sacramental da Igreja, princípio pelo qual pode unir-se os dois pólos da realidade eclesial. Assumirá a ideia, já contida na *Mysticis Corporis*, de unidade entre o social e o espiritual, porém, irá aprofundá-la valorizando a corporeidade da Igreja sem acentuar sua estrutura exterior, e sim o primado da comunhão interior: «...la chiesa è in primo luogo il "frutto della redenzione" ("res sacramenti") e solo in secondo luogo il "mezzo della redenzione" ("sacramentum") (e in essa i sacramenti, in specie l'eucaristia, fan da giunzione tra il piano societario e quello mistico)»[63].

Mais uma vez inspirados na tradição patrística, a Eucaristia passará a ser vista como modo específico de existência e unidade da Igreja, realização de comunhão externa e interna, integrando perfeitamente a dimensão mística e histórica. Numa visão jurídica, defendia-se que os sacramentos deveriam ser recebidos como condição para se pertencer à Igreja. Na visão de comunhão, o aspecto visível vem justamente da comunhão com Deus e com os irmãos, sendo a organização jurídica não uma realidade primeira e autônoma, mas que estrutura a realidade eclesial primeira que é sacramental[64].

Enquanto uma tendência jurídica acentuava a estrutura objetiva da Igreja nos seus elementos constitucionais, e a visão societária a relação de superiores e subordinados, hierarquia e laicato, a tendência comunitária acentuava a comunhão das pessoas como proveniente da comunhão com Deus, evidenciando a Igreja como «congregação dos fiéis», sem negar seu aspecto institucional. Desta perspectiva, surgirão várias questões como: a igualdade dos fiéis, o sacerdócio comum, o papel da hierarquia, as quais serão protagonistas de grandes discussões, divergências de ideias, tomada de posiçõcs no Concílio.

Na relação da Igreja com o mundo, uma visão tradicional continuava a acentuar um nível jurídico entre duas sociedades: a *sociedade eclesial*, governada pelo papa, e a *sociedade civil*, numa visão ainda dualística e prevalentemente institucional. Os leigos faziam a ponte entre essas duas sociedades, atuando conforme as coordenadas da autoridade eclesial que, através da hierarquia, possui autoridade no campo social.

---

[63] A. ACERBI, *Due Ecclesiologie*, 58-59.
[64] Cfr. A. ACERBI, *Due Ecclesiologie*, 66-67.

Nasce, porém, uma outra visão existencial e unitária, com a maior conscientização do laicato na sua missão específica no mundo:

> Si prendeva coscienza che il mondo, nel suo significato teologico, non è estraneo né opposto alla chiesa e che il senso profondo dell'esistenza cristiana nel mondo non è la separazione da esso, ma la nascita a uno spirito nuovo, incarnato nel mondo e capace di discernere il suo vero dinamismo, per portarlo a compimento in Cristo. Chiesa e mondo appaiono così unificati nella coscienza del laico e nel suo impegno apostolico in senso ai compiti profani, valorizzati come il luogo della testimonianza evangelica[65].

Contrastando a visão societária, em que a não igualdade entre os membros é tida como princípio construtivo fundamental, será proposto a imagem da Igreja como Povo de Deus, constituída na pluralidade dos carismas e ministérios[66]. A hierarquia não será vista como a priori, mas nasce com a comunidade e a serviço desta. Na própria reflexão sobre a hierarquia crescerá a concepção de sua ligação com a realidade última da Igreja – participação aos poderes sacerdotais de Cristo mediante um dom do Espírito – como base sacramental e espiritual da colegialidade episcopal. Esta aprofundava a tendência jurídica que se limitava somente a sistematizar a jurisdição do papa na Igreja Universal e a delegação de poder ao episcopado, que atua sobre sua ordem nas Igrejas particulares.

São tendências e ideias que aparecerão fortemente nas discussões do Concílio, cuja tomada de posição proporcionará a síntese de uma nova eclesiologia pós-conciliar.

3.   Resgate de uma eclesiologia de comunhão.

Entre os grandes temas da eclesiologia do Concílio Vaticano II[67], um dos que mais se destaca é, certamente, a recuperação da primitiva

---

[65] A. ACERBI, *Due Ecclesiologie*, 87.

[66] «Non si da, quindi, la gerarchia come "il" ministero che struttura la chiesa, a cui si contrapporrebbero i "liberi" carismi. Cristo, infatti, struttura il suo corpo mediante una pluralità di ministeri (stabili e no, gerarchici o no), che lo Spirito suscita in esso per renderlo pronto alla sua funzione. Carismi e ministeri si ricoprono mutuamente: non esiste ministero, anche il più ufficiale, che non sia un dono dello Spirito, e non esiste carisma che non sia un servizio alla comunità (Cf. K. Rahner, *L'elemento dinamico nella chiesa*, Freiburg im Br. 1958, Brescia 1970, pp 41-47)». A. ACERBI, *Due Ecclesiologie*, 90.

[67] A bibliografia sobre a eclesiologia do Concílio é vasta. Entre tantos, pode-se citar os clássicos: G. BARAÚNA, ed., *La Chiesa del Vaticano II* (1965); G. PHILIPS, *L'Église et son Mystère* (1968); G. ALBERIGO, ed., *L'ecclesiologie del Vaticano II. Dinamismi e propsettive* (1981); L. SARTORI, *La «Lumen Gentium». Traccia di sutido* (1994).

tradição patrística do conceito de Igreja como sacramento de salvação do ser humano[68]: «...ressuscitado de entre os mortos (cfr. Rom. 6,9), infundiu nos discípulos o Seu Espírito vivificador e por Ele constituiu a Igreja, Seu corpo, como universal sacramento da salvação»[69].

Ao falar do «Mistério da Igreja»[70], recupera-se o sentido mais específico da sua identidade, dando conta do seu caráter divino e humano, invisível e visível, eterno e temporal. Ou seja, sintetiza a totalidade do cristianismo e a sua originalidade. A identidade da Igreja como mistério faz com que ela se apresente nas suas duas dimensões, porém, «não se devem considerar como duas entidades, mas como uma única realidade complexa, formada pelo duplo elemento humano e divino»[71]. Desta forma, recuperando a sacramentalidade da Igreja, a *Lumen Gentium* propõe pensá-la no seu aspecto mais profundo de unidade com Deus e entre toda a humanidade: «...a Igreja, em Cristo, é como que o sacramento, ou sinal, e o instrumento da íntima união com Deus e da unidade de todo o gênero humano...»[72].

---

[68] «El primer testimonio oriental aparece en la *Didajé* (año 70), donde se habla del "misterio cósmico de la Iglesia" (*Didajé*, 11, 11). En Occidente el primer testimonio explícito es el de Cipriano († 258), "sacramento de la unidad" ("sacramentum unitatis", en *De cath. eccl. unitate*, 7, con *Ep.* 66, 8, citados en SC 26, y *Ep.* 69,6, citado en LG 9), significando que la Iglesia es sacramento porque su "realidad última" (*res*) significada es la unidad de la Trinidad. Por su lado Agustín, cuando se refiere a la economía sacramental de la primacía a la expresión sacramento entendida como signo sagrado, situando a Cristo como el único misterio o sacramento ("non est aliud Dei mysterium nisi Christus", *Ep.* 187, 9.34). Además, al ver a la Iglesia como madre de los vivientes la califica también como "gran sacramento" (*De nuptiis et concup.* II, 4, 12)». S. PIÉ-NINOT, *Eclesiologia*, 176-177.

[69] LG 48: «...resurgens ex mortuis (cf. Rom 6,9) Spiritum suum vivificantem in discipulos immisit et per eum Corpus suum quod est Ecclesia ut universale salutis sacramentum constituit».

[70] Cfr. cap. I da *Lumen Gentium* «O Mistério da Igreja». O termo grego *mysterion* é traduzido na Vulgata pela palavra latina *sacramentum*, como em Ef 5,32: «Sacramentum hoc magnum est; ego autem dico de Christo et ecclesia!».

[71] LG 8: «non ut duae res considerandae sunt, sed unam realitatem complexam efformant, quae humano et divino coalescit elemento».

[72] LG 1: «...Ecclesia sit in Christo veluti sacramentum seu signum et instrumentum intimae cum Deo unionis totiusque generis humani unitatis...». Ao comentar esta definição, H. Mühlen destaca a Igreja indicada como «sacramento» no qual a íntima união do ser humano com Deus faz parte da sua natureza, sua essência: «Die Kirche ist hier als "Sakrament" bezeichnet und dieses Wort durch "Zeichen" interpretiert: Die Kirche ist Zeichen und Vermittlung (instrumentum) der innersten Vereinigung der Menschen mit Gott und unterreinander. Diese Funktion wird als die *natura*, als das Wesen der Kirche bezeichnet, so daß auch hier ein Tenor der Konstitution angedeutet ist, wiewohl keine eigentlich definitorischen Wesenaussagen über die Kirche gemacht werden sollen». H. MÜHLEN, *Una mystica persona*, 363.

A experiência profunda e primordial da filiação de Deus, em Jesus Cristo, e a consequente fraternidade entre toda a humanidade, unida no Espírito Santo, identifica e manifesta o sentido de ser Igreja, no seu mistério divino e humano. Na base está o mistério da Trindade como fonte e princípio do mandamento único do amor. Por isso, a Constituição Dogmática, ao falar do mistério da Igreja, afirma: o Pai tem um plano de salvação para toda a humanidade[73], que é o significado primeiro do mistério; este está intimamente ligado à missão do Filho que «deu começo na terra ao Reino dos Céus e revelou-nos o seu mistério, realizando, com a própria obediência, a redenção»[74]; e o Espírito Santo é aquele que «conduz à verdade total (cfr. Jo 16,13) e unifica na comunhão e no ministério»[75]. Assim, a Igreja «recebe a missão de anunciar e instaurar o Reino de Cristo e de Deus em todos os povos e constitui o germe e o princípio deste mesmo Reino na terra. Enquanto vai crescendo, suspira pela consumação do Reino e espera e deseja juntar-se ao seu Rei na glória»[76].

O mistério da Igreja está totalmente fundado no mistério da Trindade[77] e é, por isso mesmo, a sua manifestação, isto é, sacramento de salvação universal presente na criação, que tem o seu princípio e fim no sacramento fontal que é o Verbo encarnado:

> Il «mistero» applicato alla Chiesa, rinvia alla libera disposizione della sapienza e della bontà del Padre di comunicarsi: comunicazione che si realizza con la missione del Figlio e con l'invio dello Spirito, per la salvezza degli uomini. In quest'azione divina ha origine la creazione come storia degli uomini, poiché questa ha il suo «principio», nel senso più pieno del termine (Gv 1,1), in Gesù Cristo, il Verbo fatto carne. Questi, esaltato alla destra del Padre, darà ed effonderà lo Spirito Santo, che diventa principio della Chiesa costituendola quale corpo e sposa di Cristo, e ponendola quindi in un rapporto particolare, unico ed esclusivo nei riguardi di Cristo e perciò non estensibile indefinitamente[78].

---

[73] Cfr. LG 2.

[74] LG 3: «regnum caelorum in terris inauguravit nobisque Eius mysterium revelavit, atque oboedientia sua redemptionem effecit».

[75] LG 4: «quam in omnem veritatem inducit (cf. Io 16,13) et in communione et ministratione unificat».

[76] LG 5: «missionem accipit Regnum Christi et Dei annuntiandi et in omnibus gentibus instaurandi, huiusque Regni in terris germen et initium constituit. Ipsa interea, dum paulatim increscit, ad Regnum consummatum anhelat, ac totis viribus sperat et exoptat cum Rege suo in gloria coniungi».

[77] Cfr. LG 2-4.

[78] CTI, *Temi scelti d'ecclesiologia*, 291-292.

Para enfatizar e esclarecer melhor o mistério da Igreja, a presença da dimensão visível e invisível nela contida, temos a importante «comparação» analógica entre a Igreja e o mistério da encarnação: «*Ideo ob non mediocrem analogiam incarnati Verbi mysterio assimilatur*»[79]. A Igreja é o «lugar» onde Deus atua e o ser humano entra em comunhão com ele, tanto pela sua dimensão divina, como concretamente na dimensão humana. É a coexistência dos dois elementos, «como uma única realidade complexa»[80], que constitui a Igreja e faz dela este mistério único, fundado no mistério da encarnação do Verbo[81], e no envio do Espírito Santo que

---

[79] LG 8. Já Leão XIII, na Encíclica *Satis Cognitum*, de 29 de Junho de 1896, diz que no mistério da encarnação podemos ver um paradigma da união das duas dimensões da Igreja: «Ora tanto ripugna che l'una o l'altra cosa sia la chiesa di Gesù Cristo, quanto che l'uomo sia solo corpo e solo spirito. L'insieme e l'unione di queste due parti è del tutto necessaria alla chiesa, come alla natura umana l'intima unione dell'anima e del corpo. Non è la chiesa come un corpo morto, ma è il corpo di Cristo informato di vita soprannaturale. E come Cristo, nostro capo ed esemplare, non è tutto lui, se in lui si considera o la sola natura umana visibile, ...o solamente la divina natura invisibile, ...ma è uno solo per l'una e l'altra natura visibile e invisibile e nelle quali sussiste; così il suo corpo mistico non è vera chiesa se non per questo, che le sue parti visibili derivano forza e vita dai doni soprannaturali e dagli altri elementi da cui sgorga la loro ragione di essere e la loro natura propria... (Nimirum alterutram esse posse Iesu Christi Ecclesiam tam repugnat, quam solo corpore vel anima sola constare hominem. Complexio copulatioque earum duarum velut partium prorsus est ad veram Ecclesiam necessaria, sic fere ut ad naturam humanam intima animae corporisque coniunctio. Non est Ecclesia intermortuum quiddam, sed Corpus Christi vita supernaturali praeditum. Sicut Christus, Caput et exemplar, non omnis est, si in eo vel humana dumtaxat spectetur natura visibilis... vel divina tantum modo natura invisibile, ...sed unus ex utraque et in utraque natura cum visibili tum invisibili, sic corpus eius mysticum non vera Ecclesia est nisi propter eam rem, quod eius partes conspicuae vim vitamque ducunt ex donis supernaturalibus rebusque ceteris, unde propria ipsarum ratio ac natura efflorescit...)». DS 3301. Embora não se explica o que se entende realmente por «elemento invisível» na Igreja. A Encíclica *Mysticis Corporis*, de Pio XII (29/06/1943), retomará estas expressões, mais uma vez sem deixar muito claro a questão. Somente no Concílio Vaticano II é retomada e melhor clarificada falando da missão de Cristo e do Espírito Santo na Igreja. Cfr. H. MÜHLEN, *Una mystica persona*, 389-392.

[80] LG 8: «sed unam realitatem complexam efformant».

[81] A intenção não é afirmar que a Igreja é a continuação da encarnação do Verbo, como fez A. Möhler, mas deixar claro a sua semelhança e também sua diferença: «I membri dell'analogia sono il Verbo divino e la natura umana assunta da una parte, e lo Spirito Santo e la compagine sociale della chiesa dall'altra. Il *tertium comparationis* si trova nell'unità del divino e dell'umano al servizio della salvezza, come manifesta la ripezione dell' "inservit" (8, 13.15) [Cfr. *Relationes de singulis numeris*, ACV III-1, 177: "Repetitur verbum 'inservit', quia est elementum magni momenti pro analogia"]. Qui si trova la somiglianza del rapporto. La dissomiglianza si manifesta, in primo luogo, nella diversità del soggetto divino dell'"inservit", che nell'incarnazione è il Verbo divino, mentre nel caso della chie-

concretiza este mistério em meio à humanidade. É o que constitui o específico da Igreja, ou seja, a união entre o aspecto espiritual-divino, com o aspecto histórico-social, sendo este último formado pelo sujeito histórico, que também está submetido às limitações humanas[82]. Isto faz com que a Igreja, portadora da salvação definitiva, caminhe para a plenitude ainda não alcançada[83].

3.1   Igreja: sacramento de comunhão.

Uma das grandes «consequências» da Igreja compreendida come «sacramento, ou sinal, e o instrumento da íntima união com Deus e da unidade de todo o gênero humano»[84], será a vivência da comunhão, tanto

---

sa è lo Spirito Santo. In tal modo il concilio prende esplicitamente le distanze da quella comprensione della chiesa come *continuazione dell'incarnazione*, che proveniente da A. Möhler, aveva trovato rappresentati autorevoli nei dibattiti conciliari». V. MARALDI, *Lo Spirito e la Sposa*, 361.

[82] «Enquanto Cristo "santo, inocente, imaculado" (Hebr. 7,26), não conheceu o pecado (cfr. 2 Cor. 5,21), mas veio apenas expiar os pecados do povo (Hebr. 2,17), a Igreja, contendo pecadores no seu próprio seio, simultaneamente santa e sempre necessitada de purificação, exercita continuamente a penitência e a renovação (Dum vero Christus, "sanctus, innocens, impollutus" (Hebr 7,26), peccatum non novit (cf. 2Cor 5,21), sed sola delicta populi repropitiare venit (cf. Hebr 2,17), Ecclesia in proprio sinu peccatores complectens, sancta simul et semper purificanda, poenitentiam et renovationem continuo prosequitur)». LG 8.

[83] A Igreja «sacramento de salvação» traz ao ser humano a plenitude da salvação que vem de Deus através de Jesus no Espírito Santo. Mas por causa da sua «forma» (humana, finita e pecadora), ainda que no seu «conteúdo» comunica o amor salvífico e pleno de Deus, este se realiza em modo imperfeito, sendo necessário estar em constante caminho para a sua plenitude no Reino definitivo: «Wenn wir nach diesem Modell die Kirche als „Sakrament des Heils" verstehen wollen, bedeutet dies: Das uns von Gott in Jesus Christus und im Hl. Geist geschenkte Heil gibt sich uns ganz als es selbst *im* endlichen und sündigen Zeichen der Kirche. Weil Gott nach Auferstehung und Himmelfahrt Jesu ja nichts von seiner Selbstmitteilung an die Welt zurücknimmt, sondern sie in der Weise des Hl. Geistes „mitten unter uns" gegenwärtig sein und im Glauben der Menschen „ankommen" läßt, wird der *ganze* Sinngehalt dessen, was Gott uns an Heil in Jesus Christus geschenkt hat, in der Kraft des Hl. Geites *ver-gegenwärtigt* in den zentralen Lebensvollzügen dieser Gemeinschaft der Glaubenden. ...als „Sakrament" vergegenwärtig die Kirche die heilende Liebe Gottes in Jesus Christus *„totus, sed non totaliter"*; d.h. sie vermittelt den (geistgewirkten) *Gehalt* der Liebe Gottes in seiner ganzen Fülle (vgl. Eph 1,23), aber von ihrer (menschlich-endlichen und sündigen) *Gestalt* her in unvollkommener Weise. Das völlige Zusammenstimmen beider Seiten bleibt der vollendeten Gestalt des Reiches Gottes vorbehalten. Dann wird aus dem „ganzen im Fragment" (H. U. v. Balthasar) endgültig die Herrschaft Gottes „über alles und *in allem*" (1 Kor 15, 28)». M. KEHL, *Der Kirche*, 83-84.

[84] LG 1: «Cum autem Ecclesia sit in Christo veluti sacramentum seu signum et instrumentum intimae cum Deo unionis totiusque generis humani unitatis».

em relação a Deus como aos irmãos, tendo como sua origem e fundamento a própria comunhão trinitária. Por isso mesmo, a comunhão[85] é vista como tema central na eclesiologia do Vaticano II:

> L'ecclesiologia di comunione è l'idea centrale e fondamentale nei documenti del concilio. La *koinonia*/comunione, fondata sulla sacra Scrittura, è tenuta in grande onore nella Chiesa antica e nelle Chiese orientali fino ai nostri giorni. Perciò molto è stato fatto dal Concilio Vaticano II perché la Chiesa come comunione fosse più chiaramente intesa e concretamente tradotta nella vita[86].

O vínculo mais direto que forma a comunhão eclesial é a comunidade daqueles que crêem em Cristo (*communitas fidelium*), ou seja, os «fiéis que se unem organicamente no Espírito Santo pela mesma fé»[87] assumida no Batismo. Esta profissão de fé leva a uma comunhão íntima com o Pai, através do Filho, unidos pelo Espírito. Isto é, faz a pessoa relacionar-se, através daquela «realidade complexa e misteriosa»[88], com o mistério da Trindade e participar desta comunhão de amor. Tal experiência conduz concretamente, e consequentemente, à comunhão com todos aqueles que optam por esta mesma fé, formando a comunidade daqueles que seguem Jesus e assumem o seu projeto de vida como sentido último do ser humano:

> A *realidade da Igreja-Comunhão* é, pois, parte integrante, representa mesmo o *conteúdo central do «mistério»*, ou seja, do plano divino da salvação da humanidade. Por isso, a comunhão eclesial não pode ser adequadamente interpretada, se é entendida como uma realidade simplesmente sociológica e psicológica. A Igreja-Comunhão é o povo «novo», o povo «messiânico», o povo que «tem por cabeça Cristo... por condição a dignidade e a liberdade dos filhos de Deus... por lei o novo mandamento de amar como o próprio Cristo nos amou... por fim o Reino de Deus... (e é) constituído por Cristo numa comunhão de vida, de caridade e de verdade» (LG 9). Os laços que unem os membros do novo Povo entre si – e antes de mais com Cristo – não são os da «carne» e do «sangue», mas os do espírito, mais precisamente, os do Espírito Santo, que todos os batizados recebem (cf. *Jl* 3, 1)[89].

---

[85] O Concílio trata do conceito de «comunhão» de forma ampla: Cfr LG 4, 8, 13-15, 18, 21, 24-25; DV 10; GS 32; UR 2-4, 14-15, 17-19, 22.

[86] II *Sinodo Str. Vesc.*, *Rapporto finale*, II, C, 1.

[87] OE 2: «constat ex fidelibus, qui eadem fide, iisdem sacramentis et eodem regimine in Spiritu Sancto organice uniuntur».

[88] Cfr. LG 8.

[89] ChL 19: «*Realitas ergo Ecclesiae-Communionis* evadit pars integrans, immo *cen-*

A escuta da Palavra de Deus, a celebração dos sacramentos, a atuação do Espírito Santo com os diversos carismas, nos serviços que formam e vivificam, organizam e governam a comunidade, será o aspecto visível que concretiza a comunhão com Deus e com os irmãos. Estes farão presente a Igreja universal na comunhão (e «mútua interioridade»[90]) com as Igrejas particulares[91].

Esta realidade visível e sacramental da comunhão eclesial terá o seu cume no mistério da Eucaristia, fonte e razão de toda comunhão:

> A comunhão eclesial, na qual cada um se insere pela fé e pelo Batismo [Ef 4, 4-5], tem a sua raiz e o seu centro na Sagrada Eucaristia. Na realidade, o Batismo é incorporação num corpo edificado e vivificado pelo Senhor ressuscitado mediante a Eucaristia, de tal maneira que este corpo pode ser verdadeiramente chamado Corpo de Cristo. A Eucaristia é fonte e força criadora de *comunhão* entre os membros da Igreja precisamente porque une cada um deles com o próprio Cristo: «*na fração do pão eucarístico, participando nós realmente no Corpo do Senhor, somos elevados à comunhão com Ele e entre nós: 'Visto que há um só pão, nós, embora muitos, formamos um só corpo, nós todos que participamos dum mesmo pão»* (1 Cor. 10, 17) [LG 7][92].

---

trum *"mysterii"* seu divini de hominum salute propositi. Hinc est quod ecclesialis communio non adaequate explicatur si velut realitas mere et simpliciter sociologica vel psychologica intellegatur. EcclesiaCommunio est "novus" quidam populus, "messianicus" populus, populus scilicet qui "habet pro capite Christum... pro conditione dignitatem libertatemque filiorum Dei... pro lege mandatum novum diligendi sicut ipse Christus dilexit nos... pro fine Regnum Dei... (atque est) a Christo in communionem vitae, caritatis et veritatis constitutus" (*Ibid.* 9). Vincula proinde quibus novi Populi membra inter sese, ac praecipue cum Christo, vinciuntur, non illa sunt "carnis" et "sanguinis", sed illa spiritualia atque adeo illa quae a Spiritu Sancto proveniunt, quem baptizati omnes accipiunt (Cfr. *Ioe.* 3, 1)».

[90] CDF, *Communionis notio*, 9. «*mutuae interioritatis*».

[91] Cfr. AG 28; LG 23.

[92] CDF, *Communionis notio*, 5. «Communionis ecclesialis, cui unusquisque fide et Baptismo inseritur [Ef 4, 4-5], radix et centrum est Sacra Eucharistia. Siquidem Baptismus est incorporatio corpori per Eucharistiam exstructo et vivificato a Domino resuscitato, ita ut hoc corpus vere vocari queat Corpus Christi. Eucharistia fons exstat et vis creatrix *communionis* inter membra Ecclesiae hoc ipso quod unumquemque fidelem cum ipso Christo coniungit: *"in fractione panis eucharistici de Corpore Domini realiter participantes, ad communionem cum Eo ac inter nos elevamur. 'Quoniam unus panis, unum corpus multi sumus, omnes qui de uno pane participamus' (1 Cor 10, 17)"* [LG 7]».

3.1.1 A Igreja é «Corpo Místico de Cristo»

«O filho de Deus, vencendo, na natureza humana a Si unida, a morte, com a Sua morte e ressurreição, remiu o homem e transformou-o em nova criatura (cfr. Gál. 6,15; 2 Cor. 5,17). Pois, comunicando o Seu Espírito, fez misteriosamente de todos os Seus irmãos, chamados de entre todos os povos, como que o Seu Corpo»[93]. O termo «Corpo de Cristo» já é usado desde os primeiros séculos para qualificar a Igreja unida no mesmo mistério de Cristo[94]. A imagem do corpo ajuda a perceber a unidade interna da comunidade, composta de diferentes pessoas, com diversos serviços e carismas, mas que vivem em comunhão na fé em Jesus e no acolhimento do seu Espírito.

Inspirado na teologia paulina – «Como o corpo é um, embora tenha muitos membros, e como todos os membros do corpo, embora sejam muitos, formam um só corpo, assim também acontece com Cristo»[95] –, a unidade do corpo expressa a Igreja comunhão naqueles que se reúnem na unidade da mesma fé em Cristo: «De fato, todos nós, judeus ou gregos, escravos ou livres, fomos batizados num só Espírito, para formarmos um só corpo, e todos nós bebemos de um único Espírito»[96].

Como Verbo encarnado, Jesus salva a humanidade através da sua morte e ressurreição. Esta traz ao ser humano a vida nova, que «renova toda criatura» e faz com que todos sejam em Cristo, uma «nova criação»[97]: «Une expression plus forte encore s'impose: le Christ *est* identiquement cette création nouvelle en son propre corps glorifié, dans lequel il rassemble et unit les fidèles par la vertu de son Esprit»[98].

Os sacramentos serão a expressão e a própria vivência desta união com a morte e ressurreição de Jesus. Como o Batismo, que une em um só corpo pela comunhão de um só Espírito[99] e faz participar do mistério pascal: «Le chapitre 6 aux Romains analyse en détail la symbolisation

---

[93] LG 7: «Dei Filius, in natura humana Sibi unita, morte et resurrectione sua mortem superando, hominem redemit et in novam creaturam transformavit (cf. Gal 6,15; 2Cor 5,17). Communicando enim Spiritum suum, fratres suos, ex omnibus gentibus convocatos, tamquam corpus suum mystice constituit».

[94] Cfr. S. Pié-Ninot, *Eclesiologia*, 156-158.

[95] 1Cor 12,12. «Sicut enim corpus unum est et membra habet multa, omnia autem membra corporis, cum sint multa, unum corpus sunt, ita et Christus».

[96] 1Cor 12,13. «etenim in uno Spiritu omnes nos in unum corpus baptizati sumus, sive Iudaei sive Graeci sive servi sive liberi, et omnes unum Spiritum potati sumus».

[97] Cfr. Gl 6,15.

[98] G. Philips, *L'Église*, I, 106.

[99] Cfr. 1Cor 12,13.

rituelle du mystère: immersion rappelant la mort et l'ensevelissement du Christ, sortie de l'eau baptismale imitant sa résurrection »[100].

Entretanto, a Eucaristia ainda será a razão mais direta e profunda de sermos membros do corpo de Cristo, pois comungamos o seu próprio corpo: «O cálice da bênção, que abençoamos, não é comunhão com o sangue de Cristo? E o pão que partimos não é comunhão com o corpo de Cristo? Porque há um só pão, nós, embora muitos, somos um só corpo, pois todos participamos desse único pão»[101]. A comunidade forma este corpo místico do Ressuscitado porque em cada memorial da sua páscoa o próprio Cristo se dá eucaristicamente, prolongando o seu mistério na vida do ser humano, reunindo em um só Espírito, em um só corpo, os diversos dons a serviço do bem comum[102], para a realização da «nova criação».

O importante é que a base e origem desta unidade é o mistério de Cristo, cabeça do corpo[103] que, como sacramento de salvação universal, reúne na sua própria vida toda a humanidade. Esta é convidada a superar todas as separações e divisões, reencontrando a unidade perdida, vivendo a comunhão de ser o «Corpo de Cristo», num mesmo Espírito. Este Espírito, «l'Unique se donna à l'Église et crée simultanément en elle le lien interne de cohésion, qui est la charité. Plus que toute autre grâce, celle-ci entraîne et provoque à l'action en commun, sans quoi elle se condamne à rester stérile »[104].

3.1.2 A Igreja é «Povo de Deus»

A grande novidade da eclesiologia do Concílio, que trará consequências decisivas ao pensamento eclesiológico pós-conciliar é, sem dúvida, o capítulo II da LG que identifica a Igreja como Povo de Deus[105]. Se a Igreja tem seu fundamento no mistério de Cristo e, justamente, é o seu corpo presente e atuando através do seu Espírito em toda humanidade, o conceito de Povo de Deus ajuda a compreender como a Igreja, na sua dimensão histórica, vive este mistério como resposta à uma

---

[100] G. Philips, L'Église, I, 108.

[101] 1Cor 10,16-17. «Calix benedictionis, cui benedicimus, nonne communicatio sanguinis Christi est? Et panis, quem frangimus, nonne communicatio corporis Christi est? Quoniam unus panis, unum corpus multi sumus, omnes enim de uno pane participamur».

[102] Cfr. 1Cor 14, 12.26.

[103] Cfr. Cl 1,18; Ef 1,22; 4,15-16.

[104] G. Philips, L'Église, I, 109.

[105] Muito foi escrito sobre o tema. Uma síntese com as principais referências bibliográficas pode ser visto em: G. Mazzillo, «Popolo di Dio», 1084-1097.

convocação: «Andarei no meio de vós, serei vosso Deus e vós sereis meu povo»[106]. A Igreja será este Povo de Deus porque é escolhida por Ele para viver a sua aliança[107] e assumir a missão de ser a continuidade do Reino, testemunhado e vivido definitivamente em Jesus, meta e caminho para toda a humanidade peregrina. «Le Peuple de Dieu n'est en réalité que la manifestation terrestre du mystère de l'Église. En outre la Révélation parle si abondamment du Peuple de Dieu en marche, qu'aucun exposé su l'Église, soucieux de synthèse, ne pourrait négliger cet élément»[108].

É notório que a eclesiologia do Concílio Vaticano II dá uma ênfase muito grande a este conceito: «Tuttavia, benché ponga in giusto rilievo l'immagine della Chiesa "corpo di Cristo", il Concilio dà maggior risalto a quella di "popolo di Dio", non fosse altro che per il fatto che esso dà il titolo al cap. II della stessa Costituzione [*Lumen Gentium*]. Anzi, l'espressione "popolo di Dio" ha finito per designare l'ecclesiologia conciliare»[109].

Na reflexão do Concílio, ainda que o conceito «Corpo de Cristo» está na base do mistério de comunhão da Igreja, o conceito «Povo de Deus» ajuda a esclarecer ainda mais o que significa concretamente este mistério de Cristo presente como seu corpo na história através da sua Igreja:

> Così, rispetto ad altre, l'espressione «popolo di Dio» aveva il vantaggio di meglio significare la realtà sacramentale comune condivisa da tutti i battezzati, sia come dignità della Chiesa, sia come responsabilità nel mondo; inoltre, con una stessa formula si evidenziavano insieme la natura comunitaria e la dimensione storica della Chiesa, secondo il desiderio di molti Padri conciliari[110].

Mesmo que o capítulo não apresente um conteúdo totalmente novo daquele já apresentado ao início do Concílio[111], a grande novidade,

---

[106] Lv 26,12 «Ambulabo inter vos et ero vester Deus, vosque eritis populus meus».
[107] Cfr. LG 9.
[108] G. PHILIPS, *L'Église*, I, 128.
[109] CTI, *Temi scelti d'ecclesiologia*, 289.
[110] CTI, *Temi scelti d'ecclesiologia*, 289.
[111] O capítulo trás parte do conteúdo já presente num primeiro *esquema de Ecclesia* apresentado aos padres conciliares ao final da primeira seção do Concílio. Este esquema foi recusado por apresentar a Igreja de modo muito institucional, estática e idealística, com uma linguagem muito abstrata e jurídica. Um novo texto é preparado e apresentado para discussão na segunda seção do Concílio, trazendo como cap. III sobre os leigos: *De Populo Dei et speciatim de Laicis*, após o cap. II sobre a hierarquia: *De Constitutione Hierarchica Ecclesiae et in specie de Episcopatu*. Nas discussões em aula aparece uma proposta – sustentada pelo cardeal belga Suenens – de dividir o capítulo sobre os leigos em dois,

sem dúvida, será sua posição na Constituição dogmática, a qual marcará a proposta de renovação da eclesiologia conciliar. O fato de o documento *Lumen Gentium* trazer o capítulo sobre «O Povo de Deus» antes do capítulo da «Constituição Hierárquica da Igreja», faz uma reviravolta na eclesiologia clássica. Falar do «Povo de Deus», mostrando a «radical igualdade» de todo cristão batizado antes de qualquer diferença de função ou estado de vida, questiona o modelo de Igreja «piramidal» que marcou a eclesiologia do segundo milênio:

> Il semplice spostamento dei temi che specificano ciò che è comune a tutti i battezzati *prima* della trattazione sulla costituzione gerarchica della Chiesa ha avuto un effetto dirompente sulla concezione piramidale della Chiesa. Giustamente si è parlato di «rivoluzione copernicana» dell'ecclesiologia: in primo piano, infatti, non stanno più le differenti funzioni, ma la uguale condizione battesimale. In altre parole, la creazione di questo capitolo va a sottolineare la radicale uguaglianza di tutti i membri della Chiesa, *prima* di qualsiasi differenza di vocazione, di funzione ministeriale o di stato di vita[112].

Tal posição rompe com uma concepção medieval que permanecia presente na Igreja – afirmado no *Decretum Gratiani*, XII: «*Duo sunt genera christianorum*» – de que existem duas ordens ou categorias de cristãos: os clérigos e os leigos. Os primeiros, escolhidos para o ofício divino, dedicados à contemplação e à oração, separados das coisas do mundo. Os leigos, ou seja, o povo que pode possuir bens para seu uso, casar-se, trabalhar na terra, fazer sua oferta para obter a salvação, desde que evitem os vícios e façam o bem[113]. Restava claro, desde modo, a superioridade dos primeiros em relação aos outros. Tal teoria influenciará o modo de ser na Igreja, criando também dois «níveis eclesiais»:

> Questa scelta [cap. II: Povo de Deus] rende impraticabile un'ecclesiologia fondata sulla distinzione tra due generi di cristiani – i *clerici* e i *laici* – con diverso titolo di appartenenza all'unico corpo della Chiesa. Il secondo millennio cristiano ha vissuto di questa differenza, affermando nei suoi testi normativi la superiorità del

---

deixando este especificamente para o tema dos leigos e transferindo a sua primeira parte em um capítulo próprio sobre o «Povo de Deus», a ser colocado antes do capítulo sobre a hierarquia. Tal mudança será a grande novidade que irá marcar um novo modelo de Igreja e do pensamento eclesiológico. Cfr. U. Betti, «Cronista della Costituzione», 135-150; G. Alberigo, ed., *Storia del Concilio*, II, 309-345; D. Vitali, «Chiesa Popolo di Dio», 23-24.

[112] D. Vitali, «Chiesa Popolo di Dio», 23-24.

[113] Cfr. *Decretum Gratiani*, secunda pars, causa XII, quaestio I, c, VII, in *Corpus Iuris Canonici: Decretum Magistri Gratiani*, Lipsiae 1879, 678.

clero rispetto ai laici, e strutturando perciò la Chiesa su due livelli: la *Ecclesia docens* e la *Ecclesia discens*, la prima depositaria di ogni capacità attiva e perciò di ogni autorità, la seconda posta in una condizione di obbedienza passiva, con diritto di azione e di parola subordinato alle condizioni della gerarchia[114].

A nova ecclesiologia conciliar não tem a intenção de afirmar uma superioridade ou inferioridade entre clérigos e leigos, mas, pelo contrário. Ao chamar todos de Povo de Deus, busca-se enfatizar a igualdade fundamental que está na base da Igreja, constituída por todos aqueles que assumem a mesma fé, pelo Batismo, e assim buscam a união com Cristo, princípio e fim de tal unidade:

> Le «Peuple» ne s'entend donc nullement du troupeau des fidèles confiès aux pasteurs, mais de la communauté entière à laquelle appartiennent chefs et laïcs. Dans un certain sens la hiérarchie précède les autres fidèles, car c'est elle qui les fait accéder au Corps du Christ. Mais évêques, prêtres et religieux appartiennent au Peuple de Dieu en tant que rassemblement des croyants. L'union au Christ est le but; les ministères et les vœux se classent dans l'ordre des moyens qui ne sont qu'un service. La fin devra logiquement contribuer à rendre intelligibles les moyens; nous devons connaître le but de notre voyage pour choisir le chemin à bon escient. Il est donc préférable de faire précéder la description de la communauté, avant d'en détailler les différentes catégories[115].

Baseados na nova e eterna Aliança que Deus faz com seu povo, no sangue de seu Filho, todos são convocados a se tornarem Povo de Deus[116]. Assim, há uma igualdade básica na Igreja: todos são irmãos e irmãs, constituem um único povo, pertencem a uma única família. Isto

---

[114] D. VITALI, «Chiesa Popolo di Dio», 25. É justamente esta concepção de Igreja que o Concílio quer transformar: «Questa volontà [la vera unità della famiglia di Dio] non è stata sempre presente con la stessa evidenza nella storia della Chiesa. Nel corso della discussione sullo schema *De Ecclesia* si è criticato chiaramente lo sviluppo precedente della Chiesa. Il pensiero medioevale e feudale ha impresso la sua orma non solo nel campo civile, ma anche nell'esercizio pratico dell'ufficio gerarchico istituito da Cristo. Il superamento quindi di tale feudalesimo ecclesiastico, senza scapito della Chiesa quale fu istituita da Cristo, l'educazione dell'uomo alla libertà e responsabilità personali, il rispetto dei diritti dei laici e con ciò l'eliminazione di ogni «clericalismo»: ecco le richieste avanzate in occasione della discussioni sui capitolo intorno al popolo di Dio, i laici e la gerarchia ecclesiastica». A. GRILLMEIER, «Spirito, impostazione generale», 224.

[115] G. PHILIPS, *L'Église*, I, 129-130.

[116] Cfr. 1Pd 2, 9-10 e LG 9.

levará a uma corresponsabilidade e maior participação de todos na vida e missão da Igreja:

> Com a imagem do Povo de Deus fez-se uma mudança profunda. O ponto de partida tornou-se a igualdade fundamental de todos os cristãos. Não se exclui, é claro, a hierarquia, tanto mais que ela faz parte do Povo de Deus, mas não é ela a única responsável pela Igreja. Todos os batizados e todas as batizadas têm responsabilidade pelo crescimento e pela difusão da Igreja no mundo para que o Reino de Deus se torne uma realidade sempre mais vivida[117].

Ao afirmar uma igualdade fundamental, não significa que não haverá diversidade de serviços e responsabilidades, que todos deverão fazer a mesma coisa, exercer a mesma função. A «construção da comunidade» não se dá pela uniformidade das funções, pelo contrário, pela partilha dos diferentes dons. Por isso, faz-se necessário uma «profunda renovação da consciência da Igreja sobre seu ser essencialmente comunitário e trinitário, que lhe permite e exige uma igualdade fundamental de todas as pessoas e uma diversidade de missões, funções e ministérios...»[118].

3.1.3 A Igreja é «Povo Sacerdotal»

Toda a reflexão sobre o Povo de Deus é fundamentada e confirmada por outra grande novidade da eclesiologia conciliar: o sacerdócio comum dos cristãos[119]. O Povo de Deus é um «Povo de Sacerdote». Pela primeira vez fala-se explicitamente num documento conciliar sobre o sacerdócio comum[120]. Este tema estava praticamente ausente do debate eclesiológico desde o Concílio de Trento, pois a Reforma o utilizava para negar o papel da hierarquia na Igreja, a qual, segundo os reformadores, só causava males. Isto fez com que a Igreja católica reafirmasse fortemente a necessidade do sacerdócio ministerial e seu serviço eclesial[121].

---

[117] A. LORSCHEIDER, «Identidade e Espiritualidade», 61.

[118] A. PARRA, *Os Ministérios na Igreja*, 78.

[119] Cfr. LG 10.

[120] O tema aparece – retomado do anterior *esquema de Ecclesia*, cap. VI: *De Laicis*, n. 21: *De sacerdotio universali et de sacerdotio ministeriali* – no cap. III: *De populo Dei et speciatim de laicis*, n. 24: *De sacerdotio universali, necnon de sensu fidei et de charismatibus Christifidelium*, do chamado *esquema Philips*, que leva o nome do teólogo belga que o preparou. Este esquema foi apresentado para a discussão na segunda seção do Concílio, o qual depois serão os nn. 10-12 do novo cap. II sobre o Povo de Deus. Cfr. U. BETTI, «Cronista della Costituzione», 134.139; G. ALBERIGO, *Breve storia del Concílio*, 58; D. VITALI, «Il Popolo di Dio», 80.

[121] Cfr. G. PHILIPS, *L'Église*, I, 139-140.

Este fato alimentou ainda mais a diferença e a distância na Igreja entre duas «classes eclesiais»: os ministros ordenados, que pertencem à hierarquia, e os não-ordenados, que não fazem parte dela.

> Al di là delle ragioni che hanno alimentato la polemica, l'esito è stata la distinzione del corpo ecclesiale in *Ecclesia docens* (la gerarchia, cui competeva ogni responsabilità e diritto) e la *Ecclesia discens*, cioè i fedeli, posti in una posizione subalterna – i sudditi della Chiesa! –, senza diritto di parola e con il vincolo dell'obbedienza verso la gerarchia ecclesiastica[122].

Ao retomar a teologia do sacerdócio comum de todo batizado e, principalmente, colocando-o antes de qualquer diferença de função ou serviço, fundamenta-se e confirma-se a Igreja como Povo de Deus, contrastando fortemente com o modelo eclesial alimentado durante todo um milênio:

> Infatti, il sacerdozio comune, quale elemento vertebrante del capitolo II della *Lumen Gentium*, diventa anche l'argomento più incisivo di quella rivoluzione copernicana in ecclesiologia che ha scardinato il modello piramidale della Chiesa. Quanto costituisce motivo di radicale uguaglianza nella Chiesa – l'essere figli di Dio, tutti insigniti di una dignità insuperabile – precede ogni differenza di funzioni nella Chiesa, rendendo inapplicabile lo schema *Ecclesia docens – Ecclesia discens*, e quindi la concezione della Chiesa come una "società di diseguali": quelli che il potere lo esercitano e quelli che il potere lo subiscono[123].

---

[122] D. VITALI, «Il Popolo di Dio», 81.

[123] D. VITALI, «Il Popolo di Dio», 81-82. Não se poderá mais justificar, pela posição ou função na Igreja, a superioridade de uns e inferioridade de outros, mas a dignidade de todos será a mesma: a filiação de um único Pai. «Tale modello di Chiesa, in cui il ruolo contava più dell'appartenenza, trova un ostacolo insormontabile nel capitolo II della *Lumen Gentium*. I nove numeri che compongono il capitolo affermano la pari dignità di tutti i membri della Chiesa in forza del battesimo, recuperando nella teologia cattolica il tema del sacerdozio comune dei fedeli, e quindi la loro capacità "attiva" nella Chiesa, circoscritta per tutto il secondo millennio ai soli *clerici* (nn. 9-12), e, nella seconda parte del capitolo, afferma la destinazione alla salvezza di tutti gli uomini, i quali, a diverso titolo e in diversi gradi, sono "chiamati a formare il nuovo popolo di Dio" (nn. 13-17). In questo modo è la condizione di figli di Dio a costituire il più alto titolo di dignità nella Chiesa, e questa è per tutti uguale, "dai vescovi fino agli ultimi fedeli laici", come recita il concilio riprendendo una frase di s. Agostino. Per quanto necessario, il ministero nella Chiesa è relativo al Popolo di Dio, al suo servizio, perché appunto questo popolo possa offrire "sacrifici spirituali a Dio graditi" (*LG* 10)». *ID.*, «Chiesa Popolo di Dio», 25-26.

Ao tratar do sacerdócio comum, não se quer com isso identificá-lo com o sacerdócio ministerial[124], muito menos colocá-lo contra este. O sacerdócio ministerial existe à serviço do Povo de Deus, para oferecer «o sacrifício eucarístico na pessoa de Cristo em nome de todo o povo», a fim de que este exerça o seu sacerdócio «na recepção dos sacramentos, na oração e ação de graças, no testemunho da santidade de vida, na abnegação e na caridade operosa»[125].

Deste modo, procura-se recuperar o verdadeiro sentido do povo sacerdotal, já presente na experiência do Êxodo: «Vós sereis para mim um reino de sacerdotes e uma nação santa»[126]. O povo de Israel foi escolhido por Deus para ser um povo sacerdotal, testemunhando tal missão com a própria vida, oferecendo-se como «sacrifícios espirituais». O novo povo de Deus também assume esse sacerdócio comum, participante do sacerdócio de Cristo rei, sacerdote e profeta, através do Batismo[127], no compromisso e vivência dos valores cristãos, anunciando as maravilhas do Reino:

> Il sacerdozio comune dei fedeli (o dei battezzati) fa risaltare con chiarezza la profonda unità tra il culto liturgico e il culto spirituale e concreto della vita quotidiana. Dobbiamo del pari sottolineare qui che un tale sacerdozio può essere intenso soltanto come partecipazione al sacerdozio di Cristo: nessuna lode sale verso il Padre se non attraverso la mediazione di Cristo, unico Mediatore; il che

---

[124] No debate conciliar aparecia o receio de estabelecer uma ligação muito estreita entre os dois tipos de sacerdócio, ao ponto de sentirem a necessidade de esclarecer melhor a especificidade de ambos. O documento dirá que a diferença não é «tanto de grau, mas de essência» – *licet essentia et non gradu tantum differant* (LG 10) –, pois como grau ainda se pode pensar na lógica do maior ou menor, de poder e obediência; mas como essência pode-se perceber as diferentes «naturezas» de cada ministério, orientados à formar um único Povo de Deus. Cfr. D. VITALI, «Il Popolo di Dio», 82-84. A CTI esclarece a relação entre o sacerdócio comum e ministerial: «Per il pieno sviluppo della vita nella Chiesa, corpo di Cristo, il sacerdozio comune dei fedeli e il sacerdozio ministeriale o gerarchico non possono che essere complementari o "ordinati l'uno all'altro", così però, che dal punto di vista della finalità della vita cristiana e del suo compimento, il primato spetta al sacerdozio comune, anche se, dal punto di vista dell'organicità visibile della Chiesa e dell'efficacia sacramentale, la priorità spetta al sacerdozio ministeriale». CTI, *Temi scelti d'ecclesiologia*, 313.

[125] LG 10: «... sacrificium eucharisticum in persona Christi conficit illudque nomine totius populi Deo offert; fideles vero, vi regalis sui sacerdotii, in oblationem Eucharistiae concurrunt, illudque in sacramentis suscipiendis, in oratione et gratiarum actione, testimonio vitae sanctae, abnegatione et actuosa caritate exercent». «In altre parole, il sacerdozio ministeriale ha un carattere costitutivamente funzionale, e può esistere unicamente nella forma radicale del servizio al Popolo di Dio». D. VITALI, «Il Popolo di Dio», 84.

[126] Ex 19,6 «Et vos eritis mihi regnum sacerdotum et gens sancta».

[127] Cfr. LG 11-12.

implica l'azione sacramentale di Cristo. Nell'economia cristiana, infatti, l'offerta della vita si realizza pienamente solo grazie ai sacramenti e in maniera particolarissima grazie all'Eucaristia[128].

Na perspectiva do Povo de Deus, que assume e vive o seu sacerdócio comum, fala-se do «senso da fé» como a união entre o sacerdócio comum e a missão profética de Cristo, na qual todo batizado torna-se participante[129]. Ao assumir a missão profética de Cristo, necessariamente o povo deve testemunhá-la, além das palavras, «sobretudo pela vida de fé e de caridade»[130]. O senso da fé surge na comunidade graças à unção do Espírito Santo que ensina toda a verdade: «Mas o Paráclito, o Espírito Santo que o Pai enviará em meu nome, vos ensinará tudo e vos recordará o que eu vos disse»[131]. É este Espírito que doará os diversos carismas[132] para a vida da comunidade, a serviço do bem comum, sendo ele mesmo o sustento da unidade na diversidade.

A origem da unidade do Povo de Deus, como povo sacerdotal, é sempre a unidade da Trindade, na qual ele deve espelhar-se. A diversidade de carismas, funções, trabalhos, responsabilidades, não deve ser empecilho para a unidade, mas justamente deve estar baseada nesta para que a diversidade da participação de cada um enriqueça o todo da Igreja e a faça caminhar num único objetivo: realizar a vontade do Pai, continuar a realização do Reino inaugurado por Jesus[133]. O próprio Cristo é a «Cabeça do novo e universal povo dos filhos de Deus»[134] que reúne toda criação, toda a humanidade.

Esta universalidade da Igreja deve fazer com que toda a sua estrutura perceba a necessidade da colaboração entre os diversos trabalhos, entre as diversas funções e serviços, valorizando a importância da par-

---

[128] CTI, *Temi scelti d'ecclesiologia*, 313. O «primado do Povo de Deus» não negará a necessidade e dignidade do sacerdócio ministerial, mas justamente confirma a razão do seu existir: estar à serviço de todo o povo sacerdotal.

[129] Cfr. LG12. É importante lembrar também a afirmação do concílio de que a «totalidade dos batizados» – *universitas fidelium* –, por unção do Espírito Santo, torna-se voz da Igreja, ao expressar «o seu consenso universal a respeito das verdades de fé e costumes». LG 12: «*universalem suum consensum de rebus fidei et morum*». Para aprofundar o tema: D. VITALI, *Sensus Fidelium – Una funzione ecclesiale di intelligenza della fede* (1993).

[130] LG 12: «*maxime per vitam fidei ac caritatis*».

[131] Jo 14, 26 «Paraclitus autem, Spiritus Sanctus, quem mittet Pater in nomine meo, ille vos docebit omnia et suggeret vobis omnia, quae dixi vobis».

[132] A *Lumen Gentium* fala dos carismas recuperando a reflexão paulina (1Cor 12) e afirmando a importância destes na vida da Igreja. Cfr. LG 12.

[133] Cfr. LG 3; Mc 1,15; Mt 3,2; 4,17.

[134] LG 13: «*Caput novi et universalis populi filiorum Dei*».

ticipação de cada um, sem privilegiar somente algumas posições. Com base na Trindade, a diversidade será sinônimo de comunhão, e não barreira para separar as pessoas, ou supervalorizar aqueles que possuem cargos de maior responsabilidade ou de governo.

Por isso mesmo, a hierarquia que, antes de tudo é Povo de Deus, tem a função específica e necessária de criar e manter a unidade da «única constituição divina da Igreja universal»[135]. Ela tem um ofício especial de realizar e manter a unidade das diversas Igrejas particulares, dos diversos serviços, pastorais, para que haja um crescimento de toda a Igreja, numa grande comunhão entre as mais diversas realidades e carismas. Esta unidade será garantida pelo culto, pela organização eclesial e a transmissão da fé[136]. Assim, a diferença entre a hierarquia e os leigos só tem sentido se for para garantir a unidade do todo, para cumprir sua vocação de ser elo de união, com a função específica de governo que preside e anima, consciente de que isto não é engrandecimento, mas sim atitude de quem é servo, disponível ao serviço[137].

Enfim, a *Lumen Gentium* faz entender «o conceito e a realidade do Povo de Deus como anterior e mais amplo que o conceito e a realidade da Igreja em seu sentido estrito»[138]. Através do Batismo, na vivência do sacerdócio comum, todos pertencem ao Povo de Deus antes de qualquer distinção interna, necessária para a construção e subsistência da comunidade. Esta concepção, porém, exige a participação e comunhão de todos, assumindo o serviço profético, sacerdotal e real deixado por Cristo, nos diversos carismas e funções, e evitando todo tipo de mentalidade autoritária ou classista. Como Povo de Deus todos são responsáveis pela vida e missão da Igreja[139].

3.2   *A Igreja Universal se «encarna» na Igreja Particular.*

A Igreja, «Corpo Místico de Cristo», constituída como «Povo de Deus» é, na sua plena comunhão, a «Igreja Universal» que se concretiza nas várias Igrejas Particulares, formando «una e única»[140] Igreja:

---

[135] LG 23: «unica divina constitutione universalis Ecclesiae».

[136] Cfr. LG 25-27.

[137] Cfr. Jo 13,14.

[138] I. ELLACURIA, «Povo de Deus», 645.

[139] A presença e participação ativa dos leigos e leigas na vida eclesial, reconhecida não como uma «concessão» a eles feita, mas teologicamente fundamentada na vocação universal à santidade de todo batizado que forma o Povo de Deus, foi também significativamente recuperada pelo Concílio. Ver: D. VITALI,«I Laici nella Lumen gentium», 72-85.

[140] Cfr. LG 23.

La struttura essenziale comprende tutto ciò che nella Chiesa deriva dalla sua istituzione divina (*iure divino*), mediante la fondazione operata da Cristo e il dono dello Spirito Santo. Benché non possa essere che unica e destinata a perdurare sempre, questa struttura essenziale e permanente riveste sempre una figura concreta e un'organizzazione (*iure ecclesiastico*), frutti di elementi contingenti ed evolutivi, storici, culturali, geografici, politici... Perciò la figura concreta della Chiesa è normalmente soggetta a evoluzione ed è quindi il luogo ove si manifestano legittime, anzi necessarie, differenze. La diversità delle organizzazioni rimanda tuttavia all'unità della struttura[141].

Desta forma, a Igreja particular, que é a «encarnação» da Igreja universal nas diferentes realidades e culturas, «é» a Igreja de Cristo que se realiza e oferece todos os meios necessários de salvação. É importante compreender bem esta unidade na diversidade, a qual analogamente é comparada à unidade trinitária[142], para perceber que não se trata apenas de uma «confederação» de Igrejas ou simples mescla ou uniformidade, mas, em comunhão com os bispos juntamente com o papa, formam a única Igreja de Cristo nas mais diferentes realidades:

Les Églises particulières ne sont pas des parties qui par addition ou fédération constitueraient l'Église universelle. Chaque église particulière «est» au contraire l'Église du Christ en tant que présente en un lieu déterminé et elle est pourvue de tous les moyens de salut donnés par le Seigneur à son Peuple. Aussi l'adresse par laquelle saint Paul commence ses deux lettres aus Corinthiens est-elle bien caractéristique (1Cor 1, 2 et 2Cor 1, 1): non pas «A l'Église de Corinthe», mais

---

[141] CTI, *Temi scelti d'ecclesiologia*, 302. Para não haver dúvidas, o texto continua explicando a perfeita unidade entre essas duas dimensões da Igreja, sendo que a distinção de ambas não significa separação: «La distinzione tra la struttura essenziale e la figura concreta (od organizzazione) non significa che tra di esse vi sia una separazione. La struttura essenziale è sempre implicata in una figura concreta, senza la quale non potrebbe sussistere. Per questo motivo la figura concreta non è neutra nei confronti della struttura essenziale che deve potere esprimere con fedeltà ed efficacia, in una determinata situazione. Su alcuni punti, specificare con certezza ciò che dipende dalla struttura e dalla forma (o organizzazione) può richiedere un delicato discernimento». *Ibid*, 303.

[142] «Premesse queste distinzioni, si deve sottolineare che per la teologia cattolica dell'unità e della diversità della Chiesa s'impone un riferimento originario, quello della Trinità differenziata delle persone nell'Unità stessa di Dio. La distinzione reale delle persone non divide affatto la natura. La teologia della Trinità ci mostra che le vere differenze possono sussistere unicamente nell'Unità; invece, ciò che non possiede unità non ammette la differenza (Cfr. J.A. Moehler). In modo analogo possiamo applicare queste riflessioni alla teologia della Chiesa». CTI, *Temi scelti d'ecclesiologia*, 303.

«A l'Église de Dieu qui est à Corinthe». La même Église une et in-
divise se trouve également à Rome, à Philippes, à Éphèse, etc. Les
groupes locaux n'en sont pas pour autant absorbés dans la communauté totale; ils gardent leur subsistance propre mais dans une
unanimité dont il faut reconnaître le fondement ontologique[143].

Esta comunhão da Igreja universal e as Igrejas particulares está
«radicada, afora a mesma fé e o Batismo comum, sobretudo na Eucaristia e no Episcopado»[144]. Nas Igrejas particulares estão os bispos, sucessores dos Apóstolos, em comunhão com o papa, sucessor de Pedro, cabeça
da Igreja universal, «princípio e fundamento»[145] da unidade visível da
única Igreja, que constituem «um único colégio apostólico»[146], com o ministério de ensinar, santificar e governar[147]. Esta missão divina é recebida
do próprio Cristo[148], dada aos Apóstolos[149] e, destes, aos seus sucessores
em linha histórica ininterrupta[150].

É através do ministério episcopal que o Povo de Deus celebra a
Eucaristia, fonte de vida da comunidade eclesial e total comunhão com
a Igreja universal, tornando-se concretamente o «Corpo Místico de
Cristo»[151]. «Revestido da plenitude do sacramento da Ordem»[152], o bispo
tem a missão de prover a Igreja particular de todos os meios de salvação,
visto que ela é o «caminho normal de salvação e que só ela possui a plenitude dos meios de salvação»[153].

---

[143] G. Philips, L'Église, I, 307-308.

[144] CDF, Communionis notio, 11. «praeterquam in eadem fide communique Baptismo, radicatur praesertim in Eucharistia et in Episcopatu».

[145] LG 23: «principium et fundamentum».

[146] LG 22: «unum Collegium apostolicum constituunt».

[147] Cfr. LG 25-27.

[148] Cfr. LG 20.

[149] Cfr. LG 19.

[150] Cfr. LG 18.

[151] «Por su parte el sacramento de la Eucaristía va ligado a la pertenencia a la Iglesia y en la tradición medieval encontró una feliz formulación en la triple comprensión del
"Cuerpo Místico" visto así: "el cuerpo personal del Señor se da en la Eucaristía para formar
como único efecto la Iglesia" (Amalario de Metz, s. IX). Esta perspectiva está presente en
el Vaticano II el cual se orienta hacia una "eclesiologia eucarística" como expresión de
la centralidad de la Eucaristía que "hace y realiza" la Iglesia (cf. SC 41; LG 3.7.11.26.48;
CD 11; cf. La síntesis de la Encíclica del 2004, Ecclesia de Eucaristía, cap. II)». S. Pié-Ninot,
¿Dónde está la Iglesia?, 600.

[152] LG 26: «plenitudine sacramenti Ordinis insignitus».

[153] RM 55: «ordinariam salutis esse viam et ei soli plenitudinem esse salutis instru-
mentorum».

Isto não significa que não possam existir outros caminhos «extra-ordinários» somente conhecidos por Deus[154]. O sacramento da Eucaristia, todavia, é a presença mais concreta e a certeza da salvação que Deus oferece a toda humanidade: «Or, la célébration de l'eucharistie, présidée par l'évêque lui-même ou par son envoyé, constitue la source principale du salut, comme la Tradition nous le répète depuis les premiers temps»[155]. Presidida pelo próprio bispo, ou pelos membros do seu *presbiterium* por ele autorizados, celebra-se uma e mesma Eucaristia, sinal supremo de unidade e comunhão, que forma a Igreja una, santa, católica e apostólica[156].

Deste modo, a Igreja particular concretiza esta presença de Cristo na vida de tantas pessoas, nas mais diversas culturas e realidades. Os elementos essenciais são claros: uma

> porção do Povo de Deus, que se confia a um Bispo para que a apascente com a colaboração do presbitério, de tal modo que, unida ao seu pastor e reunida por ele no Espírito Santo por meio do Evangelho e da Eucaristia, constitui uma Igreja particular, na qual está e opera a Igreja de Cristo, una, santa, católica e apostólica[157].

Cristo é o único princípio e autor da Igreja, formando a comunidade dos fiéis a partir do seu próprio corpo. A ação do *Espírito Santo*, manifestada na unidade com a Igreja que é a *presença do bispo*, formando o único *Povo de Deus* pelo mesmo Batismo, na escuta da *Palavra* e na *celebração da Eucaristia*, faz com que cada comunidade seja realmente uma presença eclesial, por mais simples e pequena que seja: «Nestas comunidades, embora muitas vezes pequenas e pobres, ou dispersas, está presente Cristo, por cujo poder se unifica a Igreja una, santa, católica e apostólica»[158].

Esta Igreja, «sinal, e o instrumento da íntima união com Deus e da unidade de todo o gênero humano»[159], é desafiada a ser um testemu-

---

[154] Cfr. GS 22 e AG 7.

[155] G. PHILIPS, *L'Église*, I, 339.

[156] Cfr. LG 26.

[157] CD 11: «Dioecesis est Populi Dei portio, quae Episcopo cum cooperatione presbyterii pascenda concreditur, ita ut, pastori suo adhaerens ab eoque per Evangelium et Eucharistiam in Spiritu Sancto congregata, Ecclesiam particularem constituat, in qua vere inest et operatur Una Sancta Catholica et Apostolica Christi Ecclesia».

[158] LG 26: «In his communitatibus, licet saepe exiguis et pauperibus, vel in dispersione degentibus, praesens est Christus, cuius virtute consociatur una, sancta, catholica et apostolica Ecclesia».

[159] LG 1: «veluti sacramentum seu signum et instrumentum intimae cum Deo unionis totiusque generis humani unitatis».

nho concreto e, ao mesmo tempo, instrumento que promova o amor de Deus, que salva e plenifica o ser humano. A manifestação mais concreta e visível de tal vocação será a vivência da fraternidade, a partir de uma vida de comunidade, essencial para realizar verdadeiramente o projeto da vida cristã:

> La dimensione comunitaria è essenziale alla Chiesa, perché in essa possano essere vissute e condivise fede, speranza e carità, e perché una tale comunione, radicata nel cuore di ogni credente, si realizzi anche su un piano comunitario, obiettivo e istituzionale. Anche la Chiesa è chiamata a vivere, su tale piano sociale, nella memoria e nell'attesa di Gesù Cristo. Suo compito è predicare questa buona novella a tutti gli uomini[160].

Neste contexto, a vida consagrada será uma parte integrante e importante na qual também deve se realizar, no concreto de sua participação e testemunho de vida, a Igreja Povo de Deus.

4.   A «Vida Religiosa» no Concílio Vaticano II

A vida consagrada[161], profundamente questionada no seu próprio modo de viver diante da nova proposta eclesiológica do Concílio Vaticano II,

---

[160] CTI, *Temi scelti d'ecclesiologia*, 290-291.

[161] O termo «Vida Religiosa» é usado pelo Concílio Vaticano II com um sentido mais amplo que o próprio termo define. O cap. VI da LG assume o título «*De Religiosis*» para falar daqueles que se consagram através da profissão dos conselhos evangélicos. Segundo alguns padres conciliares, tal expressão não exprimia a amplitude da vida consagrada nas suas várias formas, composta também por outros grupos que não pertencem aos Institutos Religiosos. Para eles, o capítulo deveria ser intitulado: «Da profissão dos conselhos evangélicos», ou mesmo, «Da vida segundo os conselhos evangélicos». Cfr. J. BEYER, «Vita Consacrata», 1121. O novo Código de Direito Canônico (1983) assumirá o termo «*vita consecrata*» para se referir às diversas formas de consagração através da profissão dos conselhos evangélicos: «Il nuovo codice di diretto canonico, raccogliendo la dottrina conciliare e specialmente postconciliare, non identifica più la vita consacrata con la vita religiosa. Oltre a quella "religiosa" esistono nella Chiesa altre "forme" di vita consacrata mediante la professione dei consigli evangelici. Tra le forme di vita consacrata, il legislatore canonizza quella vissuta negli istituti religiosi (can. 607), quella degli Istituti Secolari (can. 710), quella eremitica (can. 603) e quella delle vergini (can. 604). Agli istituti di vita consacrata vengono infine assimilati (*accedunt*) le società di vita apostolica (can. 731)». F. IANNONE, «La Vita Religiosa», 33, nota 1. Tal expressão será utilizada como linguagem oficial de toda a Igreja: «A livello di terminologia si deve ammettere che essa – cioè *consacrazione, vita consacrata, stato di consacrati, consacrare* e tutti i suoi derivati – si è andata imponendo in maniera totale. Dai codici ai riti, dai testi magisteriali ai titoli dei trattati, ovunque vengono utilizzate queste espressioni, pur se esiste ancora qualche resistenza da parte di alcuni. Purtroppo

encontra, justamente neste, o grande desafio e oportunidade para a sua renovação, para o aprofundamento da sua própria identidade e sentido de ser na vida da Igreja[162]. Todo o processo não deixou de ser vivido com entusiasmo, mas também com muitos momentos de crise e de resistências.

Sem dúvida, foi um período importante para toda Vida Religiosa. Vários autores são unânimes ao afirmar a inédita e valiosa reflexão em que, pela primeira vez em um Concílio, a vida consagrada é tratada e definida numa constituição dogmática sobre a Igreja: «Por la primera vez, en la Historia de la Iglesia, la vida religiosa era objeto de una Constitución Dogmática sobre la Iglesia»[163]; «Per la prima volta un Concilio há trattato della vita consacrata non solo nel suo aspetto giuridico o per emanare decreti di riforma, ma nella sua dimensione teologica ed ecclesiologica»[164]; «Il Vaticano II è stato il primo concilio a trattare della vita consacrata nel quadro più largo di una ecclesiologia rinnovata»[165]; «Per la prima volta, nella storia dei concili, ha voluto così tracciare un quadro teologico-ecclesiale di questo genere di vita...»[166]; «...ciò che acquista un particolare significato: il fatto che il concilio ha trattato, per la prima volta, in una riflessione ed esposizione dogmatica sulla Chiesa, della "vita religiosa"»[167]; «Non dobbiamo dimenticare che per la prima volta nella storia il tema della vita religiosa, in quanto stato particolare nella Chiesa, è stato oggetto di sistemazione teorica in un Concilio»[168].

Por outro lado, embora o Concílio não quisesse limitar-se aos antigos conceitos da teologia Escolástica[169] da vida consagrada, acaba dei-

---

è facile in tutti questi contesti che il concetto di *vita consacrata* scivoli verso la tipologia della *vita religiosa*, per cui questa diventa quasi l'analogatum princeps del discorso stesso». B. SECONDIN, «La Consacrazione», 35. No presente estudo, o termo «Vida Religiosa», quando utilizado, será para referir-se ao conceito usado pelo Vaticano II, no sentido mais amplo por ele assumido.

[162] Para uma bibliografia básica da doutrina sobre a Vida Religiosa no Concílio Vaticano II, consultar no *Diccionario Teológico de la Vita Consagrada*: N. TELLO, «Vaticano II», 1793. Para uma síntese dos principais temas sobre o aspecto eclesiológico da Vida Religiosa tratado no Concílio Vaticano II: G. O. GIRARDI, *La Vita Religiosa. Forma eminente di vita consacrata nella Chiesa Popolo di Dio* (1979).

[163] J. ÁLVAREZ GÓMEZ, *Historia de la Vida Religiosa*, III, 651.

[164] F. CIARDI, «La vita consacrata», 14.

[165] J. BEYER, «Vita Consacrata», 1119.

[166] B. SECONDIN, *Per una fedeltà creativa*, 23.

[167] G. O. GIRARDI, *La Vita Religiosa*, 28.

[168] M. R. JURADO, «Vita Consacrata e carismi», 1065-1066.

[169] «...il Concilio non ha inteso ancorare definitivamente la dottrina sulla vita religiosa alla teologia scolastica e dunque ha lasciato aperta la strada ad un ulteriore domandare sulle sue origini, liberando la ricerca stessa da ogni forma di pregiudizio, da ogni

xando grandes lacunas, quer na melhor clareza de temas importantes – como a presença dos religiosos na Igreja local, na vida pastoral das dioceses – ou apenas «repetindo» o magistério já existente[170]; quer também pela falta de uma madura consciência da própria Vida Religiosa em relação à sua identidade e presença na Igreja. Isto fez com que, para os consagrados e consagradas, o «evento» conciliar se tornasse mais importante do que propriamente o seu conteúdo:

> sul rinnovamento della vita religiosa ha pesato più *l'evento concilio* che non le indicazioni date dal capitolo VI della *Lumen gentium*, dal decreto *Perfectae caritatis* o dall'*Instituta religiosa* (le norme di attuazione pubblicate nel 1966). Il capitolo sesto della *Lumen gentium* relativo ai religiosi è, a giudizio di tutti i commentatori, la parte più scadente dell'intera costituzione; il *Perfectae caritatis* poi risulta un testo sprovvisto di qualità profetica, mentre le norme di attuazione di fatto non affrontano in profondità il problema del rinnovamento evangelico della vita religiosa. La crisi che ha pesato e pesa tuttora sulla vita religiosa è dovuta anche a questo *vuoto*, a questa mancanza di indicazioni profetiche e forti che il concilio invece ha saputo esprimere su altri temi[171].

Deve-se reconhecer que a grande «revolução» proposta pela eclesiologia conciliar terá repercussão direta e decisiva para a renovação da vida consagrada[172], repercutindo num necessário aprofundamento de

---

dogmatismo, da ogni condizionamento e da ogni chiusura di tipo storico-culturale. Di qui è iniziato un animato e vivacissimo dibattito...». E. MARCHITIELLI, *Chiamati a stare con Cristo*, 227. Justamente era esse o grande desafio do Concílio: «...la necessità d'invertire la rotta. Così si è fatta avanti sempre più chiara la necessità di disancorare la vita religiosa dalle posizioni dottrinali codificate dalla Scolastica, per ricondurla al Vangelo, alle fonti bibliche e alla grande tradizione patristica». *Ibid.*, 229.

[170] «L'insegnamento dei testi conciliari sulla vita religiosa non è andato oltre al magistero preesistente...». E. BIANCHI, *Non siamo migliori*, 11. «Intanto per stare alla verità dei fatti si deve dire che il Concilio non ha elaborato testi significativi sulla vita religiosa, né c'è stata l'attesa chiarificazione teologica circa le origini evangeliche della vita religiosa. Senza nulla togliere al Concilio e alla sua portata ecclesiale, per aderenza alla verità storica, bisogna riconoscere che per quanto riguarda la vita religiosa i contributi dottrinali non sono esaustivi, speso sono lacunosi e mediocri, anche per le opposizioni di pensiero e tendenze dottrinali manifestatesi in seno all'assise conciliare, come dimostra la storia funambolesca del VI capitolo della *Lumen Gentium* dedicato ai religiosi». E. MARCHITIELLI, *Chiamati a stare con Cristo*, 230.

[171] E. BIANCHI, *Non siamo migliori*, 9.

[172] O próprio magistério reconhece, no documento *La vita fraterna in comunità* (1994), da Congregação para os Institutos de vida consagrada e Sociedades de vida apostólica, que «...lo sviluppo della Chiesa ha inciso profondamente nelle comunità religiose.

sua identidade e participação na renovação de toda a Igreja: «El Vaticano II há significato... una auténtica revolución para la vida religiosa, porque preciamente el concilio había revolucionado los presupuestos eclesiológicos»[173].

A grande novidade do Concílio em relação à vida consagrada é justamente concebê-la como parte da reflexão da nova eclesiologia conciliar, envolvendo-a inteiramente na sua renovação:

> Una delle maggiori novità del Concilio Vaticano II riguardo alla vita religiosa è quella di averle offerto un supporto dottrinale, inquadrandola nella più ampia visione della Chiesa come mistero e comunione. L'ecclesiologia di comunione ha fatto comprendere meglio l'esigenza di una chiara identità carismatica da parte di ogni Istituto religioso e la necessità di inserimento nell'organica compagine ecclesiale, caratterizzato da un proprio specifico contributo[174].

4.1 *Necessidade de reforma na vida consagrada*

Como toda a Igreja, a vida consagrada também necessitava de reforma, o que não era novidade na sua história[175]. Mesmo no período anterior ao Concílio, também já se refletia sobre a renovação[176]. Motivados

---

Il Concilio Vaticano II, come avvenimento di grazia e come espressione massima della conduzione pastorale della Chiesa in questo secolo, ha avuto un influsso decisivo sulla vita religiosa; non solo in virtù del Decreto *Perfectae Caritatis*, ad essa dedicato, ma anche della ecclesiologia conciliare e di ciascun suo documento». VFC, 1b.

[173] J. ÁLVAREZ GÓMEZ, *Por qué y para qué*, 67. A reflexão eclesiológica do Concílio é tão importante que não será mais possível compreender a vida consagrada fora da sua dimensão eclesial: «Fuori del mistero della Chiesa, non si capisce né si giustifica la vita religiosa: essa appare situazione di casta, di elite; e le comunità religiose, come ghetto, associazione privata e chiusa da iniziati. È nella Chiesa che la vita religiosa acquista pieno significato, valore». F. IANNONE, «La Vita Religiosa», 34. Neste sentido confirma o magistério: «È stato *lo sviluppo dell'ecclesiologia* che ha inciso più di ogni altro fattore sull'evoluzione della comprensione della comunità religiosa. Il Vaticano II ha affermato che la vita religiosa appartiene "fermamente" (*inconcusse*) alla vita e alla santità della Chiesa, e l'ha collocata proprio nel cuore del suo mistero di comunione e di santità». VFC, 2.

[174] F. CIARDI, «Rifondazione», 310.

[175] «La historia de las familias religiosas más antiguas testifica como éstas han podido atravesar los siglos sólo mediante una renovación periódica, necesaria, sobre todo, en las grandes épocas de la transición en las cuales la humanidad se deslizaba hacia un nuevo estatuto». J. TILLARD, «Renovación», 1571.

[176] «Efectivamente, la renovación de la vida religiosa había sido ya, antes del Vaticano II, objeto de preocupación por parte de algunos hombres clarividentes que tomaron una serie de iniciativas que se adelantaron al Concilio. Entre ellos sobresalió el claretiano P. Arcadio Larraona, uno de los fundadores de la revista *Commentarium pro Religiosis* (Roma,

por todo o contexto conciliar, sente-se a necessidade de pensar a vida consagrada dentro da nova realidade do mundo contemporâneo, «una renovación en el marco de una historia que ha modificado hondamente la autocomprensión de la vita humana»[177]. Junto ao Concílio, a vida consagrada também se obriga a assumir o grande desafio de buscar a «coscienza delle novità e dei mutamenti culturali e strutturali del mondo di oggi, con la conseguente necessità di adattamento delle forme di vita e di attività della Chiesa alle mutate esigenze»[178].

A necessidade de renovação da vida consagrada dentro do contexto de renovação de toda a Igreja interpela e coloca os religiosos num grande processo de reflexão:

> La vida religiosa fue el grupo eclesial más conmocionado por el Concilio; quizá porque era también el que más urgente revisión y adaptación necesitaba. Inmediatamente después del Concilio los religiosos entraron en una positiva y sana tensión de búsqueda. Por todas partes proliferaron grupos de reflexión, asambleas, encuentros, conferencias, cursillos, congresos nacionales e internacionales. Ha sido un movimiento arrollador que, en buena medida, continúa todavía[179].

1920), designado por Pío XII secretario de la Congregación de Religiosos y, después, cardenal por Juan XXIII (1959). A él se debe todo el movimiento federativo de los religiosos que se materializó en las CONFER nacionales, y en la CLAR (Confederación Latinoamericana de Religiosos); y la celebración de congresos internacionales y nacionales, como los de Roma (1950) y Madrid (1956), en los que se alumbraron un buen número de propuestas para la renovación de la vida religiosa. A él se debe también la formulación definitiva, en la *Provida Mater* (1947), de esa nueva forma de vida consagrada que son los Institutos Seculares». J. ÁLVAREZ GÓMEZ, *Historia de la Vida Religiosa*, III, 648-649. No Concílio, porém, o contexto teológico e sociológico trazem pressupostos diferentes para a renovação, sendo que a nova reflexão eclesiológica terá um papel fundamental e imprescindível em tal processo.

[177] N. TELLO, «Vaticano II», 1788.

[178] F. CIARDI, «Rifondazione», 310. «I lavori conciliari, con le discussioni e le revisioni sempre più libere, avevano fatto vedere che molte cose potevano anche essere discusse e demitizzate, e potevano perfino essere cambiate, perché non erano per sé costitutivo della vita consacrata (l'abito, gli orari, la forma di preghiera, la spiritualità)». B. SECONDIN, *Per una fedeltà creativa*, 30. Assim como na reforma da Igreja, será necessário diferenciar *valores* imutáveis e *formas* de vivê-los, evitando também um tradicionalismo: «Los religiosos han de hacer aquí una distinción entre los valores (tradicionales, en el verdadero sentido del término) que viven y las formas en que se encarnan dichos valores. Un tradicionalismo estrecho se convierte en nuestro mundo en el peor enemigo de las sanas tradiciones, porque o las trasforma en folklore o las torna asfixiantes». J. TILLARD, «Renovación», 1578.

[179] J. ÁLVAREZ GÓMEZ, *Historia de la Vida Religiosa*, III, 654. Este vai tornar-se um dos processos de renovação mais significativos da Igreja: «Il rinnovamento in atto nella vita consacrata è forse uno dei fenomeni ecclesiali più significativi del nostro tempo. Di fatto ha messo in moto energie insospettabili, ha sottoposto a tensione innovativa e a critica di

A grande tarefa era definir, dentro do quadro da nova eclesiologia, a própria identidade da vida consagrada e o seu lugar na vida e mistério da Igreja. Era preciso refletir sobre as atividades tradicionais que deixavam acomodados grande parte dos religiosos[180], ou apenas preocupados com «práticas de virtudes» para a «perfeição cristã», fundamentados na antiga teologia Escolástica[181], que os distinguissem dos demais cristãos como uma espécie de «elite religiosa» da vida de santidade. Era necessário redescobrir a identidade, clarificar o carisma e o patrimônio espiritual de cada família religiosa em relação à sua presença e missão na Igreja:

> In sostanza per il Concilio si trattava di due urgenze chiavi. *Legittimare la propria presenza* nella Chiesa e nel mondo di oggi, riconcentrandosi sull'essenziale, assumendo una funzione ecclesiale viva e lasciando perdere aspetti obsoleti o secondari. E *continuare nella fedeltà creativa* alla luce delle ispirazioni originarie: perché tale «fedeltà» è la condizione per aver diritto a stare nella Chiesa come «istituzione» autonoma e feconda. Il tutto doveva essere fatto *sub ductu Spiritus Sancti*[182].

Juntamente com todo desafio de uma verdadeira renovação da Vida Religiosa, sentia-se necessário recuperar o valor da pessoa, valorizando a sua liberdade, os carismas também individuais, a originalidade de cada um, o sentido do diálogo com a autoridade, a pluralidade e corresponsabilidade, as iniciativas e criatividades de cada indivíduo. Segundo J. Álvarez Gómez:

---

purificazione situazioni di vita e forme istituzionali che da secoli quasi non si potevano ritoccare. Ci sono stati degli squilibri, ma anche molta serietà, perché la vita consacrata è stata caratterizzata da una grande vitalità che è apparsa sotto varie prospettive: fermento, germinazione, nuova progettualità, nuova diaconia; oppure revisione storica, ritorno all'essenziale, nuova spiritualità, sforzo di inculturazione, eccetera». B. SECONDIN, *Per una fedeltà creativa*, 20.

[180] «El Concilio impuso a los religiosos la tarea de definirse a sí mismos (PC, 2). La mayor parte de los religiosos no habían pensado jamás que esto les hiciese falta, porque ellos vivían tranquilos sirviendo al Señor por medio de sus actividades tradicionales». J. ÁLVAREZ GÓMEZ, *Historia de la Vida Religiosa*, III, 655.

[181] «...religionis status principaliter est institutus ad perfectionem adipiscendam per quaedam exercitia quibus tolluntur impedimenta perfectae caritatis». S.Th. II, 186, a. I. O Concílio de Trento declarava a «superioridade» do estado de virgindade ou de celibato. Cfr. J. GALOT, *Les Religieux dans l'Eglise*, 9. Um dos defensores desta ideia no Concílio Vaticano II será o teólogo e historiador francês Pe. JEAN DANIÉLOU (futuro cardeal em 1969), que escreveu o artigo: «La place des religieux dans la structure de l'Église» (1964), justamente quando se discutia a viabilidade de um capítulo separado sobre a Vida Religiosa na LG. Cfr. G. ALBERIGO, ed., *Storia del Concilio*, II, 514, nota 299.

[182] B. SECONDIN, *Per una fedeltà creativa*, 24.

La primera etapa de la renovación religiosa puso un acento especial en las personas dentro de las comunidades. Era algo especialmente sentido porque, hasta el Concilio, había sido habitual sacrificar las personas a las obras o a las acciones concretas. Era preciso iniciar la renovación por la consideración de las personas, a causa de su tradicional anonimato en la comunidad y en la realización de las tareas apostólicas[183].

Isto levava também à necessidade de melhorar as relações interpessoais: «Una vez redescubiertas las personas, se puso el acento en las relaciones interpersonales dentro de las comunidades. Era preciso organizar esas relaciones interpersonales en un proyecto de vida evangélica en el que se compartiera la propia fe, la propia vida y la propia misión apostólica»[184]. Desta forma, podia-se escutar e responder aos apelos do Espírito:

Una vez que se ha valorado a las personas singulares y se han reafirmado las relaciones interpersonales dentro de la comunidad, se ha empezado a valorar la inspiración histórica del propio Instituto o de la propia comunidad local, como respuesta suscitada por el Espíritu para unos concretos problemas o urgencias existentes en el pueblo de Dios[185].

4.2   LG VI: a Vida Religiosa na eclesiologia conciliar

Assim como no caso da hierarquia, a partir do Concílio Vaticano II a vida consagrada também será concebida na perspectiva do Povo de Deus, o que levará a uma nova compreensão da mesma, não mais considerada como «lugar privilegiado» de santidade e vida cristã: «Hasta el concilio la explicación sistemática de la Vida Religiosa consideraba este modo de vida en el vértice de la santidad y la vida cristiana. Hoy, tal tratamiento ya no es posible. La vida religiosa ha "descendido" al plano de la base común»[186]. Para compreender a amplitude e consequência desta mudança, basta lembrar a conhecida discussão conciliar em relação à colocação da Vida Religiosa na Constituição Dogmática da Igreja[187].

---

[183] J. Álvarez Gómez, *Historia de la Vida Religiosa*, III, 657.

[184] J. Álvarez Gómez, *Historia de la Vida Religiosa*, III, 657.

[185] J. Álvarez Gómez, *Historia de la Vida Religiosa*, III, 658.

[186] P. M. Sarmiento, «Iglesia», 839.

[187] Não se questionava a eclesialidade da Vida Religiosa, mas sim o seu lugar na constituição da Igreja: «Durant les activités du Concile il ne s'est trouvé personne pour disputer aux religieux leur place légitime dans l'Église, mais la controverse a porté

O primeiro *esquema de Ecclesia*, elaborado pela Comissão prepara-tória e apresentado no final da primeira sessão do Concílio, sugeria como cap. V: «*De statibus evangelica adquirendae perfectionis*». Este falava da importância dos estados de perfeição na Igreja e abordava a Vida Reli-giosa com acento no aspecto jurídico, dentro da perspectiva da doutrina tradicional presente em todo o documento, o qual, justamente por isso, não foi bem aceito pelos padres conciliares[188]. Outro esquema subsequen-te apresentado para discussão na segunda sessão do Concílio propunha o tema da Vida Religiosa no capítulo IV, com o título «*De vocatione ad sanctitatem in Ecclesia*», trazendo uma novidade: afirmava-se inicial-mente a santidade como vocação de todos os cristãos.

O fato, porém, de apresentar a santidade cristã em geral e a Vida Religiosa em um só capítulo gerou grande discussão. Perguntava-se se deveriam mesmo dedicar um capítulo todo à Vida Religiosa, com o risco de equipará-la aos dois estados de origem divino constitutivos da Igreja, a saber, a hierarquia e o laicato. Por outro lado, os dois temas juntos poderiam dar a impressão de que a santidade tornava-se monopólio dos religiosos. Pensou-se, então, de acentuar no mesmo capítulo a reflexão sobre a vocação comum à santidade e, em seguida, colocar a vida con-sagrada como um exemplo concreto de como aquela santidade pode se realizar. Tal ideia causou o protesto dos religiosos e de muitos padres conciliares, que solicitavam um capítulo à parte para falar da vocação específica da Vida Religiosa.

Neste sentido, surge um documento assinado por 680 padres con-ciliares que pedia a transferência do tema da santidade universal para o cap. I ou II da Constituição, defendendo um capítulo próprio para os religiosos. Alegavam basicamente os seguintes motivos: o lugar especial da vida consagrada na estrutura da Igreja; a importância da presença dos religiosos na vida eclesial; e a possibilidade de exprimir em um capítulo os diferentes modos da vida consagrada[189]. Segundo tal linha de pensa-mento:

> le texte tel qu'il avait été présenté au Concile paraissait minimiser l'état religieux et lui porter peu d'estime, alors que l'excellence de la vocation des laïcs était amplement proclamée dans un chapitre qui leur était réservé. Il semblait n'attribuer à l'état religieux qu'un

---

sur le point de savoir à quel endroit de la Constitution *Lumen gentium* la vie religieuse trouverait sa place axacte et dans quelles proportions le sujet devait être développé». G. Philips, *L'Église*, II, 117.

[188] Cfr. G. Philips, *L'Église*, II, 117; J. Galot, *Les Religieux dans l'Eglise*, 4-5; U. Betti, «Cronista della Costituzione», 134.

[189] Cfr. J. Galot, *Les Religieux dans l'Église*, 8.

caractère accidentel, insister trop unilatéralement sur l'unité de la sainteté, sans y distinguer des degrés, et ne pas tenir suffisamment compte du fait que les conseils évangéliques procèdent de la volonté du Christ et que l'état constitué par leur profesion fait essentiellement partie de la vie de la sainteté de l'Église[190].

Também não foi aceita a solução intermediária de dividir o mesmo capítulo em duas partes: primeira sobre a santidade comum e a segunda sobre a Vida Religiosa. Os partidários da unidade do capítulo usavam os seguintes argumentos: era melhor falar dos conselhos evangélicos juntamente com o apelo à santidade universal para não parecer que a santidade é monopólio da vida consagrada; separar seria considerar duas «classes» de cristãos: uns que vivem de forma mais «perfeita» que outros; mostrar como a Vida Religiosa pode ser sinal do Reino e está unida à todo Povo de Deus; a vida consagrada apareceria menos como uma realidade jurídica, e mais como uma vida carismática, constantemente presente na Igreja[191].

Na terceira sessão do Concílio, o texto revisado será apresentado em duas partes, com a possibilidade de serem transformados em dois capítulos, conforme a decisão conciliar[192]. Finalmente, é aprovado em dois capítulos: cap. V – «De universali vocatione ad sanctitatem in Ecclesia» –, sobre a vocação à santidade universal; e cap. VI – «De Religiosis» –, dedicado à Vida Religiosa.

Todo este processo é esclarecedor e revela a importância – não só para a eclesiologia conciliar, mas também para a identidade da vida consagrada – de um dos temas mais debatidos no Concílio: a vocação à santidade comum de todo batizado. Este chamado universal – que é

---

[190] J. GALOT, *Les Religieux dans l'Eglise*, 8. O documento ainda expressa que esperava que o Concílio afirmasse: a santidade universal de todos os cristãos, mas também a diversidade de modos e graus de participação à esta santidade; a origem divina dos conselhos evangélicos e a diferença entre a prática efetiva e completa destes com os votos perpétuos; a vida consagrada não só como meio de santificação, mas uma entrega total a Deus e imitação «mais perfeita» de Cristo; o valor do estado de Vida Religiosa não só para o apostolado ou como sinal e testemunha, mas primeiramente como dom total de si a Deus através da Igreja. Cfr. *Ibid.*, 9-10. No fundo revelava também a dificuldade e resistências dos consagrados em se desvincular de conceitos e mentalidades dominantes até então no contexto de toda a eclesiologia pré-conciliar.

[191] Cfr. J. GALOT, *Les Religieux dans l'Eglise*, 10.

[192] Porém, a possibilidade de transferir o tema da vocação universal ao cap. I ou II, permanecendo numa lógica mais coerente, foi descartada por inconveniências práticas de tempo e também para não retomar textos já muito debatidos e aprovados pelo Concílio com grande concenso. Cfr. G. PHILIPS, *L'Église*, I, 57; II, 118; J. GALOT, *Les Religieux dans l'Eglise*, 12.17.

irrenunciável – e as suas formas de vivê-lo – nos diferentes estados de vida segundo a vocação de cada um – precisavam ser aprofundados, salvaguardando a unidade da vocação universal e os diferentes modos de vivê-la na Igreja Povo de Deus. Para a Vida Religiosa esta reflexão torna-se desafiante e vital:

> Esta conjunción de dos líneas de comprensión, integración del estado religioso dentro del pueblo de Dios y diferenciación específica como estado de vida significativo, hará posible la duplicidad de tratamiento de la teología posconciliar, según se acentúen los elementos de unidad o de especificidad[193].

4.2.1 Consagração batismal: vocação universal à santidade

Assim como o conceito Povo de Deus não deveria ser referência somente aos leigos, mas a todos os batizados, a base teológica que fundamenta tal realidade é justamente o chamado universal à santidade – feito por Cristo à todos: «...deveis ser perfeitos como o vosso Pai celeste é perfeito[194]» – e cujo principio é a santidade da própria Igreja[195]. O Concílio deixa claro que todo cristão é chamado à santidade, vivendo-a cada um no seu próprio modo de vida e de serviço[196], sendo a caridade o princípio formal e condutor de todos os meios de santificação[197].

Esta afirmação conciliar não somente fundamenta um novo modelo de eclesiologia, baseado na «radical igualdade» de todo batizado que forma o Povo de Deus, mas também coloca a Vida Religiosa, considerada até então como «estado de perfeição»[198], num grande questionamento e crise. É necessário repensar o próprio estado de vida na Igreja:

---

[193] P. M. SARMIENTO, «Iglesia», 843.

[194] Mt 5, 48. «Estote ergo vos perfecti, sicut Pater vester caelestis perfectus est».

[195] Cfr. LG 39. Para uma síntese sobre o tema: D. VITALI, «*Lumen Gentium*. La universale vocazione alla santità», 13-22.

[196] Cfr. LG 41.

[197] Cfr. LG 42.

[198] Basta lembrar o nome do cap. V do primeiro *esquema De Ecclesia* apresentado em Concílio: «*De statibus evangelicae acquirendae perfectionis*». Como analisa J. Galot: «Dans le premier schéma sur l'Église, le titre du chapitre V était, comme nous l'avons dit: "Les état de tendance à la perfection évangélique", ou, plus littéralement, "Les états de perfection évangélique à acquérir". L'expression est empruntée à la Somme Théologique de Saint Thomas, qui distingue l'état de perfection acquise, propre à l'évêque, et l'état de perfection à acquérir, propre aux religieux. Plusieurs Pères du Concile se sont élevés contre cette désignation de l'état religieux». J. GALOT, *Les Religieux dans l'Eglise*, 18.

La santità non è monopolio dei monaci e dei religiosi, ma l'ideale comune a tutti i cristiani. Perciò allo scopo di definire più esattamente il posto dei religiosi nella comunità ecclesiale, fu ritenuto indispensabile premettere una ampia esposizione sulla chiamata universale di tutti i fedeli alla santità. La vita consacrata viene così *ricollocata nella comunione con le altre vocazioni*, tutte chiamate all'unica santità, e si riscopre come dono particolare, come carisma accanto ad altri carismi, tutti uniti nella circolarità della carità. L'unica santità è tuttavia perseguita in modi diversi, «si esprime in varie forme ([LG]n.39)». La comunione non è appiattimento, ma fonte di ricchezza nelle sue differenti espressioni. Così la vita religiosa si caratterizza per il suo rimando alla dimensione trascendente-escatologica della vocazione cristiana, alla forma di vita che il Figlio di Dio abbracciò quando venne nel mondo e ai suoi misteri ([LG]n. 44c; 46ab): diventa segno espressivo, sacramentale potremmo dire, di realtà comuni a tutte le vocazioni e a cui tutte sono chiamate[199].

Diante de toda essa nova reflexão, a vida consagrada também encontra dificuldades e resistências em assumir a renovação proposta pelo Concílio[200] a qual, com toda a Igreja, desafia a assumir um novo modelo

---

[199] F. Ciardi, «La vita consacrata», 15. Embora o Concílio traga esta novidade, os termos usados em relação à vida consagrada mostra que no seu conteúdo ainda é influenciado pelos antigos conceitos pré-conciliares: «Quel che bisogna sottolineare è che finalmente il Concilio ha affermato che la chiamata alla santità è universale (LG 40). Di conseguenza per la vita religiosa ha evitato la definizione di "stato di perfezione" e nel n. 44 della LG parla semplicemente di "stato religioso". Ciò significa che si è eliminata la convinzione che i religiosi siano una casta di illuminati, di aristocratici della vita spirituale, specialisti della sequela, insomma qualitativamente superiori e diversi dai non religiosi. Una cosa è certa, e cioè che il linguaggio conciliare non è coerente perché non è alieno da espressioni i toni che esprimono concezioni di superiorità ancora molto vitali... si parla della persona del religioso che si offre *totalmente* e di un radicalismo che esprime un amore più esigente per Dio. Concetti che sulla base di una retta comprensione della vita cristiana non reggono, in quanto l'amore per sua natura è esigente e in questa sua inconfondibile nota interpella tutti i battezzati. Appare chiaro dunque che non sono scomparsi concetti come "superiore valore"; "speciale consacrazione", "più da vicino", "chiamata singolare", maggiore pienezza di consacrazione e così via. Insomma il Concilio non ha eliminato il ricorso ai comparativi e neppure il Sinodo li ha evitati, dunque l'attesa purificazione del linguaggio non c'è stata del tutto». E. Marchitielli, *Chiamati a stare con Cristo*, 230-231.

[200] «La corrente più dinamica presente al Vaticano II aveva sin dall'inizio subodorato all'interno del capitolo sui religiosi dello schema preparatorio una spiritualità che si voleva fuori dalla mischia, non soltanto la mischia dei semplici laici ma anche quella dei preti diocesani. Questa corrente era dunque poco incline ad accettare il sentimento di superiorità che presentiva in un testo costruito su stati di perfezione». G. Alberigo, ed., *Storia del Concilio*, II, 440-441.

eclesial que tem como base a «radical igualdade» do único Povo de Deus. Tal proposta atinge diretamente o modelo de Vida Religiosa vivido até então:

> La tendenza della maggioranza che in predecenza aveva rifiutato una chiesa piramidale e difeso la cuasa della collegialità e di una chiesa popolo di Dio, proprio questa tendenza era in procinto di rifiutare un ideale spirituale costruito su diversi piani, con i «religiosi» al vertice della piramide. I rinnovatori non volevano semplicemente modificare il testo proposto, ma in realtà aprire nuove prospettive mettendo in primo piano la vocazione universale alla santità, dalla quale derivano forme particolari di spiritualità tutte ugualmente valide[201].

Dentro da concepção sacramental da Igreja, todos são chamados – como Povo de Deus, sacramento visível da unidade, formado pelos diversos estados de vida: clero, leigos, consagrados – a consagrarem-se através do Batismo: um povo novo, regenerado e ungido pelo Espírito Santo[202]. A base da consagração feita pelos religiosos será, portanto, a consagração batismal comum a todos os cristãos:

> Il punto de partenza del Concilio è molto chiaro: il fondamento di tutto è la consacrazione battesimale con la grazia che ne deriva; essa è la trama di fondo e la condizione indispensabile per ogni ulteriore esperienza cristiana, compreso l'intervento consacratorio. Questo è esplicitamente ripetuto anche per la vita condotta nello stato di consacrazione mediante la professione dei consigli evangelici[203].

Mesmo falando de uma «consagração especial»[204], o Concílio evidencia que a consagração na base de tudo é o Batismo, o que confirma

---

[201] G. ALBERIGO, ed., *Storia del Concilio*, II, 441.

[202] Cfr. LG 10.

[203] B. SECONDIN, «La Consacrazione», 20-21.

[204] Cfr. PC 5. O próprio Concílio irá esclarecer o que diferencia a consagração dos religiosos: «Sarà *Pefectae caritatis* che stabilirà il punto di convergenza fra le molteplici forme di vita religiosa, trovandolo nella peculiare *consacrazione*. Non c'è nel decreto una definizione chiara di consacrazione, ma si indica chiaramente che la distinzione con il battezzato comune sta nella professione dei consigli, come risposta ad una chiamata di Dio alla totale donazione». B. SECONDIN, «La Consacrazione», 21. Pode-se falar, portanto, em dois «momentos» da consagração: um ao nível *ontológico*, que é a consagração batismal que gera vida nova no Espírito Santo; e outro ao nível *existencial*, no caso da renovação específica em que o Espírito consagra para a vivência batismal seguindo Cristo na mesma forma de vida por ele assumida. Cfr. G. O. GIRARDI, *La Vita Religiosa*, 62.

e fundamenta o caráter eclesial da vida consagrada e a comunhão com todo o Povo de Deus. Desta forma, o estado de vida dos religiosos é assumido como uma «vivência radical» do batismo[205], de um modo novo e diferente dos outros estados de vida da Igreja[206]. Consagram-se a uma vida de total entrega a Deus, na vivência da caridade e da união íntima com Ele, tornando-se um sinal concreto da santidade universal, que é vocação de todo cristão:

> Já pelo Batismo, morrera ao pecado e fora consagrado a Deus; mas, para poder recolher frutos mais abundantes da graça batismal, pretende libertar-se, pela profissão dos conselhos evangélicos na Igreja, dos impedimentos que o poderiam afastar do fervor da caridade e da perfeição do culto divino, é consagrado mais intimamente ao serviço divino. E esta consagração será tanto mais perfeita quanto mais a firmeza e a estabilidade dos vínculos representarem a indissolúvel união de Cristo à Igreja, Sua esposa[207].

O Concílio afirma que a vivência radical do Batismo no «estado de vida religiosa», embora fundamentado no chamado comum à todo cristão batizado, traz o específico de assumir um estilo de vida não exigido na vocação comum, mas que os torna testemunho e estímulo para toda a vida cristã[208]. E assim se falará de um compromisso eclesial qualificado e especial:

---

[205] «...l'état religieux n'est en dernier ressort qu'une forme de vie strictement encadrée, dans laquelle la vie chrétienne est vécue totalement ». G. PHILIPS, *L'Église*, II, 127.

[206] «La Costituzione [*Lumen Gentium*] adopera il termine "stato" in forma relativamente precisa, riferendosi ai laici (IV, 30), ai religiosi (per es. IV 31) e agli sposi (II, 11b; IV, 35c). In base almeno a V, 40b, noi possiamo aggiungere lo stato del sacerdozio ministeriale». R. SCHULTE, «La vita religiosa», 1070, nota 38.

[207] LG 44: «Per baptismum quidem mortuus est peccato, et Deo sacratus; ut autem gratiae baptismalis uberiorem fructum percipere queat, consiliorum evangelicorum professione in Ecclesia liberari intendit ab impedimentis, quae ipsum a caritatis fervore et divini cultus perfectione retrahere possent, et divino obsequio intimius consecratur. Tanto autem perfectior erit consecratio, quo per firmiora et stabìliora vincula magis repraesentatur Christus cum sponsa Ecclesia indissolubili vinculo coniunctus».

[208] «Il noto passo conciliare di LG 44 che, insieme al bel richiamo di LG 31, caratterizza la vita religiosa come una testimonianza di valori evangelici, ci fa comprendere che questa è la principale "missione" cha la Chiesa affida loro. ...lo *specifico* della vita religiosa sta anche in determinate "modalità" esistenziali ("scelte de vita"), che non sono richieste nella "comune vocazione" dei battezzati; ma che, queste "singolari modalità di vita evangelica" hanno soprattutto lo scopo di realizzare il clima più adatto alla piena fioritura del dinamismo battesimale, e offrire – così – un "segno che attira" anche gli altri battezzati, nel loro stato di vita, a far progredire generosamente la logica vitale della loro consacrazione: vivere, anch'essi, "da consacrati". ...non si deve dimenticare l'essenziale dimensione *eccle-*

I fedeli che entrano a far parte dello stato di vita consacrata professando i consigli, assumono un compito ecclesiale qualificato e speciale: essi sono a servizio del mistero della Chiesa e della sua santità. Adempiendo questo loro peculiare compito, essi partecipano alla missione salvifica della Chiesa (LG 43)[209].

4.2.2 Profissão dos conselhos evangélicos

Embora o Concílio continue com uma concepção antiga de que, quanto à sua origem, a Vida Religiosa é fundada na profissão dos conselhos evangélicos[210], traz também uma grande novidade: afirmar que tais conselhos são fundados nas *palavras* e *exemplo* do Senhor:

> Os conselhos evangélicos de castidade consagrada a Deus, de pobreza e de obediência, visto que fundados sobre a palavra e o exemplo de Cristo e recomendados pelos Apóstolos, pelos Padres, Doutores e Pastores da Igreja, são um dom divino, que a mesma Igreja recebeu do seu Senhor e com a Sua graça sempre conserva[211].

É um convite a buscar o verdadeiro fundamento da vida consagrada e repensá-la na sua relação direta com Cristo: «In questo modo il dettato conciliare, dopo secoli di grande incertezza, há potuto riaprire un sentiero da percorrere per ritornare all'autore stesso dela vita religiosa»[212].

---

siale della vita consacrata. ...siamo chiamati ad "essere Chiesa", e quindi a realizzare una vita "di consacrati" per essere, di questo, segno più visibile e stimolante agli altri "cristiani", affinché siano esortati e incoraggiati a intraprendere il cammino della piena fioritura: *vocazione universale alla santità* (LG, cap. V)». G. O. GIRARDI, *La Vita Religiosa*, 39.49.

[209] A. MONTAN, «La Vita Consacrata», 524.

[210] Cfr. LG 43. Tal ideia está em linha de pensamento com o magistério de Pio XII (1939-1958) – citado no texto Conciliar (LG 43) – que defendia a «origem eclesial» da Vida Religiosa – «*Ecclesiastica origine defluens*» – como dom de Deus à sua Igreja, consagrados à serviço desta, para ajudar a todo o Povo de Dues no caminho de santidade. Cfr. Pio XII, Alocução *Annus sacer*, 8 de dezembro 1950; Constituição Apostólica *Provida Mater*, 2 de fevereiro de 1947.

[211] LG 43. «Consilia evangelica castitatis Deo dicatae, paupertatis et oboedientiae, utpote in verbis et exemplis Domini fundata et ab Apostolis et Patribus Ecclesiaeque doctoribus et pastoribus commendata, sunt donum divinum, quod Ecclesia a Domino suo accepit et gratia Eius semper conservat».

[212] E. MARCHITIELLI, *Chiamati a stare con Cristo*, 228. «Lo stesso dibattito conciliare, senza l'intenzione di voler creare una spaccatura tra i sostenitori di due opposte tendenze, quella dell'origine evangelica e quella dell'origine ecclesiastica, non è andato esente da schermaglie e toni duri per lo più inclini a sostenere la pericolosa separazione tra Vangelo e vita religiosa, continuando a ritenere questa esperienza come un frutto più tardivo rispetto alle origini della vita cristiana, un ramo innestato sì sul rigoglioso germoglio della

O testemunho, ou o sinal visível, da vida consagrada apresenta-se na sua própria forma de vida, ou seja, na vivência dos três votos religiosos[213] de castidade, pobreza e obediência, que «tornando os seus seguidores mais livres das preocupações terrenas, manifesta também mais claramente a todos os fiéis os bens celestes, já presentes neste mundo; é assim testemunha da vida nova e eterna, adquirida com a redenção de Cristo, e prenuncia a ressurreição futura e a glória do reino celeste»[214]. Por isso mesmo, estes não devem ser vividos como «obrigação», mas como uma resposta ao chamado e dom de Deus para uma vida de profunda comunhão com Ele, que se concretiza na comunhão fraterna. Serão meios para viver o ideal mais profundo da caridade, expresso como sinal da fraternidade universal que todos os cristãos são convocados a viver.

O Concílio fala da origem divina dos conselhos evangélicos e também da sua universalidade[215]. Sendo um dom de Deus, não são criados pela Igreja ou simplesmente inventados como uma ascese para a perfeição do ser humano:

---

vita cristiana, ma che non risalirebbe direttamente a Cristo e alla sua volontà istitutrice, in quanto essa si sarebbe organizzata con la mediazione della comunità ecclesiale più tardi». *Ibid*.

[213] O Concílio falará «*Per vota aut alia sacra ligamina, votis propria sua ratione assimilata*» (LG 44) para não excluir aqueles que, mesmo sem professarem na forma canônica os votos religiosos, os vivem chamando-os de um modo diferente: «On les qualifie simplement de promesses, non de *vota*, ou on les appelle engagements; ces derniers sont parfois prononcés avec serment et en toute hypothèse ils sont officiellement actés». G. PHILIPS, *L'Église*, II, 129.

[214] LG 44: «qui suos asseclas a curis terrenis magis liberat, magis etiam tum bona coelestia iam in hoc saeculo praesentia omnibus credentibus manifestat, tum vitam novam et aeternam redemptione Christi acquisitam testificat, tum resurrectionem futuram et gloriam Regni coelestis praenuntiat».

[215] O Concílio trata dos conselhos evangélicos já na vocação universal à santidade (LG 42). Estes são também valores propostos para todos os cristãos, mesmo que vividos de forma mais radical pelos religiosos: «Se non tutti sono chiamati a professare i consigli evangelici di castità, povertà e obbedienza, tutti però sono chiamati a vivere la verginità, come totale appartenenza al Signore nell'amore, l'obbedienza, come totale sottomissione al progetto di amore di Dio, la povertà come totale abbandono al Signore e alla sua grazia... Ogni anima cristiana non può non essere vergine, povera e obbediente di fronte al mistero di Dio. Si può dire pertanto che i consigli evangelici sono il cammino di ogni cristiano, anche se la professione di essi nella forma di vita propria di Gesù è richiesta soltanto ad alcuni». V. DE PAOLIS, *La vita Consacrata*, 31-32. Os religiosos, porém, fazem dos conselhos evangélicos uma escolha de vida estável, reconhecida e regulamentada pela Igreja, na qual se manifesta o seu modo próprio de vida (Cfr. LG 43).

I consigli evangelici non sono, allora, una invenzione umana di ordine ascetico, al contrario si fondano "sulle parole e sugli esempi
del Signore e (sono) raccomandati dagli apostoli", né vengono as-
sunti per uno scopo di perfezionamento umano. Chi li abbraccia
intende seguire Cristo con maggiore libertà e imitarlo più da vicino[216].

Aqueles que os assumem de forma estável são um sinal do amor
de Deus à sua Igreja e, portanto, são imprescindíveis à vida eclesial:
«...il Concilio mette in rilievo l'origine divina dei consigli evangelici della
castità consacrata a Dio, della povertà e dell'obbedienza, facendo notare
che essi "sono un dono divino che la Chiesa ha ricevuto dal suo Signore
e che con la sua grazia sempre conserva" (LG 43)»[217].

Quem vive esse dom, assumindo-o na libertade e seguimento
de Cristo em um modo particular de vida, contribui para o crescimento
da santidade na Igreja, tornando-se ainda testemunho para todo o Povo
de Deus[218]. Compreendendo a vida consagrada como um modo de vida
suscitada pelo Espírito Santo para o seguimento de Cristo a partir do seu
próprio «estado de vida»[219], não se pode negar a origem divina dos conselhos evangélicos e a consequente unidade da vida consagrada à Igreja:

---

[216] F. IANNONE, «La Vita Religiosa», 36.

[217] A. MONTAN, «La Vita Consacrata», 523. Em nota o autor completa: «Mettendo in
rilievo l'origine divina dei consigli, il Concilio riconosce che la vita consacrata è una grazia,
un segno della benevolenza di Dio verso la Chiesa. Viene così affermata la natura carismatica dello stato di vita consacrata, in quanto dono dello Spirito Santo destinato ad accrescere
la santità della Chiesa. Si tratta di un dono che non potrebbe venir meno nella Chiesa senza
che questa ne abbia a risentire profondamente». *Ibid.*, nota 14. O Código de Direito Canônico fala da profissão dos conselhos evangélicos como a *causa instrumental* da consagração:
«Il cambiamento di mentalità che si è verificato, è profondo. Ciò che caratterizza questo
stato di vita non è il concetto di "religioso", dominante per molti secoli e in parte anche
nel Concilio Vaticano II, ma il concetto di *consacrazione*. La causa strumentale di questa
consacrazione è la *professione dei consigli evangelici*. Si tratta, sottolinea il Vaticano II,
di una "vera consacrazione", "speciale", rispetto a quella del battesimo, e "più intima"
(LG 44; PC 1; AG 18)». *Ibid.*, 532.

[218] Cfr. LG 44.

[219] O Concílio utiliza o termo «*status*» de vida para expressar o modo próprio de ser
que caracteriza os religiosos, não colocando-os «*inter clericalem et laicalem conditionem*»
– os quais fazem parte da estrutura da Igreja –, mas reconhecendo que de ambos, que também vivem seu modo de vida de acordo com suas características próprias, surgem vocacionados à vida consagrada. Cfr. LG 43. Na Igreja existem «trois catégories: clercs, religieux
et laïcs. C'est dans cet ordre que suivant les prescriptions du Droit canonique les goupes
se succèdent dans la procession; ce qui n'empêche pas que le groupe des religieux puisse
compter parmi les siens des membres des deux autres catégories. Personne ne s'en émeut

Dunque non si può mettere in dubbio l'origine divina dei consigli evangelici, né si può negare la stretta unione della vita consacrata con la Chiesa. Gli istituti di vita consacrata sono patrimonio della Chiesa, sono la stessa Chiesa che si organizza in un modo tutto particolare per il raggiungimento dei suoi fini essenziali (sequela di Cristo, diffusione del regno, perfezione della carità, ininterrotto culto a Dio, ecc.)[220].

4.2.3 A Vida Religiosa perante a Hierarquia

O texto conciliar constata que é natural que a hierarquia da Igreja, no serviço de guia do Povo de Deus, com sua autoridade, exerça a sua função de regulamentar a prática dos conselhos evangélicos, acolhendo e aprovando as Regras e Constituições das famílias religiosas. Deve ainda orientá-las e protegê-las para que cresçam e se desenvolvam segundo o espírito dos seus fundadores[221]. Ao abordar tal tema, porém, o Concílio toca em uma questão polêmica que causou muita discussão, principalmente dentro do contexto da nova eclesiologia que se delineava: a isen-

---

puisque la différence de classification ne s'établit pas sur le même plan. Dans le premier cas, il s'agit de la structure même du corps ecclésial; dans le second, on traite des diverse voies, qui mènent à la finalité propre de l'Église, à savoir la sainteté». G. PHILIPS, *L'Église*, I, 43. «La vita religiosa non fa parte della struttura della Chiesa. Da questo punto di vista i religiosi, così come i non religiosi, si ripartiscono in chierici e laici. Lo stato religioso si pone sul piano della finalità della Chiesa, sul piano della vita della Chiesa, sul piano dei carismi». G. HUYGHE, «I rapporti», 1102.

[220] A. MONTAN, «La Vita Consacrata», 527. A exortação apostólica pós-sinodal *Vita Consecrata* (1996), inspirando-se na doutrina conciliar que afirma a profissão dos conselhos evangélicos indiscutivelmente como parte da vida e santidade da Igreja, diz: «...a vida consagrada, presente na Igreja desde os primeiros tempos, nunca poderá faltar nela, enquanto seu elemento imprescindível e qualificativo, expressão da sua própria natureza. Isto resulta evidente do fato de a profissão dos conselhos evangélicos estar intimamente ligada com o mistério de Cristo, já que tem a função de tornar de algum modo presente a forma de vida que Ele escolheu, apontando-a como valor absoluto e escatológico (...la vita consacrata, presente fin dagli inizi, non potrà mai mancare alla Chiesa come un suo elemento irrinunciabile e qualificante, in quanto espressivo della sua stessa natura. Ciò appare con evidenza dal fatto che la professione dei consigli evangelici è intimamente connessa col mistero di Cristo, avendo il compito di rendere in qualche modo presente la forma di vita che Egli prescelse, additandola come valore assoluto ed escatologico)». VC 29. De Paolis, comentando tal afirmação, diz: «Il testo ci sembra sufficientemente espressivo per affermare che la vita consacrata appartiene alla costituzione divina della Chiesa, non nella linea gerarchica, ma nella linea della sua vita e della sua santità, e natura, ossia carismatica». V. DE PAOLIS, *La vita Consacrata*, 33, nota 5.

[221] Cfr. LG 45.

ção da Vida Religiosa da jurisdição do ordinário da Igreja local, subme-
tendo-a diretamente à autoridade da Santa Sé[222]. O documento afirma:

> Para que melhor se atenda às necessidades de todo o rebanho do
> Senhor, qualquer Instituto de perfeição e cada um dos seus mem-
> bros, podem ser isentos pelo Sumo Pontífice, em razão do seu pri-
> mado sobre toda a Igreja, da jurisdição do Ordinário do lugar e
> ficar sujeitos só a ele, em vista do bem comum[223].

Mesmo afirmando também que:

> os membros dos Institutos de perfeição, ao cumprir o seu dever
> para com a Igreja, segundo o modo peculiar da sua vida, devem, de
> acordo com as leis canônicas, respeito e obediência aos Bispos, em

---

[222] Tal sistema está presente na Igreja deste a Idade Média, quando o processo de
centralização promovido pela Reforma Gregoriana impunha a clericalização das Ordens
– principalmente dos Mendicantes – a favor da reforma do clero e da Igreja: «Nel primo
millennio cristiano, infatti, la vita religiosa si identificava di fatto con il monachesimo in
tutte le sue svariate espressioni, che aveva un suo statuto ben definito e riconosciuto: i vescovi si limitavano per lo più a richiamare l'osservanza della regola e a intervenire nel caso
di abusi e scandali. Nel Medioevo, sostenuti anche da Roma, molti monasteri invocarono
un legame diretto e speciale con la Sede apostolica, nell'intento di sottrarsi alle ingerenze
delle autorità del luogo, il vescovo e il principe. Con la nascita degli Ordini Mendicanti
– Francescani e Domenicani e, a seguire Carmelitani, Agostiniani, Serviti – la funzione
della Santa Sede diventerà decisiva, tanto per il riconoscimento canonico, quanto per
l'imposizione dello stato clericale: il caso dell'ordine francescano è illuminante. In questo
modo, un papato che agiva per la riforma della Chiesa in senso centralizzatore, ebbe a disposizione schiere di chierici che aprirono conventi in ogni città, realizzando una presenza
capillare a servizio del Popolo di Dio accanto e non di rado contro, comunque mai soggetta
all'autorità del vescovo del luogo». D. VITALI, «Lumen Gentium VI», 146-147.

[223] LG 45: «Quo autem melius necessitatibus totius dominici gregis providatur,
quodcumque perfectionis Institutum ac sodales singuli a Summo Pontifice, ratione ipsius
in universam Ecclesiam primatus, intuitu utilitatis communis, ab Ordinariorum loci iuris-
dictione eximi et ei soli subiici possunt». Uma justificativa era de caráter apostólico: «...une
sage centralisation est non seulement utile mais indispensable; sans un affranchissement
relatif de la jurisdiction des pasteurs locaux, les plus grandes entreprises apostoliques, par
exemple, l'expansion missionnaire, n'auraient pas vu le jour». G. PHILIPS, L'Église, I, 44. Este
tema gerou muitas discussões e posições diferentes no Concílio: «...numerose e contradit-
torie furono le proposte circa la questione relativa all'esenzione dei religiosi. Una suggeriva
di omettere qualunque riferimento all'esenzione; un'altra proponeva un altro testo che mi-
tigasse l'esenzione; un gruppo di 373 Padri voleva consolidare il testo con un passo del discorso di Paolo VI del 23-5-64; un'altra proponeva di sottoporre i religiosi anche al collegio
dei Vescovi; un'altra alla conferenza dei Vescovi; un'ultima chiedeva infine che si dichiaras-
se che il Papa può trasferire la sua giurisdizione sui religiosi esenti all'Ordinario del luogo».
B. KLOPPENBURG, «Votazioni e ultimi emendamenti», 216.

atenção à sua autoridade de pastores das igrejas particulares e à necessária unidade e harmonia no trabalho apostólico[224].

Tal «respeito e obediência aos Bispos», por mais sensato que seja, não parece amenizar muito a situação. A questão é que num quadro eclesial em que se resgatava e aprofundava toda dimensão da Igreja local como circunscrição territorial da única Igreja Universal[225]; e os bispos como vigários e delegados de Cristo[226], princípio visível e o fundamento da unidade da Igreja[227]; com a isenção, a Vida Religiosa acaba sendo uma exceção a esta estrutura. Era preciso repensar também a presença da vida consagrada na Igreja local:

> [non] si è giunti nei testi conciliari a un ripensamento della vita religiosa in rapporto alla chiesa locale, diocesana, ma si è solo tentata una difesa, stanca e poco convincente, dell'esenzione, che può certo essere giustificata per alcuni ordini ma che, per essere autentica, deve essere attuale e non semplicemente fondata su titoli di merito, acquisiti nel corso dei secoli. La giustificazione, infatti, o è nel presente o non c'è affatto[228]!

Certamente, tal debate provoca muitos questionamentos às comunidades religiosas e vem, mais uma vez, confirmar a grande necessidade de aprofundar a identidade da vida consagrada frente à nova perspectiva eclesiológica que assume a Igreja, desafiando-a a não permanecer na antiga mentalidade e modelo pré-conciliares. As resistências também deveriam ser grandes, principalmente quando se trata de questionar «privilégios»:

> Al livello più profondo delle cose non dette, c'era una difficoltà maggiore che tendeva a creare una certa solidarietà tra i religiosi e l'amministrazione curiale di Roma. Nel corso dei secoli alcuni grandi ordini religiosi hanno acquisito una struttura unitaria – non sempre conforme allo spirito, né alle istruzioni dei fondatori – che è tavolta divenuta uno strumento di unificazione al servizio della funzione centralizzatrice della curia romana. Questa tendenza

---

[224] LG 45: «Ipsi sodales, in officio erga Ecclesiam ex peculiari suae vitae forma adimplendo, reverentiam et oboedientiam secundum canonicas leges praestare debent Episcopis, ob eorum in Ecclesiis particularibus auctoritatem pastoralem et ob necessariam in labore apostolico unitatem et concordiam».

[225] Cfr. CD 11.

[226] Cfr. LG 27.

[227] Cfr. LG 23.

[228] E. BIANCHI, *Non siamo migliori*, 11.

sotterranea era spesso in contraddizione con l'orientamento complessivo del Vaticano II, che cercava proprio di restaurare la chiesa locale, di valorizzare l'autorità episcopale, di far rivevere la collegialità e la sinodalità nella chiesa e nelle sue istituzioni[229].

4.3   Perfectae Caritatis – desafio do «aggiornamento»

A elaboração do decreto *Perfectae Caritatis* (1965), muito em sintonia com o processo do cap. VI da *Lumen Gentium*, foi também motivo de muito debate e observações[230]. O documento igualmente não deixa de usar uma linguagem tradicional, que muitas vezes não parece estar em harmonia com a reflexão eclesiológica já feita pelo Concílio:

> il PC parla di «superiore valore della vita consacrata» (*praestans valor*), e di persone che «si consacrano in modo speciale al Signore», per «imitarlo più da vicino» (PC 1). Si sostiene ancora che il «seguire Cristo» deve essere considerato dai religiosi «loro regola suprema» (PC 2a) e norma fondamentale della vita religiosa. Inoltre la vita religiosa è «un'espressioni più piena della consacrazione battesimale» (PC 5)...[231]

Inspirando-se na nova perspectiva eclesial assumida pelo Vaticano II, o decreto conciliar orienta a renovação da Vida Religiosa. Sendo uma parte essencial da vida da Igreja, é também convocada e estimulada ao «aggiornamento». O grande desafio era passar de uma concepção rigidamente jurídica, ou voltada apenas para uma visão de superioridade como «estado de perfeição», para aprofundar os seus aspectos teológicos fundamentais, como a sua cristologia, peneumatologia, eclesiologia e escatologia. O seguimento de Cristo, no estado de vida específico dado pelo

---

[229] G. ALBERIGO, ed., *Storia del Concilio*, II, 515. Por outro lado, também da parte dos bispos muitas vezes se sentia a necessidade de um maior interesse e acolhida: «Va detto inoltre che il concilio non ha fornito ai vescovi la delineazione del posto che i religiosi hanno nella chiesa, sicché i vescovi – a parte alcune eccezioni e nonostante il tentativo di chiarificazione offerto dal successivo documento *Mutuae relationes* (1978) – continuano di fatto a ignorare la presenza della vita religiosa se questa non prende parte all'attività apostolica, alla pastorale della loro chiesa, e non si sentono di conseguenza mai in dovere di consultare la vita religiosa nel progettare la vita dela chiesa nella compagnia degli uomini di oggi». E. BIANCHI, *Non siamo migliori*, 11. «...si deve riconoscere che molti vescovi non si interessano se non mediocremente alla vita religiosa, sia perché la conoscono male, sia a causa dell'esenzione, che toglie loro la giurisdizione sulla maggior parte di color che la praticano». O. ROUSSEAU, «La Costituzione », 126.

[230] Cfr. G. ALBERIGO, ed., *Storia del Concilio*, V, 198-204.

[231] E. MARCHITIELLI, *Chiamati a stare con Cristo*, 228.

Espírito Santo, a serviço do bem de toda a Igreja, vivido como sinal do Reino escatológico, está na base do sentido da vida consagrada. A santidade, como vivência plena da caridade – como ensinou e viveu Jesus[232] – deve ser fundamento e meta de toda consagração.

O convite à renovação[233] proposta pelo Concílio coloca toda a Vida Religiosa num grande processo de um «contínuo regresso às fontes de toda a vida cristã e à genuína inspiração dos Institutos»[234]. A volta às origens não significava um processo estático, para permanecer no passado, mas reler as fontes para responder com fidelidade e criatividade aos desafios de hoje:

> Ogni famiglia religiosa è chiamata a ritrovare la propria identità attingendo al passato per riviverla in modo creativo nell'attenzione agli odierni segni dei tempi in modo da mettere a disposizione dell'intero popolo di Dio il dono ricevuto. Rinnovamento e fedeltà dinamica al carisma diventano presto termini sinonimi[235].

No documento *Perfectae Caritatis*, o próprio Concílio expõe os critérios para isto, destacando a primordial consciência de que a vida consagrada tem como fundamento último «o seguimento de Cristo proposto no Evangelho»[236]. O documento

> Indica poi come il rinnovamento dovrà applicarsi all'aspetto più intimo della vita consacrata (la quale consiste nel ricentrarsi su Dio in Cristo e su un programma di amore: preziosissimi [PC] nn. 5-6), alle diverse forme di vita (breve e interessante tipologia, nn. 7-11), agli impegni fondamentali dei tre consigli evangelici e della vita fraterna (importante nn. 12-15), infine ad altri punti particolari. Nel suo insieme il documento offre un contributo per l'arricchimento alla teologia della vita religiosa nel suo carattere cristologico, pneumatologico, ecclesiologico ed escatologico[237].

Para tanto, deve-se estar atento à própria característica do Instituto e a sua finalidade deixada pelo Fundador, na participação da vida da

---

[232] Cfr. PC 1.

[233] Já subentendido no capítulo VI da *Lumen Gentium*, mas diretamente abordado no *Decretum de accommodata renovatione vitae religiosae: Perfectae Caritatis*, do Concílio Vaticano II.

[234] PC 2: «continuum reditum ad omnis vitae christianae fontes primigeniamque institutorum inspirationem».

[235] F. CIARDI, «Rifondazione», 311.

[236] PC 2a: «Christi sequela in Evangelio proposita».

[237] F. CIARDI, «La vita consacrata», 17.

Igreja nos seus mais diferentes campos: «Todos os Institutos participem da vida da Igreja, e, segundo a própria índole, tenham como suas e favoreçam quanto puderem as iniciativas e empreendimentos da mesma Igreja em matéria bíblica, dogmática, pastoral, ecumênica, missionária e social»[238]. Deve-se ainda levar em conta as necessidades da Igreja, a consciência dos novos tempos, para dar uma resposta mais autêntica e eficaz, sempre lembrando que prioritariamente é preciso uma renovação espiritual que dê sentido a tudo[239].

Inspirando-se na Igreja primitiva, o Decreto chama a atenção para a vida comunitária como o lugar da prática da caridade, na qual se faz presente o próprio Cristo:

> A vida comum, a exemplo do que sucedia na primitiva Igreja, onde a multidão dos fiéis era um só coração e uma só alma (cfr. Act. 4,32), alimentada pela doutrina evangélica, pela sagrada Liturgia e sobretudo pela Eucaristia, persevere na oração e na comunhão do mesmo espírito (cfr. Act. 2,42). Os religiosos, como membros de Cristo, honrem-se mutuamente em fraterna conversação (cfr. Rom. 12,10), levando o peso uns aos outros (cfr. Gál. 6,2). Com efeito, mercê do amor de Deus difundido nos corações pelo Espírito Santo (cfr. Rom. 5,5), a comunidade, como verdadeira família, reunida em nome do Senhor, goza da Sua presença (cfr. Mt. 18,20)[240].

4.4   A eclesialidade da Vida Religiosa no Concílio Vaticano II

Com a crise vocacional e, consequentemente, a menor presença da Vida Religiosa em vários setores da sociedade; com a promoção e maior participação do laicato e dos novos movimentos eclesiais, teve-se a sensação de que a vida consagrada cominhava à margem da Igreja ou que poderia tornar-se apenas uma ajuda na pastoral paroquial[241]. Mesmo que o Concílio não tenha trazido «l'attesa chiarificazione dell'apparato

---

[238] PC 2c: «Omnia instituta vitam Ecclesiae participent, eiusque incoepta et proposita ut in re biblica, liturgica, dogmatica, pastorali, oecumenica, missionali et sociali, iuxta propriam suam indolem, sua faciant et pro viribus foveant».

[239] Cfr. PC 2e.

[240] PC 15: «Vita in communi agenda, ad exemplum primaevae Ecclesiae in qua multitudo credentium erat cor unum et anima una (cf. Act. 4, 32), evangelica doctrina, Sacra Liturgia et praesertim Eucharistia refecta, in oratione et communione eiusdem spiritus perseveret (cf. Act. 2, 42). Religiosi, ut membra Christi, in fraterna conversatione honore se invicem praeveniant (cf. Rom. 12, 10), alter alterius onera portantes (cf. Gal. 6, 2). Caritate enim Dei in cordibus per Spiritum Sanctum diffusa (cf. Rom. 57, 5), communitas ut vera familia, in nomine Domini congregata, Eius praesentia gaudet (cf. Mt. 18, 20)».

[241] Cfr. M. MIDALI, «Ecclesiologia della Vita Consacrata», 40-41.

concettuale in uso nella Chiesa per parlare di vita religiosa e in qualche modo definirla», e nem tenha contribuído para «elaborare in maniera coerente una teologia della natura della vocazione alla vita religiosa»[242], ele confirmou, porém, a importância e eclesialidade da vida consagrada. Deixou-se claro a sua presença essencial e necessária na vida e santidade da Igreja, como parte integrante do Povo de Deus.

O documento *Vita Consecrata* (1996), retomando afirmações do Concílio, observa: «Na verdade, *a vida consagrada está colocada mesmo no coração da Igreja*, como elemento decisivo para a sua missão, visto que "exprime a íntima natureza da vocação cristã" [AG 18] e a tensão da Igreja-Esposa para a união com o único Esposo [cf. LG 44]»[243]. Comprova, assim, que a profissão dos conselhos evangélicos *«pertence indiscutivelmente à vida e à santidade da Igreja»*[244]. Deste modo, declara que a vida consagrada «presente na Igreja desde os primeiros tempos, nunca poderá faltar nela, enquanto seu elemento imprescindível e qualificativo, expressão da sua própria natureza»[245].

O Vaticano II assume a vida consagrada como parte essencial da Igreja: «Dal punto di vista dommatico-ecclesiale la vita consacrata viene compresa come parte essenziale della vita della Chiesa. È questo un primo dato che, anche se già presente nella tradizione, trova nel Concilio Vaticano II piena chiarificazione e accoglienza»[246]. Por isso, não se poderá compreender a eclesiologia da Vida Religiosa sem compreender o próprio ser da Igreja, o seu mistério e sua sacramentalidade:

> La comunità religiosa, non è un semplice agglomerato di cristiani in cerca della perfezione personale. Molto più profondamente è partecipazione e testimonianza qualificata della Chiesa-Mistero, in quanto espressione viva e realizzazione privilegiata della sua peculiare

---

[242] E. MARCHITIELLI, *Chiamati a stare con Cristo*, 230.

[243] VC 3: «In realtà, *la vita consacrata si pone nel cuore stesso della Chiesa* come elemento decisivo per la sua missione, giacché "esprime l'intima natura della vocazione cristiana" e la tensione di tutta la Chiesa-Sposa verso l'unione con l'unico Sposo».

[244] Cfr. LG 44.

[245] VC 29: «la vita consacrata, presente fin dagli inizi, non potrà mai mancare alla Chiesa come un suo elemento irrinunciabile e qualificante, in quanto espressivo della sua stessa natura».

[246] A. MONTAN, «La Vita Consacrata», 515. «El retorno a las fuentes, exigido por la renovación conciliar, ha ofrecido una imagen dinámica de la iglesia que en cada fundador e instituto toma un cariz peculiar, de acuerdo con las exigencias temporales concretas y la vitalidad del Espíritu. La vida religiosa tan sólo existe en las formas concretas de seguimiento en que se encarna. El carisma fundacional y su desarrollo histórico posterior es, desde esta perspectiva, una imagem clara de la vitalidad misma de la iglesia y una llamada para que la iglesia sea lo que tiene que ser». P. M. SARMIENTO, «Iglesia», 845.

«comunione», della grande «koinonia» trinitaria cui il Padre ha voluto far partecipare gli uomini nel Figlio e nello Spirito Santo[247].

Na base de tais considerações está a compreensão da nova eclesiologia que influencia a maneira de conceber os estados de vida na Igreja, os quais serão modos diferentes de viver a mesma realidade de fé:

> La integración de la historicidad en la eclesiología ha sido una de las contribuciones definitivas del concilio. Las categorías para expresar el ser de la iglesia han dejado de ser estáticas (sociedad perfecta), para abrirse al dinamismo de la historia de la salvación: pueblo de Dios, iglesia peregrina, etc., y tal novedad ha afectado directamente a la comprensión de los estados de vida eclesiales como de experiencias existenciales diferentes de la misma realidad de la fe[248].

Em união com o momento vivido por toda a Igreja, a vida consagrada será convidada a assumir esse *dinamismo histórico da salvação*. Para tanto, deve deixar a realidade estática de se sentir «*sociedade perfeita*» para assumir, na pluralidade que compõe o Povo de Deus, sua forma particular de viver a santidade como consagrados, através dos conselhos evangélicos.

A Constituição Dogmática sobre a Igreja fala da união esponsal para afirmar que os religiosos representam «Cristo indissoluvelmente unido à Igreja sua esposa»[249]. A vida consagrada identifica-se com a missão de ser Igreja, pois testemunha o que está na base da vocação cristã, assumido no Batismo: o chamado universal à união com Cristo.

> la nostra vocazione a «rappresentare Cristo indissolubilmente unito alla Chiesa sua Sposa» (LG 44), ci fa intuire in questo impegno di vita consacrata per una testimonianza ecclesiale, il luminoso punto d'incontro di qualsiasi componente della nostra esistenza: la *comunione con Dio*, che è l'altissima vocazione dell'uomo (GS 19, DV 2), assume tutte le caratteristiche d'incarnazione, da cui parte l'attuazione del suo progetto nella storia (Gv 1, 14; 3, 16; GS 32)[250].

---

[247] VFC, 2a.
[248] P. M. Sarmiento, «Iglesia», 843-844.
[249] Cfr. LG 44.
[250] G. O. Girardi, *La Vita Religiosa*, 11.

A vida consagrada, «dom divino, que a mesma Igreja recebeu do seu Senhor e com a Sua graça sempre conserva»[251], está inserida dentro do Mistério da Igreja e justamente deste mistério é chamada a ser um sinal visível da união de Cristo com sua esposa. Na comunidade dos batizados, o Espírito Santo distribui os seus dons[252], convocando aos diversos serviços e formas de vida que constituem a Igreja e a ela servem para o «bem de todo o corpo»[253].

Neste sentido, a doutrina teológica pós-conciliar insiste em situar a vida consagrada no mistério da Igreja, vendo-a não somente como uma vida *para* a Igreja, mas também *da* Igreja[254], não pertencendo somente à uma estrutura jurídica, mas mistérica, de modo especial à sua santidade: «La ricchezza e la novità dell'esposizione della *Lumen gentium* nei confronti della vita religiosa sta proprio nell'*avere collocato la trattazione dei religiosi nell'ambito della universale vocazione alla santità*»[255].

5.   A vida consagrada a partir do Concílio Vaticano II

O Concílio não trouxe aos consagrados «soluções» aos seus problemas ou uma sistemática «teologia da Vida Religiosa», mas colocou-os diante de grandes questões a serem retomadas e aprofundadas. Um importantíssimo trabalho a ser realizado no pós-concílio. A base da renovação era o resgate da identidade, como vida consagrada, no específico de cada família religiosa. Para tanto, orientava o Motu Proprio *Ecclesiae Sanctae* (1966): era preciso renovar a vida dos institutos de acordo com o espírito e propósito do fundador[256].

A vida consagrada, inserida na Igreja Povo de Deus, não será um grupo a parte, superior pela sua espiritualidade ou santidade, mas deverá redescobrir a sua importância e missão na Igreja ao participar desta através do peculiar de sua identidade:

L'ecclesiologia di comunione del Concilio ha fatto comprendere l'esigenza di una chiara identità carismatica da parte di ogni

---

[251] LG 43: «donum divinum, quod Ecclesia a Domino suo accepit et gratia Eius semper conservat».

[252] Cfr. 1Cor 12,4-11.

[253] LG 18: «ad bonum totius Corporis».

[254] A inserção da vida consagrada no mistério da Igreja pode ser visto através de dois aspectos: a *santidade*, na vivência e testemunho dos conselhos evangélicos; e a *missão*, testemunhando e anunciando a presença de Cristo e os valores do Evangelho. Cfr. G. O. GIRARDI, *La Vita Religiosa*, 30.

[255] F. CIARDI, «La vita consacrata», 15.

[256] Cfr. ES II, 12a

istituto. Per essere pienamente inserita nella organica compagine ecclesiale ogni famigli religiosa deve portare il proprio specifico contributo. Unità e distinzione sono elementi complementari per il dinamismo della Chiesa. Di qui l'intrinseco legame proposto dal Concilio tra fedeltà al carisma, inserimento nella Chiesa, rinnovamento, presenza profetica, intraprendenza apostolica. Il n. 2 del *Perfectae caritatis* arriva così ad indicare, accanto al ritorno alle comuni fonti di ogni vita cristiana, il ritorno allo «spirito primitivo degli istituti», allo «spirito e le finalità proprie dei Fondatori» e alle «sane tradizioni», come uno dei criteri essenziali per una adeguata comprensione della propria identità e missione nella Chiesa e per la *accommodata renovatio*[257].

Por isso, o que irá marcar a vida consagrada no período pós-conciliar, e dar a ela uma nova perspectiva de presença e participação na vida da Igreja, será a reflexão e aprofundamento do carisma presente em cada fundação religiosa.

5.1   *Carisma: dom do Espírito Santo para o bem comum*

Na raiz da profissão dos votos religiosos e da presença e serviço da vida consagrada na Igreja está o carisma: fruto da ação do Espírito Santo que gera várias formas de *sequela Christi*, na vida comunitária, na diaconia profética e testemunho das diversas famílias religiosas. «Ai fondatori e fondatrici lo Spirito ha concesso un carisma, o esperienza dinamica e originale, che li ha spinti a "generare" e formare una famiglia, con la quale condividere questo carisma (che ora è chiamato *carisma collettivo*) per renderlo fecondo nella Chiesa»[258].

O termo paulino «*charisma*», mencionado na eclesiologia conciliar[259], não foi usado para referi-se explicitamente aos religiosos. Entretanto, pode-se compreender também neste sentido a afirmação de que a vida consagrada é «dono divino e especial»:

> Tutti sanno che il Concilio Vaticano II, pur riprendendo e riproponendo l'uso ecclesiologico dell'espressione paolina «carisma», non lo ha però applicato esplicitamente alla vita religiosa, eccetto forse in un paragrafo dell'*Ad Gentes* (n. 23: a proposito degli Istituti missionari). Tuttavia una lettura attenta della concezione conciliare sulla vita religiosa ci autorizza ad affermare che per il Concilio la

---

[257] F. CIARDI, *In ascolto dello Spirito*, 18.

[258] B. SECONDIN, *Per una fedeltà creativa*, 48. Para uma síntese sobre carisma na Vida Religiosa e na Igreja: P.-R. RÉGAMEY, «Carismi» (1975); D. VITALI, «Carisma» (2010).

[259] Cfr. LG 12; AA 3.

natura più propria della vita religiosa è quella di essere un frutto della libera iniziativa creatrice dello Spirito, spazio di libertà e di radicalità evangelica che lui origina, sostiene e vivifica... Che si tratti di una situazione carismatica lo conferma ancora il richiamo all'esperienza dei fondatori e alle ispirazioni originali. Anche qui pur non essendo usata la parola "carisma", il contenuto è quello. Si parla infatti di "impulso dello Spirito Santo" (PC 1), di "ispirazione primitiva" e "spirito e finalità dei fondatori" (PC 2; LG 45)[260].

O termo «carisma» será literalmente utilizado para referir-se à vida consagrada nos documentos pós-conciliares, começando pela exortação apostólica *Evangelica testificatio* (1971), de Paulo VI, que fala de «carisma dos Fundadores», «carisma da vida religiosa»[261], ou ainda «carismas dos diversos Institutos»[262]. Porém, será o documento *Mutuae relationes* (1978), emitido em conjunto pela Congregação para os religiosos e institutos seculares e a Congregação para os bispos, que tratará amplamente o tema dos carismas na vida consagrada.

A *Evangelica Testificatio*, ao falar do «carisma dos fundadores», esclarece as expressões usadas pelo Concílio ao se referir à renovação da Vida Religiosa: o espírito dos fundadores, os seus propósitos evangélicos e os seus exemplos de santidade[263]. A expressão «*charisma vitae religio-*

---

[260] B. SECONDIN, «Natura Carismatica», 18.19. Por isso, poderia-se aplicar à Vida Religiosa o conceito de carisma que o Concílio Vaticano II aplicou à Igreja em geral: «...o mesmo Espírito Santo não se limita a santificar e a dirigir o povo de Deus por meio dos sacramentos e dos ministérios, e a orná-lo com as virtudes, mas também, nos fiéis de todas as classes, "distribui individualmente e a cada um, como lhe apraz", os seus dons (1Cor 12,11), e as graças especiais, que os tornam aptos e disponíveis para assumir os diversos cargos e ofícios úteis à renovação e maior incremento da Igreja, segundo aquelas palavras: "A cada qual... se concede a manifestação do Espírito para utilidade comum" (1Cor 12,7). Devem aceitar-se estes carismas com ação de graças e consolação, pois todos, desde os mais extraordinários aos mais simples e comuns, são perfeitamente acomodados e úteis às necessidades da Igreja (...praeterea Spiritus Sanctus non tantum per sacramenta et ministeria Populum Dei sanctificat et ducit eumque virtutibus ornat, sed dona sua "dividens singulis prout vult" (1Cor 12,11), inter omnis ordinis fideles distribuit gratias quoque speciales, quibus illos aptos et promptos reddit ad suscipienda varia opera vel officia, pro renovatione et ampliore aedificatione Ecclesiae proficua, secundum illud: "Unicuique... datur manifestatio Spiritus ad utilitatem" (1Cor 12,7). Quae charismata, sive clarissima, sive etiam simpliciora et latius diffusa, cum sint necessitatibus Ecclesiae apprime accommodata et utilia, cum gratiarum actione ac consolatione accipienda sunt)». LG 12.

[261] ET 11: «charisma Fundatorum», «charisma vitae religiosae».

[262] ET 32: «charismatibus cuiusque Instituti».

[263] Cfr. LG 45; PC 2b.

sae» pode ser entendida como: carisma do fundador de uma determinada forma de Vida Religiosa[264].

Em *Mutuae relationes*, partindo do pressuposto que «todos os Institutos nasceram para a Igreja e são obrigados a enriquecê-la com as próprias características segundo um peculiar espírito e uma missão específica»[265], declara que será deste modo que a Vida Religiosa participará da vida da Igreja, sendo testemunha visível dos diversos aspectos do mistério de Cristo[266].

O «carisma do fundador», ou sua «experiência do Espírito»[267], sendo um dom suscitado pelo Espírito Santo a uma pessoa como «mediação» para formar uma comunidade, está sempre na prospectiva do bem comum e da vivência comunitária. Passa a ser «carisma da fundação» quando esse dom é comunicado a outros aos quais o Espírito convoca para viver e partilhar da mesma missão: «...un religioso o una religiosa partecipano del *"carisma di fundazione"* in proporzione alla loro "comunione" con gli altri membri della "comunità"»[268]. Mesmo como dom que

---

[264] Cfr. M. R. JURADO, «Vita Consacrata e carismi», 1071.

[265] MR 14: «Unumquodque institutum propter ecclesiam exortum est eamque suis propriis notis locupletare tenetur secundum peculiarem quemdam spiritum specialemque missionem».

[266] Cfr. MR 10.

[267] «[Em *Mutuae relations*] Il carisma dei fondatori viene descritto come un'"esperienza dello Spirito", trasmessa ai suoi seguaci, perché vivano in conformità con essa, la custodiscano, l'approfondiscano e la sviluppino, nella costante crescita del Corpo Mistico di Cristo ([n.]11). Questa "esperienza dello Spirito", propria del fondatore, causa uno specifico stile di santificazione e di apostolato, che si trasmette come tradizione nel suo Istituto, ne costituisce l'indole e può essere riconosciuta in elementi oggettivi che la compongono. La Chiesa è interessata a conservare quest'indole propria di ogni Istituto, la sua identità; e l'Istituto ha il dovere di inserirsi nella Chiesa con la sua azione vitale, non in modo vago, ambiguo, non definito, ma secondo la propria identità, la propria indole ([n.]11), trasmessavi dal fondatore». M. R. JURADO, «Vita Consacrata e carismi», 1072-1073.

[268] G. O. GIRARDI, *La Vita Religiosa*, 97. É interessante a distinção feita pelo autor entre *identidade*, no sentido da fisionomia do instituto, e *carisma*, dom para a vivência da identidade: «*Identità* si riferisce ai lineamenti spirituali e apostolici che definiscono o costituiscono la fisionomia caratteristica di un Istituto; *Carisma* è l'abilitazione operata dal "dono" (karis) dello Spirito per l'attuazione di questi lineamenti ("spiritualità e missione apostolica dell'Istituto", animate dal dinamismo dello Spirito)». *Ibid.*, 91. Neste sentido é que somente se pode contar com um carisma na linha da identidade suscitada e desejada pelo Espírito Santo em favor de toda a Igreja. A renovação, deste modo, será reencontrar ou reler a identidade na realidade presente, cujo carisma será sempre o dom do Espírito que habilitará o religioso a viver tal identidade: «Quindi il nostro impegno, soprattutto in quest'epoca di rinnovamento promosso dal Concilio, non è tanto nel conoscere il "carisma", quanto nel riscoprire (quando occorre) e, in ogni caso, attualizzare quei "lineamenti" di spiritualità e di missione che costituiscono, *per iniziativa dello Spirito*, la nostra "identità" nella Chiesa e tra le varie forme di vita consacrata». *Ibid.*

gera comunidade, o carisma se «encarna» num contexto pessoal, onde se deve ser respeitado a pluralidade da acolhida, da assimilação e da realização, dando espaço também para a criatividade pessoal.

A vivência do carisma leva tanto a uma dimensão *pessoal*, a qual santifica a pessoa, quanto *comunitária*, à serviço da comunidade eclesial:

> Chi è chiamato a consacrarsi a Dio e agli uomini mediante la professione dei consigli evangelici è fatto partecipe del carisma generale della vita consacrata che Gesù durante la sua vita terrena donò ad alcuni e che lo Spirito continua a donare fin dalle origini della Chiesa, ancora oggi, a coloro che Cristo chiama (cf. LG 43 e PC 1), ma è allo stesso tempo insignito anche di un carisma particolare, è chiamato a vivere la consacrazione mediante i consigli evangelici insieme ad altri secondo una forma di vita determinata. Si tratta della partecipazione al carisma collettivo di un istituto, che è la manifestazione peculiare di un mistero di Cristo e trova il suo fondamento nel carisma collettivo del fondatore o della fondatrice dello istituto a cui si è chiamati (Cf. cann. 574 § 2, 576 e 578)[269].

Uma vez individuado o carisma do fundador, reconhecido, aprovado e incentivado pela Igreja, tem-se a identidade, a índole e missão do Instituto, à qual todos os membros que participam do mesmo carisma, pela graça do chamado divino, são convidados a serem fiéis. Tal fidelidade exige constante revisão de vida: «Il carisma non dispensa né il fondatore né i suoi discepoli da una continua revisione della loro fedeltà a Dio, anzi esige questa attenzione e docilità allo Spirito»[270].

Na Igreja Povo de Deus, uma Igreja inteiramente ministerial, onde todo batizado é convocado a viver em comunhão e partilha da mesma missão eclesial, a eclesiologia de comunhão proposta pelo Vaticano II recupera e fundamenta a dimensão carismática da vida consagrada, provocando-a ao retorno e aprofundamento da sua origem:

> Il Concilio ha privilegiato una concezione ecclesiologica centrata sulla «comunione» e sulla storia della salvezza, anche senza negare gli apporti fondamentali di altre prospettive (quella istituzionale, quella ecumenica, quella escatologica...). In tale prospettiva conciliare ha trovato spazio il richiamo ben preciso al ruolo dei carismi nella vita della comunità. E più a monte il ruolo dello Spirito santo, signore e distributore appunto dei carismi[271].

---

[269] F. IANNONE, «La Vita Religiosa», 44.
[270] M. R. JURADO, «Vita Consacrata e carismi», 1073.
[271] B. SECONDIN, «Natura Carismatica», 13.

Deste modo, a teologia da vida consagrada passa a ser refletida não somente em relação aos conselhos evangélicos, mas também no seu aspecto eclesiológico e pneumatológico: é o Espírito Santo que suscita dons e carismas na Igreja, para a santificação da humanidade e construção do Reino de Deus. O «carisma» é a identidade eclesial de cada família religiosa: «La nozione di "carisma", riferita ai *fondatori*, corrisponde bene al carattere próprio degli Istituti e alla loro natura ecclesiale, dato che non sono il risultato di un progetto puramente umano»[272].

Assim, o religioso e a religiosa são chamados «secondo il suo *particolare* carisma ([LG] II, 13c; V, 39, VI, 44) e per la sua particolare *posizione di membro della Chiesa* (V, 41a; 42c; VI, 45), a tendere alla santità "per una via più stretta" (II, 13c; V, 42cd; VI, 44, 46)»[273]. A dimensão carismática da vida consagrada, pertencente à diversidade do Povo de Deus, como modo de viver a vocação batismal numa consagração íntima e total, sendo sinal da transcendência do Reino e testemunho de santidade que contribui com a vida e missão eclesial, fez com que o concílio reafirmasse a importância de sua presença na existência concreta da Igreja, mesmo não fazendo parte da sua estrutura hierárquica.

A vivência do carisma faz com que a vida consagrada tenha uma presença legítima na Igreja, à qual deve estar em constante relação e serviço:

> E como os conselhos evangélicos, em razão da caridade a que conduzem, de modo especial unem à Igreja e ao seu mistério aqueles que os seguem, deve também a sua vida espiritual ser consagrada ao bem de toda ela. Daqui nasce o dever de trabalhar na implantação e consolidação do Reino de Cristo nas almas e de o levar a todas as regiões com a oração ou também com a ação, segundo as próprias forças e a índole da própria vocação[274].

5.2 *A vida consagrada como elemento característico da Igreja de Comunhão*

Outro elemento, indispensável para a renovação e o resgate da identidade eclesial da vida consagrada, que marcará também a reflexão

---

[272] M. R. JURADO, «Vita Consacrata e carismi», 1079.

[273] R. SCHULTE, «La vita religiosa», 1076.

[274] LG 44: «Cum vero evangelica consilia suos asseclas, per caritatem ad quam ducunt(141), Ecclesiae eiusque mysterio speciali modo coniungant, spiritualis horum vita bono quoque totius Ecclesiae devoveatur oportet. Inde oritur officium pro viribus et secundum formam propriae vocationis, sive oratione, sive actuosa quoque opera, laborandi ad Regnum Christi in animis radicandum et roborandum, illudque ad omnes plagas dilatandum».

no pós-concílio, é a «vida de comunhão» com Deus e com os irmãos e irmãs.

É muito clara e direta a afirmação de que os consagrados à «Vida Religiosa» devem ser «esperti di comunione»[275]: uma comunhão íntima com Deus, através do Cristo e sua Igreja, e a consequente comunhão fraterna que faz parte da sua própria vida de consagração, tornando-os «testemoni e artefici di "comunione", nella Chiesa sacramento di comunione»[276]. Deste modo, serão *sinais* e *instrumentos* de comunhão na medida em que visibilizam a comunhão com Deus e com as pessoas, inspirando-se na vida das primeiras comunidades cristãs:

> Reproducción formal de la primitiva comunidad cristiana y expre-sión concreta del nuovo pueblo de Dios, cuya razón de ser no es otra que el amor que nace y lleva a la comunión, la comunidad religiosa será signo e instrumento de comunión eclesial en la me-dida en que explicite y visibilice en su propio seno y con toda su amplitud la comunión con Dios y con los hermanos. Y hermanos lo son, inmediata o mediatamente, todos[277].

Vivendo a consagração como anúncio do amor da Trindade[278], a vida consagrada fundamenta a comunhão no primado do Absoluto, par-ticipando da visão trinitária da eclesiologia refletida pelo Concílio: «À vida consagrada pertence seguramente o mérito de ter contribuído efi-cazmente para manter viva na Igreja a exigência da fraternidade como confissão da Trindade»[279]. Fundamentados no amor trinitário, tornam-se também um modelo de comunhão que é a essência do ser Igreja:

---

[275] RPU, 24.

[276] G. O. GIRARDI, *La Vita Religiosa*, 44. «La professione dei consigli evangelici... non ha altro "fine" che questo: liberare il "cammino di comunione" da tutti quegli impedimenti che provengono da egoismi, avidità, ripiegamenti su se stessi, prevalenza di personali progetti..., per porre al centro di ogni aspirazione la "comunione" con Dio e coi fratelli». *Ibid.*, 45.

[277] M. DÍEZ, «Comunión», 323-324. A comunhão faz parte do próprio carisma re-cebido como dom do Espírito que leva à comunhão com o mistério de Deus: «Sólo desde ahí estaría identificándose vocacionalmente como comunidad eclesial o de una iglesia que se define como esencial "signo e instrumento de la unión con Dios" (LG 1)». *Ibid.*, 324.

[278] «A vida consagrada, profundamente arraigada nos exemplos e ensinamentos de Cristo Senhor, é um dom de Deus Pai à sua Igreja, por meio do Espírito (La vita consacra-ta, profondamente radicata negli esempi e negli insegnamenti di Cristo Signore, è un dono di Dio Padre alla sua Chiesa per mezzo dello Spirito)». VC 1.

[279] VC 41: «La vita consacrata ha sicuramente il merito di aver efficacemente contri-buito a tener viva nella Chiesa l'esigenza della fraternità come confessione della Trinità».

La comunidad religiosa, así vivida, es un modelo ejemplar de la comunión a la que está llamada toda la iglesia desde su origen. Este carácter significativo es una aportación al dinamismo de la total unidad eclesial. Una comunidad en la que el criterio esencial de convocación común puede manifestar en la práctica lo que aún no se ha conseguido desde el esfuerzo teológico[280].

É a manifestação da catolicidade da Igreja que, no seguimento de Jesus Cristo, vive a comunhão na diversidade de carismas. Assim, mostram a vitalidade da comunidade eclesial e sua universalidade, na diversidade de pessoas e serviços que «constroem» juntos, em unidade, a vida fraterna, expressão essencial da vida consagrada, ideal comum de todo o Povo de Deus[281].

A vivência e comunhão dos diferentes carismas que geram os diversos serviços numa Igreja ministerial, que convoca à participação e corresponsabilidade de todos os batizados, é um testemunho concreto, visível da essencial comunhão eclesial[282]. Uma

specificità della vita consacrata nella Chiesa Comunione riguarda la ministerialità in ordine ai carismi. *Mutuae relationes*, sviluppando il tema di una Chiesa tutta ministeriale, sottolinea con maggiore forza che non nei precedenti interventi, la specificità della presenza dei religiosi nella missione della Chiesa grazie ai loro rispettivi carismi[283].

---

[280] P. M. SARMIENTO, «Iglesia», 847.

[281] «...la vida religiosa representa "a escala" la catolicidad de la iglesia: Sin embargo, en medio de tanta variedad de dones, todos los que son llamados por Dios a la práctica de los consejos evangélicos... cuanto más fervientemente se unen con Cristo, que abarca la vida entera, tanto más feraz se hace la vida de la iglesia y más vigorosamente se fecunda su apostolado». P. M. SARMIENTO, «Iglesia», 848.

[282] «La comunità religiosa è cellula di comunione fraterna, chiamata a vivere animata dal carisma fondazionale; è parte della comunione organica di tutta la Chiesa, dallo Spirito sempre arricchita con varietà di ministeri e carismi». VFC, 2c.

[283] F. CIARDI, «La vita consacrata», 25. «Os Religiosos e as suas Comunidades são chamados a dar na Igreja um testemunho patente de total doação a Deus, como opção fundamental da sua existência cristã e primeiro compromisso a cumprir na forma de vida que lhes é própria... Todos os Institutos nasceram para a Igreja e são obrigados a enriquecê-la com as próprias características segundo um peculiar espírito e uma missão específica. Os Religiosos, portanto, cultivarão uma renovada consciência eclesial, colaborando para a edificação do Corpo de Cristo... (Religiosi eorumque communitates vocantur, ut in ecclesia manifestum testimonium praebeant plenae existentiae atque primarius labor impendendus in propria eorum vivendi forma... Unumquodque institutum propter ecclesiam exortum est eamque suis propriis notis locupletare tenetur secundum peculiarem quedam spiritum specialemque missionem. Exinde religiosi renovatam ecclesialem conscientiam excolant, operam praestando ad aedificationem corporis Christi...)». MR, 14a.b.

Os documentos pós-conciliares são muito ricos em aprofundar e reafirmar a vida consagrada como elemento característico da Igreja de Comunhão. Em *Religiosi e promozione umana* (1980), se destaca a natureza de comunhão da vida consagrada, o seu testemunho com a própria experiência de vida, e a consequente unidade com toda a Igreja Povo de Deus[284].

O documento *La vita fraterna in comunità* (1994), insistindo no valor central da fraternidade, mostra como a vida consagrada é expressão da Igreja-comunhão:

> La comunità religiosa, nella sua struttura, nelle sue motivazioni, nei suoi valori qualificanti, rende pubblicamente visibile e continuamente percepibile il dono di fraternità fatto da Cristo a tutta la Chiesa. Per ciò stesso essa ha come impegno irrinunciabile e come missione di essere e di apparire una cellula di intensa comunione fraterna che sia segno e stimolo per tutti i battezzati [cf. PC 15a; LG 44c] [285].

---

[284] «...per la quotidiana esperienza di una comunione di vita di preghiera e di apostolato, quale componente essenziale e distintiva della loro forma di vita consacrata [PC 15; cf. *doc. de Puebla*, nn. 730-732], si fanno "segno di comunione fraterna". Testimoniano, infatti, in un mondo spesso così profondamente diviso, e di fronte a tutti i loro fratelli nella fede, la capacità della comunione dei beni, dell'affetto fraterno del progetto di vita e di attività, che loro proviene dall'aver accolto l'invito a seguire più liberamente e più da vicino Cristo Signore, inviato dal Padre affinché, primogenito tra molti fratelli, istituisse, nel dono del suo Spirito, una nuova comunione fraterna [GS 32]... La profonda natura ecclesiale della vita religiosa si traduce, dunque, per la caratteristica di "comunione" che deve permeare le stesse strutture di convivenza e di attività, in un aspetto preminente della loro missione all'interno della Chiesa e della stessa società civile. Sotto questo profilo, accogliere il ministero dei Vescovi come centro d'unità nell'organica comunione ecclesiale e promuovere un'uguale accoglienza negli altri membri del Popolo di Dio, risponde a una specifica esigenza del ruolo proprio ai religiosi nella comunità cristiana». RPU, 24.27.

[285] VFC, 2b. Na primeira parte do documento, resgatando a base lucana da fraternidade como fruto do Espírito, e a dimensão prioritária desta na vida da Igreja e da «nova humanidade», deixa claro a implicação da Vida Religiosa na eclesiologia de comunhão: «...il passaggio all'ecclesiologia di comunione del Vaticano II è facile e naturale: la comunità religiosa diventa allora espressione particolarmente intensa di questa dimensione di Chiesa, tiene viva la memoria della 'santa koinonia', è continuamente creata, vivificata e santificata dallo Spirito, che la rende capace di "testimoniare con forza la risurrezione del Signore Gesù"». P. CABRA, «Il documento», 58-59. Na segunda parte, continuando a refletir sobre a Vida Religiosa, traz elementos que servem para toda a comunidade cristã: «Si può osservare che le indicazioni di questa parte [segunda], pur riguardando direttamente la vita religiosa, possono essere utilissime anche per la costruzione *di ogni comunità cristiana*. Sono pagine che possono essere lette con profitto da tutti coloro che credono che la fraternità non è un elemento accessorio nella Chiesa, un 'optional' ma ne costituisce la sua realtà più profonda». *Ibid.*, 62.

Indica ainda como a vida fraterna[286], na comunhão dos diversos carismas, fazendo parte da comunhão orgânica de toda a Igreja, tem grande importância para o apostolado e seu fim:

> La vita fraterna in comune, quale espressione dell'unione operata dall'amore di Dio, oltre a costituire una testimonianza essenziale per la evangelizzazione, ha grande importanza per l'attività apostolica e per la sua finalità ultima. Da qui la forza di segno e di strumento della comunione fraterna della comunità religiosa. La comunione fraterna sta infatti all'inizio e alla fine dell'apostolato[287].

O Sínodo para a vida consagrada, em 1994, reafirmou e consolidou decisivamente a profunda eclesialidade desta e o seu irrenunciável testemunho e compromisso com a Igreja de Comunhão:

> il punto focale e la chiave di lettura dominante dentro il sinodo è stata proprio la presenza e la funzione ecclesiale della vita consacrata... la dimensione ecclesiale che maggiormente viene messa in risalto è quella della vita consacrata quale segno della koinonia trinitaria donata alla Chiesa e dell'impegno sempre urgente di vivere la comunione ecclesiale in modo autentico e profetico[288].

Em *Vita Consecrata*, ao declarar que os religiosos mantêm viva na Igreja a exigência da fraternidade como confissão do amor trinitário, capaz de «mudar as relações humanas, criando um novo tipo de solidariedade»[289], mostra-se como a comunhão eclesial está presente nas diversas formas de vida consagrada, fazendo da vida comunitária um espaço teologal da experiência do Cristo ressuscitado[290]. Por isso, torna-se exemplo de comunidade fraterna para toda a Igreja:

---

[286] Importante a distinção que o documento faz dos dois elementos que compõem a vida comunitária: a *fraternidade*, como valor espiritual que fundamenta a vivência da caridade; e a *vida comum*, com a concretização visível deste valor: «Si possono distinguere dunque nella vita comunitaria due elementi di unione e di unità tra i membri: uno più spirituale, è la "fraternità" o "comunione fraterna", che parte dai cuori animati dalla carità. Esso sottolinea la "comunione di vita" e il rapporto interpersonale [Cf. Cân. 602]; l'altro più visibile: è la "vita in comune" o "vita di comunità" che consiste "nell'abitare nella propria casa religiosa legittimamente costituita" e nel "condurre vita comune" attraverso la fedeltà alle stesse norme, la partecipazione agli atti comuni, la collaborazione nei servizi comuni». VFC, 3.

[287] VFC, 2d.

[288] B. SECONDIN, *Il profumo di Betania*, 66.69.

[289] VC 41: «*cambiare i rapporti umani*, creando un nuovo tipo di solidarietà».

[290] Cfr. VC 42.

Com efeito, toda a Igreja espera muito do testemunho de comunidades ricas «de alegria e de Espírito Santo» (*Act* 13,52). Ela deseja oferecer ao mundo o exemplo de comunidades onde a recíproca atenção ajuda a superar a solidão, e a comunicação impele a todos a sentirem-se corresponsáveis, o perdão cicatriza as feridas, reforçando em cada um o propósito da comunhão. Numa comunidade deste tipo, a natureza do carisma dirige as energias, sustenta a fidelidade e orienta o trabalho apostólico de todos para a única missão. Para apresentar à humanidade de hoje o seu verdadeiro rosto, a Igreja tem urgente necessidade de tais comunidades fraternas, cuja própria existência já constitui uma contribuição para a nova evangelização, porque mostram de modo concreto os frutos do «mandamento novo»[291].

Por isso que a Igreja de Comunhão confia um grande compromisso à vida consagrada:

> À vida consagrada está confiada outra grande tarefa, à luz da doutrina sobre a Igreja-comunhão proposta com grande vigor pelo Concílio Vaticano II: pede-se às pessoas consagradas para serem verdadeiramente peritas em comunhão e praticarem a sua espiritualidade, como «testemunhas e artífices daquele "projeto de comunhão" que está no vértice da história do homem segundo Deus» [*Religiosos e promoção humana*, 24]. O sentido da comunhão eclesial, desabrochando em *espiritualidade de comunhão*, promove um modo de pensar, falar e agir que faz crescer em profundidade e extensão a Igreja. Na realidade, a vida de comunhão «torna-se um *sinal* para o mundo e uma *força* de atração que leva à fé em Cristo... Dessa maneira, a comunhão abre-se para a *missão* e converte-se ela própria em missão», melhor, «a *comunhão gera comunhão* e reveste essencialmente a forma de *comunhão missionária*» [ChL 31-33][292].

---

[291] VC 45: «La Chiesa tutta, infatti, conta molto sulla testimonianza di comunità ricche "di gioia e di Spirito Santo" (*At* 13, 52). Essa desidera additare al mondo l'esempio di comunità nelle quali l'attenzione reciproca aiuta a superare la solitudine, la comunicazione spinge tutti a sentirsi corresponsabili, il perdono rimargina le ferite, rafforzando in ciascuno il proposito della comunione. In comunità di questo tipo, la natura del carisma dirige le energie, sostiene la fedeltà ed orienta il lavoro apostolico di tutti verso l'unica missione. Per presentare all'umanità di oggi il suo vero volto, la Chiesa ha urgente bisogno di simili comunità fraterne, le quali con la loro stessa esistenza costituiscono un contributo alla nuova evangelizzazione, poiché mostrano in modo concreto i frutti del "comandamento nuovo"».

[292] VC 46: «Un grande compito è affidato alla vita consacrata anche alla luce della dottrina sulla Chiesa-comunione, con tanto vigore proposta dal Concilio Vaticano II. Alle persone consacrate si chiede di essere davvero esperte di comunione e di praticarne la spiritualità, come "testimoni e artefici di quel 'progetto di comunione' che sta al vertice della

Dentro deste compromisso, os consagrados e consagradas têm a especial missão de estimular e fazer crescer a experiência de comunhão:

A Igreja confia às comunidades de vida consagrada a missão particular de *fazerem crescer a espiritualidade da comunhão*, primeiro no seu seio e depois na própria comunidade eclesial e para além dos seus confins, iniciando ou retomando incessantemente o diálogo da caridade, sobretudo nos lugares onde o mundo de hoje aparece dilacerado pelo ódio étnico ou por loucuras homicidas[293].

Não se pode esquecer, em todo esse dinamismo da Igreja de Comunhão, a participação eficaz do laicato que, cada vez mais, são convidados a partilharem e participarem da espiritualidade dos institutos de vida consagrada:

---

storia dell'uomo secondo Dio". Il senso della comunione ecclesiale, sviluppandosi in *spiritualità di comunione*, promuove un modo di pensare, parlare ed agire che fa crescere in profondità e in estensione la Chiesa. La vita di comunione, infatti, "diventa un *segno* per il mondo e una *forza* attrattiva che conduce a credere in Cristo [...]. In tal modo la comunione si apre alla *missione*, si fa essa stessa missione", anzi "*la comunione genera comunione* e si configura essenzialmente come *comunione missionaria*"». Será também mencionado como expressão da comunhão com a Igreja Universal a relação direta dos religiosos com o papa. Cfr. VC 47. Fala-se também da necessária colaboração com os bispos, onde se desenvolvem a pastoral diocesana em comunhão com a Igreja Particular: «Às pessoas consagradas cabe uma função significativa, também *no seio das Igrejas particulares*. Este é um aspecto que – partindo da doutrina conciliar sobre a Igreja, enquanto comunhão e mistério, e sobre as Igrejas particulares, como porção do Povo de Deus na qual "está verdadeiramente presente e opera a Igreja de Cristo, una, santa, católica e apostólica" (*Christus Dominus*, 11) – foi aprofundado e regulado em vários documentos posteriores. À luz destes textos, aparece em toda a sua evidência a importância fundamental que reveste a colaboração das pessoas consagradas com os Bispos, para o desenvolvimento harmonioso da pastoral diocesana (Un ruolo significativo spetta alle persone consacrate anche *all'interno delle Chiese particolari*. E questo un aspetto che, partendo dalla dottrina conciliare sulla Chiesa come comunione e mistero e sulle Chiese particolari come porzione del Popolo di Dio nelle quali "è veramente presente e agisce la Chiesa di Cristo una, santa, cattolica e apostolica", è stato approfondito e codificato in vari documenti successivi. Alla luce di questi testi appare in tutta evidenza il fondamentale rilievo che la collaborazione delle persone consacrate con i Vescovi riveste per l'armonioso sviluppo della pastorale diocesana)». VC 48. Porém, não aprofunda o tema e nem mesmo toca nas questões problemáticas que a experiência concreta revela sobre o mesmo. Uma pendência que continua presente até hoje na vida consagrada.

[293] VC 51: «La Chiesa affida alle comunità di vita consacrata il particolare compito di *far crescere la spiritualità della comunione* prima di tutto al proprio interno e poi nella stessa comunità ecclesiale ed oltre i suoi confini, aprendo o riaprendo costantemente il dialogo della carità, soprattutto dove il mondo di oggi è lacerato dall'odio etnico o da follie omicide».

Um dos frutos da doutrina da Igreja como comunhão, nestes anos, foi a tomada de consciência de que os seus vários membros podem e devem unir as forças, numa atitude de colaboração e permuta de dons, para participar mais eficazmente na missão eclesial. Isto concorre para dar uma imagem mais articulada e completa da própria Igreja, para além de tornar mais eficiente a resposta aos grandes desafios do nosso tempo, graças ao concurso harmonioso dos diversos dons... Hoje alguns Institutos, frequentemente por imposição das novas situações, chegaram à convicção de que *o seu carisma pode ser partilhado com os leigos*. E assim estes são convidados a participar mais intensamente na espiritualidade e missão do próprio Instituto. Pode-se dizer que, no rasto de experiências históricas como a das diversas Ordens seculares ou Ordens Terceiras, se iniciou um novo capítulo, rico de esperanças, na história das relações entre as pessoas consagradas e o laicado[294].

6. Conclusão: repensar um novo «modelo» de vida consagrada

O Vaticano II marcou profundamente a história da Igreja: enfrentou corajosamente o diálogo – nada fácil, mas urgente – com o mundo contemporâneo; recuperou elementos eclesiológicos fundamentais das origens e «revolucionou» o modo de conceber o ser da Igreja. Mais do que propor novidades no seu conteúdo – pois recupera conceitos já presentes na tradição, como a vocação universal à santidade e a concepção de Povo de Deus –, o Concílio propõe um modo de pensar os elementos da vida eclesial que marcará sua grande originalidade em relação à eclesiologia precedente.

---

[294] VC 54: «Uno dei frutti della dottrina della Chiesa come comunione, in questi anni, è stata la presa di coscienza che le sue varie componenti possono e devono unire le loro forze, in atteggiamento di collaborazione e di scambio di doni, per partecipare più efficacemente alla missione ecclesiale. Ciò contribuisce a dare un'immagine più articolata e completa della Chiesa stessa, oltre che a rendere più efficace la risposta alle grandi sfide del nostro tempo, grazie all'apporto corale dei diversi doni. I rapporti con i laici, nel caso di Istituti monastici e contemplativi, si configurano come una relazione prevalentemente spirituale, mentre per gli Istituti impegnati sul versante dell'apostolato si traducono anche in forme di collaborazione pastorale. I membri poi degli Istituti secolari, laici o chierici, entrano in rapporto con gli altri fedeli nelle forme ordinarie della vita quotidiana. Oggi non pochi Istituti, spesso in forza delle nuove situazioni, sono pervenuti alla convinzione che *il loro carisma può essere condiviso con i laici*. Questi vengono perciò invitati a partecipare in modo più intenso alla spiritualità e alla missione dell'Istituto medesimo. Si può dire che, sulla scia di esperienze storiche come quella dei diversi Ordini secolari o Terz'Ordini, è iniziato un nuovo capitolo, ricco di speranze, nella storia delle relazioni tra le persone consacrate e il laicato».

A renovação da Igreja assumida pelo Concílio incide de forma direta e decisiva na vida consagrada, obrigando-a a entrar também num necessário processo de renovação. Se o Concílio reconhece a eclesialidade da Vida Religiosa e lhe dá um estatuto teológico no mistério da Igreja[295], consequentemente irá envolvê-la no caminho de renovação, com tudo o que este implica. Irá desafiá-la a abandonar antigos conceitos Escolásticos e a repensar privilégios e posições que não condizem mais com o novo modo de ser Igreja. Como resultado, a mudança de paradigma eclesiológico coloca a vida consagrada em uma grande crise, pois deve reconsiderar a sua presença, seu modo de ser e agir, libertando-se de um modelo que por séculos definia sua identidade como um grupo «especial», que seguia a vida cristã de forma mais «perfeita e santa».

Nos desafios colocados aos consagrados, algumas questões tocaram de forma direta a sua identidade. Uma delas é o novo modo de conceber a Igreja como único Povo de Deus. Tal conceito, fundamentado na «radical igualdade de todos os batizados», interpela também a vida consagrada. Esta não poderá ser mais pensada num lugar mais alto da pirâmide que marca o modelo eclesial do segundo milênio, em cujo cume está a hierarquia e na base aqueles que não são nem ordenados, nem consagrados. Como toda Igreja, a vida consagrada faz parte do Povo de Deus e, com esse, antes de qualquer diferença, é chamada a viver a consagração comum do Batismo, que está na base de todos os estados de vida eclesial. Esta «radical igualdade» será imprescindível para a comunhão dos diversos carismas e serviços que compõem e enriquecem a vida da Igreja, sem pensá-los na categoria de privilégios ou superioridade de alguns, não só da hierarquia, mas também dos religiosos.

A universal vocação à santidade faz também com que a vida consagrada repense a posição de ser considerada como monopólio da vida de santidade, como grupo «privilegiado» no caminho da perfeição cristã. A santidade é ideal e possibilidade para todo cristão, independente do seu estado de vida. O Concílio reconhece que todo batizado é chamado a viver de forma plena a vocação primeira e comum que todos receberam do próprio Cristo: ser santos como o Pai é santo[296]. Embora grande testemunha e incentivadora da santidade, a vida consagrada não deverá

---

[295] «Il Concilio ha così riconosciuto pienamente uno statutto teologico alla vita consacrata, collocandola nell'intimo del mistero della Chiesa. Le categorie ecclesiologiche di comunione e di sacramentalità la raggiungono e la coinvolgono direttamente, qualificandola soprattutto nel rapporto particolare con la santità. Appare come suprema espressione della vocazione comune. È vocazione eminente di ciò che Dio desidera da tutti». F. CIARDI, «La vita consacrata», 16.

[296] Cfr. Mt 5, 48.

ser pensada como um caminho «especial» ou «privilegiado» para a «perfeição cristã», para aqueles que querem realmente tornar-se santos, em relação aos outros estados de vida, mesmo que a santidade seja a base e finalidade do seu existir.

Em todo esse itinerário que a vida consagrada deve percorrer para renovar-se em sintonia com a nova eclesiologia, um aspecto importante não foi suficientemente abordado e repensado, como ainda mostra a realidade atual: a destinação universal do serviço dos consagrados, ou então, a relação destes com a Igreja Universal e local. Com o forte acento na colegialidade dos bispos e o papa, o Vaticano II recuperou e confirmou o sentido da Igreja particular em plena unidade com a Igreja Universal[297]. Esta será concebida na sua «mutua interioridade»[298], na qual uma não poderá ser pensada sem a outra. Neste sentido, a vida consagrada, tradicionalmente em relação direta – e obediente – com a «Igreja Universal», parece ainda não ter muito claro e definida sua real presença, sua ação e total inserção na Igreja local. A questão da isenção vem ainda causar dificuldades nesse sentido, pois parece «dividir» a vida consagrada como que em «dois níveis da Igreja»: presença e serviço na Igreja local, e submissão à autoridade da Igreja Universal, sem passar pelo ordinário local. Tal situação parece não se harmonizar com a «una e única» Igreja afirmada pelo Concílio[299]. Esta questão ainda não foi satisfatoriamente retomada e confrontada[300], o que faz com que, nesse sentido, tanto bispos quanto religiosos não tenham considerado realmente esta «novidade» eclesiológica trazida pelo Concílio. É preciso abertura e acolhimento de ambas as partes. A realidade mostra que é um caminho ainda a ser percorrido.

Embora tenha claro o seu valor eclesial, sua importância e contribuição na vida e santidade da Igreja[301] através dos diversos carismas,

---

[297] «...ad imaginem Ecclesiae universalis formatis in quibus et ex quibus una et unica Ecclesia catholica exsistit». LG 23, lembrando o pensamento de São Cipriano.

[298] Cfr. *Communionis notio*, 13.

[299] Cfr. LG 23.

[300] O documento *Mutuae relationes* aborda o assunto (principalmente nn. 15-23), mas parece não atingir realmente a amplitude prática da questão.

[301] «A partire dalla comune vocazione e dalla comunione ecclesiale le persone consacrate secondo i consigli scoprono la loro specifica identità e quindi il loro *specifico apporto* soprattutto attorno alla realtà della *santità*, come già aveva evidenziato la *Lumen Gentium*. Esse nella Chiesa mettono in luce "il primato dell'amore di Cristo" (*ET* 1), sono i "testimoni eccezionali della trascendenza dell'amore di Cristo" (*ET* 3). "I religiosi e le loro comunità sono chiamati a dare alla Chiesa una palese testimonianza della dedizione a Dio" (*MR* 14). L'altro segno caratteristico che i religiosi sono chiamati ad offrire è nell'ordine della *comunione*. Esse dovrebbero essere "esperti di comunione" e quindi, nella Chiesa e nella società, dei testimoni e artefici di comunione». F. CIARDI, «La vita consacrata», 25.

a vida consagrada é convidada a continuar enfrentando a crise causada pelo novo paradigma eclesiológico como uma grande oportunidade de repensar sua identidade dentro de um «novo modelo» de vida. Mesmo com seus limites, muitos passos foram dados no sentido de uma maior aproximação e inserção junto ao Povo de Deus; a releitura e inculturação do carisma nas diversas realidades; a igualdade dentro das comunidades, diminuindo a distância entre ordenados e não ordenados, ou os que possuem diferentes funções; uma maior participação e corresponsabilidade na vida da comunidade local e do Instituto em geral.

Na base de tais mudanças está a eclesiologia de comunhão e as consequências concretas que esta traz. A comunhão, fundamento da vida fraterna, que é a base da vida consagrada, será um elemento central para repensar a identidade dos religiosos e sua presença e contributo na Igreja. A partir do Concílio, parece ser evidente que a vida consagrada não pode deixar de assumir uma eclesiologia de comunhão, pois negaria o seu próprio sentido de ser. Esse modelo eclesiológico, como para toda a Igreja, requer ações reais de uma vida comunitária baseada na igualdade fundamental, participação de todos, unidade na diversidade dos serviços, e corresponsabilidade na caminhada comum. Valores que deverão ser testemunhados e alimentados em toda a Igreja Povo de Deus.

Com a nova eclesiologia conciliar, ser sinal e testemunho a serviço da «fraternidade universal», ganha uma dimensão importante e «carismática» também na vida dos homens e mulheres que são consagrados pela profissão dos conselhos evangélicos. Esta fraternidade será desafiada a extrapolar os limites do convento e ser, para o mundo e para a Igreja, sinal do verdadeiro amor de Deus que cria comunhão com os irmãos e irmãs e envolve todos, sem execessões, na construção do Reino. Esse testemunho vai de encontro com a Igreja de Comunhão, base da renovação de toda a eclesiologia conciliar que, consequentemente, será um grande desafio aos consagrados.

É preciso, então, ver como todo este processo de «novidade eclesiológica» e «novo modo de pensar a vida cosagrada» foram recebidos e internalizados pela Ordem dos Carmelitas da Antiga Observância, ajudando-os a reler a sua espiritualidade, tendo como base a Regra e as Constituições, e atualizar sua presença na Igreja. A Ordem do Carmo viveu também a crise e todos esses desafios para assumir o caminho árduo, mas também necessário e libertador, da esperada reforma da Igreja e da vida consagrada.

CAPITULO IV

Recepção do Concílio Vaticano II
na Ordem do Carmo

Enquanto o ser humano dá início a um novo período da história, nós Carmelitas, animados pelo Espírito que atua na Igreja, devemos empenhar-nos para adaptar às novas condições o nosso programa de vida, esforçando-nos para compreender os sinais dos tempos, para examiná-los à luz do Evangelho e do nosso patrimônio espiritual (PC 2). Antes de tudo temos a convicção que a nossa fraternidade apostólica tem em si mesma um valor eclesial e também humano, como semente ou início, sinal e instrumento per meio do qual se realiza o desígnio, que é aquele «da íntima união com Deus e da unidade de todo o ser humano» (LG 1)[1].

Os desafios da renovação eclesial proposta pelo Concílio Vaticano II, incluindo a Vida Religiosa – «dom divino, que a mesma Igreja recebeu do seu Senhor e com a Sua graça sempre conserva»[2] – chegam também às portas do Carmelo. Este começa o seu processo de reflexão sobre o sentido, a presença e o modo de realizar o ideal carmelitano num mundo moderno[3]. A busca de renovação e as mudanças propostas faziam parte

---

[1] *Const. 1971*, 13 «Genere humano hodie aetatem novam historiae ineunte, nos Carmelitae, a Spiritu in Ecclesia operante impulsi, munus nostrum novis condicionibus adaptare satagimus, signa temporis agnoscere conantes eademque in luce Evangelii et nostri patrimonii examini subicientes (*PC* 2). Imprimis fraternitatem nostram apostolicam valorem ecclesialem simula ac humanum prae se ferre credimus, uti semen vel initium, signum et instrumentum per quod divinum propositum adimpletur, scilicet "intimae cum Deo unionis totiusque generis humani unitatis" (LG 1)».

[2] LG 43: «donum divinum, quod Ecclesia a Domino suo accepit et gratia Eius semper conservat».

[3] Os textos básicos que serão utilizados como fontes para fazer esta leitura de como o Concílio Vaticano II, com a renovação da Igreja e consequente renovação da Vida Religiosa, foi recebido e atuado na Ordem do Carmo, serão os documentos oficiais da

deste contexto maior de renovação da Igreja e de toda a Vida Religiosa, o que não seria tarefa fácil, mas vital e de grande necessidade.

Entre os carmelitas este período[4] será marcado com uma profunda «crise de identidade», que levará a Ordem a um aprofundamento de sua história e do seu carisma, relendo a Regra e resgatando elementos essenciais, como a dimensão profética e a inspiração eliana e mariana. A pluralidade de estilos de vida; as diferentes ideias, muitas vezes polarizadas ou radicalizadas; a crise vocacional; a necessidade de renovação diante de uma estrutura que envelheceu e não responde mais aos tempos atuais, são aspectos que aprofundam a crise e pedem urgente renovação[5].

Percebe-se que é preciso redescobrir e aprofundar a identidade da Ordem, sendo fiel à sua história, ao seu carisma, mas também atualizando-o para ser algo vivo e presente nos dias de hoje, diante da realidade e desafios que o mundo coloca à vida consagrada e à toda Igreja[6]. No fundo, a questão da identidade vinha do questionamento: como ser fiel, ser «continuidade» do passado (tradição, fontes, raízes, patrimônio), relendo-os em confronto com a realidade do presente, para responder aos desafios e necessidades de um mundo em grande transformação (reforma). A síntese desta questão será a base para o tão necessário «aggiornamento» ou, melhor ainda, renovação.

Para superar a crise, tendo mais claro a identidade da Ordem e a sua presença no mundo atual, além da prioritária e indispensável renovação da «vida interior»[7], era preciso uma releitura do caris-

---

Ordem, a saber: as novas Constituições, editadas após o Concílio; os capítulos gerais (atas e aprovações); as cartas do padre geral direcionadas à toda Ordem; os encontros da Congregação Geral e do Conselho das Províncias (os quais sempre produzem como síntese um documento oficial para partilha, estudos e reflexão).

[4] Uma síntese sobre o processo realizado para o «aggiornamento» e renovação da Ordem do Carmo, através dos seus vários documentos, pode ser encontrado em: E. BOAGA, *Il cammino dei Carmelitani*, 52-105; ID., *I Carmelitani dal Vaticano II ad oggi* (1989); ID., *Come pietre vive*, 225-243; J. ANDRADE – E. GARCÍA, «El Carmelo postconciliar», 185-197; C. O'DONNELL, «Modern Carmelite Legislation 1971-1995», 66-71. Para uma análise dos documentos da Ordem, a partir do Vaticano II, na sua dimensão profética: F. KOSASIH, *The profetic dimension of the carmelite charism*, 154-242.

[5] Cfr. E. BOAGA, *I Carmelitani*, 4.

[6] Alertava o Concílio: «A atualização da vida religiosa compreende ao mesmo tempo contínuo retorno às fontes de toda a vida cristã e a inspiração primitiva e original dos institutos, e adaptação dos mesmos às novas condições dos tempos (Accommodata renovatio vitae religiosae simul complectitur et continuum reditum ad omnis vitae christianae fontes primigeniamque institutorum inspirationem et aptationem ipsorum ad mutatas temporum condiciones)». PC 2.

[7] Apelo já presente, em 1964, na mensagem *Magno Gaudio*, do papa Paulo VI, aos capítulos gerais das Ordens Religiosas e Congregações. Diz o papa: «Nel curare il rinnova-

ma – no caso das antigas Ordens, a «norma fundamental» é a Regra de vida – e a renovação das Constituições. Estas, no caso dos Carmelitas, são legislações secundárias, mas que interpretam, atualizam e concretizam a vocação e o ideal carmelitano[8] nos diferentes momentos e desafios da sua história[9]. E, neste sentido, pode-se afirmar que «the biggest change in modern times goes back directly or indirectly to the Second Vatican Council (1962-1965)»[10]. O Concílio pede a renovação das Constituições[11], e este processo, entre os carmelitas, começou já um pouco antes da promulgação do Decreto *Perfectae Caritatis*, no Capítulo Geral realizado em Junho/Julho de 1965, continuando nos Capítulos gerais posteriores.

---

mento dei vostri istituti abbiate sempre premura di dare il primo posto alla vita spirituale dei vostri confratelli», MG § 19.

[8] «For the older orders the primary law is a "rule" which has in some sense approval from central authority in the Church or from long tradition... Constitution for the Carmelites are secondary legislation which seek to concretize the call and spirituality of the Order in particular times. They are generally issued by General Chapters, that is meetings held about every three to six years of superiors and other delegates from around the world». C. O'DONNELL, «Modern Carmelite Legislation», 61. O fato de não precisar da aprovação das Constituições pela Sede Apostólica pode ser visto atualmente como certo «privilégio» de algumas Ordens – nem todas eram concebidas da mesma forma –, mas no fundo faz parte da própria natureza das Constituições nelas presente. Como no caso dos Carmelitas, as Constituições não têm a natureza de «lei fundamental» ou «forma de vida», como adquire o sentido moderno nos vários institutos religiosos. Nestes, assumidas como lei fundamental e estável, elas descrevem e determinam a natureza, carisma e fisionomia da família religiosa e, portanto, devem ser submetidas à aprovação da Santa Sé. A norma fundamental e estável para os Carmelitas é somente a Regra, a qual foi definitivamente aprovada por Inocêncio IV, em 1247. «Pur dovendo i nuovi Ordini assumere una regola antica [riferimento al Concilio Lateranense IV del 1215], restava però in loro potere determinare le norme che dovevano reggere la vita pratica, potere che viene ora inteso come privilegio concesso loro dalla S. Sede, ma nel quale però si possono ancora scorgere tracce della prassi antica, cioè della libertà con cui i monasteri ordinavano la loro vita interna. Qualunque sia l'interpretazione da darsi, la prassi di non sottoporre le costituzioni all'approvazione della S. Sede è rimasta ancor oggi almeno per i Premostratensi, i Frati Predicatori, gli Agostiniani, i Carmelitani, ecc». G. ROCCA, «Regola e costituzioni nel diritto canonico», 1440. Para uma síntese sobre este tema, com a contribuição de vários autores, ver: «Regola e Costituzioni», in *DIP* 7 (1983) 1410-1452.

[9] Nos momentos de reforma da Ordem normalmente acontecem a renovação das Constituições como, por exemplo, na grande reforma do padre geral João Soreth (séc. XV); ou ainda nas reformas de Mântua (séc. XVI) e Touraine (séc. XVII). Cfr. J. SMET, «Le Costituzioni dei Frati O. Carm.», 194-196.

[10] C. O'DONNELL, «Modern Carmelite Legislation», 61.

[11] Cfr. PC 3.

A seguir, serão ressaltados os principais momentos e conteúdos de duas grandes fases do processo de renovação da Ordem, segundo os seus documentos oficiais, para mostrar como esta recebeu concretamente o Concílio Vaticano II e procurou colocá-lo em prática. Será considerado como esta primeira fase o período que compreende o Capítulo Geral 1965 – já um primeiro momento da aplicação de algumas ideias do Concílio – até o Capítulo Geral 1971, o qual promulgará as novas Constituições, resultado do processo e reflexões feitas até aquele momento. Neste período também se destaca o Capítulo Geral Especial 1968, as cartas do padre geral e o Congresso dos especialistas e estudiosos da Ordem sobre o tema da «Ratio Ordinis», concluído com um importante documento que servirá de base para o aprofundamento e releitura da identidade carmelitana.

Numa segunda fase, de 1972 a 1995, que culmina com a aprovação das atuais Constituições, adequadas ao novo Código de Direito Canônico (1983) e às novas reflexões feitas sobre o carisma, será o momento de apronfundar os principais valores do Carmelo. A partir de encontros internacionais com a participação de representantes de toda a Ordem, será um momento de grande crescimento na reflexão, na acolhida de novas experiências e descobertas de novas maneiras de reler e viver os valores presentes na espiritualidade carmelita. Um destaque também será a primeira *Ratio Institutionis Ordinis Carmelitanae (RIVC)*, de 1988, com base em toda a reflexão feita nos anos anteriores e promulgada como documento oficial para a formação na Ordem.

1.   Capítulo Geral 1965

Desafiados por todo o clima de renovação da Igreja proporcionado pelo Concílio Vaticano II, que estava concluindo as suas atividades, a Ordem do Carmo realizou o seu Capítulo Geral ordinário 1965[12], iniciando um processo de reflexão, revisão e «aggiornamento» do seu estilo de vida e das suas Constituições. O grande desafio era definir melhor o «ser carmelita» diante da nova realidade em que se vivia, seja eclesial como social, ou seja, como ser presença na Igreja e no mundo[13]. Na abertura

---

[12] O capítulo aconteceu em Roma entre os dias 22 de Junho a 14 de Julho de 1965.

[13] Essa «crise de identidade» não é nova, mas já esteve presente em outros momentos da história da Ordem. No fundo, será a retomada, com novos elementos, da discussão de uma questão que sempre foi central na definição do carisma da Ordem: sua natureza contemplativa e apostólica. Para isso, faz-se necessário um aprofundamento e melhor definição que leve um equilíbrio a estas duas características da espiritualidade do Carmelo, em sua presença concreta no mundo. Esta reflexão foi sempre levantada nos momentos de reforma. Para ver alguns acenos desta discussão na história carmelitana: A. M. RIBERA, *Pasado y presente*, 3-5.

do Capítulo, o padre geral Kilian Healy deixa claro este objetivo e a importância do tema: «...sperare licet quod tempore Capituli conficientur schemata et propositiones quae clare et expresse naturam, finem et spiritum Ordinis nostri exponant, ita ut via ad novas Constitutiones faciendas praeparetur»[14].

O Capítulo procurou envolver toda a Ordem na reflexão, desde as províncias e comunidades, até os frades que individualmente queriam se manifestar. Foram recebidas mais de 3.000 propostas, que foram sintetizadas e levadas para discussão em Capítulo[15]. Certamente foi uma forma de colocar toda a Ordem a par das discussões e dos desafios presentes, mesmo que tal preparação do Capítulo ainda se desenvolvesse com grande influência de normas e esquemas jurídicos e teológicos tradicionais. Os argumentos que deveriam ser tratados seriam: a vida espiritual, o governo, a formação e a atualização das Constituições[16].

No seu discurso inicial, o padre geral Kilian Healy fala dos grandes desafios da Ordem, tais como: a necessidade de uma pastoral vocacional com métodos mais modernos; a urgência de melhorar a formação; de crescer no aspecto da vida comunitária; um apostolado que não absorva os compromissos de participação na vida comum; superação dos conflitos originados entre uma vida contemplativa e ativa, vivendo-as em harmonia, a exemplo do profeta Elias. Por isso, é preciso buscar a renovação como toda a Igreja. Ele observa: «Quod ad observantiam religiosam attinet, dicendum videtur quod in genere nostri religiosi verum amorem et devotionem erga Ecclesiam et spiritum Ordinis demonstrant, sed sicut in tota Ecclesia etiam apud nos pervadit magnum desiderium renovationis»[17].

Com tais objetivos, ele define a finalidade do Capítulo Geral como uma «renovação da vida interior», segundo pede o Vaticano II, para melhor servir à Igreja: «Romam convenientes ad Capitulum generale celebrandum unum finem principalem et corde spiremus, scilicet invenire volumus media apta et concreta ad renovandam vitam interiorem secundum doctrinam Concilii Vaticani II, ita ut Christo et Ecclesiae suae melius servire possimus»[18]. Para alcançar tal propósito, é preciso viver a caridade: «Caritas; caritas Dei et amor fratrum. Quo maior est cari-

---

[14] Ac.Cap.Gen. 1965, 13.
[15] Cfr. Relatio 1965, 3.
[16] Cfr. E. BOAGA, Il cammino dei Carmelitani, 52-53.
[17] Ac.Cap.Gen. 1965, 11.
[18] Ac.Cap.Gen. 1965, 12.

tas, eo perfectiora erunt vita nostra contemplativa et servitium Christi et Ecclesiae»[19].

A vivência da caridade é o caminho seguro para viver no seguimento de Cristo, proposta do Evangelho e também presente na Regra, atualizando nossas práticas segundo as necessidades de hoje, e mantendo-se fiéis ao espírito e valores originais da Tradição da Ordem:

> Certo certius exemplum Christi in Sacra Scriptura nobis datur, sed etiam in Regula Ordinis nobis proponitur ratio clara, brevis et succincta secundum exemplum Iesu Christi, quae fuit et adhuc remanet medium valde efficax quod conducit ad caritatem perfectam. Nostram Regulam a S. Alberto transitam conservare oportet intactam. «Haec via sancta est; ambulate in ea». Regula quidem exponenda est et Constitutiones renovandae sunt secundum adiuncta et necessitates huius temporis, quin autem natura, finis et spiritus Ordinis mutentur. Remaneant Carmelitae nostrorum temporum veri imitatores Christi secundum Regulam et sanas traditiones Ordinis[20].

Como toda mudança traz também consigo inseguranças e receios do «novo», o apelo do padre geral para a unidade mostra que o momento também era de grande tensão e conflitos. Havia muitas ideias e mentalidades diferentes, muitas vezes polarizadas em indivíduos ou grupos. Percebe-se que a renovação e atualização das Constituições não seriam algo tão simples, necessitando de um processo mais longo de reflexão e discernimento.

As ideias de renovação eclesial refletidas pelo Concílio Vaticano II se fazem já presentes. Nas palavras do P. Nazarenus Mauri, prior do Capítulo, pode-se ler:

> Ecclesia, quamquam ex altissimis sit, in hoc mundo sistit et ad haec tempora sicut ad omnia tempora salvanda missa est. A pontificatu Pii XII ventus renovationis Ecclesiam penetrare incepit et a pontificatu Ioannis XXIII supra quam expectabatur increvit. Concilium Vaticanum omnes docuit necessitatem accommodationis et renovationis[21].

---

[19] *Ac.Cap.Gen. 1965*, 12.

[20] *Ac.Cap.Gen. 1965*, 13.

[21] *Ac.Cap.Gen. 1965*, 19. Também no discurso aos capitualres do então Prefeito da Congregação para a vida consagrada, Cardeal Hildebrando Antoniutti, lê-se que o Concílio espera uma renovação da Vida Religiosa, sendo este Capítulo Geral o começo desse processo que envolve o contexto da Igreja como um todo: «Paratum sit hoc capitulum ad id quod Concilium Vaticanum II expectat: accommodatam renovationem: quod quidem hic

Esta deve ser a inspiração para a renovação da Vida Religiosa.

A Regra Carmelitana deverá ser a base fundamental da renovação da Ordem, para atualizá-la sem perder a sua identidade[22]. Lembra o prior do Capítulo que a Regra, inspirada na Palavra de Deus, descreve o ideal do Carmelo para todos os tempos, o qual precisa ser interpretado em cada nova realidade. Este é o papel das Constituições que permitem à Regra de continuar sendo um instrumento de «perfeição», ajudando a vivê-la melhor, alertando quanto aos «erros», e iluminando o caminho para o futuro. Nas suas palavras:

> Regula Sancti Alberti illam formam sanctitatis describit quam Deus cupit Carmelum omni tempore in Ecclesia exprimere; nostri est eam attentis hodiernis adiunctis denuo ita interpretari ut non formula vitae fiat sed ipsa vita nostra quotidiana. Meta nostra sit novas Constitutiones condere, quae Regulam ita interpretentur ut iterum instrumentum perfectionis fiat sicut antea erat. Regula est via ad perfectionem quae in errorem inducere non potest; id quod tempore peracto fecit futuro tempore peragere oportet. Nullo modo permittendum est ut iota unum aut unus apex a Regula praetereant: formula vitae est. Verbis Pii XI Regula est «fons sanctitatis et causa omnis benedictionis»[23].

1.1   *Principais discussões e decisões do Capítulo*

Entre as grandes discussões do Capítulo, uma delas foi a relação entre a vida contemplativa e o apostolado, tema que irá gerar grandes conflitos e percorrer todo o processo de discernimento da identidade da Ordem.

---

iam inceptum est. Ne tamen sit quod essentialia principia spiritus Ordinis qui in Evangelio fundatur. Hoc in tuto posito, habeatur ratio de necessitatibus nostrorum temporum, non ut huic saeculo conformemur, sed utique necessitatibus. Hoc Ordo fecit retroactis temporibus et crevit se adaptando». *Ac.Cap.Gen. 1965*, 32.

[22] Em sua mensagem *Magno gaudio*, papa Paulo VI já enfatizava que o trabalho mais importante do Capítulo Geral é a releitura da Regra para os tempos atuais: «Infine l'opera principale, a cui i capitoli generali debbono dare la massima cura, è quella di adattare continuamente le loro leggi alle mutate condizioni dei tempi. Ma ciò va fatto in modo che resti salda e indenne la particolare natura dell'istituto e la sua disciplina. Ogni famiglia religiosa ha infatti un suo specifico compito e a questo deve necessariamente restare fedele; in ciò si fonda la fecondità di vita di un istituto, e per questa via non verrà mai meno l'abbondaza delle grazie celesti». MG §18.

[23] *Ac.Cap.Gen. 1965*, 20.

Em *De vita spirituali*[24], Claudio Catena – presidente da comissão responsável por esse assunto – introduziu o tema levantando os principais aspectos da espiritualidade carmelita e dando uma síntese que poderia ser considerada uma espécie de primeiro esboço do que será definido mais tarde como a «Ratio Ordinis» carmelitana. Ele sintetiza: «Carmelita, qui vitam communitariam agunt, ad caritatis perfectionem niti debent per contemplationis et orationis studium etiam in cellae solitudine, per devotionem erga B.V. Mariam et opera apostolatus a lectione divina promanantia»[25].

Os principais elementos presentes são: a unidade entre a vida comunitária e a solidão da cela; a contemplação como conhecimento do divino, seja na meditação, na prática da caridade, nos estudos (*contemplatio theologiae*); a oração como principal ação da vida contemplativa; a devoção mariana presente na espiritualidade carmelita; o apostolado como fruto da vida contemplativa e que a ela também conduz (Deus-próximo-Deus); a *Lectio Divina,* que é a escuta da Palavra de Deus, como base de todos os elementos anteriores[26]. Será um início de um longo processo, estudos e discussões posteriores.

Ao abordar o tema *De apostolatu Ordinis*[27], o Capítulo aprova que não se pode considerar somente o «ser contemplativo» como pastoral, mas também as atividades externas que estão a serviço da comunidade eclesial, como a pregação e administração dos sacramentos. Já se afirma que a Ordem deve estar aberta aos vários tipos de apostolado de acordo com as necessidades e pedidos da Igreja:

> Cum Ordo Noster, qui inde ab initio exercebat apostolatum (indirectum) contemplationis et orationis, ab Ecclesia vocatus sit ad exercendum apostolatum activum praesertim praedicationis et

---

[24] Cfr. Prop. 301-340, *Relatio* 1965, 110-133.

[25] *Relatio* 1965, 110.

[26] Cfr. sua própria explicação: *Relatio* 1965, 111-112. Segundo ele, a preocupação da comissão não era tanto uma *revolução* na vida espiritual, mas sim uma *evolução*, ainda que para evoluir precisa-se também de «mudanças»: « Qui schema praeparaverunt, hoc prae oculis habuerunt. Ut in praeparando schemate non procederetur per revolutionem, sed per evolutionem. Evolutio autem sua natura praesupponit ut adsint mutationes, sed mutationes procedant secundum lineam traditionalem». *Relatio* 1965, 115. A vida contemplativa e de oração foi sempre vista como prioritária, mas frequentemente criando conflitos com uma vida ativa, justamente por não vê-las como complementares, mas contrárias: «Sermo frequens fuit de conflictu inter actionem et contemplationem. Sed potius conflictus adest inter actus communes et opera apostolatus, idest non in actione et contemplatione in se consideratis, quae mutuo, e contra, se complent, sed in applicatione pratica earumdem». *Relatio* 1965, 115-116. Esclarecer esses aspectos será a tarefa da Ordem nos próximos anos.

[27] Cfr. Prop. 1-20, *Relatio* 1965, 15-24.

administrationis Sacramentorum, suae vocationi non potest corespondere solo apostolatu contemplativo... Carmeli Ordo est totaliter pro Ecclesia et in Ecclesia disponibilis; proinde natura sua ad plures formas apostolatus est vocatus et aptus: ad apostolatum sacerdotalem (administrationem Sacramentorum et predicationem Verbi Dei, etc.), paroecialem, missionarium, spiritualem, socialem (scholas, collegia, etc.), oecumenicum et ita porro... Nisi necessitas Ecclesiae aliud suadeat, praeferantur activitates magis consonae nostro spiritui, indoli et vocationi, illae scilicet quae vitam spiritualem profundam respiciunt et devotionem marianam fovent...[28].

No que diz respeito ao aspecto formativo – *De formatione candidatorum et studiis*[29] – o Capítulo já traz uma nova e atualizada reflexão ao falar da formação da pessoa em modo integral, vendo-a em todas as suas dimensões[30], buscando alcançar um equilíbrio entre o aspecto psicológico, comunitário, pastoral e espiritual. «Haec formatio extenditur ad illas naturales bonas dispositiones, quae moderantur relationes humanas, civiles et sociales, et plurimum propterea conferunt ad aequilibrium psychologicum, ad vitam communitariam et apostolatum et ad ipsam vitam spiritualem»[31].

Desta forma, tem-se uma visão nova da formação em relação à prática até então. Segundo o carmelita Patricio Burke, em seu intervento durante o Capítulo, muitas vezes se restringiu a formação apenas ao estudo da filosofia e teologia, esquecendo que somente estas não prepa-

---

[28] Prop. 1, *Relatio* 1965, 15-16. Algumas discussões sobre o tema lembravam a necessidade de não contrapor contemplação e ação. Como disse no capítulo Heriberto Kümmet, presidente da comissão *De apostolatu Ordinis*, a ação pressupõe uma vida de oração que a sustente, assim como viveu Jesus – rezava e anunciava o Reino – e também o profeta Elias, mostrando que não se deve existir contraposição entre as duas dimensões: «Per se nulla existit antithesis inter actionem et contemplationem; e contrario, sunt multae conexiones, quia activitas apostolica, recte intellecta et suscepta, non impedit vitam orationis, eam potius praesupponit, expostulat ac fovet». *Relatio* 1965, 16. Um problema é que, segundo Amadeo Verdirosi, o apostolado nem sempre foi tratado na Ordem do Carmo de forma sistemática. Seria necessário assim tratá-lo, dando as razões pelas quais ele é parte do carisma e com qual espírito – «de ratione Ordinis eiusque spiritus agit» – se deve assumir e realizar o trabalho apostólico como carmelitas. Conclui: «Carmelitis insuper apostolatus censendus est uti pars vitae verae carmelitanae, quae contemplativa simul est et activa». *Ibid.*, 17.

[29] Prop. 201-285, *Relatio* 1965, 85-109.

[30] No prólogo que apresenta as propostas lê-se: «Ut formatio talis evadat et exspectatos fructus afferat, debet formare totum hominem et personam, in casu nostro iuvenem, in omni sua "dimensione", uti dicitur: intellectuali et morali, naturali et supernaturali, religiosa et sacerdotali, individuali et communitaria, ecclesiali». *Relatio* 1965, 88.

[31] *Relatio* 1965, 88-89.

ram mais de forma adequada para uma vida comunitária madura e um ministério fecundo na realidade de hoje. A formação precisa também abordar outros campos, como a comunicação social, a sociologia, a tecnologia, arte, ciências, etc..., para realmente poder se comunicar com o mundo moderno. Realça ainda que o Concílio Vaticano II alerta que os aspectos pastorais da teologia devem estar presentes em todos os níveis da formação[32].

O Capítulo levanta ainda outros assuntos e toma decisões não menos importantes para aquele momento. Por exemplo, ao tratar do tema *De rebus oeconomicis*[33], afirma o voto de pobreza, pessoal e comunitário, como um valor e testemunho eclesial: «Votum paupertatis non solum singillatim sed etiam collective observandum est, ut periculo saecularium more vivendi amoto, clare appareat eius valor ecclesiologicus, tamquam signum manifestativum fidei Ecclesiae»[34]. Ou ainda, nas propostas em torno do governo da Ordem – *De Regimine Ordinis*[35] –, a discussão sobre a maior participação nas eleições dos Priores Provinciais, aumentando a forma de participação e corresponsabilidade.

No que diz respeito à *De revisione Constitutionum*[36], a decisão principal foi constituir uma comissão para elaboração do texto das novas Constituições, de acordo com os novos princípios do Concílio Vaticano II, as leis da Igreja em vigor e as propostas aprovadas no Capítulo Geral[37].

O Capítulo aborda temas e aprova propostas que posteriomente deverão ser retomados e aprofundados no processo de renovação da Ordem. As decisões tomadas em Capítulo, tendo em vista a discussão em torno das novas Constituições, embora não formem «um corpo orgânico e harmonioso», é o início do «aggiornamento» da Ordem:

> Il capitulo generale 1965 approva una serie di proposizioni (bem 392), suddivise per tematiche in vista del cammino per aggiornare le Costituzioni. Segue i seguenti principi: nel campo della preghiera l'enfasi sugli aspetti liturgici e comunitari, sulla «lectio divina» e il ridimensionamento di pratiche prima in comune (meditazione, ro-

---

[32] «Omnia documenta recentiora, de formatione candidatorum ad sacerdotium tractantia, essentialiter reflectunt doctrinam seu experientiam a Concilio Vaticano II manantem, scilicet: aspectus pastoralis theologiae debet permeare omnes gradus formationis». *Relatio* 1965, 104.

[33] Prop. 361-392, *Relatio* 1965, 141-150.

[34] Prop. 363, *Relatio* 1965, 142.

[35] Prop. 101-200, *Relatio* 1965, 45-84.

[36] Prop. 21-76, *Relatio* 1965, 25-41.

[37] «Instituatur commissio a Capitulo generali, quae Constitutiones integre revideat juxta principia Concilii Vaticani II, leges Ecclesiae in vigore et normas ab ipso Capitulo generali approbatas et commendatas». Prop. 21, *Relatio* 1965, 25.

sario, etc.); uno spazio congruo all'apostolato e l'apertura a tutte le forme; nel campo del governo la parità possibile dell'esercizio della voce e un ampliamento delle forme partecipative; la formazione integrale dei candidati; l'aumento del senso comunitario. L'insieme però delle proposizioni non costituisce un corpo organico e armonioso. Molte sono le cose lasciate agli statuti delle Province[38].

Enfim, surge desse Capítulo Geral uma grande necessidade de se refletir em comum quais são as linhas principais que definem a identidade da Ordem. Neste sentido, foi convocado um Congresso Internacional, em 1967, com os especialistas e estudiosos da Ordem, centrado sobre o tema «*De Ratione Ordinis*», que será a base para as dicussões posteriores e orientação na renovação da Ordem. Além da normal dificuldade em abandonar «velhas estruturas», da complexidade de ter que abordar com seriedade tantos temas para uma madura renovação, talvez a falta de uma maior clareza sobre o espírito e finalidade da Ordem nos dias atuais tenha sido um grande «limite» do Capítulo. Isto dificultou para se assumir uma verdadeira «renovação», preocupando-se mais com o urgente aspecto do «aggiornamento».

2.   Reflexões do prior geral após o Capítulo de 1965

Ajudando a aprofundar os temas levantados pela Ordem nos últimos anos, o prior geral Kilian Healy direciona algumas reflexões à toda família carmelita. Em 19/03/1966, com a carta *De Spiritu Capituli Generalis*[39], ele faz uma retomada das principais decisões do Capítulo Geral 1965, iluminando com o conceito de Vida Religiosa dado pelo Concílio Vaticano II, no capítulo VI da Constituição Dogmática *Lumen Gentium*, e a «accommodata renovatione vitae religiosa» requerida pelo Decreto *Perfectae Caritatis*. No seu contexto geral, mostra como o Capítulo «antecipou» a proposta do Concílio – sendo realizado antes da promulgação do Decreto de renovação da Vida Religiosa –, mas também reconhece que era apenas um começo de um caminho a ser percorrido.

Segundo o padre geral, as fundamentais decisões do Capítulo foram: *vida interior*, com a necessidade de alimentar a vida de oração (*lectio divina*, oração mental [meditação], exercício da presença de Deus, contemplação), sendo um elemento essencial da vida carmelitana convidada a «die ac nocte in lege Domini meditantes»[40]; *apostolado*, afirmando que a

---

[38] E. BOAGA, *I Carmelitani*, 5.
[39] Publicada em *An.O.Carm.* 25 (1966) 72-80.
[40] Rc 10.

vida apostólica foi assumida oficialmente com a aprovação da Regra, em 1247, tornando-se parte da vida carmelitana, devendo ser integrada com a vida contemplativa e alimentada pela vida interior, através da íntima união com Deus e sua Palavra; *ampliação do direito ao voto*, envolvendo todos nas eleições dos provinciais, ampliando o sentido de participação e responsabilidade de todos; *formação*, incluindo a importância da maturidade psicológica; e a *vida comunitária*, que deve ser uma prioridade mesmo quando a comunidade está ocupada com vários trabalhos pastorais.

Na carta, ainda destaca que a comunidade religiosa, iluminada pela proposta da Regra, deve ser como uma «célula da Igreja», a exemplo da comunidade de Jerusalém:

> Quaelibet nostra communitas sit vera familia in qua, individualismi qualibet specie postposita, fraterna caritas vigeat, ac actionem communitariam foveat, ut domus fiat cellula vivens Ecclesiae Dei uti olim Hierosolymitana Ecclesia, cuius exemplar in regula nostra proponitur, et in qua multitudinis credentium erat cor unum et anima una, nec quisdam aliquid suum esse dicebat, sed erant illis omnia communia (Cfr. Act., 4,32)[41].

Retomando a discussão sobre os valores da contemplação e da atividade pastoral na Ordem do Carmo, com a carta *Carmelus et Vita Interior*[42], de 03/10/1967, Healy lembra que a renovação espiritual da Ordem já começou com o Capítulo Geral 1965. Reafirma que a atividade pastoral faz parte da natureza da Ordem – «Sicuti accidit de omnibus Ordinibus mendicantibus, activitas apostolica in variis campis exercenda hodie pertinet ad ipsam eius naturam»[43] –, mas que nem por isso se pode deixar a vocação primeira que é a oração: «...noluit relinquere vocationem suam primariam orationis»[44]. A reforma deve levar em conta a tradição e o presente juntos, não esquecendo que a vida interior é a principal característica do Carmelo, inspirados na presença e testemunho de Maria e Elias.

---

[41] K. HEALY, «De Spiritu Capituli Generalis», 77-78.

[42] Publica em *An.O.Carm.* 26 (1967) 109-120.

[43] K. HEALY, «Carmelus et Vita Interior», 110.

[44] K. HEALY, «Carmelus et Vita Interior», 110. O documento conciliar fala da necessidade da vida interior para o apostolado: «Para que os membros respondam em primeiro lugar à vocação de seguirem Cristo e de servirem ao mesmo em Seus membros, a ação apostólica lhes há de brotar da íntima união com Ele. Dessa forma se promove a própria caridade para com Deus e o próximo (Ut igitur sodales vocationi suae ad Christum sequendum imprimis respondeant, ac ipsi Christo in Eius membris deserviant actio eorum apostolica ex intima cum Ipso unione procedat oportet. Inde fit ut caritas ipsa erga Deum et proximum foveatur)». PC 8.

Neste sentido, convida a Ordem para que investigue a sua história e a sua natureza, oferecendo uma imagem mais clara do que é «ser camelita»[45].

Iluminando o tema com a presença eliana na Ordem, diz ainda o prior geral que, embora o espírito profético de Elias inspirou a vida dos primeiros carmelitas, a vida ativa não ocupou o lugar da oração. Como testemunha o próprio profeta, a experiência da vida interior deve ser prioritária: «Hoc significat quod nos, sicut Elias, primum conabimur esse viri profundae vitae interioris, quae vita nutritur oratione ac paenitentia et fundatur in amicitia cum Deo»[46]. O apostolado deve fundamentar-se numa vida espiritual intensa, caso contrário a ação torna-se apenas algo exterior, vazio de um sentido mais profundo. A caridade não vem somente de uma ação, mas é um dom de Deus nutrido pela oração. Por isso, a vida interior é característica primordial do Carmelo e o carmelita deve dar prioridade aos momentos de oração, seja individual que comunitário. O grande desafio é conciliar a experiência contemplativa da Ordem, que inclui o tempo necessário para alimentar a espiritualidade, com a consequente experiência apostólica, que também requer tempo e dedicação.

Inspirado nos temas tratados pelo Concílio Vaticano II, em uma carta de 11/10/1966, o prior geral sugere à Ordem uma questão de suma importância para o testemunho da Igreja dentro do debate sobre a renovação da Vida Religiosa: a vivência da pobreza. Em *Proclaim poverty with your life*[47], trata-se do tema tanto no âmbito evangélico, assumido como opção de vida pelos religiosos e religiosas, de modo voluntário e livre, como testemunho da presença e identificação com o próprio Cristo, servindo a Deus e ao próximo; quanto no âmbito social, a pobreza presente no mundo que gera situações de fome, privação do essencial para a vida, não sendo assim a vontade de Deus. Segundo Healy, dois grandes desafios que o Concílio Vaticano II coloca em relação à pobreza é pregar o Evangelho, a boa-nova aos pobres, sendo que muitos deles ainda estão fora da Igreja e nem sabem do interesse e preocupação desta pela sua causa; mas também aliviar o seu estado de pobreza com ações concretas, inspiradas no amor especial de Cristo por eles.

---

[45] «Profundius investigare debet propriam suam historiam ac naturam, et exhibere sodalibus suis perfectiorem sui imaginem. Initium factum est in capitulo generali a. 1965, et desideramus ut conatus huiusmodi ulterius progrediantur». K. HEALY, «Carmelus et Vita Interior», 111. Um claro incentivo para o Congresso Internacional «*De Ratio Ordinis*» convocado para 5 a 11 de dezembro desse mesmo ano.

[46] K. HEALY, «Carmelus et Vita Interior», 113.

[47] Publica em *An.O.Carm.* 25 (1966) 197-203.

O documento reflete que o amor de Deus à humanidade deve estar na base da vivência e testemunho da pobreza. O modelo para isso é o próprio Cristo que, no seu despojamento total encarnando-se na humanidade, fez-se pobre e viveu no meio dos pobres por amor a eles. Para os carmelitas não deve ser diferente: a promessa em renunciar os bens materiais deve levar a aprender amar a pobreza, como aquela que tira os obstáculos no caminho, para uma maior intimidade com Deus e serviço ao próximo, no seguimento de Jesus. Isto deve levar a uma forma concreta de vida que seja testemunhada no nosso modo de viver: «…wherever we life, we should be recognized as poor. In the other words, we need to ask ourselves from time to time whether our way of living offers an example of Christian poverty. That is, do we convince people that we seek the things above and not those below? If we not, then we are not witness of the poor Christ»[48].

Trazendo para a realidade dos carmelitas, o padre geral reconhece a simplicidade e pobreza de muitas províncias e comunidades e que, em geral, os Carmelitas não são vistos como uma Ordem rica. Mas ainda se pode melhorar para ser uma resposta mais coerente ao apelo atual da Igreja, retornando ao espírito de pobreza das primeiras comunidades:

> But the practice of the vow of poverty, both personally and collectively, as well as the spirit of poverty could be improved, and today it must be, if we are to respond to the spiritual movement begun in the Church by the Second Vatican Council. This second Pentecost, so desired by Pope John XXIII, requires us to return the spirit of poverty of the apostolic Church[49].

Diante da pobreza de Cristo e da Igreja primitiva, é necessário questionar-se se a pobreza é vivida de forma coerente e convicta. A grande responsabilidade da Vida Religiosa é que a vivência e testemunho da pobreza é uma forma da «presença de Cristo no meio dos pobres»:

> We become heralds of divine live. Christ becomes a living reality for them. Consequently through us Christ becomes their hope and joy, their creator and savior. And this after all is what Christ and the Church expect of religious today, namely, that through their personal holiness founded on the love of God and man, they may be a visible sign of the presence of Christ in the world, attracting others,

---

[48] K. HEALY, «Proclaim Poverty», 201.
[49] K. HEALY, «Proclaim Poverty», 201.

especially members of the Church, to perform their duties better, mindful always of the better life to come[50].

Com certeza, todas estas reflexões contribuíam na discussão e discernimento em vista da releitura dos valores e identidade da Ordem no momento pós-conciliar.

3. *Ecclesiae Sanctae* – concretizar a renovação da Vida Religiosa

Com o Motu Proprio *Ecclesiae Sanctae*, de 06/08/1966, papa Paulo VI dá algumas normas para a aplicação prática de alguns decretos do Concílio Vaticano II, a título de experimento até a promulgação do novo Código de Direito Canônico. No capítulo II do documento, encontram-se as normas para a aplicação do Decreto *Perfectae Caritatis*.

O primeiro apelo que faz o papa é que os religiosos e religiosas assumam um «espírito novo» inspirados pelo Concílio, para a maturidade e concretização dos frutos proporcionados por ele:

> Perché i frutti del Concilio possano diligentemente giungere a maturazione, bisogna che gli Istituti religiosi promuovano anzitutto uno spirito nuovo e, partendo di qui, che essi abbiano a cuore di realizzare con prudenza certo, ma anche con premura, l'opportuno rinnovamento della vita e della disciplina, dandosi assiduamente allo studio in particolare della Costituzione dogmatica *Lumen gentium* (cap. V e VI) e del Decreto *Perfectae caritatis*, e dando applicazione all'insegnamento e alle norme del concilio[51].

Para uma renovação e adaptação adequada da Vida Religiosa, o documento pede que se realize um Capítulo Geral – ordinário ou extraordinário – num prazo máximo de três anos, preparado com uma consulta ampla e livre de todos os membros da família religiosa. As mudanças propostas pelo Capítulo, de acordo com a natureza e características de cada Instituto, devem ser de modo experimental, avaliadas e votadas no próximo encontro capitular.

---

[50] K. HEALY, «Proclaim Poverty», 202.

[51] ES II, introdução: «Instituta religiosa, ut fructus Concilii sedulo maturare possint, oportet spiritus novitatem imprimis promoveant indeque vitae et disciplinati accommodatam renovationem prudenter quidem sed sollerter perficere curent, in studium praesertim Constitutionis dogmaticae *Lumen gentium* (Cap. V et VI) simul ac Decreti *Perfectae caritatis* assidue incumbendo, atque Concilie doctrinam et normas ad effectum deducendo».

A renovação das Constituições deve levar em consideração os princípios evangélicos e teológicos da Vida Religiosa, bem como a união desta com a Igreja[52], respeitando uma atual releitura do espírito e ideais do fundador[53]. Também as normas jurídicas que são indispensáveis para a concretização do carisma, definindo claramente o caráter, fim e meios necessários para tanto. «L'unione di questi due elementi, spirituale e giuridico, è necessaria perché i testi fondamentali dell'Istituto abbiano una base stabile e perché il vero spirito e la norma vitale li penetrino; bisogna dunque guardarsi dal comporre un testo o solo giuridico o di pura esortazione»[54].

O documento oferece vários conselhos: a necessidade de estudar e meditar a Sagrada Escritura para participar com meios mais adequados aos mistérios e à vida da Igreja; conhecer bem o carisma para descobrir aquilo que é supérfluo, que caiu em desuso[55], que pode e deve ser mudado; um método de governo que leve à participação e interesse de todos ao bem comum de toda a comunidade; e que a renovação seja um processo contínuo, não realizado de uma só vez[56].

Entre os elementos a serem adaptados ou renovados, orienta-se: substituir a grande variedade de orações por um maior tempo de oração

---

[52] A renovação da Vida Religiosa está intimamente ligada com a renovação da Igreja: «Le norme e lo spirito ai quali bisogna che risponda il rinnovamento adeguato, devono essere cercati non solo nel Decreto *Perfectae caritatis*, ma anche negli altri documenti del Concilio Vaticano II, in particolare nei capitoli V e VI della Costituzione dogmatica *Lumen gentium* (Normae et spiritus, quibus respondere debet accommodata renovatio, non solum e Decreto *Perfectae caritatis*, sed etiam ex aliis Concilii Vaticani II documentis, praesertim ex capitibus V et VI Constitutionis dogmaticae *Lumen gentium*, colligi debent)». ES II, 15.

[53] É interessante lembrar que, no caso do Carmelo, a atenção às «origens» e à «tradição» – como pede o Concílio: «… um regresso constante às fontes e à inspiração primitiva dos Institutos» (PC 2) – se concretizará no aprofundamento da Regra, buscando o seu contexto originário, como será abordado no Congresso de 1967 sobre a «Ratio Ordinis». Cfr. R. HENDRICKS, «De primigenia Ordinis Carmelitarum inspiratione» (1968); C. CICCONETTI, «L'indole canonica della regola di Carmelo» (1968).

[54] ES II, 13: «Utriusque elementi, spiritualis nempe et iuridici, unio necessaria est ut Institutorum codices praecipui stabile fundamentum habeant, eosque verus spiritus et norma vitalis pervadant; cavendum est igitur ne conficiatur textus vel tantum iuridicus vel mere exhortatorius».

[55] «Bisogna considerare caduti in disuso gli elementi che non costituiscono la natura e i fini dell'istituto e che, avendo perduto il loro senso e la loro forza, non aiutano più realmente la vita religiosa; si terrà fermo tuttavia che c'è una testimonianza che lo stato religioso ha il dovere di portare (Obsoleta reputanda sunt quae naturam et fines Instituti non constituunt atque, significatione et vi sua amissa, vitam religiosam revera iam non adiuvant, habita tamen ratione testimonii, quod status religiosus pro suo munere praestare debet». ES II, 17.

[56] Cfr. ES II, 16-19.

mental; a vivência de forma mais concreta do espírito e prática de pobreza, buscando novas formas de testemunhá-la; e a atenção para favorecer a vida comunitária, mesmo nos institutos dedicados à vida apostólica[57].

4.   «*Delineatio Vitae Carmelitanae*» e o Capítulo Geral especial 1968

Da necessidade já presente no Capítulo Geral 1965 de aprofundar o tema sobre a identidade da Ordem, clariando o seu carisma para uma renovação verdadeira e coerente, em vista da elaboração das novas Constituições, realiza-se um congresso com especialistas e estudiosos da Ordem sobre o tema «*Ratio Ordinis*»[58], em 1967. Estavam presentes peritos da Ordem em história, Sagrada Escritura, teologia e mariologia, os quais, entre 5 a 11 de dezembro, partilharam e aprofundaram temas sobre valores fundamentais da identidade camelitana[59] e um texto preparado para ser discutido e aprimorado no Congresso[60]. Também contou com a presença dos Carmelitas Descalços que, nas palavras do seu vigário geral P. Raffaele Checa, «mise in risalto la fiducia, il desiderio di avvicinamento, la carità e comprensione recíproca tra i due rami dell'Ordine»[61].

Mesmo havendo diversidade de opiniões e interpretações, ao final chegou-se à conclusão de algumas ideias centrais que delineam o ser carmelitano, elaborando o documento «*Delineatio Vitae Camelitanae*», «base fondamentale del sucessivo aggiornamento»[62] da Ordem.

---

[57] Cfr. ES II, 21.23.25.

[58] «La scelta dell'argomento del Congresso fu suggerita da una necessità pratica immediata, cioè la revisione delle Costituzioni dell'Ordine dopo il Concilio Vaticano II». L. SAGGI, «Il Congresso di studi "De Ratione Ordinis"», 3.

[59] Os principais temas e discussões do Congresso podem ser encontrados nos artigos publicados na revista *Carmelus* 15, de 1968. Eles abordam aspectos sobre: a inspiração dos Mendicantes na Ordem; a vida comunitária; a inspiração da Regra carmelitana, também no seu aspecto canônico; contemplação e ação; escuta da Palavra; oração; inspiração mariana e eliana da Ordem; apostolado; enfim, todos temas relacionados com «*De Ratione Ordinis*» para o objetivo de aprofundar a identidade da Ordem Carmelitana.

[60] «Precedette una richiesta di informazioni della mente dell'Ordine su alcuni argomenti più attuali; in base alle risposte si preparò un testo da discutere e perfezionare in Congresso, ed i punti più salienti furon fatti oggetto di relazioni, per sviscerarne gli aspetti più importanti, attorno ai quali poter sviluppare una utile discussione». L. SAGGI, «Il Congresso di studi», 3.

[61] L. SAGGI, «Il Congresso di studi», 3.

[62] E. BOAGA, *I Carmelitani*, 5.

4.1   O documento «Delineatio Vitae Carmelitanae»

A renovação que o Concílio Vaticano II pede não é somente das estruturas externas, jurídicas, mas sobretudo do «espírito», fazendo uma grande revisão interior de conversão a Deus nos valores fundamentais da Vida Religiosa, o que dará sentido e conteúdo às mudanças estruturais externas. Para isso, o Concílio indicou três princípios para redescobrir e atualizar o valor da vida consagrada: o seguimento de Jesus Cristo (Evangelho); o patrimônio da Ordem (espírito, finalidade do fundador, as «sãs tradições», ou seja, o modo de «encarnar» o Evangelho nos diversos tempos de acordo com o carisma original); e a atual realidade da Igreja e do mundo. Três aspectos interligados entre si, formando um só processo de releitura e atualização do carisma para hoje[63].

Ao refletir sobre a identidade carmelitana, como já foi dito, a questão de fundo é o equilíbrio entre a vida contemplativa e a vida ativa ou, mais especificamente, entre uma vida interior dedicada à oração, à intimidade e experiência de Deus, e uma vida de ação, de trabalhos apostólicos, de serviço à Igreja e ao próximo. «In particolare la radice ultima di tutta la problematica "de ratione Ordinis" si riduce all'equilibrio tra l'aspetto contemplativo e quello attivo dell'Ordine. Non è una novità ciò: infatti appare in ogni periodo cruciale della vita dell'Ordine»[64].

A finalidade do documento é «offrire le linee matrici dell'"essere carmelitano" con un taglio inspirativo e legato alla vita»[65]. Por isso, a ideia central será uma síntese dos principais valores propostos pela espiritualidade carmelita[66]. Para atingir tal objetivo, o texto foi articulado em três pontos: uma introdução, que expõe os critérios de renovação dados pelo Concílio; uma segunda parte sobre os elementos essenciais da Vida Religiosa (votos, vida comunitária, etc...); e, por fim, os elementos objetivos da Ordem do Carmo (oração, apostolado, devoção mariana e inspiração eliana), trazendo o tema para o específico da vida carmelitana[67].

---

[63] Cfr. PC 2. «Il tentativo di compenetrazione delle indicate tre componenti per un legittimo rinnovamento della nostra vita religiosa-carmelitana sono state alla base della redazione della "Delineatio". Il tentativo, però, non sempre e in tutte le sue parti è effettivamente attuato con successo». C. Cicconetti, «Prospettive di Vita Religiosa», 18.

[64] L. Saggi, «La genesi del documento», 6.

[65] E. Boaga, I Carmelitani, 9.

[66] Nas palavras de L. Saggi: «...superamento del dualismo contemplazione-azione nella affermazione: da parte nostra ricerca costante di Dio e della vita con Lui, sforzo per renderLo presente negli altri mediante l'apostolato; tutto ciò sull'esempio di Maria Vergine e del profeta Elia». L. Saggi, «La genesi del documento», 8.

[67] O texto final proposto pelo Congresso foi enviado à toda Ordem para observações, e também para a comissão preparatória do Capítulo Geral 1968, que o reelaborou adaptando-o em uma linguagem mais clara e acessível para ser discutida e aprovada no Capítulo.

4.1.1 Aspectos da Vida Religiosa na «*Delineatio Vitae Carmelitanae*»[68]

Inspirado no Concílio Vaticano II, a Vida Religiosa é caracterizada na «*Delineatio*» como uma «intensa ricerca di Dio nella totale adesione a Cristo, che si manifesta con la vita fraterna e con l'ardore apostolico»[69]. Isto para que se viva e propague «la sua forza trasformatrice e liberatrice e la vita evangelica in modo proprio, efficace ed attuale»[70]. Desta forma, a Vida Religiosa, fundamentada no Evangelho, suscita «la forza carismatica della vita battesimale, in quanto ci aduna, nel modo proprio della Chiesa, e ci rende pronti al servizio di Dio e degli uomini, "a radicare e consolidare negli animi il Regno di Cristo e a dilatarlo in ogni parte della terra" (LG 44)»[71]. Destaca-se, assim, o fundamental caráter *cristológico* da vida consagrada.

O documento recupera a reflexão de que o Batismo é o primeiro chamado para que se possa, em Cristo, viver em intima comunhão com Deus e com os irmãos e irmãs, formando o seu povo, a sua Igreja[72]. A consagração na Vida Religiosa é fruto e aprofundamento deste primeiro chamado, uma resposta radical do ser humano a viver esta comunhão à qual Deus chama a todos – mesmo com carismas diferentes, dom próprio, vocação pessoal – desde o Batismo. «Con la vita religiosa non si crea una vita cristiana diversa, od una comunità a parte di iniziati, bensì una vita che fa totalmente suo il disegno divino che è il fine della Redenzione: riunire gli uomini in unica comunità di fratelli in Cristo, o, è lo stesso, stabilire il Regno di Dio»[73]. Destaca-se, assim, o fundamental caráter *eclesiológico* da Vida Religiosa.

Assumindo que a vida consagrada tem como ideal alcançar «a perfeição da caridade»[74] e, através desta, a comunhão com Deus e com todo ser humano, a experiência fraterna que brota desse amor-comunhão é a redenção da humanidade, formando uma única família. Se a redenção

---

«In questo nuovo testo la struttura generale del documento rimase più o meno la stessa, furono fatti degli spostamenti di parti e certi concetti esposti in modo più chiaro». L. SAGGI, «La genesi del documento», 7.

[68] As seguintes reflexões são feitas a partir do texto aprovado no Capítulo Geral 1968: «*Delineatio Vitae Carmelitanae*», nn. 1-27, publicado em *Documenta edita in Capitulo*, *An.O.Carm.* 27 (1968) 43-48. Uma tradução italiana do texto encontra-se em: *Studi e commenti intorno alla «Delineatio vitae carmelitanae»* a cura del Servizio di informazione Prov. Romana O. Carm., de 1971, 10-16.

[69] *Del.* 4. Cfr. PC 5.

[70] *Del.* 4.

[71] *Del.* 6.

[72] Cfr. LG 1.

[73] C. CICCONETTI, «Prospettive di Vita Religiosa», 19.

[74] Cfr. LG 44.

é reunir todas as pessoas em comunhão com Deus e entre si[75], o sinal da total consagração a Deus a serviço do próximo se dá na vida fraterna e no ardor apostólico[76]. A comunidade religiosa torna-se «sinal» do Reino na Igreja e no mundo, despertando o ser humano para o amor de Deus, que já se faz presente na história a caminho de uma realização plena, onde o próprio Cristo é que atua na humanidade. Destaca-se, finalmente, o fundamental caráter *escatológico* da Vida Religiosa.

Neste sentido, os votos religiosos não são renúncia e privação, mas condição para realização desta comunhão fraterna e sinal da união com Deus e com todo ser humano:

> il celibato consacrato come espressione dell'amore di Dio e dei Fratelli; l'accettazione della volontà di Dio come partecipazione all'obbedienza di Cristo; infine la vita povera e della comunione dei beni come espressione della nostra comune unione in Cristo e del nostro congiungimento evangelico con i fratelli[77].

Pode-se perceber que a insistência na vida fraterna, na primeira parte do documento, é uma clara influência da reflexão feita pela Igreja de então a partir da novidade eclesiológica do Concílio Vaticano II:

> L'insistenza e la centralità che la vita fraterna ha nella "Delineatio" si comprende e si spiega nel contesto di questa teologia della Redenzione e della Chiesa. La stessa dimensione "orizzontale" dei religiosi, la loro funzione nella costruzione della comunità fraterna nella vita religiosa, e di stimolo a realizzarla nel mondo e nella Chiesa, non è un semplice cedimento ad una visione troppo utilitaristica e sociologica della vita religiosa, ma scaturisce dalla riscoperta e dal risalto che il progetto di Dio ("comunione totale e definitiva dagli uomini con Lui e tra di loro") ha preso nella considerazione della Chiesa-sacramento, e di conseguenza nella vita religiosa[78].

---

[75] Cfr. LG 2.

[76] Cfr. *Del.* 4 e 6. É interesante o artigo de B. Tonna intitulado: «Vita di famiglia o vita di lavoro?», publicado na revista *Carmelus* (1968). O autor, fazendo uma análise sociológica da vida comunitária, enquadrando a comunidade num sistema social, destacando tanto os motivos afetivos quanto funcionais que unem a comunidade, conclui que o religioso deve viver num ambiente que lhe permita concretizar os dois objetivos da sua vocação: «santificarsi per santificare. Santificarsi vuol dire la maturazione personale fino all'identificazione con Cristo. Santificare vuol dire il servizio del mondo – per la Chiesa – per l'Ordine». B. Tonna, «Vita comunitaria», 44. Era um contributo para aprofundar a «Ratio Ordinis» formulando «il problema concreto affrontato dal Congresso, cercando di cogliere la situazione corrente nella sua dinamicità». *Ibid.*, 37.

[77] *Del.* 5.

[78] C. Cicconetti, «Prospettive di Vita Religiosa», 21.

4.1.2 Carisma originário da Ordem do Carmo

A base para a renovação da Ordem passa necessariamente pela redescoberta e releitura do seu carisma, da sua identidade original, para que seja atualizada «às novas condições dos tempos»[79]. Esta releitura «nasce dalla rivalutazione della dimensione carismatica della Comunità ecclesiale e dalla convinzione che la vita religiosa in genere e le singole realizzazioni di essa si fondano su un dono, e perciò su una vocazione creata e suscitata dallo Spirito a servizio ed utilità della Chiesa»[80].

Este dom ou graça de Deus está presente em um grupo ou em uma pessoa para colocar-se à serviço da comunidade, da Igreja, desenvolvendo uma missão específica para o bem de todos. No caso da vida consagrada, muitas vezes esse carisma originário com o tempo, com as grandes mudanças sociais, novas legislações eclesiásticas, o surgimento de novos carismas, as tentativas de releitura das fontes com as reformas, podem ofuscá-lo. Então, faz-se necessária uma maior clareza para recuperar a própria identidade, a fim de que o carisma continue sendo fecundo e atual em cada diferente momento da sua história.

Lembra C. Cicconetti[81] que falar de carisma originário nem sempre é deter-se simplesmente no momento inicial, nos primeiros anos da fundação, mas no processo que levou a família religiosa a encontrar sua identidade e ser acolhida pela Igreja. No caso do Carmelo, embora a experiência eremítica do primeiro grupo com a *vitae formula* está nas raízes do carisma carmelita, este será amadurecido e definido na Regra, aprovada em 1247, a qual traz a identidade assumida pelo grupo, acolhida, discernida e sancionada definitivamente pela Igreja[82].

A «*Delineatio*» sintetiza a fundamental vocação do Camelo assim:

---

[79] Cfr. PC 2.

[80] C. CICCONETTI, «Dono e scopo dell'Ordine», 23. Na sua exortação apostólica *Evangelica testificatio*, papa Paulo VI afirma: «O carisma da vida religiosa, na realidade, longe de ser um impulso nascido "da carne e do sangue" (Cf. Jo 1,13) ou ditado por uma mentalidade que "se conforma com o mundo presente" (Cf. Rm 12,2), é antes o fruto do Espírito Santo que age continuamente na Igreja (Re enim vera charisma vitae religiosae, nedum impulsus quidam sit exortus *ex sanguinibus vel ex voluntate carnis* (Cf *Io* 1,13) aut ex habitu mentis qui *huic saeculo conformatur* (Cf *Rom* 12, 2), fructus est Spiritus Sancti, in Ecclesia semper operantis)»: ET 11.

[81] Cfr. C. CICCONETTI, «Dono e scopo dell'Ordine», 24.

[82] «Il carisma originario dell'Ordine del Carmelo è quello che risulta dalla Regola definitiva che professiamo: lo spirito primitivo non si limita alla "vitae formula" di Alberto scritta per un gruppo di "conversi professi" che sono certamente e notevolmente altro dall'Ordine dei Fratelli della B.V. Maria del Monte Carmelo diffuso nelle varie parti del mondo». C. CICCONETTI, «Dono e scopo dell'Ordine», 25.

Abbiamo dalla Regola e dalla nostra tradizione questa fondamentale ispirazione: «Vivere nell'ossequio di Gesù Cristo», cioè, siamo attratti dal Padre a Lui onde possiamo ascoltare la parola di Dio e rispondere prontamente agli appelli di Cristo, provenienti dallo Spirito Santo, che ci parla anche attraverso le condizioni concrete della Chiesa nel mondo. L'immagine di questa vocazione, come in uno specchio, la vediamo nella vita della Madre di Dio, la Vergine Maria, e di Elia profeta[83].

A presença de Maria e Elias aparece como testemunho daqueles que vivem a vida com o princípio e fim em Deus[84]. Maria, modelo de Igreja e inspiração do que cada religioso deseja ser, vivendo «o obséquio de Cristo» na total escuta e abertura à Palavra de Deus, o que é fundamental na vida de todo carmelita[85]. Elias, também o homem da escuta da Palavra, pelo zelo ao Senhor convida todo carmelita a ser profeta, testemunhando a presença de Deus num mundo secularizado[86].

4.1.3 A oração segundo a «Delineatio Vitae Carmelitanae»

O documento deixa claro que a oração, fundamentada na caridade, tem um lugar central na vida dos carmelitas[87]. Assume-se a oração como «adoração em espírito e verdade», com a iniciativa de Deus que vem primeiro com seu amor ao encontro do ser humano. Este, por sua vez, também deve colocar-se numa constante busca, na qual é preciso: abrir-se à Palavra de Deus, sendo sensível ao seu Espírito; escutar e dialogar com Ele e com os irmãos e irmãs, em sintonia com a realidade dos tempos e dos fatos; buscar a intimidade com Deus no silêncio e na solidão, esforçando-se pessoalmente e comunitariamente para crescer como pessoa, como cristão, como religioso[88].

---

[83] *Del.* 11.

[84] Cfr. *Del.* 12.

[85] Cfr. *Del.* 13. Sobre a reflexão da presença de Maria no carisma carmelita, refletida naquela época, pode-se consultar: V. HOPPENBROUWERS, «Come l'Ordine Carmelitano ha veduto e come vede la Madonna» (1968). Neste artigo, vê-se já a influência da nova reflexão mariológica proposta pelo Concílio Vaticano II ao apresentar Maria nas duas perspectivas: cristológica e eclesiológica. Assim, ela está presente no mistério da história da salvação e é também modelo e exemplo para a Igreja. Outra publicação da mesma época, para o aprofundamento do tema na Ordem, é o artigo do carmelita: B. IMBRÒ, «Il problema mariologico dopo il Vaticano II» (1968).

[86] Cfr. *Del.* 14.

[87] Cfr. *Del.* 15.

[88] Cfr. *Del.* 16.

Ao afirmar que o fim da oração é a caridade, pretende-se superar definitivamente a dicotomia contemplação e ação: «Ruolo strumentale quindi della preghiera, il cui fine è e rimane la carità. Ne consegue l'esclusione categorica di una preghiera fine a se stessa, satura di illusione, sentimentalismo, narcisismo e di pigrizia»[89]. Assim sendo, a oração será o fundamento e caminho para uma verdadeira vida comunitária.

A oração não deve ser somente algo exterior ou mecânico. Por isso, o desafio é «purificar» as várias formas de rezar para encontrar a essência. A «Delineatio» também acentua que, estando a serviço da Igreja e inseridos na realidade do mundo, deve-se ligar a oração à vida:

> Pregando in Cristo vogliamo avere davanti agli occhi il mondo e tutte le sue vicissitudini, inserendo la nostra convivenza, il nostro lavoro, il nostro servizio ai Fratelli nella Chiesa. Ciò potrà esigere una comune ricerca di nuovi modi di pregare, mentre ci ispiriamo alle genuine fonti della spiritualità cristiana ed alle necessità di oggi, per unire il senso di Dio con l'esperienza della esistenza umana[90].

A oração comum litúrgica, inspirada no exemplo da Igreja primitiva[91], terá seu momento central na Eucaristia, celebração do Mistério Pascal que une a pessoa a Cristo, à Igreja, num vínculo de caridade com todo o ser humano.

4.1.4 O apostolado na «Delineatio Vitae Carmelitanae»

A superação da dicotomia vida contemplativa e ativa – ponto central na releitura da identidade da Ordem e base para a sua renovação – volta constantemente como ponto a ser clareado e aprofundado. A própria história da Ordem levou a abordar o tema em três tendências: ter como principal a contemplação, mesmo com a transformação em Mendicantes, pela marca característica na espiritualidade da Ordem que a origem eremítica do primeiro grupo deixou. Assim, concebe-se o apostolado como algo secundário e subordinado a este valor primeiro. Uma segunda tendência é, sendo Mendicantes, ter a contemplação e ação presentes na própria natureza da Ordem, abrindo-se para as várias formas de apostolado. Por fim, uma terceira tendência propõe, diante dos grandes desafios pastorais que a Igreja enfrenta e da urgência do apostolado

---

[89] P. TARTAGLIA, «Il concetto di Preghiera», 37.
[90] Del. 18.
[91] Cfr. At 2,42; PC 5.

nos novos tempos, dar o primado à vida apostólica como modo de estar mais a serviço neste momento de grande necessidade eclesial[92].

A «*Delineatio*», lembrando que toda ação apostólica deve ter a sua origem no amor a Deus e ao ser humano, tendo como fundamental e prioridade a busca e experiência de Deus, afirma:

> Dal Carmelo diffusi nel mondo e dalla Chiesa messi in mezzo al popolo, siamo chiamati al comune incarico dei Mendicanti. Per cui la nostra vocazione ci spinge alle opere di apostolato, affinché per mezzo della carità e sull'esempio di Cristo facciamo una cosa sola della contemplazione e dell'apostolato, sforzandoci di superare ogni dualità di vita[93].

No compromisso com o apostolado; convocados a fazerem parte da atividade missionária da Igreja; estando em meio aos povos que ainda não creem, ou daqueles que são indiferentes, ou ainda daqueles que mais sofrem, por condições sociais ou culturais, a pobreza e opressão[94]; afirma o documento que a sinceridade e a simplicidade da vida fraterna devem levar a assumir e testemunhar uma Igreja «pobre e serva». Deste testemunho, conscientes da presença de Deus que aí age, consiste a eficácia da atividade apostólica[95].

Deste modo, supera-se o dualismo que foi criado na Ordem, mas não estava presente nos primeiros séculos de sua existência. No início, eram considerados os dois aspectos, estando na cela: «die ac nocte in lege Domini meditantes», mas também «nisi aliis iustis occasionibus occupentur»[96], mesmo se na história tenha sido mais divulgado e escrito sobre o aspecto da contemplação[97]. Ainda que no Monte Carmelo, como

---

[92] Cfr. L. Saggi – E. Boaga, «L'unità della Vita», 40-41.

[93] *Del.* 21. Uma das condições que o documento coloca para o serviço à Igreja é o espírito de fraternidade: «Le condizioni per le nostre attività sono le seguenti: che servano completamente la Chiesa, sia universale che locale, e siano fatte nello spirito della nostra vocazione e nell'unione fraterna scambievole, cioè attraverso il dialogo ed i colloqui fraterni, le opere apostoliche di qualsivoglia genere siano fatte in collaborazione. In tal modo aumentiamo la libertà di sviluppare la propria persona e nello stesso tempo rafforziamo e manifestiamo lo spirito comunitario». *Del.* 22.

[94] Cfr. *Del.* 23; AG 6 e 10.

[95] «...la fraterna e mutua relazione impone al nostro stile di vita una nota di sincerità e di semplicità, inserendoci nella "Chiesa povera e serva", per superare le barriere che spesso dividono gli uomini tra loro. Nel "fare ed insegnare" (cf. Act.1,1) e nella testimonianza della viva coscienza della presenza di Dio operante consiste l'efficacia della nostra attività apostolica». *Del.* 24. Cfr. LG 8.

[96] Rc 10.

[97] «Nel corso della sua vita plurisecolare l'Ordine ha atteso infatti alla contem-

eremitas, a estrutura era certamente destinada a uma vida mais contemplativa, posteriormente, com a vinda para a Europa, devem necessariamente mudá-la para um novo estilo de vida que corresponda à nova realidade[98]. Como Mendicantes, assumem a atividade pastoral[99] que, por sua vez, deveria ser alimentada por uma vida contemplativa[100]. Não são abolidos os dois estilos de vida (contemplativo e apostólico[101]), pelo contrário, são confirmados com o próprio fundamento do estilo dos Mendicantes: «contemplata aliis tradere»[102].

Em síntese, sem excluir o apostolado, a contemplação continuará sendo o fundamento da vida carmelitana: «Aspetto contemplativo che essenzialmente consiste nell'unione dell'anima a Dio, nell'ascolto pieno della Parola. Ciò che poi è in fondo quello per cui viene nominato il Car-

---

plazione e all'azione, anche se è rimasta più documentata quella che questa. La Regola impone il precetto del "meditare notte e giorno nella legge del Signore e vegliare nella preghiera", considerando pure le "giuste occasioni" per non rimanere sempre nelle celle. Occasioni che si moltiplicarono con l'inserimento tra i mendicanti nel 1247. I mendicanti avevano una vita attiva che per sua natura richiedeva la contemplazione». L. SAGGI – E. BOAGA, «L'unità della Vita», 42.

[98] «...toccò la stabilità del permanere in convento, col permesso della "frequens itineratio", cioè l'apostolato dei Mendicanti; estese le "iustae occasiones" per non rimanere continuamente in preghiera o meditazione della Legge del Signore, con la necessità di darsi allo studio e frequentare le università». L. SAGGI – E. BOAGA, «L'unità della Vita», 43.

[99] Desejo de contribuir com a salvação própria e do próximo: «...status in quo sibi et proximis proficere valeant ad salutem». Bula Paganorum incursus, de 27/07/1247.

[100] Assim era no início do monaquismo medieval ocidental. O conceito de contemplação era visto como algo mais amplo. Como explica J. Leclercq no DIP: «L'espressione vita contemplativa è frequentissima nella letteratura monastica latina dalle origini sino al sec. XIII. Essa ha numerosi equivalenti: vita speculativa, theorica, theoretica, philosophica, theologica, quieta, umbratilis...». J. LECLERCQ, «Il monachesimo medievale», 244. E, desta forma, viviam-se as duas dimensões como atividades inseparáveis: «Nel loro primo significato, i concetti di vita attiva e di vita contemplativa si applicano a due specie di attività che sono inerenti alla vita di qualsiasi cristiano, di qualsiasi monaco: gli atti dell'ascesi e le attività di preghiera. La vita attiva è la pratica delle virtù, con tutto ciò che essa comporta di esercizio della carità verso il prossimo e di lavoro; a volte la si chiama anche "esercizi corporali". La vita contemplativa è insieme degli "esercizi spirituali" con i quali ci si sforza di unirsi a Dio. E, è chiaro, queste due specie di attività sono inseparabili, complementari, necessarie l'una all'altra». Ibid. A vida apostólica nasce da dimensão contemplativa e por essa deve ser alimentada: «Nella misura in cui una esistenza di monaco comporta un'attività di tipo pastorale, questa deve restare contemplativa, essere preparata dalla vita contemplativa e venire da essa». Ibid., 246.

[101] Continua a possibilidade de haver conventos em lugares solitários ou não, de acordo com o discernimento do prior com a comunidade. Cfr. Rc 5.

[102] Cfr. L. SAGGI – E. BOAGA, «L'unità della Vita», 47.

melo (insieme all'aspetto mariano), e che è alla base di uno specifico apostolato carmelitano»[103].

4.1.5 Principais ideias da «Delineatio Vitae Carmelitanae»

Ao retomar a função primordial da Ordem de levar as pessoas a uma busca de Deus e intimidade com Ele a qual, fundamentada na caridade, supera a aparente dicotomia entre contemplação e apostolado, o documento acentua o aspecto comunitário e fraterno da vida carmelitana no espírito dos Mendicantes. Faz-se uma leitura mais atual e dinâmica do carisma, valorizando o «patrimônio da Ordem» e oferecendo perspectivas de sua missão na Igreja e no mundo. A oração é vista como ação primeira de Deus na vida do ser humano e a resposta deste em confronto com a realidade da vida. O apostolado tem como base a fraternidade mendicante que faz parte da natureza da Ordem. Maria inspira à participação na história da salvação e Elias a dimensão profética diante de um mundo secularizado[104].

Embora o texto leve em conta os três aspectos da Vida Religiosa segundo o espírito do Decreto *Perfectae Caritatis* – cristológico, eclesiológico e escatológico –, não tem a intenção de apresentar-se de forma muito sistemática-doutrinal ou científica, e sim «come messaggio programmatico ed ispirazione per la vita di oggi e per gli anni avvenire»[105].

4.2 *Capítulo Geral especial 1968*

Este Capítulo Geral foi convocado a partir do pedido do papa Paulo VI, no Motu Proprio *Ecclesiae Sanctae*[106].

Na sua alocução, dirigida aos delegados do Capítulo em audiência com o papa[107], Paulo VI reafirma que a santidade da Vida Religiosa é viver a «perfeição do Evangelho» e que, por isso, a renovação deve ser um desejo de ser mais verdadeiros, autênticos, no confronto com o mundo

---

[103] L. SAGGI – E. BOAGA, «L'unità della Vita», 50.

[104] Cfr. E. BOAGA, *I Carmelitani*, 9; L. SAGGI, «La genesi del documento», 8-9.

[105] L. SAGGI, «La genesi del documento», 8.

[106] «Per promuovere il rinnovamento adeguato in ciascun Istituto, uno speciale Capitolo generale, ordinario o straordinario, sarà riunito nello spazio di due o al massimo tre anni (Ad accommodatam renovationem promovendam in singulis Institutis, congregetur intra duos vel ad summum tres annos speciale Capitulum generale, ordinarium vel extraordinarium)». ES II, 3.

[107] PAULO VI, «Capitularibus Alloquitur», publicada em *An.O.Carm.* 27 (1968) 209-218.

atual[108]. Relembra ainda que o Capítulo especial deve ter ao mesmo tempo uma característica «ordinária», no sentido de rever a tradição, de «retornar às fontes», mas também «extraordinária», buscando a renovação e adaptação às «novas condições dos tempos»[109].

Este percurso certamente causará uma tensão entre o passado (origens) e o presente e futuro (realidade atual), mas também será a síntese do que devemos «preservar» (nem tudo deve ser mudado) e como essa tradição deve ser vivida hoje, com o primado e especial atenção à vida espiritual. Esta prioridade será a certeza de que a renovação não deve ser algo vazio, sem vida, conclui o pontífice. Enfim, o que o papa espera da Vida Religiosa é que ela seja parte deste «novo rosto» da Igreja, como expressou nas suas palavras: «Pensate al cuore del Papa... il vedere che ci sono dei gruppi, delle Famiglie numerose, organizzate, fedeli come le vostre, che vengono a dire al Papa: "Noi vogliamo essere fedeli; noi vogliamo rispondere al Concilio; noi vogliamo dare alla Chiesa il suo volto nuovo!"»[110].

A preparação do Capítulo[111] foi feita através de uma grande consulta em toda Ordem sobre os temas da formação, perseverança dos frades, questões econômicas, bem como o estudo da «*Delineatio Vitae Carmelitanae*» e de um esquema feito para as novas Constituições a respeito do governo geral[112]. No Capítulo serão discutidos e aprovados três documentos fundamentais – «*Delineatio vitae carmelitanae*»; *De regimine; De revisione decretorum cap. gen. 1965* – que praticamente substituirão as últimas Constituições da Ordem[113], sendo a base para a experiência de novas normas – *ad experimentum* – em vista das novas Constituições, como pede o documento papal[114].

No seu discurso inicial[115], o então prior geral Kilian Healy diz que a intenção do Capítulo não é somente fazer novas leis, mas principalmente promover a vitalidade espiritual e pastoral da Ordem. Neste momento de grande crítica à vida eclesial, é preciso uma «renovação espiritual» que implica «conversão a Deus» – na vivência e testemu-

---

[108] Cfr. PAULO VI, «Capitularibus Alloquitur», 210-211.

[109] Cfr. PC 2.

[110] PAULO VI, «Capitularibus Alloquitur», 212.

[111] Como orientada pelo documento: ES II, 4.

[112] Cfr. E. BOAGA, *Il cammino dei Carmelitani*, 54-55.

[113] As Constituições até então vigente na Ordem eram as de 1930.

[114] «Noi prescriviamo che queste norme siano osservate a titolo di esperimento, e cioè fino alla promulgazione del nuovo codice di diritto canonico, a meno che, nell'intervallo, la sede apostolica non decida altrimenti». ES, introdução.

[115] Publicado na ata do capítulo: *Ac.Cap.Gen.Specialis 1968*, 6-16.

nho dos votos – e uma renovação do apostolado, que alimente a fidelidade à vida fraterna, numa cooperação mútua e espírito de irman-
dade, valores imprescindíveis recuperados pelo Concílio Vaticano II.
E conclui: «Nova legislatio sine novo spiritu nihil valet»[116].

Ao falar sobre apostolado, o padre geral afirma:

> Unica occupatio specifica (eaque habet dimensionem apostoli-
> cam), de qua fit mentio in Regula nostra, est oratio. Quod attinet
> ad opera apostolica externa, Ordo non habet unum opus determi-
> natum faciendum sed, sicut omnes ordines mendicantes, addictus
> fuit ministeriis variis, qualia sunt praedicare, docere, laborare in
> paroeciis, etc[117].

Mas, também enfatiza que nenhum apostolado deve prejudi-
car a vida comunitária, pois a própria Igreja recomenda a não assumir nenhum trabalho externo que não seja em consonância, ou que
atrapalhe a vivência do espírito de cada família religiosa[118]. Desta forma, os carmelitas devem estar a serviço da Igreja sem perder de vista
o valor fundamental da fraternidade: «Quantum ad Carmelitas, oportet eos aestimare suos apostolatus hodiernos iuxta necessitates Ecclesiae et secundum spiritum genuinum vitae communitariae Ordinis»[119].
As ocupações externas não devem atrapalhar a fidelidade à vida comunitária, conciliando esta aos trabalhos pastorais, como se tem muitos
exemplos na própria Ordem, sem esquecer que a vida interior, que é alimentada pela fraternidade, é um valor específico do carmelita segundo
a Regra[120].

4.2.1 Principais decisões capitulares

Diante da necessidade de fundamentar a identidade da Ordem naquele momento de crise, a «*Delineatio Vitae Carmelitanae*»[121] será o principal documento discutido e aprovado no Capítulo. Buscando um novo

---

[116] *Ac.Cap.Gen.Specialis 1968*, 7.

[117] *Ac.Cap.Gen.Specialis 1968*, 11.

[118] Cfr. MG 18; PC 2b.8; CD 35; ET 51.

[119] *Ac.Cap.Gen.Specialis 1968*, 11.

[120] Diz o padre geral: «In futurum prospicientes, perspectum habeamus fortem vitam interiorem, in caritate radicatam, esse fontem fructuosae vitae apostolicae in Ecclesia.
In nostro Ordine possidemus longam traditionem vivendi in praesentia Dei, quae traditio
habet radices suas in Regula nostra et intime connectitur cum caritate erga Deum».
Ac.Cap.Gen.Specialis 1968, 15.

[121] «*Delineatio Vitae Carmelitanae*», nn. 1-27, in *Documenta edita in Capitulo*,
An.O.Carm. 27 (1968), 43-48.

modo de pensar segundo o Evangelho, que ilumine os problemas suscitados pela atual realidade e desafia à experiência de novos caminhos, o documento «avrà in seguito un buon influsso nell'Ordine, agevolando la trasformazione del modo di pensare e di vivere, nella linea postconciliare»[122].

No documento aprovado pelo Capítulo sobre a vida fraterna – *De Vita Fratrum*[123] – recupera-se o sentido bíblico teológico da unidade[124] como vontade de Cristo: ser um como Ele e o Pai são um[125]. Lembra que na comunidade cada um deve estar a serviço a partir do seu «modo sibi proprio et personali»[126], pois é a pluralidade que está na base da estrutura da vida comunitária[127], sendo que a unidade não significa a uniformidade: «Expressio huius unitatis invenienda est non in amorpha uniformitate, sed in organica varietate»[128]. É claro que para uma boa vivência em comunidade requer-se conversão, constante revisão de vida e uma perseverante oração, que deve ser a base da vida comunitária. É preciso também corresponsabilidade e obediência: «Haec omnia exsequantur corresponsabili et activa oboedientia necnon exercitio fraterno auctoritatis»[129].

Ao abordar a questão pastoral – *De Activitate Pastorali Ordinis*[130] –, o Capítulo confirma a participação da Ordem «ad omnes formas apostolatus» ao qual for chamada pela Igreja diante das necessidades, a fim de participar na missão redentora de Cristo[131]. Este apostolado não somente

---

[122] E. BOAGA, *Il cammino dei Carmelitani*, 55. Continua o autor: «Anche se alcuni brevi passi di questo documento sono il risultato di un compromesso, il documento stesso nel suo insieme offre una solida base dottrinale per vivere la tradizione carmelitana, creando al tempo stesso la possibilità di andare incontro alle esigenze del nostro tempo». *Ibid.*

[123] «*De Vita Fratrum*», nn. 28-77, in *Documenta edita in Capitulo 1968*, 49-54.

[124] Cfr. Jo 15,12; 17,11-26; 1Cor 15,28; 1Jo 4,7-10; Sl 132,1.

[125] Cfr. Jo 17,11.

[126] «*De Vita Fratrum*», n. 29.

[127] «*De Vita Fratrum*», n. 30. Era importante acentuar o aspecto da unidade, pois nas discussões do capítulo percebeu-se como a Ordem desenvolveu diferentes experiências de vida de acordo com as diversas realidades e necessidades dos diferentes lugares. Isto era muito enriquecedor, mas também não deixava de ser uma dificuldade para concretizar a unidade, internacionalidade, universalidade, comunhão e «encarnação» do mesmo carisma em diversas realidades. Este tema estará sempre presente nas futuras discussões da Ordem. Cfr. E. BOAGA, *Come pietre vive*, 226.

[128] «*De Vita Fratrum*», n. 31.

[129] «*De Vita Fratrum*», n. 36.

[130] «*De Activitate Pastoral Ordinis*», nn. 78-84, in *Documenta edita in Capitulo1968*, 55-56.

[131] «Ordo noster disponibilem se habere debet in Ecclesia pro salute hominum. Ideoque participare debet in missione redemptiva Christi, applicando suam propriam vocationem ad omnes formas apostolatus ad Ecclesia ipsum vocat, iuxta exigentias loci et temporis». «*De Activitate Pastoral Ordinis*», n. 78.

está a serviço da Igreja, mas também contribui na própria renovação da Vida Religiosa dando vitalidade à comunidade: «Renovatio nostrae vitae religiosae intime connectitur cum nostra vita apostolica»[132].

No aspecto da formação – *De formatione*[133] –, vê-se a necessidade de levar em conta a pessoa de modo integral, como ser humano e como cristão, buscando crescer nas várias dimensões, tanto na maturidade afetiva quanto religiosa[134]. Desta forma, a formação deve propiciar a vivência da identidade carmelitana adaptada à missão da Igreja, às exigências do

---

[132] «De Activitate Pastoral Ordinis», n. 80. São interessantes os artigos publicados na época pelos carmelitas a respeito do apostolado (que fazem parte das discussões realizadas no Congresso de 1967) para se ter uma ideia melhor da reflexão que se fazia. Patrick Burke, em «The Apostolate in the technical World», escreve sobre os desafios do apostolado no mundo moderno, marcado pela técnica. O autor recorda que é preciso ir além do próprio ambiente para encontrar as necessidades do mundo, dos novos tempos, e perceber o que é preciso ser transformado. A secularização do desenvolvimento humano e a mecanização da vida produzem um enorme anonimato e impessoalidade, criando um individualismo na maioria das pessoas. Afirma o autor que a «Igreja da diáspora» (termo usado por K. RAHNER, *Mission and Grace*, 33) está presente nos mais diversos lugares e culturas, também naquelas indiferentes ao cristianismo. Nesta realidade: «The Carmelite Order like the other Mendicants meets the challenge of the *diaspora* by preserving the sincerity and dedication of the People of God, by contact in the market-place and the factory, by helping the people to bear "witness of living and mature faith, namely, one trained to see difficulties clearly and to master them" (GS 21)». P. BURKE, «The Apostolate», 242. Lembrando que a vida interior deve motivar a promoção da vida exterior (Cfr. PC 6), mostra como se faz necessário ajudar as pessoas a terem consciência da dimensão vertical mais profunda da vida (cruz e ressurreição). Os carmelitas devem considerar sua missão integrada ao estilo de vida dos Mendicantes, considerando os mais pobres e injustiçados, indo ao encontro de seu socorro, o que não é tarefa fácil. Enfim, conclui: «One important apostolate very much in keeping with the attitude of the Council as well as the Carmelite traditions is to proclaim the presence of God in the world today... Our vocation is to make His presence [Christ] felt in the world. This call for a sincerity and conviction which is immediately personal, yet lived in the family of our community. To the riches proposed by the technical world, we oppose concrete evidence of our poverty; to the sense of responsibility sought by the modern world, we demonstrate our freedom in obedience; and to the anonymity of the new society we proudly advance the individuality in our religious family». *Ibid.*, 246.247. Em outro artigo desta época – «Apostolat in Equipe – Apostolat in Gemeinschaft» –, Franz Xavier Seibel, resgatando a teologia do apostolado e o seu sentido comunitário segundo o Vaticano II, onde «Apostolat wird damnach verstanden als Aktion des ganzen Gottesvolkes» (F. X. SEIBEL, «Apostolat in Equipe», 253), fala da necessidade de aplicar esse conceito de participação de todos também à Vida Religiosa, embora não seja sua intenção neste artigo falar especificamente dos Carmelitas. Esses dois artigos são uma amostra de como tais ideias já eram discutidas, e o influxo da renovação do Concílio Vaticano II sobre o debate teológico.

[133] «De formatione», nn. 85-107, in *Documenta edita in Capitulo 1968*, 57-60.

[134] Cfr. «De formatione», nn. 85-87.

evangelho e às necessidades do mundo atual[135], numa vida de oração e intimidade com Cristo, presente na comunidade e também nas pessoas. Os jovens candidatos devem tornar-se capazes de cooperar na construção de uma verdadeira fraternidade humana e evangélica[136], pois esta deve ser a finalidade da formação carmelitana: «Scopus formationis religiosae carmelitanae erit: construere fraternitatem evangelicam, in qua regnet mutua responsabilitas et concors cooperatio et in qua creentur evolutionis opportunitates prout fieri poterit in singulis personis et prout proderit communitati»[137].

Em *De missionibus*[138], o Capítulo confirma a consciência missionária da Ordem e a responsabilidade, junto com a Igreja, de difundir o Evangelho, promovendo a fraternidade universal junto ao Povo de Deus: «Ut Mendicantes, vocati sumus ad ducendam vitam fraternitatis et servitii christiani, praeparando et promovendo fraternitatem universalem unici populi Dei, qui est "genus electum, regale sacerdotium, gens sancta, populus acquisitionis" (1Pe2,9)»[139]. Para isso, faz-se necessário uma preparação adequada com estudos nas várias áreas específicas, como também uso dos meios de comunicação, e estar em sintonia com os trabalhos pastorais da Igreja local[140].

As decisões tomadas no Capítulo «ad experimentum» deverão ser avaliadas no próximo Capítulo Geral ordinário e servirão de base para a elaboração das novas Constituições[141]. Já não deixa de aparecer uma consciência eclesial de participação e responsabilidade na caminhada da Igreja, a partir de valores que são constitutivos da vida camelitana, como a fraternidade.

5.   O Capítulo Geral de 1971

Um primeiro ponto de chegada do processo de renovação se dá no Capítulo de 1971, quando é o momento de retomar as decisões aprovadas, avaliar a experiência vivida, rever o programa assumido, para re-elaborar e aprovar as novas Constituições. É claro que este momento não deixou de acontecer em clima de grande tensão e conflitos, onde se podiam sentir as diversas correntes de pensamento, de mentalidade, de

---

[135] Cfr. «*De formatione*», n. 90.
[136] Cfr. «*De formatione*», n. 96.
[137] «*De formatione*», n. 89.
[138] «*De missionibus*», nn. 108-123, in *Documenta edita in Capitulo 1968*, 60-63.
[139] «*De missionibus*», n. 112.
[140] Cfr. «*De missionibus*», nn. 115.117.
[141] Cfr. ES I, 6.

posições diferentes presentes na Ordem. Isto era um reflexo do processo que a Igreja como um todo, e a própria Vida Religiosa, passavam naquele momento pós-conciliar.

O clima que se vivia naquele momento pode ser percebido nos documentos pontifícios dirigidos às famílias religiosas. Na Exortação Apostólica *Evangelica testificatio*, de 29/06/1971, papa Paulo VI, após dizer: «O testemunho evangélico da vida religiosa manifesta claramente, aos olhos dos homens, o primado do amor de Deus, com uma força tal, que por ela havemos de dar graças ao Espírito Santo»[142], afirma que algumas decisões «arbitrárias» ou posições «exageradas» fizeram com que alguns questionassem a «validade» da vida consagrada:

> A audácia de certas transformações arbitrárias, uma desconfiança exagerada em relação ao passado, mesmo quando ele atesta a sapiência e o vigor das tradições eclesiais, uma mentalidade demasiado preocupada em conformar-se, apressadamente, com as transformações que abalam o nosso tempo, puderam induzir alguns a considerarem caducas as formas específicas da vida religiosa[143].

O papa recorda a importante presença da Vida Religiosa na história da Igreja e o seu fundamento na consagração batismal[144], bem como da necessidade de releitura do carisma para que continue sendo um sinal eficaz a todo batizado na vivência da vocação cristã, formando a comunidade eclesial[145].

Para isso, aconselha o pontífice, não basta a transformação exterior (das estruturas) sem renovar o interior, pois seria uma grande incoerência ou apenas um puro formalismo[146]. É uma necessidade fundamental a vida de oração[147] e, principalmente, a celebração Eucarística,

---

[142] ET 1: «Evangelica testificatio vitae religiosae oculis hominum aperte manifestat primas partes Dei amori tributas ac quidem tali cum vehementia, pro qua gratiae Spiritui Sancto agantur oporteat».

[143] ET 2: «Quaedam enim mutationes, audacius et ad arbitrium inductae, nimia diffidentia praeteriti temporis, etiamsi hoc sapientiam vigoremque traditionum ecclesialium testetur, habitus mentis plus aequo eo c ntendens, ut quis ad magnas immutationes, quibus aetas nostra concutitur, festinantius sese conformet: haec omnia nonnullos fortasse moverunt, ut peculiares vitae religiosae formas existimarent caducas».

[144] Cfr. ET 3-4.

[145] Cfr. ET 5. 7.

[146] Cfr. ET 12.

[147] Chega a declarar que dela depende o êxito da vida consagrada: «Non dimenticate, del resto, la testimonianza della storia: la fedeltà alla preghiera o il suo abbandono sono il paradigma della vitalità o della decadenza della vita religiosa (Neque obliviscamini historiae testimonium, fidelitatem videlicet orationi servatam aut eius neglectionem esse veluti paradigma vigores aut occasus vitae religiosae)». ET 42.

que é o centro e o coração da comunidade. Conclui o papa dizendo que a adaptação não significa abandono da identidade, pelo contrário, é preciso afirmar-se no que é próprio de cada família religiosa[148] em resposta aos apelos de Deus que se manifestam nas necessidades e problemas de cada época. Deste modo, a renovação da Vida Religiosa é importante para a renovação da Igreja e do mundo:

> A aspiração da humanidade por uma vida mais fraterna, ao nível das pessoas e das nações, exige, antes de mais nada, uma transformação dos costumes, das mentalidades e das consciências. Essa missão, que é comum a todo o Povo de Deus, é vossa por um título particular. Como desempenhar-se dela, se faltar este gosto do absoluto, que é fruto de uma certa experiência de Deus? Isto equivale a sublinhar que a autêntica renovação da vida religiosa é de capital importância para a própria renovação da Igreja e do mundo [149].

5.1   *Cartas do prior geral à Ordem neste período*

O prior geral Kilian Healy escreve duas cartas à toda família carmelita nestes anos antes do Capítulo Geral. Em «Devotion to the Blessed Virgin Mary in Carmel»[150], de 03/10/1969, enfatiza que a devoção mariana – característica particular e destinta do Carmelo – ajuda a cada carmelita amar mais sua vocação e a Ordem encontrar o seu espaço na Igreja. Tendo o Concílio Vaticano II esclarecido o essencial papel de Maria na doutrina e na vida eclesial[151], entende-se também melhor a sua importância na Ordem[152].

Perfeito exemplo de seguimento de Cristo, Maria é modelo de santidade e de Igreja para todo o Povo de Deus. Fazendo parte do mistério de Cristo e da Igreja, esclarece Healy que a verdadeira «devoção mariana» deve levar à «imitação» das suas virtudes, assim como no compromisso de quem usa o Escapulário. A questão é como, de acordo com o Concílio

---

[148] Cfr. ET 51.

[149] ET 52: «Studium, quo universa hominum familia vitam ducere exoptat mages fraterno amore perfusam, sive inter singulos sive inter nationes, imprimis postulat, ut mores, mentis habitus et conscientise transformentur. Huiusmodi munus, quod universo Populo Dei est commune, ad vos peculiari ratione pertinet. Quomodo autem illud rite absolvi poterit, si deest rerum supernarum delectatio, quae ex quadam Dei experientia proficiscitur? Hoc manifesta in luce ponit germanam religiosae vitae renovationem praecipuum habere momentum ad ipsius Ecclesiae ac mundi renovationem per agendam».

[150] Publicada em *An.O.Carm.* 28 (1970) 74-89.

[151] Cfr. LG VIII.

[152] «Once we have a clear conception of Mary's role in the Church, we will understand the place of honor given to her in Carmel». K. HEALY, «Devotion to the Blessed», 76.

Vaticano II, pode-se aprofundar esta devoção e ainda descobrir novas formas. Em todo caso, conclui o padre geral, «Carmel must be marian in its interior and in its mission, or lose its identity»[153].

Em uma outra carta, de 20/01/1971, com o tema: «La Regola Carmelitana dopo il Concilio Vaticano II»[154], ele convida a Ordem, como pede a própria Igreja[155], a um «retorno às fontes», ao espírito originário, relendo a Regra dentro da realidade atual: «Questa è una chiara direttiva per il nostro futuro: dobbiamo tornare allo spirito originario del Carmelo, come si trova nella Regola, adattandola alle circostanze che mutano con i tempi»[156]. Isto foi feito já pelas diversas Constituições da Ordem que, justamente, têm por objetivo adaptar e interpretar a Regra aos novos tempos. Recordando a dupla forma de vida presente na Regra[157], com a prioridade da vida de oração que deve ser a base para qualquer apostolado, o prior geral afirma que a Regra, mais que preceitos e leis, é um caminho espiritual que leva ao seguimento de Cristo, «norma suprema da Vida Religiosa»[158], cujo mistério «rivelato dal Padre deve essere per noi [carmelitani] oggetto costante di studio e di meditazione»[159].

A carta também afirma que, se a obediência é uma característica da Regra[160], também a vida comunitária deve ser vista no mesmo sentido:

> Se l'obbedienza è la caratteristica della nostra Regola, altrettanto si deve dire della vita comune; e la stessa obbedienza va veduta in questo contesto. Siamo chiamati a vivere in un unico luogo (cap. 2

---

[153] K. HEALY, «Devotion to the Blessed», 80.
[154] Publicada em *An.O.Carm.* 29 (1971) 31-52.
[155] Cfr. PC 2; ES 16.
[156] K. HEALY, «La Regola Carmelitana», 32.
[157] Com a reforma de Santa Teresa se confirma «...due forme di vita carmelitana nella Chiesa, ambedue legittime e approvate: la vita puramente contemplativa di solitudine, mortificazione e preghiera condotta dalle monache di clausura e da gruppi ristretti di frati; e la vita attiva unita alla contemplativa, propria dei Mendicanti, seguita dalla maggioranza dei religiosi e dalle varie Congregazioni di Suore carmelitane». K. HEALY, «La Regola Carmelitana», 35.
[158] Cfr. PC 2.
[159] K. HEALY, «La Regola Carmelitana», 37.
[160] Observa-se que na Regra a obediência é colocada antes de outros valores – já no início falando da obediência ao Prior (Rc 4), participando da obediência de Cristo (Rc 23) –, mostrando uma mentalidade feudal do século XIII que influenciava também a Vida Religiosa da época. Já no Concílio Vaticano II, numa nova mentalidade, a Constituição Dogmática da Igreja não fala primeiro da hierarquia e da obediência a esta (LG III), mas sim da Igreja como Povo de Deus (LG II), numa clara inversão de posições. «E una Regola scritta oggi comincerebbe, probabilmente, con la vita comune e la fraternità e porrebbe maggiormente l'accento sulla carità fraterna». K. HEALY, «La Regola Carmelitana», 39.

[Rc 5]), a mangiare in un refettorio comune (cap. 4 [Rc 7]), a partecipare ogni giorno insieme alla Messa (cap. 10 [Rc 14]), a discutere
ogni settimana ciò che è bene per la comunità (cap. 11 [Rc 15]).
Tutti questi elementi di vita comune sono validi anche per i nostri
tempi e traducono in atto una finalità molto importante. Prendere
insieme i pasti nutre la carità fraterna; la preghiera comunitaria,
specialmente la celebrazione in comune della liturgia, crea e alimenta una vita cristiana feconda; l'incontro comunitario settimanale è in perfetta concordanza con la necessità del dialogo, oggi
riconosciuto tanto necessario[161].

Embora destaque o aspecto da obediência e da comunidade, o
prior geral defende que, segundo a Regra, a oração é a parte «específica»
da vida carmelitana. Toda a estrutura é voltada para ela (silêncio, cela,
liturgia...), a qual deve alimentar o trabalho dedicado ao apostolado, que
é parte «integrante» da Ordem e fruto da vida interior[162].

Por fim, o padre geral recomenda que a releitura da regra, necessária e salutar para a vida e renovação da Ordem, deve levar em conta
o que é essencial e imutável, e o que pode ser mudado para conservar a
inspiração originária do Carmelo: o *Vacare Deo*. Tanto a vida contemplativa como a ativa deve levar o carmelita a «ocupar-se totalmente de
Deus»[163]. A vocação primeira de todo ser humano é esta comunhão com
o Criador[164]. A vida de oração é um aspecto fundamental para isto. Sendo
testemunho de Cristo na Igreja, o Carmelo deve ser, antes de tudo, um
testemunho de oração: «Vi sono molte vie per rendere testemonianza a
Cristo nella Chiesa e nel mondo: la via del Carmelo è di essere innanzi
tutto testimonianza di preghiera»[165]. Assim, relendo o seu carisma e redescobrindo sua vocação hoje, a Ordem tem sua responsabilidade com a
Igreja e com o mundo[166].

Estas reflexões, dentro do contexto de caminho rumo ao Capítulo
Geral, certamente ajudavam a perceber ainda mais os desafios e o teor

---

[161] K. HEALY, «La Regola Carmelitana», 40.

[162] Cfr. K. HEALY, «La Regola Carmelitana», 43.

[163] «Essa [la Regola] sottolinea i principi vitali che governano la nostra vita; è valida
per chi vive una vita sia strettamente contemplativa che attiva; è flessibile e adattabile;
propone per i due generi di vita il medesimo scopo specifico: *vacare Deo*; è l'impegno
di occuparci totalmente di Dio, la vita che Cristo visse col Padre». K. HEALY, «La Regola
Carmelitana», 48.

[164] Cfr. GS 19.

[165] K. HEALY, «La Regola Carmelitana», 51.

[166] «...i Carmelitani, da parte loro, devono leggere i segni dei tempi e aprirsi alla
riscoperta della propria vocazione oggi. Davanti a Dio dobbiamo sentire la nostra responsabilità verso la Chiesa e verso il mondo». K. HEALY, «La Regola Carmelitana», 50.

das discussões em vista da renovação da Ordem, na busca de uma maior clareza quanto à sua identidade, para elaborar com mais consciência e coerência as novas Constituições.

5.2   Capítulo Geral ordinário 1971

O Capítulo praticamente se desenvolve em torno das discussões, elaboração e aprovação das novas Constituições. Era preciso, definindo melhor a identidade carmelitana, adequá-la a uma nova estrutura de vida que a concretizasse, incluindo o «aggiornamento» das normas jurídicas. Realizado num clima de tensão e conflitos, o Capítulo parece não ter correspondido a tudo aquilo que se esperava[167], mas mesmo assim

---

[167] Várias referências neste sentido: «Il Capitolo, con tensioni e scontri, non poté rispondere del tutto alle richieste e alle speranze sincere di tutti». E. BOAGA, Il cammino dei Carmelitani, 56. «El Capítulo en sí no pareció responder a las esperanzas que suscitaron el Congreso Internacional 67 y el Capítulo Especial 68». J. ANDRADE – E. GARCÍA, «El Carmelo postconciliar», 187. «There were tensions during the entire Chapter from beginning to end». C. MESTERS, «The Language of Events», 15. «It, too, was cognizant of the great tension both before and during our last General Chapter. (When and where has there been a religious chapter without tensions and divisions?)» J. CARDOSO, «Some Observations», 28. «I agree that at the Chapter there was not understanding which would have been useful and even necessary». L. SAGGI, «Observations», 37. Segundo a crítica feita por Carlos Mesters, no seu artigo «The Language of Events» (1974), a questão era que muitos dos participantes não estavam abertos para escutar e acolher o outro, mas sim para defender e permanecer sempre em ideias e posições pessoais. Na visão do autor, com a aparência de «construir unidade», os documentos a serem discutidos não levavam em conta nenhuma crítica em relação à pluralidade já existente na Ordem, mas ofereciam uma espécie de «via única», mostrando que oficialmente não se desejava reconhecer a pluralidade. A unidade só se alcança, segundo C. Mesters, quando se sai de si mesmo para ir ao encontro do outro, assim como o objetivo da Ordem deve estar fora dela mesma: «"True unity is found only in common concern for the others. There is the basis for brotherhood". The objective is outside the individual. He lives for the other and must "lose his life for the other". The objective of the Order is outside the Order. The Order exists for the Church and for men». C. MESTERS, «The Language of Events», 33. Por isso, é preciso ter a coragem de não olhar somente para o passado, para a tradição, mas confrontá-la com a realidade de hoje, interpretando o passado à luz do presente. Enfim, conclui: «If the Order wants to rediscover its identity and its place within the world and the Church and in this way offer its members a more sure and realistic image of itself, then it must not think this to be possible from the top the bottom, that is, by means of some documents. The Order will only become sure of itself to the degree in which its members become sure of themselves». Ibid., 40. Mesmo fazendo duras críticas a partir da sua visão dos fatos, também reconhece que o Capítulo marcou uma nova consciência na Ordem, da necessidade de abertura, participação e compromisso de todos. José Cardoso («Some Observations on The Language of Evnets» (1974)) e Ludovico Saggi («Observations» (1974)), que faziam parte da comissão preparatória do Capítulo, respondem ao artigo de Mesters. Cardoso diz que certas afirmações são «inexact, tendentious, exaggerated

não deixou de ser um marco de grande mudança na história da Ordem e início de uma nova mentalidade. Ao menos, a partir deste Capítulo cresce o sentido de corresponsabilidade e da necessidade de colaboração de todos, buscando novas estruturas para maior participação, alargando a presença de representantes das Províncias nos encontros gerais da Ordem[168] e uma abertura para a presença carmelitana nos países do então chamado «Terzo Mondo»[169].

Segundo o prior geral Kilian Healy, em seu discurso inicial no Capítulo, uma das principais questões que surge na Ordem é saber qual é o seu papel específico na Igreja: «Quaenam est specifica vocatio Ordinis Carmelitarum in Ecclesia?»[170]. E diante daquela realidade de transição, chega à conclusão de que a Ordem não poderá ser uma presença eficaz na Igreja se não renovar a sua vida comunitária e o seu ministério pas-

---

or completely false». J. CARDOSO, «Some Observations», 13. Ele mostra a sua interpretação dos fatos e, não deixando de também reconhecer as normais dificuldades de um Cpítulo, conclui com sua opinião: «...one of the main causes of tensions in our last General Chapter was the following: the attitude of those who systematically refused to cooperate during the preparatory stage, and who during and after the Chapter refused to accept the results of free votation». *Ibid.*, 28. Saggi também discorda de muitos pontos colocados por Mesters, lembrando não somente a falta de colaboração para redigir os textos criticados no Capítulo, mas também a necessidade de haver uma legislação, como pedia a Igreja, com ambos aspectos: espiritual e jurídico. «In your document [Carlos Mesters' article] you do not speak of the will of the Church that there be a corpus of legislation touching both the juridical as well as the spiritual sectors. I can understand (but not share) the attitude which finds that argument "of obedience" vexatious; but I have already said that those wanting constitutions have still other arguments». L. SAGGI, «Observations», 37. Em todo caso, as diferentes posições e interpretações dão a ideia que realmente era um momento de grande tensão, o que refletia também o processo vivido pela Igreja como um todo.

[168] A partir deste Capítulo, a Ordem será dividida em sete regiões das quais um representante fará parte do chamado «Conselho das Províncias». Este se reunirá uma vez por ano com o Conselho Geral para tratar assuntos do bem comum de toda a Ordem, examinar a situação geral ou outros assuntos oportunos (Cfr. *Const. 1971*, 337-339; *Const. 1995*, 288-290). É uma clara abertura e incentivo para maior participação das Províncias no governo geral e responsabilidade pela vida da Ordem como um todo. Esta participação será ainda ampliada pelo Capítulo Geral 1977, que permitirá a participação de todos os priores Provinciais e Comissários gerais e, mais tarde, em 1984, também aos Comissários provinciais, especialistas e convidados. Cfr. J. JANČÁŘ, «Consiglio delle Province», 173-174.

[169] O Capítulo instituiu um delegado geral para o «Terzo Mondo» o qual, mesmo não fazendo parte do Conselho Geral da Ordem, tem direito a voz em tal Conselho quando o assunto se referir ao seu trabalho. Cfr. *Const. 1971*, 355. O termo «Terceiro Mundo» era utilizado na época para definir os países pobres segundo uma classificação que os dividiam de acordo com a situação econômica de cada um. Hoje o termo não é mais usado, preferindo-se dizer «países em desenvolvimento».

[170] *Ac.Cap.Gen. 1971*, 11.

toral[171]. Como o tema da vida comunitária vem sido resgatado em seu grande valor desde o Capítulo de 1968 e na preparação das novas Constituições, não se deve formar comunidades somente para estarem a serviço da Igreja, como no apostolado – «...non constituere meram communitatem quae apta sit ad aliquod munus (v.gr. ad apostolatum paroecialem) in Ecclesia fungendum»[172] –, mas para se fazer verdadeira experiência de vida fraterna. Mais do que o trabalho apostólico, afirma o padre geral, inspirados na primeira comunidade cristã, o testemunho carmelitano deve ser de como se vive a fraternidade:

> Constituimus imprimis communitatem fraternam in ambitu locali, provinciali et generali, communitatem, inquam, quae vinculum suae unitatis invenit in caritate Dei et proximi. Confratres sumus. Exemplar nostrum manet illud "cor unum et anima una" Ecclesiae primaevae. Testimonium perhibemus in Ecclesia non tantum nostro labore apostolico, sed etiam modo quo ducimus nostram vitam communem... Non tantum labor noster, sed etiam nostra communitas debet esse testimonium visibile caritatis Christi[173].

Percebe-se já de início que o tema da fraternidade será o grande enfoque do Capítulo. Para isso, o prior geral lembra a necessidade do diálogo em comunidade: a capacidade de escutar o outro e também colocar suas ideias, o que requer muita paciência, trabalho perseverante e conversão do coração[174]. Mas, não é só o diálogo humano que resolve os problemas. O diálogo também deve ser vivenciado com Deus, no qual a presença de Cristo deve ser invocada e a sua Palavra escutada: na oração pessoal e comunitária, na *Lectio Divina*, nos atos penitenciais da comunidade. A vida orante da comunidade e de cada um é imprescindível. A Eucaristia deve ser o centro da vida pessoal e comunitária. Sem oração pessoal, porém, o perigo é que a oração comunitária seja algo somente externo, um ritual a ser cumprido. Por fim, lembra Healy, a Igreja é comunidade orante, como a Ordem carmelita deve ser: «Ecclesia est communitas orans, et etiam Ordo noster inde a suo exordio et per totam suam historiam semper fuit communitas orans»[175].

---

[171] «Omnes fatentur nos esse in sic dicta "periodo transitionis", sub aspecto sociali, oeconomico, culturali et religioso. Omnes nostri valores ponuntur sub iudice; et nova conscientia socialis hominum qui Ecclesiam ingrediuntur enixum studium a nobis postulat. Nihil nobis potius est quam ut renovemus nostram institutionem ad vitam communem et ad ministerium pastorale in Ecclesia». *Ac.Cap.Gen. 1971*, 14.

[172] *Ac.Cap.Gen. 1971*, 16.

[173] *Ac.Cap.Gen. 1971*, 16.18.

[174] Cfr. *Ac.Cap.Gen. 1971*, 18.

[175] *Ac.Cap.Gen. 1971*, 18.

Dentro desta reflexão sobre a fraternidade, maior diálogo e partilha entre os membros da família carmelita, aparece nos decretos do Capítulo a preocupação com a comunicação, em todos os níveis da Ordem, para que possa haver mais envolvimento e participação de todos[176]. Neste sentido, também a condivisão da preocupação com a atuação dos confrades que trabalham, com grandes dificuldades e desafios, nos países subdesenvolvidos («Terzo Mondo»), conclamando a uma maior consciência missionária em toda a Ordem, com ações concretas e a instituição do delegado que represente tal realidade no governo geral da Ordem[177]. Tais decisões vão mostrando como a estrutura vai se transformando, adquirindo aspectos que possam concretizar os valores que vão sendo assumidos pela Ordem na releitura do seu carisma em vista da renovação.

Em um questionário respondido pelos provinciais sobre a formação, cuja síntese foi publicada nos apêndices da ata do Capítulo[178], vê-se que a grande dificuldade daquele momento no aspecto formativo era ainda o fato de não ter claro um conceito de Vida Religiosa. Ainda se discutia sobre a sua autenticidade ou testemunho de valores, diante do modelo e exemplo de Jesus. Dificuldades como: a falta de um equilíbrio entre os valores espirituais (contemplativo) e a vida ativa (pastoral), ou as formas tradicionais de oração que impediam a «criatividade» e «liberdade», estavam presentes na formação e não ajudavam as pessoas a preparar-se bem para estar a serviço da Igreja de modo responsável e livre: «...formatio ad libertatem et responsabilitatem personalem»[179]. A carência de maturidade dos clérigos, problemas de personalidade ou incapacidade de vínculos com liberdade, é acentuado por momentos de crise de fé pessoal. Ainda assim, conclui-se que os jovens estudantes desejam uma Vida Religiosa mais autêntica, com mais fraternidade e testemunho da pobreza: «Solliciti sunt de tempore futuro. Ulterius studentes desiderant vitam communitatis cum maiore fraternitate et paupertate»[180].

---

[176] «Valor singulae communitatis religiosae consistit in valore omnium membrorum quae participant communitatem. Magni momenti est quod valor et dignitas uniuscuiusque membri possunt afferri in communitate. Omnes sunt active responsabiles de bono uniuscuiusque membri et de bono totius communitatis. Ad devolvendum bonum communitatis necesse est pluriformitas et subsidiarietas sed etiam ad creandam unitatem in multiplicitate solidarietas et collegialitas». *Ac.Cap.Gen. 1971*, 69.

[177] «Ut in toto Ordine conscientia missionalis excitari possit... Quare haec adumbratio universo Ordini proponitur ut, hac actione concreta, fratres nostri in diversis mundi hodierni regionibus, sese invicem ex die in dies melius agnoscere et extimare possint». *Ac.Cap.Gen. 1971*, 71.

[178] Cfr. *Ac.Cap.Gen. 1971*, 74-85.

[179] *Ac.Cap.Gen. 1971*, 78.

[180] *Ac.Cap.Gen. 1971*, 84.

6. As Novas Constituições de 1971

A elaboração e aprovação das novas Constituições estavam dentro deste clima de tensões e diversidade de posições, até mesmo de «resistências» em relação às novas normas jurídicas[181]. Mesmo sendo necessário renová-las a pedido da própria Igreja, havia críticas quanto à grande preocupação com o aspecto jurídico, acentuando muito a norma, sem um maior aprofundamento de alguns elementos fundamentais e ainda polêmicos[182]. O primeiro texto elaborado pela comissão pós-conciliar já havia sido reelaborado após ser criticado pelo modo como ele era exposto, apresentando-se um novo texto com um aspecto menos «giuridico» e mais «piano e discorsivo»[183]. Mas alguns também opinavam que o tempo não era suficiente para «amadurecer» os novos conceitos, ou mesmo questionavam quanto à elaboração das Constituições num momento em que muitas coisas continuavam em mudança[184].

---

[181] Não se pode esquecer que após o Concílio Vaticano II houve na própria Vida Religiosa uma certa crise em relação à obediência, que não deixou de atingir também a Ordem: «In alcune parti dell'Ordine si era diffusa, nell'epoca post-conciliare, una mentalità contraria agli aspetti giuridici della vita religiosa, arrivando anche alla convinzione della inutilità di aver Costituzioni per l'Ordine. Con il passare del tempo, però, emerge nell'Ordine un orientamento più consono al Concilio Vaticano II e con le linee tracciate dai Capitoli generali del 1968 e 1971 che si trovano nelle nuove Costituzioni». E. BOAGA, *Come pietre vive*, 226.228.

[182] Por exemplo, a pluralidade de experiências de vida nas diferentes realidades da Ordem, entre outros. Cfr. C. MESTERS, «The Language of Events», 15-18. Essas discordâncias de ideias, ou de diferentes opiniões em relação aos textos a serem aprovados, influenciavam no clima do próprio Capítulo, como pode ser visto nos momentos mais tensos, como aqueles eletivos. Observa E. Boaga: «In alcune parti [delle Costituzioni de 1971] vi è un'elaborazione maggiore e attenta ad aspetti vitali ed esperienziali, in altre tale elaborazione si presenta con spirito più giuridico. Queste varietà di accenti sono il riflesso del clima del capitolo e del lavoro svolto in esso (vi fu convergenza circa l'esposizione del carisma, però altri atti interni, come elezioni, non furono privi di tensioni». E. BOAGA, *Il cammino dei Carmelitani*, 57. Confirma J. Andrade: «Las nuevas Constituciones, elaboradas en este Capítulo, recogieron en su Capítulo 1º la doctrina fundamental referente al Carisma de la Orden, pero el resto de las mismas, elaborado con bastante atención a lo jurídico, quedó algo condicionado y este mismo espíritu se reflejó en los actos internos del Capítulo, en la elección de los miembros del Consejo General, etc.». J. ANDRADE – E. GARCÍA, «El Carmelo postconciliar», 187.

[183] L. SAGGI – C. CICCONETTI, «Presentazione del nuovo testo», 11. Diz-se ainda que a rejeição de muitos que permaneciam contrários a um «corpo "organico" di costituzioni», devia-se pelo fato do pouco tempo que tinham para examinar o novo texto proposto. Cfr. *Ibid.*

[184] Cfr. J. CARDOSO, «Lo schema di Costituzioni», 3. O autor apresenta três razões que mostravam a necessidade de se elaborar as novas Constituições no Capítulo de 1971: primeiro, as atuais leis estavam dispersas nos três últimos capítulos gerais e nas Consti-

As Constituições vigentes até então eram as de 1930, elaboradas em consonância com o Código de Direito Canônico de 1917[185]. Esta era a primeira vez a Igreja ordenava suas leis, já existentes, em uma legislação integrada e sistemática. Ele traz uma definição para a Vida Religiosa, descrita de forma detalhada, estabelecendo para todos os religiosos e religiosas uma «lei universal», que os enquadrava numa grande «uniformidade». Naquela época, as Constituições deveriam adequar-se a esta legislação, segundo esta compreensão da vida consagrada, apenas adicionando questões carmelitanas ao que já estava estabelecido pelo Código[186]. Assim sendo, aquelas Constituições permanecem praticamente com ênfase no aspecto jurídico.

Com uma nova mentalidade pós-conciliar, a especial característica das Constituições de 1971 será a fraternidade, buscando ampliar a reflexão e fundamentar a vida comum presente nas últimas Constituições (1930). Para isso, aborda temas como a maturidade humana, o diálogo, a participação, a comunicação, a não sobrecarga de trabalhos em dano à vida comunitária, etc... Se, em 1930, a ênfase era sobretudo na contemplação, as novas Constituições, herdando a reflexão feita a partir da tensão entre contemplação e ação, procurando conciliar a abertura aos diversos apostolados ocorrida no período conciliar, assume uma posição nova: a unidade e complementariedade dos dois valores. Como fruto do aprofundamento e discernimento da Ordem, apoiada na própria reflexão do Concílio Vaticano II para a renovação da Vida Religiosa[187], as novas Constituições enfatizam que se deve buscar, acima de tudo e unicamente, o amor de Deus; este leva a uma vida de intimidade com Ele, concretizando-a no amor e serviço ao próximo, unidade dos dois aspectos que formam a vida carmelitana.

---

tuições de 1930, sendo que o Concílio Vaticano II já havia promulgado muita coisa nova; segundo, as leis não correspondiam mais às circunstâncias do tempo, sendo urgente o seu «aggiornamento»; terceiro, poderia promulgar-se as novas Constituições e, depois de seis anos, o Capítulo Geral poderá revisá-la e fazer os necessários acertos. Cfr. *Ibid.*

[185] Cfr. J. SMET, «Le Costituzioni dei Frati OCarm», 196.

[186] Cfr. O'DONNELL, «Modern Carmelite Legislation», 62.63. Segundo o autor, as Constituições de 1930 tinham três preocupações básicas: primeiro, enfatizar a vida contemplativa, para mostrar que os carmelitas da Antiga Observância não são menos contemplativos que os Descalços; segundo, corrigir abusos e laxismos, sendo prioridade a observação das normas estabelecidas para a vida religiosa; e terceiro, a vida comunitária, contra um certo individualismo. Porém, «The ecclesial vision, or theology of the Church, underlying the legislation, was somewhat deficient». *Ibid.*, 63.

[187] Cfr. PC 5.

6.1   Estrutura das novas Constituições

As Constituições de 1971 foram elaboradas em quatro partes[188]:

1. *De dono et munere Ordinis ac de eiusdem fundamentali Constitutione*. Esta primeira parte, sobre o carisma e missão da Ordem, é uma espécie de introdução que, pela primeira vez numa constituição carmelitana, coloca os princípios teológicos, históricos e jurídicos que irão inspirar e serem desenvolvidos em todo o restante do texto. São, praticamente, os principais elementos da «Ratio Ordinis» e da estrutura jurídica da Ordem;

2. *De vita nostra fraterna*. Trata dos aspectos concretos da fraternidade como núcleo da Vida Religiosa carmelitana;

3. *De formatione*. Expõe os princípios gerais e as normas práticas referentes à formação, desde o momento inicial até à formação permanente;

4. *De regimine*. São as normas que regulam o exercício do governo e a estrutura jurídica da Ordem nos seus diversos níveis: local, provincial e geral[189].

6.2   Elementos principais da vida carmelita segundo as Constituições

A primeira parte das Constituições sobre a exposição do carisma da Ordem[190] é inspirado basicamente no texto da «*Delineatio Vitae*

---

[188] As Constituições de 1930, de uma forma muito mais direta e jurídica, eram divididas em três partes: *De Ordinis Regimine in genere* (incluindo tanto a "De Ratio Ordinis", quanto a formação, vida comunitária, apostolado, missão); *De Regimine oeconomico Conventum* (os diferentes ofícios exercídos nos Conventos); *De Regimine superiore Ordinis* (a estrutura jurídica da Ordem).

[189] Segundo J. Cardoso, o texto preparado pela comissão para as novas Constituições teve como fontes: a precedente legislação (Constituições de 1930; Atas e Decretos dos últimos três Capítulos Gerais; relatório da comissão preparatória do Capítulo Geral 1965); documentos pontifícios, do Concílio Vaticano II e os pós-conciliares (*Ecclesia Sanctae; Cum Admotae; Schema legis fundamentalis Ecclesiae...*). E foi redigido com base nos critérios dados pelo Motu Proprio *Ecclesia Sanctae* e pelo Capítulo Geral 1968, a saber: excluir do direito o que já era superado; aplicar os princípios da colegialidade e subsidiariedade; incluir normas do direito comum; citar as fontes dos artigos e notas bibliográficas, mostrando a cientificidade do texto (uma grande inovação a respeito do texto constitucional de 1930); e o equilíbrio para não ser somente um «código de leis», nem somente um «diretório espiritual», mas com elementos teológicos e espirituais junto com o jurídico, conforme pede o documento pontifício (ES II, 12-14). Cfr. J. CARDOSO, «Lo schema di Costituzioni», 3-4.

[190] O qual teve grande aceitação, sendo o único texto aprovado por unanimidade. Cfr. L. SAGGI – C. CICCONETTI, «Presentazione del nuovo testo», 12; E. BOAGA, *I Carmelitani*, 10; ID., *Come pietre vive*, 226. Esta unanimidade, em meio a um clima de polarizações e diversidade, manifesta o renovado interesse pela Regra do Carmo: nela todos se reconhe-

Camelitanae»[191], até mesmo ao assumir o título dado por ela – *De dono et munere Ordinis* (Dom e missão da Ordem) – ao invés *De Ratione Ordinis*[192]. Embora não dê uma definição direta do que é a «Ratio Ordinis», como fazem as Constituições de 1930[193], as novas Constituições dizem que, «participando da missão de Cristo» e «formando a sua Igreja»[194], o carmelita se dispõe a estar a serviço do próximo, seja na vida comunitária interna como também externa:

> Vivendo na imitação de Cristo (R *prólogo* [Rc 2]) e reconhecendo seu Evangelho como norma máxima de nossa vida (PC 2), unimo-nos na força do Espírito Santo (1Cor 12,11), que distribue a cada um conforme sua índole para a ajuda mútua entre nós e para os outros. Desta maneira contribuímos para a realização do plano de Deus neste mundo: reunir todos os homens num só Povo Santo (LG 9; GS 32)[195].

Falando em geral das características da Vida Religiosa[196] e das «condições» para seguir Cristo[197], pergunta-se qual é a fisionomia própria

---

cem numa mesma origem e tradição. O mais difícil, porém, era individuar e convergir os valores comuns à sua atualização.

[191] «L'esposizione del carisma dell'Ordine, fatto nella prima parte [delle Costituzioni], sviluppa i contenuti della "Delineatio vitae carmelitanae", rifondendola completamente e rinnovandola nella forma e nelle prospettive di trattare l'argomento». E. BOAGA, *Come pietre vive*, 226.

[192] A comissão preparatoria achou melhor substituir a palavra "Ratio" por ela ser «troppo impegnativa: non si può dare una definizione, ma solo una descrizione della identità dell'Ordine». L. SAGGI – C. CICCONETTI, «Presentazione del nuovo testo», 11.

[193] Os artigos 1, 2 e 3 das Constituições de 1930 dão uma definição da natureza e finalidade da Ordem, embora em uma forma esteriotipada e muito jurídica. O artigo 2 sintetiza: «Ratio Ordinis nostri in eo ponenda est quod iuxta exemplum Patris nostri Eliae cum vita contemplativa tamquam fundamento et parte principaliori vitam activam coniungens, specialem erga B. V. Mariam nutriat devotionem eamque ad Dei gloriam et animarum salutem procurandam ubique terrarum praesertim per sacrum Scapulare propagare conetur». *Const. 1930*, 2.

[194] Cfr. *Const. 1971*, 1.

[195] *Const. 1971*, 2 «In obsequio Iesu Christi viventes (R *prologus*) Eiusque Evangelium uti norman supremam vitae nostrae amplectentes (PC 2), in virtute eius Spiritus dividentis dona singulis prout vult (1Cor 12,11), conspiramus in servitium mutuum tum inter nos tum erga alios homines. Ita cooperamur ut propositum Dei, qui omnes in Populum sanctum vult coadunare, in hoc mundo adimpleatur (LG 9; GS 32)».

[196] A busca de Deus; a adesão à Cristo; a vida fraterna. Cfr. *Const. 1971*, 3.

[197] Referindo-se aos conselhos evangélicos de castidade, obediência e pobreza. Cfr. *Const. 1971*, 4.

da Ordem Carmelitana na Igreja entre tantos outros carismas[198]. A resposta é dada através de uma síntese histórico-doutrinal do surgimento e características da Ordem[199], que estabelece a sua identidade com a aprovação definitiva da Regra, em 1247[200]. Esta, mesmo conservando o estilo de vida eremítica, também fez com que os carmelitas se colocassem a serviço da Igreja, segundo o ideal comum da Ordem, como fraternidade apostólica:

> [a Regra aprovada por Inocêncio] fêz com que os Carmelitas se dedicassem ao serviço da Igreja com os mesmos objetivos das outras Ordens Apostólicas. Conservaram, porém, suas peculiaridades quanto à vida de oração como prescreve a Regra: «Meditar dia e noite a Lei do Senhor» e «vestir-se das armas espirituais» (R VII [Rc 11] et XIV [Rc 18]). Tais prescrições foram sempre consideradas como características da Ordem, tanto pelos próprios Carmelitas como pela Igreja. Os grandes Mestres da Espiritualidade, que Deus suscitou na Ordem, acentuaram ainda mais este nosso carisma[201].

O ideal do Carmelo, segundo as Constituições, é «oferecer a Deus um coração puro e viver na sua presença» e, assim, «gerar filhos para a Igreja, em Cristo, por meio do Evangelho»[202]. Para isso, atentos aos «sinais dos tempos», a fraternidade apostólica terá um valor eclesial e humano[203], inserindo-se na Igreja «pobre e serva», fazendo do apostolado

---

[198] Cfr. Const. 1971, 6.

[199] Cfr. Const. 1971, 7-16.

[200] Cfr. Const. 1971, 10. Segundo E. Boaga, a Regra aprovada em 1247 passa a ser a fonte segundo a qual os carmelitas deverão retornar para fazer a releitura do carisma, como pede o Concílio Vaticano II: «In particolare i caratteri distintivi dell'Ordine vengono individuati nel contenuto della Regola definitiva (cioè il testo approvato da Innocenzo IV): questa Regola contiene il carisma originario al quale si deve riferire il ritorno alle fonti voluto nell'epoca postconciliare». E. BOAGA, Il cammino dei Carmelitani, 58.

[201] Const. 1971, 10 «Transformatio ab Innocentio IV... effecit ut Carmelitae se darent Ecclesiae servitio iuxta commune propositum Ordinum fraternitatis apostolicae (hoc nomine incipiunt vocari qui «Mendicantes» dicebantur), servata tamen peculiari nota vitae orationis, fundata in regulae praecepto de assidua meditatione legis Domini, de vigilantia in orationibus ac de armorum spiritualium assumptione (R VII [Rc 11] et XIV [Rc 18]). Quae nota, saeculorum decursu insigne Ordinis tum inter fratres tum in Ecclesia enituit, praesertim ob magistros vitae spiritualis quos in Ordine Deus suscitavit». Segundo a Regra, a inpiração originária do Carmelo é «in obsequio Ihesu Christi vivere» (Cfr. Rc 2), o que exige uma intensa vida interior e de oração para poder realizar tal objetivo de forma concreta e coerente.

[202] Cfr. Const. 1971, 12.

[203] «Cremos que nossa comunidade apostólica possue valor eclesial mas também humano, que se assemelha à semente, a um novo começo, sinal e instrumento para a re-

não somente um «fazer» ou «ensinar», mas também um testemunho da presença de Deus – «in testemonio vivae conscientiae praesentiae Dei operantis consistere (*Delineatio* 24)»[204]. Uma importante contribuição em ajudar as pessoas a descobrirem esta presença de Deus num mundo tão secularizado, tendo a coragem de rejeitar tantos ídolos que afastam o ser humano da comunhão com o Criador[205].

Maria e Elias são evocados como modelos do equilíbrio entre a vida de contemplação, de experiência da presença, intimidade, abertura à Deus, com a dimensão apostólica, profética, do envolvimento e compromisso concreto com o projeto do Pai[206]. Maria resgata a participação na história da salvação e Elias o elemento profético-carismático. O uso da expressão «Consuetudo autem spiritualis vitae cum Maria»[207] traz presente toda a riqueza da tradição mariana do Carmelo, mostrando não somente uma devoção ou consagração a Maria, mas também uma coparticipação na sua vida, uma familiariedade (*consuetudo*) que está presente na relação dos carmelitas com a «Madonna».

Na segunda parte das Constituições, ao abordar o tema da fraternidade, trazem-se presentes os valores carmelitanos que compõem a vida comunitária   expressão e concretização da fraternidade[208] – e a fundamentam. Afirma, antes de tudo, que a fraternidade, que tem como fonte o Batismo, inspirada na Regra e na vivência dos conselhos evangélicos[209],

---

alização do plano divino, que consiste na *"íntima união com Deus e também na união dos homens entre si"* (LG 2) (Imprimis fraternitatem nostram apostolicam valorem ecclesialem simul ac humanum prae se ferre credimus, uti semen vel initium, signum et instrumentum per quod divinum propositum adimpletur, scilicet "intimae cum Deo unionis totiusque generis humani unitatis" (LG 2))». *Const. 1971*, 13.

[204] *Const. 1971*, 13.

[205] «E le Costituzioni esprimono il parere che possiamo render servizio alla Chiesa e al mondo col valore della nostra fraternità (che viva prima per sé quel che vuol annunciare), coll'aiutare gli uomini nella ricerca del senso della vita, in un mondo secolarizzato che soffre la crisi della fede in Dio e della preghiera: sensibilizzare gli uomini alla scoperta di Dio nella propria vita, abbattendo gli idoli della falsa religiosità». L. SAGGI – C. CICCONETTI, «Presentazione del nuovo testo», 12.

[206] «Esta atitude contemplativa e ativa se reporta à influência de Elias, à prática da vida espiritual em união com Maria. (Hic cultus spiritualis ac apostolicae vitae manavit tum ab inspiratione eliana tum a consuetudine vitae spiritualis cum Maria)». *Const. 1971*, 11.

[207] *Const. 1971*, 11.

[208] Cfr. *Const. 1971*, 27.

[209] Mais do que um conceito jurídico, os conselhos evangélicos são abordados como uma síntese dos valores da vida evangélica buscados pela Vida Religiosa (Cfr. *Const. 1971*, 40-52). Eles caracterizam de forma estável (votos) a escolha e o compromisso com o projeto de Deus, através da Igreja, vivendo em fraternidade. Cfr. L. SAGGI – C. CICCONETTI, «Presentazione del nuovo testo», 13.

manifesta a caridade de Cristo à humanidade e é testemunho de uma fraternidade universal, a qual todo ser humano é chamado: «Assim nos tornaremos testemunhos da caridade universal a que todos os homens são chamados (VF 28)... Esta caridade fraterna será exercida na própria comunidade mas, transpondo os muros do Convento, ela se estenderá a toda a Ordem, à Igreja e ao mundo inteiro»[210]. Para que esta fraternidade universal se estenda a toda Ordem, à Igreja e à humanidade, é importante que a comunidade interna (convento) tenha um grande contato e participe da vida da comunidade externa (comunidade local, realidade do mundo) para um crescimento humano e comunitário de ambas as partes[211].

As Constituições confirmam que a vida de oração[212], que tem como base a caridade, deve ser o centro da fraternidade, formando uma unidade com a atividade apostólica da qual partilha a mesma fonte: «Oração e Apostolado não devem correr como duas paralelas, mas formar um todo, pois ambos procedem do amor que não conhece dualismo, pois brotam de uma fonte comum e della se alimentam»[213]. Assim, o carmelita pode ser também um sinal da Igreja orante no mundo de hoje: «Cada comuni-

---

[210] *Const. 1971*, 25.26 «Sic in signum constituimur fraternitatis universalis ad quam genus humanum vocatum est (*De Vita fratrum* 28 – Capituli generalis anni 1968)... Haec fraternitas in communitate locali probatur, sed superat limites propriae domus ac provinciae et se extendit ad totum Ordinem et Ecclesiam (PO 6), immo ad totum genus humanum».

[211] «Nossa vida dentro do Convento e nosso trabalho fora dele devem constituir harmoniosa unidade, pois das comunidades que desempenham trabalho apostólico se espera que estejam em contato com o povo e à disposição dele. Devem ser o centro do ambiente que a circunda, dali brotando as iniciativas necessárias ao bem-estar e às necessidades do povo (Tota vita nostra intra conventum nexum habeat cum laboribus ad extra et unitatem cum eis constituat. Hoc enim requiritur a conventibus Fraternitatis Apostolicae, ut sint in medio populi, cum ipso intime conexi eique aperti, centra sui medii ambientis, functionem etiam stimulatricem et criticam exsequentes relate ad exigentias eius humanas. Ita fiet ut nostrae communitates sint revera expressio fidei, spei et caritatis et loci apti ad plenam evolutionem personae)». *Const. 1971*, 30.

[212] Da qual a Eucaristia deve ser o centro e o cume, tanto no âmbito pessoal quanto comunitário (Cfr. *Const. 1971*, 61); a liturgia, um testemunho apostólico e união à Igreja universal (Cfr. *Const. 1971*, 62); o silêncio, a condição indispensável para escutar a Deus (Cfr. *Const. 1971*, 58); a realidade, aquela que alimenta a oração e faz buscar novos métodos adaptados aos tempos atuais e à necessidade de rezar com a vida (Cfr. *Const. 1971*, 55).

[213] *Const. 1971*, 53 «Ipsa vero oratio unum quid constituat oportet cum actione apostolica, siquidem utraque a caritate tamquam ab uno fonte procedit et alitur, superata qualibet dualitate vitae».

dade carmelitana deve, portanto, ser no mundo de hoje, um testemunho visível da Igreja Orante»[214].

No que se refere ao apostolado, deve-se anunciar o Evangelho em primeiro lugar com a própria vida, testemunhando uma fraternidade que seja sinal da salvação para todo o povo, escutando os apelos da Palavra de Deus e cooperando com a Igreja segundo o espírito do Carmelo[215]. Confirma que a Ordem deve estar aberta aos vários tipos de apostolado, conforme pede a Igreja, de acordo com as necessidades de lugar e tempo[216], sendo específico do Carmelo direcionar seus trabalhos «...para promover a procura de Deus, a vida de oração no Povo de Deus e uma genuína e natural devoção à Maria, *"modelo e protótipo da Igreja"* (LG 68)»[217].

Ao tratar da formação, um grande passo dado é levar em conta as várias dimensões de crescimento da pessoa, incluindo a maturidade humana como base para o bom desenvolvimento do ser religioso e cristão[218]. É preciso formar dentro de uma identidade carmelitana, isto é, interiorizando os seus valores. Este é um processo contínuo, permanente, no qual a comunidade como um todo deve sentir-se responsável, com sua colaboração e testemunho de vida fraterna, e conscientes de que não existem «métodos pré-fabricados», mas sim constante esforço na busca de novos métodos mais adequados[219].

---

[214] *Const. 1971*, 54 «Quaelibet ergo carmelitica communitas in mundo nostri temporis signum evidens esse debet Ecclesiae orantis».

[215] Cfr. *Const. 1971*, 81.82.84. «Para tal, precisamos estudar as realidades religiosas e sociais, do local e da época, e seus problemas. Só assim, lançando mão dos meios adequados para a cura de almas, poderemos fortalecer e firmar o espírito de união comunitária em todo o Povo de Deus (Proinde exigentias et necessitates religiosas ac sociales loci et temporis investigare debemus, ut, aptis operibus apostolicis cuiuslibet generis coniunctim inceptis at practis, spiritum comunitarium in universo Popolo Dei roborare ac manifestare possimus)». *Ibid.*, 85.

[216] Cfr. *Const. 1971*, 89. «Atendemos a estes deveres tanto na cura de almas em nível paroquial, como a serviço dos fiéis em nossas Igrejas, trabalhando com os jovens em nossos colégios, pregando retiros, em estudos e conferências sobre a vida espiritual, etc. (Hoc obtinebimus per apostolatum paroecialem, servitium christifidelibus exhibitum in ecclesiis, iuventutis formationem in scholis, praedicationem exercitiorum spiritualium, studia et praelictiones de rebus spiritualibus, et alia huiusmodi». *Ibid.*

[217] *Const. 1971*, 85 «...ad fovendam inquisitionem Dei, vitam orationis Populi Dei atque veram et genuinam devotionem erga B. V. Mariam, quae est "imago et initium Ecclesiae" (LG 68)». Uma novidade que se inclui na dimensão do apostolado é a preocupação com a realidade dos países pobres, assumindo como missão o «apostolado do Terceiro Mundo». Cfr. *Ibid.*, 96-97.

[218] Cfr. *Const. 1971*, 98-99.

[219] Cfr. *Const. 1971*, 100.101.106.

Em respeito ao governo da Ordem, o que chama a atenção é o incentivo à maior participação através do conceito de colegialidade e subsidiariedade. A criação das sete regiões nas quais a Ordem é dividida, formando com o Conselho Geral o chamado «Conselho das Províncias»[220], mais tarde incluindo a participação de todos os Provinciais e Comissários, garante maior presença e corresponsabilidade na vida da Ordem como um todo. Assim também em vários outros momentos de atos a cumprir-se colegialmente, não deixando a responsabilidade somente nas mãos de alguns ou dos superiores[221].

Dentro deste contexto, chama à atenção a descentralização do poder através do princípio de subsidiariedade[222]. É interessante a quantidade de artigos que remetem a regulamentação aos estatutos das províncias[223], permitindo a elas várias decisões, como as que dizem respeito às eleições de priores nos Capítulos Locais[224]; dos provinciais e conselheiros, que pode ser decidido ao modo de «sufrágio universal», isto é, fora do Capítulo e por todos os religiosos[225]; definir quem participará dos Capítulos Provinciais[226]; etc... É um passo para maior envolvimento e responsabilidade de todos com a caminhada da Ordem.

A difusão das Constituições com as suas principais ideias trouxe uma base para realizar uma verdadeira renovação na Ordem. Principalmente a primeira parte será importante para clarear o aspecto da identidade e vivência do carisma, mesmo que os conceitos e valores ali apresentados deverão ser ainda aprofundados para serem melhor compreendidos e internalizados.

---

[220] Cfr. acima, nota 168.

[221] Neste sentido, a importância do envolvimento de toda comunidade no apostolado, sendo um testemunho de fraternidade para o povo (Cfr. Const. 1971, 81); a corresponsabilidade com o pároco no trabalho pastoral paroquial (Cfr. Const. 1971, 94); a participação na formação dos novos carmelitas, sendo uma comunidade formadora (Cfr. Const. 1971, 118).

[222] Este princípio foi definido pelo papa Pio XI, em 1931, na encíclica Quadragesimo anno: «... permanece contudo imutável aquele solene princípio da filosofia social: assim como é injusto subtrair aos indivíduos o que eles podem efetuar com a própria iniciativa e indústria, para o confiar à coletividade, do mesmo modo passar para uma sociedade maior e mais elevada o que sociedades menores e inferiores podiam conseguir, é uma injustiça, um grave dano e perturbação da boa ordem social. O fim natural da sociedade e da sua ação é coadjuvar os seus membros, não destruí-los nem absorvê-los». QA 80. Uma síntese sobre o sentido e uso desse princípio no meio eclesial, ver: «Subsidiariedad», in C. O'Donnell – S. Piè-Ninot, Diccionario de Eclesiología. 1011-1012.

[223] Cfr. voz «Statuti della Provincia» no índice de assuntos das Constituições, 60 artigos têm esta característica.

[224] Cfr. Const. 1971, 221.

[225] Cfr. Const. 1971, 239.

[226] Cfr. Const. 1971, 235-236.

A elaboração das novas Constituições pode ser considerada um sinal concreto da recepção do Concílio Vaticano II na Ordem e o final desta primeira fase de renovação, dentro de uma nova mentalidade eclesial e de Vida Religiosa pós-conciliar. É claro que não se pode considerar algo acabado, completo, mas sim uma primeira «síntese» do passo que deveria ser dado, mesmo com todos os conflitos, limites e inseguranças que as mudanças ou o novo traz. A experiência vivida nos próximos anos será o aprofundamento e avaliação deste processo realizado e das novidades assumidas e vividas.

7.   Uma eclesiologia implícita?

Embora haja várias referências à Igreja e, direta ou indiretamente, à «nova reflexão eclesiológica» do Concílio Vaticano II, seria muito falar de uma eclesiologia explícita, clara, nos documentos desta época, ou mesmo a preocupação direta com o tema ou com o seu aprofundamento. Também porque no próprio contexto eclesial as coisas provavelmente não estavam ainda tão claras na mente de muitas pessoas neste momento pós-conciliar. O grande desafio era a busca da identidade, tanto da Vida Religiosa como da própria Ordem, neste momento de «crise» para todos, inclusive para a Igreja. Porém, é claro que implicitamente, por trás das reflexões e decisões, vê-se a influência desta «nova eclesiologia», deste «novo modo de pensar» a Igreja assumida pelo Concílio, que permeia os temas e discussões em torno da renovação, colocando os critérios e base para esta. Não são poucas as vezes que se retoma a necessidade de «ser Igreja» pelo compromisso batismal, na comunhão participativa, na comunidade que testemunha a fraternidade, na unidade dentro da pluralidade, do confronto com uma realidade que questiona e desafia, na grande missão de evangelização.

Pelo fato de já se afirmar no primeiro artigo das novas Constituições que formamos a Igreja de Cristo, citando a definição dada no início da *Lumen Gentium* – «o sacramento, ou sinal, e o instrumento da íntima união com Deus e da unidade de todo o gênero humano»[227] –, mostra-se o pensamento eclesiológico que estava por trás da elaboração e discussão dos textos, ainda que de forma implícita; mesmo se ainda não muito clara e internalizada na consciência de muitos daquela época as implicações que esta nova eclesiologia do Concílio trazia.

Em alguns elementos de todo este primeiro processo de renovação, vê-se a influência desta nova reflexão eclesial, principalmente no que se refere à «Igreja de Comunhão». Nos documentos desta época já se encontra uma grande ênfase nos aspectos da fraternidade, que tem suas bases no Batismo, chamado comum à vida cristã, que reúne todos numa única

---

[227] Cfr. LG 1; *Const. 1971*, 1.13.

família, em um único Povo de Deus[228]. E como foi visto, esta unidade leva à partilha dos dons e talentos, dos diferentes serviços e apostolados, convocando a uma participação e corresponsabilidade de todos na constituição e vida da comunidade[229]. Esta deve estar atenta aos apelos de Deus, confrontando-se com a nova realidade que desafia a uma renovação constante do modo de viver para ser uma eficaz resposta ao mundo[230].

8.   Segunda fase de renovação da Ordem (1971-1995): aprofundando a identidade

Nesta segunda fase, uma vez individualizados os principais valores do Carmelo, estes serão aprofundados, refletindo como eles podem ser inspirados pela Regra e «encarnados» nas diversas realidades da Ordem, a partir do que já foi assumido e da experiência já realizada. A abertura para novas realidades; a descoberta de novas experiências de vida, de novas reflexões realizadas nas Igrejas locais – como o maior contato com a América Latina, por exemplo –, terão grande influência no prosseguimento deste processo realizado pela Ordem.

Assim, se dará a continuidade à renovação buscando novos caminhos de coerência com o carisma e com os desafios que o mundo propõe. Este segundo momento de aprofundamento da identidade é marcado pela influência de novas situações, que levam a uma grande expansão da visão geral da Ordem, assumindo novas perspectivas, novos temas e questões a serem discutidos e discernidos, com a participação de todos que vivem o carisma carmelita[231].

Para o maior envolvimento e participação de toda a Ordem, foram de suma importância os encontros do Conselho das Províncias[232], além

---

[228] Cfr. LG II.

[229] Cfr. LG 8, 13, 37, 44, 46; AA 10.

[230] Cfr. GS 4.

[231] «The 1971-1995 period was one of greatly expanded visions in the Order, one in which perspectives, issues and questions radically changed. It is too early [1997] to write a history of this period, but some key features are already clear» C. O'DONNELL, «Modern Carmelite Legislation», 65. Vê-se, por exemplo, o grande aprofundamento do tema da fraternidade em suas várias perspectivas e consequências. Questões referentes à dimensão mística do Carmelo, como acentuada pelo Instituto Titus Brandsma de Nijmegen, ou na recuperação da *Lectio Divina* como prática importante na vida de oração. Ou ainda, questões relacionadas com o compromisso de transformação social, na solidariedade, justiça e paz, inspirados pela Teologia da Libertação e a nova experiência da Igreja na América Latina. Neste processo, também será muito significativo o novo interesse e releituras feitas da Regra Carmelita, inspirados no aprofundamento e releitura do carisma da Ordem. Cf. *Ibid*.

[232] Cfr. *Const. 1971*, 337-339. «Os Conselhos das Províncias criados no Capítulo

dos encontros trienais da Congregação Geral já existentes para a discussão e preparação dos Capítulos Gerais[233]. Esses encontros internacionais, além de abordarem os temas resgatados nos últimos anos[234], trouxeram a maior consciência da Ordem como um todo, da corresponsabilidade de cada um, do pluralismo existente nas diversas experiências da vivência do carisma e da grande necessidade de comunhão e participação, num caminho de unidade:

> Su objetivo es revisar regularmente la vida de la Orden y mantenernos avanzando, más o menos, en la misma dirección. Aunque no siempre con la mesma fortuna o aceptación, permanece la realidad de unos mensajes y el esfuerzo continuo de la Orden reflexionando sobre su vida y la redefinición, año tras año, de sus ideales, por lo que hemos de admitir, cuanto menos, una cierta importancia de los mismos[235].

Esses encontros produziram documentos[236], ainda que muitas vezes mais «práticos» que «teóricos-especulativos»[237], que propõe um caminho de unidade para Ordem, dando indicações para a vivência do carisma, tentando integrar as várias realidades presentes no mundo, no

---

Geral de 1971, com o tempo, especialmente de 1972 a 1975, revelaram-se uma verdadeira reflexão sobre a realidade vivida pela Ordem, dando estímulo para uma renovação. Estes encontros internacionais, de fato, chamaram a atenção para temas vivenciais, dando-lhes um caráter prioritário... a ação destes Conselhos das Províncias agiliza um maior conhecimento da própria Ordem, uma maior comunhão, enquanto torna melhor o relacionamento entre as Províncias e a Cúria, e entre as mentalidades e culturas diversas». E. Boaga, «Tendências de busca», 20.

[233] Cfr. *Const. 1971*, 333-336.

[234] «...negli ultimi anni la scelta dei temi da trattare nei vari convegni a livello generale dell'Ordine è stata orientata verso quei problemi che – riaffermati in forma moderna nelle nuove Costituzioni di 1971 – ci toccano molto da vicino come religiosi e come carmelitani». L. Saggi, «L'identità Carmelitana», 2.

[235] I. Fos Santana, *Transferencia del Capitulo*, 4.

[236] Os documentos da Ordem têm sua publicação oficial feita pela Cúria Geral em *Analecta Ordinis Carmelitarum* (os mesmos serão citados do texto oficial publicado, mencionando o número da página, visto que nem todos os documentos foram publicados com numeração de parágrafos ou capítulos. As *Constituições da Ordem* e a *Ratio Institutiones Vitae Ordinis Vitae Carmelitanae (RIVC)* serão citados pela numeração nelas contidas). Foram feitas, porém, algumas compilações traduzidas em diversas línguas, contendo os documentos existentes até a data das referidas publicações: E. Boaga, ed., *Il Carmelo in cammino* (1980); *Orden del Carmen: Historia, Espiritualidad, Documentos* (1981); K. Mark, ed., *Towards a prophetic brotherhood – Documents of the Carmelite Order 1972-1982* (1984); *Documentos recentes da Ordem do Carmo: um caminho de renovação pós conciliar* (1991). O mais completo até o momento é: E. Boaga, ed., *Pellegrini verso l'autenticità. Documenti dell'Ordine Carmelitano 1971-1992*, Roma 1993.

[237] Cfr. E. Boaga, *I Carmelitani*, 6.

desafio de respeitar o modo de «encarnar» os valores carmelitas nos diferentes tempos, lugares e culturas. Os Capítulos Gerais eram sempre momentos privilegiados de síntese, avaliando a caminhada percorrida, vendo as dificuldades, avanços e desafios, e programando os próximos passos a serem dados. Neste período, a publicação do novo Código de Direito Canônico (1983) exige uma nova revisão e publicação das Constituições da Ordem, que chegará à sua conclusão em 1995, depois de um grande processo, sendo o marco de todo caminho percorrido de renovação e «aggiornamento» da Ordem após o Concílio Vaticano II.

8.1   De 1972 a 1977: aprofundando os valores do Carisma

Este período, após as publicações das Constituições 1971, foi marcado pelo aprofundamento dos valores mais acentuados no carisma carmelita, dando uma grande ênfase no aspecto prático da vida fraterna.

O I Conselho das Províncias, realizado em Madri (Espanha), no ano de 1972, abordou diretamente o tema da vida fraterna: «Impegnati al servizio della fraternità»[238]. Embora o tema não seja nada novo, a novidade será a nova impostação dada a ele de acordo com as recentes Constituições[239]. Ao introduzir a ideia, ainda nova para muitos, de que a fraternidade faz parte integrande da espiritualidade carmelita[240], tratou-se de temas como: as dificuldades emocionais na vida comunitária; o pluralismo de experiências vividas na Ordem; o perigo da polarização de ideias; a dimensão da justiça como expressão da fraternidade. A fraternidade será o grande tema dominante na reflexão da Ordem nos próximos anos.

Em 1973, celebrou-se o II Conselho das Províncias, em Aylesford (Inglaterra), refletindo o tema da oração: «Signore, insegnaci a pregare»[241]. Assumindo a oração também como parte integrante e essencial do carisma carmelita, e sendo de responsabilidade dos superiores a sua animação, o encontro refletiu a relação da oração com a Vida Religiosa, da vida comunitária com a atividade pastoral. Porém, não se acen-

---

[238] *I Cons. Prov.*, 54-62.

[239] «Fraternity was not, of course, totally new. We had all heard of the common life and fraternal charity, but the idea of building up brotherhood and of facing the personal emotional problems and polarization was new». C. O'DONNELL, «Modern Carmelite Legislation», 68.

[240] Cfr. I. FOS SANTANA, *Transferencia del Capitulo*, 4. «Il documento nasce dalla constatazione della centralità data nell'Ordine al discorso sulla fraternità nell'epoca postconciliare e intende offrire alcuni punti concreti per sviluppare detta fraternità». Cfr. E. BOAGA, *I Carmelitani*, 13.

[241] *II Cons. Prov.*, 65-76.

tuou tanto a tensão entre contemplação e ação – síntese já presente nas novas Constituições[242] –, mas sim a sua importância como base e alimento para a vida comunitária e experiência de fraternidade[243].

Retomando o tema da vida fraterna, em Frascati (Itália), realizou-se a Congregação Geral 1974, a qual elaborou o documento: «Il Carmelitano oggi: la fraternità come cammino verso Dio»[244]. Buscando integrar a experiência do passado com a realidade de hoje, mostra-se como a fraternidade deve estar integrada na vida de oração, sendo um aspecto essencial da Regra[245], que leva também a um compromisso com os mais pobres, na busca de sua libertação[246].

O III Conselho das Províncias realizou-se em Dublin (Irlanda), no ano de 1975, com o tema: «In mezzo al popolo: Piccole Comunità Religiose e Comunità di Base»[247]. Refletiu-se sobre a experiência de fraternidade, principalmente presente na América Latina, com as pequenas comunidades religiosas inseridas no meio popular – «alla luce delle origini del Carmelo che nasce con le caratteristiche di una fraternità locale»[248] –, em torno da escuta da Palavra de Deus e compromisso de transformação social, em diálogo com o povo e presentes em meio às Comunidades Eclesiais de Base.

Em 1976, houve um pré-Capítulo Geral, em Barcelona (Espanha), para a preparação e discernimento dos assuntos a serem tratados no ano seguinte. E, com o tema: «La nostra presenza profética nella Chiesa e nel mondo di oggi»[249], foi celebrado, em 1977, o Capítulo Geral em Majadahonda-Madri (Espanha). Este aconteceu num «clima disteso e

---

[242] Cfr. *Const. 1971*, 53.

[243] «The meeting almost left aside the achievement of the 1971 Constitutions which was to solved the old active/contemplative problem. Instead it preferred to treat prayer within a community and fraternity framework». C. O'DONNELL, «Modern Carmelite Legislation», 68.

[244] *Congr. Ger. 1974*, 165-176.

[245] «It began a new movement of seeing fraternity as an essential dimention of the Rule». C. O'DONNELL, «Modern Carmelite Legislation», 68.

[246] «Su mensaje vuelve al tema de la *fraternitad* y la *oración*; recomienda la dinámica de grupo, y afirma que debemos vivir en primer lugar como carmelitas y después, consecuentemente, como sacerdotes. Su contenido sustancial podría resumirse en la idea de que la "fraternidad es a la vez nuestra identidad y nuestro apostolado"». I. FOS SANTANA, *Transferencia del Capitulo*, 5.

[247] *III Cons. Prov.*, 56-69. «In mezzo al popolo» é uma expressão utilizada nas Constituições, e retomada nos documentos da Ordem, para se referir à necessidade de que a fraternidade apostólica esteja em contato com o povo, inseridas em seu meio, abertas e intimamente ligadas a ele. Cfr. *Const. 1971*, 30; *Const. 1995*, 32,

[248] E. BOAGA, *Il cammino dei Carmelitani*, 62.

[249] *Ac.Cap.Gen. 1977*, 55-298.

fraterno e lavoro svolto con impegno di partecipazione, quasi assente la preoccupazione sulle elezioni»[250]. Adotou o «método prospectivo», proposto pelo Movimento por um Mundo Melhor, orientado por alguns de seus especialistas presentes no Capítulo, que consistia na análise da realidade, formulação de uma «imagem ideal» da Ordem e uma programação a ser realizada nos próximos anos[251]. A análise da realidade da Ordem feita no Capítulo traz à tona uma questão fundamental: a dificuldade ainda presente em «aceitar» e «encarnar» o carisma carmelita na atual realidade da Igreja e do mundo[252]. Este aspecto estava relacionado com uma inadequada formação e relutância em assumir a renovação que aconteceu na Igreja e na Ordem[253]. Faz-se uma programação detalhada para o próximo sexênio, em vista da realização do «ideal da

---

[250] E. BOAGA, *I Carmelitani*, 6.

[251] «Il metodo adottato è quello "prospettico", sviluppato dal Movimento per un Mondo Migliore. Esso tende principalmente ad elaborare un programma operativo. Fa emergere ciò che è in potenza, per creare un futuro. Il metodo mira particolarmente a condurre, attraverso un dialogo autentico e sereno, verso il consenso sui vari argomenti. Comprende momenti di preghiera, discernimento, lavoro personale, a gruppi e in assemblee». E. BOAGA – L. SAGGI, «Metodo e contenuti», 3. Os passos para a realização do método consistem em: 1) Diagnóstico da realidade, aprofundando os problemas de fundo presentes na Ordem, na Igreja e no mundo, abordando também como os próprios religiosos veem sua vida e realidade que o cercam; 2) A «criação» de uma imagem ideal da Ordem que contenha a possibilidade de realização; 3) O confronto da realidade presente com o ideal futuro desejado; 4) Por fim, uma programação a ser realizada contendo os objetivos a serem alcançados, avaliados durante o processo e execução de cada fase. Cfr. *Ibid.*, 4. A aplicação desta metodologia, porém, não será bem aceita por todos e encontrará dificuldades: «Una falta de sincronización con el ritmo trienal de las Provincias, insuficientes sensibilización de las bases comunitarias, defectuosa labor de transferencia, excesiva mecanización del método, ausencia de animadores o perplejidad ante una dudosa eficacia, serían a medio plazo las causas de su mediocre aceptación». I. FOS SANTANA, *Transferencia del Capítulo*, 5.

[252] Cfr. *Ac.Cap.Gen. 1977*, 174. As principais causas elencadas, entre tantas, são: a secularização; o empobrecimento das relações humanas; imaturidade afetiva; falta de formação integral; clericalização da Vida Religiosa; falta de interesse pelo carisma; polarização de ideias e práticas; ativismo; não aceitar a pluriformidade; falta de testemunho da pobreza; entre outros. Cfr. *Ibid.*, 175-176.

[253] «A analise completa da realidade da Ordem... põe às claras uma vasta crise existente na Ordem de há muito, devido à inadequada formação dos carmelitas e da nova visão da Igreja, do mundo e do homem de hoje, como também do novo posicionamento exigido pelas perspectivas da vida religiosa. Apareceu que o problema de fundo desta realidade é a dificuldade de aceitar e de encarnar na realidade de hoje a renovação que está em andamento na Igreja e na Ordem. Trata-se de um problema de natureza cultural e, ainda mais, de verdadeira conversão pessoal». E. BOAGA, «Tendências de busca», 21. Cfr. *Ac.Cap.Gen. 1977*, 173.

Ordem» proposto para o próximo Capítulo Geral[254], e que serão temas de aprofundamento e avaliação nos encontros internacionais dos próximos anos. A «imagem ideal da Ordem»[255] propõe uma comunidade que vive o sentido da presença de Deus e da fraternidade, na escuta da Palavra e no serviço profético à Igreja e à sua missão, tendo como modelos Maria e Elias: «We might note the following which would develop in the next two decades: our mission is to promote prayer, justice and fraternity»[256].

8.2   De 1978 a 1983: realização do «ideal da Ordem»

A partir de 1978, os Conselhos das Províncias e a Congregação Geral irão avaliar, aprofundar e programar os cinco passos a serem dados verso à realização do ideal proposto no Capítulo Geral 1977, conforme a programação assumida. Interessante também é que os encontros internacionais serão realizados em diferentes lugares, em diferentes realidades, de acordo com o tema a ser refletido, num contexto em que o próprio lugar e experiência ali vivida ajudavam nas reflexões e aprofundamentos. Os temas foram trabalhados de acordo com os setores principais assumidos no Capítulo, ou seja: estilo de vida, apostolado, formação e vocações, e governo da Ordem.

O IV Conselho das Províncias foi realizado, em 1978, em Taizé (França), com a temática: «Un passo avanti dopo il Capitulo Generale»[257]. A proposta do encontro era fazer uma revisão da primeira etapa assumida no último Capítulo Geral e articular a segunda etapa. O fato de ser na Comunidade de Taizé ajudou muito na vivência de uma experiência fraterna ecumênica, orante, de vida simples e sóbria, sensível e aberta aos problemas do mundo, em contato com jovens de vários países[258]. A experiência de vida lá realizada foi tão importante quanto qualquer discussão

---

[254] Ac.Cap.Gen. 1977, 263-265. Esta programação vai desde a sensibilização das comunidades para os objetivos a serem alcançandos, a interiorização pessoal e comunitária, até questões mais práticas que levam gradualmente o ideal a tornar-se real nas várias dimensões propostas, a saber: no estilo de vida, apostolado, vocações, formação inicial e permanente, governo da Ordem.

[255] Ac.Cap.Gen. 1977, 289-291. A missão da Ordem começa a ser definida em torno de três conceitos básicos: fraternidade, oração e profetismo. «Nell'Ordine vengono incoraggiati quelli che sentono di dover vivere in un modo più impegnato il messaggio evangelico nella pratica e nella promozione della preghiera, della giustizia e della fraternità». Ibid., 289.

[256] C. O'DONNELL, «Modern Carmelite Legislation», 68.

[257] IV Cons. Prov., 111-131.

[258] Cfr. IV Cons. Prov., 114.

ou documento produzido[259]. Porém, na avaliação feita começam a surgir as primeiras dificuldades em relação ao método assumido no Capítulo[260].

Em 1979, numa «peregrinação» ao Monte Carmelo (Israel), reuniu-se o V Conselho das Províncias no lugar das origens, para refletir: «Alle sorgenti. Confronto con l'immagine biblica di Maria e Elia nella programazione capitolare dell'Ordine»[261]. Ainda estando na fase de conscientização da proposta da programação capitular, o contato direto com os lugares bíblicos, na terra de Jesus, era propício para firmar os valores das origens e a herança deixada pelos primeiros carmelitas. A grande fonte de inspiração era a própria Palavra de Deus, tendo o Evangelho como o fundamento daqueles que querem seguir a Cristo, servindo-o com o coração puro[262]; a presença de Maria, como aquela que escuta e responde a esta Palavra, numa relação com Deus e com a humanidade; e o profeta Elias, aquele que vive na presença de Deus e, em meio ao seu povo, é sensível às necessidades sociais e comprometido com a justiça. Duas grandes inspirações para o carmelita hoje[263].

No desejo de continuar aprofundando a identidade da Ordem e a fidelidade à sua presença profética na Igreja e no mundo, a Congregação Geral 1980 realizou-se no Rio de Janeiro (Brasil), para celebrar o V centenário da presença dos carmelitas em terras brasileiras. O encontro levou os participantes a conhecerem de perto a experiência eclesial vivida na América Latina, colocando-os em contato com o «mundo dos pobres». O tema «I poveri ci interpellano»[264] era um convite a «escutar» a realidade dos pobres presentes em todo o mundo e deixar-se questionar por tal situação, à luz de uma experiência de Igreja latino americana,

---

[259] «The experience of Taizé was arguably as important as any document produced». C. O'DONNELL, «Modern Carmelite Legislation», 69.

[260] «Pero ya comenzaron a surgir las primeras dificultades. Algumas Provincias no supieron – o non pudieron – entender – o aceptar – el proceso del Capítulo [General], fundamentalmente a causa de su método, su enfoque mecánico o su excesivo optimismo original. Otros arguyeron dificultades para armonizar las metas de dicho Capítulo con las adoptadas en la propia Provincia. Y otros, finalmente, experimentaron la dificultad común de despertar interés en la base por los Capítulos». I. FOS SANTANA, *Transferencia del Capitulo*, 6.

[261] *V Cons. Prov.*, 210-227. Este documento teve grande difusão na Ordem e notável influência em recuperar os aspectos marianos e elianos da vida carmelita. Cfr. E. BOAGA, *I Carmelitani*, 10.

[262] Cfr. Rc 2.

[263] Desta forma, aparecem no encontro os principais temas da identidade: «...contemplation and a new emphasis on the Word of God, fraternity, service to the poor and being in the midst in the people in a prophetic presence all appear». O'DONNELL, «Modern Carmelite Legislation», 69.

[264] *Congr. Ger. 1980*, 6-30.

inspirada nos documentos de Puebla e Medellin. Reflete-se sobre a dimensão da fraternidade vivida *ad extra* e o compromisso evangélico da «opção preferencial pelos pobres», que passa a ser uma opção também assumida pela Ordem no seguimento de Jesus Cristo.

A Congregação Geral 1980 também refletiu e emitiu outro documento chamado: «Forme nuove di vita e di apostolato»[265], mostrando as diferentes experiências de comunidades presentes na Ordem, desde aquelas mais voltadas à escuta da Palavra e mais intensas na vida fraterna, até aquelas mais abertas à acolhida do povo, às questões sociais e à promoção humana. São as diversas formas de «encarnar» o carisma, de acordo com os diferentes lugares, apostolado, contato com a realidade[266].

O VI Conselho das Províncias foi realizado em Heerlen (Holanda), em 1981, com o tema: «Crescere nella Fraternità»[267]. Convencidos de que «crescere in fraternità è parte essenziale del nostro carisma carmelitano e anche servizio attuale e urgente al mondo di oggi»[268], procurou-se acentuar a ideia da fraternidade aberta à sociedade e ao mundo, mostrando as duas dimensões da mesma: *ad intra* e *ad extra*. No fundo, são reflexões já presentes nas discussões anteriores: «...attenzione alla crescita interiore, aperta e attenta al piano di Dio, alle esigenze della fraternità nel mondo, al suo essere segno. Si ripetono in pratica le idee già espresse in precedenza in altri documenti»[269].

No ano de 1982, em Aylesford (Inglaterra), o VII Conselho das Províncias reuniu-se para fazer uma avaliação do programa do Capítulo Geral 1977[270]. Aparece novamente a tensão entre a vida comunitária e o trabalho pastoral, vendo a necessidade de optar por atividades que não impeçam uma boa experiência da vida fraterna. Para isso, ajudaria muito um projeto comunitário, com atenção à contemplação como escuta da Palavra de Deus e seguimento de Jesus Cristo, no compromisso pela justiça e libertação integral do ser humano. Ideias que inspirarão o tema do próximo Capítulo Geral.

---

[265] *Congr. Ger. 1980*, 43-53.

[266] Era uma forma de valorizar os diferentes estilos e, ao mesmo tempo, afirmar a necessidade de acolhê-los: «Hay muchos valores en la vida carmelita actual, todos los cuales deberíamos conocer y asumir, aunque tuviéramos que hacer una opción por algunos con exclusión de otros; e comprender, y hasta permitir, a nuestros hermanos que hagan estas opciones "comunitarias" diferentes». I. Fos Santana, *Transferencia del Capitulo*, 8.

[267] *VI Cons. Prov.*, 158-179.

[268] Da carta de apresentação do documento, pelo padre geral Falco Thuis, em E. Boaga, ed., *Pellegrini verso l'autenticità*, 93.

[269] E. Boaga, *I Carmelitani*, 14.

[270] Cfr. *VII Cons. Prov.*, 19-30. O encontro não produziu um documento final, mas para uma síntese do que foi discutido ver: «Il VII Consiglio delle Province», *CITOC* 4 (1982) 2-4.

Como síntese do processo assumido nos últimos seis anos, realiza-se em 1983 o Capítulo Geral com o tema: «La costruzione di Fraternità Carmelitana in ascolto e annunzio del progetto di Dio vivente a servizio dell'uomo e della giustizia»[271]. Nota-se que durante os últimos anos o carisma vem sendo trabalhado em três grandes dimensões: fraternidade, oração e justiça[272]. Conclui-se percebendo a necessidade de elaborar um projeto comunitário dinâmico que envolva a todos, em consonância com o carisma carmelita, e respondendo à realidade concreta de cada lugar e cultura[273]. Como metas assumidas e temas orientadores para se aprofundar no próximo sexênio, foram definidos: fraternidade; dimensão internacional da Ordem; formação inicial e permanente; justiça e paz; e vocações[274]. O Capítulo Geral ainda aprovou dois documentos: o primeiro, para reforçar a preocupação com a questão vocacional em diálogo com os jovens, entitulado: «Messaggio ai giovani carmelitani»[275]; e outro, sobre o compromisso da Ordem com a justiça e a paz, chamado: «Dichiarazione del Capitolo Generale dei Carmelitani 1983 sulla situazione attuale del mondo»[276].

---

[271] *Ac.Cap.Gen. 1983*, 129-222. A partir de 1983, os Capítulos Gerais foram realizados sempre em Sassone, próximo a Roma (Itália). Para uma síntese do Capítulo Geral 1983, ver: I. Fos Santana, *Transferencia del Capitulo*, 11- 29.

[272] Cfr. Relatório do prior geral em: *Ac.Cap.Gen. 1983*, 166-169. «Queste linee-forza si possono così sintetizzare: preghiera, intesa come contemplazione della presenza di Dio nella storia dell'uomo; fraternità costruita attraverso un progetto comunitario; attenzione alla promozione della persona a tutti i livelli e apertura ai problemi di giustizia, solidarietà, corresponsabilità e interscambio dentro e fuori le proprie comunità; riscoperta gioiosa del "proprio" essere, cioè di come si è chiamati da Dio in servizio e dono della Chiesa e dei fratelli». E. Boaga, ed., *Pellegrini verso l'autenticità*, 101.

[273] «Il lavoro che veniva richiesto al Capitolo Generale era praticamente il seguente: cercare una risposta concreta, sempre in linea col carisma carmelitano, assumendo in maniera coerente tutta la realtà suscitata fino allora dal cammino dell'Ordine, selezionando priorità nella vita e nell'attività della Chiesa e del mondo. Per questo, ogni comunità ai vari livelli avrebbe dovuto sviluppare un progetto dinamico e coinvolgente tutti i suoi componenti». E. Boaga, *Come pietre vive*, 229.

[274] Cfr. *Ac.Cap.Gen. 1983*, 213-219. O Capítulo, porém, parece ter deixado a desejar no sentido de acolher melhor as novas perspectivas presentes no processo dos últimos anos: «Il capitolo del 1983 ripete molti dei contenuti del precedente capitolo 1977, ma non ha pienamente colto la globalità delle prospettive emergenti nell'Ordine in questi ultimi anni. Alcuni dei suoi documenti risultano abbastanza "generici", e con omissioni nell'individuazione di elementi presenti nelle varie culture e situazioni dell'Ordine». E. Boaga, *Come pietre vive*, 231.

[275] *Ac.Cap.Gen. 1983*, 220-221.

[276] *Ac.Cap.Gen. 1983*, 221-222.

8.3   De 1984 a 1989: aprofundando os temas do Capítulo Geral

Os encontros internacionais da Ordem neste período seguem os temas definidos pelo último Capítulo Geral, a saber: formação, internacionalidade, vocações, justiça e paz, e fraternidade.

Em 1984, o VIII Conselho das Províncias se reúne em Sassone-Roma (Itália) para aprofundar o aspecto da formação: «Reflessione e proposte sulla Fomazione»[277]. Assume-se, entre outros, a perspectiva da formação que envolve todas as dimensões da pessoa: religiosa, humana, psíquica, e aberta para a realidade do mundo. Também a consciência de que a comunidade deve ser formativa e que a formação permanente deve ser um processo de crescimento e atualização para toda a vida. A decisão mais importante foi a necessidade de um projeto global de formação para toda a Ordem, uma *Ratio Institutionis Vitae Carmelitanae*: «L'Ordine deve avere un progetto globale comune di Formazione Carmelitana, che ne indichi i contenuti fondamentali»[278].

Um novo tema que entra na pauta das discussões – presente no Capítulo Geral 1983 – é a dimensão da internacionalidade da Ordem. O IX Conselho das Províncias, que aconteceu em Fátima (Portugal) no ano de 1985, foi realizado na então chamada «Casa Beato Nuno»[279], justamente fundada como um centro internacional para acolhida do laicato carmelitano. Com a temática: «La dimensione Internazionale della Fraternità Carmelitana»[280], percebeu-se que a internacionalidade não é algo secundário, mas parte essencial da fraternidade que, consequentemente, leva à vivência de uma solidariedade universal. Neste sentido, algo concreto decidido no encontro foi a constituição de uma Comissão Internacional de Justiça e Paz em nível de toda a Ordem[281].

---

[277] *VIII Cons. Prov.*, 40-61.

[278] *VIII Cons. Prov.*, 60. Por isso, tomou-se a decisão: «Il Consiglio Generale nominerà una commissione di esperti della formazione e della spiritualità carmelitana entro dicembre 1984, che prepari la "Ratio Institutionis" o progetto globale. La commissione dovrà terminare il suo lavoro entro il 1987». *Ibid.*, 61.

[279] Hoje «Casa São Nuno». O carmelita português Nuno Alvares Pereira (1360-1431) foi canonizado pelo papa Bento XVI, em 26/04/2009.

[280] *IX Cons. Prov.*, 171-177.

[281] «Venga costituita quanto prima una commissione internazionale "Justitia et Pax" che faccia capo al Consigliere Generale per l'Evangelizzazione. Tale progetto ha lo scopo di affrontare con coscienza internazionale i problemi della giustizia, della solidarietà, della pace, dell'oppressione e della riconciliazione, alla luce dell'opzione preferenziale per i poveri che l'Ordine ha fatto (Rio de Janeiro 1981: I poveri ci interpellano)». *IX Cons. Prov.*, 175.

No ano seguinte, realizou-se a Congregação Geral 1986, em Niagara Falls (Canadá), com um tema não menos importante para a Ordem: «Il Carmelo davanti alla sfida vocazionale»[282]. Refletindo sobre a crise vocacional, conclui-se de estar diante do grande desafio de se ter comunidades mais abertas aos jovens, lendo os «sinais dos tempos» em meio a eles e, principalmente, testemunhando a fraternidade, pois o modo em que vivemos é a melhor «propaganda vocacional»[283].

O X Conselho das Províncias, em Manila (Filipinas), no ano de 1987, proporcionou uma experiência concreta de contato com situações de injustiça e pobreza. «Messaggio del X Consiglio delle Province a tutti i membri dell'Ordine»[284] partilha esta experiência e as reflexões realizadas no encontro. Ao refletir sobre o tema da justiça e paz, retoma-se o aspecto eliano profético da Ordem e renova o compromisso com a solidariedade, fruto da mística, à luz da «opção preferencial pelos pobres». O encontro foi inspirado pela recente beatificação do mártir carmelita holandês Tito Brandsma[285], que tão bem testemunhou a dimensão profética do carisma carmelita, sustentada pela sua profunda mística e vida de oração.

Mais uma vez abordando diretamente o tema da fraternidade, o XI Conselho das Províncias, em 1988, na cidade de Dublin (Irlanda), sintetiza sua mensagem no documento: «Lettera alla Famiglia Carmelitana»[286]. Aprofundou-se as discussões já feitas na Ordem sobre a vida fraterna, ligando-a à tradição do Carmelo e ao novo contexto eclesial e social em que se vivia. Preparou-se também o Capítulo Geral programado para o ano seguinte.

Neste mesmo ano de 1988, foi promulgado um dos documentos mais significativos da recente história da Ordem: a *Ratio Institutionis Vitae Carmelitana (RIVC)* – Formazione al Carmelo[287]. Fundamentada

---

[282] *Congr. Ger. 1986*, 90-93.

[283] «È la richezza che abbiamo come dono reciproco e quindi l'entusiasmo con cui viviamo questa fraternità autentica sarà una sfida per gli altri e susciterà in loro il desiderio di compartire la nostra vita carmelitana in modi vari e diversi». *Congr. Ger. 1986*, 91.

[284] *X Cons. Prov.*, 198-208.

[285] Tito Brandsma é um carmelita holandês, professor e jornalista, homem de oração e profunda mística que, ao colocar-se abertamente contra o regime nazista em nome da Igreja, é preso e assassinado no campo de concentração de Dachau (Alemanha), em 26 de Julho de 1942. O Papa João Paulo II proclamou-o beato mártir em 3 de Novembro de 1985. Para uma síntese de sua vida: E. BOAGA, «Brandsma, Tito – beato martire, O.Carm. (1881-1942)», 107-108.

[286] *XI Cons. Prov.*, 29-38.

[287] *Ratio Institutionis Vitae Carmelitana* – Formazione al Carmelo, Curia Generaliza dei Carmelitani, Roma 1988. A *RIVC* foi reconhecida como um dos melhores documentos

sobre a «consapevolezza che la Chiesa ha di se stessa, così come le viene dal Concílio Vaticano II»[288], e nos últimos estudos e documentos da Ordem, define a identidade e carisma carmelita que devem ser conhecidos e internalizados no processo de formação. «La formazione proposta nella RICV abbraccia tutte le dimensioni della vita. Tuttavia mette un accento speciale sulla presenza di Dio, sui rapporti fraterni, sul servizio e sull'azione profetica»[289].

O Capítulo Geral 1989 teve como tema: «Carmelo 2000. Eredità, Profezia, Sfida. Che fai qui Elia?»[290], num claro resgate da dimensão eliana da Ordem e início de preparação para a chegada do Novo Milênio. O Capítulo fez uma grande avaliação da caminhada dos últimos anos. Refletiram-se propostas como do novo estilo do governo geral[291] e a «Bozza di Costituizioni 1989»[292] preparada conforme o novo Código de Direito Canônico para atualizar as Constituições da Ordem. Após as discussões, formou-se uma comissão para reelaborar um novo texto das Constituições, que deveria ser aprofundado no sexênio, protelando a aprovação das Novas Constituições para o próximo Capítulo Geral. Também num projeto elaborado para o aprofundamento do Carisma, definiu-se este

---

da Ordem após o Concílio Vaticano II. Nas palavras do então conselheiro para a formação na Ordem, A. Vella: «Credo di non esagerare se dico che la *RIVC 1988* è il migliore documento che l'Ordine ha prodotto dal Vaticano II in poi. Sono infatti convinto che esso segna uno spartiacque nella comprensione e presentazione del nostro carisma. È la prima volta che il carisma viene ufficialmente delineato nei tre elementi di contemplazione, fraternità e servizio, mentre si intuisce che c'è qualcosa di più fondamentale, un elemento unificante che viene descritto come l'esperienza del deserto. Questa presentazione del carisma fatta nella *RIVC* veniva pian piano recepita nell'Ordine e ha dato vita e contenuto all'elaborazione delle Costituzioni, approvate dal Capitolo Generale 1995». *Congr. Ger. 1999*, 51-52. O documento será revisto e atualizado no ano 2000, de acordo com as atuais Constituições (1995).

[288] *RIVC 1988*, 1.

[289] *RIVC 1988*, 5.

[290] *Ac.Cap.Gen. 1989*, 76-364. Para uma síntese, consultar o material preparado por uma comissão pós-conciliar a fim de comunicar à toda Ordem as discussões e principais decisões deste Capítulo Geral: «Carmelo 2000. Eredità, Profezia e Sfida», Roma 1989.

[291] Houve uma restruturação do governo da Ordem, no qual o Conselho Geral passa a ser formado por dois conselheiros residentes em Roma, um na América Latina e outro na Ásia, sendo a representatividade não mais por regiões ou grupos linguísticos, mas por uma divisão mundial em dois grandes blocos: Norte e Sul. Também aumentará a participação no Conselho das Províncias, porém, serão celebrados somente duas vezes no sexênio, não mais todos os anos. Cfr. E. BOAGA, *Come pietre vive*, 231.

[292] «Bozza delle nuove Costituzioni dell'Ordine dei Fratelli della Beatissima Vergine Maria del Monte Carmelo - Presentate per l'approvazione del Capitulo Generale dell'anno 1989», Roma 1989.

como prioridade para os próximos anos: «Il carisma deve avere la priorità del governo e dell'Ordine perché è da esso che deve scaturire tutto il resto»[293].

8.4   De 1990 a 1995: temas específicos do Carmelo

Na continuidade do aprofundamento do carisma, os anos seguintes abordam temas específicos da vida Carmelita.

Reunidos em Salamanca (Espanha), no ano de 1991, celebrando o IV centenário da morte de São João da Cruz[294], o XII Conselho das Províncias retoma os aspectos contemplativo e místico do Carmelo[295], ligados à leitura orante da Palavra de Deus. «Cammino verso Dio seguendo la Parola – Mistica e Parola»[296] destaca a importância da *Lectio Divina* na vida do carmelita e a atualidade da mensagem de São João da Cruz, «lettore assiduo della Parola»[297], para o mundo de hoje.

A Congregação Geral 1992, em Caracas (Venezuela), inspirada no V centenário de evangelização da América Latina, colocou o Carmelo dentro da missão da Igreja em preparação para o novo milênio, através do documento: «I Carmelitani e la Nuova Evangelizzazione»[298]. Pela primeira vez, havia também a presença de confrades O.C.D., com seu Prepósito Geral P. Camilo Maccise, o qual era assessor do encontro, responsável em expor o tema principal.

O XIII Conselho das Províncias, que aconteceu em 1994, na cidade de Nantes (França), teve como tema: a Família Carmelita. Contou-se com a presença de frades, irmãs e leigos na primeira parte do encontro.

---

[293] *Ac.Cap.Gen. 1989*, 349.

[294] São João da Cruz morreu em Úbeda (Espanha), no dia 14 de Dezembro de 1591, aos 49 anos de idade.

[295] Segundo C. O'Donnell, a questão da mística no Carmelo – já apresentada pelo prior geral Falco Thuis na sua carta de 1983: «Colpiti dal Mistero di Dio», a qual não teve tanta influência naquele tempo – é retomada com força no encontro de Salamanca: «In the years since 1971 we may have been living from our tradition, but not very consciously. The main focus and awareness was on the Order being challenged by the world. There was at Salamanca a new depth in this reflection on our contemplative life». C. O'DONNELL, «Modern Carmelite Legislation», 70. Grande contribuição neste sentido foi a de Hein Bloomestijn que, em Salamanca, orientou o aprofundamento da dimensão contemplativa do carisma carmelita nos textos de São João da Cruz. Cfr. *Ibid*.

[296] *XII Cons. Prov.*, 116-139.

[297] *XII Cons. Prov.*, 137.

[298] Congr. Ger. 1992, 11-97. Abourdou-se as principais características, exigências e expectativas da Nova Evangelização diante dos desafios do mundo. Refletiu-se como a Ordem pode colaborar oferecendo um testemunho de vida e de trabalho pastoral.

O documento «Messaggio alla Famiglia Carmelitana»[299] define que esta são «persone e gruppi istituzionali e informali, che hanno come ispirazione la Regola di S. Alberto, la sua Tradizione e i valori espressi nella spiritualità carmelitana»[300]. A segunda parte do encontro foi usada pelos frades para a preparação do próximo Capítulo Geral, com apresentação dos relatórios do padre geral e conselheiros sobre a situação da Ordem, os trabalhos realizados no sexênio e os desfios ainda presentes.

O Capítulo Geral 1995 teve como tema: «Il Carmelo: un Luogo, un Viaggio nel Terzo Millenio – La nostra missione oggi – "Alzati e mangia, perché lungo è il cammino" (I Re 19,7)»[301]. Foi mais um momento de síntese de toda a caminhada realizada nos últimos anos para a releitura do carisma e renovação da Ordem, em sintonia com o recente Sínodo da Vida Religiosa, realizado em 1994. O resultado final foi a aprovação das novas Constituições, que definem e atualizam os principais elementos do carisma e da vida carmelita, em sua presença na Igreja e no mundo[302].

8.5 Cartas do prior geral

Durante esta segunda fase de aprofundamento do carisma da Ordem e recepção do Concílio Vaticano II, também foram enviadas algumas cartas do prior geral à toda Ordem.

Em 1978, Falco Thuis escreve: «Al servizio di Dio vivo»[303], direcionado às monjas de clausura, para partilhar as reflexões feitas no Capítulo Geral 1977, e o processo de caminhada assumido para a releitura do carisma, com a realização da «imagem ideal» da Ordem definida pelo Capítulo. O mesmo prior geral, em 1983, escreve: «Colpiti dal Mistero di Dio»[304], tratando da dimensão contemplativa específica da espiritualidade carmelita. Segundo ele, grande é a responsabilidade do Carmelo diante de uma humanidade sedenta de Deus, na busca do transcendente: «Offrire al popolo quello che più specificamente si richiede a un carmelitano: sperimentare Dio nella propria vita, riscoprendone il senso insieme alle classi più umili e facendo emergere la dimensione trascendentale della propria esistenza»[305].

---

[299] XIII Cons. Prov., 11-136.

[300] XIII Cons. Prov., 58.

[301] Ac.Cap.Gen. 1995, 7-430.

[302] As atuais Constituições (1995) serão retomadas adiante, no próximo capítulo, para analisar a releitura dos elementos eclesiológicos da Regra carmelitana.

[303] F. J. THUIS, «Al servizio di Dio vivo», 54-62.

[304] F. J. THUIS, «Colpiti dal Mistero», 79-101.

[305] F. J. THUIS, «Colpiti dal Mistero», 100.

Em ocasião do ano mariano de 1988, o então prior geral John Malley escreve: «Epistula de anno mariano»[306], lembrando que, das dimensões do carisma já refletidas – fraternidade, comunidade, escuta da Palavra, oração, profetismo –, ainda falta aprofundar a dimensão mariana da Ordem, dentro da nova perspectiva mariológica do Concílio Vaticano II. Maria, como presença essencial no Carmelo, é modelo de escuta da Palavra de Deus, de vida orante e contemplativa, que conduz o carmelita ao autêntico seguimento do seu Filho. Pelo IV centenário da morte de São João da Cruz, o mesmo prior geral, juntamente com o seu Conselho, envia à Ordem a carta: «Caminando en compañia de todo hombre y mujer»[307]. A mensagem, inspirada na vida e obra do místico carmelita espanhol, mostra os desafios atuais em oferecer Cristo a um mundo secularizado, resgatando a mística como transcendência, que leva ao amor do próximo e à contemplação como transformação do mundo, na escuta da Palavra e vivência do Evangelho.

«Fraternità oranti al servizio del popolo»[308], de 1992, è fruto do encontro dos dois Conselhos Gerais O. Carm. e O.C.D.[309], em ocasião do V Centenário de Evangelização da América Latina. A raiz comum das duas tradições do Carmelo é um convite à experiência da fraternidade, vivendo na unidade e cooperação diante do desafio comum da evangelização para melhor servir a Igreja. Em 1993, preparando-se para o Sínodo da Vida Religiosa de 1994, os dois Conselhos Gerais emitem a mensagem: «Considerationes de Vita Consacrata»[310], mostrando que os sinais de renovação é motivo de esperança para o futuro. Colocando a reflexão dentro da vida carmelitana, vê-se as novas perspectivas que surgem da vivência concreta do carisma específico do Carmelo na Igreja, junto ao povo de Deus.

---

[306] J. MALLEY, «Epistola de Anno Mariano», 79-91.

[307] J. MALLEY, «Caminando en compañia de todo hombre y mujer», 28-60. O título retoma uma frase dita pelo Papa João Paulo II aos participantes do Capítulo Geral 1989: «Il Carmelo deve portare il proprio contributo, *camminando in compagnia di ogni uomo e donna*, verso le sfide che in dimensioni ormai cosmiche, l'umanità si trova ad affrontare». *An.O.Carm.* 40 (1989) 51.

[308] *Ep.O.Carm./O.C.D.*, «Fraternità oranti», 150-156.

[309] A partir desse ano, os Conselhos Gerais das duas Ordens começaram a realizar encontros juntos: «Nel corso del 1992 i Consigli generali dei due Ordini: Carmelitani e Carmelitani Scalzi, hanno iniziato una serie di incontri fraterni, i primi dopo la separazione avvenuta nel 1593. Da questi incontri, caratterizzati da momenti di preghiera e riflessione e di fraternità sta fiorendo una opportunità di collaborazione e di dialogo». E. BOAGA, ed., *Pellegrini verso l'autenticità*, 147.

[310] *Ep.O.Carm./O.C.D.*, «Considerationes de Vita Consacrata», 143-147.

9. Principais elementos do Carisma presentes nos Documentos da Ordem de 1971 a 1995

Estes anos de renovação e aprofundamento da identidade da Ordem foram ricos em participação, estudos, partilhas, superamento de crises, confrontos com a realidade, com a pluralidade, na busca de novos caminhos de releitura do carisma. Entre vários elementos abordados, alguns se sobressaem tanto pela sua importância dentro da essência da vida carmelita, quanto pela constante presença nos diversos momentos de discussão e nos documentos da Ordem. Entre eles, pode-se destacar: a fraternidade e a sua expressão concreta na vida comunitária; a vida contemplativa e a experiência da oração; a importância da escuta da Palavra de Deus; a vida simples no testemunho da pobreza; o serviço através do apostolado; a presença profética vivida no compromisso com a justiça e a paz. Todos esses elementos mostram como a Ordem foi fazendo o seu processo de recepção do Concílio Vaticano II de forma muito concreta, e a influência que a nova eclesiologia conciliar teve em todo esse processo.

9.1 *Fraternidade e vida comunitária*

Pode-se dizer que a fraternidade, e sua expressão concreta na vida de comunidade[311], foi o grande tema presente constantemente em todos esses anos de aprofundamento da identidade carmelitana e releitura do carisma. Está presente, de forma direta ou indireta, em todos os documentos da Ordem. De forma especial, durante esses 25 anos, ao menos oito documentos abordam diretamente o tema[312]. Mesmo de forma indireta, estará presente em todos os documentos que trazem os elementos que constroem a vida comunitária carmelitana, fundamentada no chamado comum a serem «fratres»[313], a viver em fraternidade.

As Constituições de 1971, ao afirmar que a vocação do carmelita é a vida fraterna[314], destacam que a vida comunitária deve levar a uma

---

[311] Cfr. *Const. 1971*, 27.

[312] «Impegnati al servizio della fraternità» (1972); «Il Carmelitano oggi. La fraternità come cammino verso Dio» (1974); «Forme nuove di vita e di apostolato» (1980); «Crescere nella fraternità» (1981); «La formazione della Fraternità Carmelitana in obbedienza e testimonianza del disegno di Dio, mediante la promozione della giustizia e dello sviluppo umano integrale» (1983); «La dimensione internazionale della Fraternità Carmelitana» (1985); «Lettera alla Famiglia Carmelitana» (1988); «Messaggio alla Famiglia Carmelitana» (1994).

[313] Cfr. Rc 6; 8; 12; 15; 22; 23.

[314] «...como religiosos, realizar a nossa vocação vivendo a fraternidade, de acordo com nossa profissão, os conselhos evangélicos e a Regra. Desta forma se torna visível o

crescente comunhão no espírito da caridade, no diálogo fraterno e na presença de Cristo na vida de cada um[315]. Retomando o valor absoluto da caridade, em 1972, se afirma que diante das dificuldades de se viver uma autêntica fraternidade – como a imaturidade humana e afetiva, falta de abertura ao outro, posições rígidas frente às mudanças, a má formação para a vida comunitária, etc. – o único «remédio» é dado pelo próprio Cristo:

> Nella vita e nell'insegnamento di Cristo troviamo il vero rimedio contro le cause che determinano l'immaturità nelle nostre comunità e nei nostri fratelli: lo sviluppo delle nostre relazioni affetive ed emozionali verso gli altri secondo il comandamento della Carità. Soltanto la carità guarisce, soltanto essa favorisce la nostra maturità e crea la vera fraternità[316].

A fraternidade torna-se um tema central no discurso da Ordem após o Concílio Vaticano II[317]. Percebe-se que em muitas das comunidades ainda falta o verdadeiro sentido da fraternidade, sendo necessário construí-la na caridade, com liberdade e maturidade humana[318]. A liberdade e desenvolvimento humano passam a ser elementos importantes para a vivência da fraternidade, pois são também aspectos centrais no anúncio da salvação:

> La libertà e lo sviluppo della persona sono temi centrali nell'annuncio della salvezza: Cristo è il *Salvatore*, il *Liberatore* dalle malattie e da ogni tipo di schiavitù (Cf. Is 53; Mt 20, 28; Mc 10,45; Gv 3, 17; 12, 47; 8, 32s; Rm 8,15; Gal 5, 1-13). È l'uomo perfetto sotto ogni aspetto, completo in tutte le sue qualità naturali e sopranaturali, e perciò la persona più integra, matura e sana (Cf. Col 2, 9). Una comunità, fondata su di Lui e che a Lui si ispira, deve essere sana,

---

amor de Deus aos homens que se manifestou em Cristo... (...ut, per professionem consiliorum evangelicorum et secundum Regulam, vivamus fraternitatem, qua caritas Dei in Christo erga hominis exprimitur...» *Const. 1971*, 25.

[315] Cfr. *Const. 1971*, 28.

[316] *I Cons. Prov.*, 55.

[317] Cfr. E. BOAGA, *I Carmelitani*, 13; *I Cons. Prov.*, 54.

[318] No discurso do padre geral Falco Thuis, na abertura do I Conselho das Províncias (1972), ele lembra que se tornaram obsoletos os velhos conceitos de comunidade que reduzem o verdadeiro sentido da mesma: aquele utilitário (*senso utilitaristico*), vendo-a somente como um instrumento para a perfeição da Vida Religiosa; ou compensatório (*senso compensatorio*), buscando-a como um lugar seguro para se viver no bem, diante do mundo do mal a ser abandonado; ou ainda pragmático (*senso pragmatistico*), recebendo as pessoas somente com o objetivo de realizar trabalhos, de fazer coisas. Deve-se recuperar o verdadeiro valor e sentido do ser da comunidade religiosa. Cfr. *I Cons. Prov.*, 47.

umana, felice per potersi aprire in tutta la sua pienezza al messaggio evangelico e predicarlo[319].

Crescerá o conceito da fraternidade, passando a ser refletida no seu sentido mais amplo, que envolvem outros elementos necessários à sua autenticidade na vivência de uma vida comunitária, como definirá o Capítulo Geral 1983:

> La meta indicata dal tema del Capitolo Generale si raggiunge ampiamente in una comunità fraterna. Una comunità che vive in dialogo, prega insieme, dimostra amore e premura verso tutti i suoi membri, se ne assume la responsabilità, e nello stesso tempo dà loro spazio perché crescano e siano se stessi. Una comunità in cui i fratelli, lasciandosi formare dalla PAROLA e dalla EUCARISTIA, camminano insieme alla presenza del Signore e sono aperti alle necessità del mondo[320].

O documento «Crescere nella fraternità» (1981) afirma que, embora não seja fácil definir o que consiste uma comunidade que vive a fraternidade, pode-se indicar os fatores que a promove:

---

[319] *I Cons. Prov.*, 55. Trabalhar fatores psicológicos e espirituais da maturidade humana serão considerados necessários para uma fraternidade autêntica. Como diz o prior geral John Malley, na abertura do XI Conselho das Províncias (1988): «Molti di noi sono membri dell'Ordine da 30 o 40 anni, e per l'esperienza personale di vita in comunità che sanno prendersi cura dei propri membri siamo tutti in grado di suggerire qualche fattore psicologico e spirituale fondamentale per la costruzione della fraternità. Io vorrei ricordare i seguenti: 1) una accentuata *accettazione* del valore di ciascuna persona; 2) la capacità di *interessarsi* di ciascun membro della comunità e di trovare tempo per ognuno; 3) l'*empatia*, vale a dire saper avvertire le necessità, le aspirazioni, le esperienze, le frustrazioni, i dolori, le gioie, le ansietà, i timori degli altri come fossero propri (è interessante notare che c'è una branchia importante della ricerca psicologica sociale che sostiene essere l'empatia un prerequisito per lo sviluppo e la crescita di comunità che si vogliano bene); 4) una comunità deve darsi da fare per costruire uno *spirito positivo* tra i suoi membri, il che significa compartecipazione delle mete, visioni, speranze ed esperienze. Una comunità deve imparare a lavorare assieme, a pregare insieme in modo significativo, a trascorrere insieme tempo libero e ricreazione». *XI Cons. Prov.*, 34. A *RIVC 1988* esclarece a necessidade de uma maturidade psicológica para melhor responder ao chamado de Deus: «È importante nella formazione tener presente l'esistenza della dimensione subconscia della personalità. C'è una conessione molto stretta tra la capacità di rispondere alla chiamata di Dio e la realtà psicologica del chiamato. È vero che la presenza della grazia non dipende dalla disposizione della persona, però la capacità di rispondere alla grazia stessa è in stretta relazione con la sua maturità psicologica. Occorre dunque che ciascuno sia aiutato a conoscere più profondamente se stesso e le motivazioni autentiche del proprio agire». *RIVC 1988*, 41.

[320] *Ac.Cap.Gen. 1983*, 213.

Base della fraternità è uguaglianza delle persone, e l'incontrarsi l'un l'altro come fratelli e sorelle, prevenendo ed eliminando ogni forma di dominio. Crescita nella fraternità è aprirse a un'interdipendenza in cui il bene individuale dei confratelli e la realtà significativa dell'intera comunità sono vissuti da ognuno con resposabilità e sono oggetto di attenzione continua[321].

Além do sentido de que uma verdadeira comunidade deve ser «construída» com a participação e crescimento humano de cada um, percebe-se que cresce a preocupação da vivência comunitária não somente *ad intra*, mas também *ad extra*, o que levará a uma concepção mais ampla e eclesial da comunidade fraterna[322].

9.1.1 A vida fraterna «*ad intra*»

No aspecto mais interno da experiência fraterna da vida comunitária, em 1972 já aparece esta consciência de que muitas dificuldades vêm de problemas emocionais que precisam ser trabalhados, pois causam, muitas vezes, o fechamento e resistência à renovação. Neste sentido, aconselha-se a dar mais atenção à pessoa, incentivando a formação permanente e atualização de todos os frades com um «consequente cambio di mentalità da concetti statici a concetti dinamici. Di qui l'opportunità da concedersi a tutti per il proprio sviluppo e maturazione»[323]. Evitando

---

[321] *VI Cons. Prov.*, 167.

[322] K. Waaijman e H. Blommestijn identificam cinco tendências presentes no tema da fraternidade a partir dos anos 70: 1) uma passagem de comunidades com estilo de vida estática à comunidades mais dinâmicas, interagindo com o povo, e onde a correspondabilidade e a partilha são valores essenciais para a fraternidade; 2) de comunidades mais fechadas em si (*ad intra*) para um equilíbrio verso ao externo (*ad extra*), ao compromisso com o próximo, combatendo o egocentrismo; 3) também a mudança de estruturas estáticas, com trabalhos mais direcionados ao indivíduo, para uma partilha de valores e participação da vida e atividade do outro, onde a comunicação favorece a fraternidade; 4) uma passagem da uniformidade à pluralidade, vendo esta como um bem, mas também como um desafio à unidade; 5) enfim, uma igualdade entre os confrades, não privilegiando diferenças entre sacerdotes e irmãos, a não ser a diferença de funções e compromissos. K. WAAIJMAN – H. BLOMMESTIJN, «Riflessioni sull'evoluzione», 187. Os autores sintetizam a ideia de comunidade que se desenvolvem: «...una fraternità di uguali – tavolta anche di uomini e donne – sulla base di mutue relazioni; sollecitazione vicendevole per una intensa partecipazione al gruppo e alla vita personale di ciascuno; creazione di mete e di progetti comuni che sollecitino l'impegno di ciascuno; sforzo per la ricerca di un equilibrio tra l'interno e l'esterno. Tutti questi aspetti sono incoraggiati mediante una visione positiva della pluriformità». *Ibid.*, 188.

[323] *I Cons. Prov.*, 56.

uma vida estática, mas aberta aos «sinais dos tempos» e ao futuro, cresce também a necessidade da participação e corresponsabilidade de todos, até mesmo para a maior maturidade humana de cada um: «Molti problemi emozionali si risolvano anche col fomentare il senso di responsabilità e di corresponsabilità»[324].

Uma questão levantada em 1974, quando se refletiu «La fraternità come cammino verso Dio», era a falta de consciência e formação do que é realmente «ser frade», assumindo muito mais o estilo de «ser sacerdote». Declara-se que, assumindo o valor da fraternidade, deve-se «vivere in primo luogo da religiosi carmelitani e poi da sacerdoti»[325]. Reconhece-se, porém, que a formação sempre foi muito mais voltada para o ser padre que ser religioso, vendo a Ordem como composta mais de «padres» do que «frades». Por isso é necessário, tendo como base a Regra, entrar na «escola da fraternidade» para recuperar a identidade:

> Da questa constatazione sorge la convinzione che soltanto la «scuola della fraternità» potrà ridarci l'identità di «frati della Beata Vergine Maria del Monte Carmelo». La rivitalizzazione di questo elemento è dunque il punto di partenza per riscoprire la nostra identità carmelitana. La Regola ci propone questa comune riflessione come guida spirituale per il nostro cammino personale e comunitario verso Dio[326].

Outra questão levantada em 1972, que dificulta a vida fraterna, é a polarização de ideias e de atitudes que, diante da inevitável e saudável pluralidade da vida comunitária, não ajuda a viver o verdadeiro sentido da unidade. A fraternidade deve levar a acolher as diferenças como uma riqueza da comunidade: «Ognuno di noi è chiamato da Dio a essere

---

[324] *I Cons. Prov.*, 56.

[325] *Congr. Ger. 1974*, 173.

[326] *Congr. Ger. 1974*, 173. Parece ser já um convite para a releitura da Regra, redescobrindo nela o valor da fraternidade, juntamente com a oração, como valores centrais da vida do carmelita: «Naturalmente non ha senso rifarsi alla nostra tradizione in modo letterale; occorre riscoprirne e recuperarne il nucleo centrale e intenzionale (fraternità e preghiera), per essere capaci di rielaborarlo nella concreta situazione storica. Allo scopo bisogna richiamarci all'odierno clima spirituale che attende dal Carmelo e dal suo carisma un valido contributo». *Ibid.*, 173-174. Desta forma, chega-se à conclusão de que, se todo carmelita é chamado na Regra de «frater», sem distinção, não se deve existir diferenças entre eles, fora das diversas funções e compromissos assumidos por cada um. A igualdade será um aspecto importante da verdadeira fraternidade, como confirmará o Capítulo Geral 1995: «L'uguaglianza fra di noi, senza privilegi o distinzioni tra fratelli e sacerdoti (cfr. Ratio Instituzionis Vitae Carmelitanae 12-13), ci riporta al progetto originario di una fraternità evangelica». *Ac.Cap.Gen. 1995*, 229.

se stesso, a sviluppare i propri doni nell'unità fraterna. La pluriformità pertanto non costituisce un pericolo, ma è un bene: infatti mediante questa, ognuno porta il proprio contributo per la ricchezza di tutta
la comunità»[327]. A polarização, ou seja, fechamento nas próprias ideias
e atitudes, fazem perder o fondamento comum que é a caridade, não
abrindo-se para ver a contribuição do outro como algo positivo na construção da fraternidade. A unidade não pode ser imposta da autoridade –
«perché un siffatto uso del potere creerebbe soltanto uno stato di uniformità e non la fraternità»[328] –, mas deve ser vivida como valor evangélico
que favorece a uma saudável pluralidade.

Assim, «non dobbiamo identificare la polarizzazione con il sano
pluralismo»[329], pois o problema não è a pluralidade, mas a absolutização
de valores relativos que criam divisão: «...quanto provoca alienazione tra
gruppi e tra persone non è certamente pluriformità, ma divisione, nella
quale valori relativi diventano assoluti. Pluriformità, uniformità, vita comunitaria sono sempre da viversi in relazione ai valori dell'unità fraterna
il cui fondamento assoluto è la carità»[330].

A importância da unidade é retomada na «Lettera alla Famiglia
Carmelitana» (1988), quando se reafirma a necessidade de partilhar valores e ideais nas relações interpessoais para o crescimento da fraternidade: «La stessa formazione di una comunità dovrebbe basarsi sulla
condivisione dei valori, sugli scopi comuni e su una volontà di partecipare profondamente alla vita e alla attività dell'altro. Infatti, dove si
promuove una maggiore partecipazione e comunicazione, si favorisce la
crescita della fraternità»[331]. Neste documento, a unidade é vista a partir
do carisma comum que une aqueles que vivem a proposta do Carmelo.
O significado mais profundo da comunidade carmelitana é dado pela

---

[327] *I Cons. Prov.*, 60.

[328] *I Cons. Prov.*, 60.

[329] *I Cons. Prov.*, 60.

[330] *I Cons. Prov.*, 61. No documento «Il carmelitano oggi» (1974), recuperando dois
valores essenciais da espiritualidade carmelita – solidão e silêncio – afirma-se: «...bisogna
entrare nella "scuola della solitudine", cioè acquistare l'atteggiamento costante di rinuncia
a ridurre l'altro a noi stessi e ai nostri bisogni, e permettere invece a ciascuno di essere se
stesso nella sua singolarità e nella sua apertura verso gli altri; bisogna entrare nella "scuola
del silenzio", cioè del dialogo nel senso profondo, dove l'uno sa ascoltare l'altro come tale».
Congr. Ger. 1974, 174.

[331] *XI Cons. Prov.*, 38. Como a *RIVC 1988* diz: «Essere fratelli significa crescere
nell'uguaglianza e nella partecipazione (cf. Regola, cc 1-3 [Rc 4-6]); nella condivisione non
solo dei beni (id., c. 9 [Rc 12]) ma anche di un progetto comune di vita; significa crescere
nel dialogo aperto e sincero e nell'impegno per il benessere personale dei fratelli (id., c.11
[Rc 15])». *RIVC 1988*, 12.

própria Regra: «Questo significato più profondo e più ampio di comunità ci viene della Regola e tiene in considerazione tutto il contesto ecclesiale e l'appello che viene dalla storia dell'uomo, così che la comunità diventa una realtà concreta nelle diverse situazioni»[332]. O chamado a «construir fraternidade» é feito àqueles que querem viver o seguimento de Jesus Cristo na Ordem do Carmo, através das principais características que formam a comunidade carmelita:

> Le principali caratteristiche della comunità Carmelitana sono: vivere nell'ossequio di Cristo (Prologo della Regola [Rc 1-3]), ascolto della Parola (Cap. 7 [Rc 10]), condivisione (Capp. 4, 9 e 11 [Rc 7, 12-13 e 15]), preghiera e calebrazione del mistero pasquale (Capp. 9 e 10 [Rc 12-13 e 14]) e servizio a chiunque viene a noi, con una speciale attenzione ai minori (Cap. 6 [Rc 9]), sotto l'ispirazione di Maria e di Elia[333].

---

[332] *XI Cons. Prov.*, 36. A *RIVC 1988* assume a ideia de que a fraternidade proposta na Regra é inspirada nos valores das primeiras comunidades cristãs: «La nostra Regola ci chiama "fratres". Questo nome indica la qualità dei rapporti e delle relazioni interpersonali che caratterizzano la vita della comunità, sul modello ispirante di quella primitiva di Gerusalemme». *RIVC 1988*, 12. O mesmo documento ainda firma que estes valores estavam presentes no primeiro grupo de carmelitas: «Noi ci basiamo sull'esperienza fondamentale dei primi Carmelitani che, riuniti sul Monte Carmelo in Terra Santa, presero come modello di vita la comunità di Gerusalemme, tutta raccolta in una fraternità centrata sulla Parola, lo spezzar del pane, la preghiera e il servizio». *Ibid.*, 4. Segundo K. Waaijman e H. Blommestijn, nos documentos da Ordem «La *Regola* è la più citata per richiamare le caratteristiche della fraternità». K. WAAIJMAN – H. BLOMMESTIJN, «Riflessioni sull'evoluzione», 189. O seguimento de Cristo, na escuta da Palavra e na celebração comunitária da Eucaristia; o «meditar dia e noite» como uma «força» espiritual, motivo e inspiração para a fraternidade *«ad intra»* e *«ad extra»*; o encontro semanal para partilha, comunicação, diálogo; a origem mendicante e laica da Ordem; os elementos da Regra como: oração, contemplação, encontro com Deus e em especial a Eucaristia, fonte e sustento da fraternidade, são elementos da espiritualidade do Carmelo presente na Regra, relida pelos documentos, que fundamentam a fraternidade carmelitana. Cfr. *Ibid.*, 189-190.

[333] *XI Cons. Prov.*, 37. Na abertura do encontro, o prior geral John Malley também enfatiza os valores da fraternidade presentes na Regra: «Alberto seppe inserire questi valori di fraternità in maniera tutta speciale, stabilendoli come gli elementi più importanti per la vita comunitaria dei primi Carmelitani. Doveva esserci un'elezione democratica del priore (cap. 1 [Rc 4]); un accordo comune sul luogo dell'eremitaggio (cap. 2 [Rc 5]); una vicendevole discussione sulle disposizioni pratiche (capp. 3 e 4 [Rc 6 e 7]); pasti in comune (cap. 4 [Rc 7]); preghiera ed Eucaristia insieme (capp. 8 e 10 [Rc 11 e 14]); proprietà comune (cap. 9 [Rc 12 e 13]); dialogo comunitario sulla vita comune e il bene di ciascuno (cap. 11 [Rc 15]). Questi elementi fondamentali e la basilare struttura di fraternità e di vita comunitaria delineati dalla Regola, sono stati ulteriormente ribaditi nel corso dei secoli dalle Costituzioni». *Ibid.*, 30.

Tais valores fazem com que a diversidade de tantas realidades presentes na Ordem encontre um ponto comum de unidade, formando a «Família Carmelita».

A crescente participação e corresponsabilidade na caminhada da Ordem trazem à tona a pluralidade e riqueza das diversas realidades e experiências da vivência do carisma carmelita. A necessidade de buscar a unidade na diversidade, neste contexto, é ainda mais clara no Capítulo Geral 1983, quando se levanta o tema da internacionalidade da Ordem. Afirma-se: «Il Capitolo Generale sente la necessità di sottolineare il carattere internazionale del nostro Ordine, per il bene della Chiesa, nella fedeltà al nostro carisma e nella pluralità delle culture, secondo la nostra comune vocazione»[334]. Para isso, sente-se que é preciso melhorar a comunicação dentro da Ordem e com outros grupos «perché la fraternità carmelitana dipende molto dal contatto costante tra i membri dell'Ordine e dallo scambio di esperienze, culture, problemi e difficoltà»[335].

A dimensão da internacionalidade, assumida pelo Capítulo Geral na perspectiva de crescer como fraternidade, será o tema específico do Conselho das Províncias de 1985, quando se reafirma que as diferentes experiências presentes na Ordem mostram a fecundidade do carisma «encarnado» nas diversas realidades:

> Lungo i secoli lo Spirito ha suscitato dall'unica radice carismatica, modalità diverse di vita carmelitana, sia a carattere contemplativo, sia di servizio apostolico consacrato, sia di presenza cristiana nelle realtà sociali e laicali. La multiforme incarnazione del carisma è per noi motivo di gioia e conferma di una fecondità creativa vissuta sotto l'impulso dello Spirito, da accogliere con gratitudine e discernimento[336].

A partilha e a reflexão de tais experiências fizeram compreender que a internacionalidade não é um fator secundário da identidade carmelitana, mas é hoje exigência e motivo de crescimento da fraternidade. Afirmam os partecipantes: «La convivenza, la riflessione, le testimonianze ci hanno fatto più chiaramente capire il significato, le implicazioni e le urgenze operative della nostra fraternità sparsa tra le genti e culture tanto diverse»[337].

Neste sentido, o Capítulo Geral 1983 também falará da necessidade de um projeto comunitário. Segundo o prior geral Falco Thuis, o tema

---

[334] *Ac.Cap.Gen. 1983*, 214.
[335] *Ac.Cap.Gen. 1983*, 214.
[336] *IX Cons. Prov.*, 172.
[337] *IX Cons. Prov.*, 173.

principal do Capítulo deve ser essa preocupação em construir a comunidade local com base num projeto comum que envolva e una todos:

> L'argomento fondamentale che tratteremo in questo nostro capitolo è: la costruzione di fraternità carmelitane in ascolto e annunzio del progetto del Dio vivente a servizio dell'uomo integrale e della giustizia. Costruire cioè comunità locali, rispondendo alle esigenze di scelte di priorità in linea con il carisma carmelitano e lavorare per un progetto comunitario dinamico che coinvolga tutti noi a vari livelli, ovunque ci troviamo nel mondo[338].

O tema da fratenidade, vista como ideal prioritário da Vida Religiosa[339], estará intimamente relacionado com a vida de oração, de onde nasce e se alimenta como verdadeira fraternidade em Cristo. Como se afirmará em 1973:

> Le nostre comunità senza la preghiera comune non possono essere autentica espressione di fede, speranza e carità (*Costitutuiones O.N.*, n. 30)... L'azione reciproca tra fraternità e preghiera è stata da noi ampiamente illustrata. Nella comunità costituiamo in primo luogo una fraternità in Cristo, chiamati dal suo Spirito a vivere in

---

[338] *Ac.Cap.Gen. 1983*, 155. Ver ainda: *Congr. Ger. 1980*, 26; *VI Cons. Prov.*, 169-170. O Capítulo aconselhava que as comunidades locais, para serem realmente fraternidade, devem ter um projeto comunitário para si e para a presença na Igreja local e no mundo. Cfr. *Ibid.*, 213.Um projeto de vida comunitária, com revisão periódica, também está presente como proposta a ser realizada na etapa programada para 1982 da concretização do ideal do estilo de vida assumido no Capítulo Geral 1977. Cfr. *VI Cons. Prov.*, 176. O VII Conselho das Províncias (1982) retoma a questão do projeto comunitário com a participação de todos, como expressão de pertença à Família Religiosa. Cfr. «Il VII Consiglio delle Province», 3. O Capítulo Geral 1995 falará da necessidade de um projeto mais global para toda a Ordem, reforçando a unidade na diversidade: «Si manifesta impellente il bisogno di una maggiore unità nella pluriformità; l'elaborazione di un progetto globale per tutto l'Ordine che esprima la nostra missione nella Chiesa e nel mondo di oggi». *Ac.Cap.Gen. 1995*, 231. Em sua carta: «Colpiti dal Mistero di Dio» (1983), Falco Thuis confirma a importância do projeto comunitário tanto para o crescimento pessoal, quanto da comunidade e da Ordem como um todo: «Come alla luce di Dio si impegnano a formare un progetto comunitário della loro vita, così tracciano anche le linee del loro apostolato per portare agli uomini la salvezza di Cristo ed estendere il suo Regno sulla terra. In questo modo crescono nella fraternità come comunità e come persone singole, sforzandosi di realizzare quel disegno che Dio ha tracciato nella vita di ciascuno e nella vita dell'Ordine intero». F. J. THUIS, «Colpiti dal Mistero», 96.

[339] «Se la fraternità rappresenta un valore primario nella vita religiosa, i candidati che desiderano abbracciare il nostro Ordine non devono aspirare al lavoro apostolico, come a loro primo ideale, ma piuttosto devono formarsi al senso della fraternità, che si esprime nella comunione di vita con gli altri sia nella preghiera come nel lavoro». *II Cons. Prov.*, 69.

unità per esserne anche testimoni al Popolo di Dio; perciò il ruolo, le funzioni e i doveri del ministero, come pure qualsiasi altro lavoro, devono essere orientati alle esigenze della vita fraterna. Questa verità deve stare alla base dell'educazione e rieducazione di tutti i membri del nostro Ordine, affinchè la vocazione al Carmelo sia vissuta nella sua pienezza[340].

Mais tarde, em 1979, refletindo sobre as «fontes do Carmelo», conclui-se que a «encarnação» do carisma requer uma *fraternidade orante*, cuja consequência serão testemunho e abertura ao mundo e à humanidade:

> Ciò è possibile rendendo le nostre comunità vere *fraternità orante*: fraternità, cioè, capaci di vivere e testemoniare nel mondo secolarizzato il senso di Dio; fraternità che, in um mondo individualistico, testimoniano la carità attraverso rapporti personali autentici; fraternità aperte al mondo e agli uomini del nostro tempo, con preferenza a coloro che la società pone ai margini del suo interesse[341].

9.1.2 A vida fraterna «*ad extra*»

Outra característica da comunidade fraterna, que aparece nos documentos, é a sua abertura e contato com o povo, com a realidade, com o mundo. Em 1983, ao falar das três grandes dimensões do carisma que se destacam na recente caminhada da Ordem[342], vê-se o desafio da fraternidade como uma «realtà della comunità "aperta", senza perdere per questo la própria identità. Una comunità aperta al popolo: capace di ac-

---

[340] *II Cons. Prov.*, 68.69.

[341] *V Cons. Prov.*, 220. Assim, a comunidade será o lugar da experiência de Deus em um modo equilibrado, sem viver um «pietismo» alienante ou um «horizontalismo» que ofusca a experiência do transcendente: «Le nostre comunità si aprono ai fratelli del mondo come luoghi di esperienza di Dio e d'incontro con l'uomo; e sono impegnate a favorire in essi la crescita di una religiosità autentica ed equilibrata, capace di evitare gli estremismi di un pietismo alienante o di un orizzontalismo che mortifica l'aspirazione al trascendente e al sacro». F. J. THUIS, «Colpiti dal Mistero», 99. Mais tarde se assumirá o termo: *fraternidade contemplativa no meio do povo*, sintetizando o carisma nas suas três dimensões. Cfr. *Ac.Cap.Gen. 1995*, 228-229; *Const. 1995*, 21.

[342] O Capítulo Geral 1983 fala de três «linee-forza» do carisma da Ordem: oração, fraternidade e justiça. Cfr. *Ac.Cap.Gen. 1983*, 168-169. «In queste tre linee-forza vediamo in concreto per oggi l'incarnazione dell'"obsequium Jesu Christi" che abbiamo professato». *Ibid.*, 169.

cogliere, ascoltare, camminare col popolo, fortemente animata e animatrice del senso di Dio e della fraternità»[343].

Em 1981, salientava-se que a fraternidade requer um empenho fora da comunidade, junto ao povo onde se vive[344]. O Capítulo Geral 1977 também coloca na sua programação, como objetivo final no que diz respeito ao estilo de vida, o seguinte: «Costruire la comunità come gruppi animati ed animatori del senso di Dio e della fraternità tra di essi e gli altri uomini»[345]. Esta fraternidade deve levar à participação na vida do povo e estar à serviço dele: «La fraternità religiosa, se è autentica, deve suscitare in noi un vivo desiderio e renderci capaci di comprendere e condividere gioie e speranze, tristezze e angosce del popolo. Fa parte della nostra vocazione il mettere la nostra fraternità a disposizione della gente (Cfr. GS 1; Coscitutiones O.N., nn. 30, 31»[346].

O grande desafio é viver a fraternidade como um modo de traduzir os valores da Vida Religiosa na prática pastoral, considerando o ser humano na sua totalidade: «Per noi, quindi, avrá priorità la traduzione dei valori fondamentali della vita religiosa nella nostra pratica pastorale: prima di tutto la fraternità, la ricerca incondizionata per l'uomo totale, il desiderio della giustizia e della pace, la nostra fede nel mistero della vita»[347]. Chega-se à conclusão que construir a fraternidade religiosa e vivê-la aberta ao povo é o coração da vocação carmelita e o modo também de atrair mais pessoas para esta experiência: «Il tentativo di costruire una fraternità religiosa fra di noi e di viverla aperta all'ambiente in cui viviamo e operiamo corrisponde al cuore della nostra vocazione carmelitana e costituisce un appello assai vivo ai giovani»[348].

---

[343] *Ac.Cap.Gen. 1983*, 169. Na «Dichiarazione del Capitolo Generale dei Carmelitani 1983 sulla situazione attuale del mondo», afirma-se que a promoção da fraternidade deve ser prioridade absoluta em todos os setores da sociedade de hoje: «La promozione della fraternità nella società deve avere la priorità assoluta da parte di quanti rivestono responsabilità amministrative. I capi dei Governi, della Chiesa e delle Famiglie Religiose dovrebbero costantemente sforzarsi di eliminare ogni sorta di competitività, di minaccia e di paura nel rispettivo ambito. Devono lavorare per sostituirle con la giustizia, la pace e l'armonia». *Ibid.*, 221.

[344] Cfr. *VI Cons. Prov.*, 168-169; acima, nota 211.

[345] *Ac.Cap.Gen. 1977*, 263. Neste sentido, a Ordem foi encontrando o seu lugar junto ao Povo de Deus, recuperando o verdadeiro sentido da Vida Religiosa, como afirma a carta dos Dois Conselhos Gerais (1993): «Come discepoli consacrati, stiamo recuperando il nostro posto nel popolo di Dio, riscoprendo la natura laicale della vita consacrata, non come uno stato di perfezione, ma come una chiamata a un impegno e a una testimonianza evangelica in mezzo al popolo». *Ep.O.Carm./O.C.D.*, «Considerationes de Vita Consacrata», 147.

[346] *VI Cons. Prov.*, 168.

[347] *VI Cons. Prov.*, 169.

[348] *VI Cons. Prov.*, 170. Na Congregação Geral 1986, sobre a questão vocacional,

Para o carmelita, esta abertura da experiência fraterna encontra fundamento na sua própria história, como se afirmou na «Lettera alla Famiglia Carmelitana» (1988):

> In qualsiasi paese, città o situazione viviamo, ci ricordiamo dalla nostra storia che, come Carmelitani, siamo «del popolo». La nostra vocazione alla fraternità carmelitana ci provoca ad aprirci a nuovi modi di appartenenza reciproca, modi nei quali uomini e donne possano condividere la nostra vita e diventare membri delle nostre comunità locali e della nostra Famiglia Carmelitana sparsa in tutto il mondo[349].

Esta abertura deve proporcionar a oportunidade para aqueles que querem participar do estilo de vida e espiritualidade carmelita:

> La comunità religiosa locale, maschile o femminile, diventa così il cuore dell'esperienza della Famiglia Carmelitana più vasta. È qui che tutti coloro che desiderano condividere e approfondire il nostro stile di vita possono ritrovarsi insieme come «la comunità di Gerusalemme» (Regola Cap 9 [Rc 12 e 13]), dove fratelli e sorelle, «insieme a Maria», attendono lo Spirito per rivivere l'esperienza del Signore ed essere «inviati» per le vie del mondo[350].

A experiência fraterna e sua abertura ao diálogo com a realidade, com o mundo, deparam-se muitas vezes com estruturas e situações que são opostas aos valores da fraternidade. O compromisso de transformar essa realidade é, sem dúvida, o grande desafio que se coloca. Já em 1972, afirmava-se a justiça como expressão e promoção da fraternidade[351]. Para criar verdadeira fraternidade e reforçá-la, é preciso abrir-se à realidade dos irmãos e irmãs mais necessitados em uma «sincera preoccupazione per l'aumento della carità e lo sviluppo della giustizia nel mondo»[352]. Baseando-se no texto bíblico em que Jesus, tomando a leitura de Isaías, confirma a sua missão de libertar o ser humano de toda opressão[353], torna-se claro o nexo necessário entre a justiça e a fraternidade. O compromisso da vida fraterna com a justiça dá mais autenticidade e

---

afirma-se: «È la ricchezza che abbiamo come dono reciproco e quindi l'entusiasmo con cui viviamo questa fraternità autentica sarà una sfida per gli altri e susciterà in loro il desiderio di compartire la nostra vita carmelitana in modi vari e diversi». *Congr. Ger. 1986*, 91.

[349] *XI Cons. Prov.*, 38.
[350] *XI Cons. Prov.*, 38.
[351] *I Cons. Prov.*, 56-59.
[352] *I Cons. Prov.*, 57.
[353] Cfr. Lc 4, 18 – 21.

coerência à Vida Religiosa: «Siamo anche convinti che i risultati di un tale atteggiamento di giustizia saranno: un aumento del carattere evangelico della nostra vita religiosa, della fraternità e dell'unità nell'Ordine, con più aderenza di risposta alle aspettative del nostro tempo e con conseguente nostra capacità di suscitare imitatori»[354].

No Capítulo Geral 1983, retoma-se a ideia da fraternidade e justiça lembrando que a Igreja, após o Vaticano II, enfatiza a promoção humana como parte integrante da evangelização[355]. O próprio tema do Capítulo dava ênfase a este aspecto: «Costruzione della fraternità carmelitana in obbedienza e testimonianza del desegno di Dio, mediante la promozione della giustizia e dello sviluppo umano»[356]. Em 1981, já se havia refletido muito sobre a importância da fraternidade como meio de evangelização: «...desideriamo comunicare ai confratelli quello che abbiamo compreso maggiormente nella nostra reflessione, ossia la rilevanza della nostra fraternità anche come mezzo per evangelizzare l'ambiente in cui viviamo e operiamo»[357].

A busca de novas formas de vida comunitária, centralizada na Palavra de Deus, em pequenos grupos, mais abertos e próximos do povo, vivendo os valores fundamentais da fraternidade e comunhão, foi aprofundada no III Conselho das Províncias (1975). Refletiu-se sobre a nova experiência das Comunidades Eclesiais de Base e as pequenas comunidades religiosas inseridas no meio popular, presentes na América Latina. Tendo como base destas experiências a inspiração e meditação constante da Bíblia, tornam-se «sinais dos tempos» para a fraternidade carmelita[358]. Percebeu-se que, vivendo um estilo novo, fora das estruturas tra-

---

[354] I Cons. Prov., 58. Isto levará à reflexão do significado profético da fraternidade: «Si rivolge ora un invito urgente a riflettere sul significato profetico della nostra fraternità. Cosa che comprende l'esame dei segni dei tempi, della nostra preoccupazione per l'esigenze degli uomini a livello internazionale, nazionale e locale, e del rilievo della nostra vita comunitaria per la società (Cfr: Constitutiones O.N., n. 13 e 30)». VI Cons. Prov., 166.

[355] «La Chiesa postconciliare e dentro di essa il nostro Ordine ci hanno spinto a vedere la promozione della giustizia come parte integrante dell'evangelizzazione». Ac.Cap. Gen. 1983, 167.

[356] Ac.Cap.Gen. 1983, 213.

[357] VI Cons. Prov., 165. No relatório do prior geral Falco Thuis ao Capítulo Geral 1977, reflete-se que o dinamismo da Igreja hoje, capaz de mudar e adaptar-se, acontece quando se é capaz de ler os «sinais dos tempos». Sem levar em conta estes, não se anuncia o Evangelho. A Ordem faz parte desta Igreja dinâmica: «Il nostro Ordine fa parte di questa Chiesa e deve essere pienamente consapevole del suo dovere di diffondere il messaggio della verità "evangelica" che renderà liberi tutti gli uomini». Ac.Cap.Gen. 1977, 156.

[358] No discurso de abertura do prior geral Falco Thuis lê-se: «Da questi "segni dei tempi" possiamo, a mio avviso, leggere nuove possibilità per plasmare in un modo rilevante la nostra esistenza quale comunità carmelitana. Caratteristiche dei movimenti

dicionais, as pequenas comunidades representam uma nova realidade e proposta na Igreja e na Vida Religiosa.

As Comunidades Eclesiais de Base nascem como resposta à crise na vida e missão da Igreja, tendo como fundamento a teologia do Povo de Deus, refletindo a realidade à luz do Evangelho e testemunhando uma autêntica vida apostólica[359]. Os religiosos e religiosas, saindo das estruturas dos grandes conventos, inserem-se nesta realidade, como nova experiência de vida fraterna e orante, buscando uma vivência mais radical do Evangelho[360].

Esta abertura da experiência de fraternidade, que vai além dos muros dos conventos e casas religiosas[361], pode ser vista concretamente como característica comum nos diversos modelos de comunidades elencados na Congregação Geral 1980. Acolhendo a pluralidade de experiências de comunidades presentes na Ordem, com maneiras diferentes de atualizar o carisma nos diversos lugares, situações, culturas, de acordo com os desafios e apelos evangélicos de cada realidade, o documento «Forme nuove di vita e di apostolato» traz seis modelos de comnidades carmelitas:

1) A *comunidade carmelita que escuta, confronta-se e vive a Palavra de Deus*, sendo «un tentativo di risposta alla fame che oggi l'uomo ha di Dio»[362]. Dando ênfase à centralidade da Palavra, destaca-se a leitura popular da Bíblia que ilumina a realidade e fundamenta o projeto comunitário, construindo uma fraternidade comprometida com a libertação e promoção humana. Vivem a dimensão do carisma de «meditar dia e noite na lei do Senhor» (Rc 10), ligando a fraternidade e a experiência de Deus com a vida;

---

summenzionati sono l'ispirazione evangelica e una costante meditazione della Parola di Dio. Visto il compito che abbiamo come Carmelo, non ci sentiremo estranei ad esse». *III Cons. Prov.*, 58.

[359] Cfr. *III Cons. Prov.*, 61-62.

[360] Segundo o documento: «In mezzo al Popolo. Piccole Comunità Religiosa e Comunità di Base» (1975), esta experiência pode ser lida na própria origem da Ordem, no primeiro grupo que vivia como uma comunidade local, centrada na Palavra e na Eucaristia, e, mais tarde, assumindo a espiritualidade Mendicante, que os fazem fraternidade itinerante inserida e solidária em meio ao povo: «Da qui la ricerca di un equilibrio tra l'ispirazione primitiva e le conseguenze della "missio apostolica" si protrasse a lungo nella storia dell'Ordine». *III Cons. Prov.*, 63. Tal experiência é reconhecida como um modo de «encarnar» o carisma hoje, que requer empenho, maturidade, audácia, por estar mais exposto aos riscos, incertezas, inseguranças. Enfim, conslui-se: «Da questi segni possiamo cercare nuove possibilità per plasmare in un modo rilevante la nostra esistenza come comunità carmelitana». *Ibid.*, 68.

[361] Cfr. *Const. 1971*, 26.

[362] *Congr. Ger. 1980*, 44.

2) A *comunidade carmelita que vive uma fraternidade autêntica*, que «favorisce lo sviluppo di relazioni interpersonali mature e aperte a livello umano e di fede, per una preghiera autentica e un'intensa comunicazione e corresponsabilità»[363]. Acentuando o aspecto da fraternidade, num estilo de vida simples e sóbrio, vive-se também a solidariedade com o povo e o empenho pela justiça e promoção humana. Inspiram-se nas três dimensões do carisma: fraternidade, oração e justiça;

3) A *comunidade carmelita aberta ao povo*, que «nasce dal bisogno di superare l'isolamento dei religiosi dalla realtà di oggi, eliminando quaisasi sentimento di casta»[364]. Surgindo no meio do povo e para o povo, participando da vida dos pobres e lendo os «sinais dos tempos», tal comunidade resgata a origem da vida religiosa nascida à imagem da comunidade primitiva de Jerusalém. Inspiram-se na Regra: «Le due dimensioni della Regola Carmelitana, quella eremitica e quella mendicante, ciascuna a suo modo, si ritrovano egualmente espresse in questo contatto con il popolo»[365];

4) A *comunidade carmelita que participa do mundo dos pobres e oprimidos*, através da «presenza concreta di una comunità fra i poveri e gli operai in modo significante per loro e con lo scopo di partecipare alla loro sorte»[366]. Aprende-se a ver o mundo a partir dos que sofrem e são oprimidos, comprometendo-se com a edificação do Reino de Deus pela justiça e paz, na promoção humana e opção pelos pobres, em sintonia com o carisma dos Mendicantes;

5) A *comunidade carmelita que busca transmitir o carisma aos outros*, propondo «una vita religiosa attenta alla dimensione umana con lo scopo particolare di essere segno di attrazione ai laici, specialmente ai giovani. L'accoglienza, esercitata nei conventi, permette a questi di constatare come viviamo e di partecipare alla nostra vita»[367]. Com a preocupação vocacional, estão abertos a acolher aqueles que buscam um sentido mais profundo para a vida, numa comunidade acolhedora, hospitaleira e disponível;

6) A *comunidade carmelita comprometida com a promoção dos valores humanos através da formação das pessoas*, seja no interno que no externo da Ordem. Desta forma, querem «configurare la propria vita con un'attenzione speciale alla dimensione culturale e allo sviluppo umano

---

[363] *Congr. Ger. 1980*, 46.
[364] *Congr. Ger. 1980*, 47.
[365] *Congr. Ger. 1980*, 48.
[366] *Congr. Ger. 1980*, 49.
[367] *Congr. Ger. 1980*, 50.

delle persone»[368], atuando no campo dos estudos, formação intelectual, investigação da realidade atual, numa ação contemplativa de Deus que se manifesta na história[369].

Dentro da diversidade de experiências[370], porém, se constata que «le forme nuove in senso stretto sono poche; nondimeno in tante forme già esistenti si scoprono vari valori e metodi nuovi»[371]. São experiências que surgem, diante da inspiração do carisma, como resposta às necessidades de lugares e situações diferentes. Percebe-se também a necessidade de harmonizar a experiência comunitária interna com a consequente, necessária e salutar abertura à dimensão externa da fraternidade religiosa. O importante é que «In tutte queste forme nuove e rinnovate si vede una stretta correlazione con lo stile di una vita autenticamente religiosa. Questa è una nota essenziale, sentita molto vivamente nel nostro tempo»[372].

---

[368] *Congr. Ger. 1980*, 52.

[369] Na «Lettera alla Famiglia Carmelitana», do XI Conselho das Províncias (1988), retoma-se os modelos de comunidade existentes na Ordem em quatro perspectivas: 1) comunidades eremiticas ou de oração, abertas à pessoas que querem partilhar desta experiência; 2) comunidade dedicada ao estudo da espiritualidade ou dos místicos, que visam partilhar a espiritualidade carmelita; 3) comunidades de trabalho pastoral presentes nas Comunidades Eclesiais de Base, abertas às questões sociais; 4) comunidades comprometidas com os movimentos sociais de luta pela justiça e a paz, pela liberdade e dignidade humana. Cfr. *XI Cons. Prov.*, 37.

[370] Vê-se, mais uma vez, que a pluralidade é uma riqueza quando vivida na unidade. Nas diferentes formas se reconhecem os valores carmelitanos: «Nello sperimentare nuove forme dobbiamo comprendere però non solo fino a che punto può arrivare la pluriformità senza rompere l'unità necessaria, ma anche vedere come l'unità viene arricchita da una pluriformità reale vissuta in relazione a quell'unione fraterna il cui fondamento è la carità (cf. Cons. Prov. 1972, Impegnati al servizio della fraternità, C, 5). Questa scoperta ci porterà a vedere i nostri valori comuni presenti nelle forme, forse tra loro assai diverse, ma sempre riconoscibili come carmelitane perché piene del senso di Dio e dedicate al servizio della fraternità». *Congr. Ger. 1980*, 14. A *RIVC 1988* reconhece as várias formas como diferentes modos de viver a riqueza do carisma, que não pode ser reduzido em uma única maneira: «Nella RIVC riconosciamo l'immensa ricchezza del carisma camelitano. Proprio perché è così ricco, ci rendiamo conto che non può essere ridotto ad un unico stile di vita o ad un'unica forma di servizio. Il nostro carisma ci è stato donato dallo Spirito Santo in una molteplicità di forme, per aiutarci a costruire il Regno di Dio. La formazione che proponiamo, è strutturata in modo tale che ne risulti una certa unità, pur nella diversità degli stili di vita e di lavoro; unità che deriva dal nostro carisma e che qualifica i Carmelitani in ogni tempo e in ogni situazione». *RIVC 1988*, 6.

[371] *Congr. Ger. 1980*, 43.

[372] *Congr. Ger. 1980*, 44.

9.1.3 Compromisso eclesial da Fraternidade Carmelitana

Em 1983, papa João Paulo II, dirigindo-se aos frades em Capítulo Geral, afirmava: «La Chiesa ha bisogno di essere sempre più Chiesa nei suoi componenti; e tra di essi voi siete componenti molto importanti, fondamentali, perché venite direttamente dal Vangelo, dal messaggio evangelico. Siatene consapevoli e testimoniate tale consapevolezza con la vostra vita e la vostra missione nei vari ambienti»[373]. Neste próprio Capítulo já se refletia que nos últimos anos, ao dar-se uma atenção maior ao que acontece na Igreja e no mundo, clareou-se mais os desafios eclesiais da Ordem: «...aprire gli occhi e il cuore, hanno aiutato in genere a comprender meglio come dobbiamo nel mondo essere Chiesa e Ordine religioso profetico»[374].

A fraternidade é um elemento que une e que insere a comunidade na Igreja e no mundo, afirmava-se já em 1974: «Approfondendo la realtà della nostra vita religiosa, ci siamo resi consapevoli che la fraternità, dono divino, è l'elemento che ci unisce, inserendoci nella Chiesa e nel mondo di oggi»[375]. Conclui-se que a vivência da fraternidade em toda a Ordem deve ser um sinal e instrumento que coopere na salvação e libertação do ser humano diante do chamado eclesial a viver na unidade e no amor: «...per poter essere agli uomini segno e strumento di liberazione e di salvezza, dobbiamo eliminare fra di noi l'egoismo che divide ed entrare più profondamente nel mistero della Chiesa, città fraterna, così da rivelare al mondo il senso recondito di essa e della vocazione dell'umanità all'unità e all'amore (Cf. LG 1; GS 24)»[376]. Será um modo do carmelita viver concretamente o seu carisma: «Questo modo di incarnare l'*obsequium Iesu Christi* nella fraternità sarà la nostra testimonianza al mondo il quale, a sua volta, è per noi un appello con le sue esigenze

---

[373] *An.O.Carm.* 36 (1982-83) 124. No Capítulo Geral 1989, o papa continua enfatizando a importância do Carmelo na Igreja: «Questo tema del vostro Capitolo Generale ["Carmelo 2000. Eredità, Profezia, Sfida. Che fai qui Elia?"] è destinato a sollecitare una maggiore consapevolezza del dono prezioso della spiritualità carmelitana e a prendere coscienza in modo sempre più avvertito della stima di cui il carisma carmelitano gode nella Chiesa. Esso infatti è dono dello Spirito alla Chiesa, che contribuisce ad edificarla con la secolare esperienza di interiorità, di contemplazione, di fraternità e di servizio profetico». *An.O.Carm.* 40 (1989) 50. E, em 1995, diz: «Ciò vi consente di realizzare sempre meglio la vostra specifica spiritualità, nella fedeltà al Dio che vi chiama, nella disponibilità alla Chiesa che vi invia e nel servizio evangelico nei confronti dell'umanità che ha bisogno di voi come fratelli contemplativi e profetici». *An.O.Carm.* 46 (1995) 5.

[374] *Ac.Cap.Gen. 1983*, 166.

[375] *Congr. Ger. 1974*, 173.

[376] *Congr. Ger. 1974*, 175.

attuali»[377]. Desta forma, conclui-se que o testemunho da fraternidade, juntamente com a experiência da oração, é a autêntica identidade do Carmelo hoje na Igreja: «L'attuazione di tale vita di fraternità e preghiera sarà l'espressione più autentica della nostra identità carmelitana nella vita della Chiesa e nel mondo di oggi»[378].

O Prior Geral Falco Thuis, em 1981, alertava da necessidade de que a Ordem deveria questionar-se sobre sua inserção na Igreja local, vendo até que ponto o carisma recebido é vivido como dom à Igreja e ao mundo:

> dobbiamo interrogarci sulla validità della nostra presenza in quanto carmelitani nella Chiesa locale: dobbiamo cioè chiederci con molta sincerità se la nostra appartenenza alla Chiesa sia dinamica ed espressione concreta del carisma ricevuto dallo Spirito e offerto come dono a questa Chiesa e per il mondo. La fedeltà al carisma deve essere da noi promossa nella creatività coraggiosa e aperta alla considerazione dei segni dei tempi, lontano dalla tentazione del livellamento e del particolarismo, e cercando un inserimento nella comunione organica della Chiesa[379].

No mesmo encontro, fazendo-se uma análise das relações sociais atuais, onde a falta da fraternidade gera egoísmo, desarmonia nas relações, grandes problemas sociais; as relações de comunhão e fraternidade são eliminadas pela relação do domínio; a posse de bens e instrumentalização dos outros se tornam parâmetros para a ação, fala-se da necessidade de uma *fraternidade universal* que reconstrua o projeto de Deus, sendo a grande missão da Igreja[380]. A Vida Religiosa tem um papel importante

---

[377] *Congr. Ger. 1974*, 175. Em «Messaggio del Capitolo Generale ai Giovani Carmelitani» (1983), fala-se do serviço do Carmelo à Igreja como testemunho do Deus vivo contra os ídolos do ter, poder e prazer: «Noi crediamo che la vocazione del Carmelo al servizio della Chiesa sia attuale: chiamati a rendere testemonianza al Dio vivo, nella contemplazione e nell'impegno a collaborare al progetto di Dio nella storia degli uomini, contestiamo gli idoli del nostro tempo che assolutizzano l'avere, il potere e il piacere, provocando danni gravissimi, come la frustrazione personale e il deturpamento del volto di Dio nel fratello oppresso». *Ac.Cap.Gen. 1983*, 220.
[378] *Congr. Ger. 1974*, 176.
[379] *VI Cons. Prov.*, 161.
[380] A *RIVC 1988* conferma esse compromisso: «Gli esseri umani, immessi nelle contraddizioni e schiavizzati in mille modi, gridano forte verso la nostra coscienza. In quel grido noi sentiamo lo Spirito di Dio che ci sollecita, come Carmelitani, a partecipare alla liberazione di queste persone secondo il nostro carisma, per trasformare quei rapporti disumanizzanti in rapporti davvero fraterni». *RIVC 1988*, 3. Esta missão se vive na Igreja, através da fraternidade: «Per realizzare questo piano di salvezza, Gesù, l'*uomo nuovo*, ci ha lasciato la sua Chiesa; una Chiesa che non ha diritto di esistere se non è tutta protesa

a desenvolver neste sentido: «Il segno più chiaro e più evidente del "comandamento nuovo", che contraddistingue il piano di Dio, è la fraternità fra di noi. Di conseguenza il nostro primo obbligo è rimodellare le nostre comunità affinché diventino luoghi privilegiati di fraternità vissuta»[381].

Assim, o crescimento da fraternidade na comunidade religiosa, que testemunha e inspira uma fraternidade universal, será o grande contributo da Vida Religiosa à Igreja e à sociedade, como afirma o documento:

> L'esperienza di fraternità nella comunità deve essere evangelizzante nel senso pieno del termine, cioè realtà evangelica che fa crescere, come un fermento, tutta la comunità verso una nuova sensibilità per il regno. Una tale fraternità condurrà facilmente, nei luoghi ove viviamo e operiamo, verso nuove comunità di base che condividono la nostra ispirazione e la convertono a loro volta verso opere concrete nel servizio del rinnovamento della Chiesa e della società[382].

Retomando o termo *fraternidade universal*, em 1985, ao refletir sobre a internacionalidade da Ordem, a qual se faz presente em várias partes do mundo, reafirma-se: «Dobbiamo essere una parabola di riconciliazione e un segno profetico di fraternità universale, realizzando anzitutto fra noi una profonda integrazione nell'amore. Come comunità "ecclesiale" operiamo nell'unità, camminiamo nella verità, cresciamo nella stima vicendevole portando i pesi gli uni degli altri»[383]. Em 1988,

---

al compimento di questa missione: la fraternità universale tra i popoli. Il Vangelo esige dall'uomo una assimilazione e una conformazione all'*uomo nuovo* Cristo attraverso la conversione personale e la trasformazione radicale delle strutture sociali e delle relazioni che regolano la convivenza umana a ogni livello». *VI Cons. Prov.*, 167. Inspirada em VC 46, a carta dos Conselhos Gerais «Fraternità oranti al servizio del popolo» (1992) diz que a fraternidade carmelitana, na escuta da Palavra de Deus que leva à unidade, deve ser uma prova concreta de que a vivência fraterna é possível: «Chiamati a vivere una vita di fraternità, bisogna ottenere che le nostre comunità siano una prova concreta che la fraternità è possibile. Fraternità che nasce dall'ascolto e dalla meditazione della Parola e che porta a rendere più umana la vita, a unire le persone, nonostante certe divergenze, e riesce così ad essere una presenza del Vangelo». *Ep.O.Carm./O.C.D.*, «Fraternità oranti», 154. Esta afirmação será retomada na carta seguinte dos dois Conselhos (1993): «Le comunità religiose sono una prova che la fraternità umana è possibile». ID., «Considerationes de Vita Consacrata», 145.

[381] *VI Cons. Prov.*, 167.

[382] *VI Cons. Prov.*, 169. «La missione diventa credibile se qualificata e sostenuta innanzitutto con il linguaggio della testimonianza della vita fraterna "contemplante" in comunità. Siamo infatti convinti che il linguaggio che più sensibilizza i nostri contemporanei è la coerenza tra parole e vita». *Ac.Cap.Gen. 1995*, 233-234.

[383] *IX Cons. Prov.*, 177.

afirma-se que esta comunhão vivida ao interno e externo da comunidade fraterna, é apelo do próprio Concílio Vaticano II, que chama à corresponsabilidade e partilha como principais valores da renovação da Vida Religiosa: «Essendo chiamati al rinnovamento dal Vaticano II, siamo arrivati ad una concezione più dinamica della comunità, in una comunione in cui corresponsabilità e maggior condivisione costituiscono la parte più importante. Questo rinnovamento implica un ritorno alle nostre fonti ed un inserimento nel mondo»[384]. No Capítulo Geral 1989 se afirmará que o maior desafio eclesial naquele momento, para a Ordem e para a Igreja, é a «construção da comunidade» como sinal para o mundo: «Forse la più grande sfida per l'Ordine oggi è la medesima sfida che fronteggia la Chiesa: la costruzione di una comunità di amore Cristiano che abbia un valore di autentico segno per il popolo in tutto il mondo»[385]. Assim, torna-se clara a importância da fraternidade carmelita: «Consacrati da Dio e a Dio nella professione dei consigli evangelici di castità, povertà e obbedienza (cf. Regola, cc. 1, 9, 14 [Rc 4, 12-13, 18-19]; cf. Cost. 40-52), i Carmelitani vivono nella Chiesa la testimonianza profetica della fraternità al servizio del genere umano»[386].

9.2   A oração na vida contemplativa.

Juntamente com o tema da fraternidade, e tão importante quanto, aparece nos documentos o valor essencial da oração, do relacionamento íntimo com Deus, que é fonte e sustenta a vida contemplativa e os demais valores da Vida Religiosa[387]. O tema da oração está presente em vários documentos desta época, mas foi tratado diretamente no II Conselho das Províncias (1973): «"Signore, insegnaci a pregare" – Lc 11,1»[388], e na carta do prior geral Falco Thuis: «Colpiti dal Mistero di Dio» (1983)[389]. Estes dois documentos trazem as principais questões sobre a experiência orante do Carmelo, que serão retomadas em outros momentos.

---

[384] *XI Cons. Prov.*, 37.

[385] *Ac.Cap.Gen. 1989*, 289-290.

[386] *RIVC 1988*, 22.

[387] A contemplação envolve todos os valores da vida carmelita: «La nostra tradizione dice che la contemplazione è trasformazione dinamica di tutta l'esistenza umana, attraverso l'irruzione del divino in noi. La contemplazione cambia profondamente tutta l'attività umana: la preghiera, la vita comunitaria, l'apostolato e tutte le forme di impegno». *Congr. Ger.1986*, 90. Esta ideia será ainda mais desenvolvida na nova *Ratio Institutionis Vitae Carmelitanae* de 2000. Cfr. *RIVC 2000*, 23.

[388] Cfr. acima, nota 241.

[389] Cfr. acima, nota 304.

Na abertura do encontro de 1973, o padre geral Falco Thuis fala da necessidade de novas formas de rezar que expressassem, numa renovada Vida Religiosa, a união com Deus em sintonia com a vida quotidiana, cujo cume é a Eucaristia. Assim, convidava as comunidades carmelitas a serem «escolas de oração»[390], visto que «Per molti il Carmelo è sinonimo di preghiera, di contemplazione e d'unione con Dio»[391].

Que a oração é central para a vida de todo cristão, de todo carmelita, isto já é muito claro. A questão é que, pelas mudanças ocorridas na Igreja, na sociedade, na Vida Religiosa[392], ela precisa ser avaliada e novamente motivada dentro desta nova realidade. Em «"Signore, insegnaci a pregare"» é analisada esta questão no Carmelo, lançando pistas para um repensar a experiência de oração. Como em toda Vida Religiosa desta época, percebe-se também na Ordem: a mistura do velho e novo modelo; a fidelidade aos momentos de oração em alguns conventos, e em outros nenhuma oração em comum; o trabalho pastoral muitas vezes colocado como empecilho ao momento comunitário; a oração feita por preceito, costume, de modo mecânico; momentos em comum, como a meditação e o rosário, que passam para a devoção individual. Mas nascem, também, novas experiências fundadas na Palavra de Deus e na liturgia[393].

Fala-se da mudança no modo de rezar em conexão com o desenvolvimento do pensamento humano e religioso. Se antes o método era influenciado pelo «transcendentalismo», com uma forte marca «verticalista» (eu e Deus), com o secularismo passa a ser mais «horizontalista» (eu e o outro), com a influência do «imanentismo». A síntese dos dois será o método «personalista», fundamentado numa antropologia cristã, com a base na fraternidade em Cristo. Esta convida a partilhar dons, carismas, experiências e visões de fé, dando espaço à reflexão pessoal e adaptando-se melhor ao tempo dos que se dedicam ao apostolado[394]. Mas se conclui: «Riflettendo sulla situazione della preghiera nel nostro Ordine, abbiamo

---

[390] Cfr. *I Cons. Prov.*, 50.

[391] Da carta de apresentação do documento. E. BOAGA, ed., *Pellegrini verso l'autenticità*, 21.

[392] «Nel passato la vita religiosa era vista prevalentemente come un mezzo di santificazione individuale e di servizio cultuale a Dio (verticalismo); oggi è posto in maggior evidenza il suo servizio e la testimonianza delle realtà divine alla cristianità (orizzontalismo); perciò anche il lavoro viene ritenuto come una forma di preghiera con la conseguenza che la preghiera esplicita, sia individuale che comunitaria, viene praticata diversamente e, spesso, diventa problematica». *II Cons. Prov.*, 66.

[393] Cfr. *II Cons. Prov.*, 66-67.

[394] Cfr. *II Cons. Prov.*, 68.

avuto l'impressione che in nessuna parte si sia trovata una forma che soddisfi pienamente i religiosi e li dispensi della ricerca»[395].

O que se tem claro nesta busca de renovação da vida de oração são alguns valores, como a conexão entre a oração e a vida comunitária:

> Le nostre comunità senza la preghiera comune non possono essere autentica espressione di fede, speranza e carità (*Constitutiones O.N.*, n. 30). Tale preghiera, per quanto è possibile, deve essere un riflesso della vita comunitaria, manifestazione di tutte le sue componenti: gioia e necessità, desideri e compiti. Pregare insieme significa riflettere in comunione sullo sfondo religioso degli elementi più essenziali della nostra vita e portarli davanti al Signore. La nostra fraternità in Cristo si esprime nella preghiera, dalla quale a sua volta è fecondata e rafforzata[396].

Por isso mesmo, como valor principal da Vida Religiosa, juntamente com a fraternidade, deve ser o primeiro ideal a ser buscado, antes mesmo do trabalho pastoral, o qual deve ter também como fundamento a comunhão com Deus e com os irmãos. Assim:

> La nostra riflessione comune ci ha fatto concludere, in pieno accordo, che fondamento della preghiera e del lavoro è l'atteggiamento costante con cui tutta la nostra persona si apre in fede, speranza e carità a Dio e alla sua creazione, a Cristo e alle sue azioni salvifiche, e a tutti i fratelli in Cristo (cfr. Mc 1,7; *Constitutiones O.N.*, n. 82); così tutta la nostra vita prende significato da questa comunione col Padre (*Constituiones O.N.*, n. 81) nel Figlio e con i fratelli[397].

O carmelita, numa abertura à Deus vivendo em fraternidade, deve colocar todos os seus dons, trabalhos, preocupações, fatos e situações do mundo na oração comunitária, de onde o próprio trabalho apostólico recebe força e credibilidade[398]. O papel dos superiores será importante para: animar a vida orante; a abertura aos novos métodos; criar espaços de silêncio, reflexão, recolhimento da comunidade; incentivar uma oração ligada com os fatos da vida; superar polarizações de ideias ou fechamento para o novo[399].

---

[395] *II Cons. Prov.*, 68.

[396] *II Cons. Prov.*, 68-69.

[397] *II Cons. Prov.*, 71.

[398] Cfr. *II Cons. Prov.*, 71.

[399] Cfr. *II Cons. Prov.*, 75. Na reflexão sobre o tema da oração, K. Waaijman e H. Blommestijn dizem que, no sentido prático, de forma geral pode-se falar de quatro tendências no processo realizado: 1) a mudança de formas antigas (modelo clássico do

A Congregação Geral 1974 – «Il Carmelitano oggi. La fraternità come cammino verso Dio» –, ao retomar o tema dos dois primeiros Conselhos das Províncias – a fraternidade e a oração –, mostra claramente a centralidade e complementariedade dos dois valores na vida carmelita. O documento fala ainda da importância da oração, pessoal e comunitária, no processo de maturidade humana, tanto do indíviduo quanto da comunidade, afirmando que: «L'esperienza insegna che la crisi della preghiera ha origine generalmente dalla crisi della vita fraterna. Soltanto trovando il tempo per la pratica del dialogo a livello umano e spirituale, si può giungere al vero incontro fraterno e al mutuo arricchimento religioso»[400].

No Capítulo Geral 1977, o prior geral Falco Thuis, no seu relatório sobre a situação da Ordem, menciona os progressos obtidos na questão da oração, como o surgimento de novos métodos mais de acordo com as exigências atuais da espiritualidade cristã, e também a criação de vários centros de espiritualidade na Ordem. Mas, assinala também as dificuldades que ainda muitas comunidades encontram, tendo como principais causas: diferentes ideias ou teologia da oração não sufiente; falta de empenho comunitário e de formação; formas rígidas de oração ou abandono da oração comum[401]. O compromisso capitular assumido para os anos seguintes levará em conta a questão da oração. No ano de 1979, retoma-se a necessidade de apronfundar a vida contemplativa, para a autenticidade da vida fraterna, resgatando os valores do recolhimento, silêncio, oração pessoal e comunitária, assumindo o ser carmelita como uma «escola de oração»: «Per noi stessi e per il popolo che ci circonda la comunità carmelitana deve, nella ricerca di un'identità autentica e aggiornata, svilup-

---

ofício, Eucaristia, meditação, oração pessoal e práticas devocionais) para novas formas de rezar (meditação em comum com a Bíblia, ofício na celebração Eucarística, momentos de reflexão, oração em grupo, revisões de vida, etc.); 2) a questão da rigidez, ritualismo mecânico, que pode estar presente também nas formas novas; 3) o ativismo, que pode ocupar o momento da oração; 4) um estilo de vida contemplativa, que é considerado como oração, resgatando a ideia de identificação da oração com a contemplação. Cfr. K. WAAIJMAN – H. BLOMMESTIJN, «Riflessioni sull'evoluzione», 195. «Riassumendo: vediamo come la cultura della preghiera sta passando dalla visione classica, assai prolungata e dagli schemi fissi, a nuove forme, con al centro la Parola di Dio e l'Eucaristia, caratterizzata da forme personali, emozionali e dialogiche, e intesa come espressione della comunità. La diffusione di queste forme di preghiera è limitata e, ancor più, tendono a diminuire a motivo dell'eccessiva pressione del lavoro, dissolvendosi in uno stile di vita contemplativo». *Ibid.*, 195-196.

[400] *Congr. Ger. 1974*, 174-175. No Capítulo Geral 1995, o prior geral John Malley recordava: «Pregare insieme è anche essenziale per la qualità della nostra vita». *Ac.Cap. Gen. 1995*, 281.

[401] Cfr. *Ac.Cap.Gen. 1977*, 130.

pare le caratteristiche di essere in senso pieno una "schola orationis"»[402].
Na programação do ano seguinte, para descobrir as fontes de inspiração
carmelita, propõe-se: «Comunità che educano alla preghiera, all'ascolto,
all'accoglienza, al senso di Dio e della fraternità, e che sono responsabili
all'interno di una pluriformità»[403].

Em 1980, o contato com a espiritualidade latino-americana também ajuda a perceber a necessidade de uma oração ligada à ação, ao
compromisso com a defesa da vida e da dignidade humana. Na Congregação Geral daquele ano, inspirando-se no documento de Puebla
(nn. 726 – 738), o padre geral fala da experiência de Deus

> come interiorizzazione e approfondimento nella fede e come esi-
> genza evangelizzante convicente e perseverante. Tale esperienza
> viene sviluppata nella preghiera individuale e in quella comunita-
> ria rinnovata, ma è importante integrare preghiera e azione, eli-
> minando il pericolo di cadere nell'attivismo o in una spiritualità
> disincarnata[404].

No Capítulo Geral 1983, confirma-se que a Ordem nos últimos
anos recuperou o aspecto contemplativo e os desafios que este traz, com
uma espiritualidade mais «encarnada», em confronto com a Palavra de
Deus e a realidade[405].

---

[402] *V Cons. Prov.*, 214.

[403] *V Cons. Prov.*, 224.

[404] *Congr. Ger. 1980*, 13. Em 1987, afirma-se: «Ci siamo persuasi che la nostra tradizione contemplativa ci sollecita a "trovare il volto di Dio nel volto del povero" (Puebla),
perché chi vuole conoscere Dio deve operare per la giustizia (cf. Ger 22, 16)». *X Cons.
Prov.*, 207.

[405] «Il nostro modo di contemplare sta diventando più incarnato, scoprendo che Dio
è presente nella nostra storia concreta e confrontandoci con la Sua Parola rivolta anche
attraverso i segni e gli eventi dei tempi odierni. Sono aumentati gli sforzi per crescere in
autenticità nella preghiera come dimostrano le iniziative assunte presso molte comunità. Il
cammino della preghiera non è visto come una cosa a sé stante nel rapporto intimistico tra
persona e Dio, ma nella sua interiorizzazione è maggiormente collegato agli eventi umani
attuali, che sospingono tale crescita nella riflessione, nelle preghiere spontanee e addirittura in nuove forme di riflessione comunitaria sul Vangelo». *Ac.Cap.Gen. 1983*, 166. Em
1978, ao preparar a segunda etapa assumida no Capítulo Geral 1977, fala-se em uma atitude contemplativa de Deus que se revela na história pelos fatos e pessoas, convidando a estar ao seu serviço: «...è necessario che i religiosi e le comunità assumano un'atteggiamento
contemplativo o apertura a Dio presente nella storia, il quale ci parla per mezzo degli eventi e delle persone. La conoscenza di questa presenza e l'ascolto di questa parola ci rende-
ranno più pronti e meglio disposti al servizio dei fratelli». *IV Cons. Prov.*, 116. Ver também:
RIVC 1988, 11.

Em «Colpiti dal Mistero di Dio» (1983), fala-se da capacidade do ser humano ao transcendente, da busca do significado da vida em Deus, sem isolar-se do mundo, mas

> permettendo a Dio di essere Dio nella nostra vita e rendendo gli altri sensibili a scoprire la Sua presenza nella propria vita, distruggendo gli idoli d'una falsa religiosità e gli effetti negativi d'un mondo secolarizzato e infraumano (Cf.: Constitutiones 1971, nn. 13 e 14). Questo comporta l'inserimento nella realtà storica e la solidarietà con gli uomini più bisognosi di salvezza e di liberazione: inserimento che diviene, a sua volta, sorgente di contemplazione, come di fatto è accaduto nella storia della salvezza portata a compimento da Cristo Gesù (cf. Fil 2, 5-11)[406].

Contemplar o rosto de Deus presente em cada ser humano e na criação é um chamado feito a todo cristão, e não privilégio de poucos, mas de todo ser humano que possui inteligência para conhecê-lo e vontade para amá-lo. Nos muitos modos de encontrar Deus, de estar com Ele, há os momentos fortes de silêncio, solidão, escuta, oração[407]. Afirmando que «Ogni forma di preghiera é in qualche modo contemplativa poiché, se è autentica, ci unisce a Dio», fala-se de uma oração contemplativa, presente especialmente na liturgia e na meditação, que «trasforma la nostra fede, che diventa viva e personale»[408]. Orientando a sua existência a Deus, não somente num esforço moral contra o mal, mas vivendo o primado do amor recebido do Espírito Santo que faz ver o mundo com os olhos de Cristo, produz-se «una unione affettiva che rende l'uomo familiare di Dio e confidente dei suoi pensieri»[409].

Abordando os exemplos da vida contemplativa do Carmelo; a oração aspirativa[410] presente na tradição; a experiência da escuta da Palavra, pessoal e comunitária, também se reflete a necessidade de ligar a oração à vida, mostrando que «Anzitutto vi è una convergenza oggettiva della preghiera e dell'azione: ambedue riguardano l'instaurazione del regno di Dio in noi e nel mondo»[411]. Deste modo,

> L'azione autentica, cioè condotta in spirito d'unione con Dio, è una forma di preghiera… La preghiera autentica porta alla preoccupazione per il fratello, poichè la vera unione con Dio, operata nella

---

[406] F. J. THUIS, «Colpiti dal Mistero», 83.

[407] Cfr. F. THUIS, «Colpiti dal Mistero», 85.

[408] F. J. THUIS, «Colpiti dal Mistero», 93.

[409] F. J. THUIS, «Colpiti dal Mistero», 94.

[410] Estilo de oração divulgado pela escola touronense. Cfr. cap. II, nota 296.

[411] F. J. THUIS, «Colpiti dal Mistero», 96.

preghiera, lo fa percepire come il Dio salvatore e acuisce il desiderio di essere mediatori di questa salvezza. L'unità radicale della vita
spirituale, e quindi l'unità fra l'azione e la preghiera, è dalla vita di
fede comune a tutti i cristiani e a tutte le situazioni[412].

Ainda que não haja superado sempre o dualismo, a Ordem procurou viver a experiência de oração em união com a vida, buscando a
presença de Deus numa abertura à realidade e aos «sinais dos tempos»;
na escuta da Palavra de Deus e na oração litúrgica como fundamento
para a contemplação; no desafio sempre presente de integrar os valores
do passado e do presente de forma dinâmica, numa releitura de sua espiritualidade para hoje.

Enfim, essa sede da humanidade pela transcendência deve questionar o carisma carmelitano. Juntamente com o testemunho da fraternidade, o ser contemplativo, alimentado pela vida de oração e intimidade com Deus, será o fundamento da espiritualidade que sustenta e
dá sentido e perseverança na construção de um mundo fraterno: «La
stessa azione apostolica per la costruzione di un mondo fraterno troverà
nell'atteggiamento contemplativo la sorgente di una reale efficacia spirituale e la motivazione di speranza e costanza. Sempre come carmelitani siamo chiamati a dare e diamo il nostro contributo al mondo e alla
Chiesa»[413].

9.3   Justiça e Paz: testemunho profético do carisma

Outro valor resgatado nesses últimos anos, sendo também um dos
temas mais refletidos, foi a dimensão profética do carisma carmelita[414].
Através de um maior confronto e contato com situações de pobreza e
opressão do ser humano, o compromisso com a promoção da justiça e
da paz passa a fazer parte da vida e programação da Ordem, assumindo-
o como concretização do seu profetismo. Este tema atinge uma grande
dimensão, pois envolvem outros valores do carisma – fraternidade, estilo
de vida pessoal e comunitário, vida contemplativa, oração, apostolado,
envolvimento social –, estimulando uma opção evangélica mais clara pe-

---

[412] F. J. Thuis, «Colpiti dal Mistero», 97.

[413] F. J. Thuis, «Colpiti dal Mistero», 101.

[414] Neste sentido, o resgate da dimensão eliana da Ordem foi muito importante para
fundamentar as reflexões sobre o profetismo, assumindo a dimensão da justiça e paz como
parte integrante do carisma. Cfr. Const. 1995, 26.110-116; RIVC 2000, 43.46.

los pobres e com a libertação integral do ser humano, à luz da Palavra de Deus[415].

Já em 1972, no documento «Impegnati al servizio della fraternità», encontra-se a dimensão da justiça como expressão e promoção da fraternidade, que se forma e se reforça com «la sincera preoccupazione per l'aumento della carità e lo sviluppo della giustizia nel mondo»[416], fundamentado-se na missão do próprio Cristo. Em 1975, afirma-se que o compromisso com os pobres, oprimidos, marginalizados, faz parte da vocação do Carmelita: «Pur consapevoli che la nostra fraternità carmelitana non potrà risolvere tutti i mali del mondo, tuttavia lavoreremo in questo campo, sicuri che questa è la nostra vocazione (*Const.O.N.*, n. 97). Il contatto con coloro che soffrono ci aiuterà a scoprire la nostra identità»[417].

No Capítulo Geral 1977, o prior geral Falco Thuis reflete sobre o perigo de dois extremos: viver somente um compromisso social e político, ou viver uma espiritualidade «desencarnada» da vida, das reais situações que se opõem ao Reino de Deus[418]. Neste sentido, vê-se a necessidade de dar mais atenção aos países do então chamado «Terzo mondo», onde a dependência econômica gera miséria, pobreza, num sistema de injustiça causada pela desigualdade em todos os aspectos da vida. Esta situação não é algo natural, mas imposta por este sistema que a cria e alimenta, sendo totalmente contrário à vontade e projeto de Deus[419]. Na imagem ideal da Ordem elaborada pelo Capítulo, um dos ideais será a presença junto aos oprimidos: «La nostra presenza nel mondo degli opressi stimo-

---

[415] Este tema estará presente em muitos documentos da Ordem, principalmente, a partir dos anos 80. Será tema específico de dois encontros internacionais: a Congregação Geral 1980 – «I poveri ci interpellano» –, e o X Conselho das Províncias (1987) – «Messagio del X Consiglio delle Province [sulla Giustizia e Pace]».

[416] *I Cons. Prov.*, 57.

[417] *Congr. Ger. 1974*, 175. Numa visão integral da vida, humana e religiosa, o profeta Elias sempre é evocado como testemunho de abertura à experiência e intimidade com Deus e a sensibilidade às necessidades mais profundas do seu povo: «Chi conosce la nostra tradizione, che si è sempre sforzata di attualizzare la missione del profeta Elia, costantemente aperto alla voce di Dio e sensibile alle esigenze più profonde del popolo (Cf. 1 Reg. cc. 17-19, 21), si rivolge a noi». *Ibid.*, 176. Ver também: *V Cons. Prov.*, 222-223.

[418] «...si può osservare anche la mancanza di "mistica", per cui è facile ridurre in pratica la vita religiosa unicamente a un impegno umano e politico. Non meno grave è l'opposto atteggiamento di disincarnare la vita religiosa del tutto dalla viva e vera realtà di quella che deve essere la nostra vita di carmelitani nella Chiesa e nel mondo». *Ac.Cap. Gen. 1977*, 126.

[419] Cfr. *Ac.Cap.Gen. 1977*, 157.159.

la le nostre coscienze, ovunque noi ci troviamo, ispirati dall'esempio di Maria e Elia»[420].

Certamente um passo decisivo para o aprofundamento desta questão na Ordem foi a Congregação Geral 1980, no Brasil, com o documento: «I poveri ci interpellano». Ao usar propositalmente o termo «minores», coloca-se a questão dos pobres em linha com a tradição Mendicante da qual fazem parte os carmelitas[421]. Deixando-se questionar pelos pobres, estimulados por uma experiência eclesial latino americana comprometida com a ligação fé e vida, inspirada nos documentos de Medellín e Puebla, os carmelitas refletem a condição de serem fraternidade apostólica e o que isto implica: «...un richiamo esplicito alla dimensione di fraternità "ad extra" e all'impegno per i "minores" che scaturisce parimenti dal nostro carisma; come membri di una fraternità apostolica dobbiamo nutrirci anche della lettura, in chiave di fede, delle situazioni di povertà»[422]. A grande questão levantada diante da realidade atual é a busca do significado da vida na defesa da dignidade humana:

> L'uomo di oggi sta cercando un più profondo significato della vita attraverso una migliore conoscenza di sé e del creato. Nella vita sociale nasce e cresce la solidarietà e l'unità mondiale, l'aspirazione alla pace; si incrementa l'interpersonalità autentica dei rappor-

---

[420] *Ac.Cap.Gen. 1977*, 289. K. Waaijman e H. Blommestijn identificam nos documentos da Ordem sete passos sucessivos que mostram a posição dos carmeltias frente ao compromisso com os mais pobres: 1) análise da realidade em que se vive para ter consciência dos seus problemas; 2) inserção nesta realidade não só teoricamente, mas na prática; 3) com a inserção no mundo dos pobres, tem-se um conhecimento de forma mais detalhada da situação; 4) a resposta religiosa a esta realidade, buscando eliminar toda forma de injustiça; 5) estar pronto para colaborar com os que sofrem e esperam a justiça, e se esforçam na busca do Reino de Deus; 6) esta realidade sócio-política dos pobres traz um impacto real no estilo da Vida Religiosa; 7) uma crescente consciência das formas de injustiça e a necessidade de solidariedade. K.WAAIJMAN – H. BLOMMESTIJN, «Riflessioni sull'evoluzione», 192. Por fim, concluem: «Riandando allo sviluppo del tema nei documenti, vediamo apparire il profilo di comunità immerse in un processo di socializzazione – assorbite nella società e obbedienti alla sua logica – che trova il suo punto di partenza nella opzione preferenziale per i poveri. Incoraggiate dalla Scrittura, tali comunità vengono coinvolte in maniera sempre più sistematica nel campo delle forze socio-politiche. In tal modo il loro stile di vita interno e il loro campo di relazioni è profondamente trasformato, per diventare un segno profetico nel nostro mondo». *Ibid.*, 193.

[421] O documento esclarece em uma nota: «Con il termine *minores* (i "più piccoli" del Vangelo: cfr. Mt 25, 40) indichiamo gli oppressi, gli emarginati, gli indigenti, gli sfruttati, i sofferenti, non solo come persone individuali ma anche come gruppi umani, minoranze, classi o settori sociali più umili. Il termine è scelto per la incidenza che aveva nell'intendere la fraternità agli inizi degli ordini mendicanti». *Congr. Ger. 1980*, 19, nota 3.

[422] *Congr. Ger. 1980*, 19.

ti umani; si cercano nuove vie di partecipazione e di uguaglianza come risposta concreta all'esigenze attuali di fraternità e di libertà. L'ordine sociale e il bene comune vengono sviluppati in modo dinamico, e sempre più si fa vivo questo desiderio profondo e universale: le persone e i gruppi vogliono approfittare di quanto oggi il mondo offre in modo abbondante per raggiungere una vita degna dell'uomo[423].

Frente a uma sociedade marcada por um projeto de injustiça e marginalização, o ser humano busca libertação, que não acontecerá verdadeiramente sem um projeto de evangelização, aceitando a proposta e pessoa de Jesus Cristo. Inspirando-se na libertação bíblica do Êxodo, percebe-se a presença constante de Deus na história para salvar seu povo. Mandou Moisés, o próprio filho, e agora confia esta missão à Igreja. Os carmelitas assumem este processo como parte de sua vocação: «In questa Chiesa noi carmelitani vogliamo e dobbiamo essere segno e anticipazione profetica di presenza liberatrice»[424]. O desejo de estar com os «minores» não é só uma luta social pela justiça, mas um elemento costitutivo do Evangelho.

Neste sentido é que se fará, juntamente com a Igreja da América Latina, a «opção preferencial pelos pobres»[425], vendo nesta uma expressão concreta do próprio carisma:

Parliamo qui di un'opzione preferenziale per i poveri. La raccomandiamo perché è in linea col carisma dell'Ordine, sintetizzato nel "vivere in obsequio Iesu Christi": vivere nell'ossequio di Gesù significa anche vivere nell'ossequio dei poveri e di coloro nei quali si rispecchia di preferenza il volto di Cristo[426].

---

[423] *Congr. Ger. 1980*, 22.

[424] *Congr. Ger. 1980*, 23.

[425] Encontram-se referências explícitas a esta opção em vários documentos da Ordem: *Congr. Ger. 1980*, 13.24; *Ac.Cap.Gen. 1983*, 159; *X Cons. Prov.*, 201.207; *Ac.Cap. Gen. 1989*, 331; *Congr. Ger. 1992*, 31; *Ep.O.Carm./O.C.D.*, «Fraternità oranti», 152.155; *XIII Cons. Prov.*, 113.

[426] *Congr. Ger. 1980*, 24. Tal opção será fundamentada na tradição da Ordem, como consequência da experiência da pobreza proposta desde o início pela fraternidade mendicante, que era sinal à Vida Religiosa daquela época: «Tale opzione è anche logica conseguenza della nostra professione di povertà in una fraternità mendicante. L'Ordine fin dall'inizio ha risposto alla chiamata del Signore col vivere in ossequio a Lui, assumendo un atteggiamento liberatore, reagendo di fronte alla staticità della vita religiosa dell'epoca». *Ibid.* É a primeira vez que a opção preferencial pelos pobres, presente no documento de Puebla, aparece num documento oficial da Ordem. Cfr. E. BOAGA, *I Carmelitani*, 19.

Assim, surgirão diferentes formas de comunidades que, inspirados na Palavra de Deus, buscam dar uma resposta concreta aos desafios que tal opção evangélica traz[427].

No Capítulo Geral 1983 encontram-se, no discurso de abertura do prior geral, os passos dados pela Ordem no sentido de refletir e assumir a dimensão da promoção humana e da justiça, lembrando que a Igreja no pós-concílio coloca esta dimensão como parte integrante da evangelização[428]. O Capítulo assume que

> La ricerca della giustizia è un elemento essenziale per la sequela di Cristo, il quale si è identificato con i poveri e fa appello alla nostra umanità attraverso di loro. La nostra vita fraterna e contemplativa per essere autentica ha bisogno di venir coinvolta nella ricerca della giustizia, perché la fedeltà a Dio comporta la fedeltà all'uomo (cf. «I poveri ci interpellano», Rio de Janeiro, 1980)[429].

O X Conselho das Províncias (1987) teve justamente o tema da justiça e paz. No documento que partilha a experiência realizada naquele encontro[430], declarando a convicção de que «non ci può essere spiritualità vera senza giustizia»[431], reafirma-se a opção preferencial pelos pobres, convidando todos os carmelitas a fazerem este compromisso: na presença junto aos marginalizados; na leitura bíblica desde a ótica dos

---

[427] «Le comunità, che si sforzano di realizzare all'interno di esse e nell'apostolato tra la gente i valori di fraternità e di comunione, di giustizia e di dignità umana, sono continuamente aperte alla Parola che le interpella e le sprona alla sequela di Cristo». *Congr. Ger. 1980*, 26. Os diferentes estilos de comunidade, presente em «Forme nuove e rinnovate di vita e di apostolato» (1980), trazem como forte característica esta dimensão.

[428] «La Chiesa postconciliare e dentro di essa il nostro Ordine ci hanno spinto a vedere la promozione della giustizia come parte integrante dell'evangelizzazione». *Ac.Cap. Gen. 1983*, 167.

[429] *Ac.Cap.Gen. 1983*, 218. Por isso que, em 1985, no IX Conselho das Províncias, se decide constituir uma comissão internacional de Justiça e Paz. Cfr. acima, nota 281. É neste mesmo Capítulo que foi promulgado a «Dichiarazione del Capitolo Generale dei Carmelitani 1983 sulla situazione attuale del mondo» (*Ac.Cap.Gen. 1983*, 221-222), abordando a importância da fraternidade e a dimensão profética da Ordem, e denunciando a grande produção de armamento «come un crimine contro l'umanità e contro la natura e come un furto nei riguardi dei poveri». *Ibid.*, 222.

[430] Os partipantes expressam que a experiência foi o ponto alto da reflexão sobre o tema: «Più che parlare di Giustizia e di Pace, noi abbiamo voluto fare una vera esperienza e condividere la vita del popolo. Per questo ci siamo recati in diversi luoghi del paese allo scopo di incontrarci con chi non ha niente, operai, contadini, lavoratori, musulmani e popolo delle tribù. Dappertutto, durante la nostra permanenza in mezzo a loro, la gente ci ha messi a parte delle loro storie». *X Cons. Prov.*, 206.

[431] *X Cons. Prov.*, 207.

oprimidos; nos encontros e formação sobre justiça e paz; na análise da realidade à luz da fé; na colaboração com outras organizações que buscam a dingnidade do ser humano; na coordenação de projetos de solidariedade[432].

Em 1989, no Capítulo Geral, perguntando-se dos aspectos mais importantes na Ordem nos últimos vinte anos, afirma-se que a relação Igreja e mundo, numa maior consciência e compromisso com a justiça e paz, vem da nova visão eclesial proposta pelo Vaticano II:

> C'è crescente apertura alla Chiesa e al mondo che risulta dalla visione nuova della Chiesa, sorta dal Vaticano II. In una consapevolezza più grande, e in un impegno riguardo ai grandi problemi della società di oggi, si manifesta specialmente la ricerca per la giustizia e la pace e il desiderio di porre fine alle sofferenze dei poveri[433].

Ainda como desafio para a Ordem são mencionados a «encarnação» do carisma hoje e a opção preferencial pelos pobres[434].

Na carta dos superior gerais das duas Ordens Carmelitas «Fraternità orante al servizio del popolo» (1992), fala-se da releitura do carisma através da inserção no meio dos mais sofridos e marginalizados, abertos ao novo que se faz presente na história: «Questo *nuovo* si manifesta in molti modi, però soprattutto nell'opzione per i poveri, nel profetismo della vita consacrata, nell'azione in favore della giustizia e della pace, nell'accoglienza degli emarginati, nel desiderio di unità, nella ricerca di una spiritualità più inserita nella realtà e più compromessa con essa»[435]. Assim, se poderá viver a dimensão profética da Ordem no compromisso com a justiça e a paz, numa opção pelos pobres, que manifesta o mistério de Cristo e sua encarnação:

> Coscienti della presenza di Dio nel cuore umano, non possiamo accettare che la persona umana venga oltraggiata nella sua dignità. Il nostro amore per il prossimo, che è immagine viva di Dio, ci spinge a porci accanto ai più bisognosi, ai più piccoli. La nostra opzione

---

[432] Cfr. *X Cons. Prov.*, 207-208. No discurso inicial, o prior geral John Malley, inspirado na obra do Rev. C. Crews, *Il tramonto della lotta: verso una spiritualità della Pace e della Giustizia*, convida a todos para o envolvimento e compromisso, lembrando que: «La partecipazione all'opera della giustizia e della pace non è una libera scelta; come i sacramenti, la scrittura, la liturgia e l'evangelizzazione è fondamentale per essere cristiani». *Ibid.*, 205.

[433] *Ac.Cap.Gen. 1989*, 330.

[434] Cfr. *Ac.Cap.Gen. 1989*, 331.

[435] *Ep.O.Carm./O.C.D.*, «Fraternità oranti», 152.

per i poveri è teologica: nascendo dal mistero dell'Emmanuele e dell'Incarnazione, ci invita a promuovere la Giustizia e la Pace[436].

Esta ideia será retomada na Congregação Geral 1992, refletindo sobre a «Nova Evangelização». Citando as palavras de P. Camilo Marcise, que assessorou o encontro, o documento diz: «"le sfide della Nuova Evangelizzazione e l'opzione per i poveri ci hanno fatto capire meglio chi siamo, qual è il nostro carisma, e la ricchezza di viverlo in due tradizioni, benché ogni tradizione abbia posto accenti diversi provenienti comunque dalla stessa radice"»[437]. Nas linhas diretrizes para a nova Evangelização, assume-se o desafio de viver uma espiritualidade encarnada, profética e comunitária:

> Come Carmelitani siamo chiamati ad aprire nuove strade, un nuovo stile di vita più coinvolto nella realtà e più impegnato con essa. Abbiamo bisogno di una spiritualità più incarnata, profetica e comunitaria, rivolta alla liberazione da ogni forma di schiavitù e dalle conseguenze del peccato personale e sociale. Questo cammino esige una costante obbedienza alla Parola di Dio, una conversione continua, e una vera inculturazione[438].

Desta forma, o tema da justiça e paz passa a ser assumido como parte da espiritualidade profética carmelita, ligada ao carisma e à tradição: «Oggi si comprende che la giustizia fa parte del nostro carisma»[439]. A nova visão de mundo; o crescimento da consciência sobre a dignidade e os direitos humanos; a crescente sede de Deus, de comunhão e relações inter-pessoais mais autênticas; o cristocentrismo da vocação carmelita e a base evangélica da Regra que leva à Cristo; a inspiração e testemunho

---

[436] *Ep.O.Carm./O.C.D.*, «Fraternità oranti», 155.

[437] *Congr. Ger. 1992*, 31.

[438] *Congr. Ger. 1992*, 35.

[439] Cfr. E. Boaga, *I Carmelitani*, 20. Segundo o autor, pode-se encontrar duas tendências neste aspecto: «Nell'Ordine esistono due tendenze (a volte in conflitto tra loro) attorno a due poli: realizzare, in linea con il carisma dell'Ordine e come consequenza della nostra povertà in una fraternità mendicante, l'impegno solidale con i poveri e in mezzo a loro, con e come loro, per la giustizia, la promozione umana e la pace; cercare di esprimere solidarietà verso i poveri in quasiasi contesto, e aiutare a riscoprire la fede come stimolo di trasformazione del mondo nella pace e nella giustizia». *Ibid.*, 21-21. O então Conselheiro Geral para o Sul, Míceál O'Neil, no seu relatório apresentado no XIII Conselheiro das Províncias (1994), afirma: «We tried, further, to develop justice and peace in its relation to the carmelite charism and tradition, presenting it as a necessary outcome of contemplation, and an undertaking for today of the role of Mary and Elijah in their relationship with the people of Israel». *XIII Cons. Prov.*, 109.

de Maria e Elias impulsam o processo para assumir a justiça e paz como parte do carisma carmelita[440]. Assim, coloca-se o desafio que «...impegna a formulare ed attuare un progetto di missione e di servizio ecclesiale, nelle varie forme di diaconia, nella solidarietà e impegno per la giustizia e la pace con ogni donna e ogni uomo di buona volontà, nella comunione con tutti coloro che camminano cercando fraternità e amore»[441].

9.4   A Palavra de Deus: fundamento para a vida

Outro elemento que está presente em quase todos os documentos é o resgate da Palavra de Deus como fonte de espiritualidade, de oração, de compromisso, de fundamento para a vida religiosa e sua missão. A Palavra vai recuperando sua centralidade na vida carmelita e tomando um lugar priomordial no processo de reflexão e renovação da Ordem, visto ser parte da essência do Carima: «*die ac nocte in lege Domini meditantes*»[442]. O tema estará presente em vários documentos da Ordem, mas o XII Conselho das Províncias (1991) é que vai abordá-lo diretamente.

Nos documentos, a reflexão sobre a centralidade da Palavra de Deus aparece também na experiência concreta das pequenas comunidades diante dos desafios sociais. A vida «em meio ao povo», proporcionada pelas pequenas comunidades religiosas inseridas no meio popular, refletidas no III Conselho das Províncias (1975), tem como característica a vivência radical do Evangelho. Para isso, faz-se necessário refletir a realidade à luz da Palavra de Deus[443]. Um dos valores desta nova experiência

---

[440] Cfr. *Ac.Cap.Gen. 1995*, 223-228.

[441] *Ac.Cap.Gen. 1995*, 230.

[442] Rc 10. Segundo «In mezzo al popolo» (1975), a Palavra de Deus está na origem da vida carmelita, muito presente na experiência do primeiro grupo: «Nella "vitae formula", insieme alle poche indispensabili strutture comunitario-eremitiche rispondenti al tempo, al luogo e al fine, abbonda la Parola di Dio con la quale il carmelitano è invitato a confrontarsi di continuo e che deve essere la base e la forza di ogni iniziativa (Cf. *Regula O.N.*, cap. XIV [Rc 19]: "quaecumque vobis agenda sunt, in verbo Domini fiant"). Meditando assiduamente la Parola nella solitudine, nella lettura divina, nella preghiera, egli pone al centro della giornata la mensa eucaristica e la lode divina celebrata in comune (Cf. *Regula O.N.*, capp. VII, VIII, X, XIV [Rc 10, 11, 14, 18-19])». *III Cons. Prov.*, 62.

[443] Cfr. *III Cons. Prov.*, 61. Na Congregação Geral 1980, falando sobre o compromisso com os mais pobres, uma das linhas inspirativas assumidas será: «rendere effettiva "la meditazione della legge del Signore" con forme concrete per esprimere la centralità della Parola nel progetto comunitario, in un clima di condivisione, discernimento e con riferimento alla vita». *Congr. Ger. 1980*, 26. Uma das novas formas de vida e apostolado, refletidas neste mesmo encontro, é justamente a comunidade que escuta, se confronta e vive a Palavra de Deus. Esta tem como principal característica a centralidade da Palavra

comunitária é o encontro com a Palavra, que confronta e ilumina a realidade, fundamenta a ação libertadora, amadurece a própria liberdade na verdade e envia à ação e ao compromisso:

> In queste comunità ci si confronta con la Parola di Dio e di essa continuamente ci si nutre. Viene accolta e proclamata dalla comunità non in un contesto astratto, ma in riferimento continuo al cammino di liberazione che la comunità vive, alle situazioni sociali e politiche nelle quali la comunità opera, alla speranza che essa proclama per sé e testimonia tra gli uomini (Cf. 1 Pt 3, 15). Attento a quello che lo Spirito suggerisce e proclama nelle comunità (Cf. Apoc 2, 17), il piccolo gruppo matura la propria libertà al contatto con la verità (Cf. Gv 8, 32) e si rende capace di discernere la linea d'azione e di impegno comune per promuovere e realizzare la giustizia e la comunione fra gli uomini[444].

Nos objetivos aprovados no Capítulo Geral 1977, encontra-se:

> La comunità carmelitana costituisce un vero gruppo animato e animatore del senso di Dio e della fraternità; i suoi membri così vivono confrontandosi con la Parola di Dio – sull'esempio di Maria e di Elias –, e partecipandosi gioie, tristezze, difficoltà, problemi di fede, di vita e di lavoro di ciascuno di essi e degli altri uomini[445].

E a «imagem ideal da Ordem», promulgada no mesmo capítulo, diz: «Il nostro Ordine Carmelitano, nato per una vita "nell'ossequio di Cris-

---

no projeto comunitário, numa leitura popular da Bíblia que leva à partilha, discernimento comunitário e ligação da fé com a vida. Cfr. *Congr. Ger. 1980*, 44-46.

[444] *III Cons. Prov.*, 65. No Capítulo Geral 1977, o prior geral Falco Thuis recupera essa reflexão no seu relatório ao afirmar que o compromisso social leva a um conhecimento mais profundo da Bíblia, sendo base para uma nova espiritualidade fundamentada na libertação integral do ser humano: «...si deve rilevare che a molti di nostri confratelli vieni data così una più profonda e più viva conoscenza della realtà biblica della scelta fatta da Dio dei poveri, degli umili, degli oppressi, degli emarginati per il suo Regno. E tale conoscenza comincia ad essere il fondamento di una nuova spiritualità: la spiritualità dell'esodo, del deserto, della liberazione». *Ac.Cap.Gen. 1977*, 128. Desta forma, refletindo sobre a justiça e a paz, em 1987, aifirma-se a importância de ler a Bílbia na ótica dos oprimidos: «I membri dell'Ordine siano incoraggiati a rileggere la Bibbia dal punto di vista o attraverso gli occhi dei poveri, degli oppressi e degli emarginati». *X Cons. Prov.*, 207. Esta «espiritualidade encarnada», como se dirá mais tarde (1992), «esige una costante obbedienza alla Parola di Dio», levando ao compromisso de «Rimanere in ascolto vitale e impegnato della Parola di Dio... per renderci capaci di accoglierla anche nel grido dei poveri. "Ora dunque il grido degli Israeliti à arrivato fino a me e io stesso ho visto l'oppressione con cui gli Egiziani li tormentano" (Es 3,9)». *Congr. Ger. 1992*, 35.

[445] *Ac.Cap.Gen. 1977*, 251.

to" secondo la regola di S. Alberto di Gerusalemme, è caratterizzato dall'apertura alla Parola del Dio vivente ed operante nella storia...»[446]. Isto levará a afirmar: «Seguendo il nostro carisma rendiamo sensibile il popolo alla Parola di Dio ed alla situazione di peccato del nostro tempo; annunciamo il regno di Dio e denunciamo la stessa situazione di peccato»[447].

A importância da Palavra de Deus no carisma carmelita é afirmada também no documento «Alle sorgenti» (1979). Ao dizer que a «Prima e fondamentale fonte d'espirazione è il Vangelo»[448], mostra-se que a vivência do *obsequio Iesu Christi* está intimamente ligada ao contato e vivência da sua Palavra. Para o carmelita, Cristo está presente em todos os momentos do seu dia, «soppratutto nel continuo contato e attuazione della Parola di Dio»[449], além de estar presente nos outros valores propostos pela Regra, como a liturgia, a vida fraterna, a comunhão dos bens, o diálogo fraterno, etc. Esta ênfase cristologica da Regra coloca o Evangelho como norma suprema: «Tale prospettiva cristocentrica della nostra Regola implica la riscoperta del radicalismo evangelico e del valore di norma suprema del Vangelo stesso»[450].

Maria será evocada como a grande inspiração de quem quer acolher e viver a Palavra de Deus, assumindo-a de forma madura e profunda:

> Ella infatti, accolse la Parola di Dio, facendone il polo orientativo della sua esistenza... Noi, come carmelitani, guardiamo a Maria per comprendere e vivere fino in fondo il suo atteggiamento di ascolto e risposta alla Parola di Dio, evitando così di identificare la religiosità col pietismo alienante o col secolarismo che chiude alla trascendenza[451].

---

[446] *Ac.Cap.Gen. 1977*, 289.

[447] *Ac.Cap.Gen. 1977*, 290. Por isso, na segunda etapa da programação do Capítulo será decidido como fio condutor: «L'atteggiamento contemplativo, inteso come confronto con la Parola di Dio nella storia attuale dell'umanità, nell'esercizio del discernimento comunitario della volontà di Dio sul mondo, nella nostra vita e formazione, nelle nostre scelte apostoliche». *IV Cons. Prov.*, 116.

[448] *V Cons. Prov.*, 219.

[449] *V Cons. Prov.*, 219.

[450] *V Cons. Prov.*, 219.

[451] *V Cons. Prov.*, 220.221. Na carta de 1988, o prior general John Malley, retomando a encíclica *Marialis Cultus*, de Paulo VI, que propõe Maria como modelo para todos os cristãos na relação pessoal com Deus, entre outras características, fala da «Vergine in ascolto, che accoglie la parola di Dio con fede». J. MALLEY, «Epistola de Anno Mariano», 83. Assim, ela vem apresentada no Novo Testamento: «la Donna di fede sempre fonte di ispirazione nell'umile ascolto e nell'obbedienza alla parola di Dio». *Ibid.*, 90.

Juntamente com a Eucaristia, sendo a base para a vida fraterna[452], recupera-se também a dimensão orante da Palavra de Deus, proclamada frequentemente na oração comunitária, mas também presente na oração individual. Os carmelitas, refletindo o tema da mística e da Palavra (1991), assumem tais dimensões como o centro do carisma: «...il centro del nostro carisma: *Mistica e Parola*. È qui, in questo centro, che dobbiamo abitare da carmelitani. È di qua che deve espandersi per il mondo la luce del nostro carisma»[453].

Esta Palavra ilumina a vida pessoal e comunitária e é, ao mesmo tempo, um reflexo da própria vida[454]. O grande desafio é escutar e acolher esta Palavra, deixando-a «encarnar-se» na vida, para ver o mundo com os olhos de Deus e agir de acordo com o seu projeto:

> se sapremo ascoltare ed accogliere la Parola di Dio nel silenzio e nella solitudine; se la Parola potrà abitare abbondantemente nella nostra bocca e nel nostro cuore, essa prenderà forma in noi, ci insegnerà a guardare il mondo con gli occhi di Dio e ci porterà ad essere dei veri contemplativi. La nostra stessa azione sarà contemplativa! La Parola ci insegnerà a trovare i cammini della Giustizia e della Pace, ad essere poveri con i poveri ed a lottare, come Gesù contro la ingiustizia che distrugge la vita di tanta gente[455].

---

[452] Cfr. *Ac.Cap.Gen. 1983*, 213. A escuta e anúncio da Palavra é valor fundamental da fraternidade. Cfr. *IX Cons. Prov.*, 172. Diz John Malley: «In qualche modo deve promuoversi un maggiore apprezzamento e uso delle Scritture, in maniera tale che la Parola di Dio – sua lettura, discussione, meditazione e preghiera – si converta realmente in una parte significativa della nostra vita di comunità. Forse, se noi cominciamo a condividere l'un con l'altro la Parola di Dio, saremo capaci di parlare più liberamente su Dio e sui fondamentali valori evangelici, come la fede, l'amore e la preghiera». *XII Cons. Prov.*, 134-135.

[453] *XII Cons. Prov.*, 137.

[454] «Qualcosa di nuovo è apparso nella lettura che abbiamo fatto della Bibbia. Non ci siamo fermati al testo della Bibbia, ma abbiamo sperimentato la Parola scritta di Dio come uno specchio dove si riflette la nostra propria vita; come una lampada che ci fa vedere la Parola viva di Dio presente oggi nella vita: la nostra propria vita, la vita dei fratelli, la vita del popolo». *XII Cons. Prov.*, 138.

[455] *XII Cons. Prov.*, 138. Na carta «Considerationes de Vita Consacrata» (1993), falando da dimensão da vida contemplativa do carisma e do chamado a uma nova experiência de Deus, afirma-se: «Nella lettura della Bibbia che mette insieme il testo, la realtà attuale e la fede della comunità, troveremo um método per una lettura più autentica e impegnativa della parola e della stessa realtà come rivelazione della presenza di Dio». *Ep.O.Carm./O.C.D.*, «Considerationes de Vita Consacrata», 145. A mesma carta também diz: «È in atto tra di noi, un forte recupero del senso della Parola di Dio, percepita come rivelazione della sua volontà e forza trasformatrice e unificante nella vita di tutti i cristiani (cf. DV)». *Ibid.*, 144. A escuta da Palavra leva sempre a uma atitude contemplativa da vida e da missão: «Il nostro ascolto della Parola di Dio ci porta sempre più a una nuova espe-

Um dos frutos desta retomada da importância da escuta da Palavra de Deus na vida carmelita será o incentivo à *Lectio Divina*, tanto individual quanto comunitaria, já presente na tradição carmelita[456]. Por isso, aconselha-se «il contatto assiduo con la Parola di Dio, soprattutto mediante la pratica della *Lectio Divina*, non solo a livello individuale ma, di frequente, anche comunitario»[457]. O Capítulo Geral 1995 reforça a importância da leitura orante da Palavra de Deus no processo de renovação da Ordem e no serviço à humanidade:

> La Lectio Divina, da tutti riconosciuta come elemento essenziale del nostro rinnovamento, è praticata con frequenza in privato e in comune, divenendo segno di fedeltà al progetto di «meditare giorno e notte la Legge del Signore» (Regola 7 [Rc 10]). La consuetudine all'ascolto ci empedisce di cadere nell'intimismo spirituale; ma ci addita il mondo come luogo in cui Dio si fa presente attraverso e per gli uomini, e ci pone altresì al loro servizio pastorale[458].

O «zelo per la Parola di Dio, pregata, vissuta e proclamata»[459], será a prioridade da Ordem assumida pelo Capítulo para os próximos seis anos.

---

rienza e comprensione del significato di contemplazione, del dono della fraternità e della natura e della nostra missione nel mondo». *XIII Cons. Prov.*, 58-59.

[456] Para uma síntese sobre a *Lectio Divina* na tradição do Carmelo, ver: «Lectio Divina», *Diz.Carm.*, 504-507.

[457] *XII Cons. Prov.*, 139.

[458] *Ac.Cap.Gen. 1995*, 230. No documento sobre a formação, lê-se: «Nella Parola ascoltata, pregata e vissuta, nel silenzio, nella solitudine e in comunità (cf. Regola, cc. 4, 7 [Rc 7, 10], noi Carmelitani siamo guidati giorno per giorno alla conoscenza esperienziale del mistero di Cristo ("Lectio divina"). Animati dallo Spirito, abbiamo fatto nostra la Parola di Cristo; radicati in lui, lasciamo scaturire dalla Parola le nostre scelte e le nostre attività (id., c.14 [Rc 18-19]». *RIVC 1988*, 13.

[459] *Ac.Cap.Gen. 1995*, 233. A *Lectio Divina* será assumida como uma forma especial de oração, que sustenta a vida pessoal e comunitária e, por isso mesmo, deve ser praticada e divulgada para todos. Nas palavras do prior geral John Malley no Capítulo Geral 1995: «Pregare insieme è anche essenziale per la qualità della nostra vita comunitaria. Preghiera, che sarà, spero, più che una semplice lettura del divino ufficio scritto. Alcune comunità hanno fatto un sincero tentativo di pregare attraverso la pratica della *lectio divina*, e questo è davvero fortemente incoraggiante. Le comunità locali devono essere aiutate nella loro vita di preghiera e nella *lectio divina* includendo anche gli altri membri della Famiglia Carmelitana (suore e laici)». *Ac.Cap.Gen. 1995*, 281.

9.5   Vida de apostolado: à serviço da Igreja e do mundo

O trabalho pastoral realizado como serviço à Igreja é outro elemento que aparece constantemente nos documentos da Ordem, ainda que muitas vezes em conexão com outros valores como, por exemplo, a justiça e a paz. É visto também como parte essencial do carisma, estando intimamente ligado à identidade da Ordem ao definir sua presença e missão eclesial, sua contribuição concreta na caminhada do Povo de Deus.

Como já dito anteriormente, a questão do trabalho pastoral é sempre refletido quando se coloca a questão da vida comunitária ou da vida de oração. Alguns contrapõem o apostolado a estes outros valores, defendendo que o mesmo atrapalha os momentos comunitários ou o tempo reservado à oração. Afirmando que a fraternidade é o valor primeiro da Vida Religiosa, percebe-se que muitas vezes é preciso redimensionar o apostolado[460] para que ele, parte essencial da vida fraterna, venha a somar e não atrapalhar a experiência da vida comum[461].

Ao refletir sobre o fenômeno das pequenas comunidades religiosas e as comunidades de base (1975), pode-se perceber nelas um novo modo de «encarnar» o carisma, estando «em meio ao povo», na necessidade de

---

[460] Principalmente quando se cai num ativismo que prejudica a vivência de outros valores: «...non dobbiamo disperderci nell'attivismo, ma anzi avere il coraggio di rinunciare ad alcune attività esteriori per vivere la nostra identità religiosa. Tale tenore di vita sarà l'espressione più bella del nostro "vivere in obsequio Iesu Christi"». *Congr. Ger. 1974*, 175.

[461] «Che cosa dire di quei conventi dove manca o è poco presente la preghiera comune? È probabile che ciò sia dovuto a eccessivo lavoro; e allora occorre ridimensionare quelle attività che impediscono lo svolgimento della vita in comunione fraterna». *II Cons. Prov.*, 66. O documento ainda coloca que não se pode simplesmente identificar o trabalho com a oração e não ter mais momentos determinados de oração comunitária e individual. O fundamento do trabalho pastoral é a comunhão com Deus e com os irmãos, de onde também nasce a própria credibilidade do serviço apostólico realizado. Uma característica do apostolato é partilhar a própria experiência contemplativa: «Se ogni Cristiano è chiamato alla contemplazione, aderendo a Dio con la mente e col cuore, il religioso orienta ad essa la sua vita usando dei mezzi più forti in confronto agli stessi cristiani: un'ascesi più efficace, una preghiera più continua, specialmente la "lectio divina"; pratiche le quali, indubbiamente, hanno lo scopo di distaccare l'uomo da ciò che può essere remora a Dio. In ciò il religioso non soltanto diventa, per la forma stessa della sua vita, il contemplativo, ma dona agli altri i frutti della contemplazione mediante la predicazione e l'insegnamento, e si fa per tutti testimonianza e richiamo di quei valori supremi che sono oggetto della nostra fede e della nostra speranza». F. J. Thuis, «Al servizio di Dio vivo», 57. O ser contemplativo, como já afirmado, será a base para uma eficácia espiritual e perseverança no apostolado: «La stessa azione apostolica per la costruzione di un mondo fraterno troverà nell'atteggiamento contemplativo la sorgente di una reale efficacia spirituale e la motivazione di speranza e costanza». F. J. Thuis, «Colpiti dal Mistero», 101.

também repensar a presença pastoral. A pequena comunidade oferece maior possibilidade para um inserimento real e concreto na sociedade, o que leva também a questionar os métodos até então utilizados:

> Essendo la nostra vocazione *nella* Chiesa e *per* la Chiesa, dobbiamo essere anche aperti al fenomeno delle comunità sopra descritte [piccole comunità e comunità di base]. Lo esige pure il lavoro pastorale (ad es.: parrocchia, gruppi, équipe pastorale), nel quale sono impegnati molti dei nostri fratelli. Alla luce dell'esperienza specialmente delle comunità di base, possiamo trovare nuove prospettive e nuovi metodi per l'attività apostolica[462].

Em 1980, refletindo sobre as novas formas de Vida Religiosa e apostolado, vê-se que são várias as experiências pastorais realizados na Ordem, destacando-se um estilo de vida comunitária mais personalizada e um trabalho pastoral mais inserido no meio popular. Afirma-se, porém, que para ser uma presença libertadora e de esperança «si rende necessario prima di tutto crescere in comunione, e cercare di realizzarla col superamento delle polarizzazioni, in modo da poter insieme intensificare una riflessione sulle opere apostoliche; e ciò come risposta alle esigenze del mondo e della Chiesa»[463]. Essas comunidades se esforçam para realizar nelas e no apostolato os valores da fraternidade e comunhão, despertando a corresponsabilidade de cada um na pastoral em conjunto: «La pastorale d'insieme diviene cosi fonte e mezzo per vivere in fraternità e correspondabilità, curando pure l'apertura verso i laici interessati, specialmente verso quelli che lavorano e pregano con la comunità»[464].

---

[462] *III Cons. Prov.*, 64. A questão de «novos métodos» será muito discutida com o tema da Nova Evangelização. Na Carta dos Conselhos Gerais (1992), porém, se diz que mais do que novas técnicas ou uma reciclagem pastoral, é preciso uma nova espiritualidade: «La Nuova Evangelizzazione sarà nuova solo se partirà da una nuova spiritualità. Non bastano cioè le nuove tecniche e i nuovi riciclaggi pastorali... Come in Gesù, essa deve partire da un amore appassionato per il Padre che, a sua volta, deve tradursi in una passione per i poveri e gli emarginati». *Ep.O.Carm./O.C.D.*, «Fraternità oranti», 153.

[463] *Congr. Ger. 1980*, 25.

[464] *Congr. Ger. 1980*, 46. No Capítulo Geral 1977, o prior geral Falco Thuis, afirmando que a pastoral também faz parte da vida fraterna, destaca dois aspectos positivos por ele observados: «Il primo di questi aspetti positivi è l'impegno messo nel realizzare una pastorale d'insieme, apportatrice di molti frutti. Ed è bene sottolineare che tale impegno trova una delle sue motivazioni più profonde non solo nella considerazione delle varie capacità e possibilità d'ognuno, ma soprattutto nela fraternità. Il secondo aspetto positivo da rilevare è il fatto che sempre più dei laici e delle religiose vengono inseriti nel nostro lavoro parrocchiale. In questi due aspetti scorgo nuove possibilità per la vita fraterna più aperta, più autentica e stimolante». *Ac.Cap.Gen. 1977*, 131.

O apostolato é assumido, no Capítulo Geral 1977, como um dos aspectos a ser trabalhado nos próximos anos para a realização do «ideal da Ordem». Nos objetivos aprovados para 1983, encontra-se:

> I Carmelitani vivono sotto l'impulso dello Spirito in una pluriformità di vita e di lavoro apostolico, aiutando il popolo di Dio a crescere in comunità cristiana. Nell'ora presente, accettando la realtà di apostolati già esistenti indirizzati all'edificazione del Regno, offrono tuttavia una speciale attenzione e stimolo per coloro che si sforzano di vivere la propria donazione a Dio accentuando la vita di orazione e dando testimonianza della propria fede nel Dio vivente in mezzo ad un mondo secolarizzato, come per coloro che optano di incarnarsi con i più poveri che vivono in situazioni di ingiustizia, per aiutarli a liberarsi[465].

Destaca-se a necessidade de ajudar o povo a crescer como comunidade cristã, em atenção especial aos que buscam uma experiência de Deus, e aos que são mais pobres e injustiçados[466]. Apesar de a Ordem estar aberta às necessidades da Igreja, no Capítulo Geral 1983, porém, se recomenda dar preferência ao apostolado que esteja mais em consonância com o carisma: «Nella scelta delle opere di apostolato, si preferiscono quelle più rispondenti al carisma dell'Ordine»[467].

A vida de apostolado estará fundamentada no próprio carisma da Ordem. Na carta «Colpiti dal Mistero di Dio» (1983), o prior geral Falco Thuis afirma que a aprovação definitiva da Regra enriquece o seguimento de Jesus Cristo com a vida apostólica: «In Occidente, con l'approvazione definitiva della Regola e il suo adattamento, l'ossequio a Cristo si arricchisce della modalità della vita apostolica per le strade del mondo a favore dei fratelli»[468]. Havendo uma convergência objetiva da oração e ação,

---

[465] *Ac.Cap.Gen. 1977*, 251-252. Nesta visão, o chamado «Terzo Mondo» passa a ser incluído como «atividade apostólica», dando maior atenção e preocupação com os trabalhos realizados em tais países onde estão presentes os carmelitas. Cfr. *Ac.Cap.Gen. 1977*, 155.

[466] A programação referente ao apostolado, realizada no Capítulo, abrange: a consciência da realidade de pecado existente no mundo; a análise e avaliação das formas de trabalhos apostólicos existentes na Ordem e a possibilidade de novos modelos; o encorajamento de novas experiências, principalmente no setor da espiritualidade e trabalho social; aprofundamento, maturidade e partilha das experiências. Cfr. *Ac.Cap.Gen. 1977*, 263-264.

[467] *Ac.Cap.Gen. 1983*, 213.

[468] F. J. THUIS, «Colpiti dal Mistero», 88. A vida apostólica é uma das características vividas pelos Mendicantes ao colocarem-se a serviço da Igreja, a qual foi assumida também pelos Carmelitas: «...la risposta dei frati al movimento dei mendicanti di essere tra le gente e di servizio alla Chiesa». *Ac.Cap.Gen. 1989*, 290.

que é implantar o Reino de Deus em nós e no mundo, o apostolado, ao mesmo tempo que concretamente realiza a ação de construir o Reino, possibilita a vivência de valores que santifica a própria pessoa que o realiza: «L'apostolato, a sua volta, mirando direttamente a instaurare tale regno nel mondo, permette nello stesso tempo di esercitare le virtù teologali che santificano l'apostolo»[469]. A ação verdadeira nasce da união com Deus e leva a uma sensibilidade para perceber a presença do Espírito Santo no mundo e nas pessoas:

> L'azione autentica, cioè condotta in spirito d'unione con Dio, è una forma di preghiera; e non può non far sentire la necessità di quei momenti forti di preghiera esplicita e impegnare lo sforzo di attuarli. Inoltre sensibilizza sempre di più l'apostolato alla presenza dello Spirito nel mondo e negli altri, perché l'orazione insieme con Cristo lo inclina a fare nelle opere un discernimento spirituale più retto e più fine[470].

O Capítulo Geral 1995 falará da necessidade de se formular e atuar um projeto de missão e serviço eclesial, resgatando a reflexão sinodal da Vida Religiosa que destaca a estreita e essencial comunhão entre missão e consagração. É preciso testemunhar os valores da vida consagrada num empenho missionário no mundo, proclamando o Evangelho da salvação. E, mais uma vez, pode-se afirmar que a missão será acreditável se testemunhada com a vida fraterna em comunidade: «La missione diventa credibile se qualificata e sostenuta inanzitutto con il linguaggio della testimonianza della vita fraterna "contemplante" in comunità»[471].

9.6   Testemunho de pobreza e simplicidade de vida

A opção por uma vida pobre e simples aparece nos documentos como consequência e coerência do estilo de vida assumido, diante daquilo que se anuncia do Evangelho não somente com palavras, mas com o testemunho concreto. O apelo das diferentes realidades marcadas por situações de opressão e exclusão social que geram a pobreza imposta, desumana, anticristã, leva também os religiosos a uma tomada de posição mais radical frente ao voto de pobreza, através de uma presença e solidariedade concreta e coerente.

No I Conselho das Províncias (1972), ao abordar o tema da fraternidade, já se afirma: «Questo invito evangelico [Lc 4, 18-21] è stato

---

[469] F. J. THUIS, «Colpiti dal Mistero», 96.
[470] F. J. THUIS, «Colpiti dal Mistero», 97.
[471] Ac.Cap.Gen. 1995, 233.

accentuato negli ultimi anni dal Concilio Vaticano II e da Papa Paolo VI mediante documenti pontifici; invito rivolto a tutti i religiosi per una vita semplice nel servizio vero della felicità e della giustizia tra gli uomini, ponendo al primo posto gli umili, i poveri e i sofferenti»[472]. Já lembrava o prior geral, no discurso de abertura desse encontro, que os documentos da Igreja exortam os religiosos a serem pobres e humildes[473].

A partir do valor evangélico do voto feito na vida consagrada, a pobreza é refletida como «identificação» com os pobres, diante do confronto com as realidades presentes em diversos lugares, de modo particular nos países empobrecidos. Cresce a ideia de que quem não faz a experiência concreta da pobreza não sabe o que realmente ela significa[474], e que a identificação com os pobres é um grande instrumento de evangelização. O contato com a realidade dos pobres transforma as estruturas e muda a vida das pessoas.

A reflexão sobre as pequenas comunidades «em meio ao povo» (1995) ajuda a aprofundar essa dimensão. A presença em meio aos pobres, inspirada na própria tradição dos Mendicantes – «...un tipo di vita che rievoca la fraternità itinerante di Cristo e degli Apostoli e che, in vigile ascolto delle inquietudini del mondo, si pone come risposta a un'epoca per manifestare in tutto lo spirito di solidarietà fraterna con il popolo più umile delle città e delle borgate»[475] –, faz com que o contato concreto com situações de pobreza e opressão, desafie a uma «identificação» e «inserção» concreta em tal realidade: «Si fanno perciò carico in prima persona di questi mali, e condividono lo stile di vita, le sofferenze e le lotte di questi loro fratelli, si impegnano con loro e per loro a eliminare le cause di tali mali, e a realizzare una società più umana, più giusta e più libera»[476]. Assumir este estilo de vida, porém, é ter a coragem de renovar

---

[472] *I Cons. Prov.*, 57.

[473] Cfr. *I Cons. Prov.*, 51.

[474] Cfr. Relatório do Conselheiro Geral para o «Terzo Mondo» Benitius Egberink, no Capítulo Geral 1977. Ele diz: «Se non sei mai passato per situazioni di povertà, insicurezza e sfruttamento, allora la tua conoscenza è mera teoria e non c'è la comprensione interiore». *Ac.Cap.Gen. 1977*, 162.

[475] *III Cons. Prov.*, 63. O documento «I poveri ci interpellano» (1980), afirma que a opção preferencial pelos pobres é lógica consequência da «professione di povertà in una fraternità mendicante». *Congr. Ger. 1980*, 24. É por isso que o contato e vida junto aos oprimidos estará ligado com a relação da própria identidade: «Il contatto con coloro che soffrono ci aiuterà a scoprire la nostra identità». *Congr. Ger. 1974*, 175.

[476] *III Cons. Prov.*, 66. Ao refletir sobre a crise vocacional (1986), também retoma-se essa ideia e reafirma-se que é preciso trabalhar *com* os pobres, e não somente *por* eles, assumindo também o estilo de vida deles: «Siamo chiamati a lavorare con i poveri e non soltanto per i poveri. Questo comporta solidarietà con il loro anelito di libertà, parteci-

estruturas e estar exposto aos riscos, inseguranças, audácia, ao incerto, ao provisório, que requer um grande espírito de diálogo, confronto, fidelidade, discernimento na fé, sensibilidade ao Espírito e aos «sinais dos tempos» presentes nas várias realidades humanas[477].

Em 1980, é ainda mais aprofundado o desafio de um novo estilo de vida, mais simples e pobre, como resposta da Vida Religiosa na sua «identificação» com os «minores»: «Sottolineiamo l'opzione preferenziale per i poveri come fermento di rinnovamento della vita religiosa trasformata e arricchita dall'identificazione con i poveri»[478]. Esta opção deve necessariamente levar a «uno stile di vita più simplice, più sobrio e più vicino al popolo, nella solidarietà col povero e nell'impegno per la giustizia e la promozione umana»[479]. Por isso que, nas novas formas de vida e apostolato identificados na Ordem, retomando «lo stile di una vita autenticamente religiosa»[480], se destacam o estilo de vida simples e sóbrio, vivendo em meio ao povo e identificando-se com os mais pobres[481].

A vida simples e pobre será também exigência do próprio compromisso com a justiça e a paz. Refletindo sobre este tema no X Conselho das Províncias (1987), o padre geral John Malley diz no seu discurso de abertura, lembrando o Capítulo Geral 1977.

---

pazione alla loro vita e alla loro lotta perché siano significativi ed abbiano una propria identità». *Congr. Ger. 1986*, 93.

[477] Cfr. *III Cons. Prov.*, 67.

[478] *Congr. Ger. 1980*, 21. O prior geral Falco Thuis, no seu discurso de abertura, retomando o documento de Puebla (nn. 726-738), fala dos desafios da Vida Religiosa na América Latina, afirmando que a opção preferencial pelos pobres leva, não só a uma revisão da pastoral realizada, mas também do estilo de vida, numa maior consciência das novas dimensões da pobreza. Essa atitude «Esige certo più maturità personale, autentica motivazione evangelica e accettazione del rischio di non essere compresi». *Ibid.*, 13.

[479] *Congr. Ger. 1980*, 26. A «Declarazione del Capitolo Generale dei Carmelitani 1983 sulla situazione attuale del mondo» exorta os carmelitas para que «siano solidali con i poveri, vivendo una vita di stile semplice». *Ac.Cap.Gen. 1983*, 222.

[480] *Congr. Ger. 1980*, 44.

[481] A importância desta opção está fundamentada na própria identidade da Vida Religiosa. Este estilo de vida «Fa riscoprire la vita religiosa, che è nata in mezzo al popolo e per il popolo, prendendo ispirazione dalla primitiva comunità di Gerusalemme. Ciò è utile ai religiosi che si sentono più impegnati per il popolo; e per la gente che comprende meglio la funzione dei religiosi». *Congr. Ger. 1980*, 48. Segundo ainda o documento, este estilo de vida em contato com o povo pode ser inspirado na própria Regra. Cfr. *Ibid.*, 48. O resgate da espiritualidade dos Mendicantes, que «fin dall'inizio, sono coinvolto con i "minores"» (*Ibid.*,50) é lembrado para fundamentar o estilo de vida simples e pobre, em compromisso e solidariedade com os «pequenos». Maria e Elias serão tidos como modelos neste sentido: «...avendo come modelli Maria e Elia, [l'Ordine] ha concretizzato il suo servizio al popolo partendo dalla situazione di povertà e mendicità». *Ibid.*, 24.

Il Capitolo Generale 1977 ha dato importanza ai problemi di Giustizia e Pace, incoraggiando le nostre comunità a cercare di sviluppare «uno stile di vita semplice e povero, che sia una sfida evangelica alla società opulenta con i suoi caratteristici eccessi e a tutte le colpe del mondo moderno». Non è un compito facile, ma richiede uno sforzo sincero di vivere la nostra fede verso un Dio che ci ama e ha cura di noi in mezzo a um mondo secolarizzato. Il Capitolo ha incoraggiato fortemente quei nostri religiosi che hanno scelto «di incarnarsi e di abitare in mezzo» ai poveri che vivono in tali condizioni di ingiustizia e che invocano aiuto per diventare veramente liberi[482].

Tal testemunho de vida é incentivado como modo de compreender e atualizar o profetismo carmelita, com uma vida inserida «em meio ao povo»: «Il metodo dell'"immersione" venga spiegato e favorito ad ogni stadio formativo come uno dei mezzi più validi per comprendere e attualizzare il nostro ruolo profetico nel mondo»[483]. O prior geral afirmará, mais tarde, que esta inserção pode ser considerada como um «retrato da Igreja», que manifesta a presença de Deus em meio ao seu povo: «Especially in Third World countries, this "living in the midst of the people" truly portrays the Church as God being with His people»[484].

9.7   *Alguns outros elementos relevantes nos documentos*

Uma característica marcante nos documentos é também a retomada da importância e inspiração de Maria e Elias na Ordem do Carmo. Em quase todos os pontos anteriores, a figura de Maria e Elias são lembrados, sendo sempre modelos para a experiência de Deus, a oração, a escuta da Palavra, o testemunho de pobreza e abandono nas mãos do Senhor, o compromisso com os pobres e oprimidos, etc.

Maria será vista como figura inspiradora para a fraternidade, pois estava presente como «animatrice della vita apostolica nella prima comunità cristiana»[485]. É muitas vezes evocada como modelo de escuta da Palavra: «Ella infatti accolse la Parola di Dio, facendone il polo orientativo della sua esistenza»[486]. Como modelo de contemplação e oração[487], com ela aprende-se a escutar e a responder a Palavra, tornando-se um verdadeiro testemunho de vida orante e abertura ao projeto de Deus: «Nella nos-

---

[482] *X Cons. Prov.*, 200.
[483] *X Cons. Prov.*, 207.
[484] *XIII Cons. Prov.*, 84.
[485] *Congr. Ger. 1974*, 174. Cfr. At 1, 14.
[486] *V Cons. Prov.*, 220.
[487] Cfr. J. MALLEY, «Epistola de Anno Mariano», 83.

tra tradizione carmelitana, Maria é diventata subito il modello della vita dello Spirito, l'esemplare di preghiera e di disponibilità a Dio»[488]. Assim, os carmelitas vivem com ela uma relação simples e familiar: «Nella rinnovata devozione mariana, il rapporto con Maria viene sperimentato in termini più semplici e familiari, ispirati alla Parola di Dio»[489]. Será, enfim, modelo de Igreja e a grande inspiração do carisma carmelita: «La fede, la docilità alla Parola di Dio, la tenerezza e il servizio premuroso di Maria di Nazaret sono nel cuore del carisma del Carmelo»[490], pois «Nella Vergine Maria, Madre di Dio e tipo della Chiesa, la fraternità del Carmelo trova l'immagine perfetta di tutto ciò che desidera e spera di essere (cf. SC 103)»[491].

Elias será muito citado para resgatar a dimensão profética da Ordem[492], sem perder o aspecto da sua intimidade e experiência de Deus, mas mostrando um equilíbrio e unidade das duas partes:

> Elia è l'uomo dal coraggio profetico e dallo zelo ardente per la causa del Dio vivo e vero. È l'uomo del mistero; l'uomo che ha parlato a faccia a faccia con Dio. È il profeta costantemente aperto alla voce di Dio e sensibile alle esigenze più profonde del popolo (Cf. I Re 17-19. 21)... In lui vediamo l'immagine dell'uomo di Dio in mezzo a un popolo che ha bisogno di liberazione e di salvezza[493].

É também o modelo do contemplativo que escuta a Palavra, vive na presença de Deus[494] e, consequentemente, se compromete a restabelecer «o projeto de Deus em Israel», através da busca de justiça, solidariedade e mística[495]. Juntamente com Maria, Elias será modelo e inspiração para todo carmelita:

---

[488] Cfr. J. MALLEY, «Epistola de Anno Mariano», 88.

[489] *Ep.O.Carm./O.C.D.*, «Considerationes de Vita Consacrata», 144.

[490] *Ac.Cap.Gen. 1995*, 228.

[491] *RIVC 1988*, 20.

[492] «Vivere la dimensione profetica della vita cristiana e carmelitana con l'annuncio e la denuncia secondo lo stile di Elia (Manila 87)». *Congr. Ger. 1992*, 35.

[493] *V Cons. Prov.*, 222

[494] Cfr. *XII Cons. Prov.*, 133.

[495] Retomando uma fala de C. Mesters no Capítulo Geral 1983, a mensagem final do X Conselhos das Províncias (1987) afirma: «Abbiamo richiesto anche quel carisma profetico che condividiamo con Elia. Per ristabilire la giustizia in Israele egli ha percorso: a) *il cammino della giustizia*: contro le false ideologie del suo tempo e per un'esperienza concreta del bisogno di Jahwe; b) *il cammino della solidarietà*: Elia riconosce e prende le parti delle vittime dell'ingiustizia; c) *il cammino della mistica*: Elia lotta per restituire ai poveri la fiducia in se stessi attraverso una rinnovata presa di conoscenza, e proclama ai poveri e agli oppressi che Dio è con loro». *X Cons. Prov.*, 207.

Questo ideale [la riscoperta del radicalismo evangelico e del valore di norma suprema del Vangelo], di per sé molto arduo, lo vediamo realizzato in modelli concreti. Per questo ci siamo proposti di «ricercare comunitariamente le fonti d'ispirazione confrontandoci con l'immagine biblica di Maria e di Elia»; modelli molto significativi per il nostro essere e il nostro agire nella Chiesa e nel mondo. Guardando a Maria e a Elia, possiamo più facilmente comprendere, interiorizzare, vivere e annunziare il messaggio evangelico[496].

Outro elemento importante é a recuperação da Regra para iluminar o processo percorrido e fundamentar os principais elementos do carisma, com o desafio de uma releitura diante da nova realidade da Igreja e do mundo[497]. Destaca-se muito o seu aspecto cristocêntrico, dando ênfase ao seguimento de Cristo, na vivência dos valores evangélicos[498]. Mas, também o fundamento para a vida fraterna e vivência dos valores comunitários, que geram unidade na comunhão e partilha[499]. A Regra é

---

[496] *V Cons. Prov.*, 219.

[497] «Il decreto conciliare ha anche incoraggiato ogni Ordine ad approfondire la comprensione della propria peculiarità ritornando allo scopo del fondatore e studiando la propria tradizione. Noi Carmelitani non vantiamo uno specifico fondatore come San Francesco e San Domenico, gran parte dello studio sul nostro carisma si è centrato sulla Regola di San'Alberto e sulla ricca eredità dell'Ordine dei tempi medievali». *XII Cons. Prov.*, 132. Entre os objetivos do encontro da Família Carmelita, de 1994, encontra-se: «Mutuo arricchimento nell'approfondimento e nella interiorizzazione dei valori della Regola e delle tradizioni per oggi». *XIII Cons. Prov.*, 58. E, no Capítulo Geral 1995, lê-se: «Fedeli al Concilio Vaticano II, che ha chiesto a tutti i consacrati un impegno di rinnovamento attraverso il ritorno all'ispirazione carismatica delle origini (Cfr. PC 2, 1-2), anche noi carmelitani abbiamo cercato di ridelineare la nostra identità nella fedeltà alle sorgenti della nostra spiritualità, nella rilettura del progetto della nostra Regola, e nell'attenzione alle sfide e ai segni dei tempi presenti nella nostra storia». *Ac.Cap.Gen. 1995*, 228.

[498] O cristocentrismo da Regra é uma das ênfases presente na sua releitura: «Tale prospettiva cristocentrica della nostra Regola implica la riscoperta del radicalismo evangelico e del valore di norma suprema del Vangelo stesso». *V Cons. Prov.*, 219. «Come hanno rivelato i recenti studi sulla Regola, per Alberto e la sua formula di vita scritta per i primi Carmelitani, *la sequela e l'ossequio di Gesù Cristo* era una realtà primordiale». *Congr. Ger. 1992*, 28. «La nostra vita e il nostro impegno apostolico sono centrati in Cristo (Cfr. Gv 14,6; Eb 10, 19-20; Ef 4, 12-13; Col 1,28). Dio, infatti, ci chiama alla vita consacrata, per seguire e vivere Cristo e servirlo "con cuore puro e retta coscienza" (Regola, prologo [Rc 2])... Tutta la nostra Regola è fondata sul vangelo e ci riporta a Cristo. Inoltre, sin dai primi tempi della nostra storia, ci viene insegnato e ricordato "che nessuno può mettere un altro fondamento oltre quel che è stato già posto, Gesù Cristo" (1 Cr 3,11)». *Ac.Cap.Gen. 1995*, 224.225.

[499] Cfr. *XI Cons. Prov.*, 37; «Questo significato più profondo e più ampio di comunità ci viene della Regola e tiene in considerazione tutto il contesto ecclesiale e l'appello che viene dalla storia dell'uomo, così che la comunità diventa una realtà concreta nelle diverse situazioni». *Ibid.*, 36.

inspiração para os novos tipos de vida comunitária, centrada na escuta, confronto e vivência da Palavra de Deus[500], e inserida no meio do povo. Fundamenta a opção preferencial pelos pobres e marginalizados como consequência concreta do seguimento de Jesus Cristo, permitindo que eles ajudem na releitura e fidelidade àquela proposta de vida[501], na vivência da espiritualidade mendicante assumida pela Ordem no processo de sua identidade.

Enfim, um aspecto que chama atenção, e é relevante para compreender o processo de renovação, é a questão da restruturação do governo da Ordem. Objetivo assumido em Capítulo Geral[502], e com a crescente consciência da internacionalidade e da maior participação e corresponsabilidade de todos, o desejo era estruturar um sistema de governo que garantisse a abertura e acolhida das diferentes ideias e realidades[503], sem perder a unidade, tanto no governo geral quanto local:

> Nell'Ordine sono sentite sia l'esigenza di rispetto delle specificità culturali e delle autonomie provinciali sia la necessità di salvaguardare l'unità, il cordinamento, l'efficienza decisionale e la funzionalità dei ruoli. Sembra ad alcuni che la tendenza autonomistica sia stata esageratamente accentuata in alcune province, a scapito dell'unità e della solidarietà con tutto l'Ordine. È ritenuto necessario uno studio più completo sulle forme di rappresentanza e sulle modalità di funzionamento del governo centrale per il bene comune. Il superamento delle carenze riscontrate e la necessità di affrontare nuovi problemi di dimensione internazionale, potranno portare ad un discernimento più completo nel prossimo futuro[504].

---

[500] «[La Comunità carmelitana che ascolta, si confronta e vive la parola di Dio] è un modo concreto e attuale di rendere effettiva la "meditazione della legge del Signore" e "far abitare abbondantemente la Parola di Dio nel cuore e sulle labbra" (Regola Carm., cc VII e XIV [Rc 10 e 18-19]». *Congr. Ger. 1980*, 45.

[501] «Vivere nell'ossequio di Gesù significa vivere nella fedeltà ai poveri e a coloro nei quali si riflette di preferenza l'immagine di Cristo». *X Cons. Prov.*, 201. «Siamo riconoscenti alla Chiesa che, a partire dai poveri delle Comunità Ecclesiali di Base e di altri gruppi, ci fa crescere nell'amore alla Parola di Dio e ci porta a una maggior fedeltà alla Regola, la quale ci domanda di "meditare giorno e notte nella legge del Signore e di vegliare in orazione"». *Ep.O.Carm./O.C.D.*, «Fraternità oranti», 156.

[502] «Il governo dell'Ordine, a livello internazionale, provinciale e locale, favorisce la collaborazione, la comunicazione, l'animazione e la partecipazione sulla base del principio di sussidiarietà». *Ac.Cap.Gen. 1977*, 252.

[503] «L'amministrazione centrale dell'Ordine rispecchi nel suo esercizio la diversità di culture presenti nello stesso». *Ac.Cap.Gen. 1983*, 214.

[504] *IX Cons. Prov.*, 176.

Um grande desafio era garantir uma maior participação e autonomia das Províncias sem, porém, enfraquecer o governo central[505]. É a famosa questão da relação entre o universal e o particular, presente também na reflexão eclesiológica da Igreja, no desafio de vivê-los como unidade, e não como absorção de um pelo outro. Permanece como meta o ideal assumido:

> L'autorità è esercitata in spirito di servizio e di rispetto della dignità personale dei religiosi. Il governo è efficiente, ispiratore ed animatore, mantiene il contatto con i confratelli, con particolare riferimento alla loro vita e lavoro... I governi generale e provinciale sono modelli di lavoro in equipe e fraternità, che ascoltano in preghiera e discernimento la voce dello Spirito[506].

10.   Uma eclesiologia explícita?

Mesmo que não haja uma reflexão eclesiológica mais elaborada nos documentos da Ordem deste período, algumas afirmações e citações mostram claramente a influência que a reflexão eclesiológica do Concílio Vaticano II exerceu na releitura do carisma e na renovação da Ordem. A *RIVC 1988* começa justamente afirmando:

> La «Ratio Institutionis Vitae Carmelitanae» (=RIVC) è fondata sulla consapevolezza che la Chiesa ha di se stessa, così come le viene dal Concilio Vaticano II, e sulla continua ricerca di una nuova comprensione di cosa significa essere persona umana. Dopo il Concilio, la Chiesa vede se stessa come il «popolo eletto», come il piccolo gregge mandato nel mondo. La Chiesa deve agire come lievito, con la missione di trasformare il mondo alla luce dell'annunzio del Regno di Dio, fatto da Gesù Cristo. Attraverso il battesimo, noi facciamo parte di questa Chiesa e ce ne assumiamo la missione[507].

Com a crescente participação e partilha das diferentes realidades e concretizações da comunidade carmelita, sentiu-se cada vez mais a necessidade de acentuar a comunhão, ao invés de alimentar os conflitos e divisões que as diferenças e experiências singulares poderiam trazer. A

---

[505] «La nostra tradizione passata, incoraggiava le singole Province a coltivare una propria autonomia e questa mentalità ha lasciato il governo centrale relativamente debole nel suo potere di controllo». *Ac.Cap.Gen. 1989*, 283.

[506] *Ac.Cap.Gen. 1977*, 290.291.

[507] *RIVC 1988*, 1.

nova compreensão da natureza e missão da Igreja como único Povo de
Deus era uma base segura para pensar a fraternidade:

> È apparso evidente che l'*internazionalità* non è un fattore seconda-
> rio della nostra attuale identità di Carmelitani. Si tratta piuttosto
> di una esigenza del carisma della fraternità, ribadita anche nell'at-
> tuale rinnovata comprensione della natura e della missione della
> Chiesa, quale popolo di Dio fra le genti, chiamato ad essere «segno
> e strumento» (LG 1) della *convocazione* di tutti i popoli nel Regno
> nuovo[508].

A experiência de contato com a Igreja na América Latina, através
da Congregação Geral 1980, parece ter sido significativa no processo que
vinha realizando a Ordem ao refletir qual eclesiologia que deveria estar
na base dos passos a serem dados:

> siamo stati stimolati dalla straordinaria capacità d'intuizione e
> ispirazione che la Chiesa di America Latina ha avuto in Puebla,
> divenendo per quei popoli porta aperta alla speranza, perché ha op-
> tato per una Chiesa sacramento di comunione, serva che prolunga
> attraverso i tempi Cristo, il servo di Jaweh, missionaria che procla-
> ma agli uomini di oggi che sono figli di Dio in Cristo (Documento
> di Puebla: *La evangelización*, nn. 1302, 1303, 1304)[509].

Os elementos da eclesiologia pós-conciliar são claramente assumidos no documento da Ordem sobre a formação, mostrando que a vocação ao Carmelo tem origem e participa do mistério da Igreja, como
apresentado pelo Vaticano II:

> La nostra vocazione di Fratelli della Beata Vergine Maria del Monte
> Carmelo è una forma de vita religiosa che appartiene alla «vita di
> santità della Chiesa» (LG 44); da essa trae origine, e partecipa del
> suo stesso ministero su cui si fonda la comunità ecclesiale. «Unite
> insieme nella Chiesa per mezzo del Battesimo» (Cost. 25; PC 5, 16;
> LG 44), condividiamo con tutti la stessa vocazione fondamentale

---

[508] *IX Cons. Prov.*, 173. A vivência desta comunhão nasce da consciência de serem
todos chamados, pelo batismo, a formar a comunidade eclesial, como se afirma na Congregação Geral 1986: «Como ministri della "buona novella" siamo mandati a rendere tutti
capaci (laici, sacerdoti, religiosi e noi stessi) a vivere appieno la nostra chiamata battesimale e il ministero reciproco, per formare la comunità della Chiesa (LG 22)». *Congr. Ger.
1986*, 93.

[509] *Congr. Ger. 1980*, 20. Nas palavras do prior geral Falco Thuis: «Il contatto con
questa realtà ecclesiale ci stimola a una riflessione sulla vita consacrata che, come afferma
il documento di Puebla, è nella Chiesa agente di comunione e di partecipazione». *Ibid.*, 13.

(cf. GS 22e, 10a, 19a, 21c, 41a), e insieme al popolo di Dio parte-
cipiamo della medesima chiamata alla santità (cf. LG 39-42, 44)[510]

Desta forma, o carmelita vive o seu carisma como chamado de
Deus numa Igreja de Comunhão:

> La Chiesa è «segno e strumento dell'intima unione con Dio e
> dell'unità di tutto il genere umano» (LG 1). Secondo il principio che
> «la vita genera vita», mediante il nostro ministero noi Carmelitani
> siamo mediatori della chiamata del Signore, vivendo e testimonian-
> do i valori del nostro carisma che sono: a) il senso della presenza
> di Dio in noi e la nostra vita di comunione con lui; b) la fraternità;
> c) l'impegno apostolico in mezzo al popolo. In tutto questo riguar-
> diamo come principali modelli Maria ed Elia, e i Carmelitani che ci
> hanno preceduto lungo i secoli[511].

No Capítulo Geral 1989, havia entre as propostas uma observação
de que se levasse em conta a nova eclesiologia conciliar ao renovar as
Constituições[512]. Como de fato confirmou-se no sucessivo Capítulo Geral afirmando que um dos elementos presentes nas Novas Constituições
aprovadas (1995) era a «nuova coscienza ecclesiale secondo gli orienta-
menti conciliari»[513]. Ainda nas propostas refletidas em 1989, vê-se a preocupação com o envolvimento e participação dos leigos na vida da Ordem,
sendo estes protagonistas na Igreja compreendida como comunhão[514]. E,
ao abordar o aspecto da evangelização, pontuando alguns princípios presentes na compreensão da mesma, afirma-se que as comunidades carmelitas são lugares de evangelização, onde «I Carmelitani rappresentano

---

[510] *RIVC 1988*, 36.

[511] *RIVC 1988*, 82. Assim, um dos objetivos da formação durante o juniorato é
identificar o modelo de Igreja que inspira o ser religioso e aprofundá-lo: «Identificare il
modello di Chiesa che lo ispira, e a conoscere la realtà della Chiesa per la quale è chiamato
a lavorare, per poter migliorare il proprio modello», e assim «lavorare insieme ad altri alla
costruzione della Chiesa». *Ibid.*, 112, d.e.

[512] «Il lavoro di riscrivere le Costituzioni prenda avvio, in questo Capitolo, da nuova
ecclesiologia e da migliore antropologia teologica e culturale». *Ac.Cap.Gen. 1989*, 334.

[513] *Ac.Cap.Gen. 1994*, 228.

[514] Na justificativa de uma proposta sobre o laicato, lê-se: «Nel Carmelo l'attuazione
al laicato è d'obbligo, perché il Carmelo nasce come gruppo di "laici", perché la Chiesa del
Vaticano II è Chiesa di "comunione", perché la Chiesa di domani si coniugherà sempre più
con i laici e sempre meno con vocazioni religiose sacerdotali, perché l'ultimo documento
della Chiesa (Christifideles) presenta la figura del laico non più come collaboratore del
prete ma come soggetto...». *Ac.Cap.Gen. 1989*, 360.

un modello di Chiesa che è contemplativa, fraterna e profetica»[515]. Entre os desafios que o Capítulo coloca, encontra-se também a necessidade de superar a distância da Igreja e os mais pobres. Entre as propostas lê-se: «...fare passi per superare le distanze fisiche e psicologiche che ci sono tra la Chiesa ministeriale e gli esclusi e emarginati»[516].

Diante da riqueza dos vários modelos de Igreja, os Conselhos Gerais das duas Ordens afirmam a importância primordial do modelo de comunhão para o processo de renovação:

> Riconoscere l'esistenza di differenti modelli di Chiesa e di vita consacrata come una ricchezza nella comunità, sapendo che nessun modello è completo in sé e che bisogna sapere integrare più modelli per avere una migliore comprensione della natura e della missione della Chiesa oggi. Ciò significa che non può mancare la pluriformità. Comunque, per questi tempi, il modello di vita consacrata, intesa come comunione ha un'importanza primordiale nel processo di rinnovamento[517].

Em seu discurso no Capítulo Geral 1995, o prior geral John Malley recordava que este era o modelo proposto para a Vida Religiosa, em consonância com o Concílio Vaticano II: «Noi iniziamo oggi tenendo presente il fatto che in questi ultimi anni la Chiesa ha celebrato un Sinodo sulla Vita Religiosa. Il modello di Chiesa e di vita religiosa proposto per quegli incontri era quello della *comunione*: "C'è un solo corpo e un solo Spirito... un solo Signore, una fede, un battesimo; un Dio Padre di tutti" (cf. Efesini 4)»[518].

---

[515] *Ac.Cap.Gen. 1989*, 362. Esta afirmação será retomada pelo prior geral John Malley quando, no discurso inicial da Congregação Geral 1992, falando sobre a situação atual da Ordem, diz: «Il nostro modello di Chiesa e di vita religiosa, e speriamo anche il nostro approccio all'evangelizzazione, sarà, come lo è stato, sempre contemplativo, fraterno e profetico». *Congr. Ger. 1992*, 27. A síntese deste «modelo de Igreja» que recupera os três valores chaves do carisma carmelita – fraternidade, oração e profetismo – pode ser expresso no termo: «Fraternità contemplativa in mezzo al popolo», cujo conceito já se refletia desde os anos 70. Cfr. *Ac.Cap.Gen. 1995*, 312.

[516] *Ac.Cap.Gen. 1989*, 362.

[517] *Ep.O.Carm./O.C.D.*, «Considerationes de Vita Consacrata», 147. O conselheiro geral Eutiquio G. Lázaro, apresentando seu relatório no XIII Conselho das Províncias (1994), refletindo as perspectivas para a Ordem, fala da «Iglesia-comunión» como a participação de todos: «Mujeres y laicos/as carmelitas. Sujeitos protagonistas de espiritualidad y formación. Iguales a nosotros con funciones diversas. Desde la Iglesia-comunión y desde la fraternidad carmelita tienen derecho a ser escuchados y necesitamos contar con su aportación. El carisma está en las personas». *XIII Cons. Prov.*, 105.

[518] *Cap.Gen. 1995*, 278.

11.   Conclusão: a renovação da Ordem e a redescoberta da identidade

Toda discussão e percurso realizado tinham como perspectiva um discernimento quanto à identidade da Ordem no mundo atual, a mesma realidade pela qual passava toda a Igreja em confronto consigo mesma, diante dos novos desafios da sociedade moderna. No Carmelo, a discussão sobre a identidade levou a clarificar dois aspectos que estão na base da natureza da Ordem, vividos em unidade nos primeiros séculos da sua existência, mas também questionados e até pensados como «contraditórios» em alguns momentos da sua história, principalmente a mais recente: a questão da vida contemplativa e ativa. Da conclusão quanto à prioridade que a intimidade com o Senhor – *Vacare Deo* – tem na vida do carmelita, fundamentado no amor de Deus que leva, consequentemente, a amá-lo também no próximo – servindo-o no apostolado –, chega-se ao equilíbrio dos dois valores, por nada contraditório, mas vividos numa unidade de vida que os completa.

A reflexão sobre a identidade esta intimamente ligada ao tipo de presença na Igreja e no mundo, com sua participação e seu serviço na construção do Reino de Deus. O carisma não é para ser vivido para si mesmo, fechado na experiência de um grupo, mas é dom recebido para ser colocado a serviço. Os Carmelitas concluem que sua espiritualidade só tem sentido se for vivida como parte de uma missão maior, se for assumida em relação à sua presença e atuação como dom e serviço à Igreja e à humanidade.

A redescoberta da identidade, porém, requer renovação, tanto individual quanto coletiva, ou seja, das estruturas que não permitem mais a concretização da presença e do ideal proposto. Neste sentido, viveu-se momentos de grande tensão. Sabia-se que deveria renovar-se, encontrar novos caminhos, mudar muitas coisas. Mas o quê? Como? Até que ponto? Certamente, não deixava de haver o medo de abandonar as estruturas antigas que, ainda que não respondessem mais aos novos tempos, dava «certa segurança», «proteção». No início, as palavras chaves provavelmente foram: experimentar, buscar, arriscar...

Em todo esse processo realizado pela Ordem, um passo fundamental parece ter sido a redescoberta da fraternidade como base e sentido profundo da Vida Religiosa, do viver em comunidade. A grande novidade, porém, é que esta fraternidade passa a ser refletida e compreendida dentro de um contexto maior, que leva a um compromisso de vivência e testemunho eclesial, em comunhão com todos os batizados, filhos e filhas de um único Pai, que formam juntos a Igreja Povo de Deus. A fraternidade, portanto, será assumida não somente como um valor interno, a ser vivido «ad intra», mas também como uma necessária e consequente abertura e sensibilidade ao próximo e ao mundo, à realidade onde se vive. Por isso, a busca de um apostolado com formas novas e métodos renovados, para responder às necessidades dos diversos tempos e locais, influenciará também na experiência fraterna, compreendida na sua dimensão mais ampla, como fundamento do ser Igreja. A partir desta ênfase, resgatam-se grandes valores como a comunhão, participação, corresponsabilidade, unidade na diversidade, importância fundamental da vida comunitária. Isto provavelmente não seria tão enfatizado se o Concílio Vaticano II não tivesse, por sua vez, recuperado a «eclesiologia de comunhão», na qual todo o Povo de Deus forma a Igreja, «sinal, e o instrumento da íntima união com Deus e da unidade de todo o gênero humano»[519].

A crescente consciência da missão da Igreja frente a um mundo marcado por situações extremas de pobreza e opressão, faz com que o tema da justiça e paz seja um dos grandes desafios e caminho assinalado à Ordem para a atualização do seu carisma e renovação de suas estruturas. A opção em estar mais próximo aos «minores», inspirados numa concepção de Vida Religiosa que se identifica e se deixa «interpelar» por eles, seja através das pequenas comunidades «in mezzo al popolo», ou assumindo a sua causa juntamente com toda a Igreja, foi um grande passo nas mudanças e abertura a novas perspectivas. Nesse processo, pode-se perceber a inspiração da experiência eclesiológica latino-americana proposta pelo documento de Puebla, que considera a Vida Religiosa «en sí misma evangelizadora en orden a la comunión e participación»[520].

O despertar para a internacionalidade da Ordem foi um dos fatores propulsores de todo esse percurso realizado. Através da significativa expressão: «Carmel in the World», sente-se a necessidade de uma visão e envolvimento sempre maior do Carmelo como um todo. Alargam-se as questões discutidas na Ordem com a participação e partilha das diversas realidades que compõe o Carmelo no mundo. E, se num primeiro momento a discussão estava mais em torno da Europa e América do Norte, acentuando questões como a secularização, num segundo momento amplia-se a reflexão com a maior presença da América Latina, Ásia, África. Tais regiões alargam e enriquecem a reflexão trazendo temas pertinentes a estas realidades, como a dimensão social, compromisso com a justiça e a paz, uma espritualidade mais «encarnada» nos fatos da vida. Essa passagem pode ser percebida no novo texto das Constituições de 1995[521].

---

[519] LG 1.

[520] DPb, 721.

[521] Cfr. «Presentazione delle nuove Costituzioni», por Christopher O'Donnell, in *Cap.Gen. 1995*, 317.

Esse processo não deve ser considerado pronto e acabado. As atuais Constituições 1995, e o projeto de formação *RIVC* (revisado no ano 2000), podem ser considerados, porém, como um momento de síntese de todos os passos dados, estimulando o grande desafio de continuar atualizando e buscando novos modos de viver o carisma na vida quotidiana. São dois grandes documentos que, em forma oficial, orientam e inspiram a releitura da Regra após o Concílio Vaticano II, atualizando o carisma nela proposto e sendo ponto de unidade e comunhão para toda a família do Carmelo.

Por fim, pode-se dizer que é clara a influência dos elementos da nova eclesiologia proposta pelo Concílio. É preciso, agora, ver como toda essa reflexão, sustentada pelas atuais Constituições e *RIVC*, ajuda a reler a Regra do Carmo desde a perspectiva de uma eclesiologia pós-conciliar, acentuando o aspecto da fraternidade, assumida num modelo de Igreja como comunhão, com as consequências concretas que isto traz ao Carmelo.

TERCEIRA PARTE

ASPECTOS ECLESIOLÓGICOS

DA REGRA CARMELITANA

Rumo a uma eclesiologia: aspectos eclesiológicos da Regra à luz do Concílio Vaticano II

...a vida religiosa, vivida em comunidade, é «sinal eloquente» (VC 42) da Igreja, que «é essencialmente mistério de comunhão» (VC 41), «imagem da Trindade» (Vida Fraterna 9). A nossa vocação de Irmãos da Bemaventurada Virgem Maria do Monte Carmelo é uma forma de vida religiosa que pertence à Igreja, nela tem a sua origem e participa do seu próprio mistério[1].

Todo o processo de recepção do Concílio Vaticano II, no aprofundamento da identidade da Ordem e na renovação de suas Constituições, foi também motivado e, por sua vez, motivador de novas releituras da Regra Carmelitana. Pode-se dizer que a retomada da dimensão fraterna do carisma foi um dos grandes propulsores para reler a tradição nos novos tempos e redescobrir a presença e atuação da Ordem na Igreja e no mundo de hoje.

Este capítulo mostra, primeiramente, como as atuais Constituições (1995), sendo o fruto de todo o processo de discussões e reflexões da Ordem após o Vaticano II, à luz dos novos estudos sobre a Regra, assumem aspectos da eclesiologia conciliar que iluminam a releitura do carisma e as novas propostas de interpretação da Regra após o Concílio. Deste modo, é importante ver como as Constituições, sendo o principal documento de interpretação e atualização da Regra[2], indicam e ressal-

---

[1] *RIVC 2000*, 7 «...la vita religiosa, vissuta in comunità, è "segno eloquente" (*VC, 42*) della Chiesa che "è essenzialmente mistero di comunione" (*VC, 41*), "icona della Trinità" (*Vita fraterna*, 9). La nostra vocazione di Fratelli della Beata Vergine Maria del Monte Carmelo è una forma di vita religiosa che appartiene alla Chiesa, da essa trae origine, e partecipa del suo stesso mistero».

[2] «...la regola non è l'ultimo documento a orientare la vita di un Ordine. Essa contiene veramente il nucleo essenziale (l'immutabile), il suo spirito, che deve incarnarsi nei diversi tempi e luoghi. Perché si realizzi tale incarnazione, è necessario che vi siano delle

tam os elementos eclesiológicos nela contidos, para analisar se existem aspectos de uma eclesiologia que podem, e certamente devem, ser o parâmetro para pensar o «rosto da Igreja» que os carmelitas hoje assumem, na vivência do seu projeto de vida comum e na atual missão da Ordem.

Confrontando tais elementos eclesiológicos presentes na Regra com a reflexão eclesiológica do Concílio Vaticano II, pode-se perceber até que ponto a eclesiologia de comunhão está presente na Regra, e como os elementos principais contidos na vida da Igreja primitiva podem ser nela reconhecidos. Estes servem de estrutura e inspiração para a fraternidade carmelitana e, desta, sinal para toda a Igreja.

1. Atuais Constituições: elementos de uma nova eclesiologia

Aprovadas em 1995, as atuais Constituições podem ser consideradas como a síntese de todo o processo feito pela Ordem a partir do Concílio Vaticano II. Buscou-se renovar a linguagem e assumir os novos elementos refletidos nos últimos anos, mesmo que ainda conserve também certas visões tradicionais ou não suficientemente aprofundadas diante dos novos desafios que a Igreja e o mundo hoje propõem. Como mostra a opinião de um dos membros da comissão preparatória das novas Constituições:

> The new Constitutions are at once a point of arrival and a point of departure. In my opinion they are an interim document that may last perhaps twenty years. They are a fairly faithful reflection of the thinking in the Order from 1971. Their language is in many respects rather new, but realy is profoundly traditional as well as reflecting recent insights. We will need patience in reading them until their spirit and their style grow on us. They need assimilation by prayer and reflection at both individual and community levels[3].

As atuais Constituições assumem os elementos de reflexão dos últimos anos dando ênfase a alguns temas como: leitura da Regra, fraternidade, oração, presença profética, justiça e paz, na tentativa de apro-

---

interpretazioni legittime per guidare le finalità e la vita dei religiosi dello stesso gruppo. Per questo esistono le Costituzioni che sono sempre una rilettura e un complemento della Regola per ciascuna epoca». E. BOAGA – A. C. COTTA, *In ossequio di Gesù Cristo*, 27.

[3] C. O'DONNELL, «Modern Carmelite Legislation», 71. O autor completa: «The Constitution are, one would hope, open to new, for us now, unforeseen initiatives and developments. They are a valuable document, even if limited and with their own flaws. They invite us to surrender to the Spirit, who in the haunting phrase of Hans Urs von Balthasar is "the Unknown beyond the Word" and who will lead the Order into the future as yet known only to God». *Ibid.*

fundar a experiência de Deus na vida fraterna e no serviço ao mundo contemporâneo. Colhendo os frutos da caminhada feita, coloca-se de forma mais clara os elementos do carisma[4]; a tradição espiritual mariana e eliana da Ordem; o modo de viver a vida fraterna e a vida de oração. Deixa, porém, o aspecto do serviço apostólico somente indicado em seus valores e, propositalmente, não detalhado, mas aberto a uma necessária reflexão e inculturação em cada realidade onde a Ordem está presente[5]. Assim, assume-se o pluralismo contido nas diversas experiências locais, sem adotar uma única tendência, mas acolhendo os diversos valores que podem enriquecer a caminhada da Ordem como um todo[6]. Em síntese, pode-se dizer que: «L'idea-chiave delle nuove Costituzioni è la ricerca di Dio vissuta nella vita contemplativa, nella vita fraterna e nel servizio apostólico»[7], base do carisma carmelita aprofundado nos últimos anos.

1.1 Visão de Igreja presente nas atuais Constituições (1995)

As atuais Constituições são claras ao mostrar, já no seu início, retomando o mesmo texto aprovado em 1971[8], que assumem a nova reflexão eclesiológica do Concílio Vaticano II. Afirma-se que os carmelitas «fazem parte» da Igreja «sacramento de comunhão», citando literalmente o documento conciliar:

In Gesù Cristo, Figlio del Padre e «primogenito di ogni creazione» (Col 1, 15), noi viviamo una nuova maniera di unione con Dio e col prossimo ed in tal modo diventiamo partecipi della missione del Verbo Incarnato in questo mondo e formiamo la Chiesa, la quale è in Cristo «come un sacramento o segno e strumento dell'intima unione con Dio e dell'unità di tutto il genere umano» (LG 1)[9].

Desta forma, os carmelitas «participam» da vida e missão da Igreja «cooperando» «a che si realizzi in questo mondo il disegno di Dio, che

---

[4] Cfr. *Const. 1995*, 14-28.
[5] Cfr. *Const. 1995*, 94.
[6] Cfr. a apresentação das novas Constituições feita no Capítulo Geral 1995, por C. O'Donnell: *Ac.Cap.Gen. 1995*, 317-318.
[7] *Ac.Cap.Gen. 1995*, 318.
[8] Cfr. *Const. 1971*, 1.
[9] *Const. 1995*, 1. (As Constituições de 1995 foram escritas em italiano, sendo esta considerada a versão original). O capítulo I, sobre o carisma e missão da Ordem – «Dono e missione dell'Ordine», nn. 1-13 –, contém seis referências aos documentos do Concílio, sendo três delas da *Lumen Gentium*. Cfr. *Const. 1995*, 1.2.5.

vuole riunire tutti in Popolo Santo (cfr. LG 9; GS 32)»[10]. O mesmo capítulo reconhece também que tal vocação está fundamentada no Batismo, que garante a unidade com a Igreja e o serviço a Deus e à humanidade:

> Questa vocazione perfeziona in noi la virtù anche carismatica della vita battesimale e cresimale nella nostra comune fraternità, per il fatto che ci unisce in modo proprio alla Chiesa e ci rende pronti al servizio di Dio e degli uomini, «a radicare e consolidare negli animi il Regno di Cristo e a dilatarlo in ogni parte della terra» (LG 44)[11].

Uma questão que se coloca, porém, é: diante de tantos carismas e vocações que possuem as diversas famílias religiosas, qual seria a fisionomia própria do Carmelo na Igreja[12]? A história das origens[13], as principais características da Regra[14] e o aprofundamento do carisma[15] iluminam uma resposta. O carisma, então, será sintetizado da seguinte forma:

> «Vivere in ossequio di Gesù Cristo e servirlo fedelmente con cuore puro e retta coscienza» (Regola, prologo [Rc 2]. Cfr 2 Cor 10,5; 1 Tm 1, 5): questa frase di ispirazione paolina è la matrice di tutte le componenti del nostro carisma e la base su cui Alberto ha costruito il nostro progetto di vita. Il particolare contesto palestinese delle origini e l'approvazione dell'Ordine nella sua evoluzione storica da parte della Sede Apostolica hanno arricchito di nuovi sensi ispirativi la formula di vita della Regola. I Carmelitani vivono il loro ossequio a Cristo impegnandosi nella ricerca del volto del Dio vivente (dimensione contemplativa della vita), nella fraternità e nel servizio (diakonia) in mezzo al popolo[16].

Conforme as próprias Constituições, o grande desafio é adaptar o programa de vida às novas condições, buscando compreender os sinais dos tempos, à luz do Evangelho, do carisma e do patrimônio da Ordem, «per incarnarlo nelle diverse culture... animati dallo Spirito che opera nella Chiesa»[17].

---

[10] *Const. 1995*, 2.
[11] *Const. 1995*, 5.
[12] Cfr. *Const. 1995*, 6.
[13] Cfr. *Const. 1995*, 7-10.
[14] Cfr. *Const. 1995*, 11.
[15] Cfr. *Const. 1995*, 14-28.
[16] *Const. 1995*, 14.
[17] *Const. 1995*, 13.

O tema próprio do carisma[18], abordado no capítulo II das atuais Constituições, também é exposto levando em consideração os elementos eclesiológicos. A *contemplação* deve ser vivida no seu valor evangélico e eclesial[19]:

> Il suo esercizio [della contemplazione] non solo è sorgente della nostra vita spirituale, ma determina pure la qualità della nostra vita fraterna e del nostro servizio in mezzo al popolo di Dio (Congr. Gen. 1986, 406). Infatti, i valori della contemplazione – se vissuti con fedeltà nelle vicende complesse della vita quotidiana – fanno della fraternità carmelitana un testimonio della presenza viva e misteriosa di Dio in mezzo al suo popolo[20].

A *fraternidade* deve ser inspirada e alimentada com os mesmos valores da Igreja primitiva, crescendo na comunhão, unidade, igualdade, participação e corresponsabilidade:

> La nostra Regola ci vuole fondamentalmente «fratres» (cfr *Regola*, cc. 2, 3, 5, 9, 11, 17, 18; e anche Congr. Gen. 1974, 120) e ci ricorda come la qualità dei rapporti e delle relazioni interpersonali che caratterizzano la vita della comunità del Carmelo siano da sviluppare sull'esempio ispirante della primitiva comunità di Gerusalemme (cfr *Regola*, cc. 7-11, con At 2, 42-47; 4, 32-35)[21].

Esses valores serão sustentados pela Palavra de Deus, pela Eucaristia e oração, que estão no fundamento da vida eclesial.

Por fim, o *serviço ao Povo de Deus* na qual a fraternidade, como parte essencial do «ser Igreja», é destacada como um grande sinal e testemunho do Carmelo na construção do Reino:

> Come fraternità contemplativa, noi ricerchiamo il volto di Dio anche nel cuore del mondo. Crediamo che Dio ha stabilito in mezzo al popolo la sua dimora, e perciò la fraternità del Carmelo si sente parte viva della Chiesa e della storia: una fraternità aperta, capace di ascoltare e di farsi interpellare dal proprio ambiente, disponibile ad accogliere le sfide della storia, e a dare risposte autentiche di vita evangelica in base al proprio carisma (cfr *Mutuae Relationes* 12), solidale e anche pronta a collaborare con tutti gli uomini che

---

[18] Sintetizados nos valores da *contemplação, fraternidade* e *serviço em meio ao povo.*
[19] Fazendo referência à PC 7; can. 674.
[20] *Const. 1995,* 18.
[21] *Const. 1995,* 19.

soffrono, sperano e si impegnano nella ricerca del Regno di Dio (cfr Congr. Gen. 1986, 419-422)[22].

Ainda na dimensão do carisma, confirma-se um grande valor já mencionado nas Constituições anteriores, mas retomado e reconhecido pelas atuais como diferentes modos de encarnação do mesmo: a concepção de Família Carmelitana[23]. Esta envolve não somente os consagrados e consagradas no Carmelo, mas «Tutte le persone e gruppi istituzionali e non, che si ispirano alla Regola di S. Alberto, alla sua tradizione e ai valori espressi nella spiritualità carmelitana...»; ou ainda, «pur non facendone parte giuridica, cercano ispirazione e sostegno dalla sua spiritualità, e parimenti ogni uomo e donna attratti dai valori vissuti nel Carmelo»[24]. É uma grande abertura para que todos possam experimentar e fazer parte do patrimônio espiritual da Ordem, bem como um modo do Carmelo estar presente na Igreja, não somente através dos seus religiosos e religiosas, mas também de todos os que desejam viver e testemunhar o carisma carmelita, independente do estado de vida que assumem. Deste modo, se enriquece ainda mais o pluralismo no modo de encarnar o carisma e de estar presente e atuante na Igreja.

E, recordando Maria, a «patrona dell'Ordine»[25], encontra-se nela, «imagem e início da Igreja»[26], o testemunho concreto da Igreja que os carmelitas querem ser: «Nella Virgene Maria, Madre di Dio e tipo della Chiesa, i Carmelitani trovano l'immagine perfetta di tutto ciò che desiderano e sperano di essere (cfr. Prefazio I della B. Vergine Maria del Monte Carmelo; LG 53; SC 103)»[27].

O capítulo III, sobre a vida comunitária, inicia com uma frase fortemente eclesiológica, inspirada na *Lumen Gentium*: invoca a Santíssima Trindade, que é fonte e modelo da Igreja, como fonte e modelo da vida fraterna[28]. Afirmando a fraternidade como elemento fundamental

[22] *Const. 1995*, 21.

[23] Cfr. *Const. 1971*, 16; *Const. 1995*, 28. Apesar do conceito já estar presente nas Constituições de 1971, serão as atuais Constituições que darão maior acento a esta dimensão: «Le Costituzioni del 1995 sono state il primo passo nello sviluppo del concetto di Famiglia Carmelitana». *Ac.Cap.Gen.2007*, 654.

[24] *Const. 1995*, 28.

[25] *Const. 1995*, 27.

[26] LG 68: «imago et initium est Ecclesiae».

[27] *Const. 1995*, 27.

[28] «La SS. Trinità, fonte e modello della Chiesa (cfr. LG 1-4; AG 2-4), lo è anche della nostra fraternità. La koinonia trinitaria di conoscenza e amore che condividiamo ci è data come dono di Dio e del prossimo. Pertanto lo sviluppo della conoscenza e dell'amore in ogni comunità locale, aperta a tutto l'Ordine, alla Chiesa e a tutta l'umanità manifesta

da identidade como «fratelli», recebem como dom de Deus a «koinonia trinitaria di conoscenza e amore»[29] que os leva a viver tal comunhão em relação a Deus e ao próximo. Esta fraternidade, que haverá como «espressione e prova»[30] a vida comunitária, se inspirará na primeira comunidade cristã, que é modelo de vida em comunhão:

> La fraternità, secondo l'esempio della comunità di Gerusalemme (cfr. At 2, 42-47; 4, 32-35; e anche 5, 12-14), è una incarnazione dell'amore disinteressato di Dio e interiorizzato attraverso un processo permanente di svuotamento dall'egocentrismo – anche possibile in comune – verso un genuino centrarsi in Dio. Così possiamo manifestare la natura carismatica e profetica della vita consacrata del Carmelo, e possiamo inserire armonicamente in essa l'uso dei carismi personali di ciascuno a servizio della Chiesa e del mondo (cfr. 1Cor 12, 7; LG 12; AA 3; PO 9; RUP 27)[31].

Segundo as atuais Constituições, outro elemento importante que caracteriza a vida eclesial, e que se encontra como valor na vida comunitária carmelitana, é a unidade na diversidade[32], valorizando as características e talentos pessoais, dentro do projeto comunitário em vista da missão:

> La vita comunitaria, per sua natura, deve favorire la crescita umana intellettuale, spirituale e pastorale del religioso al fine di integrarlo nella comunità e nella sua missione, tenendo conto della qualità e delle attitudini della persona. Perciò la manifestazione dell'unità va cercata non già in una amorfa uniformità ma in una organica varietà (cfr I Cons. Prov., 51-53, 58). Il discernimento a vari livelli

---

sempre più perfettamente questo elemento fondamentale della nostra identità come fratelli della beata Maria del Monte Carmelo». *Const. 1995*, 29.

[29] *Const. 1995*, 29.
[30] *Const. 1995*, 30.
[31] *Const. 1995*, 30.
[32] Esta característica também está presente nas Constituições de forma mais ampla no que se refere ao grande pluralismo das diversas experiências locais, nas diferentes culturas e realidades na qual a Ordem se faz presente. Como diz C. O'Donnell ao apresentar as novas Constituições no Capítulo Geral 1995: «...le nuove Costituzioni riflettono il grande pluralismo esistente nell'Ordine. Senza assumere una linea particolare tra le varie tendenze esistente oggi nel Carmelo, le nuove Costituzioni cercano di essere aperte ai diversi valori. Esse certamente si presentano come un documento che riflette la fase di transizione e di evoluzione che attraversa il nostro Ordine in cammino verso il Terzo Millennio». *Ac.Cap.Gen. 1995*, 318.

preceda l'adeguata distribuzione dei lavori e l'assunzione comunitaria degli stessi[33].

Os conselhos evangélicos – capítulo IV – também serão refletidos na sua dimensão eclesiológica. A *obediência*, fundamentada no seguimento de Cristo, na escuta e discernimento da Palavra de Deus, signfica hoje «ascoltare insieme la parola di Dio (cfr *Regola*, cc. 7, 8, 14), accolta e vissuta nella Chiesa; saper leggere i "segni dei tempi" al fine di discernere la volontà di Dio oggi (cfr *Regola*, c. 11) e compiere fedelmente la missione che egli ci affida ogni giorno»[34]. A escuta obediente, portanto, não è somente algo individual, mas também comunitário, pois juntos é que se deve buscar a vontade de Deus, uma vez que a obediência é que «ci pone come Fratelli l'uno accanto all'altro, e tutti di fronte alle esigenze del Vangelo e alle attese del Regno di Dio»[35].

Na *pobreza*, «seguendo Gesù e avendo come modello la prassi della Chiesa primitiva»[36], encontra-se também um valor eclesial que leva à simplicidade de vida e comunhão dos bens[37], em vista das necessidades da Igreja, da Ordem e da humanidade: «Crediamo che tutto ci é dato in dono e che tutto, i nostri beni spirituali, materiali, culturali, procurati con la nostra fatica, devono essere "ridonati" nel miglior modo possibile per le necessità della Chiesa e del nostro ordine, e per la promozione umana e sociale degli uomini»[38].

E a *castidade*, que vai transformando a pessoa num amor divino, gratuito e incondicionado[39], e que, à exemplo de Cristo, «liberta» a pessoa à total dedicação ao Reino, «al servizio dei fratelli»[40], tem também uma dimensão comunitária e eclesial.

---

[33] *Const. 1995*, 33.

[34] *Const. 1995*, 46.

[35] *Const. 1995*, 47.

[36] *Const. 1995*, 52.

[37] Cfr. Rc 12.

[38] *Const. 1995*, 32.

[39] Cfr. *Const. 1995*, 61.

[40] *Const. 1995*, 60. Será também a base para uma vida fraterna madura e coerente: «Affinché il nostro celibato, scelto per il Regno, costituisca una via adeguata alla nostra maturità umana e di fede, è necessario educarci innanzitutto all'amore vero tra fratelli (cfr. PC 12: II Cons. Prov., 91), alla comunicazione e al dialogo comunitario, alla capacità di amare l'altro senza possederlo ma a valorizzarlo come persona; inoltre, al senso del dono e del servizio gratuito, alla trasparenza delle nostre amicizie, e infine, al silenzio come ascolto della Parola e all'ascesi cristiana che purificano i nostri sentimenti e rifondono le nostre relazioni autentiche con gli altri, partecipando alla Croce di Cristo che porta al culmine il suo amore oblativo al Padre e ai fratelli». *Ibid.*, 63.

O tema da oração, abordado no capítulo V, é tratado ecle-siologicamente como ponto de unidade com toda a Igreja oran-te[41], conscientes de que é também um modo de estar a serviço do Povo de Deus: «Infatti, quando preghiamo, abbiamo davanti a noi le necessità e quanto concerne il mondo insieme ad una consape-volezza della nostra chiamata a servire tutti i membri della Chiesa (II Cons. prov., 91)»[42]. A oração, alimento principal do carisma carmelita, não é somente uma experiência vital para a Ordem, mas também é assu-mida como um apostolado, sendo um testemunho para a Igreja:

> Dal suo inizio l'Ordine Carmelitano ha assunto sia una vita di pre-ghiera che un apostolato della preghiera. La preghiera è il centro ineliminabile della nostra vita e da essa sgorgano una comunità e un ministero autentici (cfr. II Cons. prov., 64). La preghiera della comunità carmelitana è un segno per il mondo della Chiesa che prega[43].

A oração litúrgica, mais uma vez inspirada na Igreja primitiva[44], é o encontro da comunidade em torno da Eucaristia e da Liturgia das Horas, como uma das carcterísticas centrais da Regra, que une a comu-nidade «alla testimonianza apostolica e alla fede di tutta la Chiesa»[45]. A oração pública é a manifestação da participação à Igreja orante[46], como o culto à Virgem Maria e o dever de sua propagação que «appartiene alla natura stessa della missione che l'Ordine ha nella Chiesa»[47].

Talvez os capítulos de caráter mais «eclesiológicos» das Constitui-ções – em que se percebe claramente a influência da nova eclesiologia conciliar – sejam os capítulos sobre a missão apostólica do Carmelo[48]. Tendo a consciência de que os carmelitas devem realizar a missão apos-tólica «em meio ao povo», antes de tudo com a riqueza da vida contem-plativa, sabem também que, com suas qualidades e limites, devem estar a serviço da Igreja respondendo aos apelos de hoje:

---

[41] Cfr. *Const. 1995*, 64.

[42] *Const. 1995*, 65.

[43] *Const. 1995*, 64.

[44] Cfr. *Const. 1995*, 69.

[45] *Const. 1995*, 71.

[46] Cfr. *Const. 1995*, 72.

[47] *Const. 1995*, 86.

[48] Capítulo VI: «Considerazioni generali sulla missione apostolica»; e Capítulo VII: «Missione apostolica nella Chiesa locale». Apesar de que as atuais Constituições se limitam a algumas ideias gerais em relação ao serviço apostólico, deixando o tema aberto para um maior aprofundamento posterior. Cfr. acima, nota 5.

Il nostro servizio (diakonia) nella Chiesa dev'essere valutato e rin-
novato affinché possiamo rispondere alle domande che ci vengono
poste dalla situazione culturale, sociale e religiosa del popolo (cfr
EN 39; RPU 4 lett.d,e; EE 23, 25-26, 35-37). Nella nostra missione
dobbiamo tener conto dei carismi e talenti dei fratelli, e nello stesso
tempo dei naturali limiti del nostro contributo[49].

Diante das várias possibilidades de missão apostólica apontadas,
levando em consideração o carisma e o contexto eclesial, as necessidades
da Igreja universal e local[50], no sentido eclesiológico destaca-se a necessidade de reforçar o espírito comunitário em todo o Povo de Deus[51] e,
inspirados no profeta Elias, «participare al movimento ecumenico e al
dialogo fra le religioni promosso dal Concilio Vaticano II (cfr. UR 5)»[52].

Admite-se que a Ordem, embora havendo um caráter universal,
deve estar plenamente inserida na vida da Igreja local, onde deverá viver
concretamente seu carisma, seu serviço ao Reino:

> Pur ritenendo il suo carattere universale, l'Ordine cerca d'essere
> coinvolto pienamente nella vita delle Chiese locali. Questo implica
> una collaborazione stretta con le varie componenti di queste Chiese
> (cfr EN 60, 69; EE 38-43; MR 18). Nella Chiesa locale cerchiamo
> offrire il contributo del nostro carisma al lavoro della evangelizza-
> zione sensibilizzando alla dimensione contemplativa della vita, alla
> fraternità e all'impegno concreto della giustizia[53].

Para tanto, deverá estar aberta, em harmonia com as orientações
da Igreja e da Ordem, às várias formas de apostolado de acordo com as
necessidades da Igreja local, nas diferentes realidades e tempos[54]. Ressal-
ta-se ainda a importância de trabalhar junto com o laicato, despertando
neste a consciência de que todos são responsáveis pela missão da Igreja,
numa direta referência a uma Igreja ministerial formada por todo o Povo
de Deus:

---

[49] *Const. 1995*, 91.
[50] Cfr. *Const. 1995*, 93.
[51] «Dobbiamo, quindi, studiare le esigenze ed i bisogni religiosi e sociali, secondo le
circostanze di luogo e di tempo, allo scopo di rafforzare e testimoniare lo spirito comunitario in tutto il Popolo di Dio, per mezzo di adatte attività apostoliche di qualsiasi genere,
intraprese e portate a termine in fraterna collaborazione». *Const. 1995*, 94.
[52] *Const. 1995*, 96.
[53] *Const. 1995*, 97.
[54] Cfr. *Const. 1995*, 98.

Guidati dal magistero e dai documenti ufficiali dell'Ordine, e dai segni dei tempi, noi ben volentieri invitiamo i fedeli e l'introduciamo
nella ricchezza della nostra tradizione e nella esperienza della contemplazione. Noi favoriamo nei laici lo sviluppo dei doni e carismi
loro propri (cfr AA 3, PO 9), affinché essi possano essere coinvolti
nella missione della Chiesa[55].

Lembra-se ainda que o aspecto missionário, como atividade fundamental da Igreja por fazer parte da sua própria natureza[56], na missão
«*ad gentes*» – levando o Evangelho onde ele ainda não está presente –,
deve fazer parte da vida do Carmelo, afim de que a atividade missionária
desperte «in modo nuovo il cuore del carisma carmelitano a vantaggio
della Chiesa e dell'Ordine»[57].

Também dentro da missão apostólica, aparece o compromisso com
a justiça e a paz[58], considerada como atuação do apostolado na linha do
seguimento de Jesus Cristo: «"vivere nell'ossequio di Gesù Cristo significa anche vivere nell'ossequio dei poveri e di coloro nei quali si rispecchia
di preferenza il volto di Cristo"»[59]. Sinal de uma Igreja comprometida
com a opção e projeto de vida do Mestre.

No aspecto formativo – capítulos X-XIII –, precocupa-se em desenvolver um processo através do qual a pessoa possa identificar-se com
o projeto de vida carmelitana, formando uma «fraternità contemplativa
in mezzo al popolo»[60]. Para isso, devem ser valorizados os dons pessoais
oferecidos por cada um para formar a comunidade e enriquecer o projeto comum[61]. Há uma abertura para a participação e acolhida dos dons

---

[55] Cfr. *Const. 1995*, 99. Tal envolvimento e participação dos leigos, além de testemunhar uma Igreja de comunhão, enriquece ambas as partes: «Infatti, veniamo esortati
a compiere il nostro servizio apostolico in collaborazione con i laici; ad aprire la nostra
fraternità e i momenti di preghiera alla Chiesa e al mondo, al fine di sperimentare un arricchimento fecondo e reciproco». *Ac.Cap.Gen. 1995*, 318.

[56] Cfr. RM 5.31-33.

[57] *Const. 1995*, 105.

[58] Capítulo IX é totalmente dedicado ao tema: «La missione apostolica e l'attuazione
della giustizia e la pace nel mondo».

[59] *Const. 1995*, 114, citando: Congr. Gen. 1980, 252.254; cfr. anche ivi, 245, 251-156;
X Cons. Prov., 428; *Fraternità oranti*, 480, 494.

[60] *Const. 1995*, 117.

[61] Cfr. *Const. 1995*, 120. Desta maneira, cada um é visto como sujeito ativo na sua
formação: «Le nuove Costituzioni riflettono la nuova visione della formazione così come
si è venuta delineando dagli anni '70 fino ad oggi: nuova visione che considera i candidati
soggetti attivi dell'itinerario di formazione, nuova visione che si mostra attenta ai doni
personali di ciascuno e che dà rilievo e importanza alla formazione permanente». *Ac.Cap.
Gen. 1995*, 318.

e serviços, colocados em comum para o bem e sustento da vida comunitária.

Na última e longa parte das Constituições, ao tratar sobre o governo da Ordem[62], conservam-se as estruturas mais abertas, já presentes nas Constituições anteriores (1971), proporcionando uma maior participação e corresponsabilidade de todos na vida e governo geral da Ordem[63].

1.2   Visão de Igreja presente na atual RIVC (2000)

A *RIVC 2000*: «Formazione al Carmelo: un itinerario di trasformazione»[64] retoma e confirma os elementos eclesiológicos presentes nas Constituições, e parece enfatizá-los ainda mais dentro da perspectiva do carisma na formação, assumindo esta como um «processo de transformação» da pessoa em Cristo ao viver os valores propostos por ele[65].

---

[62] Capítulos XIV-XXIII.

[63] «La sezione sul governo riflette il codice di diritto canonico del 1983 e lo stile più aperto di governo che si è attuato nelle nostre province a partire dalle Costituzioni del 1971». *Ac.Cap.Gen. 1995*, 318.

[64] A *Ratio Institutionis Vitae Carmelitanae* foi revista e republicada no ano 2000, de acordo com as novas Constituições, aprovadas em 1995, tendo como base o documento anterior (1988). A *RIVC* tem, após a Regra e as Constituições, uma grande importância como documento oficial da Ordem, pois ajuda a aprofundar e discernir o carisma e atuação da mesma, orientando a formação, não somente inicial, mas também permanente. Nas palavras do padre geral Joseph Chalmers em sua carta de apresentação do novo documento, em 25/03/2000: «La Ratio non si rivolge solo alla formazione iniziale, ma anche a quella permanente. Quindi esorto fortemente ogni frate a leggere spesso questa Ratio, perché assieme alla Regola e alle Costituzioni essa descrive lo scopo della vita Carmelitana». *RIVC 2000*, Introduzione. Para a apresentação da nova *RIVC 2000*: A. Vela – G. Benker, ed., *Carmelite Formation* (2002).

[65] Cfr. *RIVC 2000*, 1. O documento amplia a reflexão sobre o carisma, vendo a contemplação num sentido maior, mais abrangente. Assume esta como a «transformação em Cristo» (Cfr. *RIVC 2000*, 24), não sendo apenas um elemento do carisma, mas sim o coração deste que envolve os outros três elementos: oração, comunidade e serviço: «La dimensione contemplativa non è soltanto uno tra gli altri elementi del carisma (preghiera, fraternità e servizio), ma è elemento dinamico che unifica tutti. Nella preghiera ci apriamo all'azione di Dio che gradualmente ci trasforma attraverso tutti gli eventi grandi e piccoli della vita. Questo processo di trasformazione ci rende capaci di instaurare e mantenere rapporti fraterni autentici, disponibili al servizio, alla compassione, alla solidarietà, capaci di presentare al Padre i desideri, le angosce, le speranze e le grida degli uomini». *RIVC 2000*, 23. G. Benker esclarece: «...contemplation as an attitude and a life-style, as an inner journey and a process of transformation, which affects all dimension of our life without any exceptions: our prayer as our activity, our solitude as well as our relationships, what we do as well as what we are». G. Benker, «Contemplation», 37.

Recordando o chamado feito pelo Pai à santidade e ao seguimento de Cristo na Igreja «che è suo popolo, sposa e corpo»[66], o documento é muito claro ao falar da Vida Religiosa como sinal da Igreja de Comunhão, fazendo parte deste mistério:

> La Chiesa riconosce che la vita di speciale consacrazione per mezzo dei consigli evangelici «appartiene indiscutibilmente alla sua vita e alla sua santità» (*LG* 44; cfr. *VC*, 29)... la vita religiosa, vissuta in comunità, è «segno eloquente» (*VC* 42) della Chiesa che «è essenzialmente mistero di comunione» (*VC* 41), «icona della Trinità» (*Vita fraterna*, 9). La nostra vocazione di Fratelli della Beata Vergine Maria del Monte Carmelo è una forma di vita religiosa che appartiene alla Chiesa, da essa trae origine, e partecipa del suo stesso mistero[67].

Tal vocação é vivida em fraternidade, sinal da comunhão eclesial[68], chamado que parte da iniciativa gratuita de Deus e requer uma resposta livre do ser humano, tendo como base a vocação batismal comum a todos os fiéis[69].

A fraternidade é reconhecida como um valor importante no projeto comum proposto pela Regra[70], pois reflete na dimensão da «construção da vida comunitária», onde a participação de todos faz-se necessária para a realização do projeto comum: «Occorre perciò far maturare la coscienza di aver ricevuto una vocazione comune che va resa concreta in un progetto elaborato, realizzato e verificato comunitariamente (cfr. *Regola*, 15; *Cost.*, 31e.)»[71]. Esta fraternidade, vivida e testemunhada como a possibilidade concreta de viver em comunhão, torna-se anúncio ao mundo, como já afirmava o documento do magistério:

> Il comune impegno di vita e la condivisione dei vari momenti di ascolto, preghiera, celebrazione, fraternità e comunione spingono all'annuncio gratuito e gioioso della comune chiamata alla santità e alla piena comunione con Dio e fra le persone. La stessa vita fraterna carmelitana si fa così annuncio al mondo (cfr. *Vita fraterna*, 54-55; cfr. anche *VC*, 25; 42; 46). La nostra frater-

---

[66] *RIVC 2000*, 7.
[67] *RIVC 2000*, 7.
[68] Cfr. *RIVC 2000*, 8.
[69] Cfr. *RIVC 2000*, 19.
[70] Cfr. *RIVC 2000*, 34.
[71] *RIVC 2000*, 35.

nità diventa segno e profezia che è possibile vivere in comunione, anche se occorre pagarne il prezzo (cfr. *Vita fraterna*, 56)[72].

Como nas Constituições, é também na dimensão do serviço que os elementos eclesiológicos do documento são ainda mais claros. Conscientes de que «i carmelitani sono nella Chiesa e per la Chiesa, e insieme con la Chiesa a servizio del Regno»[73], afirma-se:

> Mentre cerchiamo di arricchire la Chiesa con la specificità del nostro carisma, collaboriamo a costruire l'unico corpo di Cristo in piena comunione con tutti gli altri membri della comunità cristiana (cfr. *VC*, 31; 46-56). Questa comunione si rende concreta nell'inserimento nella Chiesa locale (cfr. *VC*, 48-49; *Cost.*, 97-98)[74].

Uma presença que seja capaz de testemunhar a fraternidade contemplativa[75], como característica especial do carisma carmelita, e cultivar meios capazes para criar fraternidade no meio do povo:

> I Carmelitani si mettono in cammino, secondo l'itineranza accennata della Regola, per seguire i percorsi tracciati dallo Spirito del Signore (cfr. *Regola*, 17; cfr. anche *Cost.*, 22). Si fanno compagni di quanti soffrono, sperano e s'impegnano nella costruzione del Regno di Dio, curando ogni mezzo capace di creare fraternità[76].

A visão eclesiológica do documento torna-se evidente em um dos textos que talvez mais revele a sua eclesiologia: o n. 104, ao falar da diversidade dos carismas pessoais que constroem a comunidade e que devem ser colocados a serviço de todos. A partir do texto de 1Cor 12, 4-7, mostra-se que «nella loro diversità i carismi sono essenzialmente equivalenti ["...uno solo è lo Spirito ...uno solo è il Signore ...uno solo è Dio, che opera tutto in tutti"]»[77], não justificando a desigualdade na vida fraterna:

> Questa visione [1Cor 12, 4-7] supera ogni distinzione ingiustificata fra noi secondo lo spirito del Concilio Vaticano II, che sottolinea: «fra tutti vige una vera uguaglianza quanto alla dignità e all'azione nell'edificare il corpo di Cristo che è comune a tutti i fedeli»

---

[72] *RIVC 2000*, 36.
[73] *RIVC 2000*, 38.
[74] *RIVC 2000*, 38.
[75] «La nostra vita di fraternità contemplativa diviene testimonianza credibile della possibilità di incontrare l'Altro e gli altri per la via del silenzio, dell'accoglienza e della comunicazione sincera (cfr. *Il Carmelo: un luogo, un viaggio*, 4.5)». *RIVC 2000*, 38.
[76] *RIVC 2000*, 40.
[77] *RIVC 2000*, 104.

(*LG*, 32). Ciò rispecchia e prende sul serio la nostra comprensione della fraternità: «essere *fratres* significa per noi crescere nella comunione e nell'unità nel superamento di distinzioni e privilegi» (*Cost.*, 19; cfr. anche *Il Carmelo: un luogo, un viaggio*, 3.4). Ogni fratello ha il proprio posto e ruolo specifico nell'Ordine e nella Chiesa per contribuire alla diffusione del Regno di Dio[78].

Enfim, vê-se também a preocupação na formação de «educar-se para a eclesialidade», afim de uma abertura e disponibilidade à missão da Igreja, à serviço do Reino: «Educarsi all'ecclesialità è un'esigenza imprescindibile: significa sviluppare un particolare amore e interesse per la Chiesa e la sua missione e saper collaborare con altri a servizio del Regno»[79].

1.3   *Em sintonia com a eclesiologia conciliar*

É óbvio que a preocupação das Constituições não é elaborar uma sistemática eclesiologia, mas sim interpretar a Regra e o carisma carmelita na realidade atual, à luz do magistério da Igreja e dos sinais dos tempos, para melhor vivê-los no contexto eclesial. Por isso, não tem a preocupação de dar definições sobre a natureza da Igreja ou do seu ser missionário, embora a sua prática eclesial revele também um modo de pensar a Igreja, ou poderíamos dizer, um acento a um «modelo eclesiológico»[80].

É evidente que as Constituições tratam de muitos temas eclesiológicos presentes no Concílio e é influenciada, naturalmente, por este na releitura do carisma, o que não poderia ser diferente. Elas mostram como a vida de oração, fraternidade e missão apostólica do carmelita, inspirados e orientados pela proposta da Regra, assumem os elementos

---

[78] *RIVC 2000*, 104.

[79] *RIVC 2000*, 45. Também neste sentido, há uma indicação de que já no pré-noviciado (postulantado) se desenvolva no candidato uma consciência eclesial (cfr. *RIVC 2000*, 78). E no programa de estudos do noviciado aparece, entre os fundamentos da vida cristã, elementos de eclesiologia. Na parte sobre a formação ao serviço, recorda-se que o leitorado e acolitato há uma «função pedagógica» que ajuda crescer no sentido eclesiológico de comunhão e sacramentalidade da Igreja: «Per coloro che sono avviati ai ministeri ordinati il conferimento del lettorato e dell'accolitato ha funzione pedagogica (cfr. *Ministeria quaedam*, 11), perché il loro esercizio aiuta a sviluppare il senso di ecclesiologia di comunione e di sacramentalità della Chiesa; inoltre fa sperimentare la complementarietà tra sacerdozio comune e sacerdozio ministeriale». *Ibid.*, 112, d.

[80] Recordando a famosa obra: A. DULLES, *Models of the Church* (1987).

da Igreja de Comunhão, ideia central e fundamental dos documentos e da eclesiologia conciliar[81].

A dimensão eclesiológica, acentuando o aspecto da comunhão, aparece de modo mais evidente nos temas da fraternidade[82] e do serviço apostólico[83], que concretizam o chamado ao seguimento de Cristo no compromisso para construir o seu Reino.

Logicamente as observações e posições tomadas pelas Constituições devem encontrar respaldo na Regra do Carmo, a qual deve interpretar e atualizar em cada momento histórico[84]. Diante das novas leituras propostas da Regra a partir do Concílio Vaticano II, o resgate do tema da fraternidade, enfatizando os aspectos comunitários nela contidos, certamente foi de suma importância. Este resgate ajudou a descobrir que a espiritualidade carmelita, relida no contexto conciliar, abre espaço para pensar e concretizar uma eclesiologia que deve estar na base do modo de ser e viver do carmelita hoje.

2.   A fraternidade como uma chave de leitura na atualização da Regra

Na tradição do Carmelo é muito comum encontrar a interpretação da Regra com ênfase no «*die ac nocte in lege Domini meditantes*»[85], ou seja, a solidão em constante meditação da Palavra de Deus, propondo tal valor como o centro do carisma carmelita[86]. Deste modo, acaba-se dando mais ênfase à ascese pessoal que cada carmelita é convidado a viver, como a vida marcada pelo silêncio, oração, meditação, enfim, poderia-se dizer: «o aspecto mais eremítico» da espiritualidade carmelita.

Como foi analisado no capítulo anterior, a partir do Vaticano II, com o aprofundamento da identidade e retorno às fontes, difundiu-se o aspecto da fraternidade como elemento presente e indispensável na vivência do carisma carmelita. Motivado pela renovação proposta pelo concílio, em 1968 o tema da fraternidade mendicante já era levantado para a discussão no Carmelo pelo provocante artigo de O. Steggink[87].

---

[81] Cfr. II *Sinodo Str. Vesc.*, *Rapporto finale*, II, C, 1.

[82] Cfr. *Const. 1995*, capítulo III. A fraternidade tem como base principal a comunhão na vida em comunidade, cuja inspiração vem das primeiras comunidades cristãs. Cfr. *Ibid.*, 30.

[83] Cfr. *Const. 1995*, capítulos VI e VII.

[84] Cfr. acima, nota 2.

[85] Rc 10.

[86] As Constituições de 1971 ainda assumem esta perspectiva. Cfr. *Const. 1971*, 10.

[87] O. STEGGINK, «Fraternità e possesso in comune. L'ispirazione presso i mendicanti» (1968), revisto e republicado em: «Fraternità apostolica. Storia e rinnovamento» (1985).

Este, analisando-a o conceito de «vida apostólica», presente na tradição da Vida Religiosa em geral e no estilo de vida dos Mendicantes, que assume a Ordem Carmelitana, recupera a importância e o sentido da fraternidade como parte integrante e complementar do carisma carmelita, indispensável para a sua concretização[88].

Um pouco mais tarde, em 1971, J. Baudry[89] parte do tema da fraternidade – «conventuelle et apostolique[90]» – para propor uma leitura da regra na perspectiva comunitária[91], integrando a dimensão ermítica das origens com a experiência da fraternidade na vida em comunidade: «Le titre de "Frères" qui revient plusieurs fois dans ce texte [la Règle] n'est

---

[88] O autor aborda o tema da fraternidade também na perspectiva eclesiológica: «Secondo il principio fondamentale dei mendicanti del *"facere et docere"* – leitmotiv dei frati del secolo XIII – ci sforzeremo di essere chiesa, koinonia, fraternità, prima di compiere la nostra missione che sarà sempre un servizio di fraternizzazione». O. STEGGINK, «Fraternità apostolica», 56. E, dentro dos desafios que o Vaticano II coloca, já afirmava com grande clareza: «...dopo il Concilio si deve, più che mai, capire in che modo nuovo e profondo la carità fraterna potrà essere per il mondo di questo tempo il segno della venuta di Dio nella vita degli uomini. Bisognerà che, sotto l'ispirazione anche dei segni del tempo, si trovino forme nuove più trasparenti per gli uomini d'oggi, particolarmente nelle *fraternità apostoliche*, affinché la loro testimonianza sia segno intelligibile e irradiante per il mondo. Per questo l'atteggiamento da assumere non può essere quello di constatare i mutamenti profondi nella società attuale come un puro fatto, ma si tratta di accoglierli come principi del rinnovamento stesso». *Ibid.*, 23-24.

[89] Cfr. J. BAUDRY, «Solitude et fraternité aux origines du Carmel» (1971). O autor se inspira nos recentes estudos da Ordem, citando também a influência do artigo de O. Steggink: «Des travaux récents (O. STEGGINK, O. Carm., *Fraternità e possesso in comune, l'ispirazione presso i mendicanti*, "Carmelus", 1968/1, pp. 5-36 et plus spécialement pp. 10-20; nous donnons aux termes "fraternité conventuelle" et "fraternité apostolique" la même signification que cet auteur, signification qui apparaîtra, nous l'espérons, avec une clarté suffisante tout au long de notre article) ont montré que cette idée de fraternité, à la fois conventuelle et apostolique, appartenait au patrimoine spirituel du Carmel devenu définitivement ordre mendiant à la suite d'un long processus historique». *Ibid.*, 84. Segundo E. Palumbo, o escrito de Baudry seria o primeiro trabalho a concentrar a atenção sobre os aspectos comunitários da Regra do Carmo. Cfr. E. PALUMBO, «Letture della Regola», 162.

[90] A «fraternidade apostólica» não é vista como uma «criação», mas uma «evolução» da própria «fraternidade conventual»: «Le seul fait nouveau du milieu du XIIIe siècle – mais il est de taille – est donc l'acceptation par le Carmel de la "fraternité apostolique" des mendiants avec, entre autres choses, la possibilité d'exercer un ministère actif auprès du peuple chrétien. Sur le point précis de la "fraternité conventuelle", c'est-à-dire des relations à l'intérieur de la communauté elle-même, nous croyons qu'il n'y eut pas alors de véritable création, mais plutôt une évolution notable dans la ligne des ordres mendiants». J. BAUDRY, «Solitude et fraternité», 85-86.

[91] Cfr. acima, cap. II, nota 160.

pas seulement une dénomination juridique; il contient tout un programme de vie»[92].

Nas novas leituras da Regra, a vida fraterna passa a ser cada vez mais destacada como parte constitutiva do carisma, pois está presente no processo de maturação e definição do mesmo, fundamentado pela própria Regra:

> Riguardo l'ideale della *fraternitas*, essa emerge dal passaggio da gruppo informale (quasi una colonia di eremiti) ad una vera comunità, dalla costruzione al centro dell'oratorio – come consacrazione simbolica del progetto di vita comune, dalla volontà di imitare la comunità primitiva di Gerusalemme e di seguire l'apostolo Paolo, dall'uso della parola *frater* e il suo significato di uguaglianza, dalla volontà di condivisione dei beni e partecipazione alle grandi decisioni e infine dall'Eucaristia, apice della vita fraterna[93].

Apresentando a fraternidade como a base do «projeto comum» presente na Regra[94], B. Secondin propõe ampliar a centralidade do «meditar dia e noite na lei do Senhor»[95], proposto pela tradição, sem negar a importância fundamental dos elementos nela contidos, mas colocando-os em relação com outros valores centrais que fundamentam todo o

---

[92] J. BAUDRY, «Solitude et fraternité», 97. O autor ainda defende que o ideal de fraternidade proposto na Regra é inspirado na primeira comunidade cristã: «Certes, les observances communes, prescrites par la Règle primitive, sont réduites au strict minimum: élection du Prieur, obéissance qui lui est promise, partage des biens et de la nourriture, chapitre hebdomadaire, Eucharistie quotidienne. Mais ces textes sont animés, à l'intérieur même de leur sobriété, par la volonté explicite d'imiter la communauté primitive de Jérusalem...». *Ibid.*, 96. A ideia de inspiração da Regra na vida fraterna da comunidade primitiva, ou nos valores nela propostos, será assumida ou mencionada por vários autores, entre eles: B. SECONDIN, *La Regola del Carmelo*, 33; C. CICCONETTI, «Il progetto globale», 71; G. HELEWA, «Parola di Dio», 81; L. RENNA, «Una comunità di fratelli», 110; C. PAGLIARA, «La Comunità: valori e modelli», 202; C. MESTERS, *A Regra do Carmo*, 53; R. M. VALABEK, «The spirituality of the Rule», 157; C. MORRISON, «The Carmelite Rule», 21; F. ROMERAL, «La comunidad de la Relga», 537; D. STERCKX, *La Régle du Carmel*, 207; no subsídio de preparação da XVI Congregação Geral (2009), *Quatro pistas de reflexão*, 4-6. As *Const. 1995* (Cfr. acima, nota 31) e a atual *RIVC* também assumem esta perspectiva: «La Regola propone alcuni atteggiamenti fraterni e una via per consolidare la fraternità vissuta in concreto, sul modello ispirante della prima comunità di Gerusalemme». *RIVC 2000*, 34.

[93] E. PALUMBO, «Letture della Regola», 163.

[94] Cfr. pedido a Alberto: *«Ut iuxta propositum vestrum tradamus vobis vitae formulam».* Rc 3.

[95] *«die ac nocte in lege Domini meditantes».* Rc 10.

texto[96]. A proposta é não ver a solidão e meditação na cela isoladamente, e sim em um conjunto de números da Regra que definem um «projeto comum». Ainda que a escuta, a meditação da Palavra continue sendo a base fundamental da espiritualidade carmelita, ela deve ser entendida dentro de uma centralidade maior presente no texto da Regra.

Segundo Secondin, através de um núcleo central seria possível fazer uma análise global da Regra que, na sua origem, é um único texto, uma carta, isto é, sem divisões em partes ou capítulos. Tal análise ajudaria a compreender o projeto unitário nela contido, que tem como base a fraternidade. Esta é expressa concretamente na Eucaristia, cuja centralidade é acenada simbolicamente, quer na sua posição no texto como pelo lugar central da construção da capela. «La chiave della nuova interpretazione sta qui: la *Regola*, a ben leggerla, non parla principalmente per la persona singola isolata, solitaria, orante nella cella. Essa pensa e parla alla *fraternitas*: cioè ai *"fratelli eremiti"*, presi prima di tutto come gruppo, impegnati in un cammino di unità, di corresponsabilità e di dedizione al Signore»[97].

Como base para esta reflexão e proposta de interpretação, está o modelo da primeira comunidade cristã que inspira o projeto comum e concretiza a fraternidade. A vivência deste ideal:

---

[96] Cfr. B. SECONDIN, *La regola del Carmelo*, 28-42; o tema é ainda desenvolvido e melhor esquematizado em B. SECONDIN – L. A. GAMBOA, *Alle radici del Carmelo*, 51-72.

[97] B. SECONDIN – L. A. BAMBOA, *Alle radici del Carmelo*, 53. Baseado em tal perspectiva, o autor sugere a seguinte estrutura geral da Regra: Rc 1-3: introdução, que propõe o ideal comum a ser vivido (*obsequium Jesu Christi)*, deixando claro que o fundamento é o seguimento de Jesus Cristo, situando-o na vida da Igreja e da Tradição; Rc 4-9: ajuda a organizar a infra-estrutura necessária para viver aquele ideal proposto, num princípio de comunhão. Para isso: a presença de um prior (*primus inter pares*) e obediência a ele, assim como a vivência dos votos de castidade e pobreza; e com questões muito práticas como: o lugar onde morar, a cela pessoal, as refeições em comum, a função do prior em organizar a vida fraterna, sendo também aquele que acolhe; Rc 10-15: aquilo que concretiza realmente o ideal comum. Inspirado no modelo da comunidade primitiva, eles são os fundamentos da vida cristã que formam a fraternidade e possibilitam o verdadeiro seguimento de Jesus: escuta da Palavra de Deus e a oração; a vida fraterna na comunhão dos bens, na reconciliação e, principalmente, na centralidade do Mistério Pascal (Eucaristia); Rc 16-21: são os meios propostos para alimentar a espiritualidade pessoal e a vida fraterna, afim de realizar o ideal. A saber: a prática do jejum e abstinência; o constante desafio do combate espiritual; o trabalho e o silêncio; o valor de estar a serviço e a escuta obediente ao prior baseada na vontade de Deus; Rc 22 e 23: mostra a maturidade da comunidade que encarna a Palavra, na capacidade de servir (representada no prior), de viver com maturidade e acolher a vontade de Deus através da obediência a ele; Rc 24: conclusão, que pede discernimento e fidelidade na vivência desta norma, bem como a abertura ao novo, com moderação, na espera confiante do Senhor. Cfr. *Ibid.*, 59-60.

è un modello di vita di tipo dinamico e aperto: cioè in grado di favorire la trasformazione delle strutture di coscienza del singolo, ma anche in vista di introdurlo nella totalità e nella globalità del significato collettivo ricercato. Il significato ultimo rimane sempre aperto a nuove possibilità espressive, legate al mutare dei contesti storici e socio-culturali e all'imprevedibilità dello Spirito che chiama a nuove esperienze di incarnazione[98].

Embora com leituras, perspectivas e propostas diferentes de divisão do texto da Regra, os autores geralmente identificam nesta uma estrutura ou elementos que formam a vida comunitária, envolvendo ou correspondendo praticamente aos mesmos números da Regra. O comentário holandês fala dos «cap. I – XIII [Rc 4 – 17]» como «community aspect»[99], ou ainda, como «struttura di vita degli eremiti-in-comunità»[100]; para B. Secondin, os «cap. 7-11 [Rc 10-15]» são: «Fondamenti vivi della fraternità»[101]; V. Mosca assinala «cap. VIII-XIII [Rc 11-17]» como «*fondamenti* vitali, spirituali e istituzionali dell'intero testo e del progetto di vita»[102]; segundo K. Waaijman, Rc 4-21 são: «Exposition of the Carmelite form of life»[103]; D. Sterckx identifica Rc 10-17 como: «Les observances personnelles et communautaires»[104].

Sem pretender propor uma nova análise da estrutura geral do texto, ou julgar o mérito das já existentes, o que, pela complexidade e importância do assunto merecem um aprofundamento específico – fugindo ao limite do tema aqui proposto –, é possível identificar na Regra elementos da vida fraterna em comunidade que correspondem às principais colunas do modelo eclesial da Igreja primitiva. Tal constatação permite individualizar em tais elementos os aspectos eclesiológicos presentes na

---

[98] B. Secondin – L. A. Gamboa, *Alle radici del Carmelo*, 68-69. Esta nova proposta de interpretação teve uma aceitação entusiástica de muitos, tornando-se uma obra de referência, que abriu também horizontes para novos comentários e leituras da Regra. Mas, segundo M. Caprioli, também não deixou de suscitar críticas sobre alguns aspectos, principalmente em relação ao fundamento utilizado – o «incosciente» de Alberto: «...una attenta analisi del movimento interno delle idee e sul presupposto che in fondo l'inconscio (di Alberto e degli eremiti) doveva possedere...» (Cfr. B. Secondin, *La regola del Carmelo*, 30) –, e a referência do ideal da Regra com a primeira comunidade cristã, que trazem elementos não exclusivos da Regra Carmelitana. Cfr. M. Caprioli, «Commenti alla Regola», 135-136.

[99] O. Steggink – J. Tigcheler – K. Waaijman, *The Carmelite Rule*, 4-5.

[100] Cfr. E. Boaga – A. C. Cotta, *In ossequio di Gesù Cristo*, 137.

[101] B. Secondin, *La regola del Carmelo*, 30.

[102] V. Mosca, *Alberto Patriarca di Gerusalemme*, 463.

[103] K. Waaijman, *The Mystical Space*, 6.

[104] D. Sterckx, *La Régle du Carmel*, 124.

proposta de vida da Regra, que podem ser relidos à luz da reflexão eclesiológica feita pelo Vaticano II.

Se os principais valores eclesiais da comunidade primitiva tornam-se «norma y fundamento de la Iglesia de todos los tiempos»[105], tais
valores podem iluminar a leitura da Regra para encontrar nela sinais de
uma eclesiologia que mostram o rosto, ou mesmo, o acento de algumas
características da Igreja, que devem inspirar a vida daqueles que desejam
assumir a proposta carmelitana na realidade eclesial de hoje. Identificar
tais aspectos e relê-los à luz da nova eclesiologia conciliar, parece ser a
base segura no processo para uma verdadeira releitura do carisma, que
oriente uma fecunda presença dos carmelitas na Igreja e no mundo contemporâneo.

3.   Fundamentos da vida fraterna em comunidade
      e aspectos eclesiais da Regra Carmelitana

A bula pontifica «*Quae honorem Conditoris*» (1247), que aprova
definitivamente a Regra Carmelitana[106], menciona os seus destinatários
como: «Priori et *fratribus heremitis* de monte Carmelo»[107]. A Regra, após
utilizar no início uma vez a palavra «*heremitis*»[108], usará sempre o termo
«*fratres*» para se referir às pessoas daquele grupo. Isto indica que os «fra-
des-eremitas» assumiam um projeto de vida fraterna em comunidade[109].

---

[105] S. PIÉ-NINOT, *Eclesiologia*, 114-133. J. Dupont também afirma: «Sembra chiaro, in
effetti, che i tratti attraverso i quali Luca caratterizza la comunità primitiva intendono proporre un modello rispetto al quale ogni comunità cristiana potrà verificare la propria fedeltà
al Vangelo. La chiesa non sarà veramente tale che nella misura in cui i credenti che la compongono praticheranno la quadruplice perseveranza enunciata in 2,42. La descrizione che
ci è data costituisce allo stesso tempo un programma di vita cristiana vissuta come chiesa».
J. DUPONT, *Teologia della Chiesa*, 17.

[106] Cfr. acima, cap. II, nota 65. Para a análise a seguir, toma-se por base o texto
aprovado em 1247, partindo do princípio que este foi reconhecido definitivamente pela
Igreja como a Regra do Carmo. Como afirma V. Mosca: «Non esiste una regola primitiva.
La regola data dal Alberto patriarca di Gerusalemme è quella riconosciuta ed approvata,
con le aggiunte e modifiche ritenute opportune dall'autorità pontificia di Innocenzo IV nel
1247». V. MOSCA, *Alberto Patriarca di Gerusalemme*, 529.

[107] *Bull.Carm.*,I, 8. Cfr. M.-H. LAURENT, *La lèttre «Quae honorem Conditoris»*, 10.

[108] Rc 1.

[109] Com a *vitae formula* dada por Alberto já são reconhecidos como «*collegium*» ou
«*domus religiosa*», criando certa estrutura em torno à vida comunitária. Cfr. C. CICCONETTI,
La Regola del Carmelo, 111-115; V. MOSCA, *Alberto Patriarca di Gerusalemme*, 495-496.

O propósito de viver «*in obsequio Jesu Christi*» não é assumido individualmente[110], mas como comunidade: «*ut iuxta propositum vestrum*»[111].

É um projeto *comunitário* e também *eclesial*, pois Alberto não fala em seu próprio nome, mas em nome da Igreja: «*Haec breviter [nos] scripsimus vobis...*»[112]. Observa D. Sterckx:

> *"Nous"...* C'est le patriarche de Jérusalem qui parle au nom de l'Église. Le projet de vie ici exposé brièvement, «*conforme à la manière de vivre des premiers ermites*» (chapitre 3), n'est plus seulement le fruit de leur expérience. Repris par le Patriarche, formulé et authentifié par lui, il est devenu un projet de vie situé en Église, même s'il ne mentionne pas l'Église. Et même s'il ne parle pas de mission, il devient le projet d'une communauté qui participe à la mission de l'Église, à sa manière, selon sa vocation propre de communauté de frères ermites[113].

A presença do prior – «*unum ex vobis*»[114] –, ao qual todos deverão prometer obediência – «*obedientiam promittat*»[115] –, será o sinal e garantia da comunidade em torno de um mesmo propósito de vida:

---

[110] Porém, é importante também observar que o projeto comum não pode simplesmente substituir a responsabilidade de crescimento pessoal de cada religioso: «...il soggetto protagonista è sempre anche il *"singulus"*, ma nella comunione con gli altri. Dire che il soggetto protagonista nel testo della Regola è la "comunità" che viene maturando non può intendersi se non come maturazione di persone che "vivendo in Cristo" sono condotte a una relazione interpersonale matura e a una trasformazione personale d'amore, frutto dello Spirito. La fraternità non si oppone alla solitudine che è invece condizione dell'autenticità e libertà della relazione». C. Cicconetti, *Regola del Carmelo (Orizzonte)*, 149.

[111] Rc 3.

[112] Rc 24.

[113] D. Sterckx, *La Régle du Carmel*, 388-389. Alberto tinha todas as condições para o reconhecimento oficial de tal experiência eclesial: «Come legato della sede apostolica, Alberto possedeva tutte le facoltà, alla stregua di un *alter ego* del Sommo Pontefice». V. Mosca, «Alberto Patriarca di Gerusalemme», 130.

[114] Rc 4. A escolha do prior era o sinal claro do projeto de vida em comunidade: «In conformità con la tradizione, il primo passo che si doveva fare, per creare una nuova comunità, era appunto quello di istituire uno che sarebbe stato il capo di questa comunità. La parola *priore* usata nella Regola indica che i carmelitani non hanno scelto il modello della comunità basato sulla relazione padre-figlio. Altrimenti avrebbero scelto il termine *abate*. In conseguenza i carmelitani non sono membri della famiglia soggetta al potere di un *paterfamilias* ma sono confratelli. Sono fratelli uno dell'altro ma comunque devono avere uno che sarà il capo della loro comunità. I carmelitani scegliendo un priore scelgono uno che sarà in comunità e per la comunità, e il suo dovere (*officium*) sarà quello di servire». D. Borek, «Prescrizioni (Precetti) nella Regola», 140.

[115] Rc 4. O comentário holandês da Regra coloca a obediência justamente no sentido da escolha pela vida comunitária: «...il priore non è tanto qualcuno a cui si deve obbedire,

The «one» does not have an autonomus existence, but originates from the «others» and would cease to exist without them: *unum ex vobis*. In the «one», the community becomes actually unified and transcends dispersion and fragmentation...From the fact that the position of prior is not an autonomous one, but the result of a continuous movement of «all» towards «one», it fallows that, at a structural level, he is not chosen as an individual person, but endowed with an *officium* for the benefit of all[116].

Partindo da constatação de um projeto comunitário contido na Regra, pode-se perceber no centro do texto os elementos que caracterizam esta comunidade, os quais, segundo interpretações recentes, são inspirados nos fundamentos da vida comunitária da Igreja primitiva[117]. Embora não havendo citações literais explicitas dos Atos dos Apóstolos[118], sendo difícil afirmar com certeza se era a fonte direta usada por Alberto[119], é

---

quanto più una funzione che proviene dalla scelta per la vita comunitaria e sta al servizio di questa scelta. In tal modo, la funzione del priore diviene più un simbolo della opzione per la vita comunitaria che una personificazione dell'autorità gerarchica». O. Steggink – J. Tigcheler – K. Waaijman, *La Regola del Carmelo*, 216.

[116] K. Waaijman – H. Blommenstijn, «The Carmelite Rule», 74. Escolhido oficialmente como «cabeça» da comunidade, o prior também simbolizará a «cabeça da Igreja» que é o próprio Cristo, centro da vida comunitária: «The Messiah is the center of the community, a space of reconciliation, forgiveness, unity: seeing each other, giving each other space, bringing each other into being from face to face. Of this reality the "prior" is the symbol. In their person they remind everyone of the unity which the community invest in them but, through this, of the unity which the Messiah establishes among people». K. Waaijman, *The Mystical Space*, 240.

[117] Cfr. acima, nota 92. O que não seria estranho, visto que a «imitação dos apóstolos» era um modelo muito vivido na época, nas mais variadas formas, como ideal para a renovação de toda a Igreja. Cfr. acima, cap. I, n. 3; C. Cicconetti, «Il progetto globale», 71. Sobre os fundamentos da vida comunitária da Igreja primitiva, pode-se consultar: J. Dupont, *Études sur les Actes des Apôtres*, 503-519; Id., *Nouvelles études sur les Actes des Apôtres*, 297-310; P. C. Bori, *Koinonia*, 81-126; Id., *La Chiesa Primitiva*, 10-46; R. Fabris – G. Barbaglio, *Atti degli Apostoli*, 111-117.151-157; R. Fabris, *Atti degli Apostoli*, 72-85.

[118] Como já foi mencionado no capítulo II, Alberto usa as referências bíblicas com muita «liberdade». Segundo C. Mesters, isto revelaria a sua familiaridade e intimidade com a Palavra: «Esta familiaridade se revela no fato de Alberto citar a Bíblia quase de cor, de citá-la sem dizer que está citando a Bíblia, de usá-la para expressar o seu próprio pensamento, de pular de um texto para o outro, de usar palavras cheias de reminiscências bíblicas». C. Mesters, «Fundamentação Bíblica», 89. Para C. Morrison, poderia ser uma «adaptação» à nova realidade, como no caso da «comunhão de bens»: «...he [Albert] rewrites the Acts text adapting it to the structures of the hermits' community on Mount Carmel, inserting the word "prior" where Acts has "the apostles". C. Morrison, «The Carmelite Rule», 21.

[119] Cfr. acima, cap. II, nota 95.

notório que os números da Regra 10 a 15 correspondem aos mesmos
fundamentos que estruturava a Comunidade de Jerusalém, expressa por
Lucas[120].

C. Pagliara mostra como os pilares da comunidade primitiva encontram-se nestes números da Regra, numa grande sincronia entre o
ideal da primeira comunidade cristã e o projeto comum de vida proposto
aos carmelitas, chegando mesmo a afirmar que este seria o ideal da vida
deles:

> Incentrando tutta la loro vita sulla Parola di Dio, sulla preghiera,
> sulla comunione dei beni e sull'Eucaristia, gli eremiti del Monte
> Carmelo guardano alla nuova Gerusalemme come al loro ideale.
> Nella prospettiva del progetto attuato dalla primitiva comunità
> cristiana di Gerusalemme, i Carmelitani perseverano nell'insegna-
> mento degli apostoli (At 2,42 = cap. VII [Rc 10]), nella preghiera (At
> 2,42 = cap. VIII [Rc 11]), nella comunione dei beni (At 2,42; 2,44-
> 45; 4,32-35 = cap. IX [Rc 12 e 13]), nella frazione del pane (At 2,42
> = cap. X [Rc 14]), nella comunione dei cuori (At 2,42.44.46; 4,32 =
> cap. XI [Rc 15])[121].

Pode-se ainda constatar que a Eucaristia (Rc 14), e junto dela a
Palavra de Deus (Rc 10), sendo base e meta do seguimento de Jesus Cristo, encontram-se como valores centrais no texto. Estes parecem orientar
todo o projeto comum daquele grupo, que na sua dimensão pessoal e
comunitária leva sempre a comunidade para o «centro» de suas vidas, escutando a Palavra e celebrando o mistério pascal diariamente. Tais ideias
foram muito difundidas e aparecem na base de várias leituras propostas
à Regra nos últimos anos[122].

Mesmo se os Atos dos Apóstolos não sejam a fonte direta de Alberto, o fato é que os valores principais da comunidade primitiva podem ser
ali reconhecidos. Tais valores precisam ser relidos e expressos na realidade de hoje. É em torno da realização deste ideal comum, que motiva e
também requer como base o crescimento espiritual e a ascese pessoal de
cada frade, que a Regra estrutura um ambiente, indica o percurso, propõe valores, com liberdade e responsabilidade, em vista da maturidade
individual e comunitária.

Se a base do projeto inspira-se nos mesmos valores da primeira comunidade cristã, modelo e síntese da Igreja, ainda que não sejam
citados diretamente ou literalmente do texto Bíblico, a espiritualidade

---

[120] Cfr. At 2,42-47; 4,32-35; 13,1-3.
[121] C. PAGLIARA, «La comunità di Gerusalemme», 203.
[122] Cfr. B. SECONDIN – L. A. GAMBOA, *Alle radici del Carmelo*, 58.

carmelita está apoiada sobre um «modelo eclesiológico» que sustentará o seguimento de Jesus Cristo. Portanto, na proposta de vida indicada na Regra, pode-se encontrar aspectos eclesiológicos que definem o jeito de viver do carmelita na sua presença e inserção na vida da Igreja. Mesmo que tais elementos sejam comuns na vida eclesial, a maneira de vivê-los, ou o acento dado a cada um deles, pode representar um «modo específico» de ser na Igreja. Quais seriam estes elementos e como a Regra os apresenta como valores a serem vividos hoje? Certamente, é possível encontrar aspectos de uma eclesiologia também em outros números da Regra, mas os principais podem ser individualizados ao analisar os elementos propostos para a concretização do projeto comum na vida fraterna.

3.1   Comunidade fraterna fundamentada na Palavra de Deus

Não há dúvida que a os carmelitas são chamados a serem homens e mulheres da escuta e profunda experiência da Palavra de Deus:

> Maneant singuli in cellulis suis, vel iuxta eas, die ac nocte in lege Domini meditantes, et in orationibus vigilantes, nisi aliis iustis occasionibus occupentur[123].

A centralidade da vida em Jesus Cristo levará, consequentemente, a escutar e assumir a Palavra como aspecto vital do seu seguimento:

> I Carmelitani sono chiamati a vivere in ossequio di Gesù Cristo, esponendosi e aprendosi dal profondo alla Parola, ascoltandola insieme (R7), interiorizzandola nella meditazione e nel cuore, nella mente e nelle opere (R10, R19, R22, R23). È un conoscere la Parola vivendola (R12, R18, R23), celebrandola (R11, R14), pregandola in solitudine (R10). Questo è rimanere in Cristo. Siamo in ascolto della Parola con lui[124].

---

[123] Rc 10: «Permaneça cada um em sua cela, ou perto dela, meditando dia e noite na lei do Senhor e vigiando em oração, a não ser que se deva dedicar a outros justificados afazeres».

[124] B. SECONDIN – L. A. GAMBOA, Alle radici del Carmelo, 96. Por isso, a Palavra – presente «die ac nocte» – torna-se a «morada», o «estar na casa da lei do Senhor»: «La nostra Regola vede la Parola come "dimora": è questo il significato del verbo "manere". Vi si dimora "giorno e notte", come in Cristo Gesù, nel suo amore (Gv 8,31; S. Bernardo). Siamo ancora a livello di linguaggio simbolico. Dimorare nella Parola è dimorare, abitare, in Gesù. E viceversa». C. CICCONETTI, «Il simbolismo di Cristo», 10.

Permanecer na cela é um aspecto da espiritualidade eremítica herdada do monaquismo[125], ligado com a constante «*meditatio*»[126]. A meditação, juntamente com a oração – «*in orationibus vigilantes*» – formam o processo de «apropriação» da Palavra de Deus, transformando a própria vida segundo as Escrituras:

> L'essenza di questo valore spirituale è la trasformazione della propria vita secondo il modello dato dalla Sacra Scrittura, e la trasformazione stessa è brevemente caratterizzata nel cap. VII [Rc 10] dalle parole-chiave «vigilando in preghiera» e «meditazione». Questi sono i tre elementi principali del processo di appropriazione: lettura-meditazione-preghiera. Questa triade, un movimento sempre più intenso di cuore e di spirito, è l'anima della trasformazione della vita del monaco secondo il modello biblico[127].

A experiência da cela refere-se e dá importância ao espaço físico da solidão. Esta, ligada também com o silêncio, é um dos aspectos mar-

---

[125] «La permanenza nella cella era un elemento essenziale della spiritualità del monaco, anzi ne costituiva l'elemento principale, specialmente per l'eremita». S. POSSANZINI, *La Regola dei Carmelitani*, 103. Esclarece C. Cicconetti: «Il concetto di "quies, stabilitas, solitudo, meditatio" sono collegati e comunemente presentati come l'ideale del monaco: "Sedeat solitarius et taceat"; ad esse si addice "quieti operam dare, atque observare ieiunia et oratione in locis in quibus semel se Deo devoverunt" (*Decr. Grat.*, II, C. XVI, q. 1, c. 8; 12 [Fr., I, 763 s.])». C. CICCONETTI, *La regola del Carmelo*, 396.

[126] O comentário holandês da Regra explica: «Per il monaco lo stare nella propria cella era essenzialmente connesso con la *meditatio*. *Meditatio* significava ruminare le parole memorizzate della Sacra Scrittura con la bocca e con il cuore; occupazione proseguita anche durante il lavoro manuale. In questo modo le parole della Scrittura, specialmente i salmi, divenivano la stessa carne e sangue del monaco. I monaci vivevano nella Parola della Sacra Scrittura. La Regola è pienamente in linea con questa tradizione». O. STEGGINK – J. TIGCHELER – K. WAAIJMAN, *La Regola del Carmelo*, 222. Mais tarde, como Ordem Mendicante, amplia-se tal conceito: «Da allora [la venuta in Europa] la vita eremitica venne unita all'apostolato, che essi iniziarono a considerare parte integrante della loro vita religiosa. In questo contesto "meditazione" viene a significare uno studio permanente della Scrittura per essere in grado di aiutare il fedele con l'istruzione e la predicazione. Da un'atmosfera contemplativa (meditazione come caratteristica monastica) le cose meditate devono essere portate nella predicazione, direzione spirituale, istruzione con la parola scritta e parlata». *Ibid.*

[127] O. STEGGINK – J. TIGCHELER – K. WAAIJMAN, *La Regola del Carmelo*, 222-223. Desta mesma forma, pode-se compreender a obediência a Cristo como assimilação de sua Palavra: «L'obbedienza a Cristo (2Cor 10,5) non è intesa come osservanza dall'esterno, ma come dipendenza vitale da Lui per una assimilazione della Parola, nella quale si dimora (c. 7 [Rc 10]) e dalla quale si è inabissati sino alle profondità del cuore; una simbiosi che permette di fare tutto nella sua Parola, in Cristo (c. 14 [Rc 19]». C. CICCONETTI, «Il progetto globale», 64.

cantes da espiritualidade carmelita. Porém, a solidão deve ser algo mais profundo que simplesmente «estar sozinho», pois, sem uma «solidão interior» que cria espaço para acolher e internalizar a Palavra, o simples fato de estar na cela não teria muito sentido[128]. O convite principal é que toda a sua vida (dia e noite) seja um constante «meditar na Lei do Senhor»[129], vigiando em oração, em diálogo e resposta a Deus, que abre espaço à «transformação interior», sustentando a vida pessoal e comunitária: «The pratical objective of remaining in the cell is the formation of an interior which is purged to the very core in order to become receptive to God, the final goal of the spiritual way... The appropriation of Scripture – somatically, cognitively, affectively, and mnemonically – is literally intend to *transform*»[130].

---

[128] Segundo V. Mosca, foi justamente uma excessiva ligação do valor do «silêncio» com a «solidão da cela» que dava base à interpretação de que esta seria o centro do carisma carmelita: «Una certa interpretazione tuttora in voga, unendo questo capitolo XVI [Rc 21] sul silenzio a quello sulla Parola, cioè il VII [Rc 10], aveva accentuato una dimensione eccessivamente individuale, giungendo a porre in evidenza la solitudine nella cella, come valore primario, dell'esperienza di vita dell'eremita-fratello del Carmelo. La solitudine è parte di questa esperienza, ma come aspetto transeunte e di passaggio verso una partecipazione fraterna. Non si permane nella solitudine, ma si vive il silenzio-solitudine come dimensione interpersonale di se stessi, cioè di rispetto, equilibrio, quiete, armonia, verso gli altri». V. Mosca, *Alberto Patriarca di Gerusalemme*, 483. Neste sentido, é interessante e questionadora a forte observação feita pela religiosa carmelita C. FitzGerald, a respeito de uma má interpretação do valor da solidão proposta pela Regra na vida das carmelitas: «Because of cultural and historical circumstances, the nuns for five hundred years have privileged contemplation and the solitary cell which in turn has set up certain relationships with God, with self, and with ones'sisters. *Precisely because we are women* we have had no choice but to privilege the eremitical and community side of the charism and a material understanding of place. The text has, therefore, in one sense, functioned for our oppression and subjugation... But *place* as a symbol has its dark side. Wherever it is used to confine people in immature relationships, to deprive them of knowledge, of information and of freedom to choose and to grow, wherever it saps them of personal autonomy and resposability for their own lives and decisions, we see a destructive interpretation of the Rule. Wherever, in the name of solitary prayer, the *material place* becomes a refuge, a place to hide, and a place where one is deprived of human relationship and contact with the world, the symbol of *place* functions destructively for Carmelite nuns no matter how it is idealized in the language of theology, spirituality, canon law or even in the lives of our saints – who are part of the history of the interpretation of the tradition/Rule». C. FitzGerald, «How to read the Rule», 59.60.

[129] Cfr. Sl 1,2.

[130] K. Waaijman, *The Mystical Space*, 90.94. Lenvando in consideração que o texto seria inpirado no Salmo 1, pode-se compreender: «In the context of the Psalm [1] and against the background of the time in which it was written, *meditari* (*hagah* in Hebrew) points to a process of mystical transformation. One "murmured" the Torah, "ruminating" it until the text had completely become own's own, and began to "sigh from whitin" as the cooing of a dove. One made the Torah his own bodily, emotionally, cognitively, memorizing it so that

A intimidade com a «Lei do Senhor» tem como sentido último fazer com que toda a vida do carmelita seja transformada e modelada pela Palavra de Deus, ao ponto que todo o seu ser e suas ações, pessoais e comunitárias, tornem-se um testemunho vivo e verdadeiro da mesma. A Regra não foi somente escrita com grande inspiração bíblica, mas toda a sua estrutura converge para a escuta da Palavra, que anima e ilumina toda a vida, a fim de que tudo o que fizerem «seja de acordo com a Palavra do Senhor»[131]. Por isso, a Palavra está presente em vários momentos da vida no Carmelo:

> La Parola di Dio condiziona di fatto tutto il progetto di vita: sia nella solitudine, dove si vive soprattutto per essa e di essa attraverso l'esercizio della *lectio divina* (*meditantes*: richiama uno dei momenti della *lectio* classica, e che deve sfociare nell'orazione) e della *preghiera* (*in orationibus vigilantes*); sia nei momenti comunitari: come la *lode salmica* (salmi e *Pater noster*, non sono formule di preghiera, ma sintesi della storia della salvezza), la *mensa*, il *dialogo*, i *ruoli* istituzionalizzati (Priore e fratelli vivono i loro ruoli alla luce della Parola: cap. 17-18 [Rc 22 e 23]). Sia ancora nella lotta interiore per trasformare tutto l'essere a misura di Cristo, superando ogni ambiguità (cap. 14-16 [Rc 18-21]). I capitoli sul combattimento spirituale, sul lavoro, sul silenzio sembrano più il risultato di una *lectio* (anzi un processo di *lectio*) che un'insieme di prescrizioni normative sostenute da alcuni testi biblici[132].

Seja pelo indivíduo, como pela comunidade, a Palavra será escutada (Rc 7, 10, 19), meditada (Rc 7, 23), praticada (Rc 22, 23), celebrada (Rc 11, 14); estando presente tanto nos momentos de solidão como de encontro comunitário, litúrgico, orientando tanto a vida pessoal como o diálogo fraterno e o relacionamento entre os irmãos[133]. Uma forma

---

he ultimately became one with Torah. One motive for this was not simply the holiness of Torah. One experienced this transformation so as to become one with the one who forms the "Be-ing" of Torah: Yahweh, the Lord». K. WAAIJMAN. «Incentives towards», 87.

[131] RC 19.

[132] B. SECONDIN, *La regola del Carmelo*, 37-38.

[133] Este acento tão forte na Palavra é uma característica própria da Regra do Carmo, como tetemunha C. Cicconetti. Segundo ele, a centralidade da Palavra na Regra se apresenta «non come citazione sporadica, ma come ordito di tutto il testo, che quasi solo si esprime con parole tratte dalla Bibbia. La Parola ispira tutte le Regole: ma la nostra quasi parla solo attraverso essa: non lo ho trovato una Regola che, in proporzione alla lunghezza del testo, avesse tante citazioni esplicite e allusioni bibliche come la nostra. Nella *Lectio divina* la Parola è viva, è Cristo stesso che viene incontrato, che viene a colloquio con il fratello». C. CICCONETTI, «La Regola del Carmelo a confronto», 357.

privilegiada para a escuta da Palavra será a *Lectio Divina*, a sua leitura orante, a qual o carmelita é convidado a fazer, quer pessoalmente, quer em comunidade. Este foi um dos grandes valores da Ordem recuperado recentemente, sobre o qual as atuais Constituições recomendam:

> La «lectio divina» è una fonte genuina della spiritualità cristiana, e ad essa ci invita la nostra Regola (*Regola*, cc. 7, 14 [Rc 10, 19]). La pratichiamo, quindi, ogni giorno, per acquistarne un soave e vivissimo affetto e allo scopo d'imparare la sovreminente scienza di Gesù Cristo (cfr. PC 6; SC 24; DV 25). In tal modo metteremo in pratica il comando dell'Apostolo Paolo, riportato nella Regola: «La spada dello spirito, che è la Parola di Dio, abiti nei vostri cuori, e tutte le cose che dovete fare, fatele nel nome del Signore» (*Regola*, c. 14 [Rc 19]). Si suggerisce che la «lectio divina» in forma comunitaria sia praticata regolarmente per permettere tra i fratelli la condivisione della loro esperienza di Dio e per dare una risposta comunitaria alla sua Parola che ci provoca[134].

Entre os principais elementos que definem o seguimento de Cristo no espírito da Ordem segundo a Regra, as atuais Constituições citam: «meditare giorno e notte nella legge del Signore (cfr. *Regola*, c. 7 [Rc 10]), nel silenzio e nella solitudine, perché la parola di Dio dimori abbondantemente nel cuore e nella bocca di chi la professa (cfr. *Regola*, cc. 7, 14, 16 [Rc 10, 18, 19, 21])...»[135].

3.2 *Comunidade fraterna centrada na Eucaristia*

A verdadeira intimidade com a Palavra de Deus leva, consequentemente, a uma experiência profunda do Mistério Pascal, encontro com o próprio Cristo ressuscitado. Todo o seguimento, a escuta da Palavra, as ações da comunidade, encontram o seu sentido mais profundo e convergem para este centro, simbolicamente também presente no espaço físico das celas[136]:

---

[134] *Const. 1995*, 82.

[135] *Const. 1995*, 11.

[136] Segundo B. Secondin, o fato de construir a Capela no centro das celas pode estar ligado com a profecia de Ezequiel sobre Jerusalém: «Il progetto della costruzione della cappella corrisponde anche esso alla tipologia di Gerusalemme. La collocazione *"in medio cellularum"* (cap. 10 [n.14]) richiama perfino alla lettera la edificazione del nuovo tempio descritta da *Ezechiele* 48,8: "in mezzo alle tribù il santuario". Un confronto con tutto il contesto di Ezechiele (40-48) offre anche altri accenni significativi. Nel tempio "ogni mattina" si offre "in olocausto al Signore un agnello" (Ez. 46,13): questo richiama immediatamente la prescrizione di celebrare l'eucaristia "ogni mattina" (cap. 10 [n. 14])».

Oratorium, prout comodius fieri poterit, construatur in medio cellularum, ubi mane per singulos dies ad audienda missarum sollemnia convenire debeatis, ubi hoc comode fieri potest[137].

Construir o oratório «*in medio cellularum*»[138] provavelmente trazia também um significado profundo de qual deveria ser o centro da vida daquela comunidade:

> Alla simbolica architettonica del costruire segue quella del camminare e «con-venire» quotidiano dei frati «ogni giorno» (Cfr. At 2,46), «al mattino», verso «il centro», l'oratorio. Il gesto simbolico del camminare ha una meta: Cristo che si offre al Padre nell'Eucaristia e nel sacrificio redentore. In Lui si radunano i dispersi figli di Dio (Gv 11,51). È l'itinerario verso la comunione con i fratelli. Ma un cammino che culmina in Cristo, vero tempio, e meta effettiva di tutto il cammino; «luogo» ove nel sacrificio obbediente del Salvatore si compie realmente il superamento della dispersione e della divisione[139].

B. Secondin, *La regola del Carmelo*, 34-35. Neste sentido, observa C. Cicconetti: «L'architettura dell'eremo nel suo complesso evoca la "nuova" Gerusalemme in cui il tempio è l'Agnello. La concezione che presiede alla distribuzione delle cellette attorno all'oratorio, tipica del libro dei Numeri (2,1-34) e di Ezechiele (40-48) è la presenza di Dio in mezzo a quelli che "in ossequio a Gesù Cristo" realizzano il proprio Esodo con la "*peregrinatio hyerosolimitana*"». C. Cicconetti, «Il simbolismo di Cristo», 17.

[137] Rc 14: «O oratório, conforme for mais fácil, construa-se no meio das celas e aí vos deveis reunir todos os dias pela manhã para participar na celebração eucarística, quando as circunstâncias o permitam».

[138] A construção do oratório era também uma forma de reconhecimento jurídico: «...la costruzione di questo oratorio era condizione indispensabile perché gli eremiti del Carmelo ottenessero riconoscimento giuridico, sebbene di diritto diocesano, come società religiosa». S. Possanzini, *La Regola dei Carmelitani*, 139. Segundo K. Waaijman, a construção do oratório pode ser vista em quatro dimensões: a) *arquitetônica*, na qual a questão não seria se o oratório pode ser construído – *ubi hoc commode fieri potest* –, mas se poderia ser construído no centro, devido a difícil tipografia do Monte Carmelo; b) *jurídica*, com a preocupação de Alberto em criar uma comunidade religiosa em sentido jurídico (*domus religiosa; domus orationis; locus sacer*), a qual era necessária a permissão do bispo para construir o oratório e celebrar a Eucaristia; c) *simbólico*, evitando o «individualismo» das celas e «convergendo» todas para o «centro»; c) *religiosa*, de inspiração bíblica, lembrando de Deus que «mora no meio de seu povo» (Ex 25,8). Cfr. K. Waaijman, *The Mystical Space*, 115-117.

[139] C. Cicconetti, «Il simbolismo di Cristo», 17. «La prescrizione dell'oratorio che è costruito *in medio cellularum* appare inoltre non solo il centro materiale ma anche spirituale della vita dell'eremo». V. Mosca, *Alberto Patriarca di Gerusalemme*, 491.

O próprio Cristo é o «centro» e, por isso mesmo, faz *«convenire»* todos a si. O oratório no centro provoca em todos a «ação de vir juntos», uma visível imagem do «ser comunidade». Provoca em cada um a consciência de pertencer a uma comunidade, cujo centro é a presença do Cristo eucarístico:

> The Eucharist, after all, begins where we allow ourselves to be gathered into one people by the Lord, who invites us to listen to his word so that it moves us, shapes the desire of our heart, and causes us to look for his Presence... The Eucharist radicalizes the act of coming out of our selves: it is not we who come; we are drawn, drawn into the width of the Word and into the depth of Death: to *be* found, to *be* gathered, to *be* united. This is the mystical perspective of coming together for the purpose of celebrating the Eucharist[140].

O centro do projeto comum torna-se a Eucaristia, porque é presença do próprio Cristo, fim último do seguimento, fundamento último da fé, concretização da Palavra que convoca à comunhão, à fraternidade. Se o ideal é o seguimento de Cristo e a total obediência a Ele, a Eucaristia celebrada e vivida nos gestos de comunhao fraterna é o sinal visível de uma vida modelada por Deus. «Il mistero pasquale celebrato nell' Eucaristia, al sorgere di ogni giorno (c. 10 [n.14]) è il centro propulsore e allo stesso tempo la realizzazione anticipata e la manifestazione di una obbedienza totalmente inserita nel sacrificio di amore di Cristo. La Parola attinge in esso la sua forza plasmatrice»[141].

A Eucaristia será não somente uma fonte, mas também o ápice da vida carmelitana, o encontro mais íntimo com Deus, fim último da experiência pessoal e eclesial:

> L'Eucharistie est à la fois la source et le sommet de la vie carmélitaine: c'est le Christ seul qui a convoqué chacun des ermites à le suivre dans la solitude et c'est encore lui qui est recontré chaque matin dans le face à face d'un dialogue personnel; c'est le Christ qui a rassemblé en une vraie communion fraternelle ces diverses vocations à la solitude et c'est autor de lui, devant lui, que la communauté des Frères se réunit tous les jours, comme jadis les premiers disciples: «Jour après jour, d'un seul cœur, ils fréquentaient assidûment

---

[140] K. WAAIJMAN, *The Mystical Space*, 118-119. É expressiva a comparação que o autor faz com Maria Madalena que, de madrugada (*venit mane*), vai ao sepulcro à procura do Senhor e realiza seu encontro com o Cristo ressuscitado (Jo 20). Cfr. *Ibid.*, 119; K. WAAIJMAN – H. BLOMMENSTIJN, «The Carmelite Rule», 81.

[141] C. CICCONETTI, «Il progetto globale», 64.

le Temple et rompaient le pain dans leurs maisons, prenant leur
nourriture avec joie et simplicité de cœur» (Ac II, 26)[142].

É a Palavra de Deus, que tem seu momento privilegiado na liturgia[143], que faz com que o indivíduo saia de si mesmo para ir ao encontro
de Cristo, na Eucaristia e na relação fraterna com os irmãos. «...the Eucharist implies another way of exposing oneself to the Word of God in
lectures and the Gospel, while it is also an encounter with God within
the community of the friars and in the sacrament of the Eucharist»[144].
A Eucaristia é o sinal de que a autenticidade do seguimento não é viver
verso a si mesmo, num fechamento individualista, mas a abertura para a
comunidade, comunhão dos bens, reconciliação com o próximo, para a
solidificação da fraternidade, que será base para o testemunho e evangelização também *ad extra*.

> Non può esserci Parola se non c'è Pasqua. Allora la nostra vita è
> centrata non tanto nello stare soli, ma nello stare con Colui che
> vuol parlarci soli a soli e vuole fare di noi e dei fratelli un unico cor-
> po, un unico tempio, un'unica offerta: la cella ci è data per abitare
> con il Signore e rimanere in fiducia alla sua presenza. Solo in que-
> sto senso la cella è il cuore dell'identità. D'altra parte un'Eucaristia
> che non si incarni in una struttura di vita, attraverso i canali della
> condivisione (R12), della riconciliazione (R15)... sarebbe ritualità
> vuota, infedeltà al suo senso più profondo[145].

As atuais Constituições da Ordem, com base na Regra, confirmam
a centralidade da Eucaristia na vida carmelitana, como fundamento da
«construção» da comunidade e comunhão com toda a Igreja:

> La quotidiana celebrazione comunitaria del Sacrificio Eucaristico
> «sia il centro e il culmine di tutta la vita della comunità» (CD 30/2.
> Cfr. LG 11; *Regola*, c. 10 [Rc 14]). Così noi esprimiamo la volontà di
> arrivare con Cristo al Padre. Gli offriamo in olocausto la nostra vita
> quotidiana intimamente unita al mistero pasquale di Cristo, per es-
> sere perfezionati di giorno in giorno nell'unità con Dio e fra noi, per
> mezzo di Cristo Mediatore, in modo che Dio sia finalmente tutto in
> tutte le cose (cfr. SC 48). Nella celebrazione della Eucaristia, nella
> quale condividiamo la mensa del Signore e partecipiamo agli effetti

---

[142] J. BAUDRY, «Solitude et fraternité», 104.

[143] J. Boyce sugere que a centralidade do oratório pode ser vista também como a
centralidade da liturgia na vida do carmelita. Cfr. J. BOYCE, «The liturgical life», 360.

[144] M. PLATTIG, «The Rule and spiritual growth», 528.

[145] B. SECONDIN – L. A. GAMBOA, *Alle radici del Carmelo*, 98.

del sacrificio di Cristo, la comunità viene costruita, ed è istituita e manifestata la nostra unità con l'intera famiglia dei fedeli[146].

Com a Palavra e a Eucaristia, o projeto de vida fraterna – fundamento da Igreja que, «como corpo do Verbo encarnado, nutre-se e vive da palavra de Deus e do pão eucarístico (cf. At 2, 42»[147] – ganha uma posição central na vida carmelitana, sintetizando a sua dimensão pessoal e comunitária no mistério celebrado. «The "brotherhood" of Carmel, then, should be seen as part of the Christocentricism of the Rule. Christ Jesus is not found alone – he is inevitably found within the members of his Body»[148].

3.3 Comunidade fraterna que vive a comunhão de bens e a pobreza

A escuta da Palavra de Deus e a celebração diária da Eucaristia leva necessariamente a uma comunhão de vida profunda, que terá sua expressão visível e concreta na partilha dos bens e no desapego das propriedades, testemunhando uma vida simples e pobre:

> Nullus fratrum aliquid esse sibi proprium dicat, set sint vobis omnia communia et distribuatur unicuique per manum Prioris, id est per fratrem ab eodem ad idem officium deputatum, prout cuique opus erit, inspectis aetatibus et necessitatibus singulorum. Asinos autem sive mulos, prout vestra expostulaverit necessitas, vobis habere liceat, et aliquod animalium sive volatilium nutrimentum[149].

A proposta feita pela Regra é a renúncia de tudo – «Nullus fratrum aliquid esse sibi proprium dicat»[150] –, vivendo a pobreza individual e co-

---

[146] Const. 1995, 70.

[147] AG 6: «ut Verbi incarnati corpus ex verbo Dei et pane eucharistico nutritur et vivit».

[148] R. M. VALABEK, «The spirituality of the Rule», 158.

[149] Rc 12 e 13: «Nenhum dos irmãos diga que algo é seu, mas tudo tereis em comum entre vós, e a cada um será distribuído aquilo que necessite pela mão do Prior – ou seja, através do irmão por ele designado para essa função – tendo em conta a idade e as necessidades de cada um. Na medida em que as vossas necessidades o exijam, podeis ter burros ou mulas, e alguns animais ou aves para alimentação».

[150] Exceto, provavelmente, o lugar onde moravam e qualquer coisa que recebiam de suas atividades espirituais ou doações. Na aprovação da Regra (1247) omite-se a frase contida na vitae formula de Alberto: «ex iis quae Dominus vobis dederit», supondo uma pobreza absoluta: «Questa frase suppone povertà assoluta, cioè nessuna proprietà in comune, ma vivere di sole elemosine. La lettera di Gregorio IX Ex officii nostri del 1229 conferma il fatto che i Carmelitani vivano in questa cosiddetta assoluta povertà. Il fatto che il testo rivisto

munitária com a comunhão dos bens – «*sint vobis omnia communia*» –, renunciando qualquer tipo de renda[151], a não ser o que se ganhasse com o próprio trabalho espiritual ou com a mendicância. A adaptação à vida mendicante consente haver algum tipo de criação para alimentação[152] e para as viagens[153], mas sempre preservando a ausência de rendas fixas – o que permite a mendicância – e levando em conta a necessidade:

> La frase «secondo le esigenze della vostra vita», può avere due significati, che sono comunque intimamente conessi: 1) Ordinariamente l'uso di questi animali non è permesso, ma «la necessità non ha legge». 2) Potete solo possedere, e quindi usarli, se i vostri biso-

---

del 1247 omette questa frase può significare che la proibizione della proprietà in comune era stata abolita». O. Steggink – J. Tigcheler – K. Waaijman, *La Regola del Carmelo*, 224. K. Waaijman sugere que a omissão de tal frase poderia mostrar uma ênfase maior *à comunhão* do que à providência de Deus, sendo que esta última poderia estar projetada num sentido escatológico: «At the end of the Rule – "the Lord at his return will reward him" – Providence returns – just in time! That, however, is for later; now the objective is to make a movement to the Center: by ex-propri-ation as well as by communal-ization». K. Waaijman, *The Mystical Space*, 107. Sobre a posse em comum, entrentando, as opiniões são divergentes: «Il parere degli storici non è unanime sul diritto di possedere in comune per i Carmelitani del secolo XIII. Per alcuni, essi mai, fin dagli inizi, furono proprietari e nemmeno del loro stesso eremo. Per altri studiosi si può ammettere il diritto di possedere fino al 1247. Su quest'argomento la Regola, con la chiarificazione posta nel n. 4 della RC per i singoli [rinuncia alla proprietà], ammette la capacità di possedere beni in comune. Tale capacità, nella seconda metà del secolo XIII, comprendeva tutto ciò che era permesso per il culto divino, l'abitazione e il sostentamento dei frati e quanto non aveva carattere di rendite stabili contrarie alla struttura della vita dei Mendicanti». E. Boaga – A. C. Cotta, *In ossequio di Gesù Cristo*, 96.

[151] A pobreza absoluta também trazia seus privilégios: «...at that time total poverty carried with it certain privileges! For exemple, people based the right to protection on it. They were relieved of the duty to pay civil and church taxes and tolls». K. Waaijman, *The Mystical Space*, 106. «I *pauperes*, sopratutto religiosi, avevano particolari diritti e protezioni nel Medioevo. In modo speciale erano esenti dalle varie e continue richieste di tassazioni e padaggi imposti dalle autorità religiose e civili». V. Mosca, *Alberto Patriarca di Gerusalemme*, 488.

[152] «Avere animali e pollame come mezzo di sostentamento era considerato una forma di proprietà più in linea con la povertà che il possedimento terriero o di case». O. Steggink – J. Tigcheler – K. Waaijman, *La Regola del Carmelo*, 225.

[153] «*Asinos autem sive mulos*. Agli eremiti e ai mendicanti non era permesso usare cavalli nei viaggi; il ricorso ad asini o muli era considerato meno contrario alla povertà evangelica. Il fatto che i Carmelitani potevano possedere solo asini maschi (cf. "Ex officii nostri" di Gregorio IX, 1229), sembra escludere la possibilità di un allevamento di asini o muli come fonte di rendita». E. Boaga – A. C. Cotta, *In ossequio di Gesù Cristo*, 94-95.

gni fondamentali lo richiedano. In altre parole la necessità, per il loro uso, è il criterio per possederli[154].

Portanto, o que orientava a distribuição dos bens entre os frades era a necessidade de cada um, organizada pelo prior, que deveria estar atento ao bem estar da comunidade. Vivendo da mendicância, não deviam ter tantos bens, mas coisas simples, como alguns animais para o trabalho[155], para as viagens, e o fruto do próprio trabalho manual ou espiritual, bem como aquilo que recebiam como ofertas. Uma vida pobre, incerta, frágil economicamente, como os «minores», para estar junto com eles e identificar-se com o Cristo pobre, sentido último de tal opção. Somente quem vive esta dimensão do desapego e da pobreza é capaz de reconhecer o valor do trabalho (Rc 20); de fazer o jejum e a abstinência (Rc 16 e 17); de abandonar-se em Deus num silêncio profundo e vital (Rc 21).

De acordo com vários autores[156], o texto sobre a comunhão de bens, retomando um valor central da vida da Igreja primitiva, tem como modelo a Regra Agostiniana. K. Waaijman esclarece que tal inspiração seria pelo fato de que, na visão de Agostinho, a comunhão de bens é uma expressão primordial e realização inicial da vida em comunidade[157]. Faz parte da essência do amor fraterno e, por isso mesmo, entra também no

---

[154] O. STEGGINK – J. TIGCHELER – K. WAAIJMAN, *La Regola del Carmelo*, 225.

[155] Porém, importante levar em conta que provavelmente o trabalho não era a principal fonte para a subsistência, visto que não o assumiram no sentido da vida monástica: «La caratteristica dei movimenti di povertà (più tardi Mendicanti) è quella di vivere "de incertis", non avere in proprietà case, campi o redditi... I religiosi non vivono del lavoro delle proprie mani: la vita economica non è organizzata in modo monastico, in modo tale che dal lavoro dei campi, dall'allevamento degli animali, ecc. si abbia il necessario. Per un'organizzazione simile sono indispensabili campi e terre più o meno vaste, pascoli e stalle e organizzazione di mercato per ricavare dai prodotti tutto il necessario. Il lavoro è principalmente obbligato per evitare l'ozio». C. CICCONETTI, «La Regola del Carmelo a confronto», 334.

[156] Entre eles: J. BAUDRY, «Solitude et fraternité», 101; C. CICCONETTI, *La Regola del Carmelo*, 397-398; O. STEGGINK – J. TIGCHELER – K. WAAIJMAN, *La Regola del Carmelo*, 224; K. WAAIJMAN, *The Mystical Space*, 111.

[157] Cfr. K. WAAIJMAN, *The Mystical Space*, 112. «In Augustine the chapter on possessions comes at the beginning of his Rule immediately after the summons to be "of one heart and one soul" (Acts 4:32). The question is: why does the chapter on poverty so abruptly follow the statement of the ideal of community in Augustin? "The answer is fairly simple: because in Augustine's view community of goods is the primary expression an initial realization of the love of neighbor" (T. van Bavel, *Augustinus van hippo, Regel voor de Gemeenschap*, Kampen-Averbode 1991³, 42). True: community of goods is a primary expression and initial realization. It is an elementary exercise of community». *Ibid.*, 111-112.

movimento de levar para o «centro» da comunidade, de sair do individualismo para viver concretamente o projeto comum:

> «Everything you have shoul be held in common» is a dynamic
> saying. It spurs people on to an elementary exercise: I attempt to
> move toward the center of the community all that has been given to
> me. This movement is the diametrical opposite of that other move-
> ment: to bend back toward my own self all that has been entrusted
> to me. One who does the letter is literally «not one of the brothers».
> He excludes himself from the brotherhood. Hence we are looking
> at two movements: the movement of the person who is not one of
> the brothers because he bends everything back to what is his own,
> and the movement of the brother who moves everything toward the
> communal center[158].

A permissão para possuirem «burros ou mulos», já concedida por
Gregório IX, em 1229, tinha um sentido importante. Para mendigarem o
próprio sustento, precisavam de uma autorização especial, visto que tal
prática «concorria» com a esmola e o dízimo destinados às igrejas paroquiais e aos seus párocos. «Quindi per essere poveri e senza sicurezze
(*minores*) ci voleva il permesso speciale: come appunto dovevano fare i
nuovi gruppi di *frati*. Era un «modello di Chiesa» povero e insicuro: tutto
differente dalle grande rendite (fondiarie) dei monasteri e delle cattedra-
li. E nella nostra *Regola* proprio questo modello si trova»[159].

Fazendo tal pedido, optam por serem pobres de fato, tanto individualmente quanto comunitariamente, testemunhando a pobreza também com a comunhão de bens. Assim, não somente vivem a pobreza,
mas tornam-se também manifestação de uma Igreja pobre e simples,
identificada com o seu «fundador» (Cristo) e sua «fundação» (Reino),
contrastando com a «Igreja feudal» e as estruturas sociais de então.

A orientação sobre a pobreza na Regra também pode ganhar uma
grande dimensão quando compreendida no contexto da época e da nova
opção de vida mendicante que o grupo assume. Não adquirindo o estilo
de vida dos grandes mosteiros, que não eram mais sinais e testemunhos
de vida pobre e próxima do povo, o movimento dos mendicantes assume

---

[158] K. WAAIJMAN, *The Mystical Space*, 112-113. É interessante observar que na Regra
aprovada junta-se a prescrição de haver um refeitório comum – «*in communi refectorio*»
(Rc 7) –, excluindo o que era prescrito anteriormente na *vitae formula* de permanecer na
cela e se alimentar sozinho – «*in deputatis cellulis singuli maneant et ex his*». Cfr. S. POS-
SANZINI, *La Regola dei Carmelitani*, 132. Um claro acento ao aspecto comunitário do grupo
também no encontro para a refeição em comum.

[159] B. SECONDIN – L. A. GAMBOA, *Alle radici del Carmelo*, 119.

a pobreza e a partilha dos bens na vida comunitária como sinal para a renovação da Vida Religiosa. Deste modo, eles acabam sendo também um testemunho para a renovação da própria Igreja, fazendo parte do movimento de reforma, na busca de uma experiência eclesial mais coerente:

> a insistência da Regra de Alberto na comunhão de bens e na proibição de os frades carmelitas terem alguma propriedade estava de acordo com este novo tipo de Vida Religiosa que está surgindo na Igreja. A observância destas normas da Regra (Rc 12 e 13) fazia com que os carmelitas, aos poucos, fossem empurrados para dentro da igreja que se renovava, levados a ficar do lado dos «menores» com a missão de serem no meio deles testemunhas vivas do Evangelho[160].

As atuais Constituições da Ordem, inspirando-se neste valor que a Regra acentua, renovam a necessidade de assumir a pobreza como uma forma concreta do seguimento de Cristo, «l'uomo povero»[161], tendo como modelo a prática da Igreja primitiva ao colocarem em comum todos os bens[162]. Além disso, o testemunho da pobreza deve levar a um maior compromisso com os pobres e com a libertação integral do ser humano:

> Perciò noi, che abbiamo liberamente scelto la povertà come stile evangelico di vita, ci sentiamo chiamati, dal Vangelo e dalla Chiesa, a risvegliare la coscienza degli uomini al problema della gravissima miseria, della fame e della giustizia sociale (cfr. ET 18). Raggiungeremo lo scopo, se anzitutto la nostra povertà renderà testimonianza del senso umano del lavoro come un mezzo di sostentamento della vita e come servizio agli altri (cfr. *Regola*, c. 15 [Rc 20]; ET 20); se, inoltre, ci preoccuperemo di studiare e conoscere le cause economiche, sociali e morali della povertà frutto dell'ingiustizia (cfr. Congr. Gen. 1980, 266; X Cons. Prov., 429 lett.c)); se faremo un uso sobrio e modesto dei nostri beni, ponendoli al servizio, anche gratuito, della promozione umana e spirituale dei nostri contemporanei (cfr. I Cons. Prov., 46, 47); se, infine, faremo un sano ed equilibrato discernimento sulle nostre forme di presenza in mezzo al popolo, orientandole alla liberazione e promozione integrale dell'uomo (cfr. I Cons. Prov., 49; III Cons. Prov., 162-169; Congr. Gen. 1980, 266; VI Cons. Prov., 330)[163].

---

[160] C. MESTERS, *Ao Redor da Fonte*, 114.
[161] *Const. 1995*, 51.
[162] Cfr. *Const. 1995*, 52.
[163] *Const. 1995*, 54.

3.4   Comunidade fraterna que se sustenta na participação, acolhida e perdão

A comunidade que se encontra para celebrar a Páscoa semanal é também convidada para avaliar a vida e celebrar o perdão, recebido primeiramente de Deus e dado gratuitamente aos irmãos:

> Dominicis quoque diebus vel aliis, ubi opus fuerit, de custodia ordinis et animarum salute tractetis; ubi etiam excessus et culpae fratrum, si quae in aliquo deprehensae fuerint, caritate media corrigantur[164].

A presença do termo «quoque», isto é, «da mesma maneira», indica a importância desse acontecimento, ligando-o ao texto precedente que fala da celebração da Eucaristia. Isto mostra que o processo de «convenire» também deve ser vivido nesse encontro semanal. Se a Eucaristia é vivida como «centro», movimento do «interesse individual» para a «unidade no amor», o encontro semanal da comunidade, para refletirem questões sobre suas vidas e realizarem a correção fraterna, é também um caminhar para o «centro»: o amor de Deus, que tem sua expressão máxima no Mistério Pascal – cruz e ressurreição. «These centripetal dynamics typically characterize the mystical tradition of the Order… In the Eucharist and in the fraternal correction the Love of Christ is celebrated in the midst of the brethren»[165].

A revisão de vida e correção fraterna será, portanto, um dos pontos fundamentais[166] que sustenta e possibilita a vida comunitária, envolvendo todos na responsabilidade de caminhar rumo ao ideal comum assumido, cuidando do bem estar de cada um, perdoando e recebendo o perdão, sendo uma comunidade «reconciliada e reconciliadora»[167].

---

[164] Rc 15: «Aos Domingos, ou noutros dias quando necessário, reuni-vos para tratar da observância da vida comum e do bem espiritual das pessoas. Nesta ocasião corrijam-se com caridade as faltas que sejam encontradas em algum dos irmãos».

[165] K. WAAIJMAN – H. BLOMMENSTIJN, «The Carmelite Rule», 85.86. Por isso que a «correção» não será simplesmente um confronto entre duas pessoas, mas um reencontrar o caminho comum que leva ao «centro», ao amor de Deus: «The correction does not aim simply at the suppression of negative aspects in the fraternity, but above all it should invite the brother to return fully to Christ as the Center of his life and to surrender himself freely to transformation in the love of Christ». Ibid., 85.

[166] Marcado pela caridade ("caritate media"), tal encontro será «la maniera più confacente per manifestare questa fraternità unita dal vincolo di uno stesso progetto ed ideale, ma soprattutto ne diviene la misura con cui ogni cosa deve essere impostata, per una vita da realizzare in obsequio Jesu Christi». V. MOSCA, Alberto Patriarca di Gerusalemme, 477.

[167] Usando a expressão de F. M. ROMERAL, «La comunidad de la Regla: una comunidad reconciliada y reconciliadora» (2008).

Tal prescrição, que permanece na Regra a mesma já presente na *vitae formula*, mostra como Alberto tem consciência de que a comunidade deve ser continuamente «construída», pois, sendo um «organismo vivo», com suas limitações e fraquezas humanas, precisa-se sempre avaliar a vida e retomar a caminhada: «The one who says that the community needs to be "preserved" is completely aware of its vulnerability. Albert knows that a community is a living organism, prone to decline and to disintegration. Community is never finished»[168].

Ao invés da Regra prever a chamada *«collatio»*[169], isto é, o ensinamento e instrução semanal feita pelo abade aos monges dos grandes mosteiros sobre espiritualidade e tradições da vida monacal, fala-se em «revisão de vida» e «correção fraterna». Convoca todos para discutirem e resolverem os problemas encontrados na comunidade. «The superior is *not* told to give a discourse, but rather *all members* are expected to come together to dialogue about the common life and spiritual welfare of each member of the community»[170].

A responsabilidade parece ser de toda a comunidade, e não só do prior. Todos são igualmente envolvidos e responsáveis pela caminhada em comum na observância da Regra. A corresponsabilidade é a sua dinâmica, que faz com que todos participem e vivam os valores internalizados, não «obrigados». Desta forma, cresce a consciência comunitária e o sentido de participação, que está presente em toda a Regra, nos diversos modos de acolher a realidade, as diferenças, no respeito e no diálogo[171].

---

[168] K. WAAIJMAN. «Incentives towards», 83.

[169] «Nella prima Regola monastica di Pacomio troviamo già una forma strutturata di dialogo religioso: la primitiva *collatio*. Ogni tre giorni gli abati facevano un discorso ai loro monaci, in cui questi potevano sollevare questioni e portare le loro difficoltà». O. STEGGINK – J. TIGCHELER – K. WAAIJMAN, *La Regola del Carmelo*, 227. Cfr. E. POIROT, «La Régle du Carmel», 36.

[170] R. M. VALABEK, «The spirituality of the Rule», 160. Não se menciona que o prior deva fazer algum discurso: «Quel che ci colpisce nella norma di vita di Alberto è che al priore non si chiede di rivolgere un discorso in questa riunione, come invece all'abate nella regola di Pacomio. L'incontro settimanale è una responsabilità comunitaria. Paragonato ai dialoghi spirituali come praticati dai Padri nel deserto, è notevole che Alberto di fatto sostituisca l'elemento personale con quello comunitario nel dialogo spirituale». O. STEGGINK – J. TIGCHELER – K. WAAIJMAN, *La Regola del Carmelo*, 227. Embora pode ser que havia alguma exortação ou leitura que motivasse aquele momento: «Non sappiamo se vi si trattava, come negli ordini monastici, della lettura della "regula" ("capitulum regulae") oltre alla correzione fraterna. Tuttavia la distinzione che si trova tra la "custodia ordinis" e la "salus animarum" da una parte e gli "excessus et culpae fratrum" dall'altra fanno pensare per lo meno a qualcosa di simile, come una esortazione, una omelia, una lettura, ecc.». C. CICCONETTI, *La Regola del Carmelo*, 402.

[171] É importante reconhecer aqui o papel do prior na comunidade. Embora sendo a autoridade no grupo que garante a sua estrutura e unidade, ao qual todos devem obediência

Tal encontro semanal é para tratar da observância da vida comum
– «*custodia ordinis*»[172] –, discutindo as questões quotidianas do projeto de
vida comum[173], para juntos discernirem através dos fatos: «The discus-
sions are aimed at discernment: lerning to see through the issues»[174]. Também era para garantir o bem-estar das pessoas – «*animarum salute*»[175] –,
ou seja, discutirem juntos o bem espiritual de cada um e da comunidade.

(Rc 4: «*cui obedientiam promittat quilibet aliorum*»), vive seu «poder» como serviço (Rc 22:
«*erit minister*») e como sinal da presença do próprio Cristo no meio deles (Rc 23: «*Christum potius cogitantes*»). Porém, não em uma relação «*pater familias*», mas de «*primus inter
pares*». Tal perspectiva faz com que ele exerça sua função de organizador e animador da
comunidade, sem impor a sua própria vontade ou concentrar toda a responsabilidade sobre
si, mas conduzindo a vida fraterna de forma participativa e corresponsável. Pode-se notar
que praticamente todas as decisões a serem tomadas passa pela participação e discernimento da comunidade: a eleição do prior (Rc 4: «*qui ex unanimi omnium assensu, vel maioris
et sanioris partis*»); a escolha do lugar onde morar (Rc 5: «*secundum quod Priori et fratribus
videbitur expedire*»); a indicação da cela de cada um (Rc 6: «*sicut per dispositionem Prioris ipsius, et de assensu aliorum fratrum vel sanioris partis*»); a discussão sobre as questões da vida
fraterna, do bem comum e correções necessárias (Rc 15: «*de custodia ordinis et animarum
salute tractetis*»). Mesmo aquelas decisões que restam ao prior, como ao receber as visitas
(Rc 9: «*...de arbitrio et de dispositione ipsius postmodum que agenda sunt cuncta procedant*»),
não são privilégios, mas parte do seu «ministério de servidor», como observa C. FitzGerald:
«Even though some decisions are left in the hands of the prior, particularly those concerning visitors from outside the community, one suspects this is not by way of privilege, since
the only ideal of leadership urged upon the prior is the gospel text "Whoever wants to be a
leader among you *must be servant to the rest*"». C. FitzGerald, «How to read the Rule», 61.

[172] «L'espressione si riferisce a tutto ciò che è richiesto dalle norme, consuetudini
e dall'ordinato andamento della vita quotidiana». E. Boaga – A. C. Cotta, *In ossequio di
Gesù Cristo*, 100. Segundo K. Waaijman: «"Order" originally had reference to the state of
life which a person had chosen, the class to which he belonged ("medieval orders"). In the
Rule this word is used to designate the actual life of the community to which one belonged.
Later the concept of "order" also gained the meaning of "an organization of religious of-
ficially approved by the church"». K. Waaijman, *The Mystical Space*, 120, nota 130.

[173] «In speaking of order we are dealing primarily with the institutions of the Carmelite
life, the basic provisions structuring the Carmelite life: a prior acquired via an orderly election
(I [Rc 4]); a place with cells for each brother individually, a common refectory and a single
entrance (II-VI [Rc 5-9]); communal property (IX [Rc 12-13]); an oratory in the midst of the
cells (X [Rc 14]). Expressed in these provisions is an order: a combination of an eremitic and
a cenobitic way of life, resumed after 1247 in light of the new perspective of mendicancy».
K. Waaijman, *The Mystical Space*, 120.

[174] K. Waaijman, *The Mystical Space*, 121.

[175] «L'espressione "salus animarum, salvezza delle anime" ha fatto pensare ad alcuni commentatori che si trattasse di opere di apostolato per il bene dei fedeli. Ma qui,
evidentemente, non si tratta di apostolato vero e proprio, ma di quei problemi di carattere
spirituale e morale che potevano riguardare i singoli fratelli o la comunità come tale».
S. Possanzini, *La Regola dei Carmelitani*, 158.

Questa prescrizione di Alberto tocca i due poli nella vita comunitaria che sono caratteristici per la vita insieme dei Carmelitani: 1) Condivisa preoccupazione per la vita d'insieme, cioè il corso delle cose entro la comunità, fini, mezzi, abitudini, ecc. della vita comunitaria. Tutti sono responsabili. 2) Il bene spirituale dei fratelli è discusso insieme. Gioie e dolori di ciascuno sono perciò anch'esse materia di comune responsabilità[176].

Uma «correção fraterna» – «*excessus et culpae*»[177] – com caridade – «*caritate media corrigantur*»[178] – também deveria ser feita nesse encontro semanal, pois as faltas certamente aparecerão neste momento. Avaliando a vida cotidiana e os problemas da comunidade, prepara-se também para fazer a experiência da «*correctio*», na acolhida e no perdão. «To correct it means to so effect a change in course that we are again going down the Center of the Road – to so adjust things that the proportions are right again»[179].

----

[176] O. STEGGINK – J. TIGCHELER – K. WAAIJMAN, *La Regola del Carmelo*, 227. É interessante observar como esta prática do «Capítulo semanal» nas Ordens Mendicantes será ampliada até chegar às instâncias maiores dos Capítulos locais e gerais, garantindo a participação de todos: «Così, attraverso la celebrazione settimanale del Capitolo, i membri della comunità assumono la propria responsabilità per il buon andamento della fraternità (*custodia ordinis*) e per il benessere di ciascuno (*animarum salute*). E si abituano alla revisione settimanale con la correzione fraterna. In questo modo tutti crescono nella fraternità. Questo processo *capitolare*, caratteristico degli ordini mendicanti, si è amplificato, nel *capitolo locale*, ogni settimana, fino a raggiungere il livello internazionale dell'Ordine intero nel *capitolo generale*, ogni sei anni». *Sette incontri di riflessione*, 7.

[177] «Si riferisce alle mancanze di carattere esterno ("excessus") con conseguente colpevolezza ("et culpae") con riferimento a tutto ciò che sia contro la "custodia ordinis" e la "salus animarum"». E. BOAGA – A. C. COTTA, *In ossequio di Gesù Cristo*, 101.

[178] Trata-se do modo de fazer a «correção fraterna» em comunidade, recuperando a «centralidade do amor», que é o valor que os une e os fazem viver o projeto comum. Mais uma vez é o movimento para o «centro», que deve conduzir cada um a construir permanentemente a comunidade fraterna. Cfr. K. WAAIJMAN, *The Mystical Space*, 134.

[179] K. WAAIJMAN, *The Mystical Space*, 131. É neste sentido que o autor fala da importância do discernimento em todo o processo desse encontro da comunidade: «The three verbs (to treat, perceive, correct) with which chapter approaches the three agenda points (the preservation of order; the salvation of the soul; the excesses and faults) can all be reduced to one denominator: discernment. Just as Albert discusses the subject of "chapter" while refraining from the use of the word, so he clearly assumes "discernment", though again he refrains from using the word. In the history of spirituality discernment is an immensely important factor because it illuminates the entire progression of the spiritual life, as it were, from whitin. It searches for the essence, attempts to see through appearances, observing the truth of a person and makes adjustments at all levels of the spiritual process (For a survey of "discernment" (*diakrisis*) within spirituality, see both *Discernement* (*DS* 3 (1957) 1222-1291) and *Discretion* (*DS* (1957) 1311-1330)». *Ibid.*, 131-132.

O fato de que tal recomendação é feita logo após aquela da Eucaristia, e que deveriam se reunir «de preferência nos domingos»[180], demonstra o tom pascal do encontro, como consequência natural da Eucaristia, concretizada na caridade, no amor que acolhe e perdoa:

> Más allá de las citas concretas, de la Regla se desprende la idea de una comunidad madura, que asume su debilidad y su fragilidad humana, que se abre al Espíritu de Dios consciente de que sólo en ese Espíritu es posible la verdadera reconciliación. No se trata por tanto de un perdón amorfo, de una reconciliación superficial (que, en el fondo, es sólo pacto de «no agresión»), sino una reconciliación basada en la *correctio*, es decir, verdad[181].

Fazem a correção com caridade, sem punição, que é uma característica interessante da Regra. «La revisión-corrección fraterna no tiene una finalidad punitiva ni impositiva, sino de promoción humana y de valorización de la persona (corregir "com caridad")»[182]. Em nenhum momento fala-se de punição. Deveriam acolher as diferenças, sem absolutizar a lei, chamando à responsabilidade e maturidade, que nascem de uma opção livre, de valores internalizados como o perdão:

> In questa concezione di comunione viva e intensa... si può capire perché manca assolutamente nella redazione della *Regola* un *codex poenarum*, cioè l'accenno alla «punizione» da dare ai fratelli che sbagliano; nemmeno sono ammessi fanatismi rigidi sulle prescrizioni pratiche (R4, R5, R6, R7, R19, R11, R12, R13, R14, R15, R16, R17, R21): tutto è lasciato alle possibilità reali, alle scelte più opportune. Anche ogni giudizio punitivo è lasciato al Signore, nel giorno ultimo (R19, R21, R23, R24). I *fratres* si correggono con ca-

---

[180] *Dominicis quoque diebus vel aliis, ubi opus fuerit*. Existem três interpretações possíveis segundo os comentadores: a) que o capítulo deveria ser feito no domingo e, também, se necessário, em um outro dia; b) no domingo ou em qualquer outro dia da semana; c) somente quando é necessário, no domingo ou em outro dia da semana. Nas Constituições de 1281 prevalece a segunda interpretação. Cfr. E. BOAGA – A. C. COTTA, *In ossequio di Gesù Cristo*, 101.

[181] F. M. ROMERAL, «La comunidad de la Regla», 547. Segundo o autor, a reconciliação está mesmo na essência da comunidade carmelitana, que constrói cotidianamente a fraternidade: «La comunidad carmelita, comunidad reconciliada: en la esencia misma de la comunidad carmelita que nos describe la Regla está la reconciliación. Es una comunidad de hombres o mujeres frágiles, pecadores, débiles, pero una comunidad llamada a participar de la mesa del Señor y llamada a construir, día a día, con la ayuda de la gracia de Dios, la fraternidad. Ello supone, entre otras muchas cosas, la aceptación de las diferencias, la aceptación del otro en su alteridad, el diálogo como forma de integración de las diferencias en un proyecto común». *Ibid.*, 546.

[182] L. DE CANDIDO, «Fidelidad dinámica y creadora», 220.

rità (R 15), si rispettano nelle diversità (R12, R16, R17), si accolgo-
no nonostante minoranze e maggioranze (R4, R6)[183].

Porém, não se deixa de fazer a «*correctio*» para retomar o projeto,
reconstruir as relações e proporcionar a vida verdadeiramente fraterna.

Vivendo a experiência do perdão, eles tornam-se também sinal de
reconciliação frente a uma sociedade dominada pela guerra e violência,
mesmo se estas eram muitas vezes justificadas por motivos religiosos,
como as Cruzadas. Tal opção e testemunho é um sinal eclesial importante de que é possível viver, e conviver, com o diferente, em profundo diálogo e acolhimento, diante da diversidade e limitações humanas de cada
um. Ainda que não seja uma atitude fácil, mas um dos maiores desafios
da vida comunitária, por isso mesmo, é um dos maiores testemunhos de
uma vida realmente fraterna na presença de Deus.

Mesmo a Regra sendo clara em relação ao encontro para a «correção fraterna», que pode ser um momento de partilha de vida, dos sentimentos, do exercício de dar e receber o perdão, as atuais Constituições
não abordam diretamente o tema[184], indicando como tal valor poderia
ser hoje dinamizado no programa da comunidade. Isto parece ser uma
lacuna no documento, diante da importância de tal aspecto para a vida
comunitária e a necessidade de «formar as pessoas» no processo contínuo de reconciliação, que sustenta a vida em comum: saber «pedir» e
«receber» o perdão.

Ao falar da vida comunitária, porém, reforça-se a importância de
abandonar o egocentrismo para um verdadeiro diálogo que sustente a
fraternidade[185] e leve «ad una unione più profonda nella mutua conoscenza e amore»[186]. Para isso, prevê «momentos de maior intensidade e
importância» quando a comunidade deve se reunir periodicamente, entre outras finalidades, para:

> una discussione intorno alle cose che toccano la comunità; il dia-
> logo e l'esercizio del discernimento: [in cui] si studiano la Regola, i
> testi dei nostri mistici, e i documenti ufficiali della Chiesa e dell'Or-
> dine; si verifica la fedeltà al carisma e alla missione dell'Ordine; si
> scambiano le esperienze; si elabora il progetto comunitario; si vie-
> ne educati alla lettura di segni dei tempi; si fanno le scelte pastorali

---

[183] B. Secondin – L. A. Gamboa, *Alle radici del Carmelo,* 116.

[184] Somente menciona que é um dos elementos da vida carmelitana no seguimento
de Jesus Cristo: «correzione fraterna e caritativa delle colpe». *Const. 1995,* 11.

[185] Cfr. *Const. 1995,* 30.

[186] *Const. 1995,* 31.

nella Chiesa locale; [ed anche per una] condivisione dei sentimenti
di gioia, delle preoccupazioni e dell'amicizia[187].

3.5   Comunidade fraterna que reza unida à Igreja universal

A vida de oração pessoal do carmelita deve estar ligada com a sua
oração comunitária, que é a expressão da unidade com toda a Igreja universal que celebra o Ofício Divino das Horas:

> Hii, qui horas canonicas cum clericis dicere norunt, eas dicant se-
> cundum constitutionem sacrorum Patrum et Ecclesiae approbatam
> consuetudinem. Qui eas non noverunt, vigintiquinque vicibus Pater
> noster dicant in nocturnis vigiliis, exceptis dominicis et sollemnibus
> diebus, in quorum vigiliis praedictum numerum statuimus duplica-
> ri, ut dicatur Pater noster vicibus quinquaginta. Septies autem eadem
> dicatur oratio in laudibus matutinis. In aliis quoque horis septies
> similiter eadem sigillatim dicatur oratio, praeter officia vespertina, in
> quibus ipsam quindecies dicere debeatis[188].

No texto da *vitae formula* de Alberto, mencionava-se somente a
recitação dos salmos e, portanto, aqueles que sabiam ler deveriam recitá-
los – «*Hi qui litteras norunt et legere psalms, per singulas horas eos dicant*»
– conforme estabelecido pelos Santos Padres e de acordo com o costume
da Igreja[189]. Os que não sabiam, diziam o Pai-nosso. No texto definitivo
de Inocêncio IV há menção dos que sabem dizer as horas canônicas com
os clérigos[190] – «*qui horas canonicas cum clericis dicere norunt*» –, numa

---

[187] Const. 1995, 31.

[188] Rc 11: «Os que aprenderam a recitar as horas canônicas com os clérigos, devem re-
citá-las conforme estabeleceram os santos Padres e segundo os legítimos costumes da Igreja.
Os que não aprenderam, digam vinte e cinco vezes o Pai-nosso durante a oração de Vigília,
exceto aos Domingos e dias de solenidade, para os quais ordenamos que – na oração de
Vigília – se duplique o número mencionado, de modo que o Pai-nosso se diga cinquenta
vezes. A mesma oração deve recitar-se sete vezes na oração de Laudes e em cada uma das
outras horas, à exceção das Vésperas, em que se deverá dizer quinze vezes».

[189] «*Hi qui litteras norunt et legere psalms, per singulas horas eos dicant, qui ex institutione Sanctorum Patrum et Ecclesiae approbata consuetudine ad horas singulas sunt
deputati*». In C. CICCONETTI, *La Regola del Carmelo*, 218.

[190] K. Waaijman sugere que a mudança entre «os que sabem ler» – *qui litteras norunt et legere* – para aqueles que «sabem recitar com os clérigos» – *dicere norunt* – pode ser
uma referência de que, mesmo os que não sabiam ler, poderiam saber os salmos decor ou
memorizá-los ao recitarem juntos no coro, incluindo, assim, todos na oração comum do
Ofício Divino: «The group which can pray along with is of course larger than the group
that is able to read. To pray along with is something everyone can do who is able to learn
the psalms by heart. The change is intended "to obligate all brothers to take part equally".

clara referência ao processo de *clericalização* do grupo[191]. Esta acontece por vários motivos, sobretudo pelas novas realidades e necessidades da Ordem, como também da Igreja:

> Ad ogni modo la celebrazione pubblica, corale, delle Ore canoniche è collegata al passaggio dalla vita eremitica allo "status in quo sibi et proximis proficere valeant ad salutem": è infatti una celebrazione tipicamente clericale. Una celebrazione che suppone la partecipazione del popolo, un servizio di preghiera assicurato in una chiesa, come le Messe, la predicazione, le confessioni, ecc[192].

De fato, é um serviço que torna-se característico também das Ordens Mendicantes: «The office is part of the mendicant way of live: to be in the service of the people of God by celebrating the Eucharist, preaching, hearing confessions, *and* praying together»[193]. Assim, marcará a passagem à «vida apostólica», na qual a vida de oração passa a ser vista também como um serviço à Igreja:

> una cosa è certa: gli Eremiti del Monte Carmelo vogliono "celebrare divina", vogliono avere nelle loro chiese la possibilità di assicurare tutto il servizio di preghiera proprio di una chiesa che ha un "collegium" di "clerici" al suo servizio... Sanno che questo servizio di preghiera è uno di quegli "officia sacerdotalia" (come la predicazione, l'amministrazione dei sacramenti, ecc.) attraverso i quali si giova "sibi et proximis ad salutem": lo "status" che essi hanno voluto conseguire con l'intervento della Sede Apostolica[194].

All the brothers had to participate in the public worship services of the local parish or collegiate church were bound, by their consecration, to the divine office». K. WAAIJMAN, *The Mystical Space*, 101-102.

[191] Enquanto a «recitação dos salmos» era algo presente na tradição monástica, que poderia ser privado, pois não havia caráter público (cfr. C. CICCONETTI, *La Regola del Carmelo*, 249; K. WAAIJMAN, *The Mystical Space*, 99), as Horas Canônicas indicavam uma oração oficial em coro, de caráter público, que era de responsabilidade do clero ordenado colocado à serviço de uma determinada Igreja (cfr. C. CICCONETTI, *La Regola del Carmelo*, 258; E. BOAGA – A. C. COTTA, *In ossequio di Gesù Cristo*, 91). Desta forma, tal mudança é significativa na Regra. Segundo C. Cicconeti: «Le mutazioni riguarderebbero la differenza tra il recitare "psalmos" e il saperli leggere, e la recita vera e propria delle "Horae canonicae" "cum clericis". Nel primo caso si può avere una recita anche privata, ciascuno nella propria celletta, o comunque non celebrazione liturgica di carattere pubblico. Nel secondo invece si tratta di una celebrazione "cum clericis" e per di più delle "Horae canonicae": si tratterebbe di una partecipazione alla celebrazione liturgica pubblica». C. CICCONETTI, *La Regola del Carmelo*, 218.

[192] C. CICCONETTI, *La Regola del Carmelo*, 262.

[193] K. WAAIJMAN, *The Mystical Space*, 101.

[194] C. CICCONETTI, *La Regola del Carmelo*, 264.

Na realização do Ofício Divino há sempre esta unidade com a oração da Igreja universal[195]. Se é importante a oração pessoal, esta deverá refletir-se também na oração comunitária, em comunhão com toda a Igreja que reza em vários momentos do dia. Quer individualmente nas suas celas, como no início, ou depois nos coros de suas Igrejas[196], o importante era manter esta unidade eclesial e ser parte da própria Igreja que persevera constantemente em oração[197]:

> Cada um sabia: neste momento em que eu estou rezando, estamos todos unidos em oração diante de Deus. Naqueles mesmos sete momentos do dia, em todos os mosteiros e conventos de todas as ordens e congregações em todo mundo, todos paravam para rezar. Deste modo, os primeiros carmelitas se uniam à oração universal da Igreja[198].

A participação da Liturgia das Horas é também citada pelas atuais Constituições como momento de grande importância para a vida comunitária[199], pois «La preghiera liturgica è la forma più alta di incontro con Dio nella comunità e attualizzza ciò che li è celebrato»[200]. Sendo a liturgia em comum uma característica central na Regra, o documento exorta que seja bem preparada[201] e que a Liturgia das Horas seja celebrada em comunidade, ao menos os dois momentos principais (matinas e vésperas), em caso de dificuldades particulares para os outros momentos[202]. Lembra-se ainda a importância da oração comunitária para a oração pessoal: «La preghiera personale (Cfr. Mt 6,6) è strettamente collegata con la preghiera liturgica: fluiscono l'una dall'altra (Cfr. SC 9-10, 12)»[203].

---

[195] «La lode divina univa i carmelitani tra di loro, ma anche alla Chiesa orante e al popolo di Dio». L. RENNA, «Una comunità di fratelli», 113.
[196] «La celebrazione dell'Officio Divino in coro va messa in relazione all'adozione che i carmelitani hanno fatto della struttura della chiesa propria, ad essi concessa nel 1261. La recita delle Ore Canoniche assume, in questa struttura, il carattere di servizio pastorale dato alla Chiesa. Significato poi sostituito con quello della preghiera e lode in nome della Chiesa». E. BOAGA – A. C. COTTA, In ossequio di Gesù Cristo, 93.
[197] Cfr. At 1,14.
[198] C. MESTERS, Ao Redor da Fonte, 104.
[199] Cfr. Const. 1995, 31.
[200] Const. 1995, 69.
[201] Cfr. Const. 1995, 71.
[202] Cfr. Const. 1995, 73.
[203] Const. 1995, 69

4. A Regra do Carmo na perspectiva da Igreja de Comunhão

Os principais elementos acima refletidos[204], que estruturam a vida fraterna dos carmelitas, relacionados aos principais valores da Igreja primitiva[205], levam a pensar em um «modelo de comunidade» marcado por uma intensa vida de comunhão, em que a participação e a corresponsabilidade são consequências de tal opção. Provavelmente, além de viverem tais valores de modo a representarem uma nova proposta de Vida Religiosa para aquela época, contrastava com uma estrutura eclesial fortemente centralizada, que alimentava uma visão eclesiológica rigidamente hierárquica que dominará todo o segundo milênio.

A Igreja de Comunhão, proposta pela eclesiologia conciliar, é iluminadora para reler a Regra dentro da sua perspectiva eclesiológica, resgatando os valores nela contido e encarnando-os na realidade de hoje. Tal releitura deve ajudar a delinear e fundamentar a vivência do carisma diante do atual contexto eclesial e os desafios que este deve responder. Lendo a Regra na perspectiva do Vaticano II, pode-se afirmar que na sua base encontra-se uma «eclesiologia de comunhão», com as principais características que esta contém, segundo a reflexão do Concílio.

4.1 *Comunhão eclesial à imagem da Trindade*

Se o principal motivo e fim da comunhão, como deixa claro o Vaticano II, é a vivência da unidade como participação na vida do Deus Trindade[206], tal aspecto pode ser também percebido já no início da Regra: na saudação trinitária feita por Alberto ao grupo de frades eremitas[207], mesmo que esta era comum nos documentos da época[208]. De uma forma muito afetiva e paterna[209], lembrando o amor de um Pai pelos filhos, saúda-os invocando a graça de Deus – que o colocou como Patriarca de Jerusalém –, a presença de Cristo que os une e do Espírito Santo que os abençoa. A consciência e interiorização da presença de Deus Trindade

---

[204] Palavra de Deus; Eucaristia; pobreza e comunhão de bens; encontro fraterno; oração em comum.

[205] Eles eram unidos em fraternidade, na escuta do ensinamento dos apóstolos, na fração do pão, na comunhão dos bens, nas orações. Cfr. At 2, 42.

[206] Cfr. LG 2-4;

[207] Rc 1: «*Albertus, Dei gratia Ierosolymitanae Ecclesiae vocatus patriarcha, dilectis in Christo filiis B. et coeteris eremitis, qui sub eius obedientia iuxta Fontem in monte Carmeli morantur, in Domino salutem et Sancti Spiritus benedictionem*».

[208] Cfr. C. CICCONETTI, *La Regola del Carmelo*, 386.

[209] Alberto os chama: «*dilectis in Christo filiis*». Rc 1.

parece direcionar todo o projeto de vida comum, «convidando» a participar do amor trinitário, deixando-se transformar por ele[210].

A base da nova eclesiologia como mistério de comunhão proposta
no Vaticano II, justamente proporciona a recuperação do fundamento
trinitário da Igreja[211], fonte, sentido e fim de toda vida de comunhão: «...a
Igreja universal aparece como o "povo congregado na unidade do Pai e
do Filho e do Espírito Santo" (S. Cipriano)»[212]. Por isso, a comunhão é
a base da estrutura da Igreja que vive «a immagine e somiglianza della
comunione trinitaria»[213].

Esta comunhão trinitária terá sua grande expressão na Palavra,
que revela ao mundo o rosto de Deus na ação salvífica da Trindade, e
na Eucaristia, início e fim de toda comunhão, presença sacramental de
Deus em meio ao seu povo. Na Regra do Carmo, a proposta de vida é
fundamentada e organizada também em torno da Palavra de Deus e da
Eucaristia. A nova eclesiologia conciliar propõe pensar a Igreja a partir
desses dois valores fundamentais, formando a comunidade fraterna que
nasce no amor trinitário e para ele caminha:

> Nelas se reúnem os fiéis por meio da pregação do Evangelho de Cris-
> to e se celebra o mistério da ceia do Senhor, «para que, pela carne
> e o sangue do corpo do Senhor, se mantenha estreitamente unida
> toda a fraternidade do corpo» (Oração moçárabe: PL 96, 759 B). Em
> cada comunidade reunida em volta do altar, sob o ministério sagra-
> do do bispo (cf. Santo Inácio M., *Smyrn.* 8, 1: ed. Funk, I, p. 282),
> é oferecido o símbolo daquela caridade «e daquela unidade do cor-
> po místico sem a qual não pode haver salvação» (S. Tomás, *Sum-*

---

[210] Cfr. K. WAAIJMAN – H. BLOMMENSTIJN, «The Carmelite Rule», 64-66.

[211] Como analisa D. Vitali: «La sintesi della dottrina sulla Chiesa alla luce del
mistero trinitario appare così riuscita, che ha fatto parlare di un modello trinitario
dell'ecclesiologia conciliare. Anche a non voler arrivare a tanto, i contenuti della sezione –
che costituiscono senz'altro una delle maggiori novità del Concilio – rivestono un carattere
di particolare importanza per la comprensione dell'ecclesiologia proposta in *Lumen Gentium*. Lo dimostra l'attenzione al tema che si riscontra nella teologia postconciliare, dove la
Ecclesia de Trinitate entra ormai nei manuali di ecclesiologia come un passaggio obbligato
della sintesi teologica sul mistero della Chiesa». D. VITALI, «Chiesa, popolo adunato», 87.

[212] Lg 4: «Sic apparet universa Ecclesia sicuti "de unitate Patris et Filii et Spiritus
Sancti plebs adunata" (S. Cyprianus)». Como explica B. Forte: «La chiesa viene dalla Trinità: il disegno salvifico universale del Padre (LG 2), la missione del Figlio (LG 3), l'opera
santificante dello Spirito (LG 4), fondano la chiesa come "mistero", opera divina nel tempo
degli uomini, preparata sin dalle origini ("Ecclesia ab Abel"), radunata dalla Parola in-
carnata ("Ecclesia creatura Verbi"), sempre nuovamente vivificata dallo Spirito Santo (la
chiesa "tempio dello Spirito")». B. FORTE, *La Chiesa icona della Trinità*, 7.

[213] B. FORTE, *La Chiesa icona della Trinità*, 20.

ma Theol. III, q. 73, a. 3). Nestas comunidades, por mais reduzi-
das, pobres e dispersas que sejam, está presente Cristo, em virtude do qual se congrega a Igreja una, santa, católica e apostólica
(cfr. santo Agostinho, *C. Faustum*, 12, 20: PL 42, 265; *Serm.* 57, 7:
PL 38, 389, etc)[214].

4.2 Comunhão eclesial na Palavra de Deus

Como foi visto, a vida do carmelita é permeada pela Palavra de
Deus, que deve ser meditada em sua cela «*die ac nocte*»[215]; celebrada na
Eucaristia diária[216]; escutada no refeitório[217]; afim de tê-la com abundân-
cia na boca e no coração, para que tudo seja feito por meio dela[218]. O Vaticano II enfatiza que é a Palavra de Deus que convoca o povo a ser Igreja:
«O Povo de Deus é reunido antes de tudo pela Palavra de Deus vivo (cf.
1 Pd 1,23; At 6,7; 12, 24. "Pregaram (os Apóstolos) a Palavra de Verdade
e geraram as Igrejas" (Santo Agostinho, *In Ps.*, 44, 23: PL 36, 508))»[219].
Eles foram reunidos «no Espírito Santo por meio do Evangelho e da
Eucaristia»[220]. Para isso, Deus se revelou plenamente no seu Filho encarnado para que os apóstolos e profetas, recebendo tal revelação, «pregas-
sem o Evangelho, despertassem a fé em Jesus, Cristo e Senhor, e congre-
gassem a Igreja»[221]. Esta Palavra, contida nas Escrituras, que edificam e
vivificam a Igreja[222], está continuamente presente na sua caminhada:

---

[214] LG 26: «In eis praedicatione Evangelii Christi congregantur fideles et celebra-
tur mysterium Coenae Domini, "ut per escam et sanguinem Domini corporis fraternitas
cuncta copuletur"(Oratio mozarabica: PL 96, 759B). In quavis altaris communitate, sub
Episcopi sacro ministerio (cf. S. Ignatius M., *Smyrn.* 8, 1: ed. Funk, I, p. 282), exhibetur
symbolum illius caritatis et "unitatis Corporis mystici, sine qua non potest esse salus"
(S. Thomas, *Summa Theol.* III, q. 73, a. 3). In his communitatibus, licet saepe exiguis et
pauperibus, vel in dispersione degentibus, praesens est Christus, cuius virtute consociatur
una, sancta, catholica et apostolica Ecclesia (cf. S. Augustinus C. *Faustum*, 12, 20: PL 42,
265; *Serm.* 57, 7: PL 38, 389, etc)».

[215] Cfr. Rc 10.

[216] Cfr. Rc 14.

[217] Cfr. Rc 7.

[218] Cfr. Rc 19.

[219] PO 4: «Populus Dei primum coadunatur verbo Dei vivi (cf. I *Pt.* 1,23; Act. 6,7;
12,24. "Praedicaverunt (Apostoli) verbum veritatis, et genuerunt Ecclesias": S. AUGUSTI-
NUS, *Enarr.* in Ps., 44,23: *PL* 36, 508) ».

[220] CD 11: «per Evangelium et Eucharistiam in Spiritu Sancto congregata».

[221] DV 17: «ut [Apostolis et Prophetis] Evangelium praedicarent, fidem in Iesum
Christum ac Dominum excitarent et Ecclesiam congregarent»

[222] Cfr. UR 3.

A Igreja sempre venerou as divinas Escrituras, como também o próprio corpo do Senhor; sobretudo na sagrada liturgia, nunca deixou de tomar e distribuir aos fiéis, da mesa tanto da palavra de Deus como do corpo de Cristo, o pão da vida. Sempre considerou as divinas Escrituras e continua a considerá-las, juntamente com a Sagrada Tradição, como regra suprema da sua fé; elas, com efeito, inspiradas como são por Deus e escritas uma vez para sempre, continuam a dar-nos imutavelmente a palavra do próprio Deus, e fazem ouvir a voz do Espírito Santo através das palavras dos profetas e dos apóstolos[223].

A Palavra de Deus estará na base de toda atividade missionária, que é essencialmente evangelização e edificação da Igreja que nasce – «*ex seme Verbi Dei*» – em meio aos diversos povos que ainda não conhecem o Evangelho[224]. Deste modo, «Assim como a vida da Igreja cresce com a assídua frequência do Mistério Eucarístico, assim é lícito esperar também novo impulso de vida espiritual, do aumento de veneração pela palavra de Deus, que "permanece para sempre" (Is 40,8; cf. 1Pd 1,23-25)»[225]. Ela alimenta a espiritualidade pessoal e comunitária, principalmente fazendo crescer na caridade, vínculo de perfeição e pleno cumprimento da lei: «...para a caridade crescer e frutificar na alma como boa semente, todo fiel deve ouvir de bom grado a palavra de Deus e cumprir nas obras a sua vontade»[226].

4.3   *Comunhão eclesial na Eucaristia*

Juntamente com a Palavra, como foi mancionado acima, outro valor central da Regra é a Eucaristia, que dá sentido e sustento à vida comunitária[227]. Ela é também o elemento central para compreender a

---

[223] DV 21: «Divinas Scripturas sicut et ipsum Corpus dominicum semper venerata est Ecclesia, cum, maxime in sacra Liturgia, non desinat ex mensa tam verbi Dei quam Corporis Christi panem vitae sumere atque fidelibus porrigere. Eas una cum Sacra Traditione semper ut supremam fidei suae regulam habuit et habet, cum a Deo inspiratae et semel pro semper litteris consignatae, verbum ipsius Dei immutabiliter impertiant, atque in verbis Prophetarum Apostolorumque vocem Spiritus Sancti personare faciant».

[224] Cfr. AD 6.

[225] DV 26: «Sicut ex assidua frequentatione mysterii Eucharistici Ecclesiae vita incrementum suscipit, ita novum spiritualis vitae impulsum sperare licet ex adaucta veneratione verbi Dei, quod "manet in aeternum" (*Is* 40,8; 1*Pt* 1,23-25)».

[226] LG 42: «...vero caritas tamquam bonum semen in anima increscat et fructificet, unusquisque fidelis debet verbum Dei libenter audire Eiusque voluntatem, opitulante Eius gratia, opere complere».

[227] «Nenhuma comunidade cristã se edifica sem ter a sua raiz e o seu centro na celebração da Santíssima Eucaristia, a partir da qual, portanto, deve começar toda a formação

Igreja de Comunhão, pois sem a Eucaristia a comunhão verdadeira não se realiza. Somente nela podemos ver a Igreja como «sinal e instrumento, da união íntima com Deus e da unidade de todo o gênero humano»[228], pois, sendo «fonte e ponto culminante de toda vida cristã»[229], é nela que os cristãos oferecem o sacrifício eucarístico junto com suas próprias vidas. E ainda: «Alimentando-se do Corpo de Cristo na santa assembleia, manifestam concretamente a unidade do povo de Deus, por este augustíssimo sacramento felizmente expressa e admiravelmente produzida»[230].

A Eucaristia, «fonte da vida da Igreja e penhor da glória futura»[231], «pela qual a Igreja vive e cresce continuamente», forma o «povo novo, chamado por Deus no Espírito Santo...»[232], a fim de que sejam «agregados pelo Batismo à Igreja, a qual, como corpo do Verbo encarnado, nutre-se e vive da palavra de Deus e do pão eucarístico (Cf. At 2, 42)»[233]. Ela realiza a participação plena e ativa de todo o Povo de Deus em comunhão no único altar, presidido pelo bispo e seu presbitério[234], no qual

---

do espírito comunitário (Cf. *Didascalia*, II, 59, 1-3). [Nulla tamen communitas christiana aedificatur nisi radicem cardinemque habeat in Sanctissimae Eucharistiae celebratione, a qua ergo omnis educatio ad spiritum communitatis incipienda est.]». PO 6.

[228] LG 1: «...signum et instrumentum intimae cum Deo unionis totiusque generis humani unitatis».

[229] LG 11: «totius vitae christianae fontem et culmen». A *Sacrosanctum Concilium* afirma: «...a Liturgia é o cimo para o qual se dirige a ação da Igreja e, ao mesmo tempo, a fonte donde emana toda a sua força. Na verdade, o trabalho apostólico ordena-se a conseguir que todos os que se tornaram filhos de Deus pela fé e pelo batismo, se reúnam em assembléia, louvem a Deus na Igreja, participem no sacrifício e comam a Ceia do Senhor (Attamen Liturgia est culmen ad quod actio Ecclesiae tendit et simul fons unde omnis eius virtus emanat. Nam labores apostolici ad id ordinantur ut omnes, per fidem et Baptismum filii Dei facti, in unum conveniant, in medio Ecclesiae Deum laudent, Sacrificium participent et cenam dominicam manducent)». SC 10. E a *Ad Gentes* confirma: «Pela palavra da pregação e pela celebração dos sacramentos de que a eucaristia é o centro e a máxima expressão, torna presente a Cristo, autor da salvação (Per verbum praedicationis et per celebrationem sacramentorum, quorum centrum et culmen est Sanctissima Eucharistia, Christum salutis auctorem praesentem reddit)». AG 9.

[230] LG 11: «Porro corpore Christi in sacra synaxi refecti, unitatem Populi Dei, quae hoc augustissimo sacramento apte significatur et mirabiliter efficitur, modo concreto exhibent».

[231] UR 15: «fontem vitae Ecclesiae et pignus futurae gloriae».

[232] LG 26: «qua continuo vivit et crescit Ecclesia... Populus novus a Deo vocatus, in Spiritu Sancto».

[233] AD 6: «Ecclesiae per Baptismum aggregentur, quae ut Verbi incarnati corpus ex verbo Dei et pane eucharistico nutritur et vivit (Cf. *Act*. 2,42)».

[234] Cfr. SC 41.

a unidade da Igreja é «significada e realizada»[235], e vive-se a verdadeira comunhão com Deus e com os irmãos e irmãs:

> Nós, participando realmente do corpo do Senhor na fração do pão eucarístico, somos elevados à comunhão com ele e entre nós. «Já que há um único pão, nós, embora muitos, somos um só corpo, visto que todos participamos deste único pão» (1Cor 10,17). Assim nos tornamos, todos, membros desse corpo (cf. 1Cor 12,17), «e, cada um de nós, membro uns dos outros» (Rm 12,5)[236].

4.4 Comunhão eclesial na pobreza e partilha dos bens

A opção pela pobreza está presente na Regra quando esta propõe, além da comunhão dos bens que devem ser distribuídos de acordo com a necessidade de cada um, também a sobrevivência, principalmente pela mendicância ou ainda algum trabalho. A proibição de ter bens mais do que o necessário mostra o desejo de ser uma comunidade pobre, em solidariedade e proximidade com os empobrecidos, identificando-se com Cristo.

---

[235] «Na sua Igreja [o Filho] instituiu o admirável sacramento da eucaristia, pelo qual é tanto significada como realizada a unidade da Igreja. (in Ecclesia sua [Filius] Eucharistiae mirabile sacramentum instituit, quo unitas Ecclesiae et significatur et efficitur)». UR 2.

[236] LG 7: «In fractione panis eucharistici de Corpore Domini realiter participantes, ad communionem cum Eo ac inter nos elevamur. "Quoniam unus panis, unum corpus multi sumus, omnes qui de uno pane participamus" (1Cor 10,17). Ita nos omnes membra illius Corporis efficimur (cf. 1Cor 12,27), "singuli autem alter alterius membra" (Rom 12,5)». Assim é que se recupera toda a dimensão eucarística da comunhão eclesial presente no primeiro milênio cristão e poco valorizada no milêncio sucessivo: «Die eucharistische Ekklesiologie geriet nämlich in der Folge des 2. Abendmahlstreits im 11. Jahrhundert, die Theologie des Wortes aufgrund der Auseinandersetzungen mit den Reformatoren im 16. Jahrhundert weithin in Vergessenheit. So wurde dir Kirche nunmehr vornehmlich als soziales hierarchisches Gefüge verstanden. Erst die biblische und liturgische Erneuerung in der ersten Hälfte unseres Jahrhunderts machte wieder deutlicher bewußte, woraus die Kirche lebt: aus der communio an Wort und Sackrament, besonders aus der Eucharistie, in welcher Wortgottesdienst und sakramentale Feier einem einzigen liturgischen Akt bilden (SC 56)». W. KASPER, Theologie und Kirche, 279. Esta ideia de unidade como comunhão trará também uma grande abertura do Concílio para o diálogo ecumênico: «...das Verständnis der Einheit der Kirche als communio-Einheit war für das Konzil geradezu der Schlüssel für die von ihm vollzogene ökumenische Öffnung. Denn das Verständnis der Einheit der Kirche als communio erlaubte, zwischen der vollen communio in der katholischen Kirche und der unvollständigen communio mit den anderen Kirchen und kirchlichen Gemeinschaften zu unterscheiden». Ibid., 280-281.

O Concílio Vaticano II também desafia toda a Igreja a esta identificação, quando ela, reconhecendo «nos pobres e nos que sofrem a imagem do seu Fundador, pobre e sofredor, esforça-se por aliviar-lhes a indigência, e neles quer servir a Cristo». E ainda, como «Jesus Cristo consumou a sua obra de redenção na pobreza e na perseguição, assim também, a Igreja é chamada a seguir o mesmo caminho para poder comunicar aos homens os frutos da salvação »[237].

Assumir o compromisso com os mais pobres é visto pelo Concílio como a própria missão da Igreja:

> Continuando esta missão e explicitando através da história a missão do próprio Cristo, que foi enviado a evangelizar os pobres, a

---

[237] LG 8: «in pauperibus et patientibus imaginem Fundatoris sui pauperis et patientis agnoscit, eorum inopiam sublevare satagit, et Christo in eis inservire intendit... Sicut autem Christus opus redemptionis in paupertate et persecutione perfecit, ita Ecclesia ad eandem viam ingrediendam vocatur, ut fructus salutis hominibus communicet». Os dois papas que acompanharam o Concílio Vaticano II reconhecem a importância de que a Igreja assuma o compromisso junto aos pobres e sofredores, o que faz parte do seu próprio ser. Em mensagem pela rádio, afirma o papa João XXIII: «In faccia ai paesi sottosviluppati la Chiesa si presenta quale è e vuol essere, come la Chiesa di tutti, e particolarmente la Chiesa dei poveri». JOÃO XXIII, «Radiomessagio, 11 settembre 1962)», n. 5. No discurso de abertura do II período do Concílio, o papa Paulo VI diz: «Da questo Concilio, donde lo sguardo si apre su tutto il mondo, la Chiesa volge gli occhi della sua mente ad alcune categorie di persone. Guarda cioè ai poveri, ai bisognosi, agli afflitti, a quelli che sono oppressi dalla fame e dal dolore, che sono tenuti in catene: si rivolge dunque in particolare a quella parte dell'umanità che soffre e piange, perché sa che queste persone le appartengono per diritto evangelico, ed è felice di ripetere le medesime parole del Signore: "Venite a me, voi tutti" (Mt 11, 28)». PAULO VI, «Discorso per l'apertura del II período», n. 7. Segundo Gustavo Gutiérrez, em reflexão feita aos carmelitas na Congregação Geral da Ordem de 2005, o papa João XXIII foi um dos primeiros a propor o desafio de viver a fé a partir do compromisso com os pobres: «Il mondo della povertà come sfida all'annuncio della fede risale solamente alla metà del secolo XX. Uno dei primi a parlare di ciò fu Giovanni XXIII che disse: "Di fronte ai paesi sottosviluppati la Chiesa è la chiesa di tutti e specialmente dei poveri". Egli pronunciò queste parole l'11 settembre 1962, esatamente un mese prima che iniziasse la prima sessione del Concilio Vaticano II. Al termine di questa prima sessione, un altro italiano, il cardinal Giacomo Lercaro, amico di Giovanni XXIII, affermò che *il* tema, non *un* tema, del Concilio doveva essere quello la povertà nel mondo e l'annuncio del Vangelo ai poveri. La gente si emozionò negli ultimi due giorni della I sessione... e poi continuò a parlare del mondo moderno! Questa proposta di Giovanni XXIII e del cardinal Lercaro dimostra che non si tratta di un qualcosa che nasce dai latinoamericani, ma è stata fatta propria dall'America Latina, nell'incontro di Medellín. Qui si parte dal fatto che la più grande sfida all'annuncio del Vangelo nel continente latinoamericano è la povertà. In un certo modo i vescovi del sud America prendono la staffetta da Giovanni XXIII e dal cardinal Giacomo Lercaro. Questa è una sfida evangelizzatrice e teologica al contempo». *An.O.Carm.* 56 (2005) 100.

Igreja, movida pelo Espírito Santo, deve seguir o mesmo caminho de Cristo: o caminho da pobreza, da obediência, do serviço e da imolação própria até à morte, morte de que ele saiu vencedor pela sua ressurreição[238].

Advertindo que é um escândalo quando alguns povos, que se consideram cristãos, vivem na abundância de bens enquanto outros não possuem nem mesmo o necessário para sobrevivência, é preciso reconhecer que «nos pobres, o próprio Cristo como que apela em alta voz para a caridade dos seus discípulos»[239]. Por isso, afirma-se com tanta clareza: «o espírito de pobreza e de caridade são a glória e o testemunho da Igreja de Cristo»[240].

Tal consciência eclesial deverá levar a um testemunho concreto, também no diálogo ecumênico, para juntos aplicar «toda a espécie de remédios aos males da nossa época, tais como: a fome e as calamidades, o analfabetismo e a pobreza, a falta de habitações e a inadequada distribuição dos bens»[241]. Deste modo, a fé pode transformar-se em ações muito concretas, como tantas que já foram realizadas para resgatar a vida e a dignidade de muitos: «Esta fé operosa produziu não poucas instituições para aliviar a miséria espiritual e corporal, promover a educação da juventude, tornar mais humanas as condições sociais da vida e estabelecer por toda a parte a paz»[242].

---

[238] AG 5: «Cum haec missio continuet et per decursum historiae explicet missionem ipsius Christi, qui evangelizare pauperibus missus est, eadem via, instigante Spiritu Christi, Ecclesia procedere debet ac ipse Christus processit, via nempe paupertatis, oboedientiae, servitii et sui ipsius immolationis usque ad mortem, ex qua per resurrectionem suam victor processit».

[239] GS 88: «in pauperibus Christus Ipse quasi alta voce caritatem suorum discipulorum evocet».

[240] GS 88: «Sunt enim spiritus paupertatis et caritatis gloria et testimonium Ecclesiae Christi». Tal é o compromisso de todo o Povo de Deus, presente desde o início da Igreja: «...cabe a todo o povo de Deus, precedido pela palavra e exemplo dos bispos, aliviar quanto lhe for possível, as misérias deste tempo; e isto, como era o antigo uso da Igreja, não somente com o supérfluo, mas também com o necessário. (...totius Populi Dei est, Episcopis verbo et exemplo praeeuntibus, miserias huius temporis pro viribus sublevare, idque, ut antiquus mos ferebat Ecclesiae, non ex superfluis tantum, sed etiam ex substantia)». *Ibid.*

[241] UR 12: «sive etiam in cuiusvis generis remediis adhibendis contra nostrae aetatis aerumnas, cuiusmodi sunt fames et calamitates, analphabetismus et inopia, penuria habitationum et non aequa bonorum distributio».

[242] UR 23: «Haec autem operosa fides haud pauca etiam instituta ad miseriam spiritualem et corporalem sublevandam, ad iuventutis educationem excolendam, ad sociales vitae condiciones humaniores reddendas, ad pacem universim constabiliendam protulit».

Criando tal consciência eclesial, a Igreja, por meio «de seus filhos [e filhas]», será solidária e presente junto aos que sofrem:

> E assim como Cristo percorria todas as cidades e aldeias, curando todas as doenças e todas as enfermidades, proclamando o advento do reino de Deus (cf. Mt 9,35-37; At 10,38), do mesmo modo a Igreja, por meio dos seus filhos estabelece relações com os homens de qualquer condição, de modo especial com os pobres e aflitos, e de bom grado por eles gasta as forças (cf. 2Cor 12,15). Participa nas suas alegrias e dores, conhece as suas aspirações e os problemas da sua vida e sofre com eles nas ansiedades da morte[243].

O compromisso de ser Igreja de Comunhão também leva ao desafio da partilha dos bens, seja no sentido dos dons ou na ajuda aos que necessitam, formando o único Povo de Deus, em vista do bem de todos:

> Por força desta catolicidade [do único Povo de Deus], cada parte contribui com os seus dons peculiares para as demais e para toda a Igreja, de modo que o todo e cada parte crescem por comunicação mútua e pelo esforço comum em ordem a alcançar a plenitude na unidade... Pois os membros do povo de Deus são realmente chamados a porem em comum os seus bens, e a cada uma das Igrejas se aplicam as palavras do apóstolo: «Sede hospitaleiros uns com os outros, como bons despenseiros da multiforme graça de Deus» (1Pd 4,10)[244].

4.5   Comunhão eclesial na vida fraterna

A fraternidade que a Regra propõe faz com que haja entre os «fratres» uma igualdade fundamental, ou seja, todos são irmãos. Mesmo o prior, que é a autoridade, é o «primus inter pares», e não um «pater» como na estrutura monástica. Além das decisões conjuntas, esta igualdade fra-

---

[243] AG 12: «Sicut ergo Christus circuibat omnes civitates et castella curans omnem languorem et infirmitatem in sigum adventus Regni Dei (Cf. *Mt.* 9,35 ss.; *Act.* 10,38), ita et Ecclesia per filios suos iungitur cum hominibus cuiuscumque condicionis, maxime vero cum pauperibus et afflictis, atque libenter pro eis impenditur (Cf. *2 Cor.* 12,15). Participat enim eorum gaudia et dolores, novit vitae adspirationes et aenigmata, eis in anxietatibus mortis compatitur».

[244] LG 13: «Vi huius catholicitatis, singulae partes propria dona ceteris partibus et toti Ecclesiae afferunt, ita ut totum et singulae partes augeantur ex omnibus invicem communicantibus et ad plenitudinem in unitate conspirantibus... Ad communicandum enim bona vocantur membra Populi Dei, et de singulis etiam Ecclesiis valent verba Apostoli: "Unusquisque sicut accepit gratiam, in alterutrum illam administrantes, sicut boni dispensatores multiformis gratiae Dei" (1Pt 4,10)».

terna torna-se muito clara na reunião semanal em que todos participam: na revisão de vida em fraternidade e correção fraterna com caridade, aspectos importantes e vitais para a caminhada comum.

Na eclesiologia do Concílio foi essencial, para concepção da Igreja de Comunhão como único Povo de Deus, esta igualdade fundamental refletida e fundamentada no sacerdócio comum dos fiéis:

> Com efeito, pela regeneração e unção do Espírito Santo, os bati-
> zados são consagrados para serem edifício espiritual e sacerdócio
> santo, a fim de, por todas as obras do cristão, oferecerem sacrifícios
> espirituais e proclamarem as grandezas daquele que das trevas os
> chamou para a sua luz maravilhosa (cf. 1Pd 2,4-10)[245].

Como já referido no capítulo III[246], uma grande novidade do Vaticano II foi justamente enfatizar esta igualdade fundamental que forma o único Povo de Deus: todos igualmente irmãos e irmãs, antes de qualquer diferença de funções e serviços, cujo fundamento está na participação comum do sacramento batismal.

> É, portanto, uno o povo eleito de Deus: «Um só Senhor, uma só
> fé, um só batismo» (Ef 4,5); comum é a dignidade dos membros
> pela sua regeneração em Cristo, comum a graça de filhos, comum
> a vocação à perfeição; uma só a salvação, uma só a esperança e a
> unidade sem divisão. Nenhuma desigualdade existe em Cristo e na
> Igreja, por motivo de raça ou de nação, de condição social ou de
> sexo, pois «não há judeu nem grego, não há escravo nem livre, não
> há homem nem mulher; pois todos vós sois um só em Cristo Jesus»
> (cf. Cl 3,11; Gl 3,28 gr.)[247].

---

[245] LG 10: «Baptizati enim, per regenerationem et Spiritus Sancti unctionem consecrantur in domum spiritualem et sacerdotium sanctum, ut per omnia opera hominis christiani spirituales offerant hostias, et virtutes annuntient Eius qui de tenebris eos vocavit in admirabile lumen suum (cf. 1Pt 2,4-10)». Em Cristo, assumindo o seu projeto de vida pelo Batismo, tem-se a formação do *novo* Povo de Deus: «Os que creem em Cristo, renascidos de uma semente não corruptível mas incorruptível pela palavra do Deus vivo (cf. 1Pd 1,23), não da carne, mas da água e do Espírito Santo (cf. Jo 3,5-6), constituem "uma raça eleita, um sacerdócio real, uma nação santa, o povo de sua particular propriedade... que outrora não o era, mas agora é o povo de Deus" (1Pd 2,9-10). (Credentes enim in Christum, renati non ex semine corruptibili, sed incorruptibili per verbum Dei vivi (cf. 1Pt 1,23), non ex carne sed ex aqua et Spiritu Sancto (cf. Io 3,5-6), constituuntur tandem "genus electum, regale sacerdotium, gens sancta, populus acquisitionis... qui aliquando non populus, nunc autem populus Dei" (1Pt 2,9-10)». LG 9.

[246] Cfr. acima, cap. III, 3.1.2.

[247] LG 32: «Unus est ergo Populus Dei electus: "unus Dominus, una fides, unum baptisma" (Eph 4,5); communis dignitas membrorum ex eorum in Christo regeneratione, communis filiorum gratia, communis ad perfectionem vocatio, una salus, una spes indivisaque

Segundo o Concílio, embora existam tantas formas de participar da vida da Igreja[248], o chamado universal à santidade[249] faz com que todos tenham a mesma dignidade na edificação do Corpo de Cristo: «E se é certo que alguns, por vontade de Cristo, são constituídos como doutores, administradores dos mistérios e pastores para os outros, reina afinal entre todos verdadeira igualdade no que respeita à dignidade e à ação comum de todos os fiéis para a edificação do corpo de Cristo»[250]. Na diversidade de ministérios[251], todos são chamados a participarem formando o único Povo de Deus, que constitui a unidade do Corpo de Cristo que é a Igreja: «...na variedade, todos dão testemunho da admirável unidade do corpo de Cristo, pois a própria diversidade de graças, de ministérios e de fun-

---

caritas. Nulla igitur in Christo et in Ecclesia inaequalitas, spectata stirpe vel natione, condicione sociali vel sexu, quia "non est Iudaeus neque Graecus, non est servus neque liber, non est masculus neque femina. Omnes enim vos unus estis in Christo Iesu" (Gal 3,28 gr.; cf. Col 3,11)».

[248] A SC fala de *actuosa participatio* dos fiéis na Liturgia: «É desejo ardente da mãe Igreja que todos os fiéis cheguem àquela plena, consciente e ativa participação na celebração litúrgica que a própria natureza da liturgia exige e à qual o povo cristão, "raça escolhida, sacerdócio real, nação santa, povo adquirido" (1Pd 2,9; cf. 2,4-5), tem direito e obrigação, por força do batismo. (Valde cupit Mater Ecclesia ut fideles universi ad plenam illam, consciam atque actuosam liturgicarum celebrationum participationem ducantur, quae ab ipsius Liturgiae natura postulatur et ad quam populus christianus, "genus electum, regale sacerdotium, gens sancta, populus adquisitionis" (*1Petr* 2,9; cf. 2,4-5), vi Baptismatis ius habet et officium)». SC 14. W. Kasper lembra que tal participação, como fruto do sacerdócio universal dos batizados, deve ser estendida à vida inteira da Igreja: «Der Sache nach ist diese Bedeutung von communio [fidelium] jedoch grundsätzlich angelegt in der vom Konzil erneuerten Lehre vom gemeinsamen Priestertum aller Getauften (LG 10) und in der darin begründeten actuosa participatio des ganzen Gottesvolkes (SC 14 u. ö.), welche sich nicht nur auf die Liturgie, sondern auf das ganze Leben der Kirche bezieht». W. KASPER, *Theologie und Kirche*, 285.

[249] Cfr. LG V.

[250] LG 32: «Etsi quidam ex voluntate Christi ut doctores, mysteriorum dispensatores et pastores pro aliis constituuntur, vera tamen inter omnes viget aequalitas quoad dignitatem et actionem cunctis fidelibus communem circa aedificationem Corporis Christi».

[251] «Há na Igreja diversidade de ministério, mas unidade de missão. Cristo conferiu aos apóstolos e aos seus sucessores o múnus de ensinar, de santificar e de governar em seu nome e com o seu poder. Mas os leigos, tornados participantes do múnus sacerdotal, profético e real de Cristo, realizam na Igreja e no mundo a parte que lhes cabe na missão de todo o povo de Deus (cf. Conc. Vat. II, *Const. Dogm. De Ecclesia*, n. 31: AAS 57 (1965), p. 37) - (Est in Ecclesia diversitas ministerii, sed unitas missionis. Apostolis eorumque successoribus a Christo collatum est munus in ipsius nomine et potestate docendi, sanctificandi et regendi. At laici, muneris sacerdotalis, prophetici et regalis Christi participes effecti, suas partes in missione totius populi Dei explent in Ecclesia et in mundo (Cf. Conc. Vat. II, Const. dogm. de Ecclesia, *Lumen gentium*, n. 31: AAS 57 [1965], p. 37)». AA 2.

ções agrupa na unidade os filhos de Deus, já que "é o único e mesmo Espírito que isso tudo realiza" (1Cor 12,11)»[252].

A fraternidade será o modo concreto de viver na Igreja como Povo de Deus, e também o modo deste cooperar com o mundo na instauração de uma fraternidade universal: «Eis a razão por que o sagrado Concílio, proclamando a sublime vocação do homem, e afirmando que nele está depositado um germe divino, oferece ao gênero humano a sincera cooperação da Igreja, a fim de instaurar a fraternidade universal correspondente a esta vocação»[253]. Para isso, faz-se necessário formar comunidades que levem ao verdadeiro diálogo e respeitem a dignidade do ser humano: «A revelação cristã favorece poderosamente esta comunhão entre as pessoas, e ao mesmo tempo nos leva a uma compreensão mais profunda das leis da vida social que o Criador inscreveu na natureza espiritual e moral do homem»[254].

Na Regra do Carmo existe também uma abertura para acolher as diferenças, quer no sentido da reconciliação como no reconhecimento das necessidades e limitações de cada um. Isto também é expresso nas «normas» que não são simplesmente impostas, mas oferecem espaço para o diálogo e discernimento, para superar os limites, buscar soluções juntos, responsabilizando uns pelos outros na caminhada em comum. Enfim, sempre um sentido de abertura para o outro. No Concílio, vê-se esta forte abertura para o diálogo, seja com o mundo, com as Igrejas, com as religiões, ou com aqueles que não professam nenhuma fé, na certeza de que todos «são chamados a formar o novo povo de Deus»[255]. Neste

---

[252] LG 32: «...in varietate omnes testimonium perhibent de mirabili unitate in Corpore Christi: ipsa enim diversitas gratiarum, ministrationum et operationum filios Dei in unum colligit, quia "haec... omnia operatur unus atque idem Spiritus" (1Cor 12,11)».

[253] GS 3: «Ideo Sacra Synodus, altissimam vocationem hominis profitens et divinum quoddam semen in eo insertum asseverans, generi humano sinceram cooperationem Ecclesiae offert ad instituendam eam omnium fraternitatem quae huic vocationi respondeat».

[254] GS 23: «Ad hanc vero communionem inter personas promovendam, Revelatio christiana magnum subsidium affert, simulque ad altiorem vitae socialis legum intelligentiam nos perducit quas Creator in natura spirituali ac morali hominis inscripsit». Deste modo, a Igreja pode contribuir para o verdadeiro diálogo entre todas as pessoas: «Em virtude da sua missão de iluminar o mundo inteiro com a mensagem de Cristo e de reunir em um só Espírito todos os homens, de qualquer nação, raça ou cultura, a Igreja constitui um sinal daquela fraternidade que torna possível e fortalece o diálogo sincero (Ecclesia, vi suae missionis universum orbem nuntio evangelico illuminandi et omnes homines cuiusvis nationis, stirpis vel culturae in unum Spiritum coadunandi, signum evadit illius fraternitatis quae sincerum dialogum permittit atque roborat)». GS 92.

[255] LG 13: «*ad novum Populum Dei cuncti vocantur homines*».

sentido, desenvolve-se o diálogo ecumênico, sendo que a «unidade» era uma das principais intenções do Concílio[256]:

> Lembrem-se todos os cristãos de que tanto melhor promovem e até realizam a união dos cristãos, quanto mais se esforçarem por levar uma vida mais pura, de acordo com o Evangelho. Porque, quanto mais unidos estiverem em comunhão estreita com o Pai, o Verbo e o Espírito, tanto mais íntima e facilmente conseguirão aumentar a fraternidade mútua[257].

4.6 *Comunhão eclesial na oração litúrgica*

Além da Eucaristia, a Liturgia das Horas é um dos valores que a Regra propõe aos Carmelitas em comunhão com a Igreja universal, que a celebra como «oração pública»[258], na qual todo Povo de Deus pode participar. De fato, o Concílio afirma que o Ofício Divino é «a voz da Igreja, a voz de todo o corpo místico a louvar a Deus publicamente...»[259]. Consagrando, «pelo louvor a Deus, o curso diurno e noturno do tempo»[260], através do ofício vive-se em unidade com toda a Igreja orante que continua a oração de Cristo, intercedendo pela salvação do mundo:

> [Cristo] Continua esse múnus sacerdotal por intermédio de sua Igreja, que louva o Senhor sem cessar e intercede pela salvação do mundo todo, não só com a celebração da eucaristia, mas de vários outros modos, especialmente pela recitação do ofício divino... é verdadeiramente a voz da esposa que fala com o esposo ou, melhor, é a oração que Cristo unido ao seu corpo eleva ao Pai[261].

---

[256] Cfr. UR 1.

[257] UR 7: «Meminerint omnes christifideles se Christianorum unionem eo melius promovere, immo exercere, quo puriorem secundum Evangelium vitam degere studeant. Quo enim arctiore communione cum Patre, Verbo et Spiritu unientur, eo intimius atque facilius mutuam fraternitatem augere valebunt».

[258] SC 98: «orationem publicam Ecclesiae».

[259] SC 99: «vox Ecclesiae seu totius Corporis mystici Deum publice laudantis». Embora sendo uma oração preferentemente comunitária (cfr. SC 99), alimenta também a oração pessoal: o ofício divino é «fonte de piedade e alimento da oração pessoal (sit fons pietatis et orationis personalis nutrimentum». SC 90.

[260] SC 84: «Divinum Officium ex antiqua traditione christiana ita est constitutum ut totus cursus diei ac noctis per laudem Dei consecretur».

[261] SC 83.84: «Illud enim sacerdotale munus per ipsam suam Ecclesiam pergit, quae non tantum Eucharistia celebranda, sed etiam aliis modis, praesertim Officio divino persolvendo, Dominum sine intermissione laudat et pro totius mundi salute interpellat... vere vox est ipsius Sponsae, quae Sponsum alloquitur, immo etiam oratio Christi cum ipsius Corpore ad Patrem».

Assim, torna-se muito importante o valor da oração litúrgica, principalmente da Eucaristia, mas também da Liturgia das Horas, onde as pessoas podem expressar nas suas vidas, e manifestar ao mundo, o mistério pascal de Cristo e o autêntico ser da Igreja:

> A liturgia, com efeito, mediante a qual, especialmente no divino sacrifício da eucaristia, «se atua a obra da nossa redenção» (secreta do IX Dom. dep. Pentecostes), contribui sumamente para que os fiéis exprimam em suas vidas e manifestem aos outros o mistério de Cristo e a genuína natureza da verdadeira Igreja, que tem a característica de ser ao mesmo tempo humana e divina, visível, mas dotada de realidades invisíveis, operosa na ação e devotada à contemplação, presente no mundo e contudo peregrina[262].

4.7   Comunhão eclesial na «espera do Senhor»

A Regra do Carmo termina fazendo uma explícita afirmação escatológica[263]: «*Si quis autem supererogaverit, ipse Dominus, cum redierit, reddet ei*»[264]. Tal afirmação parece colocar todo o projeto da Regra numa

---

[262] SC 2: «Liturgia enim, per quam, maxime in divino Eucharistiae Sacrificio, "opus nostrae Redemptionis exercetur" (*Missale romanum*, oratio super oblata dominicae IX post Pentecosten), summe eo confert ut fideles vivendo exprimant et aliis manifestent mysterium Christi et genuinam verae Ecclesiae naturam, cuius proprium est esse humanam simul ac divinam, visibilem invisibilibus praeditam, actione ferventem et contemplationi vacantem, in mundo praesentem et tamen peregrinam».

[263] Sobre a dimensão escatológica da Regra: S. POSSANZINI, *La Regola dei Carmelitani*, 251-252; B. SECONDIN, «Tentare fraternità», 92-93; K. WAAIJMAN, *The Mystical Space*, 271-274; ID., «Open spaces in the Rule», 275-277; E. BOAGA – A. C. COTTA, *In ossequio di Gesù Cristo*, 120-121.

[264] Rc 24: «Se alguém fizer mais, o próprio Senhor, quando voltar, o recompensará». A expressão «*supererogaverit*» (Fazer mais) pode haver diferentes interpretações. K. Waaijman analisa que é estranho pensar no sentido de *quantidade*, pois os valores na Regra são abertos, não estabelecem «limites»; ou ainda pensar num sentido de *intensidade*, pois a Regra também já orienta para que cada um dê o melhor de si: empenhar-se de verdade – *operis veritate* (Rc 4) – na obediência; esforçar-se diligentemente – *diligenter studeat observare* (Rc 21); etc. Inspirando-se na parábola do Bom Samaritano (Lc 10, 30-37), recordando os fatos da vida que acontecem e são grandes desafios, o autor sugere que o «fazer mais» pode ser tudo aquilo que não pode ser especificado, regrado, que leva além da forma de vida, das suas fronteiras: «This "more" symbolically represents everything that is no longer specificable, devoid of form, non-regulable. Symbolically, "spending more" stands for that which is beyond every order: the trackless desert of love, the night of faith which leads me outside of myself. This is the hiddenness of giving as such which has no awareness of self». K. WAAIJMAN, *The Mystical Space*, 253. Acolhendo a presença de Deus em tais situações da vida, pode dizer: «...'spend more' referring to 'the Lord himself' who 'will reward him, when he returns'. Here the eschatological dimension glimmering already

dimensão escatológica, de espera do Senhor que retornará. K. Waaijman identifica vários sinais escatológicos presentes na Regra que indicam uma orientação para o «fim último»: na saudação inicial – *in Domino salutem*[265] –, referindo-se ao horizonte último da vida: a salvação no Senhor; na vigilância – *die ac nocte in lege Domini meditantes*[266] –, em constante espera do Senhor; na introdução às «armaduras de Deus» – *Quia vero temptatio est vita hominis super terram, et omnes qui pie volunt vivere in Christo persecutionem patiuntur*[267] –, convidando o ser humano a vencer essa batalha para alcançar a salvação final; o trabalho realizado em silêncio – *ut cum silentio operantes suum panem manducent*[268] –, vendo-o como uma interiorização contínua da contemplação, inspirado na espera escatológica orientada por Paulo à comunidade de Tassalônica[269]; o serviço do prior e a obediência a ele[270], colocados como mediação para obedecer o próprio Cristo e obter a vida eterna – *sed de obedientia mereamini eternae vitae mercedem*[271].

Tal perspectiva escatológica confirma o cristocentrismo no projeto de vida e o horizonte de contínuo caminho à espera do Senhor: «Effetivamente la regola si sbilancia a favore del futuro: tutto converge e acquista consistenza alla luce dell'*Atteso*»[272]. E assim:

> Il progetto di vita della regola del carmelo non può essere ricondotto ad un'amministrazione burocratica e legalista di esistenza senza speranza. È piuttosto passione per l'inedito, è far emergere nel presente il futuro sperato. Anticipare la sostanza ultima della fede (Eb 11,1) è espressione della speranza cristiana[273].

---

from the very beginning, shines brightly. The last lines of the Rule initiate us in the Love of God coming into our life from beyond every regulated future. Then He will be all in all. This is the transformation of glory, where the transformation of love is flowering». ID., «Open spaces in the Rule», 276.

[265] Rc 1.

[266] Rc 10.

[267] Rc 18.

[268] Rc 20.

[269] Para Waaijman seria a perspectiva escatológica-profética de Paulo que o faz ser citado como modelo de trabalho na Regra. Segundo o autor, Paulo vê o trabalho humano na perspectiva escatológica: orientando a comunidade de Tessalônica, afirma que é preciso trabalhar para que no retorno do Senhor ele os encontre trabalhando (2Ts 3, 6-15). Cfr. K. WAAIJMAN, *The Mystical Space*, 206-210.

[270] Cfr. Rc 22-23.

[271] Rc 23. Cfr. K. WAAIJMAN, *The Mystical Space*, 273-274.

[272] B. SECONDIN, «Tentare fraternità», 92.

[273] B. SECONDIN, «Tentare fraternità», 92.

Olhando para o Vaticano II, percebe-se claramente o resgate da dimensão escatológica que permeia a concepção mistérica da Igreja de Comunhão[274]: «A Igreja, isto é, o reino de Cristo já presente em mistério, cresce visivelmente no mundo pelo poder de Deus»[275]. Nascida da vontade de Deus[276], e caminhando verso à plenitude do Reino[277], a Igreja peregrina[278] é o «povo messiânico», o Povo de Deus a caminho:

> [o Povo de Deus] finalmente tem como finalidade, o reino de Deus, começado já na terra pelo próprio Deus e que deve ser continuamente desenvolvido até que no fim dos séculos seja por ele completado, quando Cristo, nossa vida, aparecerá (cf. Cl 3,4), e toda a criação «também será libertada da escravidão da corrupção, para entrar na liberdade da glória dos filhos de Deus» (Rm 8,21). Assim o povo messiânico, ainda que não abranja de fato todos os homens e repetidas vezes se pareça com um pequeno rebanho, é para toda a humanidade um germe validíssimo de unidade, de esperança e de salvação[279].

Portanto, a Igreja não será fim em si mesma, mas meio necessário para a realização do Reino «já presente» e «ainda não»:

> A Igreja, que tem a sua origem no amor do eterno Pai (cf. Tt 3,4: «philantropia»), fundada, no tempo, por Cristo Redentor, e reunida no Espírito Santo (cf. 1,3; 5,6; 13-14; 23), tem um fim salvador e escatológico, o qual só se poderá atingir plenamente no outro mundo. Mas ela existe já atualmente na terra, composta de homens que são membros da cidade terrena e chamados a formar já na história

---

[274] Cfr. LG VII. O resgate da dimensão escatológica da Igreja traz uma importância fundamental para a nova reflexão eclesiológica. Esta questionará a concepção de Igreja como *societas perfecta* herdada da reforma gregoriana e que dominou durante séculos, enfatizando e reduzindo-a no *aspecto institucional*, o que dava maior poder ao papa frente à sociedade civil, submetendo a si e ao poder religioso os imperadores e reis. Cfr. D. VITALI, «Indole escatologica della Chiesa», 90-91.

[275] LG 3: «Ecclesia, seu regnum Christi iam praesens in mysterio, ex virtute Dei in mundo visibiliter crescit».

[276] Cfr. LG 2; GS 40.

[277] Cfr. LG 48.

[278] Cfr. LG 6, 8, 9, 14, 21, 48, 49, 50; SC 2; DV 7; GS 1; AG 2; UR 2, 3, 6.

[279] LG 9: «Habet tandem pro fine Regnum Dei, ab ipso Deo in terris inchoatum, ulterius dilatandum, donec in fine saeculorum ab Ipso etiam consummetur, cum Christus apparuerit, vita nostra (cf. Col 3,4), et "ipsa creatura liberabitur a servitute corruptionis in libertatem gloriae filiorum Die" (Rom 8,21). Itaque populus ille messianicus, quamvis universos homines actu non comprehendat, et non semel ut pusillus grex appareat, pro toto tamen genere humano firmissimum est germen unitatis, spei et salutis».

humana a família dos filhos de Deus, a qual deve crescer continuamente até à vinda do Senhor[280].

Como «sacramento universal de salvação», a Igreja existe e caminha para realizar a promessa de «restauração» da humanidade, já começada por Cristo, na qual ela convida a participação de todos para levar tal missão ao seu cumprimento:

> A prometida restauração, que esperamos, começou já em Cristo, foi impulsionada com a vinda do Espírito Santo, e continua por meio dele na Igreja, que nos faz descobrir na fé o sentido da própria vida temporal, à medida que vamos realizando, com esperança nos bens futuros, a obra que o Pai nos confiou no mundo, e vamos operando a nossa salvação (cf. Fl 2,12)[281].

É tal promessa e esperança escatológica que alimenta e anima a vida e o agir da Igreja, a fim de que ela possa caminhar «continuamente para a plenitude da verdade divina, até que nela se realizem as palavras de Deus»[282]. O mesmo espírito escatológico inspira e impulsiona o projeto de vida proposto pela Regra do Carmo.

5.   Inspiração da espiritualidade paulina na Regra

A Regra do Carmo traz a menção explícita do apóstolo Paulo quando, a respeito do trabalho, o cita como «*magisterium pariter et exemplum*», completando que por meio dele falava o próprio Cristo – «*Christus loquebatur*» – que o constituiu «*predicator et doctor*»; e ainda acrescentando que aquele que o segue não poderá errar: «*quem si secuti fueritis non poteritis aberrare*»[283].

---

[280] GS 40: «Procedens ex amore Patris aeterni (cf. Tit. 3, 4: «*philanthropia*»), in tempore fundata a Christo Redemptore, coadunata in Spiritu Sancto (Cf. *Eph.* 1, 3; 5-6; 13-14; 23), Ecclesia finem salutarem et eschatologicum habet, qui nonnisi in futuro saeculo plene attingi potest. Ipsa autem iam hic in terris adest, ex hominibus collecta, terrestris nempe civitatis membris quae ad hoc vocantur ut iam in generis humani historia familiam filiorum Dei, usque ad adventum Domini semper augendam, efforment».

[281] LG 48: «Restitutio ergo quam promissam exspectamus, iam incepit in Christo, provehitur in missione Spiritus Sancti et per Eum pergit in Ecclesia in qua per fidem de sensu quoque vitae nostrae temporalis edocemur, dum opus a Patre nobis in mundo commissum cum spe futurorum bonorum ad finem perducimus et salutem nostram operamur (cf. Phil 2,12)».

[282] DV 8: «ad plenitudinem divinae veritatis iugiter tendit, donec in ipsa consummentur verba Dei».

[283] Rc 20.

Pela ênfase e importância com que Paulo é mencionado, e pela abundante presença de temas de inspiração da espiritualidade paulina em outras partes da Regra[284], alguns comentadores levantam a hipótese de que a influência do chamado «modelo paulino» na Regra poderia ser maior do que simplesmente em relação ao trabalho[285]. Porém, a relevância da espiritualidade paulina na Regra é uma reflexão nova, que curiosamente não foi assumida pela tradição do Carmelo[286], e que precisa ainda ser aprofundada[287].

Se tal hipótese de leitura da Regra vem a ser pesquisada e confirmada, a influência do modelo paulino enriqueceria ainda mais a releitura do projeto comum de vida, podendo confirmar a presença de um modelo de Igreja que acentua a comunhão, a vida de comunidade e a missão. Vendo Paulo como «uomo della Parola» e «uomo di frontiera», B. Secondin chama a atenção para o sentido apostólico do modelo paulino que ajudaria a Ordem a refletir sua atuação e apostolado, com uma maior abertura e confronto aos grandes desafios que a Igreja enfrenta e deve responder no mundo atual:

---

[284] Em especial a respeito do «combate espiritual»: Cfr. Rc 18-19.

[285] Embora em muitas Regras era costume mencionar o exemplo de Paulo para falar a respeito da necessidade do trabalho manual. Cfr. C. CICCONETTI, *La Regola del Carmelo*, 410.

[286] Diz C. Mesters: «Aparece aqui um contraste entre a Regra e a história da Ordem do Carmo. Apesar de ter sido apresentada pela Regra como "ensinamento e exemplo", a figura de Paulo e as suas cartas não receberam um destaque especial por parte dos carmelitas. Por outro lado, em canto nenhum da Regra se fala do profeta Elias e do exemplo de Nossa Senhora. No entanto, são estas duas figuras bíblicas que, através de toda a história da Ordem, receberam um destaque especial, a ponto de determinarem toda a espiritualidade carmelitana». C. MESTERS, «Fundamentação bíblica», 86. Segundo o autor, seria pelo fato de que a própria experiência de vida do primeiro grupo – o *propositum* – levou-os a identificar-se mais com Elias, por viverem perto de sua fonte no Monte Carmelo, e com Maria, a qual se dedicou a primeira capela, tendo-a como padroeira da Ordem. Cfr. *Ibid*.

[287] Com diferentes acentos, alguns autores reconhecem a presença da inspiração paulina e levantam a questão da sua influência no projeto de vida da Regra: C. MESTERS, «Fundamentação bíblica», 85-86; ID., *A Regra do Carmo*, 87-88; B. SECONDIN, *La regola del Carmelo*, 32-33.81-83; ID., «Nuove chiavi ermeneutiche», 596-597; ID., «Eredità e nuova profezia», 255; B. SECONDIN – L. A. GAMBOA, *Alle radici del Carmelo*, 75. 123-127; C. CICCONETTI, «La Regola del Carmelo a confronto», 357-358; ID., *Regola del Carmelo (Orizzonte)*, 123; K. WAAIJMAN, *The Mystical Space*, 206-214; F. ROMERAL, «La comunidad de la Regla», 536; e o trabalho dedicado exclusivamente ao tema da espiritualidade paulina na Regra do Carmo e na vida de Teresa d'Ávila, Teresa de Lisieux e Elisabete da Trindade: E. PALUMBO, ed., *L'Apostolo Paolo: Maestro e Modello*, 63-88. Mas, como a própria obra reconhece: «La presa di coscienza dell'importanza dell'apostolo Paolo e della spiritualità paolina nella *Regola del Carmelo* è piuttosto recente». *Ibid*, 65. Certamente, um tema que valerá a pena ser aprofundado.

Paolo: uomo della Parola, uomo delle genti e di frontiera, testimone del Signore, servitore della comunità, rispettoso della collaborazione maschile e femminile, esempio di laboriosità personale, costruttore della Chiesa fra i pagani con coraggio e libertà, fedele fino alla persecuzione e alla prigione. Un modello che possiamo riprendere oggi benissimo[288].

De fato, Paulo anuncia a Igreja nascente como o «novo Povo de Deus»[289], que forma o «Corpo de Cristo»[290]. Esta experiência leva à «unidade» com Cristo[291], na «comunhão» dos diversos carismas e ministérios[292], que «edificam» a Igreja[293]. É ainda o apóstolo que fala do amor «ágape» como fundamento da vida cristã[294] e da «construção»[295] da comunidade eclesial através da «koinonia»[296]: participação e comunhão de todos no único corpo de Cristo ressuscitado[297].

Várias são as características das comunidades eclesiais fundadas por Paulo: centrada no primado do anúncio da Palavra e no Mistério Pascal; na diversidade dos carismas e ministérios; na experiência da oração; na responsabilidade e participação; animadas pelo Espírito do Ressusci-

---

[288] B. SECONDIN – L. A. GAMBOA, *Alle radici del Carmelo*, 127. Segundo Secondin, tal relevância do modelo paulino poderia sugerir «un segnale di un pluralismo nella comunità delle origini». *Ibid*. Com diferentes tendências, poderia indicar também a presença de uma abertura à pregação mais itinerante e missionária, a exemplo do trabalho apostólico de Paulo: «Andrebbe certamente studiato meglio il senso del richiamo a Paolo nel testo e nella risonanza che poteva avere in quel tempo: potrebbe essere traccia di ispirazioni diverse dentro il gruppo originario. Ma potrebbe anche indicare un servizio di evangelizzazione forse più itinerante, una modalità di costruire "chiesa" nella pluralità delle culture, una mistica di carattere apostolico-paolino complementare a quella legata al cammino dell'orazione individuale». B. SECONDIN, «Nuove chiavi ermeneutiche», 596-597.

[289] Cfr. Ef 1, 4- 5.

[290] Cfr. 1Cor 12,17.

[291] Cfr. Gal 3,28.

[292] Cfr. 1Cor 12; 14.

[293] Cfr. 1 Cor 12, 13.26.

[294] Cfr. 1Cor 13, 1-13.

[295] D. Sterckx, falando do projeto comunitário da Regra em termos de «construção» da comunidade, reconhece nesta a inspiração paulina: «La "formule de vie" appelle ainsi à s'efforcer de grandir ensemble, chacun selon sa grâce propre et sa vocation personnelle, en entrant dans le mystère pascal célébré quotidiennement lorsque les frères se rassemblent pour l'Eucharistie. Ils y annoncent ensemble "la mort du Seigneur jusqu'à ce qu'il vienne". (1Co 11, 26). La Règle dessine un chemin de "construction" de la communauté, "d'édification", au sens paulinien». D. STERCKX, *La Régle du Carmel*, 388.

[296] Cfr. G. ROSSÉ, «Comunità», 198.

[297] Cfr. 1Cor 10, 16-17.

tado; sabendo discernir diante às diferentes situações da vida; pronta a exortar e corrigir; atenta na acolhida e atendimentos aos pobres; entre outras[298]. São valores essenciais resgatados pela eclesiologia conciliar e que, certamente, podem iluminar muito os aspectos eclesiológicos da Regra à luz do Concílio Vaticano II. É um tema, entretanto, a ser ainda explorado.

6.   Conclusão: uma eclesiologia de comunhão

Este capítulo teve o objetivo de analisar como a Regra, iluminada pelo Vaticano II, pode ser lida a partir da reflexão eclesiológica proposta pelo Concílio, resgatando os elementos eclesiais que estão na base da sua releitura, assumida pelas atuais Constituições (1995), como fruto de todo o processo de «aggiornamento» realizado. Embora o tema da eclesiologia não seja tratado de forma direta, é possível percebê-lo envolvendo e influenciando toda a reflexão feita, através de algumas afirmações eclesiológicas claras e consequentes, orientando o desafio de encarnar o carima na atual realidade do Carmelo, da Igreja e do mundo.

Na análise em perspectiva eclesiológica das atuais Constituiões, que tem por objetivo atualizar o carisma da Ordem com base na leitura da Regra, torna-se claro a presença da eclesiologia conciliar ao reler os valores do carisma carmelita, propondo como estes podem ser vividos hoje. Elas enfatizam o aspecto da fraternidade e do serviço à Igreja, numa dimensão orante e profética, que são marcas próprias do Carmelo. Embora vivendo valores comuns à toda Vida Religiosa, a Ordem tem como específico o acento ao *vacare Deo*: a experiência íntima com Deus como fonte, princípio e propulsor de toda a vida carmelita, consequentemente, de sua participação e atuação na Igreja.

As atuais Constituições acentuam valores eclesiais como: comunhão fraterna; participação; corresponsabilidade; unidade na diversidade; partilha dos dons e serviços; tendo como base o chamado à vida fraterna em comunidade, fundamentada na vocação comum ao Batismo, que une os carmelitas à toda Igreja e os coloca à serviço de toda a humanidade[299]. Tais características, como participação e corresponsabilidade, aparecem concretamente na unidade em torno da vida fraterna comunitária, dando ênfase à pluralidade e complementariedade da diversidade; como também no próprio governo da Ordem, numa visível abertura à consciência da sua internacionalidade, proporcionando uma estrutura

---

[298] Cfr. E. PALUMBO, ed., *L'Apostolo Paolo*, 76, com abundante citações bíblicas.
[299] Cfr. *Const. 1995*, 5.

e meios para maior partilha e comunhão das diversas realidades nela presente.

O reconhecimento de uma Família Carmelitana, que envolve todos aqueles que querem viver um projeto de vida ou valores a ele comum, sejam religiosos ou leigos, é também sinal de abertura e comunhão, mostrando a riqueza da presença do Carmelo nas mais direferentes realidades e formas de viver e encarnar o carisma. O documento sobre a formação – *RIVC 2000* – corrobora tal estilo de vida e visão eclesial, e ainda aprofunda tais valores a serem internalizados e vividos na formação, inicial e permanente, de todo carmelita.

A partir de tais constatações, é possível olhar para a Regra e encontrar nela os valores que fundamentam tal releitura do carisma. Individualizando as principais características da vida fraterna carmelitana proposta pela Regra, que correspondem aos mesmos valores fundamentais apresentados pela Igreja primitiva, que estruturam e colocam os fundamentos de toda fraternidade cristã, percebe-se que ela também pode ser lida na sua dimensão eclesiológica. Tais fundamentos eclesiais, lidos a partir do Concílio Vaticano II, mostram o quanto na Regra é possível identificar elementos eclesiológicos que encontram apoio na nova eclesiologia conciliar, numa Igreja como sacramento de comunhão[300].

Vivendo a partir da escuta da Palavra, da Eucaristia, da pobreza e comunhão de bens, da vida fraterna, da oração em comum, assumem elementos de uma elcesiologia que o Concílio desafia a retomar, enfatizando o aspecto da comunhão, dentro dos novos desafios e diálogo com o mundo contemporâneo. Desta forma, apoiada nas colunas que sustentavam a comunidade nascente, a Igreja pode ser testemunha coerente e eficaz na sua missão de «construção do Reino de Deus», já presente, mas a caminho da plenitude.

Na releitura do seu carisma, pode-se afirmar que os carmelitas assumem a Igreja de Comunhão, com as consequências e desafios que tal opção traz. Fazendo parte desta missão, como Carmelo e como Igreja, também tem a responsabilidade e desafio de testemunhar e anunciar tal projeto de vida em comunhão. A vivência e testemunho da fraternidade,

---

[300] B. Secondin fez a seguinte constatação: «La *forma ecclesiae* che incarnano coloro che vivono secondo la regola del carmelo è questa: una chiesa della comunione, povera e libera nella fedeltà, che ascolta, prega e accoglie, che celebra e si purifica, che ama, soffre e serve; che attende il Signore che viene, ma sa farsi incontro al mondo nuovo che bussa; che conserva la saggezza delle generazioni degli spirituali, ma allo stesso tempo sa inculturarsi in nuovi contesti, secondo una sua specificità di fondo che non viene compromessa». B. SECONDIN, «Tentare fraternità», 96-97.

nas suas várias dimensões, certamente terá um papel primordial e decisivo em tal contribuição.

É preciso, então, também refletir sobre as consequências concretas de tal opção eclesial e indicar possíveis caraterísticas do rosto da Igreja que a Ordem assume, no compromisso e ação para ser fiel ao seu carisma e à Igreja.

CAPITULO VI

Rosto do Carmelo para o futuro

Como fraternidade contemplativa, buscamos o rosto de Deus também no coração do mundo. Cremos que Deus fixou no meio do seu povo a sua morada, e por isso a fraternidade do Carmelo sente-se parte viva da Igreja e da história: uma fraternidade aberta, capaz de escutar e fazer-se interpelar pelo próprio ambiente, disposta a acolher os desafios da história e dar respostas autênticas de vida evangélica com base no próprio carisma, solidária e também pronta a colaborar com todas as pessoas que sofrem, esperam e se empenham na busca do Reino de Deus[1].

Este último capítulo tem como principal objetivo mostrar algumas consequências concretas de toda esta leitura feita anteriormente, ou seja, de uma identificação com a eclesiologia de comunhão proposta pelo Concílio.

Se os carmelitas assumem hoje uma visão de Igreja de Comunhão, não somente pela unidade com toda a Igreja universal, que recebe e acolhe o Concílio, mas também apoiados na própria releitura do carisma, viver a partir de tal opção torna-se não somente vital para o futuro da própria Ordem e para a sua fecunda presença na Igreja, como também pode contribuir na contínua «recepção» do Vaticano II. A Ordem poderia ajudar a aprofundar o que significa viver na Igreja como comunhão eclesial a partir da sua própria experiência e testemunho de fraternidade

---

[1] *Const. 1995*, 21 «Come fraternità contemplativa, noi ricerchiamo il volto di Dio anche nel cuore del mondo. Crediamo che Dio ha stabilito in mezzo al popolo la sua dimora, e perciò la fraternità del Carmelo si sente parte viva della Chiesa e della storia: una fraternità aperta, capace di ascoltare e di farsi interpellare dal proprio ambiente, disponibile ad accogliere le sfide della storia, e a dare risposte autentiche di vita evangelica in base al proprio carisma (cfr. MR 12), solidale e anche pronta a collaborare con tutti gli uomini che soffrono, sperano e si impegnano nella ricerca del Regno di Dio (cfr. Congr. Gen. 1986, 419-422)».

que, como valor teológico, está na base de toda vida cristã, na identificação com Cristo.

Partindo dos mais recentes pronunciamentos da Ordem a respeito da sua reflexão eclesiológica[2], pode-se ver como ela está pensando o seu futuro, também em relação aos aspectos eclesiológicos que deve assumir. Assim, no desafio de viver e promover a fraternidade, formando a grande família de filhos e filhas de Deus, surgem dimensões da Igreja que são acentuadas pela espiritualidade carmelita, no desafio de serem sinais e instrumentos da Igreja de Comunhão. Tal perspectiva traz à Ordem a oportunidade de viver o seu carisma de forma mais fecundo e coerente, sendo uma resposta clara aos apelos do mundo contemporâneo, identificando-se e ajudando a aprofundar a proposta conciliar da eclesiologia de comunhão.

1. Elementos eclesiológicos na reflexão mais recente da Ordem

A questão do carisma, e a sua concretização como presença na Igreja, continua sendo um tema presente na atual reflexão da Ordem após suas novas Constituições (1995), retomado com grande ênfase nos seus últimos encontros oficiais[3]. Reconhece-se que ele deve ser constantemente aprofundado e enriquecido pelas novas experiências e culturas onde o Carmelo se faz presente. Afirma-se que o carisma, a cada momento da história, torna-se ainda maior, mais rico, porque absorve a experiência de todas as pessoas que nele se inspiraram e a partir dele fizeram sua experiência de Deus e de fraternidade. Como diz a carta dos dois Conselhos Gerais O.Carm. e O.C.D. (1997), em comemoração aos 750 anos da aprovação definitiva da Regra do Carmo:

---

[2] Neste sentido, é importante lembrar que a última Congregação Geral – encontro internacional da Ordem com o objetivo de preparar e refletir temas pertinentes ao próximo Capíutlo Geral –, realizada em 2011, teve justamente como tema a dimensão eclesiológica da Ordem Carmelitana, refletindo sobre a sua missão na Igreja atual. Tal fato mostra que a eclesiologia está na ordem do dia das discussões e reflexões atuais do Carmelo.

[3] Basta lembrar os temas dos últimos encontros internacionais da Ordem: Congregação Geral de 2005: «Servire la Chiesa e il mondo in un'epoca di cambiamento. Cosa deve fare l'Ordine oggi per poter poi trasmettere il carisma domani»; cfr. *Congr. Ger. 2005*, 11-126. Capítulo Geral de 2007: «*In Obsequio Jesu Christi*. Comunità orante e profetica in un mondo che cambia»; cfr. *Ac.Cap.Gen. 2007*, 317-373. XVI Conselho das Províncias em 2009: «Abbracciando il suo Vangelo. La comunità carmelitana nella fede, speranza e carità»; cfr. *XVI Cons. Prov.*, 137-259. Congregação Geral de 2011: «*"Qualiter respondendum dit quaerentibus?"* Che cosa risponderemo a chi ci chiede?», retomando a frase da chamada «Rubrica prima» das Constituições de 1281, que sintetizava o carisma da Ordem; cfr. *Congr. Ger. 2011*, 1-9.

La nostra Regola e i nostri santi, che sono parola viva, hanno accresciuto il nostro patrimonio spirituale. Il carisma che ci unisce è più grande però di ciò che i nostri predecessori ci hanno consegnato per iscritto e con le loro stesse vite. Essi ci invitano ad avanzare nella fedeltà alla nostra grazia vocazionale e nei modi creativi personali di incarnarla oggi[4].

Para isso, sente-se o desejo de que o carisma seja mais conhecido e amado dentro da própria Ordem[5], pois se constata que muitos ainda não têm o necessário conhecimento do mesmo. Como reconhece o então prior geral Joseph Chalmers no seu relatório feito à Congregação Geral de 2005:

> Dal lato negativo, voglio menzionare che coloro che sono responsabili per i corsi internazionali di formazione mi hanno spesso detto che esiste una mancanza di conoscenza di base tra di noi degli elementi fondamentali del carisma. Dobbiamo continuare a sottolineare la necessità di avere più uomini e donne preparati così che diverranno esperti nella spiritualità dell'Ordine. Ciò ci permetterà meglio di vivere in ossequio di Gesù Cristo, secondo la vocazione carmelitana, che è lo scopo ultimo dei nostri sforzi[6].

---

[4] *Ep.O.Carm./O.C.D.*, «Aperti al futuro di Dio», 117. A carta reconhece esta abertura ao aprofundamento do carisma no convite que o próprio Alberto faz a «ir além» do que a Regra propõe: «Il patriarca Alberto segue questo criterio, quando ci orienta ad accogliere il "breve scritto" della Regola come un itinerario pedagogico di *sequela Christi* ("Vivere nell'ossequio di Gesù Cristo" (*Regola*, prologo [Rc 2]), "Se qualcuno avrà dato di più, il Signore stesso lo ricompenserà al suo ritorno" (ivi, ipilogo [Rc 24])), non chiuso, ma aperto alle sollecitazione del futuro e posto sotto il primato assoluto della Parola che, palpitando nel cuore dei credenti (cf. Lc 24, 22), spinge sempre a "dare di più" (*supererogaverit*) nel dono di sé (cf. Lc 10, 35), ad "andare oltre" con discernimento per ulteriori apporti creativi secondo le mozioni dello Spirito». *Ibid.* Ainda afirma que o discernimento de tantos grupos «refundou» o projeto de vida: «...le varie generazioni di carmelitani e di carmelitane a saper "dare di più", rimanendo sostanzialmente fedeli ai valori carismatici della Regola e creativi, pur nel confronto dialettico, di fronte alle nuove sfide e alla possibilità di "rifondare" il progetto di vita del Carmelo». *Ibid.*

[5] Na mensagem final do XV Conselho das Províncias (2003), no aspecto da formação, lê-se: «Solo così [con il processo di formazione tanto iniziale come permanente] sarà possibile far in modo, attraverso la testimonianza, a breve e a lunga scadenza, che il carisma possa essere più conosciuto, amato, e messo a servizio della costruzione delle nostre comunità e del popolo di Dio, sopratutto dei poveri». *XV Cons. Prov.*, 145.

[6] *Congr. Ger. 2005*, 25.

Apesar da exigência de se aprofundar constantemente o carisma, de buscar sempre uma «fidelidade criativa» que o enriqueça[7], de questionar-se sobre o modo de viver e atualizar a Regra no mundo contemporâneo[8], respondendo aos apelos e anseios de hoje[9], percebe-se a necessidade de sair da pura teoria para assumir aspectos mais concretos. Se o carisma foi melhor definido em todo o processo de renovação das Constituições e na elaboração do documento sobre a formação (RIVC), a grande preocupação que aparece nos recentes documentos é *como* viver tal carisma. Afirmava Joseph Chalmers no Capítulo Geral de 2001:

> after many years of study and reflection, the Order has come to a greater awareness of the nature of its charism as a contemplative charism, which gives life to its following of Christ, in prayer, in fraternity and service in the midst of the people, following the example of the Virgin Mary and the Prophet Elijah. ...the charism has been well defined in the recent documents and now it is time to take another step, i.e. to find effective methods to assimilate all these documents in order that we might live the Carmelite charism in greater depth[10].

---

[7] Nas palavras de Joseph Chalmers: «La sfida principale che affrontiamo come individui e come un Ordine è sempre lo stesso. Siamo chiamati ad essere costantemente fedeli al carisma che Dio ci diede per la Chiesa e per il mondo. Essere fedele non vuol dire necessariamente ripetere il passato. I tempi cambiano e noi dobbiamo aggiornare il nostro modo di vivere e di presentare il carisma affinché sia uno strumento efficace d'evangelizzazione in una nuova epoca. Non è che cambiamo il carisma, ma piuttosto il modo in cui è presentato. L'aumentiamo e l'arricchiamo dal modo in cui lo viviamo oggi». *Congr. Ger. 1999*, 25.

[8] Nas decisões sobre as propostas feitas pela Comissão Internacional do Carisma e Espiritualidade, no XV Conselho das Províncias (2003), para a celebração do centenário da *vitae formula*, faz-se uma proposta de «avviare un processo di nuovo incontro con la Regola di tutta la famiglia carmelitana», sendo um dos objetivos: «Rinnovamento della vita della famiglia carmelitana in un mondo che cambia, capire come la regola serve nelle circostanze della vita moderna». *XV Cons. Prov.*, 139.

[9] Cfr. *Ac.Cap.Gen. 2001*, 217.

[10] *Ac.Cap.Gen. 2001*, 175.176. Continua o prior geral no mesmo Capítulo: «We already have beautiful documents in which our vocation is clearly stated. What is needed from this General Chapter, I suggest, are practical proposals as to how this beautiful theory can become a reality in the different cultures in which the Order is implanted». *Ibid.*, 220. Esta mesma preocupação aparece em documentos posteriores: «Tenendo in conto il tema del Capitolo Generale 2001: "Il Carmelo: il viaggio continua" sintesi di quanto emerso dai vari incontri internazionali, possiamo dire di avere tra le mani documenti eccellenti, ma – lasciatemelo dire – l'impressione è che sia un certo arresto, quasi che i membri dell'Ordine non riescono a venire a contatto con queste sorgenti della spiritualità carmelitana. Di conseguenza la domanda: Come potrebbe il Capitolo Generale aiutare questo processo? Nel progetto globale dopo il Capitolo, il Consiglio

Como característica essencial do carisma, o cristocentrismo da Regra é também reafirmado como «transformação» e «crescimento» em Cristo, no seu seguimento comum a toda vida cristã, como também foi afirmado pelo Vaticano II:

> L'orizzonte teologale della centralità di Cristo avvolge tutta la Regola. Essa, infatti, nelle sue linee essenziali, ci propone di vivere un cammino di trasformazione e di crescita in Cristo. Tale cammino si muove nell'ottica dell'«obsequium Jesu Christi». È l'affermazione – possiamo oggi dire con il Vaticano II – del primato della *sequela Christi*, considerata come la «norma fondamentale», la «regola suprema» della vita cristiana in quanto tale, e quindi della vita consacrata (cf. *PC* 2a); norma che orienta e dà senso a tutto il progetto di vita delineato dalla Regola[11].

A contemplação é confirmada como valor essencial e característico da Ordem Carmelita, unindo os principais elementos do seu carisma[12]. Por isso, como se encontra no «Projeto Global» preparado no XIV Conselhos das Províncias (1997), é preciso «Sensibilizzare a vari livelli e con ogni mezzo per favorire l'incontro personale col Dio della nostra vita, consapevoli che la contemplazione deve plasmare la nostra esistenza, la nostra vita comunitaria e il nostro apostolato»[13]. Deste modo, amplia-se o conceito de contemplação, também no seu sentido profético[14], buscando

---

Generale aveva dichiarato: "Nel capitolo volevamo arrivare a una conclusione della nostra domanda: come approfondire nelle nostre comunità la bella teoria che esiste nei nostri documenti ufficiali?...». *XV Cons. Prov.*, 132. «...una strategia per passare dalla stesura di documenti molto belli sulla tradizione spirituale carmelitana (Costituzioni, RIVC...) all'applicazione-contestualizzazione attenta, sistematica e verificata (sotto l'impulso e la guida del Consiglio Generale e dei Provinciali)». *Congr. Ger. 2005*, 70-71.

[11] *Ep.O.Carm./O.C.D.*, «Aperti al futuro di Dio», 123.

[12] Como dizia o prior geral Joseph Chalmers no Capítulo Geral de 2007: «Nel passato sessenio, veramente negli ultimi dodici anni, ho posto l'accento sulla dimensione contemplativa del nostro carisma senza dimenticare al tempo stesso gli altri elementi essenziali. Secondo le Costituzioni, l'esperienza del deserto unifica i diversi aspetti del nostro carisma. La RIVC spiega che l'esperienza del deserto è in realtà il processo di contemplazione». *Ac.Cap.Gen. 2007*, 495.

[13] *XIV Cons. Prov.*, 193-194.

[14] «Negli ultimi anni la Famiglia Carmelitana ha riscoperto l'importanza del profeta Elia come figura ispiratrice nell'opera di giustizia e pace. Fu la sua esperienza contemplativa che lo spinse alla profezia: egli denunciò senza paura le azioni dei potenti del suo tempo e portò la luce della Parola di Dio all'interno di situazioni di peccato». J. CHALMERS, «Il Dio della nostra contemplazione», 17.

vivê-la na superação da dicotomia entre experiência contemplativa e o apostolado:

> God asks us to be Carmelites and the Church needs this of us also. We can be Carmelites in and through all sorts of service to which we are called and the contemplation to which we are equally called. A serious challenge for us is to integrate these two essential elements of our charism along with the commitment to fraternity in a healthy and balanced lifestyle[15].

O aspecto contemplativo do carisma da Ordem é assumido como o melhor dom que o Carmelo pode oferecer à Igreja: «...la contemplazione non è solo il cuore del carisma carmelitano, ma anche il miglior dono, il tesoro nascosto, la perla preziosa (cfr. Mt. 13. 44-46) che possiamo offrire al mondo ed alla Chiesa»[16]. Desta forma, mesmo os trabalhos pastorais em uma paróquia não são contrários ao carisma[17], pois para o carmelita

---

[15] *Ac.Cap.Gen. 2001*, 217. Santa Terezinha do Menino Jesus é citada como exemplo de que não há separação entre a contemplação e ação, pois justamente esta é superada pela vivência do amor: «Concentrando la santità nell'amore, Teresa aiuta a superare la separazione tra contemplazione e azione, perché l'amore è ciò che unisce le due dimensioni. Ella entrò nella vita contemplativa per ottenere una maggiore efficacia apostolica. Rivoluzionò in questo modo la relazione tra ascetica e mistica. Pose l'accento su quest'ultima perché essa esige l'abnegazione evangelica vissuta nella vita quotidiana. Per questo, al di là delle mortificazioni corporali pose la mortificazione originata dal servizio agli altri: la capacità di accoglienza, di comprensione, di perdono, di aiuto e solidarietà. Tutti questi sono grandi insegnamenti per vivere la spiritualità della nuova evangelizzazione». *Ep.O.Carm./O.C.D.*, «Un dottore per il Terzo Millenio», 71. Um ano antes, no centenário de sua morte, afirmase: «Teresa di Lisieux trascorse la sua vita religiosa nella clausura di un Carmelo e tuttavia fu dichiarata Patrona delle Missioni, perché seppe unire la spiritualità contemplativa con la dimensione apostolica. Allo stesso tempo trasmise la sua esperienza evangelica con un linguaggio semplice e vitale, capace di essere compreso e assimilato dai credenti di tutti i paesi e di tutte le culture. Anticipò il Vaticano II in un ritorno al Vangelo e alla Parola di resurrezione. Sottolineò la priorità dell'amore alla Chiesa, Corpo di Cristo. Testimoniò la spiritualità della vita ordinaria e la chiamata universale alla santità». ID., «Ritorno al vangelo», 129-130.

[16] *Congr. Ger. 2011*, 3. A mensagem do Capítulo Geral 2007 à Família Carmelitana já assumia tal ideia: «Un tema costante del Capitolo è stata la centralità della dimensione contemplativa del nostro carisma. È evidente che il nostro speciale contributo alla Chiesa e alla società richiede necessariamente delle comunità oranti». *Ac.Cap.Gen. 2007*, 656.

[17] Joseph Chalmers reflete: «The majority of our apostolates are parishes. Some say that parish life is contrary to the fraternal and contemplative life, but I do not agree. We are mendicants, called to the active apostolate and we have to respond to the needs of the Church and the world. At the same time, it is very clear that we have been called to live a contemplative and fraternal life. It is not possible that two parts of our vocation are mutually incompatible. We have to find ways in which we can live fraternal and contemplative

todas as suas atividades devem ser resultado de uma vida orante e fraterna.

O Capítulo Geral 2001, refletindo sobre o tema das novas experiências de vida comunitária que existem na Ordem, discute também sobre o «modelo de Igreja» que os carmelitas assumem no trabalho paroquial. Ajudados pela reflexão e partilha da experiência pastoral realizada pelo carmelita holandês P. Edgar Koning, os participantes foram convidados a aprofundar o tema e a questionarem-se: «The basic question probably is: Are we ourselves convinced that we as Carmelites have our very own contribution in the Church?»[18]. Segundo Koning, iluminados pelos elementos refletidos recentemente pelos estudos da Regra – indivíduo e comunidade, solidão (cela) e fraternidade (centro), identidade pessoal e projeto comum[19] –, pode-se realizar um trabalho paroquial assumido *pela* e *em* comunidade, sem deixar de dar prioridade e alimentar as atividades na vida comunitária e nos valores que o carisma propõe. Baseado na experiência de trabalho realizado na paróquia de Dordrecht (Holanda), ele diz:

> The greatest contribution to the Church, also to the local church, is our community life and prayer-life. The policy is that each community comes together with lay people for daily prayers; that every community offers for the members of the community and other interested people a program of courses, workshops etc, on spirituality, related to pastoral care, justice and peace items, healthcare and other formation aspects. In that sense it creates hopefully a larger community. We see it as our first responsibility and a contribution to the faith development of people. It also helps us to overcome the problem that Carmelite priests do not participate in community life because they think they have other responsibilities within the parish. The first responsibility of every member of the community is building up good community life within and together with the people around us. In that way we can build larger communities and develop further our activities and get away from the idea that sacramental services are the one

---

live in our parishes, schools, and in all our apostolates. There is a great thirst for God and for a deeper spiritual life among lay people and it does not make sense to tell these people that contemplation is possible only for those who have a lot of leisure time. Today, life is frenetic and it is part of our vocation to share with lay people a way of living a deep life in God in the middle of many activities». *Ac.Cap.Gen. 2001*, 210.

[18] *Ac.Cap.Gen. 2001*, 288.

[19] Disse o carmelita no Capítulo: «Studying and reflecting on the Rule, we discovered important notions which were not only valuable for Carmelite life such as, but also for all the work done by Carmelites. ...the study of the Rule has helped us a lot. The experience of small communities where sharing of the faith dimension was practiced, has changed our view on pastoral work». *Ac.Cap.Gen. 2001*, 286.290.

and only service we have to offer people. Of course sacramental ministry remains important, but the specific Carmelite contribution is more to guide people in their search for God. The parish becomes a community of people who all in their own way and with their own background want to go in the footsteps of the Lord in all openness[20].

Tais ideias parecem ter provocado a reflexão dos participantes, pois como resultado das discussões em pequenos grupos, além de reconhecer a necessidade de iluminar a pastoral com o carisma e o envolvimento de toda Família Carmelitana nos trabalhos paroquiais, discutiu-se sobre o «modelo de Igreja» que se deve assumir em tal processo. Segundo a síntese feita por Carlos Mesters:

> Tutti i gruppi hanno commentato la tensione tra comunità e parrocchia. Questa osservazione appare evidente dal momento che non possiamo dimenticare che la stessa Chiesa è piena di tensioni dovute ai differenti modelli ecclesiali presenti. Quale modello di Chiesa riflette il mio lavoro?... Che cosa vogliamo con quello che facciamo: essere discepoli di Cristo o rafforzare le istituzioni?... La ricostruzione della comunità di Dio e l'amore verso Dio e il prossimo sono valore che non possiamo dimenticare. Siamo profeti di fraternità?[21].

---

[20] *Ac.Cap.Gen. 2001*, 289. A mensagem final do Congresso sobre a Paróquia e o carisma carmelita, realizado no ano de 2004, em Sassone (Itália), expressa também a seguinte conclusão: «Prima di tutto, è emerso il fatto che il fondamento di qualsiasi apostolato parrocchiale che noi intraprendiamo come Carmelitani deve essere il risultato di una vita comunitaria orante e fraterna. La costruzione della comunità fra di noi è una priorità affinché attraverso la preghiera, il silenzio e la sensibilità reciproca possiamo creare uno spazio dove si può incontrare Dio ed i nostri confratelli. Il dialogo è sempre un valore chiave. Soprattutto, che le nostre comunità siano luoghi di accoglienza e di ospitalità». «Congresso sulla Parrocchia», 105. Sobre o tema da Paróquia na pastoral carmelitana, pode-se consultar os estudos feitos pela «Provincia Italiana dei Carmelitani»: G. MIDILI, ed., *Comunità carmelitana e impegno pastorale* (2005). Em um dos estudos da presente obra, E. Boaga propõe quatro tipos de paróquias existentes na realidade da Ordem do Carmo: um modelo de paróquia ainda *pré-conciliar e autoritária*; uma paróquia *inicialmente conciliar*; uma paróquia *segundo o espírito do Concílio*; e uma paróquia *post-conciliar*. Analisando alguns indicadores sócio-religiosos (serviço da Palavra, celebração litúrgica, estilo de vida comunitária, compromisso social, modo de atuação do pároco e sistema econômico), ele mostra as principais características de cada modelo, partindo de um estilo muito tradicional e fechado, a uma experiência comunitária com maior participação e corresponsabilidade de todos. Cfr. E. BOAGA, «La parrocchia», 102-109.

[21] *Ac.Cap.Gen. 2001*, 23. Como resultado de toda essa reflexão, pode-se ler na mensagem final do Capítulo: «Abbiamo sentito di nuove forme di vita comunitaria, spesso nate

1.1 Novas formas de vida comunitária e a Família Carmelitana

Dois temas são frequentes no aprofundamento do carisma da Ordem nos últimos anos, os quais exercem uma influência na reflexão eclesiológica e podem ser uma grande chave de leitura para refletir e assumir as consequências práticas de um «modo de ser Igreja» no Carmelo: a experiência de novas formas de comunidades a serviço do povo, e a missão da Ordem vista e vivida a partir da Família Carmelitana. Nesta última, dá-se grande ênfase na integração e participação do laicato. São características que assumem valores da eclesiologia pós-conciliar e que podem contribuir na maior clareza da presença e atuação do Carmelo na Igreja hoje.

1.1.1 Novas experiências de vivência comunitária

A busca de «novas formas de vida comunitária» como «encarnação do carisma» nas diferentes realidades onde está presente a Ordem é um tema constante nos recentes documentos. O Capítulo Geral 2001 também aborda tal tema, propondo-o para a reflexão dos participantes[22]. Entre os desafios para a vida comunitária mencionados pelos grupos de aprofundamento e discussão no Capítulo, encontra-se:

> la ricerca di un nuovo stile di vita, il problema delle comunità numericamente troppo esigue, la collaborazione con le monache e le suore, un laicato più maturo, la valutazione delle nuove speranze alla luce del carisma e della teologia della vita religiosa, lo stimolo

---

da una rinnovata riflessione sulla Regola e i documenti dell'Ordine successivi al Vaticano II. In esse abbiamo letto nuove espressioni di Carmelitani "che vivono in mezzo al popolo" ma sempre come fraternità contemplativa (cfr. Cost., 15). Siamo stati ispirati da nuove forme di vita parrocchiale, dalla riscoperta dei valori della vita comune insieme ai laici, dalla genuina opzione per i poveri, e dalla solidarietà con chi è schiacciato dalle prove della vita. In queste nuove forme di vita comunitaria, abbiamo anche trovato nuove modalità di rapporto con le tante aree di necessità nella Chiesa e nel mondo». *Ibid.*, 317.

[22] É interessante neste Capítulo a partilha de experiências concretas de novos estilos de vida comunitária já existentes na Ordem: a comunidade de Florença (Itália), onde algumas famílias moram junto com os frades, partilhando a vida de oração e fraternidade, a manutenção da casa, os trabalhos comunitários, etc... Cfr. S. GAMBERONI, «The Carmine Basilica in Florence», 58-69. E a experiência das «Casas do Servo Sofredor», em Curitiba (Brasil), onde os frades convivem com pessoas tóxico-dependentes, ajudando-as na recuperação e na interiorização de valores espirituais e morais para o resgate da dignidade de suas vidas. Cfr. *Ac.Cap.Gen. 2001*, 294-295. Ver também a espiritualidade carmelita relida a partir desta última experiência: C. MESTERS, «Experiências de leitura da Regra do Carmo na América Latina», 610-622; E. BORGES DE CARVALHO, *A mística carmelitana e a solidariedade no Mosteiro Monte Carmelo* (2010).

a non copiare le esperienze altrui ma a percorrere nuovi cammini in base alla cultura di ogni provincia[23].

O prior geral Joseph Chalmers, em seu relatório neste mesmo Capítulo, confirma a necessidade de reconhecer os diferentes tipos de vida comunitária como uma riqueza para a Ordem e uma resposta às diferentes realidades:

> I believe that the Order has to express a variety of styles of community life. This variety expresses the richness of the Order. Within the Order we have different people with different needs and different expectations, and therefore it is good that there are various possibilities to respond to these differences in human nature[24].

Na mensagem final desse Capítulo, recorda-se que é a própria Regra do Carmo que inspira e fundamenta um novo estilo de vida: «Abbiamo rilevato vitalità della Regola nell'ispirare, nel rispondere alle sfide, e nel far nascere nuove forme di vita»[25]. E, mais recentemente, no XVI Conselho das Províncias (2009), o padre geral Fernando Millán Romeral recorda os desafios que, neste sentido, continuam presentes hoje na Ordem:

> Il cercare nuove forme di «vivere la comunità» che, da una parte, siano veramente testimonianti e profetiche in questo mondo neoliberale e, d'altra parte, non suppongano un ritorno alle forme ed

---

[23] *Ac.Cap.Gen. 2001*, 24. Neste sentido, sente-se a necessidade de renovação da vida comunitária, tomando a seguinte decisão capitular: «Il Capitolo Generale riconosce la necessità e il desiderio di un rinnovamento della vita comunitaria nell'Ordine. Il Consiglio Generale deve fare passi per iniziare un processo pratico a livello provinciale e locale per il rinnovamento della vita comunitaria secondo il Capitolo III delle Costituzioni, tenendo specialmente conto del n. 31 [i momenti di maggiore intensità e importanza nella vita comunitaria]». *Ac.Cap.Gen. 2001*, 55.

[24] *Ac.Cap.Gen. 2001*, 209. A busca de novas experiências de vida comunitária, garantindo a qualidade da mesma, é assumida também pela Ordem na Europa como desafio para afrontar a grande crise vocacional, como se pode ler no atual projeto global do Conselho Geral para 2007-2013: «...affrontare il cambiamento con rinnovata speranza: vedere le nostre crisi di decremento numerico e di anzianità, di crescita della domanda, e di chiamata per una più grande cooperazione ed integrazione, come momento di grazia, tempo per rinnovare la nostra vita, specialmente per mezzo della qualità della nostra vita comunitaria... Affrontare la questione del declino numerico attraverso il riaggiustamento, il consolidamento e la ricerca di nuove forme di vita comunitaria. Affrontare i problemi reali che bloccano la qualità di vita, come ad esempio la mancanza di personale per particolari uffici e ministeri». «Progetto Globale del Consiglio Generale per il sessennio 2007-2013», 52.53.

[25] *Ac.Cap.Gen. 2001*, 316.

agli stili non più accettabili per gli uomini e le donne del nostro tempo, costituirà una delle sfide fondamentali per la vita religiosa in generale e per la vita comunitaria in particolare in un prossimo futuro. ...dobbiamo menzionare con gioia le esperienze di diverso tipo che si stanno portando avanti in varie parti dell'Ordine che ci mostrano una specie di «fraternità estesa». A volte si tratta di laici che convivono con noi e che condividono con le nostre comunità «canoniche» l'orazione, l'apostolato, la missione ecc. Altre volte si tratta di famiglie o donne integrate in qualche maniera nella nostra vita. In altre occasioni, si costruiscono reti di piccoli «carmeli domestici» che riproducono il nostro stile di vita fraterna e comunitaria[26].

Um «novo estilo de comunidade» se refere também a uma renovação da vida comunitária, onde todos se sintam na responsabilidade de participar e viver uma verdadeira comunhão, mesmo com os limites de cada um e os desafios que tal experiência de vida propõe. Neste sentido, uma expressão que aparece nos documentos e tem um significado importante é «construir comunidade»[27], onde a corresponsabilidade e a participação, inspirados no modelo da Regra, deve orientar a experiência da fraternidade no Carmelo:

> La Regola vede l'autorità del Priore come dono di Dio, attraverso la mediazione della Chiesa, e compito affidato dalla comunità.

---

[26] *XVI Cons. Prov.*, 152-153.155-156. Embora o prior geral também alerta para os limites que se encontram nesse processo, o que não pode ser, entretanto, empecilho para continuar buscando e aprofundando essas novas experiências: «Credo che in questi casi dobbiamo agire con prudenza e audacia. Con prudenza perché queste esperienze di vita in comunità devono rispettare certi limiti canonici. Non dobbiamo neanche confondere gli stati (il laicato con la vita religiosa). D'altra parte, solamente nelle dittature i governi sono superiori alle leggi e per questo, vi chiederei che non ci vengano sollecitati riconoscimenti e permessi che superino le nostre possibilità e competenze. Però, detto questo, non dobbiamo lasciare che un mal compreso legalismo ci impedisca di cercare nuove vie di fraternità e nuovi cammini di evangelizzazione con creatività, con coraggio e con originalità. La stessa Chiesa ce lo chiede». *Ibid.*, 156.

[27] Tal expressão é usada pelo documento *La vita fraterna in comunità* (1994) ao falar da «Libertà personale e costruzione della fraternità» (cfr. VFC, 21-28), mostrando a importância da participação e abertura de cada um à vida comunitária: «Se è vero che la comunione non esiste senza l'oblatività di ognuno, è necessario allora che si tolgano fin dall'inizio le illusioni che tutto deve venire dagli altri, e che si aiuti a scoprire con gratitudine quanto già si è ricevuto e si sta di fatto ricevendo dagli altri. È bene preparare fin dall'inizio ad essere costruttori e non solo consumatori di comunità, ad essere responsabili l'uno della crescita dell'altro come pure ad essere aperti e disponibili a ricevere l'uno il dono dell'altro, capaci d'aiutare ed essere aiutati, di sostituire ed essere sostituiti». VFC, 24. Certamente, o mesmo sentido vale para a comunidade eclesial.

È la comunità infatti che vede il Priore come la presenza di Gesù in mezzo a noi. (Regola, n. 23). Il Priore esercita la sua autorità accogliendo e favorendo la partecipazione di tutti i fratelli alla costruzione della comunità, e ricorrendo al consiglio della «maior et sanior pars» (Regola, nn. 5, 6 e 12), si assume la responsabilità di decidere e guidare, in spirito di servizio, alla effettiva esecuzione ('operis veritate') quanto stabilito comunitariamente e promesso personalmente. (Regola nn. 4, 5, 6, 8 e 9). Così egli e i fratelli, uniti, formano una comunità che deve essere la rivelazione del volto di Dio e del carisma del Carmelo[28].

Nos últimos anos, sustenta-se que os elementos que definem a comunidade carmelitana são aqueles que fomam uma «comunidade contemplativa em meio ao do povo e a serviço deste»[29], no compromisso de testemunhar e promover na sociedade, como fruto da experiência na presença de Deus, os valores da vida comunitária[30], sendo um sinal profético da fraternidade: «Il costruirsi come comunità di fratelli aperta all'altro, chiunque esso sia – ad immagine della Gerusalemme celeste, le cui "porte non si chiuderanno mai durante il giorno" (Ap 21, 15) – fa sì che essa

---

[28] *XV Cons. Prov.*, 144. Cfr. *Ac.Cap.Gen. 2001*, 289; *XVI Cons. Prov.*, 149.

[29] Cfr. *Ac.Cap.Gen 1995*, 228; *Const. 1995*, 20.21.117; *RIVC 2000*, 40. Os documentos recentes confirmam tal ideia: «Il nostro Ordine nel suo insieme si qualifica come comunità "contemplativa al servizio del popolo". Tale proposito è realizzabile a condizione che ravviviamo tra noi e in noi il culto della divina presenza». *XIV Cons. Prov.*, 193. «La nostra vocazione come Carmelitani è molto profonda. Noi siamo chiamati a servire le persone come comunità contemplative». J. CHALMERS, «Il Dio della nostra contemplazione», 31. No subsídio para aprofundamento da Congregação Geral 2011, lê-se: «Per il contemplativo, il quale si scopre tutto di Dio, il nostro servizio in mezzo al popolo non è un'aggiunta di circostanza al carisma, ma è una conseguenza logica della contemplazione. Secondo la nostra storia e la nostra tradizione spirituale, qualsiasi apostolato nasce dalla relazione personale con Dio (*cf. 1Re 17,1; Institutio I, 2*). La nostra missione profetica, il lavoro apostolico, non lo possiamo lasciare all'improvvisazione, alla spontaneità e alla dispersione. La nostra RIVC infatti insiste sul fatto che la formazione al servizio, elemento anch'esso essenziale del carisma, la si deve intendere con la stessa enfasi con la quale ci si forma per la contemplazione, la preghiera e la fraternità (cf. RIVC 45)». *Schede di riflessione* (Congr. Gen. 2011), 10.

[30] Como expressa a mensagem final do Capítulo Geral 2007: «In tutte le discussioni capitolari siamo ritornati sulla necessità di promuovere il valore della comunità. La qualità della nostra vita comunitaria – che stabilisce che sane relazioni umane non possono essere basate su attrazioni superficiali, ma devono fondarsi sui valori evangelici del dono della vita per gli altri, del perdono e del rispetto – è una testimonianza per la società». *Ac.Cap. Gen. 2007*, 656.

stessa, attraverso il suo stile di vita, faccia rispendere il valore profetico della fraternità»[31].

1.1.2 Membros de uma mesma «Família Carmelitana»

Uma compreensão mais comunitária do carisma[32], em comunhão com toda a família do Carmelo, abre a Ordem para uma nova perspectiva de suma importância, inspirada na Igreja de Comunhão: o reconhecimento de que o carisma não é «monopólio» dos frades, não é «propriedade exclusiva» da primeira Ordem. Na mensagem final do Capítulo Geral 2007, tal posição torna-se muito clara:

> dobbiamo così abbandonare il clericalismo e il diffuso atteggiamento che l'Ordine carmelitano consista essenzialmente del Primo Ordine dei frati. Il carisma carmelitano dev'essere ricercato nell'insieme di tutte le componenti della Famiglia Carmelitana di cui ognuna è autentica espressione... Le Costituzioni del 1995 sono state il primo passo nello sviluppo del concetto di Famiglia Carmelitana (n. 28)... Nessun gruppo ha il monopolio del carisma. L'Ordine, la Chiesa e il mondo intero necessitano del loro particolare contributo... È risultato chiaro che il concetto di Famiglia Carmelitana ha uno sviluppo emozionante che necessita di un energico ed entusiastico incoraggiamento. Siamo stati invitati «a pensare come Famiglia» nell'organizzare eventi e nello stabilire strutture e commissioni. Perché l'Ordine sia profetico in un mondo che cambia, abbiamo bisogno di tutti i doni, i talenti e l'esperienza dell'intera Famiglia Carmelitana. Nell'affrontare il cambiamento dobbiamo mettere in pratica il discernimento[33].

Desta forma, procura-se viver uma rica experiência de partilha de vida e caminhada em conjunto, com todos que se sentem vocacionados ao carisma da Ordem, seja os frades e as irmãs carmelitas – de clausura ou de vida apostólica –, bispos, padres ou diáconos, leigos e leigas que se identificam e se inspiram na proposta do Carmelo.

---

[31] *Ep.O.Carm./O.C.D.*, «Aperti al futuro di Dio», 126.

[32] Cfr. *XV Cons. Prov.*, 141.

[33] Cfr. *Ac.Cap.Gen. 2007*, 653.654. Não era a toa que o tema do Capítulo foi: «In obsequio Jesu Christi: comunità orante e profetica in un mondo che cambia». O grande desafio é que cada um possa viver o carisma de acordo com o seu estado de vida: «In recent years the concept of the "Carmelite Family" has become part of our normal way of thinking. All Carmelites, religious and lay, are members of the same family and live the same vocation in different ways according to our differing states in life. We are inheritors of a great tradition and we have the sacred duty of passing this tradition on to others». J. CHALMERS, «Into the Land of Carmel», 118.

A abertura para uma maior participação, principalmente do laicato, é a grande ênfase dada nos últimos anos. Isto sugere uma concepção nova de eclesiologia como proposta pelo Vaticano II. No Capítulo Geral 2001, toma-se uma decisão a respeito de critérios que devem ser orientados no discernimento e direção das novas formas de comunidades, chamando a atenção para que, inspirados nos documentos da Ordem, considerem «l'opportunità e la possibilità di creare alcune comunità con una visione più ampia e che abbiano una maggiore apertura al Laicato»[34]. Na mensagem final do XV Conselho das Províncias (2003), assume-se o seguinte compromisso:

> Cercare con tutti i mezzi possibili di favorire la crescita della famiglia carmelitana facendo in modo che il carisma sia conosciuto, amato, vissuto e condiviso soprattutto con laici e laiche. Far in modo che le nostre comunità siano piccoli centri di spiritualità dove il popolo di Dio possa trovare acqua per la sua sete di giustizia e di fraternità e trovare alimento per la sua fame di Dio[35].

O Capítulo Geral (2007) aprova a seguinte proposta de um «decreto capitolare» em relação à Família Carmelitana:

> il Capitolo Generale presti particolare attenzione agli articoli 93 e 98 delle Costituzioni e alle necessità del lavoro di squadra nelle comunità e a partire da esse e specialmente la responsabilizzazione del laicato nella sua vocazione e servizio alla Chiesa. Frati e comunità devono essere particolarmente sensibili alla mentalità clericalizzata sia in sé che negli altri[36].

---

[34] *Ac.Cap.Gen. 2001*, 55.

[35] *XV Cons. Prov.*, 146-147.

[36] *Ac.Cap.Gen. 2007*, 349. O prior geral Joseph Chalmers, na sua alocução inicial, lembra: «Il laicato carmelitano è una realtà in rapido sviluppo in tutto il mondo. È chiaro che la nostra spiritualità affascini molti laici e noi abbiamo l'obbligo di assisterli affinché essi pienamente vivano la loro vocazione carmelitana. Dovremmo anche ascoltarli perché abbiamo molto da imparare dalla loro esperienza di vita e del carisma. Ritengo che la crescita di questo ramo della Famiglia Carmelitana sia uno degli elementi del mondo che cambia che dobbiamo tenere ben presente quando ci soffermiamo sul tema del Capitolo». *Ibid.*, 495. E, na mensagem final do mesmo Capítulo: «Troviamo un crescente numero di laici attratti dalla nostra spiritualità: essi leggono della nostra spiritualità e partecipano a corsi e lezioni. Sempre più persone trovano una soddisfacente fonte di nutrimento spirituale nella nostra eredità. Alcuni desiderano condividere la nostra vita in nuove forme di partecipazione». *Ibid.*, 652.

A Regra da Ordem Terceira Secular[37], também revista e renovada com a nova reflexão do Concílio, é um exemplo claro de como a eclesiologia conciliar fundamenta toda a abertura da Ordem em relação ao laicato, confirmando o carisma carmelita como um projeto de vida ao alcance de todos. A Regra terciária assume: o Batismo como sacramento comum que introduz a todos na Igreja Povo de Deus[38]; a Igreja como único Povo de Deus, que forma o Corpo de Cristo, na vivência dos diferentes dons e carismas em comunhão fraterna[39]; a participação na vivência do carisma da Ordem, que o torna patrimônio comum de todo o Povo de Deus[40]; o chamado universal à santidade, que leva à plena participação na Igreja[41]; o sacerdócio comum como edificação da Igreja, na participação ativa e frutuosa da liturgia[42]. Enfim, o laicato enriquece a Ordem com a sua nova leitura do carisma, no serviço à Igreja através da espiritualidade específica do Carmelo:

---

[37] A Ordem Terceira Secular possui uma Regra própria, adaptada ao estilo de vida laical. Esta Regra foi revista por uma comissão nomeada pelo Conselho Geral após o Capítulo Geral de 1995, discutida num encontro do laicato carmelitano em 2001, e aprovada pela Santa Sé em 2003. Cfr. *Regula Tertii Ordinis sive Ordinis Carmelitici Saecularis*. Sobre o tema, pode-se consultar: E. BOAGA, «Terzo Ordine Secolare», 951-956.

[38] «Per il sacramento del battesimo gli esseri umani sono introdotti nella vita divina divenendo, nello Spirito Santo, figli adottivi del Padre e fratelli di Cristo (LG 2; 4), abilitati a far parte dell'immensa assemblea fraterna della Chiesa, popolo di Dio, "sacramento, segno e strumento dell'intima unione con Dio e dell'unità di tutto il genere umano" (LG 1; 13)». *Regula Tertii Ordinis*, 1.

[39] «Nel corpo mistico di Cristo, che è la Chiesa, l'unico e medesimo Spirito ha infatti suscitato a più riprese una varietà di doni e carismi, come quelli delle varie famiglie religiose, le quali offrono ai loro membri i vantaggi di una maggiore stabilità nel modo di vivere una dottrina confortata dall'esperienza e dal vissuto di persone sante, per raggiungere la perfezione evangelica, in comunione fraterna nel servizio di Cristo e in una libertà irrobustita dall'obbedienza (LG 43)». *Regula Tertii Ordinis*, 3.

[40] «Alcuni laici, per una particolare chiamata e vocazione, partecipano al carisma delle famiglie religiose, patrimonio comune de Popolo di Dio, che diventa per essi anche una fonte di energia e scuola di vita». *Regula Tertii Ordinis*, 4.

[41] «La chiamata del Padre a seguire Cristo per l'opera vivificante dello Spirito Santo si realizza nella piena appartenenza alla Chiesa. Per il sacramento del battesimo che rende ognuno membro del Corpo Mistico di Gesù, il terziario riceve la chiamata alla santità. La sua maggiore dignità consiste nel godere della stessa vita divina e dell'amore riversato nel suo cuore dallo Spirito (cfr. *Rom* 5, 5). Così, insieme con gli altri, secondo la vocazione e i doni di ciascuno, può contribuire alla grandiosa opera di edificazione dell'unico Corpo di Cristo (cfr. *Rom* 2, 3-8; LG 32; VC 31)». *Regula Tertii Ordinis*, 20.

[42] «In forza del sacerdozio battesimale e dei carismi ricevuti, i laici carmelitani sono chiamati all'edificazione della comunità ecclesiale (AA 2; 3) partecipando "consapevolmente, attivamente e fruttuosamente" alla vita liturgica della comunità (SC 14) e impegnandosi perché la celebrazione si prolunghi nella vita concreta». *Regula Tertii Ordinis*, 25.

Perciò i laici devono essere guidati a vivere il carisma del Carmelo in spirito e verità, aperti all'opera dello Spirito Santo, e tendendo a una piena partecipazione e comunione nel carisma e nella spiritualità del Carmelo, per una nuova lettura carismatica della loro laicità e per una piena corresponsabilità nel compito dell'evangelizzazione e dei ministeri specifici del Carmelo[43].

A Ordem, como a Igreja, reconhece a importância da participação dos leigos e leigas à mesma santidade e missão do Carmelo: «Anche i laici, infatti, possono essere partecipi della medesima chiamata alla santità e della stessa missione del Carmelo (cfr. *Costituzioni 1995*, n. 28. Sulla partecipazione dei laici al carisma e alla missione dei religiosi cfr. *Christifidelis laici*, 29; *Vita consecrata*, 54-56)»[44].

1.2 Resgate da reflexão eclesiológica

Como demonstram os últimos encontros e documentos, recentemente a Ordem parece estar demonstrando uma maior preocupação com a questão eclesiológica, para pensar o seu futuro na Igreja e no mundo. A última Congregação Geral (2011) preocupou-se justamente em aprofundar a identidade e presença do Carmelo na Igreja atual diante de «un mondo che cambia»[45].

Sem deixar de assumir a atitude contemplativa como o melhor dom do Carmelo à Igreja[46], sendo uma característica específica da vida carmelitana, numa experiência de Deus vivida em fraternidade, que leva a uma relação madura com Ele e com o próximo, percebe-se que se deve ainda aprofundar como ser tal presença na Igreja atual: «La domanda di oggi, certamente, non vuole rispondere a come siamo nati e quali sono state le nostre origini, ma continua a sfidarci nel chiererci *"chi siamo?"*, *"che facciamo qui?"* (Cfr. 1 Re 19, 10) e *"perché facciamo ciò che facciamo nella Chiesa?"*»[47].

---

[43] *Regula Tertii Ordinis*, 15.

[44] *Regula Tertii Ordinis*, 30.

[45] Tal encontro retoma a reflexão iniciada no Capítulo Geral 2007: «In obsequio Jesu Christi: comunità oranti e profetiche in un mondo che cambia», sendo que a primeira parte do tema – «comunità oranti e profetica» – foi aprofundada no Conselho das Províncias de 2009. Cfr. *Congr. Ger. 2011*, 2.

[46] Cfr. *Congr. Ger. 2011*, 3.

[47] *Congr. Gen. 2011*, 1.

Recordando que «la migliore icona della vita relgiosa è la presenza stessa della persona consacrata»[48], nota-se que os valores carmelitanos próprios do seu carisma podem ser fecundos na Igreja e no mundo:

> la pratica di vivere alla presenza di Dio (cfr. 1Re 17,1), il mistero di lasciare che Dio sia Dio, la riscoperta della spiritualità della cella, l'equilibrio tra silenzio e parola, la solitudine, il *«vacare Deo»*, la «notte oscura» e il nostro stile di vita mendicante sono lievito che feconda la Chiesa e il nostro mondo, e ci offrono spunti di riflessione per la nostra pastorale[49].

O tema da fraternidade, que fundamenta a vida da comunidade, continua sendo a base segura para a realização da missão do Carmelo na Igreja. Como sugeriu a leiga professora María Dolores López Gusmán (Espanha), na mesma Congregação Geral (2011), ao falar da importância da fraternidade na Vida Religiosa como estímulo para todos os cristãos, na missão de anunciar o projeto do Ressuscitado formando comunidade:

> la fraternidad que [la Vida Religiosa] construye está «hecha» de personas de diferentes procedencias, familias y culturas. Y lo que las une es *un solo Señor, una sola fe, un solo bautismo, un solo Dios y Padre de todos, que está sobre todos, por todos y en todos* (Ef 4, 5-6). Una creencia que en el caso de los religiosos se encarna de forma radical (probablemente como en ningún otro miembro). Por eso su presencia es tan fundamental para todos, pues nos recuerda de modo permanente esa llamada a sobrepasar los vínculos biológicos (que son también importantes) a favor de una fraternidad que abarca todas las razas y pueblos – *Confluirán a él todas las naciones, y acudirán pueblos numerosos* (Is 2,3)[50].

2.   Fraternidade: fundamento e desafio da Igreja de Comunhão

A Fraternidade, confirmada pelo Magistério como valor essencial da Vida Religiosa para o bem de toda a Igreja[51], continua trazendo aos consagrados e consagradas o grande desafio de ser testemunho e sinal de comunhão eclesial[52]. A vida consagrada deve contribuir na Igreja para

---

[48] *Congr. Gen. 2011*, 4.

[49] *Congr. Ger. 2011*, 7.

[50] M. D. L. GUSMÁN, «La esperanza de la Vida Religiosa», 4.

[51] Cfr. PC 15; LG 44; VFC, 2.

[52] Cfr. VC 45; VFC, 10.

o crescimento da espiritualidade de comunhão[53], assumindo, assim, a perspectiva da eclesiologia conciliar[54], na responsabilidade de manifestar na vida fraterna a possibilidade concreta de sua efetiva realização. A vivência da fraternidade na vida consagrada revela à Igreja uma forma de participação à comunhão trinitária, que cria uma nova experiência de relações humanas:

> À vida consagrada pertence seguramente o mérito de ter contribuído eficazmente para manter viva na Igreja a exigência da fraternidade como confissão da Trindade. Com a incessante promoção do amor fraterno, mesmo sob a forma de vida comum, a vida consagrada revelou que *a participação na comunhão trinitária pode mudar as relações humanas*, criando um novo tipo de solidariedade[55].

Assim, a fraternidade torna-se um sinal claro da comunhão eclesial: «A vida fraterna, concebida como vida partilhada no amor, é sinal eloquente da comunhão eclesial»[56]. Esta vida em comum ganha também dimensão profética num mundo que sente a necessidade de viver valores que deem um sentido mais profundo à vida:

> No nosso mundo, onde frequentemente parecem ter-se perdido os vestígios de Deus, torna-se urgente um vigoroso testemunho profético por parte das pessoas consagradas. Tal testemunho versará, primariamente, *sobre a afirmação da primazia de Deus e dos bens futuros*, como transparece do seguimento e imitação de Cristo casto, pobre e obediente, votado completamente à glória do Pai e ao amor dos irmãos e irmãs. A própria vida fraterna é já profecia em ato, numa sociedade que, às vezes sem se dar conta, anela profundamente por uma fraternidade sem fronteiras. Às pessoas consagradas é pedido que ofereçam o seu testemunho, com a ousadia do profeta que não tem medo de arriscar a própria vida[57].

---

[53] Cfr. VC 51.

[54] Cfr. acima, cap. III, 5.2.

[55] VC 41: «La vita consacrata ha sicuramente il merito di aver efficacemente contribuito a tener viva nella Chiesa l'esigenza della fraternità come confessione della Trinità. Con la costante promozione dell'amore fraterno anche nella forma della vita comune, essa ha rivelato che *la partecipazione alla comunione trinitaria può cambiare i rapporti umani*, creando un nuovo tipo di solidarietà».

[56] VC 42: «La vita fraterna, intesa come vita condivisa nell'amore, è segno eloquente della comunione ecclesiale».

[57] VC 85: «Nel nostro mondo, dove sembrano spesso smarrite le tracce di Dio, si rende urgente una forte testimonianza profetica da parte delle persone consacrate. Essa verterà innanzitutto *sull'affermazione del primato di Dio e dei beni futuri* , quale traspare dalla sequela e dall'imitazione di Cristo casto, povero e obbediente, totalmente votato alla

Mas o que é realmente esta fraternidade que está na base de toda vida cristã e é um elemento fundamental para compreender e realizar a Igreja de Comunhão? Por que a fraternidade é retomada como um valor fundamental para se viver a eclesiologia conciliar e dela depende a concretização da vida eclesial? Ter clara tais questões pode iluminar os desafios práticos que o Carmelo deve assumir hoje.

2.1   *Fundamentação teológica da fraternidade cristã*

A base teológica, e podemos ainda dizer, o princípio ontológico que forma a comunidade cristã é a filiação divina. Esta é revelada pela encarnação do Verbo como chamado à participação da dignidade de sermos filhos e filhas de Deus, adotados no seu Filho único[58], «primogênito numa multidão de irmãos»[59], pelo qual tudo foi criado: «Ele é a imagem do Deus invisível, o primogênito de toda a criação, pois é Nele que foram criadas todas as coisas, no céu e na terra, os seres visíveis e os invisíveis, tronos, dominações, principados, potestades; tudo foi criado através dele e para ele»[60].

O mistério da encarnação do Filho é a expressão mais plena e concreta desta «adoção filial», que dignifica o ser humano e, no Espírito Santo, reúne todos numa mesma família, filhos e filhas do mesmo Pai[61]. A filiação de Jesus – gerada no Pai – e a nossa filiação – criados e adotados no Filho – é a base ontológica que revela o mistério humano: «Na realidade, o mistério do homem só no mistério do Verbo encarnado se esclarece

---

gloria del Padre e all'amore dei fratelli e delle sorelle. La stessa vita fraterna è *profezia in atto* nel contesto di una società che, talvolta senza rendersene conto, ha un profondo anelito ad una fraternità senza frontiere. Alle persone consacrate è chiesto di offrire la loro testimonianza con la franchezza del profeta, che non teme di rischiare anche la vita».

[58] Cfr. Ef 1,5.

[59] Rm 8,29 «primogenitus in multis fratribus».

[60] Cl 1,15-16 «qui est imago Dei invisibilis, primogenitus omnis creaturae, 16 quia in ipso condita sunt universa in caelis et in terra, visibilia et invisibilia, sive throni sive dominationes sive principatus sive potestates. Omnia per ipsum et in ipsum creata sunt».

[61] Cfr. LG 24. Segundo J. Ratzinger, o sentido da palavra Pai no Novo Testamento traz uma «nova realidade em Cristo», e não apenas uma nova disposição psicológica, ou uma nova ideia ou intimidade subjetiva: «...die Begriffe Vaterschaft – Sohnschaft – Bruderschaft [erhalten] einen gänzlich neuen Klang, den Klang der Wirklichkeit. Hinter dem Wort Vater steht di *Tatsache* unserer wahren Kindschaft in Christus Jesus [Gal. 4, 6; Röm 8, 15f]. Das Neue an der Vateraussage des Neuen Testaments ist nicht eine neue psychologische Stimmung, nicht eine neue subjektive Innigkeit, das Neue ist auch nicht eine neue Idee, sondern es ist die neue Tatsache, die Christus geschaffen hat». J. RATZINGER, *Die christliche Brüderlichkeit*, 69-70.

verdadeiramente»[62]. E ainda: «Todo aquele que crê que Jesus é o Cristo foi gerado de Deus, e quem ama aquele que gerou amará também aquele que dele foi gerado»[63].

O fundamento de tudo é o amor profundo de Deus pela humanidade, que cria o ser humano porque quer comunicar e fazê-lo participar desse amor[64], sentido último e plenitude da existência humana. Assim, este amor absoluto de Deus é princípio e fonte de toda expressão de amor. Ele fundamenta o amor ao próximo não simplesmente como um mandamento ou prova de amor a Deus, mas como expressão e resposta a este amor primeiro e absoluto, que é a razão do ser humano: «...so wenig darf die Gottesliebe als eine partikuläre Leistung neben vielen anderen in der menschlichen Existenz abgewertet werden. Sie ist das Ganze des freien Vollzugs der menschlichen Existenz»[65]. Deus deve ser amado por ele mesmo, como busca do amor total, absoluto, o que leva o ser humano a abandonar-se no mistério.

Neste amor absoluto de Deus se encontra inseparavelmente o amor ao próximo que, embora diverso – pois a Deus deve-se amar com adoração acima de toda realidade humana –, são «condicionados» um ao outro, não existindo separadamente. Como afirma K. Rahner: «Gottes- und Nächstenliebe stehen in einem gegenseitigen Bedingungsverhältnis; die Nächstenliebe ist nicht nur eine von der Gottesliebe geforderte, ihr nachfolgende Leistung, sondern auch in gewissem Sinn ihre vorausgehende Bedingung»[66].

---

[62] GS 22: «Reapse nonnisi in mysterio Verbi incarnati mysterium hominis vere clarescit».

[63] 1Jo 5,1 «Omnis, qui credit quoniam Iesus est Christus, ex Deo natus est; et omnis, qui diligit Deum, qui genuit, diligit et eum, qui natus est ex eo».

[64] Cfr. 1Jo 4,7-21. Segundo K. Rahner, Deus se comunica a si mesmo com absoluta «auto-expressão», que è absoluto «dom de amor». Nesta sua «auto-comunicação», Deus não somente proporciona uma participação de si, mas se doa realmente ao ser humano: «Der eine Gott teilt sich mit als absolute Selbstaussage und als absolute Gabe der Liebe. Seine Mitteilung ist nun (das ist das absolute Geheimnis, das erst in Christus geoffenbart ist) wahrhaft *Selbst*mitteilung, das heißt, Gott gibt seiner Kreatur nicht nur „an sich" Anteil (vermittelt), *indem* er durch seine allmächtige *Wirk*ursächlichkeit geschöpfliche und endliche Wirklichkeiten schafft und schenkt, sondern er gibt in einer *quasiformalen* Kausalität wirklich und im strengsten Sinn des Wortes *sich selbst*». K. RAHNER, «Der Dreifaltige Gott», 338.

[65] K. RAHNER, *Wer ist dein Bruder?*, 14.

[66] K. RAHNER, *Wer ist dein Bruder?*, 17. O teólogo explica que não existe amor a Deus que não seja também amor ao próximo, pois somente amando o próximo se pode saber o que é amar a Deus; e só amando a Deus pode-se amar o próximo sem transformá-lo na sua própria auto-afirmação: «Es gibt keine Gottesliebe, die nicht in sich selber schon Nächstenliebe wäre und durch den Vollzug der Nächstenliebe auch erst selber zu sich kommt.

A fraternidade cristã é a vivência deste mistério do amor de Deus; o princípio que convida a sair de si mesmo para ir ao encontro do Outro, e dos outros; que dá às pessoas o sentido mais profundo e originário da vida humana; e que se torna visível e manifesto nas diversas formas e ações que se concretizam na história do ser humano. A fraternidade, fundamentada na filiação divina, é a realidade teológica que constitui a Igreja como sacramento de comunhão:

> «la filiación divina» y su correlato «la fraternidad humana» conforman la «realidad» teologal y última de la Iglesia-sacramento (*res sacramenti Ecclesiae*), siguiendo la nomenclatura consagrada por la teología sacramental que distingue y articula el signo (*sacramentum/signum tantum*) con su realidad significada (*res tatum*), además de su sentido y efecto teologal último que es el don de Dios[67].

A fraternidade cristã, que é essencial na identidade da Igreja, ganha novas dimensões nas mais variadas realidades e nos novos tempos da história. Esta, na sua constante transformação, nos oferece sempre outras propostas e desafios de realização desse amor a Deus e aos irmãos e irmãs. Por exemplo, o atual «mundo globalizado» que «aproxima» as pessoas, elimina as distâncias, busca uma «unificação» da humanidade, traz consigo um grande desafio para garantir verdadeiras relações fraternas, pois esta «proximidade global», por si mesma, nem sempre é garantia de uma fraternidade que realmente plenifica o ser humano e defende a vida em plenitude para todos. A própria Igreja sente-se desafiada diante de toda esta realidade, como nos mostra o Concílio Vaticano II e outros documentos recentes do magistério[68].

A vivência da fraternidade cristã deve ultrapassar o simples fato de ser um mandamento. Fundamentado no amor absoluto a Deus, deve ser a abertura para o amor incondicional, gratuito, mesmo que este leve à cruz. Na fraternidade, como sinônimo de amor ao próximo, se expressa a totalidade do compromisso do ser humano integral e do cristianismo: «...dann kann man ruhig sagen, daß mit Brüderlichkeit in ihrer notwendigen Einheit mit der Liebe zu Gott das eine Ganze der Aufgabe des gan-

---

Nur wer den Nächsten liebt, kann wissen, wer eigentlich Gott ist. Und nur wer letzlich Gott liebt, kann es fertigbringen (ob er dies reflektiert oder nicht, ist eine andere Frage), sich auf den anderen Menschen bedingungslos einzulassen und ihn nicht zum Mittel seiner eigenen Selbstbehauptung zu machen», *Ibid.*, 18-19.

[67] S. Pié-Ninot, *Eclesiologia*, 219.

[68] Cfr. SRS 41-45; CIC 1905-1912; EAm 20; CV 34-42.

zen Menschen und des Christentums ausgesagt ist»[69]. Isto faz com que a fraternidade cristã tenha a sua objetividade enquanto proposta cristã na vida da Igreja, e não seja simplesmente para satisfazer as necessidades afetivas e subjetivas, ou os gostos individuais.

A fraternidade cristã leva à vivência da unidade que se manifesta na opção de um projeto de vida comum[70], mas também no acolhimento das diferenças do outro, com as suas virtudes e limitações. Esta atitude deve levar ao respeito à diversidade, na consciência e compromisso dos valores fundamentais que unem as pessoas, numa vivência do mistério da fé que cria fraternidade, e nem por isso busca a *uniformidade*, mas a *unidade*, ou seja, a *comunhão*.

É claro que esta fraternidade cristã conduz ao compromisso concreto de unidade com o próximo, que não é simplesmente o fato de não fazer-lhe nenhum mal, mas muito mais. Deve levar a uma atitude de abertura e de responsabilidade pela vida do outro, buscando comunitariamente a liberdade, a justiça, as condições sociais que garantam o bem estar humano, a dignidade e proteção da vida para todos. Ao mesmo tempo, e fundamentando estas atitudes anteriores, buscar juntos a salvação, isto é, a consciência de ser comprometido na realização da unidade para o encontro profundo com Deus, único Pai, que constrói a vida nova e novas relações fraternas[71].

A consciência desta vivência fraterna é uma vida eclesial em comunidade, que não significa apenas a procura individual dos sacramentos, ou o cumprimento de obrigações e ritos que simplesmente satisfaçam uma necessidade religiosa pessoal. Mas sim, a convivência, a partilha de vida, a relação fraterna fundamentada na mesma fé filial que constrói uma família, no encontro pessoal, interativo e comprometido com a vida

---

[69] K. RAHNER, *Wer ist dein Bruder?*, 41.

[70] Cfr. 1Cor 12,12-27.

[71] Segundo J. Ratzinger, pela fé o ser humano sai do fechamento da própria individualidade, vencendo o seu egoísmo natural, formando comunidade em vista da unidade do novo homem em Cristo Jesus. Assim, assume não somente um «modelo ético» de vida, mas supera o seu próprio «eu» para viver na unidade do Corpo de Cristo: «Tatsächlich wird aus dem Glauben, daß wir alle ein einziger, neuer Mensch in Christus Jesus geworden sind, immer neu die Forderung erwachsen, die trennende Besonderheit des vereinzelnden Ich, die Selbstbehauptung des naturhaften Egoismus hineinzubrechen zu lassen in die Gemeinsamkeit des neuen Menschen Jesus Christus. Wer an Jesus Christus glaubt, hat damit in der Tat nicht bloß ein ethisches Vorbild zu privater Nachfolge gefunden, sondern ist zum Hineinzubrechen des bloß privaten Ich in die Einheit des Christus-Leibes gefordert. Christus-Ethik ist wesentlich Lieb-Christi-Ethik. So bedeutet sie notwendig Entwerdung gegenüber dem Ich, brüderliche Einswerdung mit allen, die in Christus sind. Sie schließt als Ethik der Entwerdung, des wahren Sich-Verlierens, die Brüderlichkeit aller Christen notwendig mit ein». J. RATZINGER, *Die christliche Brüderlichkeit*, 77-78.

e a caminhada de uma comunidade. Deste modo, vive-se uma verdadeira e concreta experiência de fraternidade a partir de uma união recíproca, como afirma K. Rahner: «Man will miteinander zusammen die Last des Lebens in christlicher Motivation tragen, man will aus einer christlichen Inspiration heraus wirklich brüderlich zusammenleben, Einheit untereinander erfahren und tätig leben»[72].

Tal experiência leva à necessidade de uma maior partilha de vida e intercomunicação religiosa entre as pessoas. Neste sentido, comenta ainda o teólogo, mesmo que em uma comunidade se possa buscar diversos estilos de vida, o fato é que as pequenas comunidades são uma resposta positiva à necessidade de maior comunicação e relação entre as pessoas no âmbito religioso:

> Aber all das ändert nichts daran, daß die heutige Situation eine größere Interkommunikation religiöser Art ermöglicht und notwendig macht, daß Basisgemeinden auch bei uns notwendig sind, daß sich Pfarrgemeinden aus Verwaltungsbezirken kirchlicher Administration von oben Servicestationen bloß individualistisch religiöser Bedürfnisse wandeln müssen in wahre Gemeinden, in denen die Christen brüderlich auch aus demselben Geist leben, der die Kirche erbaut[73].

2.2   A fraternidade cristã conformada ao Cristo pobre.

A Igreja sacramento de comunhão, concretizada como fraternidade cristã na vida de comunidade, expressão do amor ao próximo fundamentado no amor absoluto de Deus, tem como missão assemelhar-se a Cristo, razão e fim do seu existir. Por isso, «Todos os membros se devem conformar com Ele, até que Cristo se forme neles (cfr. Gl. 4,19)»[74]. É neste sentido que o Espírito une as pessoas para formarem comunidade em que, na vivência da comunhão, possam estar em contínuo processo de recuperar a imagem na qual o ser humano foi criado, como diz M. Kehl: «Genau daraufhin zielt das einende, zur Communio versammelnde Wirken des Hl. Geistes inhaltlich: daß glaubende Menschen sich der Gestalt Jesu Christi als der sich dem Vater restlos verdankenden Liebe angleichen lassen»[75].

---

[72] K. RAHNER, *Wer ist dein Bruder?*, 60-61.

[73] K. RAHNER, *Wer ist dein Bruder?*, 63.

[74] LG 7: «Omnia membra Ei conformari oportet, donec Christus formetur in eis (cf. Gal 4,19)».

[75] M. KEHL, *Die Kirche*, 85. O autor lembra que é a Igreja, e por meio dela, que se deve cumprir aquilo que foi iniciado na criação e foi obstaculado pelo pecado, ou seja,

Portanto, uma das características que deverá identificar a Igreja na vivência da fraternidade cristã para se conformar ao Cristo será a pobreza, com todas as consequências e desafios que esta traz:

> assim como Cristo realizou a obra da redenção na pobreza e na perseguição, assim a Igreja é chamada a seguir pelo mesmo caminho para comunicar aos homens os frutos da salvação... assim também a Igreja, embora necessite dos meios humanos para o prosseguimento da sua missão, não foi constituída para alcançar a glória terrestre, mas para divulgar a humildade e abnegação, também com o seu exemplo[76].

Na história da salvação, Deus sempre esteve *com* e *a favor* dos mais pobres e oprimidos[77], para libertá-los e dar-lhes «vida em abundância»[78]. Em Jesus, a pobreza é vivida como *kenosis*[79], assumindo a condição humana, num completo abandono à vontade do Pai. Desta forma, ele é a perfeita concretização do amor de Deus, na qual todo ser humano foi criado e, por isso mesmo, encontra o sentido mais profundo da vida. Encarnando-se, Jesus assume a forma de um homem pobre: «Wenn nun in der Menschewerdung des „Sohnes" genau diese Liebe der Schöpfung mitgeteilt wird, dann nimmt sie – gleichsam in einer inneren „Wesenskonsequenz" – in Jesus die Gestalt eines armen Menschen an (Phil 2,5ff)»[80].

«conformar todas as coisas em Cristo». Só assim a Igreja adquire sua forma fundamental de espaço histórico do amor de Deus: «Was in der Schöpfung begonnen und durch die Sünde verdunkelt wurde, soll sich in der Kirche und durch sie erfüllen: daß alle geschaffene Wirklichkeit das Bild des „Ebenbildes des unsichtbaren Gottes, des Erstgeborenen der ganzen Schöpfung, in dem alles erschaffen wurde" (vgl. Kol 1, 15f), widerspiegle. Erst als dem „Sohn" zugestaltetes Abbild gewinnt die Kirche ihre eigene Grundgestalt: nämlich der geschichtlich-soziale Raum sich beschenken lassender, empfangender, hörender und antwortender Liebe zu sein». *Ibid.*

[76] LG 8: «autem Christus opus redemptionis in paupertate et persecutione perfecit, ita Ecclesia ad eandem viam ingrediendam vocatur, ut fructus salutis hominibus communicet... ita Ecclesia, licet ad missionem suam exsequendam humanis opibus indigeat, non ad gloriam terrestrem quaerendam erigitur, sed ad humilitatem et abnegationem etiam exemplo suo divulgandas».

[77] Segundo M. Kehl, os pobres no Evangelho são aqueles que, por motivos diversos (material, social, físico ou psíquico), são impedidos de participarem de modo adequado da vida social e, por isso, dependem de outros que os ajudem a realizar, de maneira digna, o seu «ser sujeito» na sociedade. Cfr. M. KEHL, *Die Kirche*, 87.

[78] Cfr. Jo 10,10.

[79] Cfr. Fl 2,6-7; 2Cor 8,9.

[80] M. KEHL, *Die Kirche*, 86.

O Concílio Vaticano II fala do «modo» como Jesus cumpriu sua missão: «na pobreza e na perseguição»[81]. Esta «pobreza *kenotica*» de Jesus faz com que toda sua prática de vida seja marcada pela presença dos mais pobres e marginalizados, aqueles que sofrem as consequências do pecado de uma sociedade injusta e distante da vontade de Deus.

> In quest'ottica cristologica va compresa la povertà della chiesa. Essa è la garanzia che la sua molteplice prassi ministeriale avviene nella *determinazione modale dell'agape che cerca la comunione*. Condividendo la sorte di coloro che sono senza ricchezze, senza difensori, senza potere, senza futuro umano essa mostra di essere unita al suo Signore abbandonato, condannato, crocifisso, e di essere unita, nello stesso tempo, agli uomini. Nella povertà lo stesso Spirito che unisce a Cristo, diventa anche lo Spirito che unisce ai fratelli in una prassi di condivisione[82].

A vivência da pobreza na sua dimensão mais plena leva ao martírio, ou seja, à cruz. Os dois elementos estão ligados porque viver o amor que partilha e se compromete com a vida do outro, num total abandono ao projeto de Deus, ao seu amor, encontra resistências numa realidade e num ser humano marcado pelo fechamento, egoísmo, injustiça, enfim, o pecado. Por isso, a Igreja também deve ser «*Ecclesia martyrum*» se realmente quer se identificar com o Cristo pobre, vivendo com ele o caminho da paixão, «fazendo-se obediente até à morte – e morte de cruz!»[83]. O martírio, que também pode ser vivido de tantas formas, não é fim em si mesmo, mas consequência do mistério do amor, que tem como resposta final a plenitude e sentido último da vida: a ressurreição.

---

[81] Cfr. LG 8.

[82] V. MARALDI, *Lo Spirito e la Sposa*, 369. Assim, segundo M. Kehl, esta «conformidade» da Igreja a Cristo só pode realizar-se de modo acreditável onde realmente ela se «con-forma» aos pobres, assumindo a forma de vida destes para tornar-se realmente imagem concreta do Filho de Deus: «Darum kann auch eine „Zugestaltung" der Kirche zu Jesus Christus nur da glaubwürdig gelingen, wo sie ganz real mit denen „kon-form" wird, die Jesus seine „geringsten Brüder und Schwestern" nennt (Mt 25,40); wo sie also den Schritt von der geistlichen Grundhaltung des Sich-von-Gott-Beschenkenlassens zur gesellschaftlichen Teilhabe an der Lebensform der Armen wagt und so ein *konkretes* Abbild des "Sohnes" wird». M. KEHL, *Die Kirche*, 87.

[83] Fl 2,8 «factus oboediens usque ad mortem, mortem autem crucis».

2.3 A fraternidade na vida consagrada como testemunho e sinal para a Igreja

No pós-concilio, a vida consagrada assume a grande responsabilidade de ser testemunha e sinal da comunhão fraterna, que todo o cristão é chamado a viver: «La comunità religiosa è visibilizzazione della comunione che fonda la chiesa e insieme profezia dell'unità alla quale tende come sua meta finale»[84]. O testemunho faz com que o próprio «ser comunidade» dos consagrados ganhe uma dimensão de apostolado e, por isso mesmo, a vida comunitária não deve ser vista como empecilho para os trabalhos apostólicos e, muito menos, substituída por estes:

> È necessario ricordare a tutti che la comunione fraterna, in quanto tale, è già apostolato, contribuisce cioè direttamente all'opera di evangelizzazione. Il segno per eccellenza lasciato dal Signore è infatti quello della fraternità vissuta: «Da questo tutti sapranno che siete miei discepoli, se avrete amore gli uni per gli altri» (Gv 13,35)[85].

A própria ação apostólica deverá ser uma expressão da vida comunitária:

> Non si possono allora invocare le necessità del servizio apostolico, per ammettere o giustificare una carente vita comunitaria. L'attività dei religiosi deve essere attività di persone che vivono in comune e che informano di spirito comunitario il loro agire, che tendono a diffondere lo spirito fraterno con la parola, l'azione, l'esempio[86].

A experiência da vida fraterna como testemunho e sinal para toda a Igreja será vivida na inspiração de um carisma, que se expressa e se concretiza na vida de uma Igreja local: «Nella sua presenza missionaria la comunità religiosa si pone in una determinata Chiesa particolare alla quale porta la ricchezza della sua consacrazione, della sua vita fraterna e del suo carisma»[87]. A riqueza dos diversos carismas vividos a partir de uma experiência fraterna será um dom para toda a Igreja e o sinal de que é possível viver a fraternidade: «La comunità religiosa, conscia delle sue responsabilità nei confronti della grande fraternità che è la Chiesa,

---

[84] VFC, 10.

[85] VFC, 54. «Senza essere il "tutto" della missione della comunità religiosa, la vita fraterna ne è un elemento essenziale. La vita fraterna è altrettanto importante quanto l'azione apostolica». *Ibid.*, 55.

[86] VFC, 55.

[87] VFC, 60.

diventa anche un segno della possibilità di vivere la fraternità cristiana, come pure del prezzo che è necessario pagare per la costruzione di ogni forma di vita fraterna»[88].

Esta experiência de fraternidade da Vida Religiosa, vivida em diferentes modelos de comunidade e de comunhão, pode e deve ser «fermento» que faz crescer a vida fraterna em meio ao Povo de Deus:

> La fraternidad de la vida religiosa ya no depende de un solo tipo de vida comunitaria monástico-conventual. Se experimenta que es posible vivirla dentro de un pluralismo de modelos de comunión que asuman las características, la cultura, los valores humanos y religiosos de los pueblos en los que se sitúan y viven los religiosos. Esto permite que la fraternidad que ellos se esfuerzan por vivir pueda convertirse en un fermento de comunión[89].

Como a Ordem do Carmo, no específico do seu carisma e de sua espiritualidade, pode contribuir nesse sentido? A Regra certamente ajuda a refletir, compreender e a viver concretamente tal missão. É justamente de uma nova releitura da Regra e do carisma carmelita que a Ordem hoje busca refletir a sua atuação no presente e «projetar» o seu futuro.

3. Dimensões eclesiais que surgem da Regra

A Regra do Carmo, na riqueza de sua proposta e das possíveis releituras feitas na sua tradição, pode ajudar a perceber os valores de uma eclesiologia que ilumina certo «rosto da Igreja» na vivência do carisma carmelita, acentuando algumas dimensões que a releitura do mesmo propõe a partir do Vaticano II. Como foi visto, hoje é clara a consciência de que o carisma do Carmelo deve se «encarnar» nas diferentes realidades; que a Regra deve ser relida nas diferentes culturas; que a espiritualidade da Ordem deve responder aos diferentes apelos do mundo atual:

> il Carmelo deve assumere un volto asiatico, africano e latinoamericano. La spiritualità carmelitana ed evangelica deve dialogare con le differenti culture e dobbiamo cercare di non imporre la nostra cultura ad altri. Naturalmente ci sono alcuni principi fondamentali, sia del Vangelo che della nostra tradizione, che rimangono sempre, anche se possono sembrare un po' differenti dal momento che vengono interpretati da culture differenti[90].

---

[88] VFC, 56.

[89] C. MACCISE, C., «Fraternidad», 748.

[90] *Congr. Ger. 2005*, 89. Neste sentido, é muito interessante as conferências da assembleia da Ordem dos Carmelitas Descalços, realizada no Monte Carmelo em 1999, cujo

Porém, tendo como inspiração a própria reflexão proposta pela Igreja no último Concílio, acentuando alguns elementos que compõe a nova eclesiologia conciliar, pode-se descobrir na Regra alguns valores comuns que nascem da sua proposta de vida, os quais devem ser aprofundados em cada contexto social e religioso. Tais valores permitem, na diversidade e riqueza das diferentes experiências de fraternidade, identificar uma unidade que dá identidade à Ordem Carmelitana e que faz com que os carmelitas vivam a partir de um carisma comum.

Da proposta feita pela Regra, pode-se perceber algumas características que acentuam determinadas dimensões da Igreja recuperadas pela sua renovação a partir do Vaticano II. Tais características, presentes e vividas no contexto daquele primeiro grupo no Monte Carmelo, presentes também na vida da Igreja primitiva, ajudam a pensar um «modo de ser carmelita» na Igreja hoje, propondo, assim, também elementos de um «modo de ser Igreja» dentro da espiritualidade do Carmelo, a partir da sua identidade e carisma específicos.

É interessante lembrar que o primeiro grupo de carmelitas no Monte Carmelo recusa assumir outro modo de vida fundamentado em uma das Regras religiosas já estabelecidas na época, mesmo correndo o risco de supressão pela proibição feita pelo Concílio Lateranense IV (1215), confirmado pelo Concílio de Lião (1274), da aprovação de novas Ordens ou Regras de vida religiosa[91]. Ao insistir em manter a sua *vitae formula*, a originalidade do projeto nela contido, provavelmente queriam firmar-se numa identidade própria, que tem um estilo de vida particular, que não podia ser ignorado também como sinal diante de uma realidade eclesial que era ainda desafiada a uma renovação. B. Secondin defende que:

---

tema central era: «O retorno às fontes. Junto à fonte de Elias». A primeira parte foi uma reflexão sobre a Regra que também propôs diferentes leituras a partir de várias realidades: africana, latino-americana, europeia, indiana, oriental. Cfr. *La Regola del Carmelo. Nuovi Orizzonti* (2000).

[91] Cfr. acima, cap. II, nota 47. Diante de tantas novas formas de vida religiosa que surgiam na época, o Concílio tinha a intenção não de suprimir esses grupos, mas de endereçá-los às Regras religiosas já existentes na tradição monástica da Igreja. Isto era para evitar a grande multiplicação das mesmas e a confusão que muitas vezes essas novas formas traziam para a vida da Igreja: «Il decreto intendeva colpire la "nimia diversitas" delle forme di vita religiosa, non il loro numero, o meglio il numero delle istituzioni indipendenti tra loro. Tanto meno intendeva frenare l'ingresso in religione o la erezione di nuove case... Gli eremiti del Monte Carmelo non intraprendono la via più semplice, quella di chiedere la "regula S. Benedicti", ma quella della "approbatio" del papa alla "vitae formula" ricevuta da Alberto. Una via più lunga ed insidiosa». C. Cicconetti, *La regola del Carmelo*, 127-128; 139.

Ciò mostra che per i Carmelitani la adesione-comunione ecclesiale, doveva rispettare anche le specificità carismatiche, e il «riconoscimento giuridico» non poteva essere pagato con la perdita di identità. La *forma ecclesiae* che essi incarnavano non seguiva le categorie «ecclesiastiche» allora emergenti: che erano quelle della centralizzazione e del controllo, della clericalizzazione e della confusione col potere temporale, della organizzazione pastorale e della istituzione sacralizzata (cominciano le strutture parrocchiali e le diocesi diventano centro di potere e di ricchezza). Insomma è l'epoca in cui si impone un irrigidimento vincolante in molti campi[92].

Esta experiência de vida feita por aquele grupo não parece ser desvinculada da vida eclesial, mas justamente uma tentativa de viver de forma mais coerente no seguimento de Jesus Cristo, sentido do verdadeiro ser da Igreja. Eles pedem o reconhecimento da autoridade eclesial; não querem ser um grupo isolado, sem comunhão com a Igreja. No início da Regra se faz a menção à Tradição: «*Multifarie multisque modis sancti patres instituerunt...*»[93], e pode-se perceber como tantos elementos da vida monástica se fazem presentes naquela experiência de vida e no itinerário proposto por Alberto, adaptado às novas realidades e desafios, históricos e eclesiais daquele momento. Tal fato leva a pensar na vital tensão entre a continuidade e descontinuidade, que faz com que os valores cristãos, inegociáveis, essenciais, já assumidos e testemunhados pela primeira comunidade cristã, sejam vividos de forma «dinâmica» e «encarnada», com fidelidade e profetismo. É importante saber distinguir aquilo que é essencial e aquilo que pode, e muitas vezes deve, ser modificado ou «atualizado», para justamente ser fiel ao essencial: «Se alguém fizer mais do que o prescrito... use-se, porém, de discrição...»[94].

Deste modo, firmando-se numa identidade própria defendida por aquele primeiro grupo, pode-se especificar no «modo de ser carmelita» o acento de alguns valores que dão testemunho e que expressam certo «modo de ser Igreja», privilegiando certas dimensões do seu mistério[95].

---

[92] B. SECONDIN – L. A. GAMBOA, *Alle radici del Carmelo*, 118.

[93] Rc 2.

[94] Cfr. Rc 24.

[95] Falar de «dimensões eclesiais» que surgem da Regra não seria a determinação de um «modelo eclesial carmelitano», mas a tentativa de apontar alguns aspectos da Igreja que podem ser identificados na Regra, motivados pela sua releitura. Estes ajudariam a pensar no «modelo», ou «modelos» eclesiais propostos a partir da eclesiologia pós-conciliar, que melhor expressaria a vivência do carisma carmelita na Igreja de hoje. A. Dulles fala da necessidade das «analogias teológicas» para se refletir e falar do mistério da Igreja, que não pode ser expresso diretamente: «Mysteries are realities of wich we cannot speak

Ter claro tais elementos seria de grande ajuda para garantir a unidade e comunhão ao mesmo carisma, sem deixar de estar aberto à diversidade e riqueza de outras formas de vivê-lo hoje na Igreja. Refletir sobre os mesmos parece ser de suma importância para pensar o futuro da Ordem e também contribuir, de alguma forma, no aprofundamento da nova eclesiologia conciliar.

Olhando para a proposta da espiritualidade carmelita contida na Regra, podemos contemplar as características de uma vida eclesial que acentuam alguns valores, entre eles:

3.1 *Uma Igreja de Comunhão*

A Regra indica um modelo claro de comunhão, numa vida toda organizada a partir da vivência da fraternidade. Tal comunhão pode ser expressa em vários momentos e preceitos que acentuam a vida fraterna, dando unidade ao grupo e fundamentando a vida em comum. Não deixando, porém, de respeitar e prever também o espaço do indivíduo e do seu encontro pessoal com Deus, que alimenta e se direciona para o encontro com o próximo[96].

---

directly. If we wish to talk about them at all we must draw on analogies afforded by our experience of the World. These analogies provide models. By attending to the analogies and utilizing them as models, we can indirectly grow in our understanding of the Church». A. R. DULLES, *Models of the Church*, 9-10. O autor também lembra que nenhum modelo deve ser absolutizado, pois nenhum é completo, mas cada um expressa ou acentua aspectos diferentes da Igreja que se complementam, não podendo abarcar, muito menos explicar, toda a dimensão do seu mistério: «Because their correspondence with the mystery of the Church is only partial and functional, models are necessarily inadequate. They illumine certain phenomena but not others... We must recognize that our own favorite paradigms, however excellent, do not solve all questions. Much harm is done by imperialistically seeking to impose some one model as the definitive one». *Ibid.*, 28.32.

[96] São vários os aspectos na Regra que acentuam a comunhão. Como sintetiza G. Helewa: «Bisogna riconoscere che l'unione fraterna, vissuta come espressione evangelica della carità, qualifica profondamente il progetto religioso formulato nella Regola del Carmelo. Il modo in cui dovrà essere eletto il priore (c. 1 [Rc 4]), il modo in cui verrà assegnata a ciascuno una cella propria (c. 3 [Rc 6]), la mensa comune e il comune ascolto della Scrittura (c. 4 [Rc 7]), la celebrazione comune della lode salmica (c. 8 [Rc 11]), la comunanza dei beni "tenendo conto dell'età e dei bisogni dei singoli" (c. 9 [Rc 12]), la comune e quotidiana celebrazione eucaristica (c. 10 [Rc 14]), la periodica riunione comunitaria e la correzione fraterna *caritate media* (c. 11 [Rc 15]), la discrezione benevola con cui si propone l'ascesi corporale (cc. 12 e 13 [Rc 16 e 17]), la figura del priore "servo umile" dei fratelli (c. 17 [Rc 22]), l'esortazione ad "onorare umilmente" il priore (c. 18 [Rc 23]): sono alcuni aspetti che, presi insieme, definiscono un progetto di vita pensato e proposto come ricerca di comunione fraterna matura e generosa, umile e compassionevole». G. HELEWA, «Parola di Dio», 83-84.

A comunhão está presente nas relações internas do grupo, como na presença do prior, escolhido por todos para ser aquele que serve, que acolhe, que socorre[97]. Ele exerce sua autoridade com discernimento, fundamentado na escuta da Palavra, sendo seguido por aqueles que fazem esta mesma experiência, para acolher e concretizar a vontade de Deus em suas vidas. Como já mencionado no capítulo anterior[98], não se deve haver diferença entre os «fratres», entre os irmãos, mesmo entre aqueles que exercem uma função diversa, como o prior. «Invece della relazione *pater-filius* (padre-figlio), che caratterizza il monachesimo, prevale fra i mendicanti la relazione *frater-frater* (fratello-fratello). L'esercizio dell'autorità si muove nella linea agostiniana e si considera come un servizio di fraternità»[99].

A vida de comunhão faz com que todos sintam-se responsáveis pela comunidade. A participação na reunião semanal[100] é um sinal de que no Carmelo se deve haver corresponsabilidade e envolvimento de todos, «construindo» juntos a vida comunitária, vencendo as dificuldades e perdoando-se mutuamente.

Neste mesmo sentido, a Regra não coloca diferença entre aqueles que são clérigos ou não, diferenciando somente entre aqueles que sabem ou não ler[101], mas não como uma diferença que exclui ou privilegia de algum modo. «Tra i frati del Carmelo non esiste, nei primi decenni della sua esistenza, differenza alcuna tra chierici e non chierici. La regola carmelitana non fa alcuna distinzione, ma chiama tutti *fratres*, fratelli. Neppure del priore si può dire con certezza che fosse chierico. Tutti, senza eccezione, devono prender parte al lavoro manuale»[102].

A comunhão deverá também ultrapassar os «muros» do próprio convento, seja na comunhão com toda a experiência ascética da história da Igreja universal[103], quanto concretamente no encontro com as pessoas para a pregação do Evangelho[104], na necessidade de mendicância[105], no

---

[97] Cfr. Rc 4, 9, 12, 22, 23.

[98] Cfr. acima, cap. V, 4.5.

[99] O. Steggink, «Fraternità apostolica», 49.

[100] Cfr. Rc 15.

[101] Cfr. Rc 11. O. Steggink e J. Baudry são de acordo de que na Regra do Carmo não se encontra nenhum traço de «clericalismo». Cfr. O. Steggink, «Fraternità apostolica», 49; J. Baudry, «Solitude et fraternité», 99.

[102] O. Steggink, «Fraternità apostolica», 49

[103] Cfr. Rc 2.

[104] Cfr. Rc 10, 17.

[105] Cfr. Rc 17.

acolhimento dos novos irmãos e dos hóspedes que procuram o estilo de vida do Carmelo[106].

Vivendo desta maneira, pode-se dizer que são um sinal eclesial de uma Igreja de Comunhão, pelo modo como se organizam, participam, exercem o «poder», vivem a obediência, a unidade, comungando um mesmo projeto de vida. Tal característica, por tudo que já foi dito anteriormente, é fundamental para poder assumir uma presença na Igreja hoje e pensar o presente e o futuro da Ordem.

3.2   Uma Igreja pobre

A opção pela pobreza de fato, vivendo do fruto do próprio trabalho e daquilo que recebiam do povo, não podendo ter bens mais do que o suficiente para a sobrevivência, faz com que sejam também um sinal vivo de uma Igreja pobre que se identifica com o seguimento do Cristo pobre. A pobreza, mais do que simplesmente uma ascese pessoal e comunitária, era também uma maneira concreta de estar perto e solidário com os mais pobres, como Jesus fez e ensinou.

A escolha da pobreza sem «rendas e posses»[107]; a limitação da criação de animais e a permissão do uso de «burros e mulos», ao invés de cavalos que eram usados pelos nobres e prelados da Igreja[108]; o fato de assumirem a vida como mendicantes, vivendo nas cidades, optando pelos pobres e vivendo em meio a eles, mostram também o sentido da pobreza que o grupo assume concretamente e quer viver.

Ao mesmo tempo, era uma viva denúncia a toda uma estrutura social que, apegada aos bens, gera a injustiça e a desigualdade, empobrecimento e falta de partilha. «O voto de pobreza não era só um meio de ascese para poder rezar melhor, mas também uma forma concreta de contestar a injusta desigualdade social. Dentro do contexto daquela época, sua vida [dos carmelitas] tinha um alcance político»[109].

Recusando o estilo da estrutura da vida monástica, tornam-se uma alternativa de Vida Religiosa mais coerente com o Evangelho, vivendo com radicalidade a pobreza. Dentro daquele contexto eclesial, podem ser ainda um sinal para a Igreja que deveria rever o seu modo de ser, suas estruturas e ações, retornando às suas raízes na simplicidade e compromisso com os mais pobres, como nas primeiras comunidades cristãs.

---

[106] Cfr. Rc 9.
[107] Cfr. Rc 12, 13, 17.
[108] Cfr. Rc 13; C. CICCONETTI, La Regola del Carmelo, 164.
[109] C. MESTERS, Ao Redor da Fonte, 114.

Dentro desta experiência e coerente testemunho de vida, surge hoje o desafio da solidariedade profética e do compromisso com a justiça e a paz, na construção de uma sociedade mais justa e fraterna, que acolha e também revele o Reino de Deus já presente em meio à humanidade.

3.3   Uma Igreja que gera a paz

Diante daquele contexto em que viviam, marcado pela guerra e violência quotidiana, presente também nas Cruzadas «justificadas» pelo motivo religioso, viver como comunidade onde as pessoas se acolhem e se perdoam, deveria ser um testemunho importante àquela sociedade. A coragem de ir ao encontro do irmão, de acolher as diferenças, de respeitar-se mutuamente, de superar os limites, de dialogar e sentir-se responsável por cada um, de dar e receber o perdão, mostra a proposta de um novo estilo de vida que pode ter proporções eclesiais enormes.

Como propõe B. Secondin, é possível pensar numa «cultura de paz», capaz de gerar um novo modo de ser na Igreja e no mundo:

> una forma di vita basata sulla convivenza rispettosa, sul dialogo e la fiducia, sul perdono e il pluralismo, l'accoglienza e la corresponsabilità, il servizio e la correzione fraterna con amore, la serietà del lavoro e un uso *costruttivo* del parlare, la fedeltà alle tradizioni e l'apertura ai nuovi modelli di vita. Possiamo certamente parlare di una *cultura di pace* e di *non-violenza*, di obiezione di coscienza in un contesto violentissimo di massacri quotidiani... Da questo punto di vista risulta che i Carmelitani dell'inizio si sentivano *Chiesa* con una loro originalità non priva di contestazione e di effetti contro-culturali[110].

O próprio modo de viver na comunidade é fundamentado em relações justas e fraternas[111], na partilha dos bens e na igualdade funda-

---

[110] B. SECONDIN – L. A. GAMBOA, *Alle radici del Carmelo*, 117. Neste sentido, recuperando a presença do Profeta Elias na tradição do Carmelo, no XV Conselho das Províncias afirma-se: «Nel mondo di oggi, dove crescono i conflitti a tutti i livelli della convivenza umana, fa parte della nostra missione creare comunità vive, dove si cerca di vivere la riconciliazione tanto raccomandata da Gesù (cf. Mt 18, 15-35). Come carmelitani dobbiamo essere persone che realizzano la speranza che il popolo poneva nel ritorno del profeta Elia, a sapere "ricondurre i cuori dei padri ai figli e quelli dei figli ai padri" (Mal 3, 23s)». *XV Cons. Prov.*, 145-146.

[111] Segundo o prior geral Joseph Chalmers: «L'impegno per la giustizia, la pace e la salvaguardia della creazione non è un'opzione... Il nostro stile di vita comunitaria è in se stesso una tale dichiarazione: si fonda infatti su relazioni giuste e pacifiche, secondo il progetto delineato nella nostra Regola». J. CHALMERS, «Il Dio della nostra contemplazione», 31.

mental entre os irmãos, gerando a paz, que é um valor imprescindível na comunidade cristã e para toda a humanidade[112].

3.4   *Uma Igreja hospitaleira*

Uma das marcas fortes daquela comunidade parece ser a capacidade de acolher o outro, principalmente acolher a diferença. O Carmelo está aberto para todos, acolhendo a diversidade, não transformando a «unidade» numa «uniformidade», mas vivendo justamente a partilha dos dons, que enriquecem mutuamente as pessoas e faz da comunidade um instrumento de comunhão, aberta para dar e receber[113].

A preocupação do prior, que deve ter a sua cela na entrada para receber os que chegam[114], parece demonstrar também o cuidado para acolher e respeitar a diversidade de cada um, como o fato de receber o alimento de acordo com as necessidades pessoais[115]. As diferenças não são anuladas, mas são direcionadas na vivência de um projeto comum[116], pelo qual cada um é responsável, reconhecendo as próprias limitações e acolhendo as limitações dos outros, na consciência de que também é possível corrigir-se comunitariamente, e com caridade, para o bem da comunidade[117].

A abertura presente na Regra, na qual os preceitos são condicionados ou avaliados segundo as possibilidades, necessidades, comodidade, ao que é mais oportuno, expressa a diferença presente no grupo, onde provavelmente nem todos, por motivos ou limitações pessoais, poderiam realizar a mesma coisa ou do mesmo jeito. A inclusão de todos como «fratres», porém, sem nenhuma distinção entre eles, comprova o valor de

---

[112] É interessante a observação feita pelo dominicano Timothy Radcliffe, em sua reflexão no Capítulo Geral de 2007: «Possiamo essere segni di pace in un mondo violento solo se affrontiamo le profonde radici di quella violenza, che sono l'assolutizzazione della proprietà e la consacrazione della rivalità. Il voto di povertà e la nostra vita comune ci rendono persone che possono vivere in pace gli uni con gli altri. E questa pace è molto più che trattenersi dall'ucciderci a vicenda: è un segno di quella pace interiore che è il Cristo». T. RADCLIFFE, «Una comunità orante e profetica», 42.

[113] «L'essere premurosi verso coloro che arrivano da fuori o mostrare benevolenza verso coloro che ci offrono ospitalità, impegna la fraternità a non chiudersi in se stessa, in un facile compiacimento di sé, ma a sapersi aprire allo scambio reciproco dei doni. Si tratta di saper dare e di saper anche ricevere con gratitudine quanto di bene, di illuminante e di profetico proviene dagli altri (GS 44)». *Ep.O.Carm./O.C.D.*, «Aperti al futuro di Dio», 125-126.

[114] Cfr. Rc 9.

[115] Cfr. Rc 12.

[116] Cfr. Rc 3.

[117] Cfr. Rc 15.

uma comunidade que acolhe tais diferenças sem deixar de propor uma vida e objetivos comuns. Numa sociedade onde as diferenças de interesses, de proveniência, de religião, eram causas de guerra e violência, de ataques e perseguições, acolher o diferente e mostrar a possibilidade de até morar juntos, era também sinal de que é possível viver a comunhão respeitando a diversidade de cada um.

Este valor atualmente tornou-se indispensável para a vida eclesial. A Igreja como hospitaleira deve propor um estilo de vida aberto e acolhedor, onde todos tenham o espaço e oportunidade para expressar-se e ser si mesmo, assumindo o ideal comum que incentiva a colocar a serviço seus dons e qualidades pessoais para o bem do todo. Só assim se constrói verdadeira comunhão. Esta perspectiva, certamente, é muito importante também para um diálogo ecumênico fecundo e frutuoso.

3.5 *Uma Igreja missionária*

Embora a tradição do Carmelo não tenha acentuado o modelo paulino presente na Regra[118], o fato de apontar Paulo – único personagem bíblico literalmente citado – como *magisterium pariter et exemplum* de homem trabalhador, mas também fazendo questão de destacá-lo como o apóstolo «por cuja boca Cristo falava»[119], demonstra a sua importância como modelo a seguir, no qual pode-se estar seguro de não errar[120].

A presença do modelo paulino pode não somente mostrar o sentido e necessidade do trabalho manual, mas também evocar a dimensão missionária da Igreja, convidando aqueles que são «nutridos» da Palavra de Deus à pregação e ao testemunho do Evangelho, acolhendo o diverso, o disperso, o distante para a vida de comunhão.

Para a Ordem Mendicante, caracterizada pelo modelo de vida apostólica, que tem a pregação como parte de sua espiritualidade, a missionariedade paulina ajuda a perceber a necessidade de abertura, de estar nas «fronteiras»[121], de não fechar-se na própria experiência comunitária, mas estar em constante diálogo e partilha que evangeliza e anuncia.

---

[118] Cfr. acima, cap. V, 5. Paulo aparece literalmente citado em Rc 20, e abundantemente em Rc 18 e 20 sobre o «combate espiritual». Mas também em outros capítulos, quer direta ou indiretamente, como na saudação inicial (Rc 1) – que parece redigida nos moldes de uma carta paulina –, e em várias outras frases que se inspiram nos seus escritos, entre elas «em obséquio de Jesus Cristo» (Cfr. 2Cor 10,5) e «um coração puro e reta consciência» (Cfr. 2Tm 1,5).

[119] Cfr. Rc 20.

[120] «non poteritis aberrare». Rc 20.

[121] Cfr. B. SECONDIN – L. A. GAMBOA, *Alle radici del Carmelo*, 127. B. Secondin coloca a hipótese de que a menção de Paulo na Regra poderia ser pensada como uma mediação

A necessidade de anunciar o Reino, tendo a pregação e a pastoral como fruto e partilha da experiência íntima da presença de Deus, indo ao encontro principalmente daqueles que ainda são privados desse valor, seguramente é uma dimensão da Igreja que continua sendo um grande desafio no mundo contemporâneo.

3.6   *Uma Igreja mística*

A Regra é marcada por um projeto de vida na constante presença de Deus, onde a «cela» proporciona tal encontro na oração e contínua meditação de sua Palavra[122]. A Eucaristia como o «centro» da comunidade[123], as orações em comum[124], o «combate espiritual»[125], os momentos de silêncio[126], são elementos que formam o espaço da mística do Carmelo e possibilita viver uma profunda experiência de Deus, que gera e sustenta a vida fraterna. Deste modo, o carmelita e a carmelita são chamados a serem pessoas de profunda oração, vocação que nasce da escuta da Palavra, da celebração Eucarística, da comunhão de um mesmo projeto de vida, da fé e esperança partilhada. Em outras palavras, acentuam a dimensão «mística» da Igreja[127].

A oração, porém, não deve ser pensada simplesmente como os ritos ou os momentos pessoais realizados, mas como algo que envolve todo o ser, toda a vida colocada na presença de Deus. Isto faz com que a pessoa não viva somente voltada para si, mas saia ao encontro com o Outro e, consequentemente, com os outros. Por isso mesmo, a oração joga o ser humano para dentro do próprio mistério da Igreja:

---

entre o resgate dos valores da Igreja Primitiva e o necessário trabalho de evangelização presente na época: «Io sono convinto che il richiamo a Paolo potrebbe avere anche questo motivo: e quindi si cercasse di mediare fra ispirazioni più legate alla memoria degli Atti degli Apostoli (la *"ecclesia primitiva"*: con l'enfasi sulla fraternità) e ispirazioni più "moderne" (in quel momento), legate all'esempio apostolico e itinerante di Paolo, predicatore missionario e insieme lavoratore (con le proprie mani)». *Ibid.*

[122] Cfr. Rc 10.

[123] Cfr. Rc 14.

[124] Cfr. Rc 11.

[125] Cfr. Rc 18-19.

[126] Cfr. Rc 20, 21.

[127] C. Boff define uma Igreja «mística» destacando três características: uma Igreja *pneumática*, que recupera a presença do Espírito Santo, e não apenas do Cristo «segundo a carne», vivendo mais da inspiração, do carisma, da comunhão, da comunidade; uma Igreja *contemplativa*, que seja orante e adorante, vivendo da escuta da Palavra, da Eucaristia, da Ação de Graças pelo Reino, da gratuidade; e uma Igreja *mistagógica*, que leva ao encontro com Cristo e à profundidade dos mistérios. Cfr. C. Boff, *Uma Igreja para o novo milênio*, 9-10.

Così deve essere per la preghiera dei carmelitani. Deve essere un'esperienza di chiesa: completare, nella preghiera, un'edificazione di *koinonia*. Diventare chiesa che protende le sue mani, vigilando, verso il Signore. Si diviene *forma ecclesiae* perché si vive il sospiro e la gratitudine della chiesa, perché si è popolo che attende, che cerca di vedere attraverso la vita l'ultima meta cui si va incontro[128].

A vida de oração, pessoal ou comunitária, somente será verdadeira se for vivida numa dimensão eclesial, para não transformar-se apenas numa busca de si mesmo, ou num cumprimento de ritos. Ela deve realmente ser abertura ao Espírito de Deus, que reúne todos em fraternidade, para juntos fazer a vontade do Pai, no seguimento do seu Filho. Não deve haver uma dicotomia entre o que se reza e aquilo que se vive, entre a ascese individual e a vida eclesial, mas uma unidade, «un momento di chiesa, un'esperienza che fa vivere la chiesa e la fa vibrare come corpo comune. La preghiera deve essere fede che diventa ricerca e incontro, desiderio e abbraccio, sete e fonte cristallina, comunione e riconciliazione»[129].

Quando se afirma com tanta ênfase que a contemplação é o grande dom que o Carmelo pode oferecer à Igreja, certamente, se deve levar em consideração também tal sentido e experiência de oração. Esta é a base que alimenta a vida eclesial, estimula e sustenta a vida fraterna e profética, no encontro com o próximo e no compromisso com a construção do Reino.

4.   A fraternidade Carmelitana como sinal e instrumento da Igreja de Comunhão.

Diante de toda reflexão eclesiológica que se pode fazer da releitura da Regra e do carisma carmelita, uma pergunta importante e decisiva se faz fundamental: dentro do contexto pós-conciliar da Igreja de Comunhão, como a fraternidade carmelitana pode ser uma presença fecunda na Igreja e no mundo de hoje? A resposta a tal questionamento, embora não tão simples, deve estimular a constante reflexão da Ordem e incentivar ações concretas que a coloque a caminho, na perspectiva de confrontar os desafios e construir seu futuro.

Em toda discussão provocada pelo Vaticano II, sobre a Igreja como sacramento de comunhão, percebe-se que o tema da fraternidade, como concretização da *koinonia* presente na comunidade primitiva, torna-se

---

[128] B. SECONDIN, «Tentare fraternità», 94.
[129] B. SECONDIN, «Tentare fraternità», 94.

fundamental para a verdadeira renovação da eclesiologia, como proposta pelo Concílio:

> O conceito de *comunhão* (*koinonía*), já posto de manifesto nos textos do Concílio Vaticano II (cfr. LG 4, 8, 13-15, 18, 21, 24-25; DV 10; GS 32; UR 2-4, 14-15, 17-19, 22), é muito adequado para exprimir o núcleo profundo do Mistério da Igreja e pode ser, certamente, a chave de leitura para uma renovada eclesiologia católica (cfr. SÍNODO DOS BISPOS, II Assembleia extraordinária (1985), *Relatio finalis*, II, C, 1). O aprofundamento da realidade da Igreja como Comunhão é, na verdade, uma tarefa particularmente importante, que oferece amplo espaço para a reflexão teológica sobre o mistério da Igreja, *«cuja natureza admite sempre novas e mais profundas pesquisas* (PAULO VI, *Discurso de abertura do segundo período do Conc. Vaticano II*, 29-IX-1963)[130].

Como já foi mencionado, o carisma das Ordens Mendicantes tem na sua espiritualidade o específico da vida fraterna, fruto da experiência de Deus, que deve ser vivida, primeiramente, como um sinal para toda a Igreja, «a fim de que o seu testemunho seja visível a todos»[131]. Já afirmava o carmelita O. Steggink nos anos logo após o Vaticano II:

> Ogni comunità [dei mendicanti] deve essere il seme, la realizzazione e il segno visibile della sua unione con Dio prima di voler essere uno strumento di fraternizzazione. Se vogliamo considerare «i segni dei tempi», il profondo anelito dell'uomo moderno di socializzazione e l'unificazione del mondo come principi basilari per una rivalorizzazione della fraternità mendicante, bisognerà riallacciarsi a quell'aspetto del clima spirituale che può sperare un contributo da parte della fraternità mendicante: la testimonianza di una comunione fraterna, segno e garanzia dell'amore di Dio, della venuta del Dio d'amore, del Dio che si mostra solidale con i «minori», i

---

[130] CDF, *Communionis notio*, 1: «*Communionis* notio (*koinonía*), textibus Concilii Vaticani II iam in luce posita (cf. Const. *Lumen gentium*, nn. 4, 8, 13-15, 18, 21, 24-25; Const. *Dei Verbum*, n. 10; Const. *Gaudium et spes*, n. 32; Decr. *Unitatis redintegratio*, nn. 2-4, 14-15, 17-19, 22), valde apta est ad exprimendum nucleum intimum Mysterii Ecclesiae et bene potest tamquam clavis adhiberi ad renovatam ecclesiologiam catholicam rite excolendam (cf. SYNODUS EPISCOPORUM, II Coetus extraordinarius (1985), *Relatio finalis*, II, C, 1). Magni momenti est altius perscrutari doctrinam de Ecclesia prout est Communio. Amplum sane hic patet spatium theologicae pervestigationi prosequendae de mysterio Ecclesiae, quippe quae *"talis est naturae, quae novas semper altioresque suipsius explorationes admittat"* (PAULUS VI, *Allocutio secunda Ss. Concilii Vaticani II periodo ineunte*, 29-IX-1963: AAS 55 (1963) p. 848».

[131] Cfr. PC 25.

fratelli oppressi ed emarginati, che si è proclamato «accessibile» al povero e all'indigente, e salverà la vita dei suoi poveri e li riscatterà dalla violenza e dal sopruso (Sal 72,12-14)[132].

Este testemunho, porém, como um carisma dado pelo Espírito Santo para o bem de toda a Igreja, deve tornar-se também um «instrumento» que ajude e promova a vida fraterna realizada na comunhão concreta da vida eclesial. Em outras palavras, deve ajudar as pessoas a perceberem a importância fundamental do encontro fraterno com o próximo, como fruto do encontro com Deus, e motivá-las para uma vida de comunidade, de participação e corresponsabilidade. Se o «testemunho» é sinal, a «fraternização» será o serviço, um modo de concretizar a comunhão, que dá sentido ao próprio dom de Deus Trindade presente em meio ao seu povo.

Esta fraternidade testemunhada deve acontecer nas mais variadas formas de comunhão que o mundo de hoje desafia, desde a acolhida da diversidade, do diferente, como também a solidariedade com os «menores», com a partilha dos bens segundo as necessidades de cada um, com a construção de um mundo mais justo e fraterno.

Embora não se tenha «receitas prontas», ou é muito difícil, e talvez perigoso, traçar um caminho único, definitivo[133], é possível pensar e indicar alguns pontos concretos que poderiam orientar a presença da

---

[132] O. STEGGINK, «Fraternità apostolica», 56. (A primeira versão do artigo foi publicada em 1968, com o título: «Fraternità e possesso in comune. L'ispirazione presso i mendicanti». Cfr. *Carmelus* 15 (1968) 5-35). Segundo o mesmo autor, o «ideal comunitário» da Igreja e de toda a humanidade, revalorizando a vida apostólica da Igreja primitiva, abre a oportunidade de uma renovada teologia da Vida Religiosa, proporcionando uma nova perspectiva, principalmente aos mendicantes: «Una nuova teologia della vita religiosa deve avere come punto di partenza la rivalorizzazione della vita apostolica secondo la descrizione degli Atti degli apostoli, intesa come l'ideale comunitario della chiesa e di tutta la comunità umana, come il fondamento-guida della dottrina sociale del vangelo e come la più grande forza attrattiva del messaggio cristiano. Sotto questo aspetto, l'ecclesiologia conciliare e la nuova coscienza ecclesiale aprono nuove prospettive per la vita religiosa in generale e per i mendicanti in particolare». *Ibid.*, 55.

[133] No XVI Conselho das Províncias (2009), o padre geral Fernando Millán Romeral afirma: «In varie occasioni, ho sentito dire, da persone impegnate in un apostolato determinato o in una determinata attività, che questo è "l'unico futuro per l'Ordine". È normale che ogni provincia, ogni realtà carmelitana abbia una tendenza determinata e una sensibilità più accentuata per una dimensione concreta del nostro carisma e della nostra vita (la spiritualità, la cultura, il laicato, la pastorale, la giustizia e la pace...), però l'esclusivismo, che ci porta a considerare che quello che facciamo è la sola cosa valida e che solo noi possediamo la patente del "carmelitanesimo", non è cosa buona. Il nostro carisma e la nostra spiritualità sono assai ricchi, forgiati durante secoli, plurali, flessibili... lontani da monopoli e posizioni rigide». *XVI Cons. Prov.*, 256-257.

Ordem e sua participação no processo de aprofundamento e recepção da eclesiologia conciliar.

4.1 *Ser na Igreja «comunidade contemplativa em meio ao povo»*

A expressão que sintetiza a vocação à vida carmelitana[134] ajuda a compreender o valor inegociável para o Carmelo[135], e que deve estar na base da sua presença e participação como Igreja: ser uma comunidade contemplativa em meio ao povo[136].

A contemplação, compreendida no sentido mais amplo do conceito, como elemento dinâmico que unifica todos os aspectos do carisma – oração, fraternidade e serviço[137] –, será a marca do Carmelo *na* Igreja e *como* Igreja. Lembrando sempre que é da experiência da presença e intimidade com Deus que nasce toda experiência eclesial de fraternidade, de igualdade fundamental, de comunhão e participação num mesmo projeto de vida: o seguimento de Jesus Cristo.

A atenção à centralidade da oração, da celebração litúrgica, da escuta da Palavra, que alimentam a espiritualidade numa atitude contemplativa, vendo o mundo e a humanidade com os olhos de Deus, amando o próximo e formando com ele comunidade, colocando-se à serviço e comprometendo-se profeticamente com a realização do Reino, serão elementos característicos da Ordem, cuja fonte é a experiência contemplativa. Portanto, para o carmelita a contemplação tem um grande valor evangélico e eclesial, pois não é somente fonte de vida espiritual, mas determina a qualidade da vida fraterna e o serviço realizado em meio ao povo[138].

É claro que o Carmelo tem uma grande Tradição e um patrimônio espiritual a ser partilhado com todo o Povo de Deus. Neste sentido, certamente, a Igreja espera da Ordem que seja sempre esta presença e consciência do essencial que alimenta toda a vida eclesial[139], principalmente hoje, quando se vive grandes desafios em torno à espiritualidade. Atualmente, faz-se necessário um bom discernimento em relação à

---

[134] Cfr. *RIVC 2000*, 20-49.

[135] Cfr. *Const. 1995*, 16-18.

[136] Para o carmelita, contemplar significa deixar-se ser transformado pelo amor de Deus, em uma postura de abertura a Ele, experimentando o seu amor gratuito e grande, que modifica o ser humano: «Quest'amore ci svuota dai nostri modi umani limitati e imperfetti di pensare, amare e agire; e li trasforma in modi divini». *Const. 1995*, 17.

[137] Cfr. *RIVC 2000*, 23.

[138] Cfr. *Const. 1995*, 18.

[139] Uma frase marcante para a Ordem foi a proferida pelo papa Bento XVI, em 2010, ao prior geral Fernando Millán Romeral: «Voi Carmelitani siete coloro che ci insegnano a pregare». Cfr. *Congr. Gen. 2011*, 6.

experiência de Deus, às práticas de oração, pois muitas vezes a mística é confundida com magia; a oração como momento de puro «intimismo», «sentimentalismo», busca egoísta do próprio «eu», querendo às vezes manipular a ação de Deus segundo a própria vontade, às próprias necessidades, apenas para resolver os problemas pessoais, sem gratuidade, «negociando» com Deus. É comum hoje, em alguns movimentos religiosos, ver pessoas – muitas vezes líderes eclesiais – que pensam poder fazer uma «agenda para Deus», determinando o lugar, a hora, o modo como Ele deve se manifestar, quando a sua graça deve atuar, curar, realizar milagres, etc. Muitas vezes, aproveitando da inocência ou desespero de tantas pessoas que, no momento do seu sofrimento e grandes dificuldades, não se dão conta que é um engano querer «forçar» ou «manipular» a ação gratuita de Deus. Ele, no seu imenso amor, que se manifesta na mais pura liberdade e gratuidade, jamais abandona o ser humano, principalmente no momento da dor, mas quer fazer com esses uma experiência de vida, de abandono, de confiança, de gratuidade, ou seja, de graça.

Neste sentido, o Carmelo pode ter muito *a dizer* e a *ser* na Igreja, ajudando as pessoas no processo de um verdadeiro caminho de espiritualidade, de oração e de vida na presença do amor totalmente gratuito de Deus. O patrimônio espiritual da Ordem tem muito a contribuir com a Igreja a esse respeito.

4.1.1 Ser mestres, mas também discípulos

Na Igreja de Comunhão se deve haver abertura: a atitude não deve ser somente de dar, mas também de receber; não somente ensinar, mas também de aprender. Talvez hoje não se devesse pensar tanto em somente rezar *para* o povo, ou ser testemunho de vida orante *para* o povo, mas também rezar e ser testemunho *com* o povo. A espiritualidade se manifesta na vida, a oração é a própria vida na presença de Deus[140]. Assim, rezar e testemunhar *com* o povo pode ser também uma grande «escola de oração» para a Igreja e para o Carmelo.

O quanto pode revelar a presença de Deus a oração simples e humilde daqueles que, sem grandes conhecimentos de teologia ou de espiritualidade, o experimentam no quotidiano e no concreto de suas vidas, no confronto com os desafios de cada dia; na dor e sofrimento causado por uma doença, por um desemprego, pela fome, pela insegurança, pela violência, onde a única confiança e refúgio é a vida abandonada nas

---

[140] Como dizia o carmelita beato Titus Brandsma: «La preghiera è vita, non un'oasi nel deserto della vita». Editado por: S. SCAPIN, *Nella notte la libertà*, 198.

mãos do Pai. Como lembra o próprio Cristo: «Eu te louvo, ó Pai, Senhor do céu e da terra, porque escondeste essas coisas aos sábios e entendidos e as revelaste aos pequeninos. Sim, ó Pai, porque assim foi do teu agrado»[141].

Rezar com o povo, saber partilhar as diferentes experiências de oração, proporcionando espaço e oportunidade para a participação, criando momentos para isto, buscando novas formas de viver essa dimensão juntos, pode enriquecer a todos e ser um grande «serviço» à Igreja. Sair da única posição de «mestres em espiritualidade» para também ser «discípulos», «aprendizes» com o povo, com a realidade da vida, pode ajudar a aprofundar e compreender melhor a própria tradição espiritual da Ordem. Pode trazer a perspectiva de serem, no seio da Igreja, aqueles que não somente podem ensinar, que são expertos em espiritualidade, mas aqueles que também querem aprender e constantemente recordar, motivar, proporcionar a vivência de tal valor fundamental na vida de todo cristão. A Palavra de Deus, rezada e partilhada, é a fonte e o convite para esta abertura e todo esse processo.

4.2   Ser na Igreja uma «escola de fraternidade».

Como já foi algumas vezes afirmado, o valor da fraternidade está presente na Regra, delineando o projeto de vida comum, fundamentado na escuta da Palavra e na Eucaristia[142]. Por isso mesmo, em comunhão com a reflexão eclesiológica do Vaticano II, o tema da fraternidade foi resgatado pela Ordem com muita ênfase após o Concílio[143], como forma

---

[141] Lc 10, 21: «"Confiteor tibi, Pater, Domine caeli et terrae, quod abscondisti haec a sapientibus et prudentibus et revelasti ea parvulis; etiam, Pater, quia sic placuit ante te"».

[142] Em um subsídio oferecido pelo Governo Geral da Ordem para a preparação do XVI Conselho das Províncias (2009), afirma-se: «A fraternidade não é uma tarefa a mais ao lado das outras, mas sim uma atitude de vida que deve permear tudo. Para nós Carmelitas, a fraternidade é tão importante quanto o *meditar dia e noite na lei do Senhor"* (Rc 10). Assim como Deus é presença constante na nossa vida, também o irmão deve ser presença constante. O exercício da fraternidade nasce da experiência de Deus como Pai e conduz para uma experiência mais profunda de Deus». *Abraçando o seu evangelho*, 4.

[143] Cfr. acima, cap. IV, 9.1. O resgate da dimensão da fraternidade, embora tenha sido enfatizado no pós-concílio, não é um tema novo na Ordem: «Si può così affermare che la fraternità – più però come vita insieme di fratelli, che come rapporto interpersonale tra fratelli – sia una delle caratteristiche sulle quali i carmelitani hanno voluto insistere maggiormente nell'aggiornamento postconciliare. Chi conosce, anche solo vagamente, la storia dell'ordine carmelitano sa bene che non si tratta di una novità assoluta. Frequenti e numerose sono le testimonianze dei secoli che provano un interesse, periodicamente riattivato tra i carmelitani, per questo valore. Tutte le riforme, per esempio, hanno cercato non solo una preghiera personale più intensa, una vita di povertà più autentica, ma anche

de encontro com a sua própria identidade. Assim, pode-se dizer que o Carmelo é convidado, testemunhando e aprendendo a cada dia a viver em comunidade, a ser também na Igreja uma «escola de fraternidade»:

> Senza dubbio la vita religiosa, come risposta all'iniziativa divina, deve svilupparsi per natura sua nelle vie della solidarietà fraterna. Infatti Dio è raggiungibile da noi solo mediatamente, cioè partendo dalle creature e attraverso la creazione, e particolarmente attraverso la mediazione dei fratelli. Da questa affermazione nasce la convinzione che solo la «scuola di fraternizzazione» potrà restituirci l'identità di «frati del Carmelo»[144].

A convivência entre os irmãos e irmãs é o espaço para desenvolver uma verdadeira espiritualidade de comunhão, uma ascese pessoal, no constante exercício de abertura para a vivência da unidade, partilhando a própria vida com o próximo. O silêncio proposto pela Regra não é isolamento, mas justamente o momento de mergulhar no mistério, na escuta, na intimidade com Deus, que alimenta o não fechamento de si, mas, pelo contrário, a abertura, a partilha, o acolhimento, o crescimento afetivo para relacionamentos maduros, para o perdão que solidifica a comunidade. Tudo isso é a base para o encontro com a alteridade, a escuta do outro e o diálogo franco e fraterno: «Solitudine e silenzio, concepiti e vissuti a livello di comunicazione e di comprensione fraterna, costituiscono il cammino verso Dio»[145].

Os valores da vida fraterna devem ser alimentados em todos os cristãos. A fraternidade deve estar na base da vida da Igreja. O Carmelo, como lugar de vivência fraterna, que nasce da experiência profunda de ser filho e filha de Deus, deve estimular e fomentar essa fraternidade na vida de toda Igreja, pois a vida consagrada deve ser um «sinal eloquente»

---

una vita comunitaria più fraterna, ricca di accoglienza, di mutuo sostegno e di comunione in tutto». B. SECONDIN, «Tentare fraternità», 73.

[144] O. STEGGINK, «Fraternità apostolica», 57. O autor usa o termo «scuola di fraternizzazione» referindo-se também à necessidade de aprender com as experiências e partilhas dos pequenos grupos que buscam viver mais intensamente a fraternidade a partir de uma espiritualidade do encontro com o próximo: «Senza assolutizzare nessuna tendenza, dobbiamo riconoscere che è una prassi crescente, anche nelle nostre file, entrare nella "scuola di fraternizzazione" per mezzo dei così detti "piccoli gruppi" e le "comunità di base". In tale forma di vita, nella quale si opta per una "spiritualità del prossimo", per una spiritualità interpersonale a base di frequenti e intensi scambi a livello di fede, si può parlare di una scuola di fraternità. Si tratta di una forma di "fede fraterna", uno degli aspetti più caratteristici della fede, secondo Karl Rahner, ai nostri giorni (cf. Rahner, K., *Chi è tuo fratello?*, Roma 1984)». *Ibid.*

[145] O. STEGGINK, «Fraternità apostolica», 59.

da comunhão eclesial[146]. Não basta somente viver a fraternidade, mas deve-se também ser fermento, criando espaços e condições para que essa cresça como modo de ser e agir na Igreja.

É claro que uma marca principal deixada pela presença dos carmelitas na Igreja deverá ser o aspecto da vida na presença de Deus, na intimidade com Ele vivida no silêncio, na oração, na escuta da Palavra da qual nasce a vida de comunhão. Mas para uma análise eclesiológica parece também ser necessária uma reflexão que vai além de uma definição pastoral, do simplesmente discernir o que a Ordem pode ou deve fazer na Igreja, ou que presença pretende ser. É preciso também pensar «que tipo de Igreja», com tal presença e experiência pastoral, se quer ser e alimentar; que «rosto da Igreja» a vivência da espiritualidade carmelita, na sua legítima atuação eclesial, assume diante da humanidade e do mundo.

No aspecto eclesiológico, o «modo de ser» do Carmelo na Igreja acentua algumas características que vêm de encontro à eclesiologia de comunhão. Neste sentido, viver como Igreja de Comunhão traz consequências práticas no modo de agir e de ser presente. Neste caso, a fraternidade vivida no interno e externo das comunidades carmelitas é decisiva para mostrar a sua visão e opção eclesiológica. Parafraseando e contextualizando o ditado popular, talvez se possa dizer: «Veja como eles vivem a fraternidade, e saberás que tipo de Igreja eles são». Ao menos não se deveria haver contradição entre essas duas perspectivas e dimensões da fraternidade.

4.2.1 Uma fraternidade participativa e corresponsável

Sendo a fraternidade um valor em si, pois proporciona ao ser humano uma comunhão fundamentada na filiação divina, que leva a participar do mistério de Deus Trindade, ela traz consigo também consequências muito práticas, entre elas, a participação e corresponsabilidade.

É muito significativo que o Sínodo extraordinário dos Bispos, em 1985, fala de «participação e corresponsabilidade eclesial» como uma das características da Igreja como comunhão: «Poiché la chiesa è comunione, deve esserci partecipazione e corresponsabilità in tutti i suoi gradi. Questo principio generale dev'essere inteso in modo diverso in ambiti diversi»[147].

---

[146] Cfr. VC 42.

[147] II *Sinodo Str. Vesc.*, *Rapporto finale*, II, C, 6. W. Kasper explica que seria uma grande redução limitar o conceito de comunhão à relação entre os bispos e o papa. O termo é muito mais abrangente, pois o conceito de Igreja de Comunhão significa que todos formam a Igreja Povo de Deus: «Es wäre eine schlimme Verkürzung, würde man die communio-Ekklesiologie nur auf das Verhältnis der Bischöfe untereinander und mit dem Papst

Ser fraterno é ser também responsável pelo outro e, no âmbito da Igreja, pela caminhada comum na qual todos, na diversidade de carismas e funções, formando uma comunidade ministerial, tenham consciência da importância e necessidade da participação para a vida e o bem da comunidade eclesial. Assim, a eclesiologia de comunhão, também no seu sentido prático, é fundamental e traz uma grande fecundidade à vida da Igreja[148].

Uma das formas em que a Ordem do Carmo vive concretamente esta dimensão é a partir da abertura e conscientização da internacionalização da presença do Carmelo na Igreja e no mundo. Acolhendo a diversidade como enriquecimento dos diversos modos de encarnar o carisma; a abertura como espaço de participação e contribuição na caminhada do todo; os encontros de toda a Ordem como maneira de contribuir e ser corresponsável nos trabalhos do governo geral, o Carmelo também se desafia à vivência do valor da fraternidade numa dimensão maior, ampliando a experiência conventual para o contexto de toda a Ordem, inspirados no próprio modo de ser Igreja de Comunhão.

O desafio continua em alimentar e crescer neste modo de compreender o compromisso que a fraternidade requer, e continuar conscientizando sobre a importância da participação e corresponsabilidade de todos. Também na Ordem, a tendência ao fechamento, ao isolamento, ao querer caminhar sozinho com os próprios problemas, próprias dificuldades, sem envolvimento e responsabilidade com o todo ou, muitas vezes, indiferente a esse, são os limites que podem ameaçar tal dimensão da fraternidade, empobrecendo a vida comum ou até mesmo aniquilando o seu verdadeiro sentido.

4.2.2 A comunhão fraterna como «Família Carmelitana»

Um dos grandes valores que a Ordem alimentou nos últimos anos, e que dá uma grande perspectiva de enriquecimento à concepção do carisma e da fraternidade carmelitana, é a experiência de viver como uma

---

beschränken. Kirche als communio besagt: Wir alle sind Kirche. Damit geht ein wichtiges Anliegen der Volk-Gottes-Ekklesiologie unmittelbar in die communio-Ekklesiologie ein. Die Synode greift diesen Gesichtspunkt auf und spricht von dem Prinzip der Teilhabe und der Mitverantwortung aller in der Kirche». W. KASPER, «Kommentar», 94. O autor ainda afirma que uma eclesiologia de comunhão acentua a importância de uma ativa participação de todos na Igreja, colocando fim a um modelo de pastoral baseado na assistência ou na subsistência: «Die communio-Ekklesiologie meint ja, daß es in der Kirche keine aktiven neben passiven Gliedern geben darf; communio-Ekklesiologie macht Schluß mit dem Modell einer Betreuungs- und Versorgungspastoral. Sie tendiert auf die Subjektivität der Kirche und aller in der Kirche». ID, *Theologie und Kirche*, 286.

[148] Cfr. W. KASPER, «Kommentar», 95.

grande família do Carmelo. A forte afirmação de que o carisma não é «monopólio» da primeira Ordem[149], ou que a Ordem do Carmo não é «primordialmente» composta pelos frades – ainda que estes cronologicamente surgiram primeiro –, faz tomar uma posição de enorme importância para a vida e futuro do Carmelo, bem como na sua concepção de Igreja e de sua presença nesta.

Reconhece-se que o mesmo carisma pode e deve ser vivido e encarnado na experiência de vida de homens e mulheres consagrados no Carmelo; de bispos, sacerdotes e diáconos que vivem a espiritualidade carmelita em suas vidas; de tantos leigos e leigas que se identificam e assumem a proposta carmelitana a partir da sua própria vocação laical. A consciência de que o dom de Deus ao Carmelo é igualmente oferecido nos diversos modos e estados de vida presentes na comunidade eclesial, traz uma importante repercussão no modo de compreender e de ser Igreja hoje. Assumir a espiritualidade carmelita, vivendo como irmãos e irmãs de uma mesma família, e reconhecendo a complementaridade e enriquecimento no modo de viver o carisma que cada um pode oferecer ao todo, é um claro exemplo de fraternidade vivida como Igreja de Comunhão.

A valorização e abertura à real participação do laicato, principalmente, é um dos grandes frutos do Concílio Vaticano II. A vocação laical cada vez mais encontra o seu espaço e importância na vida eclesial, ajudando a descentralizar as responsabilidades e conscientizando de que a Igreja é todo Povo de Deus que caminha junto, sem privilégios ou exclusões. Neste sentido, não se pode também esquecer a presença importante e imprescindível das mulheres, que foram, e muitas vezes ainda continuam sendo, discriminadas no contexto eclesial, ou ainda não são suficientemente valorizadas como se deveria, nas pastorais, na vida da Igreja, principalmente nas instâncias de discussões e decisões. Hoje, as mulheres recuperam o seu papel na Igreja e no Carmelo e, por isso, devem ser acolhidas e valorizadas na sua indispensável presença e modo de ser[150].

---

[149] Cfr. acima, nota 33.

[150] Mas ainda são grandes os desafios, como recorda corajosamente a monja carmelita descalça Anne Henderson, O.C.D., no encontro da Ordem dos Carmelistas Descalços no Monte Carmelo (1999). Diz a religiosa: «Comunque saggiamente e discretamente usata, credo che questa collaborazione e ripensamento dei nostri rapporti promette bene per il futuro, in quanto le monache crescono nella fiducia e nel desiderio di avere voce in capitolo per quanto le riguarda. Abbastanza spesso infatti, come ben sapete, non abbiamo molta voce nella Chiesa, nonostante tutti i documenti romani e i pronunciamenti del papa. Sapete che il recente documento sulla clausura, *Verbi sponsa*, è stato scritto, approvato, promulgato e messo in vendita nelle librerie di Roma prima che molte di noi che eravamo le dirette interessate nemmeno venissimo a sapere della sua esistenza? Non siamo state

Ainda muitas barreiras devem ser vencidas, na Igreja como na Ordem, para poder trabalhar juntos, valorizando a participação e contribuição de cada um e cada uma. A Família Carmelitana, porém, pode ser a grande chave de leitura para uma melhor compreensão eclesiológica e atuação do Carmelo na Igreja contemporânea, numa concreta abertura à participação e corresponsabilidade. Tal fato pode ser decisivo até mesmo para o futuro da Ordem como presença ativa, viva e eficaz na vida da Igreja, presente nas mais diversas realidades do mundo.

4.3   Ser testemunhas de uma Igreja «serva e pobre».

Se o *propositum* carmelitano é viver «em obséquio de Jesus Cristo»[151], «esvaziando-se» de si para viver inteiramente a seu serviço, a fraternidade carmelitana não pode deixar de realizar-se e encarnar-se na solidariedade concreta com os mais pobres, servindo ao Senhor presente nos marginalizados da sociedade[152]. Pois Ele mesmo disse: «"Em verdade vos digo: cada vez que o fizestes a um desses meus irmãos mais pequeninos, a mim o fizestes!"»[153].

As atuais Constituições orientam à solidariedade e compromisso com a libertação integral do ser humano, defendendo a sua dignidade:

---

consultate a nessun livello di redazione del documento; non ci è stata offerta una bozza per l'approvazione e nemmeno per sentire il nostro parere; non ci è stato chiesto quali problemi affrontavamo, che domande avevamo, che pensieri avevamo. Niente. In questi tempi quando le donne occupano le più alte cariche in seno alla società civile, le monache contemplative non sono ritenute adatte a dare un valido contributo nella stesura di una parte di legislazione che in definitiva le riguarda. Eppure abbiamo nelle nostre comunità donne con lauree, dottorati e altre qualifiche professionali, per non parlare della pluriennale esperienza di molte di noi all'interno della clausura. Non voglio entrare nel commento del contenuto del documento, ma unicamente nel fatto che non siamo state per nulla consultate. Mentre ve lo dico mi sembra ancora impossibile che sia successo. Ci ricorda quale lunga strada la Chiesa debba ancora percorrere in questo campo ed è confortante vedere che il nostro Ordine dà il via». A. HENDERSON, «Ri-leggere la Regola oggi», 148.

[151] Cfr. Rc 2.

[152] Em uma de suas cartas à Ordem, o prior geral Joseph Chalmers afirma: «L'opzione per i poveri è insita nella dinamica stessa dell'amore vissuto secondo Cristo. Ad essa sono dunque tenuti tutti i discepoli di Cristo; coloro tuttavia che vogliono seguire il Signore più da vicino, imitando i suoi atteggiamenti, non possono non sentirsene coinvolti in modo tutto particolare. La sincerità della loro risposta all'amore di Cristo li conduce a vivere da poveri e ad abbracciare la causa dei poveri». J. CHALMERS, «Il Dio della nostra contemplazione», 16.

[153] Mt 25,40 «"Amen dico vobis: Quamdiu fecistis uni de his fratribus meis minimis, mihi fecistis"».

Noi viviamo in un mondo pieno di ingiustizia ed inquietudine. È nostro compito aiutare a scoprirne le cause, essere solidali con le sofferenze degli emarginati, partecipare alla loro lotta per la giustizia e la pace, lottare per la loro liberazione integrale aiutandoli a verificare il loro desiderio per una vita dignitosa[154].

Esta visão social e solidária da fraternidade, como já mencionado, é consequência necessária da verdadeira espiritualidade, quer comunitária como pessoal, de quem busca «conformar-se» com o Cristo, contemplando o seu rosto também presente nos que sofrem, nos que são injustiçados e excluídos, dos quais nasce o apelo de compromisso com uma sociedade justa e fraterna[155]. Esta espiritualidade deve ser «encarnada» na realidade, que desafia a uma resposta evangélica concreta e coerente, como foi a vida de Jesus. Esta resposta, hoje, deve inspirar um constante e necessário compromisso com a mudança social[156].

A vivência de uma vida simples, sóbria e pobre, deve ser um sinal e testemunho profético da comunidade carmelita. Vocacionados a um despojamento de si mesmos, a uma vida de comunhão de bens, esta não pode ser mais pensada apenas como uma forma de obediência à distribuição do que se possui e ao seu devido uso. Deve ser, antes de tudo, um verdadeiro discernimento também em relação àquilo mesmo que se possui, à semelhança com a vida simples dos pobres, à forma como realmente os bens estão a serviço daqueles que mais necessitam. Um com-

---

[154] *Const. 1995*, 111.

[155] O documento sobre a formação carmelita esclarece: «Il cammino contemplativo autentico permette di scoprire la propria fragilità, la debolezza, la povertà, in una parola il nulla della natura umana: tutto è grazia. Questa esperienza ci fa solidali con chiunque vive situazioni di privazione e ingiustizia. Lasciandoci interpellare dai poveri e dagli oppressi, veniamo gradualmente trasformati e incominciamo a vedere il mondo con gli occhi di Dio e ad amarlo con il suo cuore (cfr. *Cost.*, 15). Con lui sentiamo il grido dei poveri (cfr. Es 3, 7) e ci sforziamo di condividerne la sollecitudine, la preoccupazione e la compassione per gli ultimi». *RIVC 2000*, 43.

[156] Como recorda K. Rahner, a fraternidade abre ao cristão um campo novo, ou seja, o da política verdadeira e própria, na responsabilidade pela dignidade da vida humana nas suas condições sócio-estruturais, tornando-se hoje um compromisso não somente de alguns, mas de todos: «Dadurch ist aber der christlichen Nächstenliebe und Brüderlichkeit ein Feld zugewaschen, das sie bisher nicht hatte: das Feld der eigentlichen Politik, der Verantwortung für die gesellschaftlichen strukturellen Voraussetzungen für ein menschenwürdiges und christlich mögliches Leben in einer dafür möglichst geeigneten Gesellschaft. Diese Verantwortung kann heute – im Unterschied zu früher – gar nicht mehr von wenigen allein getragen werden, sondern sie nimmt alle in einer Gesellschaft in Anspruch». K. RAHNER, *Wer ist dein Bruder?*, 53-54.

promisso solidário e responsável na construção de uma nova sociedade, onde todos tenham ao menos o mínimo suficiente para viver:

> La povertà di un ordine religioso non può ridursi a una modalità di vita comune e di obbedienza, senza cessare di essere evangelica, soprattutto perché il concetto attuale della comunità come *comunità di persone* situa la povertà nella sfera delle relazioni interpersonali, della solidarietà fraterna, dell'impegno sociale concreto e della responsabilità personale comunitaria[157].

Neste sentido, a comunidade primitiva continua sendo a referência a desafiar o modo de ser Igreja. E, se para os mendicantes do século XIII a prática da pobreza radical era um modo de estar em solidariedade com os mais pobres, hoje a vivência desse valor é a comunhão de bens «ispirata dalla solidarietà cristiana, l'unico cammino verso la fraternizzazione e il segno efficace di una "povertà adeguata"»[158], rosto de uma Igreja «serva e pobre»[159].

4.3.1 O compromisso com a justiça e a paz

A preocupação com a questão social, como consequência de uma espiritualidade madura e coerente, é um dos elementos que também devem ajudar a pensar a eclesiologia como um compromisso de ser Igreja nos atuais desafios do mundo, principalmente na libertação integral de todo ser humano e no respeito pela criação. Sem dúvida, o tema da justiça e paz é uma preocupação presente hoje na Ordem, como fruto do resgate da dimensão profética do carisma.

Tal reflexão contribuiu também para ampliar e aprofundar o conceito de fraternidade, não sendo possível permanecer em uma atitude passiva enquanto tantos irmãos e irmãs são privados da dignidade de suas vidas, nas mais variadas formas e sentidos. Tal situação ajuda também a perceber que numa eclesiologia compreendida como comunhão, como uma fraternidade universal, a Igreja deve necessariamente se expressar e agir na defesa, no compromisso e solidariedade com os empobrecidos.

Da experiência e consciência de uma maior «conformidade» com a vida e seguimento de Cristo, nasce a atitude de contemplar nos pobres e excluídos o amor do Pai que ama a todos, mas com uma atenção muito especial aos seus filhos e filhas que mais sofrem, ou que são desuma-

---

[157] O. Steggink, «Fraternità apostolica», 61-62.
[158] O. Steggink, «Fraternità apostolica», 62.
[159] Cfr. LG 8.

namente injustiçados por um sistema que causa o empobrecimento e a marginalização de tantos. A «opção preferencial pelos pobres»[160], assumida e confirmada pela Igreja[161], tona-se também fundamental para a

[160] G. Gutiérrez, na Congregação Geral de 2005, lembra aos carmelitas que tal opção há vários níveis: «La opción preferencial por el pobre tiene varios niveles. Significa un ir hacia los pobres, vivir y trabajar con ellos. Este es el *primer nivel*, lo social o pastoral: distribución de fuerzas, en alguna manera. Pero no es el único nivel. El *segundo nivel* es el teológico, es decir, es un punto de vista para pensar el mensaje. No solamente para distribuir personal social o pastoral, sino también para pensar, para ver en primer lugar la realidad histórica. Podemos mirar la realidad actual del mundo con sus grandes corrientes, acentos y violencias desde el punto de vista de los pobres. Es una manera de leer la historia... El *tercer nivel*, el más profundo, es el spiritual. La opción preferencial por el pobre es un componente fundamental del seguimiento de Jesús. Optar por los pobres es una manera para ir tras los pasos de Jesús y esto es una espiritualidad, es decir una manera de ser cristiano». G. GUTIÉRREZ, «La importancia del punto de vista», 213.214.

[161] A «opção preferencial pelos pobres» foi assumida na II Conferência Geral do episcopado Latino Americano - CELAM (1968), em Medellín (Colômbia), e confirmada na seguinte conferência (1979), em Puebla (México), motivados e inspirados pela reflexão do Vaticano II e sua recepção na realidade latino-americana. Cfr. DMd, cap. XIV: "pobreza de la Iglesia"; DPb, IV, cap. I: «Opción preferencial por los pobres». Na encíclica *Solicitudo rei socialis* (1987), o papa João Paulo II fala diretamente de tal opção: «Trata-se de uma opção, ou de uma *forma especial* de primado na prática da caridade cristã, testemunhada por toda a Tradição da Igreja. Ela concerne à vida de cada cristão, enquanto deve ser imitação da vida de Cristo; mas aplica-se igualmente às nossas *responsabilidades sociais* e, por isso, ao nosso viver e às decisões que temos de tomar, coerentemente, acerca da propriedade e do uso dos bens. (Est haec sane optio seu singularis forma primarum partium tenendarum in caritatis christianae exercitatione, quam tota Ecclesiae Traditio testatur; quae ad *vitam uniuscuiusque* christiani refertur, quatenus hic vitam Christi imitatur. Verumtamen pariter ad officia nostra socialia traducitur, quibus devincimur, ideoque ad vitae nostrae ducendae rationem, ad decisiones consentanea faciendas circa proprietatem usumque bonorum traducitur)». SRS 42. Aos consagrados da América Latina, pelo V Centenário de Evangelização do Novo Mundo, diz o mesmo papa: «Como ya hacía notar el documento de Puebla, la opción preferencial por los pobres ha sido un factor muy destacado en la vida religiosa latinoamericana durante los últimos tiempos (cf. *Puebla*, 733-735). Son muchos los religiosos y religiosas que viven esta opción preferencial con un auténtico espíritu evangélico, fuertemente motivados por las palabras del Señor y en coherencia con el espíritu de su propio Instituto. En efecto, los religiosos y las religiosas están presentes en los barrios marginados, entre los indígenas, junto a los ancianos y enfermos, en las innumerables situaciones de miseria que América Latina vive y sufre, como son las nuevas pobrezas que afectan sobre todo a los jóvenes, desde el alcoholismo a la droga. Por medio de los religiosos la Iglesia se hace servidora de los hermanos más necesitados, en cuyo rostro dolorido reconoce los rasgos sufrientes de Cristo, el Señor, que nos interpela y nos convoca al juicio definitivo, *cuando seremos juzgados acerca del amor* (cf. San Juan de la Cruz, *Dichos de luz y amor*, 57)». João Paulo II, *Los caminos del Evangelio*, 19. Na abertura da V Conferência do CELAM (2007), em Aparecida (Brasil), o papa Bento XVI disse: «...la opción preferencial por los pobres está implíci-

Vida Religiosa: «L'opzione preferenziale per il povero cui appartiene il Regno di Dio, è un elemento fondamentale nella vita consacrata. Il povero ci evangelizza»[162]. Como diz o documento *La vita fraterna in comunità* (1994):

> La povertà è stata in questi anni uno dei temi che più hanno appassionato e toccato il cuore dei religiosi. La vita religiosa si è chiesta con serietà come mettersi a disposizione dell'*«evangelizare pauperibus»*. Ma anche come *«evangelizari a pauperibus»*, come essere in grado di lasciarsi evangelizzare dal contatto con il mondo dei poveri[163].

Esta coragem de deixar-se questionar e ser evangelizado pelos pobres é hoje fundamental para uma atitude de maior coerência com o Evangelho, e confronto com os desafios que exigem ações concretas e solidárias, diante de uma realidade onde a dignidade da vida humana, dom precioso de Deus, não está sendo respeitada e protegida. Esta convicção faz parte do seguimento de Jesus, na certeza de que o Cristo da contemplação é também aquele que se encontra no pobre[164].

4.4   *Ser promotores da Igreja «Povo de Deus».*

Como já indicado, na proposta da Regra existe uma igualdade fundamental entre os *«fratres»*: antes de tudo todos são irmãos, corresponsáveis pela vida e caminhada da comunidade, refletindo juntos[165], acolhendo as diferenças[166], abrindo espaço para a participação de todos[167]. O prior, aquele que exerce o «governo» na comunidade[168], é o irmão entre os irmãos, o primeiro entre os iguais, aquele que serve[169]. A Igreja Povo de Deus também se caracteriza por uma igualdade fundamental, através do Batismo, como base para os mais diversos serviços, os diferentes carismas e ministérios que formam a comunidade. Esta dimensão é importante para compreender e viver a eclesiologia de comunhão que, funda-

---

ta en la fe cristológica en aquel Dios que se ha hecho pobre por nosotros, para enriquecernos con su pobreza (cf. *2 Co* 8, 9)». BENTO XVI, *Sesión inaugual (Discurso, 13/05/2007)*, 3.

[162] J. CHALMERS, «Passione per Cristo», 367.
[163] VFC, 63.
[164] Cfr. VC 82.
[165] Cfr. Rc 15.
[166] Cfr. Rc 11, 12, 15, 16, 17, 24.
[167] Cfr. Rc 4, 6, 13, 15.
[168] Cfr. Rc 4, 5, 6, 9, 12, 22, 23.
[169] Cfr. Mt 20, 26.

mentada na Igreja como «Corpo de Cristo»[170], busca orientar a todos para a necessária participação e compromisso na vida e caminhada eclesial[171].

A Igreja como «Povo de Deus» também se realiza e se manifesta em pequenas comunidades, que buscam viver de forma mais comunitária, participativa, igualitária, com relacionamentos humanos mais próximos e fraternos. Em tal experiência eclesial, as pessoas se conhecem, se encontram, partilham a vida, os momentos tristes e alegres, que também são celebrados envolvendo toda a comunidade. Em outras palavras, a pessoa não é anônima na Igreja, aonde vai somente para a celebração litúrgica dos sacramentos, para cumprir um ritual ou um preceito, não se envolvendo com a vida comunitária; mas forma com a comunidade uma grande família, descobrindo que sua participação e compromisso, ao colocar em comum os seus dons a serviço, são necessários para a caminhada de todos e dá uma razão mais profunda à sua vida.

Nesta perspectiva, por exemplo, na América Latina é importante e significativa a experiência das Comunidades Eclesiais de Base (CEB's)[172], já há anos reconhecidas pelo magistério como espaço importante de evangelização e vivência comunitária:

---

[170] Cfr. 1Cor 10, 16-17.

[171] Segundo K. Rahner, a vida fraterna, num mundo em que a mentalidade autoritária vai cada vez mais sendo superada, deve influenciar de modo prático também o governo da Igreja, visto que esse se apoia numa concepção ainda mais profunda de fraternidade: um só Senhor, uma só graça. «Die Brüderlichkeit muß sich aber heute schon wegen des Schwindens eines obrigkeitlichen Denkens im konkreten Regierungsstil der Kirche stärker auswirken. Die Achtung der Leitungsvollmacht beruht aber in der Kirche auf einer umfassenderen und tiefer liegenden Brüderlichkeit durch denselben Herrn, die eine und selbe Gnade». K. RAHNER, *Wer ist dein Bruder?*, 59-60.

[172] O recente Documento 92 (2010) da Conferência Nacional dos Bispos do Brasil (CNBB) diz: «Nas Cartas Paulinas, aparecem diversas referências à Igreja que se reúne nas casas (cf. 1Cor 16,19; Rm 16,5; Fl 2; Cl 4,15). Para esses primeiros cristãos, o lar com seu ambiente familiar era a Igreja. A partir daqueles lares, surgiram ministérios e estruturas que moldariam a Igreja, através dos séculos. As Comunidades Eclesiais de Base (CEBs) representam, hoje, a continuidade deste mesmo fenômeno, no seio da Igreja. Elas representam uma maneira de ser Igreja, de ser comunidade, de fraternidade, inspirada na mais legítima e antiga tradição eclesial. Teologicamente são, hoje, uma experiência eclesial amadurecida, uma ação do Espírito no horizonte das urgências de nosso tempo... Queremos reafirmar que elas continuam sendo um "sinal da vitalidade da Igreja" (RM, n. 51)». CNBB, *Mensagem ao Povo de Deus*, 9.11. Das muitas publicações sobre o tema, pode-se consultar: F. BETTO, *O que é comunidade eclesial de base* (1981); S. TORRES, ed., *A Igreja que surge da base* (1982); L. BOFF, *E a Igreja se fez povo. «Eclesiolgênese»: a Igreja que nasce da fé do povo* (1986); F.L.C. TEIXEIRA, *Comunidades eclesiais de base* (1988); C. BOFF – al., *As Comunidades de Base em questão* (1997). Para uma síntese, com ampla bibliografia: G. MAZZILLO, «Comunità ecclesiali di base» (2010).

Assim, nalgumas regiões, elas [as CEB's] brotam e desenvolvem-se, salvo algumas exceções, no interior da Igreja, são solidárias com a vida da mesma Igreja e, alimentadas pela sua doutrina, conservam-se unidas aos seus pastores. Nesses casos, elas nascem da necessidade de viver mais intensamente ainda a vida da Igreja; ou então do desejo e da busca de uma dimensão mais humana do que aquela que as comunidades eclesiais mais amplas dificilmente poderão revestir, sobretudo nas grandes metrópoles urbanas contemporâneas, onde é mais favorecida a vida de massa e o anonimato ao mesmo tempo... Tudo isto, porém, é suposto no interior de comunidades constituídas da Igreja, sobretudo das Igrejas particulares e das paróquias[173].

Estas comunidades não são apenas uma simples pastoral ou um movimento na Igreja, nem mesmo pequenos grupos fechados em si, mas um modo de viver o mistério da Igreja[174], de organizar a vida eclesial,

---

[173] EN 58: «In nonnullis enim regionibus oriuntur et crescunt, aliquibus exceptis, in Ecclesia, cuius et vitae participes sunt et doctrina nutriuntur et Pastoribus adhaerent. Cum tales sunt, nascuntur, quia Ecclesiae vitam ardentius vivere cupiunt, vel congruentiorem humanae naturae morem optant et inquirunt; quem haud facile ampliores ecclesiales communitates praestare possunt, praesertim in magnis nostri temporis urbibus, ubi coacervatim simul ac veluti sine nomine vivitur... Haec omnia fieri putantur intra communitates ab Ecclesia constitutas, et maxime intra ecclesias particulares et paroecias). Na V Conferência do CELAM (2007), as CEB's são retomadas como um sinal de vitalidade na Igreja latino-americana e caribenha: «Las comunidades eclesiales de base, en el seguimiento misionero de Jesús, tienen la Palabra de Dios como fuente de su espiritualidad y la orientación de sus Pastores como guía que asegura la comunión eclesial. Despliegan su compromiso evangelizador y misionero entre los más sencillos y alejados, y son expresión visible de la opción preferencial por los pobres. Son fuente y semilla de variados servicios y ministerios a favor de la vida en la sociedad y en la Iglesia. Manteniéndose en comunión con su obispo e insertándose al proyecto de pastoral diocesana, las CEB's se convierten en un signo de vitalidad en la Iglesia particular. Actuando así, juntamente con los grupos parroquiales, asociaciones y movimientos eclesiales, pueden contribuir a revitalizar las parroquias haciendo de las mismas una comunidad de comunidades. En su esfuerzo de corresponder a los desafíos de los tiempos actuales, las comunidades eclesiales de base cuidarán de no alterar el tesoro precioso de la Tradición y Magisterio de la Iglesia». DAp, 179.

[174] L. Boff fala do sentido teológico pelo qual as CEB's, como Igreja-comunidade, acentuam muito a dimensão comunitária: «Além de reivindicar para si a legitimidade de existência, a Igreja-comunidade suscita um desafio: que toda a Igreja, quer dizer, todos os possíveis modelos de Igreja, incorporem em si a dimensão *comunidade*. Por que essa exigência? É por uma razão estreitamente teológica, de ordem trinitária. A essência íntima de Deus, pois é essa a fé da Igreja, não é solidão, mas comunhão de três divinas Pessoas. A comunhão – *koinonia, communio* – constitui a realidade (e, consequentemente, a categoria) fundamental que pervade todos os seres e que melhor traduz a presença do Deus-Trindade no mundo. É a comunhão que faz a Igreja ser "comunidade de fiéis", a definição mais curta, a mais real e verdadeira da Igreja». L. BOFF, *Novas fronteiras da Igreja*, 77.

incentivando as pequenas comunidades, nas quais as relações fraternas são mais propícias e constantes; onde todos podem conhecer-se mutuamente, partilhando a vida e as dificuldades; e o protagonismo dos leigos e leigas, em comunhão com toda a Igreja, é vivido com maior participação e compromisso eclesial:

> [As CEB's] são um sinal da vitalidade da Igreja, instrumento de formação e evangelização, um ponto de partida válido para uma nova sociedade, fundada na «civilização do amor». Tais comunidades descentralizam e simultaneamente articulam a comunidade paroquial, à qual sempre permanecem unidas; radicam-se em ambientes simples das aldeias, tornando-se fermento de vida cristã, de atenção aos «últimos», de empenho na transformação da sociedade. O indivíduo cristão faz nelas uma experiência comunitária, onde ele próprio se sente um elemento ativo, estimulado a dar a sua colaboração para proveito de todos. Deste modo, elas tornam-se instrumento de evangelização e de primeiro anúncio, bem como fonte de novos ministérios; enquanto, animadas pela caridade de Cristo, oferecem uma indicação sobre o modo de superar divisões, tribalismos, racismos[175].

Assim, as CEB's são um «novo modo de ser Igreja» que se fundamenta na eclesiologia de comunhão, fortemente presente no primeiro milênio do cristianismo[176], que realiza historicamente os valores da Igreja Povo de Deus assumida pela eclesiologia conciliar[177].

---

[175] RM 51: «Sunt profecto vigoris Ecclesiae indicium atque instrumentum educationis et evangelizationis, validum nempe principium unde nova proficiscatur societas in "civili cultu amoris" condita. Tales nimirum communitates communitatem paroecialem in partes dispertiunt et confingunt, ad quam tamen semper adhaerent; radices in locis popularibus ac rusticis immittunt, ubi fermentum vitae fiunt christianae et curae infimorum tum etiam obligationis in societatis commutationem. In iis singuli christiani commune aliquid experiuntur, unde se actuosos esse sodales sentiunt, incitatos ad proprium auxilium operi omnium iungendum. Hoc itaque pacto instrumentum illae sunt evangelizationis primaeque nuntiationis necnon origo ministeriorum novorum, dum Christi animatae caritate rationes indicant quibus disiunctiones vinci possunt et tribuum studia et diversarum stirpium discrimina».

[176] «Somos herdeiros de dois grandes paradigmas: aquele da Igreja-comunhão, que vigorou mais ou menos até o primeiro milênio e aquele da Igreja-sociedade, que persiste desde então até os nossos dias. Com as CEBs recuperamos criativamente a grande tradição do primeiro milênio, cujas raízes, na verdade, se encontram na própria comunidade dos Doze, formada ao redor de Jesus, e na experiência eclesial atestada nos Atos dos Apóstolos (cf. Ca. 2; 4). Os membros das CEBs possuem forte consciência desse seu transfundo evangélico e apostólico». L. BOFF, *Novas fronteiras da Igreja*, 98.

[177] A. Dulles afirma: «Some Christians – and not merely those who join religious orders – will be privileged to live in basic communities in which their ordinary human

Seja em sintonia com estas comunidades, ou muitas vezes na animação das mesmas, ou ainda em outros tipos de experiências comunitárias, o carmelita e a carmelita podem ser um testemunho importante de fraternidade e grandes promotores da vida em comunidade. Como parte do carisma, na identificação com os valores aos quais assumem na proposta de vida do Carmelo, incentivar e promover experiências eclesiais comunitárias, onde as relações humanas são mais próximas, onde se vive maior participação e corresponsabilidade, poderia ser como uma espécie de «extensão» do próprio carisma na vida da Igreja, ou seja, um modo de «ser carmelita» no «ser da Igreja».

Em meio ao povo, o desafio do carmelita será promover relações humanas que, nascendo da experiência de Deus, sejam mais fraternas e maduras, abertas e acolhedoras, incentivando a Igreja de Comunhão para criar sempre mais espaços de integração e envolvimento de todos. Assim, pode-se oferecer a contribuição do seu «carisma al lavoro della evangelizzazione sensibilizzando alla dimensione contemplativa della vita, alla fraternità e all'impegno concreto della giustizia»[178].

4.4.1 Trabalho em comum: fruto da vida em comunidade

Assumir uma visão de Igreja como Povo de Deus leva, consequentemente, a assumir uma atitude de partilha, de divisão de responsabilidades e trabalho em conjunto. Seria muito estranho, a partir de toda esta reflexão, que um carmelita pensasse que é correto centralizar tudo em si mesmo, sem realizar o seu trabalho pastoral em comunhão e participação de sua comunidade, quer interna como externa. Seria um contrassenso com a visão eclesiológica proposta pelo Concílio e com a própria experiência de vivência fraterna do seu carisma.

O trabalho paroquial, por exemplo, deve levar a um maior envolvimento e senso de responsabilidade de todos, seja dos presbíteros, dos religiosos e religiosas, como de todo o laicato. Todos devem participar, além dos sacramentos, da vida, das decisões, da organização e execução, dos planos pastorais da comunidade eclesial[179]. Numa paróquia onde o pároco, ponto de unidade e comunhão da comunidade paroquial, é capaz de dividir as responsabilidades, partilhar os trabalhos, envolver as comunidades religiosas, numa caminhada conjunta e partilhada, cada

---

relationships are healed and enriched by a common commitment to Christ and the gospel. Communities of this type are, in very important sense, realization of the Church». A. R. DULLES, *Models of the Church*, 62.

[178] *Const. 1995*, 97.

[179] Cfr. ChL 51; DAp 371.

um pode sentir-se realmente Igreja Povo de Deus e viver com mais intensidade o sentido do seu Batismo, o sentido de ser comunidade.

A última conferência dos bispos latino americanos e caribenhos (2007) recorda, porém, que para realizar tais objetivos é também necessário renovar as estruturas das paróquias. É preciso fazer delas uma «comunidad de comunidades»[180], tornando-se assim «casas e escuelas de comunión»[181], onde «Todos los miembros de la comunidad parroquial son responsables de la evangelización de los hombres y mujeres en cada ambiente»[182], abandonando «las estructuras caducas que ya no favorezcan la transmisión de la fe»[183]. A renovação das paróquias como «rede de comunidades», além de proporcionar uma vida mais intensa de comunhão, viabiliza uma maior participação e senso de responsabilidade de tantas lideranças que, recebendo formação e preparação, desenvolvem o seu ministério a serviço da comunidade. É um tema que, certamente, a Igreja deverá continuar aprofundando se quiser realmente viver a eclesiologia conciliar e continuar sendo uma presença significativa e mais próxima da vida do povo[184].

No mesmo sentido, deve-se pensar a caminhada comum com a Família Carmelitana. Certamente, o enriquecimento mútuo será um bem não somente para a Ordem, mas para toda a Igreja, pois possibilitará a vivência do carisma de forma mais abrangente e criativa. Rezar juntos, trabalhar juntos, sonhar o futuro juntos, partilhar os problemas e dificuldades, unidos lançar-se e arriscar-se na missão, além de ser testemunho

---

[180] Cfr. DAp, 170-177. «La renovación de las parroquias, al inicio del tercer milenio, exige reformular sus estructuras, para que sea una red de comunidades y grupos, capaces de articularse logrando que sus miembros se sientan y sean realmente discípulos y misioneros de Jesucristo en comunión». *Ibid.*, 172.

[181] DAp, 170.

[182] DAp, 171.

[183] DAp, 365.

[184] Reconhecendo tal importância para a vida da Igreja, a Conferência dos Bispos do Brasil exorta as paróquias a transformarem-se em redes de comunidades: «A experiência da fé e da participação faz amadurecer a comunidade eclesial de base, e lhe confere características próprias de modo a levá-la a um relacionamento fraterno de igualdade com as demais comunidades pertencentes à mesma paróquia. Com isso, a matriz-paroquial ganha maior relevância pastoral na medida em que passa a exercer a função de articuladora das comunidades. Exortamos que a paróquia procure se transformar em "rede de comunidades e grupos, capazes de se articular conseguindo que seus membros se sintam realmente discípulos missionários de Jesus Cristo em comunhão" (DAp, n. 172), tendo por modelo as primeiras comunidades cristãs retratadas nos Atos dos Apóstolos (At 2 e 4). Assim, a paróquia será mais viva, junto com suas comunidades, coordenadas por leigos ou leigas, por diáconos permanentes, animadas por religiosos e religiosas, e que tenham no Conselho Pastoral Paroquial, presidido pelo pároco, seu principal articulador pastoral». CNBB, *Mensagem ao Povo de Deus*, 21.

de uma Igreja de Comunhão, é maior garantia de viver na inspiração do Espírito e no seguimento daquele que afirmou estar presente sempre como «centro» da comunidade, quando esta está reunida[185].

4.4.2 Como Povo de Deus na «construção» e espera do Reino definitivo

Todo esse processo de viver em comunhão, seja na experiência interna de uma Ordem Religiosa, como na vida eclesial com todo o povo, proporcionando a real participação e envolvimento de todos, na partilha dos dons e ministérios, construindo comunidade e sendo corresponsável na sua caminhada, deve ser alimentado pelo desejo de contribuir na realização do Reino. Este já está presente em meio à humanidade, mas todos esperam, e neste sentido caminham, para vê-lo um dia realizado de modo definitivo.

A capacidade de caminhar e sonhar juntos alimenta a esperança, valor necessário e urgente para a Igreja deste novo milênio. Segundo C. Boff:

> Quando falamos em esperança, queremos significar o dinamismo *projetivo* da Igreja, sua capacidade de *sonho* e de *utopia*... A Igreja do novo milênio haverá de reativar, em novos termos, o potencial revolucionário da fé. A Igreja não é só Igreja da fé e da caridade. É também a Igreja da esperança. Trata-se, em primeiro lugar, da esperança *escatológica* sobre todo o pecado e sobre a morte; ou seja: de que finalmente o Reino de Deus sobreviverá «em poder e glória» e fará justiça às esperanças mais recônditas dos seres humanos. Mas em nome e no vigor da esperança escatológica, a Igreja seguirá desfraldando também a bandeira da esperança *histórica*. Teima em afirmar que a história permanece aberta ao projeto divino e à invenção humana, e que é possível sonhar um mundo diferente, onde todos possam gozar das condições básicas de vida[186].

A espiritualidade carmelita conduz também a viver como Igreja da esperança, numa espera que é «seguimento», que é «construção de comunidade», onde os valores do Reino são vividos e concretizados no dia a dia, a caminho da sua realização plena que começa já no tempo presente[187].

---

[185] Cfr. Jo 20, 19.

[186] C. Boff, *Uma Igreja para o novo milênio*, 31.32.

[187] Dirigindo-se à «Pelegrinação da Esperança» feita pelos jovens carmelitas da Europa, em 2010, escreve o prior geral Fernando Millán Romeral: «La esperanza de la que hablamos y que os proponemos experimentar estos días es la esperanza cristiana, de la cual nos habla S. Juan de la Cruz. Para él la esperanza es la fuerza interior que nos permite mirar el presente con confianza: Dios es fiel a sus promesas, está presente y cercano. El futuro está en sus manos, y nos lo entrega para que hoy vivamos comprometidos con Él en la construcción del futuro que nos da». F. M. Romeral, «Peregrinación de la Esperanza», 167.

A mensagem final da Congregação Geral 2011 afirma que a missão dos carmelitas é ser também profetas da esperança, o que os impele a abandonar uma atitude passiva para entrar na dinâmica e no serviço ao Reino:

> L'esperienza di Dio vissuta in fraternità ci spinge a fare nostra *"la missione di Cristo"*: essere profeti di speranza. Il vero contemplativo è portatore della luce di Cristo risuscitato in mezzo alle notti dell'umanità. Vi sono molti tipi di deserto in mezzo alla notte: il deserto della povertà e dell'abbandono, il deserto della solitudine e dell'amore infranto. C'è anche il deserto dell'oscurità di Dio, quello della dimenticanza della dignità dell'uomo. I deserti esteriori si moltiplicano nel mondo perché si sono allungate le notti dei deserti interiori. La nostra missione non consiste nell'aspettare passivamente, ma nell'accelerare la venuta del Regno di Dio (cfr. 2Pt 3,12)[188]

5. Maria e Elias: inspirações eclesiais para o Carmelo

Para pensar no «rosto da Igreja» que o Carmelo assume, não se poderia deixar de mencionar as duas figuras ícones para a Ordem que viveram, antes mesmo da Igreja primitiva, valores que se tornam essenciais na espiritualidade carmelita e na vida eclesial: a profunda experiência de comunhão com Deus e a vida profética que dela emana.

Os dois clássicos modelos da tradição da Ordem Carmelitana não aparecem explicitamente no texto da Regra, mas somente de maneira implícita: Elias, pela citação da fonte do Monte Carmelo; Maria, que receberá a dedicação da capela. De modo espontâneo, esses dois personagens começam a fazer parte da vida carmelitana e tornam-se os dois grandes modelos e patronos da Ordem.

A Virgem Maria, a «Senhora do Lugar»[189], à qual será dedicada a capela construída no centro das celas[190], pode ser vista como imagem da

---

[188] *Congr. Ger. 2011*, 6.

[189] Explica E. Boaga: «A escolha do "Padroado" envolve, neste caso, uma orientação espiritual no sentido da consagração ou "obséquio", ou seja, consagração para se viver não só em obséquio de Jesus, mas também de Maria sua Mãe. Isto implica uma dupla dimensão: da parte dos irmãos, estarem dedicados a Maria para honrá-la (na linguagem da época expresso com a "traditio personae", "servitium" ou "mancipatio") e, da parte de Maria, o favorecimento com a mediação das graças e benefícios (a chamada de "protectio" ou "patrocinium"). Então, todo bem que vem de Deus à Ordem, vem por meio de Maria». E. Boaga, *A Senhora do lugar*, 13.

[190] J. Smet escreve: «From the account of a French pilgrim, written about 1231, we know that the oratory in the midst of the cells was dedicated to the Blessed Virgin: "On the slope of this same mountain is a very fair place and delicious, where is a little church

própria Igreja[191]. A mulher da profunda escuta e meditação da Palavra[192]; que viveu na pobreza e humildade, em comunhão com os pobres e marginalizados[193]; foi vigilante, permanecendo em oração com a comunidade cristã[194]; é Mãe de Deus no mistério de Cristo e da Igreja[195]; não podia deixar de ser o grande modelo eclesial para aqueles que desejam seguir fielmente seu Filho. Maria é a Mãe também da Igreja nascente.

Interessante que toda a mariologia patrística era projetada como eclesiologia[196]. Sendo esta lembrança forte da própria Igreja, provavelmente, o fato dos carmelitas dedicarem a capela a Maria trazia também presente a imagem da Mãe de Jesus que permanecia em meio à primeira comunidade cristã, unida em perseverante oração com eles. Além disso, em Maria encontram-se os principais valores que a Regra propõe para o seguimento de Jesus Cristo. Assim, nada mais sensato do que tê-la como modelo, inspiração e *Patrona*[197] na vida do Carmelo, na vida de toda a Igreja.

O profeta Elias torna-se também reconhecido como modelo e inspiração da Ordem[198], pelo fato de que o primeiro grupo viveu no Monte

---

of our Lady". In time the hermits of Mount Carmel became known as the "Brothers of Our Lady of Mount Carmel". As early as 1252 the term occurs in papal documents, so it probably already enjoyed popular usage. From these tiny seeds grew the wide-spreading tree of the Marian devotion of the Order». J. SMET, *The Carmelites*, I, 8.

[191] Cfr. LG 53; SC 103.

[192] Cfr. Lc 1,26-38; 2,19.51.

[193] Cfr. Lc 1,46-55.

[194] Cfr. At 1,14.

[195] Cfr. LG, cap. VIII.

[196] Na época patrística, a mariologia era pensada e projetada na eclesiologia, sem mesmo citar o nome de Maria: «Dagegen wurde in der Zeit der Väter in der Ekklesiologie die ganze Mariologie vorentworfen, freilich ohne den Namen der Mutter des Herrn zu nennen: Die Virgo Ecclesia, die Mater Ecclesia, die Ecclesia immaculata, die Ecclesia assumpta – alles, was später Mariologie sein wird, ist zunächst als Ekklesiologie vorgedacht worden». J. RATZINGER – H. URS VON BALTHASAR, *Maria Kirche im Ursprung*, 22.

[197] «...agli inizi dell'Ordine Carmelitano (e si consideri che la prima chiesa veniva ad essere chiesa-madre del futuro Ordine) abbiamo una scelta mariana. Parliamo di scelta perché – anche se non possediamo il "verbale" di una tale decisione – non immaginiamo che il titolo sia stato imposto dall'esterno: ma anche se lo fosse stato la realtà fondamentalmente non cambierebbe. In forza di tale scelta la Madonna veniva ad esser considerata dagli eremiti la loro *Patrona*». L. SAGGI, «Santa Maria del Monte Carmelo», 111.

[198] A grande necessidade do grupo de firmar a sua identidade fora do Monte Carmelo, e as resistências que encontravam para serem aceitos devido à dificuldade de explicar as origens, fez com que, nas Constituições de Londres (1281), os carmelitas se declarassem oficialmente como herdeiros da tradição de Elias: «We declare, bearing testimony to the truth, that from the time when the prophets Elijah and Elisha dwelt devoutly on Mount Carmel, holy Fathers both of the Old and the New Testament, whom the contemplation of

Carmelo perto da fonte, a *Fons Heliae*. Os profetas Elias e Eliseu foram sempre lembrados na história da vida monástica, principalmente a que se refere ao Monte Carmelo, lugar onde viveram. Não é estranho, portanto, que Elias torne-se modelo para aquele grupo que viveu em torno à sua fonte, ou seja, em torno ao lugar que inspira toda sua vida: seu modo de viver e seu profetismo.

Além do mais, os valores da vida carmelitana podem ser facilmente reconhecidos em Elias. Ele é o homem da profunda escuta e obediência à Palavra[199], da solidão e ascese[200], da pobreza e total abandono à vontade daquele a quem servia[201]. Uma vida de constante discernimento do projeto de Deus[202], de «luta espiritual»[203], da proximidade com os pobres[204], que faz com que o profeta não se cale[205], mas pela sua vida denuncie e anuncie[206], para defender o povo e restaurar a aliança com Javé. Enfim, o homem da profunda presença e experiência de Deus, coração da vida carmelitana:

> Nella sua vita Elia fu un vivo testimone della presenza di Dio in mezzo al popolo. Tutta la sua vita fu un servizio a Jahvé, il Dio del popolo (1Re 17,1.15). Il popolo sapeva questo, perché Elia era conosciuto come uno che stava interamente disponibile e aperto all'azione imprevedibile dello Spirito di Dio (1Re 18,12; 2Re 2,3). Per i poveri egli era l'«uomo di Dio» che parlava le parole di Dio (1Re 17,24). Viveva nella solitudine del deserto (1Re 17,2); 19, 3-8) e si nutriva di ciò che la natura gli offriva (1Re 17,4) o di quello che i poveri condividevano con lui (1Re 17,15)[207].

---

heavenly things drew to the solitude of the same mountain, have without doubt led praiseworthy lives there by fountain of Elijah in holy penitence unceasingly and successfully maintained. It was these same successors whom Albert the patriarch of Jerusalem in the time of Innocent III united into a community, writing a rule for them which Pope Honorius, the successor of the same Innocent, and many of their successors, approving this Order, most devoutly confirmed by their charters. In the profession of this rule, we, their followers, serve the Lord in diverse parts of the world, even to the present day». Traduzido e citado por J. SMET, *The Carmelites*, I, 15-16.

[199] Cfr. 1Rs 17, 2-4.
[200] Cfr. 1Rs 19, 9-14.
[201] Cfr. 1Rs 17, 2-6.
[202] Cfr. 1Rs 19, 14.
[203] Cfr. 1Rs 19, 1-8.
[204] Cfr. 1Rs 17, 7-16.
[205] Cfr. 1Rs 18, 16-17.
[206] Cfr. 1Rs 18, 41-45.
[207] C. MESTERS, «Camminare alla presenza», 33.

A vida e inspiração do profeta ajudam ao carmelita a perceber a necessária ligação entre a sua vida de oração, de solidão e silêncio, com a sua atividade apostólica, evangelizadora, profética, agindo em colaboração para a construção de um mundo mais justo e fraterno; bem como pode ser uma ponte para o diálogo entre as três grandes religiões monoteístas, dada sua presença e veneração nas mesmas.

Estes dois grandes personagens, profundamente enraizados na mensagem bíblica, na história da salvação, participando de forma significativa e decisiva dos planos de Deus, tornam-se inspiração de como ser Igreja hoje, homens e mulheres conduzidos pela força do Espírito, que impulsiona a formar comunidade e identificar-se com a vontade e projeto do Pai[208].

7. Conclusão: ser e formar «comunidades contemplativas e proféticas em meio ao povo»

A Ordem continua tendo a grande preocupação e desafio de como concretizar na Igreja contemporânea a releitura feita do seu carisma e espiritualidade: viver como comunidades contemplativas em meio ao povo. Isto aparece de modo muito claro nas últimas discussões e encontros por ela realizados. Dois temas na reflexão mais recente, e que trazem grande perspectiva para o futuro do Carmelo, é a busca de novas formas de vida comunitária e o reconhecimento da Família Carmelitana. Nesta última, o carisma é assumido e vivido nos diferentes estados de vida, nas diversas realidades e experiências onde a Ordem está presente. Tais elementos podem enriquecer consideravelmente a reflexão eclesiológica da Ordem e sua presença na Igreja.

Sendo o valor da contemplação, compreendido no seu sentido mais amplo, que dá identidade e unidade ao carisma, como o maior dom que o Carmelo pode oferecer à Igreja, percebe-se também que a fraternidade é essencial por ser um valor teologal que nasce da experiência de Deus: a filiação divina. É fundamentado nesta experiência que se pode olhar para a Regra e individuar nela dimensões eclesiais que acentuam

---

[208] Segundo as atuais Constituições: «Vediamo realizzato tutto ciò che desideriamo e intendiamo essere nella realtà dell'ora presente nella vita del Profeta Elia e della beata Vergine Maria. Essi, infatti, ciascuno a suo modo, "ebbero lo stesso spirito, [...] la stessa formazione, lo stesso precettore: lo Spirito Santo" (A. Bostio, *De Patronatu et patrocinio B. V. Mariae*, ed. Daniel a V. M., *Speculum Carmelitanum*, I, Anversa, 1680, num. 1654). Guardando a Maria e ad Elia, possiamo più facilmente comprendere, interiorizzare, vivere e annunciare la verità che ci rende liberi (cfr. V Cons. Prov., 223)». *Const. 1995*, 25.

determinados elementos da Igreja, os quais levam a uma prática de vida inspirada também no carisma.

Assim, pode-se perceber como é possível encontrar no «modo de ser carmelita» algumas expressões e testemunho de um «modo de ser Igreja» a partir do aspecto da comunhão, proposta pelo Concílio. Olhando para o projeto de vida carmelita contida na Regra, vendo a necessidade de encarná-lo na história de hoje, pode-se contemplar as características de uma vida eclesial pautada em alguns valores, como: a vida em comunhão, o testemunho da pobreza e simplicidade, o compromisso com a paz, a acolhida do diferente, o serviço missionário, a necessidade de aprofundar a mística; valores que estarão intimamente relacionados com a concretização da vida fraterna, como grande sinal da Igreja de Comunhão.

Será mesmo a partir do testemunho da fraternidade que o Carmelo pode descobrir, justamente com todo o seu patrimônio espiritual e sua missão específica de presença orante na Igreja, uma maneira de ser testemunho e incentivar a fraternidade como valor fundamental da vida eclesial. Ao partilhar sua espiritualidade, numa atitude também de discípulos, apredendo com o povo de Deus e deixando-se interperlar pelos fatos e desafios quotidianos, enriquecerá ainda mais sua experiência de vida encontrando no povo, principalmente nos mais pobres, a manifestação de Deus que se apresenta e impele ao mandamento maior: o amor.

Desta forma, a Ordem pode assumir hoje o desafio de estimular e ser, na Igreja e no mundo, uma «escola de fraternidade», onde todos podem aprender juntos o valor e o que é viver em comunhão, fundamentada no amor a Deus, que se realiza no amor ao próximo; pode ainda ser sinal de uma Igreja «serva e pobre», vivendo e testemunhando, na simplicidade de vida e no compromisso com a justiça e a paz, o valor profético do serviço, da solidariedade, da identificação com o Cristo pobre, que dá sentido novo e profundo à vida; enfim, pode ser promotora da Igreja «Povo de Deus», que, como na experiência de vida fraterna dos religiosos e religiosas, deve crescer cada vez mais na participação e corresponsabilidade, na partilha de dons e talentos, na igualdade fundamental dada pelo único Batismo, em vista de construir juntos uma nova sociedade. Esta será a antecipação da união com Deus e com os irmãos e irmãs que será vivida plenamente no Reino definitivo.

Neste sentido, já afirmava O. Steggink:

> Infatti noi mendicanti dobbiamo sentirci più a nostro agio nel clima di un'ecclesiologia secondo il concetto del «popolo di Dio» e della «chiesa serva e povera» che secondo il concetto della chiesa gerarchica. Ci sentiamo più a nostro agio nel clima di una chiesa che vuol essere «come un sacramento o segno o strumento

dell'intima unione con Dio e dell'unione di tutto il genere umano»
(LG 1; cf. GS 42), una chiesa che si sente «intimamente e realmente solidale col genere umano e la sua storia» e che offre al mondo
«la sincera collaborazione per realizzare la fraternità universale»
(LG 9)[209].

Toda esta vocação nasce de uma experiência do Deus vivo e verdadeiro, sendo homens e mulheres da Palavra, como foi Elias[210], e da Eucaristia, que alimenta o abandono total à vontade do Pai, como fez Maria[211].
Assim, numa vida de constante e perseverante oração, de contemplação
dos mistérios de Deus e da humanidade, da fraternidade sincera e participativa, de uma vida simples e pobre, de um profetismo corajoso e solidário, esta presença na Igreja terá seu sentido mais profundo se nascer,
como é próprio do seu carisma, desta fonte que é o próprio Deus e da
relação íntima com ele, tanto na sua dimensão pessoal como, consequentemente e necessariamente, comunitária e fraterna. Como afirma o bispo
carmelita Vital Wilderink:

> O Carmelo é contemplativo: sua vocação é a busca do Absoluto.
> Ele se tornará por isso evangelicamente agressivo contra a absolu-
> tização do poder humano. Essa «agressão» se fará através do tes-
> temunho do poder de Deus através de uma vida de fraternidade. A
> fraternidade é fruto da contemplação e, ao mesmo tempo, oferece
> a ela ambiente propício onde o carmelita tem a possibilidade de
> confrontar-se constantemente com a Palavra de Deus que deve ser
> a base e a força de qualquer iniciativa (Rc 18 e 19)[212].

---

[209] O. STEGGINK, «Fraternità apostolica», 55.
[210] Cfr. 1Rs 17,24.
[211] Cfr. Lc 1,38.
[212] V. WILDERINK, «Compromisso Carmelitano», 44.

CONCLUSÃO GERAL

O teólogo Karl Rahner afirmava que «...a verdade da fé se conserva somente se desta nos ocupamos sempre e de novo. Pois é verdade que somente possui o passado quem conquista o presente»[1].

Na abertura do Concílio Vaticano II, o papa João XXIII dizia:

> é necessário que esta doutrina certa e imutável, que deve ser fielmente respeitada, seja aprofundada e exposta de forma a responder às exigências do nosso tempo. Uma coisa é a substância do «*depositum fidei*», isto é, as verdades contidas na nossa doutrina, e outra é a formulação com que são enunciadas, conservando-lhes, contudo, o mesmo sentido e o mesmo alcance[2].

Comenta o carmelita biblista Carlos Mesters, comparando o texto da Regra com uma janela para a qual podemos olhar «de dentro para fora» e «de fora para dentro»:

> As Palavras da Regra não são só veículo para nós atingirmos o nosso passado (de fora para dentro). São também veículo pelo qual o nosso passado, através de nós, se confronta com a realidade presente (de dentro para fora)... Olhando para dentro, buscamos conhecer o nosso ideal. Olhando para fora, buscamos a mediação da história que concretize para hoje este ideal. Através deste duplo diálogo, com o passado e com o presente, poderemos chegar a descobrir melhor a nossa identidade como carmelitas no lugar onde vivemos e trabalhos[3].

O dominicano Gustavo Gutiérrez, em um encontro internacional dos carmelitas, reflete:

---

[1] «Aber man kann doch die Wahrheit des Glaubens nur behalten, wenn man immer neu sich um sie bemüht. Denn auch hier gilt, daß die Vergangenheit nur hat, wer die eigene Gegenwart erwirbt». K. RAHNER, *Schriften zur Theologie*, IV, 137.

[2] «...oportet ut haec doctrina certa et immutabilis, cui fidele obsequium est praestandum, ea ratione pervestigetur et exponatur, quam tempora postulant nostra. Est enim aliud ipsum depositum Fidei, seu veritates, quae veneranda doctrina nostra continentur, aliud modus, quo eaedem enuntiantur, eodem tamen sensu eademque sententia». JOÃO XXIII, *Allocutio in Sollemni SS. Concilii inauguratione*, 6.

[3] C. MESTERS, «Fundamentação bíblica», 78.

La memoria será el sentido de una Orden mendicante: memoria
y no nostalgia por formas concretas que las órdenes mendicantes
tomaron al final de la Edad Media. La memoria de los orígenes es
cuestión de identidad: sin memoria non hay identidad, profecía.
Naturalmente el momento histórico es importante para la memoria
y nos ayudará, pero no la repetición mecánica de lo que fue. Una
auténtica memoria siempre da lugar a la creatividad: la memoria
nos impulsa a vivir hoy[4].

Os Conselhos Gerais O. Carm. e O.C.D. lembram que a Regra está
em função da Palavra e do Espírito:

È questo [dinamismo della fedeltà creativa] un criterio di grande
discretio spirituale e di autentica lungimiranza, uscito dalla mano
di Alberto e tipico della migliore tradizione monastica. È un criterio che considera ogni Regola non un testo «sacro e intoccabile»,
ma un testo che ha i caratteri della essenzialità e che per questo
non intende racchiudere tutta l'esperienza carismatica dell'autore e
della comunità a cui è indirizzata, né pretende di sostituirsi al primato della Parola, alla mediazione di Gesù Cristo e al dono pasquale dello Spirito Santo. Sta qui, in fondo, la grandezza e, insieme, il
limite di ogni Regola[5].

Por fim, as atuais Constituições, ao falar sobre a missão da Ordem,
deixam claro:

Mentre il genere umano dà inizio ad un nuovo periodo di storia,
noi Carmelitani, animati dallo Spirito che opera nella Chiesa, ci
applichiamo ad adattare alle nuove condizioni il nostro programma di vita (cfr. Congr. Gen. 1992, 466), sforzandoci di capire i segni
dei tempi, per esaminarli alla luce del Vangelo, del nostro carisma
e del nostro patrimonio spirituale (Cfr. PC 2), per incarnarlo nelle
diverse culture[6].

O objetivo deste estudo, como outros já feitos sobre a Regra e a espiritualidade carmelita, foi este olhar para a Tradição do Carmelo, dentro
da Tradição da Igreja, para refletir alguns aspectos que a Regra, na sua
riqueza, abertura e atualidade traz para todos os tempos. Os «óculos»
utilizados para esta leitura, porém, foram os da eclesiologia, tendo nas
lentes os «graus» do Concílio Vaticano II, numa tentativa de demonstrar
que os carmelitas, na sua espiritualidade e presença específica na Igre-

---

[4] G. Gutiérrez, «La memoria e la esperanza», 208.
[5] *Ep.Sup.Gen.O.Carm./O.C.D.*, «Aperti al futuro di Dio», 116-117.
[6] *Const. 1995*, 13.

ja, estão inseridos dentro de uma proposta eclesial. Esta proposta deve vir de encontro e confirmada com a releitura do seu próprio carisma. O fato de a Regra propor um itinerário de seguimento de Jesus Cristo, fundamentado na Palavra de Deus, alimentado pela Eucaristia, aprovado e reconhecido pela Igreja, permite fazer tal leitura.

A própria Regra do Carmo é aberta às novas leituras e constante aprofundamento do carisma. Escrevendo de forma breve[7], colocando o essencial para se viver no «obséquio de Jesus Cristo»[8], Alberto finaliza o texto «autorizando» e «exortando» a possibilidade de se «fazer mais»[9], usando, porém, sempre «discernimento/discrição», que deve ser o «moderador» das virtudes[10]. Embora possa haver diversas interpretações para o «fazer mais»[11], este sábio conselho do Patriarca deixa aberto aquele itinerário a um confronto com a Palavra, com a dinâmica da vida, com o Espírito que fala através da história. Esta abertura ajuda aprofundar e reler o dom e presença de Deus, atuante a cada momento e realidade, muitas vezes escapando mesmo das regras e convenções humanas. Certamente a eclesiologia, fortemente acentuada no pós-concílio, seja um desses aspectos que podem ajudar a enriquecer o carisma e relê-lo para sua vivência e testemunho no mundo de hoje.

1.   Do cristocentrismo da Regra à sua eclesiologia

Nos últimos anos recuperou-se muito o cristocentrismo da Regra Carmelitana, percebendo no «*In obsequio Iesu Christi*» o cerne de todo o seu projeto de vida comum, que motiva a experiência pessoal e comunitária. Estar no seguimento de Jesus Cristo é o grande objetivo e meta daqueles que querem servi-lo com o «coração puro e boa consciência»[12], permanecendo na sua presença, escutando constantemente a sua Palavra[13], buscando «identificar-se» a Ele na vivência radical do Batismo. Este seguimento é fundamento universal de toda vida cristã, pois tem sua origem nos Evangelhos e na própria tradição da vida da Igreja.

A relação com Cristo deve necessariamente levar a uma dimensão eclesial, justamente porque a Igreja é «sacramento de Cristo»[14], «Corpo

---

[7] «breviter scripsimus vobis». Rc 24.

[8] Cfr. Rc 2.

[9] «Si quis autem supererogaverit...». Rc 24.

[10] «Utatur tamen discretione que virtutum est moderatrix». Rc 24.

[11] Cfr. acima, cap. V, nota 264.

[12] Cfr. Rc 2.

[13] Cfr. Rc 10.

[14] Cfr. LG 1.

de Cristo»[15], continuidade de sua missão em meio à humanidade[16], animados pelo seu Espírito[17], na realização do seu Reino[18].

> La Chiesa è veramente abitata dalla presenza di Cristo al punto che chi ha trovato lei, ha trovato Cristo. Tale è la presenza di Cristo nel battesimo e nell'Eucaristia, nella Parola di Dio, nell'assemblea dei cristiani (Mt 18,20), nella testimonianza del ministero apostolico (Lc 10,16; Gv 13,18.20), nel servizio ai poveri (Mt 25,40), nell'apostolato...[19].

Optar pelo seguimento de Cristo, portanto, é também uma opção pela sua Igreja, pois os valores cristãos conduzem à vida de comunidade, ao encontro com o próximo, à vivência do mandamento maior do amor. A Igreja possibilita e realiza tal experiência, pois ela é «sinal e instrumento da união íntima com Deus e de unidade de todo gênero humano»[20]. A fé deve ser vivida em comunidade, pois Deus não quer salvar o ser humano individualmente, mas como povo, como «novo Povo de Deus»[21].

Neste sentido, falar do cristocentrismo da Regra, e este como valor comum a todos os batizados, é admitir que na Regra há também uma eclesiologia, pois ela apresenta um modo de seguimento daquele do qual a Igreja se originou e é totalmente dependente[22]. O cristocentrismo da Regra é, portanto, prova de que ela é também fortemente eclesiológica e, assim sendo, falar da eclesiologia do projeto de vida nela contido é de grande importância e necessidade para compreender melhor a sua proposta eclesial.

Num momento pós-conciliar em que a eclesiologia tornou-se um dos grandes desafios da teologia contemporânea na renovação da Igreja e diálogo com o mundo, a releitura da Regra, também nesta perspectiva, é essencial para um maduro aprofundamento e enriquecimento do carisma. Refletir sobre os aspectos eclesiológicos que a Regra propõe para se viver hoje, pode ser decisivo para uma presença fecunda da Ordem na Igreja e na realidade atual. Não se pode, então, falar do cristocentrismo da Regra sem levar em conta os seus aspectos eclesiológicos, pois o seguimento de Cristo se realiza numa experiência concreta de comunida-

---

[15] Cfr. LG 7.
[16] Cfr. Jo 20, 21.
[17] Cfr. LG 3 e 4.
[18] Cfr. LG 5 e 6.
[19] CTI, *Temi scelti d'ecclesiologia*, 320.
[20] LG 1.
[21] Cfr. LG 2.9.
[22] Cfr. SC 5; CTI, *Temi scelti d'ecclesiologia*, 318.

de, de Igreja, seja ao interno de uma comunidade religiosa, ou no contato desta com todo o Povo de Deus.

2. Uma história de constante releitura do carisma

A Ordem do Carmo teve origem na experiência de vida de um grupo que viveu em um momento histórico particular, de grandes mudanças sociais, e em um contexto eclesial também desafiado à reforma, para responder de modo mais coerente aos novos desafios daquele tempo.

As grandes mudanças sociais, econômicas e políticas do início do segundo milênio, por exemplo, como o crescimento das cidades e os novos paradigmas que surgem para se adaptar a uma nova mentalidade, atingem diretamente a Igreja. Esta, saindo do período carolíngio em que havia a hegemonia do poder, das ideias e da organização social, confronta-se com uma sociedade que busca sua autonomia na independência do poder religioso, numa nova visão de direito e organização política. Isto faz com que a Igreja sinta a necessidade de firmar sua identidade e presença no mundo, reforçando a instituição e superioridade do poder papal sobre o secular, num forte acento à hierarquia eclesial. Diante desta grande transformação social, o clero diocesano também não estava preparado para dar uma resposta à questão dos pobres, que enchiam as cidades (burgos), e a vida monástica tornava-se também distante desta realidade, vivendo com autonomia nos seus grandes mosteiros.

Neste contexto, surgem também os vários movimentos e grupos, muitos deles inspirados na Igreja primitiva apostólica que, pelo próprio estilo de vida, muitas vezes considerados heréticos, queriam testemunhar uma dimensão diferente da Igreja, chamando a atenção desta para os valores do Evangelho e a fidelidade à proposta de Cristo. A violência provocada pelos conflitos religiosos, os quais desencadeiam a reação da Igreja organizando as cruzadas, será também uma grande marca deixada na sociedade daquela época.

É dentro de todo esse contexto que aquele primeiro grupo no Monte Carmelo vive uma experiência de vida eremítica-cenobítica que, aos poucos, vai se organizando e ganhando forma de uma «comunidade religiosa». Esta era estruturada a partir de um *propositum* já assumido pelo grupo na sua origem: uma vida centralizada na meditação da Palavra, na Eucaristia, na pobreza e na fraternidade.

No seu estilo de vida, eles rompem com um sistema feudal, presente até mesmo na estrutura da Igreja, e abrem espaço para aqueles que querem viver a santidade cristã também fora dos Mosteiros. Segundo o projeto comum proposto pela *vitae formula* e, mais tarde, pela Regra definitiva, eles viviam uma pobreza real que era expressão concreta em

suas vidas de mendicantes; aproximavam-se dos mais pobres pelo próprio estilo de vida, sendo com eles solidários ao viverem uma mesma
realidade; viviam uma igualdade fundamental, mesmo com aquele que
tinha a função do poder: o «*primus inter pares*»; organizavam a comunidade de forma «participativa», reunindo-se semanalmente para avaliar a
vida comunitária e corrigir os possíveis erros, o que provavelmente fazia
de todos corresponsáveis pela fraternidade; viviam as «normas» comunitárias como motivações e caminho para o seguimento, e não «obrigação»
imposta ao grupo; na Europa, adaptaram-se ao processo de urbanização
crescente na época, que desafiava inclusive a Igreja e a Vida Religiosa a
novas respostas e testemunho de vida.

Pela ausência de documentos e de informações precisas sobre
quem eram e como realmente viviam na sua origem aquele grupo do
Monte Carmelo, parece ser difícil afirmar com certeza o quanto aquela
realidade social e eclesial influenciou na escolha daquele estilo de vida.
Embora vê-se na Regra a presença de uma linguagem feudal e elementos dos movimentos apostólicos e pauperistas próprios daquele tempo.
Mesmo assim, não é fácil dizer seguramente até que ponto aquele grupo
era uma real contestação que concretamente atingia os modelos de vida
social e religiosa da época, ou se viviam uma experiência de vida mais
pessoal, talvez um tanto «isolada» de toda aquela realidade. Ou seja, é difícil dizer precisamente se a novidade do estilo de vida daquele primeiro
grupo questionou ou foi efetivamente um novo sinal eclesiológico para a
Igreja de então. É um tema que vale a pena ser ainda aprofundado. Entretanto, isso não diminui o fato de que viviam numa realidade particular
da história, e suas vidas assumiam um estilo que contrastava com os
valores daquela sociedade e, até mesmo, com a estrutura assumida pela
Vida Religiosa e pela Igreja.

Uma coisa, porém, é evidente: quando os carmelitas deixam o
Monte Carmelo e emigram para a Europa se confrontam de forma mais
direta com aquela realidade e terão que enfrentar os desafios da adaptação, tanto social quanto eclesial. Será nesta realidade que o grupo irá
amadurecer a sua identidade e firmar o seu carisma, fazendo a adequa-
ção da *vitae formula* e recebendo da Igreja a aprovação definitiva da Regra como Ordem Religiosa Mendicante, conservando os aspectos de sua
origem eremítica[23].

Esta é uma das características que marca o Carmelo desde o seu
início: a adaptação dos valores da origem a uma nova realidade, sem
perder os seus elementos essenciais, mas vivendo-os encarnados no novo
contexto, com todos os desafios que ele traz. Assim foi a «gestação» do

---

[23] Cfr. Bula *Quae honorem Conditores* de Inocêncio IV, em 01/10/1247.

seu carisma: passaram de uma experiência eremítica a uma vida cenobí-tica; dos momentos de silêncio e experiência pessoal aos encontros com a comunidade; da vida contemplativa na solidão do ermo aos lugares perto das cidades; da vida de permanente oração ao compromisso tam-bém com o apostolado.

Esse constante movimento de tensão dos elementos do carisma em confronto com novas realidades que vivem, faz com que o grupo ca-minhe rumo a uma identidade definitiva como Ordem Mendicante de origem eremítica, salvaguardando ambos os aspectos que a caracteri-zam. Querem manter os valores da origem, mas também respondendo às necessidades da Igreja e da sociedade que se transformam. A Regra, aprovada em 1247, é a síntese de todo esse processo de discernimento da identidade da Ordem e fundamento para continuar neste caminho de aprofundamento e encarnação do carisma em cada momento de sua história.

Sendo a Regra um projeto de vida inspirado no seguimento de Cristo através da sua Palavra, ela é dinâmica e viva, devendo ser lida e interpretada nas diferentes realidades, em confronto com os diversos de-safios da história, fazendo com que o carisma se torne sempre «novo» e «atual». Para os carmelitas, que parecem ter no seu «DNA» esta constan-te releitura do projeto de vida, pois definiram sua identidade justamente em um longo processo marcado por mudança de lugar, adaptação, con-fronto com uma nova realidade, releitura dos valores assumidos, cada contexto histórico será sempre um convite a reler esta Tradição à luz dos novos tempos. A riqueza das várias leituras da Regra durante oito séculos de sua existência e as reformas que aconteceram na Ordem, que normalmente se apoiam numa nova releitura e atualização do carisma, mostram a importância e veracidade de tal característica fundante do Carmelo.

Os momentos de reforma na Ordem indicam o quanto a Regra era um ponto de referência essencial da identidade que deveria ser contex-tualizada e encarnada em diferentes realidades sociais e eclesiais, res-pondendo aos determinados apelos que nestas surgiam. Esse processo assim fecundo constitui por si mesmo uma demonstração de como são importantes tais releituras, o que também justifica o presente estudo, na tentativa de confrontar a Regra com um dos principais desafios propos-tos no pós-concílio, ou seja, a recepção da eclesiologia de comunhão.

Assim, é a própria Tradição do Carmelo que conduz a uma constante renovação para ser fiel à sua própria origem. Aqueles valores fundamentais serão mais bem vividos quanto mais «encarnados» nas novas realidades. O carisma será tanto mais vivo quanto mais confrontado e desafiado a dar novas respostas. A consciência da Tradição é a própria liberdade e exigência para fazer isto de forma madura, responsável e inspirada, sem mudar o essencial, mas reconhecê-lo na nova realidade e, de forma atualizada, repropô-lo diante dos novos tempos.

A base para esse discernimento é a Palavra de Deus e a própria Tradição da Igreja. É claro que isto não é algo somente das análises e teorias, mas acontece primeiramente na própria experiência concreta que vai apontando para os novos caminhos. Se um dos aspectos marcantes do carmelita é a constante meditação da Palavra, que vai delineando o rumo da sua vida, esta não o deixa estático, estacionado, indiferente, mas é dinâmica, questionadora, inovadora, revelando sempre os apelos de Deus diante das mais diversas circunstâncias. Esta Palavra, verdadeiramente presente na vida, traz respostas e indica novos caminhos. Se a Palavra é a semente, a realidade é o chão onde ela brota e faz a vida acontecer.

3. Concílio Vaticano II e a «reforma» no Carmelo

O Vaticano II é, sem dúvida, um dos maiores marcos na história da Igreja contemporânea, sendo divisor de águas no modo de pensar, principalmente, a eclesiologia. Não é tanto que o Concílio traga coisas novas no seu conteúdo, mas a grande novidade é o modo de recuperar e apresentar os elementos da Tradição, resgatando os valores da Igreja como comunhão, presente no primeiro milênio do cristianismo.

A Igreja, recuperada na sua dimensão de mistério[24], é caracterizada por uma maior consciência de que todos são, primeiramente, «Povo de Deus» e é desta igualdade fundamental que nasce a comunidade eclesial com seus diferentes dons e serviços, formando uma essencial unidade na diversidade. Assim, se realiza a Igreja como «sacramento de comunhão»[25], levando as pessoas a uma vida comunitária, reconhecendo a importância de cada membro do corpo[26], e a participação e corresponsabilidade de todo batizado como fundamental na sua existência e caminhada.

Em termos eclesiológicos, o Vaticano II proporcionou um momento importante na Igreja, de retomada da sua Tradição num diálogo profundo e necessário com o mundo, com a história, com as outras religiões, com os novos problemas da humanidade. Uma Igreja que se renova, mais uma vez, olhando para a sua origem, não para voltar ao passado, mas para recuperar no presente um dos elementos essenciais de sua existência: a comunhão, com Deus e, consequentemente, com todo o ser huma-

---

[24] Cfr. LG cap. I.
[25] Cfr. LG 1.
[26] Cfr. 1Cor 12, 12-30.

no. Esta comunhão deve ser vivida no seu mais amplo significado, tanto na dimensão de filiação divina – origem e fonte da comunhão – como na unidade eclesial, na participação concreta, responsável e ativa, de todo Povo de Deus que forma a Igreja e que deve redescobrir e assumir o seu espaço e atuação dentro dela.

A renovação da Igreja assumida pelo Concílio é proposta, não sem a mesma intensidade e confronto com o mundo contemporâneo, a toda Vida Religiosa. O modo de pensar a nova eclesiologia no Concílio atinge diretamente a vida consagrada nos seus conceitos, no seu modo de ser e agir na Igreja, colocando-a também num momento de grande crise e de necessária redescoberta da sua identidade no mundo atual. O Concílio reconhece, de forma indiscutível, a importante presença dos consagrados como parte da vida e santidade da Igreja[27]. Mas ao mesmo tempo, acentuando alguns elementos eclesiológicos, como «único Povo de Deus» ou «vocação universal à santidade», faz com que a Vida Religiosa repense seus próprios paradigmas, libertando-se de um modelo secular que a considerava como um «estado de perfeição», um caminho «privilegiado» e «especial» para a santidade. Se a vida consagrada não podia ser considerada como hierarquia no «vértice da pirâmide», nem mesmo estava na «base» formando o único Povo de Deus.

A «radical igualdade de todo batizado»[28], na sua «vocação universal à santidade»[29], interpela fortemente a vida consagrada que deverá assumir sua vocação específica como um dos modos de viver o Batismo, fundamento comum de todos os estados de vida eclesial. Assim, é possível pensar na comunhão dos diversos carismas e ministérios que formam e enriquecem a vida da Igreja, sem tê-los como privilégios ou superioridade, mas como dom de Deus para o bem do todo. A santidade, ideal e possibilidade para todo cristão, não será «privilégio» da Vida Religiosa, mas vocação universal de todos os cristãos, antes mesmo do estado de vida que assumem na Igreja.

Tudo isso mexe profundamente com a vida consagrada, mas também foi uma enorme oportunidade para, enfrentando a crise causada pela nova eclesiologia conciliar, repensar a identidade, atualizando suas «fontes e origens»[30], para viver a consagração de forma mais coerente e fecunda na Igreja e no mundo de hoje. Um dos grandes desafios era começar a renovação da própria vida interna das comunidades. Era necessário passar de uma estrutura de vida acentuadamente hierárquica,

---

[27] Cfr. LG 44.
[28] Cfr. LG 13.
[29] Cfr. LG 40.
[30] Cfr. PC 2.

na estreita e mecânica observância de regras e constituições muito rígidas e rituais, transformando-as em comunidades fraternas, baseadas numa igualdade fundamental, numa obediência com discernimento, na participação e envolvimento comunitário, na unidade da diversidade dos dons e serviços. Valores da eclesiologia de comunhão que, assim como para toda a Igreja, era também desafio para a vida consagrada, pois requeria grandes mudanças de mentalidade e estilo de vida. O acento à fraternidade será uma das bandeiras do novo modo de viver inspirado na comunhão e partilha de vida.

Todo esse processo terá repercussão na Ordem do Carmo levando-a também a uma crise, na necessidade de repensar a identidade, aprofundar e esclarecer o carisma, resgatando elementos importantes para a sua vivência frente à nova eclesiologia proposta a toda Igreja. Neste sentido, as releituras da Regra carmelitana tiveram um papel importante e decisivo, pois era a base segura para reler a Tradição do Carmelo sendo fiel à sua identidade, mas também abertos aos novos desafios do tempo presente.

Os documentos da Ordem ajudam a refazer esse percurso e demonstram o quanto ele foi longo e difícil, acompanhado por momentos críticos de incertezas, tensões, conflitos, mas também outros de luzes, determinação e de coragem. O incentivo à participação de toda a Ordem nas discussões e decisões, e a acolhida das diversas experiências nas diferentes partes do mundo, foi de suma importância e necessidade. A reflexão sobre a identidade carmelitana tinha, primeiramente, um grande conflito a ser aprofundado e superado: a relação entre a vida contemplativa e apostólica; vista muitas vezes como excludentes uma da outra, por fim, assimiladas como importantes e complementares, sem deixar de acentuar o aspecto contemplativo originário da Ordem, mas também o apostolado como parte essencial do carisma.

Um grande destaque, porém, influenciado pela nova reflexão eclesiológica, e que também orientou um novo modo de reler a Regra do Carmo, foi a redescoberta do valor da fraternidade, tema que se torna central para os carmelitas no período pós-conciliar. A vida fraterna, vivida como valor essencial do carisma contido na proposta da Regra, acentuada pela vida de Ordem Mendicante, é pensada de forma ampla, não somente «ad intra», mas também «ad extra», na sua relação com a Igreja e com o mundo. Isto possibilitará uma grande reflexão de como viver e «construir» verdadeiras comunidades. A riqueza das várias experiências de vida fraterna já realizadas na Ordem, as quais respondiam a determinadas necessidades e realidades onde esta estava presente, ajudou muito no aprofundamento do carisma e como «encarná-lo» no contexto atual.

A consequência desta ênfase na fraternidade era a abertura e desafio de uma maior participação e corresponsabilidade, unidade na diversidade, igualdade fundamental, na qual a consciência da internacionalidade do Carmelo e a busca de uma caminhada em conjunto foi um grande passo. Percebe-se, assim, a clara influência da eclesiologia de comunhão.

Ligado ao aspecto da fraternidade, e como fruto desta, inspirados pela valorização do profetismo carmelitano na sua espiritualidade eliana, diante de um mundo marcado por tanta pobreza e opressão, um tema frequente será o da justiça e paz. Este ajudará a perceber que a proximidade e solidariedade com os «pequenos», os marginalizados de nossa história, faz parte da espiritualidade da Ordem. Esta deve assumir a sua causa e contemplar neles o «rosto do Deus da nossa contemplação»[31]. As experiências de «comunidades em meio ao povo» serão um concreto testemunho neste sentido.

É certo que a necessidade de renovação e tantas mudanças não é um processo simples, automático, veloz. Não basta mudar estruturas, renovar Constituições, propor novas releituras da Regra. É preciso, acima de tudo, abertura e conversão, pessoal e comunitária, mudança de mentalidade, coragem de deixar as seguranças e estabilidades, de vencer o medo do novo. Embora tal reforma não partiu originalmente da própria Ordem, mas de toda a Igreja que convida a Vida Religiosa a renovar-se, a recepção do Concílio poderia ser considerado como uma grande «reforma» no Carmelo, dando uma perspectiva nova ao carisma e à sua presença na Igreja. Nada mais justo, então, que reler a Regra também a partir do Concílio e de sua nova eclesiologia, a qual foi um dos aspectos principais propostos para a reforma.

A releitura da Regra é imprescindível para realizar todo esse caminho de «retorno às fontes» na fidelidade criativa à Tradição, não podendo deixar de levar em conta também suas consequências eclesiológicas. Nesta «reforma», certamente, o carisma é ainda mais enriquecido na sua interpretação e vivência[32], continuando aberto para a contínua recepção do Vaticano II e os desafios que a sua eclesiologia ainda propõe.

4. A releitura da Regra mostra como viver na Igreja de Comunhão

Um ponto central nas recentes releituras da Regra é o aspecto da fraternidade. Sem excluir o acento que ela dá à experiência íntima com Deus na solidão e meditação da cela, no silêncio e constante oração, a vida fraterna ajuda a compreender o necessário e complementar movimento da experiência individual rumo ao comunitário, do encontro com Deus que leva ao encontro com o próximo, da oração pessoal à celebra-

---

[31] Cfr. J. CHALMERS, «Il Dio della nostra contemplazione», 10-31.
[32] Cfr. *Ep.Sup.Gen.O.Carm./O.C.D.*, «Aperti al futuro di Dio», 117.

ção litúrgica em comunidade. A fraternidade é redescoberta como parte essencial do carisma e chave de leitura para entender o projeto de vida contido na Regra.

A fraternidade tornou-se um dos grandes temas da Ordem nos pós-concílio, levando a refletir muito sobre a vida comunitária nos diferentes tipos de comunidades. Vários encontros e discussões foram dedicados explicitamente ao tema ou às consequências deste. Juntamente com toda a Vida Religiosa, que recuperou a fraternidade como valor indispensável para os consagrados, afirma-se que ela é parte essencial do carisma carmelita[33], junto com os outros aspectos que o compõe[34].

As principais características que formam a fraternidade carmelitana, as quais correspondem também aos valores que constituem a Igreja primitiva, sendo estes fundamentos permanentes à Igreja de todos os tempos[35], proporciona uma releitura da Regra na sua dimensão eclesiológica. Iluminados pelo Vaticano II, pode-se perceber o quanto na Regra encontram-se também os elementos da eclesiologia conciliar da Igreja como mistério de comunhão. A escuta constante da Palavra, a centralidade da Eucaristia, a pobreza e comunhão de bens, a vida fraterna na participação e igualdade, a oração litúrgica em comum, estruturam o projeto de vida e aproximam a comunidade de um «rosto de Igreja» marcado pelo critério da comunhão.

Uma leitura dos valores da vida fraterna na Regra a partir da reflexão do Vaticano II proporciona identificar, no «modo de ser carmelita» hoje, algumas dimensões da Igreja que correspondem à proposta da eclesiologia conciliar. Desta forma, é possível perceber como a Regra pode ser inspiração e fundamento para também repensar a presença dos carmelitas na Igreja e no mundo contemporâneo. A fraternidade, fundamentada na filiação divina, vivida e testemunhada como valor eclesial, assumida também nas suas consequências práticas e no seu dinamismo que «constrói comunidade», será o grande desafio não só da sintonia com a eclesiologia conciliar, bem como com a fidelidade ao próprio carisma relido na realidade contemporânea.

A vida carmelitana, como parte da Igreja, assume o contexto eclesial proposto pelo Concílio também a toda Vida Religiosa. Percebe-se, porém, numa releitura da Regra em seus aspectos eclesiológicos, que os carmelitas podem e devem dar uma contribuição muito grande à Igre-

---

[33] Cfr. *Const. 1995*, 29; *RIVC 2000*, 23.

[34] «I Carmelitani vivono il loro ossequio a Cristo impegnandosi nella ricerca del volto del Dio vivente (dimensione contemplativa della vita), nella fraternità e nel servizio (diakonia) in mezzo al popolo». *Const. 1995*, 14.

[35] Cfr. S. Pié-Ninot, *Eclesiologia*, 114-133.

ja, sendo não somente «sinais», «testemunhas», mas também «instrumentos» da Igreja de Comunhão. Alguns elementos da Regra, relidos à luz do Vaticano II, deixam claro um modo de viver em comunhão que, consequentemente, também expressa um modo de ser Igreja hoje. Este tem consequências práticas na organização da vida comum, baseada na fraternidade, que é na vida da Igreja um aspecto essencial.

Atualmente, mesmo com todas as dificuldades que a Igreja ainda encontra em motivar a participação ativa da maioria dos cristãos, surgem também experiências comunitárias que conscientizam as pessoas que não basta simplesmente ir às celebrações, receber os sacramentos, cumprir uma «obrigação» com Deus, com a própria consciência ou com um costume de vida. Descobre-se que ser Igreja é formar uma comunidade viva, de irmãos e irmãs que se conhecem e se amam, que partilham as suas dores e alegrias, que celebram em torno dos sacramentos as suas vidas diante do mistério. Tais comunidades alimentam um relacionamento mais próximo e acolhedor, se responsabilizam um pelo outro, se sentem realmente membros da Igreja e responsáveis por ela, comprometendo-se também com a construção de um mundo mais justo e fraterno. Enfim, fazem a experiência da fraternidade cristã que forma a grande família de Deus.

Ainda são grandes os desafios para continuar despertando as pessoas para a vivência da comunhão, numa Igreja como Povo de Deus, no envolvimento de forma corresponsável na sua caminhada, que acontece realmente quando todos se sentem chamados a participar, a partilhar suas ideias, colocar o seu dom a serviço. É um convite a viver uma unidade que não é uniformidade, mas um vínculo fraterno de união, em torno de um projeto comum que todo cristão assume no Batismo.

A fraternidade, que nasce da espiritualidade profunda da filiação de Deus, nutrida pela vida de oração na intimidade com Ele, que leva a amar o próximo e viver com este a mesma fé batismal, é que fundamenta e torna possível esta vivência eclesial numa vida de comunidade. É uma Igreja que se faz enquanto todos e todas descobrem o sentido mais profundo de serem irmãos e irmãs em Cristo, na fraternidade que expressa a vida profunda do mistério de Deus, concretizada nas relações humanas.

Neste sentido, a presença do carmelita na Igreja torna-se um sinal importante e particular. Sendo homens e mulheres convidados a uma experiência profunda do Absoluto, numa perseverante vida marcada pela atitude contemplativa da presença de Deus na oração, na fraternidade e no profetismo, alimentada pela constante meditação da Palavra e pela Eucaristia quotidiana, vivem a essência do cristianismo e um sentido profundo de ser Igreja: a filiação divina. Esta gera a fraternidade cristã, com todos os desafios concretos que ela traz.

Sendo este «sinal» como testemunho na Igreja, devem também descobrir formas e meios para partilhar esta experiência de vida, incentivando e «formando» para a vida fraterna comunitária, ajudando as pessoas a descobrirem e fazerem a experiência deste Absoluto, do qual todos são filhos e filhas. É preciso, portanto, criar espaços para aprender e confrontar juntos os novos desafios que a fraternidade constantemente traz. Ser também «instrumentos» que motivem a vida de comunidade, contribuindo na concretização de uma Igreja de Comunhão, como único Povo de Deus, ainda que o testemunho, o *ser* presença fraterna, será o compromisso primeiro, fundamental, talvez o melhor «instrumento» ou apostolado que poderão fazer. Se o Batismo é a base de todo o cristianismo, a vida fraterna é a sua concretização. Aqui o carmelita encontra uma grande missão dentro da missão de toda a Igreja.

A fraternidade sintetiza todos os grandes valores que formam a Igreja de Comunhão, como: a escuta constante da Palavra de Deus que convoca, forma e envia; a celebração dos sacramentos que alimenta a experiência do mistério; a vivência da pobreza evangélica que se solidariza e se compromete com a construção de um mundo mais justo e igualitário; a descentralização da responsabilidade somente de alguns para a corresponsabilidade e participação de todos; a vivência do poder como serviço e exercício de humildade; a abertura para o acolhimento que perdoa, que une nas diferenças, que dialoga ecumenicamente para realizar a fraternidade universal; que constrói a paz como fruto da acolhida, reconciliação, justiça e convivência fraterna.

Ser esta presença na Igreja será fundamental para tornar-se também um «instrumento» que a estimule e a ajude a crescer. Ainda que a contemplação seja o melhor dom que o Carmelo pode oferecer à Igreja[36], a comunhão vivida *em* fraternidade, *como* comunidade, *na* Igreja será a consequência da vivência concreta deste dom. Num momento em que a eclesiologia de comunhão ainda enfrenta seus desafios para ser acolhida e se concretizar na vida da Igreja, o carisma carmelita poderá também contribuir para que esta seja cada vez mais internalizada e realizada.

5.   A fraternidade como experiência eclesial

Assim como o Carmelo foi amadurecendo e enriquecendo a compreensão da própria identidade e carisma, fundamentado numa nova leitura dos valores propostos pela Regra a serem vividos e encarnados no atual contexto, deve continuar esse processo de crescimento também no que diz respeito à compreensão e vivência da fraternidade. Não se

---

[36] *Congr. Ger. 2011*, 3.

deve ter o medo de que esteja «mudando» ou «desvirtuando» o carisma, mas, ao contrário, enriquecendo-o e aprofundando-o ainda mais. A Ordem do Carmo não irá perder os elementos eremíticos da sua origem, a sua mística que traz a contemplação como centro da vida, mas deverá «contemplar» também os «sinais dos tempos». Continuará propondo a experiência profunda da presença de Deus, principalmente através da oração, da meditação constante da sua Palavra, da *Lectio Divina* individual ou comunitária, dos momentos de silêncio e solidão. É a sua raiz na vida eremítica que deve ser reconhecida e valorizada como parte de sua identidade e característica própria.

A Ordem cresceu, porém, na própria maneira de interpretar e viver a sua dimensão contemplativa, não a vendo como algo contrário aos outros elementos do carisma, mas justamente a fonte que alimenta a consequente prática de uma vida comunitária, orante e profética. Assim, a solidão não é vivida como isolamento, mas a base para um verdadeiro encontro com o Outro e os outros; o silêncio não é compreendido como simples ausência de barulho, mas como espaço de profunda comunicação com Deus, que se converte em comunicação também com o próximo; a vida pessoal da cela, o encontro com o mais íntimo de Deus e de si mesmo não é confundido com fechamento, mas é assumido como caminho que conduz ao encontro com a comunidade, onde se realiza a vida fraterna e se vive concretamente os valores cristãos. Portanto, se não deve tirar o acento à vida orante, à solidão, ao silêncio próprio do Carmelo, também não se pode reduzi-los ou trancá-los em si mesmos. É necessário compreender a amplitude de tais valores, que não levam a um fechamento ou isolamento, mas, pelo contrário, a uma vida de comunhão que nasce da comunhão com a Trindade e se realiza na comunhão fraterna entre os seres humanos.

A mesma necessidade de ampliar a compreensão e perspectiva de tais valores parece ser também necessária em relação à fraternidade. Esta também pode correr o risco de ser interpretada de um modo fechado em si mesmo, numa experiência somente interna, isolada, de um grupo ou de uma comunidade religiosa. Ainda que o seu próprio testemunho seja já um grande sinal para toda Igreja de que a fraternidade é possível[37], se esta não é vivida com abertura, com uma inserção na vida eclesial vista como fraternidade universal, ela pode fechar-se e deixar de viver a comunhão essencial e necessária com toda a Igreja.

O desafio é não só viver a fraternidade como experiência interna de uma comunidade, mas também alimentá-la na vida eclesial, com o testemunho, presença e serviço. É preciso incentivar uma maior participação e

---

[37] Cfr. VFC, 56.

corresponsabilidade de todos na caminhada da Igreja, promovendo a vida de comunidade, criando espaços para reflexões, discussões e decisões em conjunto, conscientizando as pessoas de sua vocação batismal, partilhando o patrimônio espiritual e o carisma com o Povo de Deus. A experiência fraterna da Vida Religiosa pode contribuir muito neste sentido.

Caso contrário, pode-se pensar de viver o carisma com fidelidade a todos os elementos que o identificam, porém, isolados, fechados em si mesmos, sem uma comunhão real e concreta com a Igreja local, sem animar uma vida de comunidade eclesial participativa e corresponsável. Mas, se assim fosse, qual seria a «autenticidade» da oração, da vida fraterna, do profetismo, da atitude contemplativa da vida carmelitana que leva necessariamente a «construir comunidade»? Se a experiência interna de fraternidade não se expande à comunidade eclesial, sendo não somente testemunha, mas também promovendo e formando uma consciência comunitária, possibilitando espaços e ajudando as pessoas a assumirem seu papel na Igreja, sua participação e serviço numa comunidade ministerial, qual seria a «fecundidade» daquela vida fraterna na vida de toda a Igreja?

É sempre bom lembrar que isto não significa tirar a importância fundamental e necessária da vida fraterna no interno de cada comunidade religiosa, a qual deve procurar vivê-la com fidelidade e testemunho. Mas, é preciso também perceber que essa fraternidade deve ter uma dimensão maior, ampliando-a como experiência na vida de toda Igreja. Se o caminho do carmelita é da solidão da cela à vida fraterna, talvez a eclesiologia de comunhão ensine a caminhar ainda um pouco mais: da cela à vida fraterna, e desta à vida de toda a Igreja. É certo que terá também o caminho de volta, alimentando-se da intimidade pessoal com Deus na cela e da experiência da vida comunitária, valores que fundamentam e preparam para a vida eclesial. É um ciclo fecundo e necessário. Não vivê-lo na sua dimensão eclesial é, certamente, perder a sua riqueza e profundidade.

Não se pode esquecer que este caminho traz suas consequências práticas, que requer a comunhão, partilha de vida, envolvimento de todos, reconhecimento da importância de cada um, espaços de participação e corresponsabilidade eclesial. Em síntese, uma Igreja Povo de Deus, que acentua a igualdade fundamental antes mesmo das diferentes funções e estados de vida na Igreja. No atual contexto eclesial esta missão ganha uma importância sem precedentes.

6.   A fraternidade carmelitana na Igreja de Comunhão

Sem querer ser muito «simplista», nem mesmo absolutizar um único aspecto da Igreja, mas considerando a eclesiologia de comunhão como a «ideia central e fundamental» do Concílio Vaticano II[38], a partir de toda a reflexão que a Ordem fez da sua identidade, não se poderia dizer que assumir uma tal eclesiologia torna-se indispensável para a vivência do carisma hoje? E ainda mais, não se poderia falar de certa «identificação» do carisma, relido à luz do Concílio, com a eclesiologia de comunhão? Se pensarmos assim, a vivência desta eclesiologia de comunhão na espiritualidade carmelita não seria simplesmente hoje uma «obediência» ou «adaptação» da Ordem ao último concílio da Igreja, mas parte da própria releitura do carisma, da identidade do ser carmelita na Igreja pós-conciliar.

Refletindo desta maneira, a eclesiologia de comunhão ganha uma dimensão ainda maior na vida carmelitana, e deve ser levado muito a sério na vivência do carisma, na concepção da sua espiritualidade, no sentido da oração e do silêncio. Assumindo esta perspectiva, a Ordem deve projetar seus trabalhos, a sua presença na Igreja, a atuação nas paróquias e pastorais, a formação carmelitana, numa vivência eclesial mais coerente e comprometida com um modelo de Igreja como Povo de Deus.

Este não é privilégio do Carmelo, pois como Igreja universal todos são convidados a viver esta eclesiologia renovada proposta pelo Concílio. Porém, se são «identificados» com ela, isto não traz aos carmelitas uma responsabilidade maior em contribuir para a necessária continuidade da sua recepção e concretização, como parte da vivência do próprio carisma, dom de Deus para o bem de toda a Igreja? Neste sentido, aprofundar a dimensão eclesiológica na Ordem pode ser de suma importância, não somente para responder aos apelos de Deus na Igreja hoje, mas também para continuar enriquecendo o seu carisma e redescobrindo na Regra valores de um projeto de vida profundamente eclesial e atual.

É claro que a hermenêutica do Vaticano II, a própria definição do que é a comunhão, continuam sendo um grande desafio para toda Igreja. Definir realmente o que é a Igreja de Comunhão e a abrangência de tal conceito não é nada fácil. Certamente impossível de modo pleno, pois a Igreja também continua sendo mistério[39]. Porém, vê-se claramente quais são as suas consequências: não só comunhão como obediência à hierar-

---

[38] Cfr. II *Sinodo Str. Vesc., Rapporto finale*, II, C, 1.
[39] Cfr. A. R. DULLES, *Models of the Church*, 28.

quia, mas também participação e corresponsabilidade de todo o Povo de Deus[40].

A fraternidade do Carmelo pode ajudar a manifestar e aprofundar este mistério que é a Igreja de Comunhão, numa grande sintonia entre a união íntima com Deus – fonte de toda *koinonia* – e a comunhão entre o ser humano – consequência e modo de viver a comunhão com Deus. O carisma da Ordem proporciona a vivência destas duas dimensões com harmonia e complementaridade. Por isso mesmo, ela tem uma grande responsabilidade no seio da Igreja de Comunhão.

Enfim, pode-se dizer que a eclesiologia de comunhão, com todos os aspectos que esta envolve na estrutura de uma Igreja como comunidade, pode e deve tornar-se um elemento importante e decisivo para a continuidade da releitura da Regra e do carisma. É este processo que deve orientar o sentido do *ser* e *existir* da vida carmelitana na Igreja de hoje. Por isso, é importante que o Carmelo continue refletindo e aprofundando a eclesiologia que está na base da sua proposta de vida, perguntando, antes mesmo do que deve «fazer» ou que «presença ser» na Igreja, que «tipo de Igreja» deve ser e promover para continuar fiel ao seu próprio carisma.

Às vezes, parece que se confunde um pouco a necessidade de mostrar a eclesialidade da Ordem com a eclesiologia que esta deve aprofundar e viver. Dizer que a Ordem é eclesial porque é aprovada pela Igreja, está presente na sua Tradição, é importante e vive em comunhão com ela, tudo isso pode ser óbvio e claro. Entretanto, para uma reflexão eclesiológica parece ser necessário ir além disto, perguntando-se também sobre o «modo de ser Igreja» que essa presença eclesial, reconhecida e importante, assume e testemunha. E se essa reflexão não é feita, se isto não se torna mais claro, corre-se o risco de acentuar um «modelo de Igreja» que não condiz com a proposta do carisma hoje, podendo tornar-se até mesmo um contratestemunho daquilo que a Regra ensina a viver em sintonia com o Vaticano II, diante do mundo contemporâneo.

É claro que testemunhar e viver esta dimensão da Igreja como comunhão não é missão exclusiva dos carmelitas, pois esta vocação comum nasce da igualdade fundamental de todos os batizados, único mundo, no qual estão todos incluídos no chamado universal à santidade. Porém, para o Carmelo é uma grande oportunidade de aprofundar e enriquecer ainda mais seu carisma, firmar a importância e fecundidade da sua presença eclesial, acreditar que este dom de Deus, dado para o benefício de toda a Igreja, permanece atual e necessário. O desafio é continuar apro-

---

[40] Cfr. II Assemblea Generale Straordinaria dei Vescovi (1985), *Rapporto finale*, II,C,6; W. KASPER, «Kommentar», 94.

fundando a eclesiologia conciliar e escutando, da Igreja e do mundo, os apelos para o Carmelo hoje. São ideias que merecem, certamente, serem ainda mais discutidas e aprofundadas.

Desta forma, a Ordem do Carmo, junto com toda Vida Religiosa, pode descobrir ainda mais o seu valor e lugar na Igreja. E como afirmou o Papa João Paulo II sobre vida consagrada: «Vós não tendes apenas uma história gloriosa para recordar e narrar, mas *uma grande história a construir*! Olhai o futuro, para o qual vos projeta o Espírito a fim de realizar convosco ainda grandes coisas»[41].

Como carmelita, é preciso inspirar-se em Maria, a Mãe e irmã no Carmelo, modelo perfeito de comunhão com Deus e com a humanidade. Maternidade que alimenta a fraternidade, Mãe que adota a Família Carmelitana também como irmãos e irmãs. A ela deve-se continuar rogando para que o Carmelo seja, na vivência da sua espiritualidade, o rosto de uma Igreja de Comunhão, serva e pobre, fraterna e acolhedora, fruto da experiência profunda do Deus Trindade. Só assim poderá expressar uma fraternidade verdadeira e fecunda, na abertura corajosa para o novo, na presença comprometida que defende a vida em todas as circunstâncias e busca a libertação integral de todo ser humano.

Com a oração do antigo prior geral Simão Stock, que une toda a família do Carmelo, que espera em Maria a permanente proteção da Ordem a ela consagrada, o Carmelo continua a pedir a sua bênção e seu amparo para ser realmente testemunha da Igreja de seu Filho, a qual ela inteiramente se entregou:

> *Flos Carmeli, vitis florigera,*
> *Splendor caeli, virgo puerpera singularis.*
> *Mater mitis sed viri nescia*
> *Carmelitis esto propitia*
> *Stella Maris!*

---

[41] VC 110: «Voi non avete solo una gloriosa storia da ricordare e da raccontare, ma *una grande storia da costruire*! Guardate al futuro, nel quale lo Spirito vi proietta per fare con voi ancora cose grandi».

APÊNDICE

Regra da Ordem dos Irmãos
da Bem-Aventurada Virgem Maria do Monte Carmelo[1]

1. Alberto, pela graça de Deus chamado a ser Patriarca da Igreja de Jerusalém, aos amados filhos em Cristo, B. e outros eremitas que, sob a sua obediência, vivem junto da Fonte, no Monte Carmelo, saudações no Senhor e a bênção do Espírito Santo.

2. Muitas vezes e de muitos modos os Santos Padres estabeleceram como cada um – qualquer que seja o estado de vida a que pertença ou a forma de vida religiosa que tiver escolhido – deve viver em obséquio de Jesus Cristo e servi-Lo fielmente com coração puro e reta consciência.

3. No entanto, como nos pedis uma fórmula de vida de acordo com o vosso projeto e à qual deveis permanecer fiéis no futuro:

4. Estabelecemos, em primeiro lugar, que tenhais um de vós como Prior, que há de ser eleito por consenso unânime de todos ou, pelo menos, da parte mais numerosa e madura. A ele prometerão obediência todos os demais e preocupar-se-ão em manter a promessa na prática, juntamente com a castidade e a renúncia à propriedade.

5. Podereis fixar os vossos locais de residência na solidão, ou onde vos forem doados, desde que sejam adequados e convenientes ao vosso modo de vida religiosa, conforme o que parecer mais oportuno ao Prior e aos irmãos.

6. Além disso, tendo em conta a situação do lugar em que tenhais decidido estabelecer-vos, cada um de vós tenha a sua própria cela

---

[1] Texto cfr. trad. portuguesa da *Const. 1995*, p. 9-16 (Lisboa, 1996), adaptado à numeração uniforme de referência da Regra (1998).

separada, conforme lhe for indicado pelo Prior, com o consentimento dos outros irmãos ou da parte mais madura.

7.	Todavia, isto seja feito de modo a que possais comer num refeitório comum quanto vos seja distribuído, escutando juntos alguma leitura da Sagrada Escritura, onde se puder observar sem dificuldade.

8.	A nenhum irmão, seja lícito, a não ser com licença do Prior em exercício, mudar de cela, nem permutá-la com outro.

9.	A cela do Prior esteja junto da entrada do lugar onde habiteis, de modo a que seja ele o primeiro a acolher aqueles que venham de fora; e depois tudo o que se deva fazer, faça-se segundo a sua vontade e decisão.

10.	Permaneça cada um na sua cela, ou perto dela, meditando dia e noite na lei do Senhor e vigiando em oração, a não ser que se deva dedicar a outros justificados afazeres.

11.	Os que aprenderam a recitar as horas canônicas com os clérigos, devem recitá-las conforme estabeleceram os santos Padres e segundo os legítimos costumes da Igreja. Os que não aprenderam, digam vinte e cinco vezes o Pai nosso durante a oração de Vigília, exceto aos Domingos e dias de solenidade, para os quais ordenamos que – na oração de Vigília – se duplique o número mencionado, de modo que o Pai nosso se diga cinqüenta vezes. A mesma oração deve recitar-se sete vezes na oração de Laudes e em cada uma das outras horas, à exceção das Vésperas, em que se deverá dizer quinze vezes.

12.	Nenhum dos irmãos diga que algo é seu, mas tudo tereis em comum entre vós, e a cada um será distribuído aquilo que necessite pela mão do Prior – ou seja, através do irmão por ele designado para essa função – tendo em conta a idade e as necessidades de cada um.

13.	Na medida em que as vossas necessidades o exijam, podeis ter burros ou mulas, e alguns animais ou aves para alimentação.

14. O oratório, conforme for mais fácil, construa-se no meio das celas e aí vos devereis reunir todos os dias pela manhã para participar na celebração eucarística, quando as circunstâncias o permitam.

15. Aos Domingos, ou noutros dias quando necessário, reuni-vos para tratar da observância da vida comum e do bem espiritual das pessoas. Nesta ocasião corrijam-se com caridade as faltas e as culpas que sejam encontradas em algum dos irmãos.

16. Desde a festa da Exaltação da Santa Cruz até ao Domingo da Ressurreição do Senhor jejuareis todos os dias, exceto aos Domingos, a não ser que uma doença, debilidade física ou outro justo motivo, aconselhem a dispensar o jejum, pois a necessidade não tem lei.

17. Abstei-vos de comer carne, a não ser que se deva usar como remédio em caso de doença ou de debilidade física. E como, por causa das viagens, com freqüência tendes de mendigar o sustento, para não serdes incômodos a quem vos hospeda, podeis, fora das vossas casas, comer alimentos preparados com carne. Também durante as viagens por mar podeis comer carne.

18. Uma vez que a vida do homem na terra é um tempo de tentações e todos aqueles que querem levar uma vida em Cristo estão sujeitos à perseguição e, além disso, o vosso adversário, o diabo, anda à vossa volta como um leão que ruge, procurando a quem devorar, com toda a diligência procurai revestir-vos com a armadura de Deus, para poderdes resistir às insídias do inimigo.

19. Cingi os rins com o cíngulo da castidade; fortificai o vosso peito com pensamentos santos, pois está escrito: o pensamento santo te protegerá. Revesti-vos da couraça da justiça, para poderdes amar o Senhor vosso Deus com todo o coração, com toda a alma e com todas as forças e o próximo como a vós mesmos. Empunhai sempre o escudo da fé, com o qual podereis repelir todas as setas incandescentes do inimigo pois sem fé é impossível agradar a Deus. Colocai na cabeça o elmo da salvação, a fim de esperardes a salvação do único Salvador, que libertará o povo dos seus pecados. Por fim, a espada do Espírito, que é a Palavra de Deus, habite com toda a sua riqueza na vossa boca e no vosso coração. E tudo o que tiverdes de fazer, fazei-o na Palavra do Senhor.

20. Deveis fazer algum trabalho, para que o diabo vos encontre constantemente ocupados e assim não encontre nenhuma entrada nas vossas vidas. Nisto tendes o ensinamento e exemplo do apóstolo S. Paulo, pela boca do qual falava Cristo, e que Deus constituiu e deu como pregador e mestre dos gentios na fé e na verdade: seguindo-o não vos podereis enganar. Vivemos entre vós - diz ele - trabalhando dia e noite sem descanso, para não sermos pesados a nenhum de vós. Não que não tivéssemos direito, mas para vos darmos um exemplo a imitar. De fato, quando estávamos entre vós, repetíamos com insistência: quem não quiser trabalhar, não coma. Ouvimos dizer que alguns de vós levam uma vida irrequieta, sem nada fazer. A esses pedimos e ordenamos, em nome do Senhor Jesus Cristo, que trabalhem em silêncio e ganhem o seu próprio pão. Este caminho é santo e bom: segui por ele.

21. O Apóstolo recomenda o silêncio, quando manda que se trabalhe em silêncio; do mesmo modo afirma o profeta: o silêncio fomenta a justiça, e ainda: no silêncio e na esperança está a vossa força. Por isso, determinamos que, após a recitação das Completas, guardeis silêncio até depois da conclusão da oração de Prima do dia seguinte. Embora nas demais horas não tenha de ser observado um silêncio tão rigoroso, guardai-vos com cuidado do muito falar. De fato, como está escrito e assim a experiência o ensina, no muito falar não falta o pecado, e quem fala sem refletir julgará mal. Do mesmo modo, quem fala muito prejudica-se. Diz ainda o Senhor no Evangelho: de toda a palavra inútil que os homens profiram darão conta no dia do juízo. Portanto, cada um de vós pese as suas palavras e ponha freio na boca, para não escorregar e cair por causa da língua, e a sua queda não se torne incurável e mortal. Vigie sobre a sua conduta, para não pecar nas suas palavras, como diz o profeta; e procure observar atenta e prudentemente o silêncio que fomenta a justiça.

22. Tu, irmão B., e quem quer que seja nomeado Prior depois de ti, tende sempre em mente e ponde em prática aquilo que o Senhor diz no Evangelho: Todo aquele que quiser ser o maior entre vós, será vosso servo, e quem quiser ser o primeiro, será vosso escravo.

23. E vós, demais irmãos, honrai humildemente o vosso Prior, pensando, mais que na sua pessoa, em Cristo, que o pôs acima de vós e que aos responsáveis da Igreja disse: Quem vos ouve a mim ouve, quem vos despreza a mim despreza. Não sejais condenados por desprezo, mas merecei, pela obediência, o prêmio da vida eterna.

24.   Isto vos escrevemos brevemente para vos dar uma fórmula de vida, segundo a qual deveis viver. Se alguém fizer mais, o próprio Senhor, quando voltar, o recompensará. Fazei, porém, uso do discernimento, que é guia das virtudes.

SIGLAS E ABREVIAÇÕES

a.	ano
AA	*Apostolicam Actuositatem*. Concílio Vaticano II: Decreto sobre o apostolado dos leigos (18.11.1965)
Ac. Cap.Gen.	*Acta Capituli Generalis* Ordinis Fratrum Beata Mariae Viriginis de Monte Carmelo
AG	*Ad Gentes*. Concílio Vaticano II: Decreto sobre a atividade missionária da Igreja (7.12.1965)
al.	e outros
An.O.Carm.	*Analecta Ordinis Carmelitarum*
ASS	*Acta Sanctae Sedis*
Bull. carm.	*Bullarium carmelitanum*. E. MONSIGNANI – I. A. XIMENEZ, ed., I-IV (Romae 1715-1768)
c.	cerca de
cap.	capítulo, capítulos
CD	*Christus Dominus*. Concílio Vaticano II: Decreto sobre o múnus pastoral dos Bispos na Igreja (28.10.1965)
CDF	Congregação para a Doutrina da Fé
CEB's	Comunidades Eclesiais de Base
CELAM	Conselho Episcopal Latino-Americano
Cfr.	conforme
ChL	*Christifideles Laici*. João Paulo II: Exortação Apostólica pós-sinodal sobre a vocação e missão dos leigos na Igreja e no mundo (30.12.1988)
CIC	Catecismo da Igreja Católica
CITOC	*Centrum Informationis Totius Ordinis Carmelitarum*
CNBB	Conferência Nacional dos Bispos do Brasil
Congr. Gen.	*Congregatio Generalis* (Congregação Geral)
Cons. Prov.	*Conselho das Províncias*
Const.	*Constituições da Ordem dos Irmãos da Bem-Aventurada Maria do Monte Carmelo*
CTI	Comissão Teológica Internacional

DAp	*Documento de Aparecida*. V Conferência Geral do Episcopado Latino-Americano e do Caribe, Brasil (2007)
Del.	*Delineatio Vitae Carmelitanae*
DIP	*Dizionario degli Istituti di Perfezione* (Roma 1974-1988)
Diz.Carm.	*Dizionario Carmelitano*. E. BOAGA – L. BORRIELLO, ed. (Roma 2008)
DMd	*Documento de Medellín*. II Conferência Geral do Episcopado Latino-americano, Colômbia (1968)
DPb	*Documento de Puelba*. III Conferência Geral do Episcopado Latino-americano, México (1978)
DS	*Enchiridion Symbolorum H. Denzinger* (Bologna 2001)
DV	*Dei Verbum*. Concílio Vaticano II: Constituição Dogmática sobre a Revelação Divina (18.11.1965)
EAm	*Ecclesia in America*. João Paulo II: Exortação Apostólica pós-sinodal sobre o encontro com Jesus Cristo vivo caminho para a conversão, a comunhão e a solidariedade na América (22.1.1999)
ed.	editor, organizador
EN	*Evangelii Nuntiandi*. Paulo VI: Exortação Apostólica sobre a Evangelização no mundo contemporâneo (08.12.1975)
Ench. E.	*Enchiridion delle Encicliche* (1740ss), Bologna
Ench. SV	*Enchiridion del Sinodo dei Vescovi* (1965ss), Bologna.
Ench. V.	*Enchiridion Vaticanum* (1962ss), Bologna
Ench. VC	*Enchiridion della Vita Consagrata* (385-2000), Milão 2001
Ep O.Carm./O.C.D	*Epistula Superiorum Generalium O.Carm. et O.C.D.*
Eph. Carm.	*Ephemerides carmeliticae*
ES	*Ecclesiae Sanctae*. Paulo VI: Carta Apostólica «Motu Proprio» (6.8.1966)
ET	*Evangelica testificatio*. Paulo VI: Exortação Apostólica sobre a renovação da Vida Religiosa segundo os ensinamentos do Concílio (29.6.1971)
etc	*et caetera*, etc.
GS	*Gaudium et Spes*. Concílio Vaticano II: Constituição Pastoral sobre a Igreja no mundo atual (07.12.1965)
Ibid.	Ibidem, no mesmo lugar, na mesma obra

ID.	Idem, o mesmo
LG	*Lumen Gentium*. Concílio Vaticano II: Constituição Dogmática sobre a Igreja (21.11.1964)
MG	*Magno Gaudio*. Paulo VI: Alocução aos superiores gerais de algumas famílias religiosas (23.5.1964)
MR	*Mutuae relationes*. Congregação para os Religiosos e os Institutos de Vida Seculares e Congregação para os Bispos: Critérios diretivos para as relações mútuas entre os bispos e os religiosos na Igreja (14.5.1978)
n./nn.	Número, números
O. Carm.	Ordem dos Carmelitas
O.C.D.	Ordem dos Carmelitas Descalços
OE	*Orientalium Ecclesiarum*. Concílio Vaticano II: Decreto sobre as Igrejas Orientais Católicas (21.11.1964)
orig.	original
p.	página, páginas
PC	*Perfectae Caritatis*. Concílio Vaticano II: Decreto sobre a conveniente renovação da Vida Religiosa (28.11.1965)
PO	*Presbyterorum Ordinis*. Concílio Vaticano II: Decreto sobre o ministério e a vida dos Sacerdotes (7.12.1965)
Pro ms	*Pro manuscripto*
Prop.	*Propositio*. Propostas votadas em capítulo
QA	*Quadragesimo Anno*. Pio XI: Carta Encíclica sobre a restauração e aperfeiçoamento da ordem social em conformidade com a lei envagélica no XL aniversário da Encíclica de Leão XIII «*Rerum Novarum*» (15.5.1931)
Rc/ R	Regra do Carmo número
Relatio	*Relatio de rebus gestis et dictis in propositionum disceptatione* (Relatório do Capítulo Geral)
RIVC	*Ratio Institutionis Vitae Carmelitanae*
RM	*Redemptoris Missio*. João Paulo II: Carta Encíclica sobre a validade permanente do mandando missionário (07.12.1990)
RPU	*Religiosi e promozione umana*. Documento da Congregação para os Institutos de Vida Consagrada e Sociedades de Vida Apostólica (12.8.1980)
S. Th.	*Summa Tehologiae* (S. Tomás de Aquino)

séc.	século, séculos
Sinodo Str. Vesc.	*Sinodo straordinario dei Vescovi*
Spec. Carm. 1680	*Speculum Carmelitanum*. A. V. Daniel, Anteverpiae (1680)
SRS	*Sollicitudo Rei Socialis*. João Paulo II: Carta Encíclica pelo vigésimo aniversário da Encíclica «Populorum Progressio» (30.12.1987)
UR	*Unitatis Redintegratio*. Concílio Vaticano II: Decreto sobre o ecumenismo (21.10.1964)
VC	*Vita Consecrata*. João Paulo II: Exortação Apostólica pós-sinodal sobre a Vida Consagrada e a sua missão na Igreja e no mundo (25.3.1996)
VFC	*La vita fraterna in comunità*. Documento da Congregação para os Institutos de Vida Consagrada e Sociedades de vida Apostólica (2.2.1994)

BIBLIOGRAFIA

1. FONTES

1.1 *Carmelitana*

Acta Capituli Generalis Ordinis Fratrum Beata Mariae Virginis de Monte Carmelo, Romae, 22 junii – 14 iulii 1965, *An.O.Carm., Suplementum*, 6-8 (1965) 4-44.

Acta Capituli Generalis Ordinis Fratrum Beatae Mariae Virginis de Monte Carmelo, Romae, 8 septembris – 7 octobris 1971, *An.O.Carm.* 29 (1971) 7-88.

Acta Capituli Generalis Ordinis Fratrum Beatae Mariae Virginis de Monte Carmelo, Majadahonda (Madrid), 1-21 septembris de 1977, *An.O.Carm.* 33 (1977) 55-298.

Acta Capituli Generalis Ordinis Fratrum Beatae Mariae Virginis de Monte Carmelo, Romae, 5-23 septembris 1983, *An.O.Carm.* 36 (1982-83) 129-222.

Acta Capituli Generalis Ordinis Fratrum Beatae Mariae Virginis de Monte Carmelo, Sassone - Ciampino, 6 - 28 septembris 1989, *An.O.Carm.* 40 (1989) 76-364.

Acta Capituli Generalis Ordinis Fratrum Beatae Mariae Virginis de Monte Carmelo, Sassone - Ciampino, 5-28 septembris 1995, *An.O.Carm.* 46 (1995) 7-430.

Acta Capituli Generalis Specialis ac Extraordinari, Romae, 8 septembris – 9 Octobris 1968, *An.O.Carm.* 27 (1968) 1-39.

Atti del Capitolo Generale dei Fratelli della Beata Vergine Maria del Monte Carmelo, Sassone (Roma), 4-22 settembre 2001, *An.O.Carm.* 52 (2001) 14-323.

Atti del Capitolo Generale dei Fratelli della Beata Vergine Maria del Monte Carmelo, Sassone (Roma), 4-22 settembre 2007, *An.O.Carm.* 58 (2007) 317-373.

BACONTHORP, J., *Tractatus super Regulam Carmelitarum (sec. XIV)*, in A. STARING, *Medieval Carmelite Heritage: Early Reflections on the Nature of the Order*, Rome 1989, 193-199.

BOAGA, E., ed., *Pellegrini verso l'autenticità. Documenti dell'Ordine Carmelitano 1971-1992*, Roma 1993, trad. portuguesa, *Documentos recentes da Ordem do Carmo: um caminho de renovação pós conciliar*, Paranavaí/São Paulo 1991.

CHALMERS, J., «Into the Land of Carmel». Epistula occasione 550 anniversarii bullae «Cum nulla» Nicolai V, *An.O.Carm.* 53 (2002) 110-119.

_____, «Il Dio della nostra contemplazione». Lettera del priore generale alla Famiglia Carmelitana, *An.O.Carm.* 55 (2004) 10-31.

_____, «Passione per Cristo, passione per l'umanità». Epistulae Prioris Generalis, *An.O.Carm.* 56 (2005) 360-368.

CONGREGATIO GENERALIS 1974: «Il Carmelitano oggi. La fraternità come cammino verso Dio», Frascati (Italia), 23-18 settembre 1974, *An.O.Carm.* 31 (1973-74) 165-176.

_____ 1980: «I poveri ci interpellano», Rio de Janeiro (Brasile), 1-19 settembre 1980», *An.O.Carm.* 35 (1980-81) 6-30.

_____ 1980: «Forme nuove di vita e di apostolato», *An.O.Carm.* 35 (1980-81) 43-53.

_____ 1986: «Il Carmelo davanti alla sfida vocazionale», Niagara Falls (Canada),9-17 Settembre 1986, *An.O.Carm.* 38 (1986-87) 90-93.

_____ 1992: «I Carmelitani e la Nuova Evangelizzazione», Caracas (Venezuela), 25 agosto - 4 settembre 1992», *An.O.Carm.* 43 (1992) 11-97.

_____ 1999, s. t., Bamberg (Alemanha), 24 agosto - 3 setembro 1999, *An.O.Carm.* 50 (1999) 12-58.

_____ 2005: «Servire la Chiesa e il mondo in un'època di cambiamento. Cosa deve fare l'Ordine oggi per poter poi trasmettere il carisma domani», São Paulo (Brasil), 6 - 14 settembre 2005, *An.O.Carm.* 56 (2005) 11-126.

_____ 2011: «"Qualiter respondendum dit quaerentibus?" Che cosa risponderemo a chi ci chiede?», Niagara Falls (Canada), 5 - 15 settembre 2011, [accesso 26.04.2012], http://www.ocarm.org/it/content/ocarm/messaggio-finale-O.

I CONSIGLIO DELLE PROVINCIE: «Impegnati al servizio della Fraternità», Madrid (Spagna), 30 ottobre - 6 novembre 1972, *An.O.Carm.* 30 (1972) 54-62.

II CONSIGLIO DELLE PROVINCIE: «Signore, Insegnaci a Pregare (Lc 11,1)», Aylesford (Inghilterra), 22-27 ottobre 1973, *An.O.Carm.* 31 (1973-74) 65-76.

III CONSIGLIO DELLE PROVINCE: «In mezzo al Popolo. Piccole Comunità Religiose e Comunità di Base», Dublino (Irlanda), 29 Settembre - 4 Ottobre 1975, *An.O.Carm.* 32 (1975-76) 56-69.

IV CONSIGLIO DELLE PROVINCE: «Un passo avanti dopo il Capitolo Generale», Taizé (Francia), 2-8 ottobre 1978, *An.O.Carm.* 34 (1978-79) 111-131.

V CONSIGLIO DELLE PROVINCE: «Alle sorgenti. Confronto con l'immagine biblica di Maria e Elia nella Programmazione Capitolare dell'Ordine», Stella Maris Monastery al Monte Carmelo (Israel), 21-26 ottobre 1979, *An.O.Carm.* 34 (1978-79) 210-227.

VI CONSIGLIO DELLE PROVINCIE: «Crescere nella Fraternità», Heerlen (Olanda), 8-15 settembre 1981», *An.O.Carm.* 35 (1980-81) 158-179.

VII CONSIGLIO DELLE PROVINCIE: «Una valutazione del Programa del Capitolo Generale del 1977», Aylesford (Inghilterra), 13-21 settembre 1982, *An.O.Carm.* 36 (1982-83) 19-30.

VIII CONSIGLIO DELLE PROVINCIE: «Reflessione e proposte sulla Formazione», Sassone (Roma) 1984, *An.O.Carm.* 37 (1984-85) 40-61.

IX CONSIGLIO DELLE PROVINCE: «La dimensione internazionale della Fraternità Carmelitana», Fatima (Portogallo), 12-19 settembre 1985», *An.O.Carm.* 37 (1984-85) 171-177.

X CONSIGLIO DELLE PROVINCE: «Messaggio del X Consiglio delle Province a tutti i membri dell'Ordine», Manila (Filippine), 9-22 settembre 1987», *An.O.Carm.* 38 (1986-87) 198-208.

XI CONSIGLIO DELLE PROVINCE: «Lettera alla Famiglia Carmelitana», Dublino (Irlanda), 8-16 Settembre 1988, *An.O.Carm.* 39 (1988) 29-38.

XII CONSIGLIO DELLE PROVINCE: «Cammino verso Dio, Seguendo la Parola - Mistica e Parola», Salamanca (Spagna), 10-20 settembre 1991, *An.O.Carm.* 42 (1991) 116-139.

XIII CONSIGLIO DELLE PROVINCE: «Messaggio alla Famiglia Carmelitana», Nantes (Francia), 30 agosto - 10 settembre 1994», *An.O.Carm.* 45 (1994) 11-136.

XIV CONSIGLIO DELLE PROVINCE: «"In obsequio Jesu Christi vivere, et eidem fideliter de corde puro et bona conscientia deservire". Propositio Globalis», *An.O.Carm.* 48 (1997), 192-202.

XV CONSIGLIO DELLE PROVINCE: «Il ruolo dell'autorità nella promozione del Carisma», Fátima (Portugal), 1 – 11 settembre 2003, *An.O.Carm.* 54 (2003), 129-148.

XVI CONSIGLIO DELLE PROVINCE: «Abbracciando il suo Vangelo: la comunità carmelitana nella Fede, Speranza e Carità», San Felice del Benaco (Italia), 3 – 12 settembre 2009, *An.O.Carm.* 60 (2009), 137-259.

Constitutiones Ordinis Fratrum Beatissimae Virginis Mariae de Monte Carmelo, Romae 1930; trad. espanhola, *Regla y Constituciones de la Orden de los Hermanos de la Bienaventurada Virgen María del Monte Carmelo*, Barcelona 1932.

Constitutiones Ordinis Fratrum Beatissimae Virginis Mariae de Monte Carmelo, Romae 1971; trad. portuguesa, *Regra e Constituições da Ordem dos Irmãos da Bem-Aventurada Virgem Maria do Monte Carmelo,* Curitiba 1976.

Costituzioni dell'Ordine dei Fratelli della Beatissima Vergine Maria del Monte Carmelo, Roma 1996; trad. portuguesa, *Constituições dos Irmãos da Bem Aventurada Virgem Maria do Monte Carmelo,* Comissariado Geral da Ordem do Carmo em Portugal, Lisboa 1996.

DANIEL A VIRGINE MARIA, *Speculum Carmelitanum, sive historia eliani Ordinis Fratrum beatissimae Virginis Mariae de Monte Carmelo,* I-II, Antewerpiae 1680.

«Delineatio Vitae Carmelitanae», in *Documenta edita in Capitulo, An.O.Carm.* 27 (1968) 43-48; trad. italiana, «Descrizione della Vita Carmelitana», in *Eredità e Attualità del Carmelo. Studi e commenti intorno alla «Delineatio vitae Carmelitanae» a cura del Servizio di informazione della Provincia Romana,* Roma 1971, 10-16.

Documenta edita in Capitulo – Capituli Generalis Specialis ac Extraordinari, Romae 1968, *An.O.Carm.* 27 (1968) 43-105.

Epistula Superiorum generalium O.Carm. et O.C.D., «Fraternità oranti al servizio del popolo». Occasione V Centenarii Envangelizationis Americae Latinae, *An.O.Carm.*43 (1992) 150-156.

_____, «Considerationes de Vita Consecrata». Acta Consilii Generalis, *An.O.Carm.* 44 (1993) 143-147.

_____, «Ritorno al vangelo. Il messaggio di Teresa di Lisieux». Occasione centenarii obitus S. Teresiae de Lisieux, *An.O.Carm.* 47 (1996) 129-152.

_____, «Aperti al futuro di Dio». Occasione 750 anniversarii approbationis definitivae Regulae Carmelitarum, *An.O.Carm.* 48 (1997) 115-131.

_____, «Un dottore per il Terzo Millenio». Occasione doctoratus S. Teresiae de Lisieux, *An.O.Carm.* 48 (1997) 60-78.

_____, Circa modum referendi verba Regulae Carmelitanae, *An.O.Carm.* 50 (1999) 147-165.

HEALY, K., «De Spiritu Capituli Generalis». Littera Rev.mi P. Generalis, *An.O.Carm.* 25 (1966) 72-80.

_____, «Proclaim Poverty with your Life». Littera de Paupertate, *An.O.Carm.* 25 (1966) 197-203.

_____, «Carmelus et Vita Interior». Acta Rev.mi P. Generalis, *An.O.Carm.* 26 (1967) 109-120.

_____, «Devotion to the Blessed Virgin Mary in Carmel». Epistula Prioris Generalis, *An.O.Carm.* 28 (1969-70) 74-89.

_____, «La Regola Carmelitana dopo il Concilio Vaticano II». Prioris Generalis Litterae, *An.O.Carm.* 29 (1971) 31-52.

LAURENT, M.-H., «La lettre *"Quae honorem Conditoris"* (*1er* Octobre *1247)*», *Eph. Carm.* 2 (1948) 5-16.

LEZANA, J. B., «Expositio regulae Carmelitarum», in *Summa quaestionum regularium*, III, Lugduni (1655-1666) 192-214.

MALLEY, J., «Epistula de Anno Mariano». Acta Prioris Generalis, *An.O.Carm.* 39 (1988) 79-91.

_____, «Caminando en compañia de todo hombre y mujer». Epistula Prioris Generalis et Consilii Generalis de obitus S. Ioannis a Cruce Centenario Quarto», *An.O.Carm.* 42 (1991) 28-60.

MANSI, J. D., *Sacrorum Conciliorum Nova et Amplissima Collectio*, I-LIII, Paris 1901-1927.

MONSIGNANI, E – XIMENEZ, I.A., ed., *Bullarium carmelitanum*, I-IV, Romae 1715-1768.

NICOLAUS GALLICUS, *Ignea Sagitta* (1270), A. STARING, ed., *Carmelus* 9 (1962) 237-307; trad. francesa, *La flèche de feu*, Abbaye de Bellefontaine 2000.

«Progetto Globale del Consiglio Generale per il sessennio 2007 2013», *An.O.Carm.* 59 (2009) 47-73.

Ratio Institutionis Vitae Carmelitanae. Formazione al Carmelo, Roma 1988; trad. portuguesa, *A formação na Ordem do Carmo*, Lisboa 1989.

Ratio Institutionis Vitae Carmelitanae. Formazione al Carmelo: un itinerario di trasformazione, Roma 2000; trad. portuguesa, *Formação para o Carmelo: um itinerário de Transformação*, Roma 2000.

Regula Ordinis fratrum Beatissimae Virginis Mariae de Monte Carmelo, Reg. Vat. 21, ff. 465v-466r.

Regula Tertii Ordinis sive Ordinis Carmelitici Saecularis Beatae Virginis Mariae de Monte Carmelo, An.O.Carm. 54 (2003) 12-46.

Relatio de Rebus Gestis et Dictis in Propositionum Disceptatione. Capituli Generalis Ordinis Fratrum Beata Mariae Virginis de Monte Carmelo, Romae, 22 Junii - 14 Julii 1965, *An.O.Carm.,* Suplementum alterum 6-8 (1965) 1-159.

RIBOT, F., *Decem libri de institutione et peculiaribus gestis religiorum Carmelitarum*, in *Spec. Carm. 1680*, I, 1-127; trad. inglesa, *The Ten Books on the Way of Life and Great Deeds of the Carmelites (including The Book of the First Monks)*, tr. R. COPSEY, Roma 2005.

ROMERAL, F. M., «Peregrinación de la esperanza». Carta del Prior General con motivo de la "peregrinación de la esperanza" de los jóvenes carmelitas de Europa», *An.O.Carm.* 61 (2010) 166-172.

SORETH, J., *Expositio paraenetica in regulam Carmelitarum*, in *Spec. Carm.* 1680, I, 689-736.

THUIS, F. J., «Al servizio di Dio Vivo». Lettera del Priore Generale alle monache Carmelitane, *An.O.Carm.* 34 (1978-79) 54-62.

_____, «Colpiti dal Misterio di Dio». Lettera del Priore Generale ai fratelli e sorelle dell'Ordine Carmelitano, *An.O.Carm.* 36 (1982-83) 79-101.

WESSELS, G., «Quae honorem Conditoris», *An.O.Carm.* 2 (1911-1913) 557-561.

1.2 *Magistério*

Ad Gentes Divinitus. Decretum de activitate missionali Ecclesiae, in *Concilio Vaticano II. Costituzioni, Decreti, Dichiarazioni*. Testo ufficiale e traduzione italiana, Città del Vaticano 1998, 660-759.

Apostolicam Actuositatem. Decretum de Apostolatu Laicorum, in *Concilio Vaticano II. Costituzioni, Decreti, Dichiarazioni*. Testo ufficiale e traduzione italiana, Città del Vaticano 1998, 558-623.

II ASSEMBLEA GENERALE STRAORDINARIA DEI VESCOVI, Rapporto finale *Exeunte coetu secundo*: La Chiesa, nella parola di Dio, celebra i misteri di Cristo per la salvezza del mondo (7.12.1985), *Ench. SV 1*, 2305-2338 (nn. 2718-2757).

BENTO XVI, *Sesión inaugural de los trabajos de la V conferencia general del Episcopado Latino Americano e del Caribe. Discurso de su santidad Benedicto XI*. Santuario de Aparecida (13.5.2007), in V CONFERENCIA GENERAL DEL EPISCOPADO LATINOAMERICANO Y DEL CARIBE, *Documento Conclusivo*, São Paulo 2007, 253-270.

Christus Dominus. Decretum de Pastorali Episcoporum munere in Ecclesia, in *Concilio Vaticano II. Costituzioni, Decreti, Dichiarazioni*. Testo ufficiale e traduzione italiana, Città del Vaticano 1998, 346-409.

CNBB, *Mensagem ao Povo de Deus sobre as Comunidades Eclesiais de Base*. Documento 92, Brasília 2010.

Concilio Vaticano II. Costituzioni, Decreti, Dichiarazioni. Testo ufficiale e traduzione italiana, Città del Vaticano 1998; trad. portuguesa, *Documentos do Concílio Vaticano II (1962-1965)*, São Paulo 2001.

II CONFERENCIA GENERAL DEL EPISCOPADO LATINOAMERICANO, *La Iglesia en la actual transformación de América Latina a luz del Concilio. Medellín: conclusiones*, Bogotá 1968.

III CONFERENCIA GENERAL DEL EPISCOPADO LATINOAMERICANO, Puebla. *La evangelización en el presente y en el futuro de América Latina*, CELAM, Bogotá 1979.

V CONFERENCIA GENERAL DEL EPISCOPADO LATINOAMERICANO Y DEL CARIBE, *Documento Conclusivo*, São Paulo 2007.

CONGREGAÇÃO PARA A DOUTRINA DA FÉ, *Communionis notio*. Carta sobre alguns aspectos da Igreja entendida como Comunhão (25.5.1992), *Ench. V.* 13, 926-953 (nn. 1774-1807).

CONGREGAÇÃO PARA OS INSTITUTOS DE VIDA CONSAGRADA E AS SOCIEDADES DE VIDA APOSTÓLICA, «Religiosi e promozione umana» (12.8.1980), *Ench. VC*, 2504-2523 (nn. 5312-5379).

_____, «*La vita fraterna in comunità*» (2.2.1994), *Ench. VC*, 3028-3070 (nn. 6528-6701).

_____ – CONGREGAÇÃO PARA OS BISPOS, «Mutuae relationes». (14.5.1978), *Ench. VC* 2394-2450 (nn. 5134-5213).

Dei Verbum, Constitutio Dogmatica de Divina Relevatione, in *Concilio Vaticano II. Costituzioni, Decreti, Dichiarazioni*. Testo ufficiale e traduzione italiana, Città del Vaticano 1998, 518-557.

DENZINGER, H. – HÜNEMANN, P., *Enchiridion Symbolorum, definitionum et declarationum de rebus fidei et morum*, edizione bilingue, Bologna 2003[4].

Gaudium et Spes. Constitutio pastoralis de Ecclesia in mundo huius temporis, in *Concilio Vaticano II. Costituzioni, Decreti, Dichiarazioni*. Testo ufficiale e traduzione italiana, Città del Vaticano 1998, 844-1053.

JOÃO XIII, «Radiomessagio di Giovanni XIII a tutti i fedeli cristiani ad un mese dal Concilio, 11 setembre 1962», in *Concilio Vaticano II. Costituzioni, Decreti, Dichiarazioni*. Testo ufficiale e traduzione italiana, Città del Vaticano 1998, 1080-1087.

_____, «Summi Pontificis Ioannis XXII allocutio in Sollemni SS. Concilii inaugurazione (Sessio I: d. 11 oct. 1962)», in *Concilio Vaticano II. Costituzioni, Decreti, Dichiarazioni*. Testo ufficiale e traduzione italiana, Città del Vaticano 1998, 1088-1111.

JOÃO PAULO II, *Sollicitudo rei socialis*. Carta Encíclica do Sumo Pontífice pelo vigésimo aniversário da Encíclica *Populorum Progressio* (30.12.1987), *Ench. V.* 10, 1694-1825 (nn. 2503-2713).

_____, *Los caminos del Envagelio*. Carta apostólica aos religiosos e religiosas da América Latina em ocasião do V centenario da evangelização do novo mundo (29.6.1990), *Ench. V.* 12, 248-305 (nn. 319-378).

_____, *Redemptoris Missio*. Carta Encíclica sobre a validade permanente do mandando missionário (07.12.1990), *Ench. V.* 12, 448-623 (nn. 547-732).

_____, *Vita Consecrata*. Exortação Apostólica pós-sinodal sobre a Vida Consagrada e a sua missão na Igreja e no mundo (25.3.1996), *Ench. VC*, 3176-3346 (nn. 6945-7280).

Lumen Gentium. Constitutio dogmatica de Ecclesia, in *Concilio Vaticano II. Costituzioni, Decreti, Dichiarazioni*. Testo ufficiale e traduzione italiana, Città del Vaticano 1998, 114-279.

Orientalium Ecclesiarum. Decretum de Ecclesiis Orientalibus catholicis, in *Concilio Vaticano II. Costituzioni, Decreti, Dichiarazioni*. Testo ufficiale e traduzione italiana, Città del Vaticano 1998, 280-303.

PAULO VI, «Discorso del Sommo Pontefice Paolo VI per l'apertura del secondo periodo del SS. Concilio, 29 settembre 1963», in *Concilio Vaticano II. Costituzioni, Decreti, Dichiarazioni*. Testo ufficiale e traduzione italiana, Città del Vaticano 1998, 1142-1185.

_____, «Allocuzione *Magno gaudio* di Paulo VI ai superiori generali di alcune famiglie religiose (23 maggio 1964)», *Ench. VC*, 1824-1833 (nn. 3693-3707).

_____, «Motuproprio *Ecclesiae Sanctae* di Paulo VI (6 agosto 1966)», *Ench. VC*, 1976-2005 (nn. 4089-4177).

_____, «Capitularibus Alloquitur», *An.O.Carm.* 27 (1968) 209-218.

_____, «Esortazione apostolica *Evangelica testificatio* di Paulo VI ai membri di tutte le famiglie religiose (29 giugno 1971)», *Ench. VC*, 2236-2269 (nn. 4716-4779).

Perfectae Caritatis. Decretum de accommodata renovatione Vitae Religiosae, in *Concilio Vaticano II. Costituzioni, Decreti, Dichiarazioni*. Testo ufficiale e traduzione italiana, Città del Vaticano 1998, 410-437.

PIO XI, *Quadragesimo anno*. Carta Encíclica sobre a restauração e aperfeiçoamento da ordem social em conformidade com a lei evangélica no XL aniversário da Encíclica de Leão XIII «*Rerum Novarum*» (15.5.1931), *Ench. E.* 5, 686-799 (nn. 583-730).

Presbyterorum Ordinis. Decretum de Presbyterorum ministerio et vita, in *Concilio Vaticano II. Costituzioni, Decreti, Dichiarazioni*. Testo ufficiale e traduzione italiana, Città del Vaticano 1998, 760-843.

Sacrosanctum Concilium. Constitutio de sacra liturgia, in *Concilio Vaticano II. Costituzioni, Decreti, Dichiarazioni*. Testo ufficiale e traduzione italiana, Città del Vaticano 1998, 12-93.

Unitatis Redintegratio. Decretum de Oecumenismo, in *Concilio Vaticano II. Costituzioni, Decreti, Dichiarazioni*. Testo ufficiale e traduzione italiana, Città del Vaticano 1998, 304-345.

2. ESTUDOS

2.1 *Carmelitano*

Abraçando o seu evangelho: a comunidade carmelitana na fé, na esperança e na caridade. Quatro pistas de reflexão e de oração para aprofundar a dimensão comunitária do carisma da nossa Ordem, Roma 2009.

ALBAN, K., «Alberto Avogadro, Patriarca di Gerusalemme (1150 ca. – 1214)», *Diz. Carm.*, 13-14.

ALVAREZ, T., «Nuestra "Regla del Carmen" en el pensamiento de Santa Teresa», in B. SECONDIN, ed., *Un projecto de vida. La Regla del Carmelo hoy*, Madrid 1985, 148-163; trad. italiana, «La Regola del Carmelo nel pensiero di S. Teresa di Gesù», in R. GIRADELLO, ed., *Le origini e la Regol a del Carmelo*, Verona 1987, 180-193.

_____, «Santa Teresa y la Regla del Carmelo. Nuevos textos de la Regla anteriores a la Santa», *Monte Carmelo* 93 (1985) 239-294 = *Estudios teresianos, I – Biografía e Historia*, Burgos 1995, 207-267.

_____, *Estudios teresianos. I. Biografía e História. II. Estudios de los textos. III. Doctrina espiritual*, Burgos 1995-1996.

_____, «Teresa di Gesù (1515-1582), santa e dottore della Chiesa», *Diz. Carm.*, 932-942.

ANDRADE, J. – GARCÍA, E., «El Carmelo postconciliar», in *Orden del Carmen: Historia, Espiritualidad, Documentos*, Caudete (Albacete) 1981, 185-197.

BALLESTRERO, A., *Alla fonte del Carmelo. Comento alla Regola primitiva dell'ordine della Beata Vergine Maria del Monte Carmelo*, Torino 1996.

BAUDRY, J., «Solitude et fraternité aux origines du Carmel», *Carmel* 5 (1971) 84-96.

BENKER, G., «Contemplation – the Heart of the Carmelite charism», in A. VELA – G. BENKER, ed., *Carmelite Formation. Proceedings of the International Programme for Carmelite Formators – Fatima – Portugal 9-27 January 2001*, Roma 2002, 37-52.

BOAGA, E., ed., *Il Carmelo in cammino*, Roma 1980.

_____, *Il cammino dei Carmelitani. Esperienza originaria fontale e sua rilettura nell'Ordine lungo i secoli e oggi*, Roma 1984, *pro ms.*

_____, «Il contesto storico socio-religioso ed ecclesiale della Regola», in B. SECONDIN, ed., *La Regola del Carmelo oggi*, Roma 1983, 37-54, trad. espanhola, «Contexto historico, socio-religioso y eclesial de la Regla», in ID., ed., *Un proyecto de vida. La Regla del Carmelo hoy*, Madrid 1985, 24-41.

_____, *Os Mendicantes frente aos desafios da História*, Coletânea Carmelitana II, Rio de Janeiro 1985.

_____, «Tendências de Busca na Vida Carmelitana, Hoje», *Carmelo Lusitano* 4 (1986) 9-32.

_____, «A Reforma de Touraine, uma experiência histórica de releitura do carisma carmelitano», *Camelo Lusitano* 5 (1987) 9-34.

_____, *I Carmelitani dal Vaticano II ad oggi*, Roma 1989 = *Pellegrini verso l'autenticità. Documenti dell'Ordine Carmelitano 1971-1992*, Roma 1993, 156-185.

_____, «Studi recenti sulla Regola del Carmelo», in J. SMET, *I Carmelitani*, I, Roma 1989, 481-492.

_____, *Como pedras vivas... Para ler a história e a vida do Carmelo*, Roma 1989; trad. italiana ampliada, *Come pietre vive... per leggere la storia e la vita del Carmelo*, Roma 1993.

_____, *A Senhora do lugar. Maria na historia e na vida do Carmelo*, Paranavaí 1994.

_____, «La Regola Carmelitana tra passato e futuro», in *La Regola Carmelitana – Convegno Sassone 21-22 Novembre 1997*, Roma 1997, 43-69.

_____, «Dal secolo XII al secolo XVI: la teologia spirituale nella tradizione carmelitana pre-teresiana», *Teresianum* 52 (2001) 69-94.

_____, «La parrocchia nell'esperienza dell'Ordine Carmelitano. Dimensione storica», in G. MIDILI, ed., *Comunità carmelitana e impegno pastorale*, Roma 2005, 91-109.

_____, «Dalla Norma di vita, alla Regola e alle Costituzioni dei Carmelitani nel secolo XIII», in C. ANDENNA – G. MELVILLE, ed., *Regulae – Consuetudines – Statuta. Studi sulle fonti normative degli ordini religiosi nei secoli centrali del Medioevo*, Münster 2005, 633-663.

_____, «I Comenti della Regola Carmelitana», in P. MCMAHON, al. ed., *The Carmelite Rule (1207-2007). – Proceedings of the Lisieux Conference 4-7 July 2005*, Roma 2008, 473-512.

_____, «Brandsma, Tito – beato martire, O.Carm. (1881-1942)», *Diz. Carm.*, 107-108.

_____, «Terzo Ordine Secolare», *Diz. Carm.*, 951-956.

_____ – SAGGI, L., «Metodo e contenuti del Capitolo Generale 1977», *Servizio di informazione della Provincia Romana* 41 (1978) 1-11.

_____ – COTTA, A.C., *In ossequio di Gesù Cristo. Programma di studi sulla Regola del Carmelo*, Roma 2002

BORGES DE CARVALHO, E., *A mística carmelitana e a solidariedade no Mosteiro Monte Carmelo*, tese de Mestrado em Teologia pela Pontifícia Universidade Católica do Paraná, 2010.

BOREK, D., «Prescrizioni (Precetti) nella Regola. Analisi del testo della Regola dopo l'approvazione di Innocenzo IV nel 1247», in P. MCMAHON, al., ed., *The Carmelite Rule 1207-2007 – Proceedings of the Lisieux Conference 4-7 July 2005*, Roma 2008, 137-162.

BOUCHEREAUX, S.-M., *La réforme des Carmes en France et Jean de Saint-Samson*, Paris 1950.

«Bozza delle nuove Costituzioni dell'Ordine dei Fratelli della Beatissima Vergine Maria del Monte Carmelo - Presentate per l'approvazione del Capitolo Generale dell'anno 1989», Roma 1989, *pro ms.*

BOYCE, J., «The liturgical life of the early Carmelites», in P. MCMAHON, al., ed., *The Carmelite Rule 1207-2007 – Proceedings of the Lisieux Conference 4-7 July 2005*, Roma 2008, 359-379.

BUGGERT, D. W., «Jesus in Carmelite Spirituality», in P. CHANDLER – K. J. EGAN, *The Land of Carmel. Essays in Honor of Joachin Smet*, Roma 1991, 91-107.

BURKE, P., «The Apostolate in the Technical World», *Carmelus* 15 (1968) 239-248.

CAPRIOLI, M., «Comenti alla Regola Carmelitana», in R. GIRADELLO, ed., *Le origini e la Regola del Carmelo*, Verona 1987, 123.

CARDOSO, J., «Lo schema di Costituzioni dell'Ordine 1971», *Servizio di Informazione e aggiornamento della Provincia Romana dei Carmelitani* 12 (1970) 2-10.

_____, «Some observations on the language of Events», *The Sword* 34.3 (1974) 13-29.

Carmelo 2000. Eredità, Profezia e Sfida. «Elia, che fai tu qui?» (1Re 10, 13). Per la «trasferenza» del Capitolo Generale nelle Province, Roma 1989, *pro ms.*

CATENA, C. M., «La meditazione in comune nell'Ordine Carmelitano: origine e sviluppo», *Carmelus* 2 (1955) 315-350.

CHANDLER, P., *The Liber de Institucione et peculiaribus gestis Religiorum Carmelitarum in lege veteri exortorum et in nova perseverancium ad Caprasium monachum, by Felip Ribot. A critical Edition with an Introduction*, Toronto 1991, *pro ms.*

CICCONETTI, C., «L'indole canonica della Regola del Carmelo», *Carmelus* 15 (1968) 54-56.

_____, «Dono e scopo dell'Ordine: Carisma originario e patrimonio», in *Eredità e Attualità del Carmelo. Studi e commenti intorno alla «Delineatio vitae Carmelitanae» a cura del Servizio di informazione della Provincia Romana O. Carm.*, Roma 1971, 23-35.

_____, «Prospettive di Vita Religiosa messe in risalto nella "Delineatio Vitae Carmelitanae"», in *Eredità e Attualità del Carmelo – Studi e commenti intorno alla «Delineatio vitae Carmelitanae» a cura del Servizio di informazione della Provincia Romana*, Roma 1971, 17-22.

_____, *La Regola del Carmelo. Origine, natura, significato*, Roma 1973.

_____, «Il progetto globale di vita proposto dalla Regola», in B. Secon-din, ed., *La Regola del Carmelo oggi*, Roma 1983, 55-77; trad. espanhola, «El proyecto global de vida propuesto por la Regla», in Id., ed., *Un proyecto de vida. La Regla del Carmelo hoy*, Madrid 1985, 42-63.

_____, «The history of the Rule», in M. Mulhall, ed., *Albert's way*. The First North American Congress on the Carmelite Rule, Rome 1989, 23-49.

_____, «Letture simboliche della Regola del Carmelo», *Carmelus* 39 (1992) 22-86.

_____, «Il simbolismo de Cristo nella Regola», in *La Regola del Carmelo*. Convegno di Sassone, 21-22 novembre 1997, Roma 1997, 3-22.

_____, «La Regola del Carmelo a confronto con alcune Regole contemporanee», in P. McMahon, al., ed., *The Carmelite Rule 1207-2007 – Proceedings of the Lisieux Conference 4-7 July 2005*, Roma 2008, 315-358.

_____, *Regola del Carmelo*. Collana Orizzonti, n. 1, Roma 2007.

_____, «Regola del Carmelo», *DIP* 7, 1455-1464.

Clarke, H. – Edwards, B., *The Rule of Saint Albert*, Ayslesford-Kensington 1973.

Coccia, E., «Battista Spagnoli, detto il Mantovano, beato», in L. Saggi, ed., *Santi del Carmelo*, Roma 1972, 326-328.

_____, «Battista Spagnoli, detto "il mantovano", e Loreto», in F. M. Ro-meral, ed., *In labore requies* – Homenaje de la Región Ibérica Carmelita a los Padres Pablo Garrido y Balbino Velasco, Roma 2007, 137-168.

«Congresso sulla Parrocchia ed il Carisma Carmelitano», Messaggio finale, *An.O.Carm.* 55 (2004) 104-105.

«Il VII Consiglio delle Province», *CITOC* 4 (1982) 2-4.

Conti, M., «Tipi di lettura e modelli biblici», *Presenza del Carmelo* 28 (1982) 8-26; trad. espanhola, «La Sagrada Escritura en la Regla del Carmelo – Tipos de lectura y modelos», in B. Secondin, ed., *Un proyecto de vida. La Regla del Carmelo hoy*, Madrid 1985, 87-103.

Copsey, R., «The *Ignea sagitta* and its readership: a re-evaluation», *Carmelus* 46 (1999) 166-173.

_____, «Approaches to the Rule in the Early Centuries», in P. McMahon, al. ed., *The Carmelite Rule 1207-2007 – Proceedings of the Lisieux Conference 4-7 July 2005*, Roma 2008, 381-409.

Cotta, A.C., *Regra do Carmo, contemporânea do futuro. Caminho de realização humana*, Belo Horizonte 1995.

Cuschieri, A., «L'origine dell'Ordine Carmelitano in Europa», *Il Monte Carmelo* 16 (1930) 192-201.

DE CANDIDO, L., «Fidelidad dinámica y creadora (Valores y perspectivas en la Regla del Carmelo)», in B. SECONDIN, ed., *Un proyecto de vida. La Regla del Carmelo hoy*, Madrid 1985, 213-222.

DECKERT, A., *Von den Anfängen des Karmelitenordens (13. Jahrhundert). Ein revidiertes Bild*, Bamberg 1996.

DESCHAMP, B., «The *"Expositio Paraenetica"*: Bl. John Soreth's understanding of the Rule», in P. MCMAHON, al. ed., *The Carmelite Rule 1207-2007 – Proceedings of the Lisieux Conference 4-7 July 2005*, Roma 2008, 433-465.

DOBNER, C., *Luce Carmelitana, dalla radice santa*, Città del Vaticano 2005.

DURAND, Y. – BOAGA, E., «Giovanni di San Sansone, mistico e venerabile, O.Carm. (1571-1636)», *Diz. Carm.*, 438-443.

EFRÉN DE LA MADRE DE DIOS, «El ideal de Santa Teresa en la Fundación de San José», *Carmelus* 10 (1963) 206-230.

ELIANE, Sr. (ortodoxa), «La règle du Carmel. Points communs et différences avec le monachisme orthodoxe», in *Carmel* 3 (1980) 221-231.

ESTEVE, E. M. – GUARCH, J. M., *La Orden del Carmen*, Madrid, 1950.

FITZGERALD, C., «How to read the Rule: an interpretation», in M. MULHALL, ed., *Albert's way. The First North American Congress on the Carmelite Rule*, Rome 1989, 51-69.

FORNARA, R., «Le radici bibliche della Regola», in S. GIORDANO, ed., *Il Carmelo in Terra Santa. Dalle origini ai giorni nostri*, Arenzano 1994, 75-80; trad. inglesa, «The biblical roots of the Rule», in ID., ed., *Carmel in the Holy Land. From its beginnings to the present day*, Arenzano 1995, 75-80.

FOS SANTANA, I., *Transferencia del Capitulo General a la Provincia*, Aragón/ Valencia 1983 (dattiloscritto) = «Getting a perspective, 1972-1983», in *Towards a Prophetic Brotherhood. Documents of the Carmelite Order 1972-1982*, Melbourne 1984, 1-29.

FRIEDMAN, E., *The Latin Hermits of Mount Carmel. A study in Carmelite origins*, Roma 1979.

GAMBERONI, S., «The Carmine Basilica in Florence: between past and future», *Carmel in the World* 34 (1995) 58-69.

GAVA, G. – COAN, A., *Carmelo. Profilo, Storia, Uomini e cose*, Città del Vaticano 1951.

GIORDANO, S., «La Terra Santa al tempo della regola carmelitana», in P. MCMAHON, al. ed., *The Carmelite Rule 1207-2007 – Proceedings of the Lisieux Conference 4-7 July 2005*, Roma 2008, 39-66.

GIRADELLO, R., ed., *Le origini e la Regola del Carmelo*, Verona 1987.

GRAZIANO DI SANTA TERESA, «Il Codice di Avila», *Eph. Carm.* 9 (1958) 441-452.

GRIFFIN, E., *Ascending the Mountain: The Carmelite Rule Today*. Papers from the O.Carm/OCD conference on the Rule of Albert held at Dalgan Park, August 2002, Dublin 2004.

GROSSO, G., «Giovanni Soreth (1394-1471), Generale riformatore e il suo ruolo nell'evoluzione del Carmelo femminile», *Carmelus* 42 (1995) 5-21.

_____, *Il B. Jean Soreth priore generale, riformatore e maestro spirituale dell'Ordine Carmelitano*, Roma 2007.

_____, «"Formula vitae" e Regola: interventi pontifici, riconoscimenti, approvazione, mitigazioni», in P. MCMAHON, *al.* ed., *The Carmelite Rule 1207-2007 – Proceedings of the Lisieux Conference 4-7 July 2005*, Roma 2008, 411-432.

_____, «Soreth Giovanni, beato, carmelitano (1394-1471)», *Diz. Carm.*, 819-821.

HENDERSON, A., «Ri-leggere la Regola oggi: un punto di vista femminile», in *La Regola del Carmelo. Nuovi Orizzonti*, Roma 2000, 145-156.

HEALY, K. J., *Methods of Prayer in the Directory of the Carmelite Reform of Touraine*, Rome 1956.

HELEWA, G., «Parola di Dio e Regola del Carmelo», in B. SECONDIN, ed., *La Regola del Carmelo oggi*, Roma 1983, 79-101; = in *La Regola del Carmelo. Nuovi Orizzonti*, Roma 2000, 21-58; trad. espanhola, «La palabra de Dios en nuestra Regla», in ID., ed., *Un proyecto de vida. La Regla del Carmelo hoy*, Madrid 1985, 64-85.

HENDRICKS, R., «De primigenia Ordinis Carmelitarum inspiratione», *Carmelus* 15 (1968) 46-53

HERRÁIZ, M., «La Regola interpretata da Santa Teresa e da San Giovanni della Croce», in *La Regola del Carmelo. Nuovi Orizzonti*, Roma 2000, 45-58.

HOPPENBROUWERS, V., «Come l'Ordine Carmelitano ha veduto e come vede la Madona», *Carmelus* 15 (1968) 209-221.

IANNONE, F., «La Vita Religiosa nella Chiesa e per la Chiesa», *Carmelus 41 (1994)* 33-48.

IMBRÒ, B., «Il problema mariologico dopo il Vaticano II», *Carmelus* 15 (1968) 184-208.

JANČÁŘ, J., «Consiglio delle Province», *Diz. Carm.*, 173-174.

JANSSEN, C., «L'Oraison Aspirative chez Jean de Saint Samson», *Carmelus* 3 (1956) 183-216.

JANSSEN, P.W., *Les origines de la réforme des Carmes en France au XVIIe siècle*, International Archives of the History of Ideas 4, The Hague: Martinus Nijhoff, 1963.

JANTSCH, J. – BUTTERWECK, C., *Die Regel des Karmel. Geschichte und Gegenwart einer Lebensnorm*, Aschafenburg 1986.

JOTISCHKY, A., *The perfection of Solitude. Hermits and Monks in the Crusaders States*, University Park: PA 1995.

_____, *The Carmelites and Antiquity: Mendicants and Their Pasts in the Middle Ages*, Oxford 2002.

KOSASIH, F., *The prophetic dimension of the carmelite charism. New developments since the Second Vatican Council in the light of biblical, theological and historical foundations*, Roma 2001.

«Lectio Divina», *Diz. Carm.*, 504-507.

de LIMA GOUVEIA, R., «Orazione aspirativa», *Diz. Carm.*, 631-640.

LOPEZ-MELÙS, R.M., *Espiritualidad Carmelitana*, Madrid 1968.

MACCISE, C., «Rilettura della Regola secondo il contesto odierno dell'America Latina», in *La Regola del Carmelo. Nuovi Orizzonti*, Roma 2000, 77-91.

_____, «Biblical Spirituality in the Rule», *Carmelite Digest* 17 (2002) 12-32.

_____, «Fraternidad», *Diccionario Teológico de la Vita Consagrada*, Madrid 2009, 741-756.

MARK, K., ed., *Towards a prophetic brotherhood. Documents of the Carmelite Order 1972-1982*, Melbourne 1984.

MARTINO, A. M., «Il comento della Regola nel Carmelo Antico», *Eph. Carm.* 2 (1948) 99-122.

McCAFFREY, J., «The Carmelite Rule: A Gospel Approach», in E. GRIFFIN, *Ascending the Mountain: The Carmelite Rule Today*, Dublin 2004, 29-48.

McMAHON, P., *al.* ed., *The Carmelite Rule 1207-2007 – Proceedings of the Lisieux Conference 4-7 July 2005*, Roma 2008.

MESTERS, C., «The Language of Events», *The Sword* 34 (1974), n. 1, 60-65; n. 2, 11-41.

_____, «Fundamentação bíblica da espiritualidade carmelitana», *Carmelus* 26 (1978) 77-100

_____, *A Regra do Carmo. Sua Origem, seu sentido, sua atualidade*, Belo Horizonte 1985.

_____, «Camminare alla presenza del Signore nello spirito e nella forza di Elia (Lc 1,17)», in B. SECONDIN, ed., *Profeti di Fraternità. Per una visione rinnovata della spiritualità carmelitana*, Bologna 1985, 15-40.

_____, *Ao Redor da Fonte. Círculos de oração e de meditação em torno da Regra do Carmo*, Rio de Janeiro 2001; trad. italiana, *Intorno alla Fonte. Circoli di preghiera e di meditazione intorno alla Regola del Carmelo*, Roma 2006.

_____, «Experiências de leitura da Regra do Carmo na América Latina», in P. McMAHON, *al.*, ed., *The Carmelite Rule 1207-2007 – Proceedings of the Lisieux Conference 4-7 July 2005*, Roma 2008, 601-622.

MIDILI, G., ed., *Comunità carmelitana e impegno pastorale*, Roma 2005.

MORRISON, C., «The Carmelite Rule: reading the Bible in the quest for holiness», in P. McMAHON, al. ed., *The Carmelite Rule 1207-2007 – Proceedings of the Lisieux Conference 4-7 July 2005*, Roma 2008, 13-37.

MOSCA, V., *Alberto Patriarca di Gerusalemme*, Roma 1996.

_____, «Alberto Patriarca di Gerusalemme. Autore della Vitae Formula degli Eremiti-Fratelli del Monte Carmelo», in P. McMAHON, al., ed., *The Carmelite Rule 1207-2007 – Proceedings of the Lisieux Conference 4-7 July 2005*, Roma 2008, 113-136.

MULHALL, M., ed., *Albert's way. The First North American Congress on the Carmelite Rule*, Roma 1989.

MULLINS, P., «The theological presuppositions of living *"in obsequio Jesu Christi"*», in P. McMAHON, al., ed., *The Carmelite Rule 1207-2007 – Proceedings of the Lisieux Conference 4-7 July 2005*, Roma 2008, 279-314.

_____, *St. Albert of Jerusalem and the Roots of the Carmelite Spirituality*, Roma 2012.

MULLOOR, A., «Una rilettura indiana della "Regola Primitiva"», in *La Regola del Carmelo. Nuovi Orizzonti*, Roma 2000, 111-131.

NEGLIA, A., «"Pie vivere in Christo": verso una nuova qualità di vita», in B. SECONDIN, ed., *La Regola del Carmelo oggi*, Roma 1983, 123-138.

NNADOZIE, E., «La Regola carmelitana in dialgo con il continente africano», in *La Regola del Carmelo. Nuovi Orizzonti*, Roma 2000, 59-76.

O'DONNELL, C., «Modern Carmelite Legislation 1971-1995», in K. J. ALBAN, *Journeying with Carmel – Extracts from the 1995 Carmelite Constitutions*, Australia 1997, 66-71.

_____ – PIÈ-NINOT, S., «Subsidiariedad», *Diccionario de Eclesiología*, Madrid, 2001, 1011-1012.

Orden del Carmen: Historia, Espiritualidad, Documentos, Caudete (Albacete) 1981.

«Le origini e la Regola del Carmelo», *Quaderni Carmelitani* 2-2 (1987) 3-250.

PAGLIARA, C., «La comunità di Gerusalemme: valori e modelli », in B. SECONDIN, ed., *La Regola del Carmelo oggi*, Roma 1983, 197-203; trad. espanhola, «La comunidad de Jerusalen», in ID., ed., *Un proyecto de vida. La Regla del Carmelo hoy*, Madrid 1985,174-180.

PALUMBO, E., «Lettura della Regola lungo i secoli», in B. SECONDIN, ed., *La Regola del Carmelo oggi*, Roma 1983, 157-165; trad. espanhola, «Lecturas de la Regla a lo largo de los siglos», in ID., ed., *Un proyecto de vida. La Regla del Carmelo hoy*, Madrid 1985, 121-129.

_____, *La Regola del Carmelo come progetto di vita. Commento teologico-spirituale*, Fraternità Carm. Pozzo di Gotto 1992, *pro ms.*

_____, ed., *L'Apostolo Paolo: Maestro e Modello. La spiritualità paolina nel Carmelo*, Bari 1998.

PELTIER, H., *Historie du Carmel*, Paris 1958.

PIETRO DELLA MADRE DE DIO, «Le fonti bibliche della Regola carmelitana», *Eph. Carm.* 2 (1948) 65-97.

PLATTIG, M., «The Rule and spiritual growth», in P. MCMAHON, *al.*, ed., *The Carmelite Rule 1207-2007 – Proceedings of the Lisieux Conference 4-7 July 2005*, Roma 2008, 513-532.

_____, «Pratical examples of the meaning of Carmelite Spirituality to the Church», Congregatio Generalis, 5 – 15 september 2011 (Niagara Falls), *pro ms.*

POIROT, É., «La Régle du Carmel et la tradition monastique orientale», in Monastère Saint Élie, *Pont entre l'Orient et l'Occident. Règle primitive de l'Ordre de la Bienheureuse Virge Marie du Mont-Carmel*, Saint-Rémy 1995, 18-38.

POSLUSNEY, V., *Prayer, Aspiration and Contemplation from the writings of John of St. Samson, O. Carm., Mystic and Charismatic*, New York 1975.

POSSANZINI, S., *La Regola dei Carmelitani. Storia e spiritualità*, Firenze 1979.

RADCLIFFE, T., «Una comunità orante e profetica in un mondo che cambia», in *In obsequio Jesu Christi. Comunità orante e profetica in un mondo che cambia. Capitulum Generale 2007*, Roma 2007, 35-44.

La Regola del Carmelo. Convegno di Sassone, 21.22 novembre 1997, Roma 1997.

La Regola del Carmelo. Nuovi Orizzonti, Roma 2000.

RENNA, L., «Una comunità di fratelli attorno a Cristo Signore», in B. SECONDIN, ed., *La Regola del Carmelo oggi*, Roma 1983, 103-122.

RIBERA, A. M., *Pasado y presente del problema de «Ratio Ordinis»*, Barcelona 1967.

ROHRBACH, P.-T., *Journey to Carith: The Story of the Carmelite Order*, NY: Doubleday 1966.

ROMERAL, F. M., «La comunidad de la Regla: una comunidad reconciliada e reconciliadora», in P. MCMAHON, *al.* ed., *The Carmelite Rule 1207-2007 – Proceedings of the Lisieux Conference 4-7 July 2005*, Roma 2008, 533-560.

SAGGI, L. M., *La Congregazione Mantovana dei Carmelitani sino alla morte del B. Battista Spagnoli (1526)*, Roma 1954.

_____, «La mitigazione del 1432 della Regola Carmelitana, tempo e persone», *Carmelus* 5 (1958) 3-29

_____, *Storia dell'Ordine carmelitano*, I-II, Roma 1962-1963, *pro ms.*

_____, «Questioni connesse con la Riforma Teresiana», *Carmelus* 11 (1964) 161-184.

_____, «Il Congresso di studi "De Ratione Ordinis"», *Carmelus* 15 (1968) 3-4.

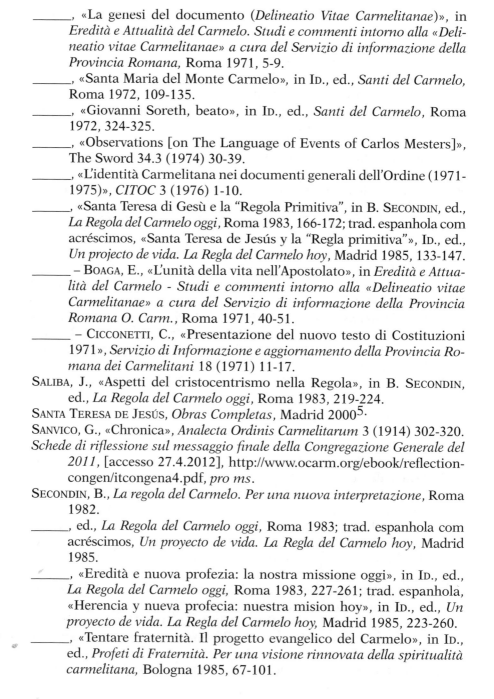

_____, «La genesi del documento (*Delineatio Vitae Carmelitanae*)», in *Eredità e Attualità del Carmelo. Studi e commenti intorno alla «Delineatio vitae Carmelitanae» a cura del Servizio di informazione della Provincia Romana*, Roma 1971, 5-9.

_____, «Santa Maria del Monte Carmelo», in ID., ed., *Santi del Carmelo*, Roma 1972, 109-135.

_____, «Giovanni Soreth, beato», in ID., ed., *Santi del Carmelo*, Roma 1972, 324-325.

_____, «Observations [on The Language of Events of Carlos Mesters]», The Sword 34.3 (1974) 30-39.

_____, «L'identità Carmelitana nei documenti generali dell'Ordine (1971-1975)», *CITOC* 3 (1976) 1-10.

_____, «Santa Teresa di Gesù e la "Regola Primitiva", in B. SECONDIN, ed., *La Regola del Carmelo oggi*, Roma 1983, 166-172; trad. espanhola com acréscimos, «Santa Teresa de Jesús y la "Regla primitiva"», ID., ed., *Un projecto de vida. La Regla del Carmelo hoy*, Madrid 1985, 133-147.

_____ – BOAGA, E., «L'unità della vita nell'Apostolato», in *Eredità e Attualità del Carmelo - Studi e commenti intorno alla «Delineatio vitae Carmelitanae» a cura del Servizio di informazione della Provincia Romana O. Carm.*, Roma 1971, 40-51.

_____ – CICCONETTI, C., «Presentazione del nuovo testo di Costituzioni 1971», *Servizio di Informazione e aggiornamento della Provincia Romana dei Carmelitani* 18 (1971) 11-17.

SALIBA, J., «Aspetti del cristocentrismo nella Regola», in B. SECONDIN, ed., *La Regola del Carmelo oggi*, Roma 1983, 219-224.

SANTA TERESA DE JESÚS, *Obras Completas*, Madrid 2000[5.]

SANVICO, G., «Chronica», *Analecta Ordinis Carmelitarum* 3 (1914) 302-320.

Schede di riflessione sul messaggio finale della Congregazione Generale del 2011, [accesso 27.4.2012], http://www.ocarm.org/ebook/reflection-congen/itcongena4.pdf, *pro ms*.

SECONDIN, B., *La regola del Carmelo. Per una nuova interpretazione*, Roma 1982.

_____, ed., *La Regola del Carmelo oggi*, Roma 1983; trad. espanhola com acréscimos, *Un proyecto de vida. La Regla del Carmelo hoy*, Madrid 1985.

_____, «Eredità e nuova profezia: la nostra missione oggi», in ID., ed., *La Regola del Carmelo oggi*, Roma 1983, 227-261; trad. espanhola, «Herencia y nueva profecia: nuestra mision hoy», in ID., ed., *Un proyecto de vida. La Regla del Carmelo hoy*, Madrid 1985, 223-260.

_____, «Tentare fraternità. Il progetto evangelico del Carmelo», in ID., ed., *Profeti di Fraternità. Per una visione rinnovata della spiritualità carmelitana*, Bologna 1985, 67-101.

_____, «What is the heart of the Rule?», in M. MULHALL, ed., *Albert's way. The First North American Congress on the Carmelite Rule*, Rome 1989, 93-132.

_____, *La Règle du Carmel. Un projet spirituel pour aujourd'hui*, Paris 2004.

_____, «Nuove chiavi ermeneutiche per i nuovi contesti culturali», in P. MCMAHON, *al.*, ed., *The Carmelite Rule 1207-2007 – Proceedings of the Lisieux Conference 4-7 July 2005*, Roma 2008, 585-599.

_____ – GAMBOA L. A., *Alle radici del Carmelo*, Roma 2005.

SEIBEL, F. X., «Apostolat in Equipe – Apostolat in Gemeinschaft», *Carmelus* 15 (1968) 249-267.

Sette incontri di riflessione e di preghiera sul tema del Capitolo [Generale 2007], Roma 2006.

SLEIMAN, J., «"Vattene di qui, dirigiti verso Oriente" (1 Re 17, 3). Riflessioni orientali sulla Regola del Carmelo», in *La Regola del Carmelo. Nuovi Orizzonti*, Roma 2000, 93-110.

SMET, J., «A list of Commentaries on the Carmelite Rule», *Sword* 11 (1947) 297-302.

_____, *The Carmelites: a history of the brothers of Our Lady of Mount Carmel*, I-IV, Darien Ill 1975-1985; revised edition v. I, Darien Ill 1988; trad. italiana, *I Carmelitani*, Roma 1989.

_____, «The Carmelite Rule after 750 years», *Carmelus* 44 (1997) 21-47.

_____, «Le Costituzioni dei Frati O. Carm.», *Diz. Carm.*, 194-196.

STARING, A., «Alberto, patriarca di Gerusalemme», in L. SAGGI, ed., *Santi del Carmelo*, Roma 1972, 157-159.

_____, *Medieval Carmelite Heritage: Early Reflections on the Nature of the Order*, Rome 1989.

STEGGINK, O., «Carmelitani», *DIP* 2, 476-501.

_____, «Fraternità e possesso in comune. L'ispirazione presso i mendicanti», *Carmelus* 15 (1968) 5-35.

_____, «Fraternità apostolica. Storia e rinnovamento», in B. SECONDIN, ed., *Profeti di Fraternità. Per una visione rinnovata della spiritualità carmelitana*, Bologna 1985, 41-65.

_____, – TIGCHELER, J. – WAAIJMAN, K., *Karmel Regel: ingeleid, vertaald en van aantekeningen voorzine door Otger Steggink, Jo Tigcheler, Kees Waaijman*, Almelo 1978; trad. inglesa, *The Carmelite Rule: introdoction, translation into Dutch and annotations by Otger Steggink, Jo Tigcheler, Kees Waaijman*, Almelo 1979; trad. italiana, com observações e acréscimos, «La Regola del Carmelo: introduzione, testo e commento», Roma 1982; = in *Quaderni carmelitani* 2-3 (1987) 211-241; trad. portuguesa, «Modelo de Vida», in *Carmelita. Um estilo de vida*, Rio de Janeiro 1980, 97-223.

STERCKX, D., «Rileggere oggi la Regola nel contesto dell'Europa», in *La Regola del Carmelo. Nuovi Orizzonti*, Roma 2000, 133-144.

———, *La Règle du Carmel. Structure et esprit. Parole de vie pour aujourd'hui*, Toulouse, 2006.

TARTAGLIA, P., «Il concetto di Preghiera nella "Delineatio"», in *Eredità e Attualità del Carmelo. Studi e commenti intorno alla «Delineatio vitae Carmelitanae» a cura del Servizio di informazione della Provincia Romana O. Carm.*, Roma 1971, 36-39.

TONNA, B., «Vita comunitaria: vita di famiglia o vita di lavoro?», *Carmelus* 15 (1968) 36-45.

VALABEK, R. M., *Prayer life in Carmel*, Rome 1982.

———, «The spirituality of the Rule», in M. MULHALL, ed., *Albert's way. The First North American Congress on the Carmelite Rule*, Roma 1989, 149-175.

———, «The Blind Brother, Light and Guide of the Touraine Reform, Ven. John of St. Samson, O.Carm. (1571–1636)», *Carmel in the World* 40 (2001) 124–143.

VELA, A. – BENKER, G., ed., *Carmelite Formation. Proceedings of the International Programme for Camelite Formators – Fatima – Portugal 9-27 January 2001*, Roma 2002.

VICTOR DE JESUS MARIA, «La exposición canónico moral della Regola Carmelitana según los Descalzos», *Eph. Carm.* 2 (1948) 124-204.

WAAIJMAN, K., «Incentives towards a new understanding of the Rule», in M. MULHALL, ed., *Albert's way. The First North American Congress on the Carmelite Rule*, Rome 1989, 71-91.

———, *The Mystical Space of Carmel. A Commentary on the Carmelite Rule*, Louvain 1999; orig. holandês, *De mystieke ruinute van Karmel. Een uitleg van de Karmel-Regel*, Kampen – Gent. Kok 1995.

———, «Open spaces in the Rule», in P. MCMAHON, al., ed., *The Carmelite Rule 1207-2007 – Proceedings of the Lisieux Conference 4-7 July 2005*, Roma 2008, 221-277.

——— – BLOMMENSTIJN, H., «The Carmelite Rule as a model of mystical transformation», in P. CHANDLER – K. J. EGAN, ed., *The Land of Carmel. Essays in Honor of Joachin Smet*, Roma 1991, 61-90.

——— – ———, «Riflessioni sull'evoluzione della spiritualità carmelitana negli ultimi venti anni alla luce dei documenti ufficiali», in E. BOAGA, *Pellegrini verso l'autenticità - Documenti dell'Ordine Carmelitano 1971 - 1992*, Roma 1993, 186-208.

WILDERINK, V., «Compromisso Carmelitano na Igreja da América Latina», *Carmelus* 25 (1978) 12-49.

ZIMMERMAN, B., *Monumenta Historica Carmelitana*, Liriane 1907.

_____, (Benoit-Marie de la Croix), «Les Réformes dans l'Odre de Notre-Dame du Mont Carmel», *Études Carmélitaines* (1934) 155-195; trad. espanhola, «Las Reformas de la Orden de Nuestra Señora del Carmen», in Silverio de Santa Teresa, *Historia del Carmen Descalzo en España, Portugal y America*, Burgos, 1935, XLVIII-XC.

2.2 *Geral*

Acerbi, A., *Due Ecclesiologia: ecclesiologia giuridica ed ecclesiologia di comunione nella «Lumen Gentium»*, Bologna 1975.

_____, *Il diritto nella Chiesa. Tensioni e sviluppi nella storia*, Brescia 1977.

Ait, I., *Il commercio nel Medioevo*, Roma 2005.

Alberigo, G., ed., *L'ecclesiologia del Vaticano II. Dinamismi e prospettive*, Bologna 1981.

_____, ed., *Storia del Concilio Vaticano II. II. La formazione della coscienza conciliare – Il primo periodo e la prima intersessione. Ottobre 1962–settembre 1963. V. Concilio di transizione. Settembre – dicembre 1965*, Bologna 1996; trad. portuguesa, J. O. Beozzo, ed., *História do Concílio Vaticano II. II. A formação da consciência conciliar. O primeiro período e a primeira intersessão (outubro de 1962 a setembro de 1963)*, Petrópolis 1999.

_____, *Breve storia del Concilio Vaticano II*, Bologna 2005.

von Allmen, J.-J., *Une Réforme dans l'Église: possibilité, critères, acteurs, étapes*, Gembloux 1971; trad. italiana, *Una riforma nella Chiesa: possibilità, criteri, attori, tappe*, Roma 1973.

Álvarez Gómez, J., *Por qué y para qué los religiosos en la iglesia*, Madrid 1979.

_____, *Historia de la Vida Religiosa. I. Desde los orígenes hasta la reforma cluniacense. II. Desde los Cónigos Regulares hasta las reformas del siglo XV. III. Desde la «Devotio Moderna» hasta el Concilio Vaticano II*, Madrid 1996², 1998², 2002².

Ambrosini, A., *Milano, papato e impero in età medievale. Racolta di Studi*, Milano 2003.

Andenna, G.; «Il contadino: "pes mundi", motore dell'universo», in G. Constable – al., ed., *Il secolo XII: la «renovatio» dell'Europa cristiana*, Bologna 2003, 151-182.

Antón, A., «Lo sviluppo della dottrina sulla Chiesa nella Teologia dal Vaticano I al Vaticano II», in *L'ecclesiologia dal Vaticano I al Vaticano II*, Brescia 1973.

_____, *El misterio de la Iglesia: Evolución histórica de las Ideas eclesiológicas*. II. *De la apologética de la Iglesia-sociedad a la teología de la Iglesia-misterio en el Vaticano II y el posconcilio*, Madrid/Toledo 1986.

APARICIO RODRÍGUEZ, A., *Suplemento al Diccionario Teológico de la Vida Consagrada*, Madrid 2005.

_____ – CANALS CASAS, J., *Diccionario Teológico de la Vida Consagrada*, Madrid 2009[3]; trad. Italiana com acréscimo, *Dizionario teologico della Vita Consacrata*, Milano 1994.

ARDUINI, M. L., «Ruperto, di Deutz», *DIP* 7, 2063-2070.

ARQUILLIÈRE, H.-X, *L'Augustinisme politique: essai sur la formation des thèories politiques du moyen-âge*, Paris 1972.

AUGÉ, M. – SASTRE SANTOS, E. – BORRIELLO, L., *Storia della Vita Religiosa*, Brescia 1988.

AZZARA, C., *L'ideologia del potere regio nel papato altomedievale*, Spoleto 1997.

_____, *Il papato nel Medioevo*, Bologna 2006.

BARAÚNA, G., ed., *La Chiesa del Vaticano II. Studi e commenti intorno alla Costituzione dommatica «Lumen Gentium»*, Firenze 1965; orig. português, *A Igreja do Concilio Vaticano II*, Petrópolis 1965

BENEVOLO, L., *Storia della città*, Roma–Bari 1982.

BENVENUTI, A., «Eremitismo urbano e reclusione in ambito cittadino», in A. VAUCHEZ, ed., *Ermites de France et d'Italie (XIe – XIIe siècle)*, Roma 2003, 241-253.

BEONIO-BROCCHIERI FUMAGALLI, M.T., ed., *La Chiesa invisibile. Riforme politico-religiose nel basso Medioevo*, Milano 1978.

BETTI, U., «Cronista della Costituzione», in G. BARAÚNA, ed., *La Chiesa del Vaticano II. Studi e commenti intorno alla Costituzione dommatica «Lumen Gentium»*, Firenze 1965, 131-154.

BETTO, F., *O que é comunidade eclesial de base*, São Paulo 1981.

BEYER, J., «Vita Consacrata: dottrina conciliare e sviluppi ulteriori», in R. LATOURELLE - ed., *Vaticano II: bilancio e prospettive. Venticinque anni dopo (1962-1987)*, Assisi 1987, 1119-1139.

BIANCHI, E., *Non siamo migliori. La vita religiosa nella chiesa, tra gli uomini*, Magnano 2002.

BLOCH, M., *La società feudale*, Torino 1962.

BLUMENTAHL, U.-R, *Gregor VII. Papst zwischen Canossa und Kirchenreform*, Darmstadt 2001.

BOESCH GAJANO, S., «Alla ricerca dell'identità eremitica», in A. VAUCHEZ, ed., *Ermites de France et d'Italie (XIe – XIIe siècle)*, Roma 2003, 479-492.

BOFF, C. – al., *As Comunidades de Base em questão*, São Paulo 1997.

_____, *Uma Igreja para o novo milênio*, São Paulo 2003[5].

BOFF, L., *E a Igreja se fez povo. «Eclesiogênese»: a Igreja que nasce da fé do povo*, Petrópolis, 1986; trad. espanhola, *Y la Iglesia se hizo pueblo. «Eclesiogénesis»: la Iglesia que nace de la fe del pueblo*, Santander 1986.

_____, *Novas fronteiras da Igreja: o futuro de um povo a caminho*, Campinas 2004.

BOLTON, B., *Lo spirito di Riforma nel Medioevo*, Napoli 1988.

BONATO, A., *Invito alla lettura di Dionigi Areopagita*, Torino 1999.

BONI, A., «La vita religiosa apostolica», *VitaCons* 26 (1990) 40-51, 149-159.

_____, «Vita Apostolica», *Dizionario Teologico della Vita Consacrata*, Milano 1994, 1790-1803.

BORI, P. C., *Koinonia – L'idea della comunione nell'ecclesiologia recente e nel Nuovo Testamento*, Brescia 1972.

_____, *La Chiesa Primitiva*, Brescia 1977.

BOUTRUCHE, R., *Signoria e Feudalismo, I-II*, Bologna 1971-1974.

BROOKE, C., «Princes and Kings as Patrono of Monasteries», in *Il monachesimo e la Riforma Ecclesiastica (1049-1122). Atti della quarta settimana internazionale di studio, Mendola, 23-29 agosto 1968*, Milano 1971, 125-144.

BROOKE, R.B., *The coming of the Friar*, New York 1975.

BULL, M., *Knightly Piety and the Lay Response to the First Crusade. The Limousin and Gascony, c.970-c.1130*, Oxford 1993.

BURNS, R. I. – ELM, K., «Penitenza di Gesù Cristo, Frati della», *DIP* 5, 1398-1404.

CABRA, P., «Il documento "La Vita fraterna in Comunità" – Congregavit nos in unum Christi amor», in G. MOSCI, ed., *La Vita Religiosa. Quaderno di presenza culturale*, Urbino 1995, 51-69.

CALABRESE, C – GOYRET, P – PIAZZA, O. F., ed. *Dizionario di Ecclesiologia*, Roma 2010.

CAMMAROSANO, P., *Le campagne nell'età comunale (metà sec.XI – metà sec. XII)*, Torino 1974.

_____, *Guida allo studio della storia medievale*, Roma-Bari 2004.

CANTARELLA, G.M., *Principi e corti. L'Europa del XII secolo*, Torino 1997.

_____, «Dalle Chiese alla monarchia papale», in G.M. CANTARELLA, V. POLONIO, R. RUSCONI, *Chiesa, chiese, movimenti religiosi*, Roma-Bari 2001, 28-59.

_____, *Il sole e la luna. La rivoluzione di Gregorio VII papa, 1073-1085*, Roma-Bari 2005.

_____, ed., *Chiesa, chiese, movimenti religiosi*, Roma-Bari 2007[4].

_____ – TUNIZ, D., *Il papa e il sovrano. Gregorio VII ed Enrico IV nella lotta per le investitura*, Novara 1985.

CAPITANI, O., «Esiste un' "età gregoriana"? Considerazioni sulle tendenze di una storiografia medievistica», *Rivista di Storia e Letteratura religiosa* 3 (1965) 454-481.

_____, ed., *L'eresia nel Medioevo*, Bologna 1971.

_____, *Immunità vescovili in età «pre-gregoriana» e «gregoriana». L'ovvio della restaurazione*, Spoleto 1973.

_____, «Episcopato ed ecclesiologia nell'età gregoriana», in *Le istituzioni ecclesiastiche della «Societas Christiana» dei sec. XI-XII. Papato, Cardinalato ed Episcopato*. Atti della quinta settimana internazionale di studio, Mendola, 26-31 agosto *1971*, Milano 1974, 316-373.

_____, «Le Istituzioni ecclesiastiche medioevali. Tra ideologia e metodologia», *Rivista di Storia della Chiesa in Italia*, 30 (1976) 345-361.

_____, ed., *Medioevo ereticale*, Bologna 1977.

_____, «Papato e Impero nei secoli XI e XII», in L. FIRPO, ed., *Storia delle idee politiche economiche e sociali*, Torino 1983, 117-163.

_____, «"Ecclesia Romana" e Riforma: "Utilitas" in Gregorio VII», in *Chiesa, diritto e ordinamento della "Societas Christiana" nei secoli XI e XII*. Atti della nona settimana internazionale di studio, Mendola, 28 agosto - 2 settembre 1983, Milano 1986, 26-66.

_____, «Gregorio VII, santo», in *Enciclopedia dei papi*, v. II, Roma 2000, 188-212.

CARAFFA, F., «Gioacchino da Fiore, beato», *DIP* 4, 1188-1189.

CARDINI, F., «La guerra santa nella cristianità», in *'Militia Christi' e Crociata nei secoli XI-XIII*. Atti della nona settimana internazionale di studio, Mendola, 28 agosto - 1 settembre 1989, Milano 1992, 387-399.

CASTAGNETTI, A., «Feudalità e società comunale», in G. ROSSETI – G. VITOLO, ed., *Medioevo Mezzogiorno Mediterraneo. Studi in onore di Mario Del Treppo (Europa Mediterranea. Quaderni, 12)*, I, Napoli 2000, 205-239.

CHENU, M.D., «Moines, clercs, laïques au carrefour de la vie évangélique (XIIs)», *Revue d'histoire ecclésiastique*, 49 (1954) 59-89 ; trad. italiana, «Monaci, chierici, laici. Al crocevia della vita evangelica», in ID., *La teologia nel XII secolo*, Milano 1983, 253-281.

CIARDI, F., «La vita consacrata nel presente della Chiesa e del mondo», in *Vita Consacrata: un dono del Signore alla sua Chiesa*, Torino 1993, 11-36.

_____, *In ascolto dello Spirito. Ermeneutica del carisma dei fondatori*, Roma 1996.

_____, «Rifondazione», *Suplemento al Dizionario Teologico della Vita Consagrata*, Milano 2003, 306-329.

CIPOLLA, C.M., *Storia economica dell'Europa pre-industriale*, Bologna 1974.

COMMISSIONE TEOLOGICA INTERNAZIONALE, *Documenti 1969-2004*, Bologna 2006.

_____, «Temi scelti d'ecclesiologia in occasione del XX anniversario della chiusura del Concilio Vaticano II – 1984», in ID., *Documenti 1969-2004*, Bologna 2006, 279-332.

CONGAR, Y., *Jalons pour une théologie du laïcat*, Paris 1954.

_____, *Vraie et Fausse Réforme dans L'Église*, Paris 1968², trad. italiana, *Vera e Falsa riforma nella Chiesa*, Milano 1972.

_____, «Titoli dati al Papa», *Concilium (ed.italiana)* 11 (1975) 1307-1320.

_____, *L'Eglise, de saint Augustin à l'époque moderne*, Paris 1970; trad. espanhola, *Eclesiología. Desde san Agustín hasta nuestros días*, Madrid 1976.

_____, *Le Concile de Vatican II: son Église, Peuple de Dieu et Corps du Christ*, Paris 1984.

CONSTABLE, G., «Opposition to pilgrimage in the Middle Ages», *Studia Gratiana* 19 (1976) 123-146.

_____, «The place of the crusader in Medieval society», *Viator* 29, (1988) 377-403.

_____, «The historiography of the crusades», in A. E. LAIOU – R. P. MOTTAHEDEH, ed., *The crusades from the Perspective of Byzantium and the Muslim World*, Washington 2001, 1-22.

_____, «L'idea di innovazione nel XII secolo», in G. CONSTABLE, *ed.*, *Il secolo XII : la «renovatio» dell'Europa cristiana*, Bologna 2003, 35-66.

CONTAMINE, P. – *al.*, *L'économie médiévale*, Paris 1933.

CONTI, M. – ROCCA, G., «Regola francescana», *DIP* 7, 1471-1494.

CORTONESI, A., *Il Medioevo. Profilo di un millennio*, Roma 2008.

_____ – PICCINNI, G., *Medioevo delle campagne. Rapporti di lavoro, politica agraria, protesta contadina*, Roma 2006.

_____ – VIOLA, F., ed., *Le comunità rurali e i loro statuti (secoli XII-XV)*. Atti del Convegno (Viterbo, 30 maggio – 1º giugno 2002), I-II, Roma 2005-2006.

La Cristianità dei secoli XI e XII in Occidente: coscienza e strutture di una società. Atti della ottava settimana internazionale di studio, Mendola, 30 giugno - 5 luglio 1980, Milano 1983.

D'AMATO, A., *L'Ordine dei Predicatori*, Roma 1983.

DAL PINO, F., *I frati servi di S. Maria, dalle origini all'approvazione*, I, Louvain 1972.

_____, *Rinnovamento monastico-clericale e movimenti religiosi evangelici nei sec. X-XIII*, Roma 1973.

_____, «Papato e Ordini Mendicanti-apostolici "minori" nel Duecento», in *Il Papato duecentesco e gli Ordini Mendicanti. Atti del XXV Convegno internazionale Assisi, 13-14 febbraio 1998*, Spoleto 1998, 107-159.

_____, al., «Ordini Mendicanti», *DIP* 5, 1163-1189.

_____ – BORN TRANGER, C. – BRANCHESI, P., «Servi di Maria», *DIP* 8, 1398-1423.

DA MILANO, I., «Vita evangelica e vita apostolica nell'azione dei riformisti sul Papato del sec. XII», in *Problemi di storia della Chiesa. Il Medioevo dei secoli XII-XV,* Milano 1976, 21-72.

DANIÉLOU, J., «La place des religieux dans la structure de l'Eglise», *Études* 320 (1964) 147-155.

DE CANDIDO, L., «I Mendicanti ieri e oggi: proposte fondamentali del loro messaggio», in *Identità dei Servi di Maria,* Roma 1975, 157-170.

_____, *I Mendicanti. Novità dello Spirito*, Roma 1983.

DE PAOLIS, V., *La vita consacrata nella Chiesa*, Venezia 2010.

DELORT, R. – WALTER, F., *Storia dell'ambiente europeo*, Bari 2002.

DELPERO, C., *La Chiesa del Concilio. L'ecclesiologia nei documenti del Vaticano II*, Firenze 2004.

DEMURGER, A., *Chevaliers du Christ. Les ordres religieux-militaires au Moyen Âge, XIe-XVIe siècles*, Paris, 2002; trad. italiana, *I cavalieri di Cristo. Gli ordini religioso-militari del medioevo XI-XIV secolo*, Milano 2004.

DESEILLE, P., *L'évangile au désert. Origines et développement de la spiritualité monastique*, Parigi 1985.

DI FONZO, L., «Francescani», *DIP* 4, 464-511.

_____, «Francesco d'Assisi», *DIP* 4, 513-527.

_____, «Questione Francescana», *DIP* 7, 1133-1154

DÍEZ, M., «Comunión», *Diccionario Teológico de la Vida Consagrada*, Madrid 1989, 317-327.

DIONIGI AREOPAGITA, *Tutte le opere*, Milano 1983².

DOMENEC, J. E. R., *La memoria de los feudales*, Barcelona 1984; trad. italiana, *La memoria dei feudali*, Napoli 1993.

DUBY, G., *Lo specchio del Feudalismo: sacerdoti, guerrieri e lavoratori*, Roma-Bari 1981.

_____, *L'economia rurale nell'Europa medievale: Francia, Inghilterra, Impero (secoli IX-XV)*, Roma-Bari 1984; orig. francês, *L'économie rurale et la vie des campagnes dans l'Occident médiéval: France, Angleterre, Empire, IX-XV siècles*, Paris 1962.

DULLES, A., *Models of the Church*, New York 1987; trad. italiana, *Modelli di Chiesa*, Padova 2005.

DUPONT, J., *Études sur les Actes des Apôtres*, Paris 1967; trad. italiana, *Studi sugli Atti degli Apostoli*, Roma 1971.

————, *Nouvelles études sur les Actes des Apôtres*, Paris 1984; trad. italiana, *Nuovi studi sugli Atti degli Apostoli*, Torino 1985.

Les Élites urbaines au Moyen Âge, XXVIIe Congrès de la Société des Historiens Médiévistes de l'enseignement supérieur public, Rome, mai 1996, Paris, Publications de la Sorbonne, et Rome, École Française de Rome, 1997.

ELLACURÍA, I., «Povo de Deus», *Dicionário de Conceitos Fundamentais do Cristianismo*, São Paulo 1999, 635-646.

ENNEN, E., *Storia della città medioevale*, Roma–Bari 1978; orig. alemão, *Die europäische Stadt des Mittelalters*, Göttingen 1975.

ERDMAN, C., *Die Entstehung des Kreuzzuggedankens*, Stuttgart 1935; trad. italiana, *Alle origini dell'idea di Crociata*, Spoleto 1996.

L'Eremitismo in Occidente nei secoli XI e XII. Atti della seconda settimana internazionale di studio, Mendola, 30 agosto - 6 settembre 1962, Milano 1965.

FABRIS, R., *Atti degli Apostoli*, Brescia 1979.

———— – BARBAGLIO, G., *Atti degli Apostoli*, Roma 1977.

FANFANI, A., *Le origini dello spirito capitalistico in Italia*, Milano 1933.

FASOLI, G., «Le autonomie cittadine nel Medioevo», in *Nuove questioni di storia medioevale*, Milano 1964, 145-176.

———— – BOCCHI, F., *La città medievale*, Firenze 1973.

FELLER, L. – WICKHAM, C., ed., *Le marché de la terre au Moyen Âge*, Rome 2005.

FERRUA, A. V., «Domenico di Guzman, santo», *DIP* 3, 948-961.

FINK, K. A., *Chiesa e papato nel Medioevo*, Bologna 1987.

FLICHE, A., *La Riforma gregoriana e la conquista cristiana*, Torino 1959.

————, *Riforma gregoriana y conquista*, Valencia 1976.

FLORI, J., *Les Croisades: origines, réalisations, institutions, déviations*, Paris 2001; trad. italiana, *Le crociate*, Bologna 2003.

FONSECA, C.D., «Discorso di apertura», in *I laici nella «Societas Christiana» dei secoli XI e XII*. Atti della terza settimana internazionale di studio, Mendola, 21-27 agosto 1965, Milano 1968, 1-19.

————, «Discorso di apertura», in *Il monachesimo e la Riforma Ecclesiastica (1049-1122)*. Atti della quarta settimana internazionale di studio, Mendola, 23-29 agosto 1968, Milano 1971, 1-18.

FORNASARI, G., «Pier Damiani e Gregorio VII: Dall'ecclesiologia «monastica» all'ecclesiologia «politica»?», in *Fonte Avellana nel suo millenario. 1. Le origini*. Atti del V Convegno del Centro di Studi Avellani, Fonte Avellana 1982, 151-244.

_____, «Del nuovo su Gregorio VII? Riflessioni su un problema storiografico "non esaurito"», *Studi Medioevali* 24 (1983) 315-353.

_____, *Medioevo riformato del secolo XI. Pier Damiani e Gregorio VII*, Napoli 1996.

FORTE, B., *La Chiesa icona della Trinità. Breve ecclesiologia*, Brescia 1984.

FOSSIER, R., *Le Travail au Moyen Âge*, Paris 2000; trad. italiana, *Il lavoro nel Medioevo*, Torino 2002.

FRANCHI, A., «Beata Maria Madre di Cristo, frati o servi della», *DIP* 1, 1143-1145.

FUMAGALLI, V., *Città e campagna nell'Italia medievale*, Bologna 1985.

_____ – ROSSETTI, G., ed., *Medioevo rurale*, Bologna 1980.

GALOT, J., *Les Religieux dans l'Eglise*, Paris 1966; trad. italiana, *I religiosi nella Chiesa*, Milano 1969.

GATTI PERER, M.L., ed., *La Gerusalemme celeste. «La Dimora di Dio con gli uomini» (Ap. 21,3) Immagini della Gerusalemme celeste dal III al XIV secolo*, Milano 1983.

GENICOT, L., «L'éremitisme du XIe siècle dans son contexte économique et social», in *L'eremitismo in Occidente nei secoli XI e XII*. Atti della seconda settimana internazionale di studio, Mendola, 30 agosto - 6 settembre 1962, Milano 1965, 45-69.

_____, *Profilo della Civiltà Medioevale*, Milano 1968.

GIRARDI, G.O., *La Vita Religiosa. Forma eminente di vita consacrata nella Chiesa Popolo di Dio*, Napoli 1979.

GOETS H.W., *Vivere nel Medioevo. Famiglia, monastero, corte, città e campagne dal VII al XIII secolo*, Firenze 1990.

GRACCO. G., «Gli eretici nella 'Societas Christiana' dei secoli XI e XII», in *La cristianità dei secoli XI e XII in Occidente: coscienza e strutture di una società*. Atti della ottava settimana internazionale di studio, Mendola, 30 giugno - 5 luglio 1980, Milano 1983, 339-373.

GREGOIRE, R., *La vocazione sacerdotale, I canonici regolari nel Medioevo*, Roma 1982.

_____, al., *La Civiltà dei Monasteri*, Milano 1985.

GRIBOMONT, J., al., «Eremitismo», *DIP* 3, 1224-1244.

GRILLMEIER, A., «Spirito, impostazione generale e caratteristiche della Costituzione», in G. BARAÚNA, ed., *La Chiesa del Vaticano II. Studi e commenti intorno alla Costituzione dommatica «Lumen Gentium»*, Firenze 1965, 220-234.

GROHMANN, A., *La città medievale*, Roma–Bari 2005⁴.

GROUSSET, R., *Histoire des croisades et du royaume franc de Jérusalem*, Paris 1934-1936.

GRUNDMANN, H., *Religiöse Bewegungen im Mittelalter. Untersuchungen über die geschichtlichen Zusammenhänge zwischen der Ketzerei, den Bettelorden und der religiösen Frauenbewegung im 12. und 13. Jahrhundert und über die geschichtlichen Grundlagen der Deutschen Mystik*, Darmstadt 1961; trad. italiana, *Movimenti religiosi nel medioevo: ricerche sui nessi storici tra l'eresia, gli Ordini mendicanti e il movimento religioso femminile nel XII e XIII secolo e sulle origini storiche della mistica tedesca*, Bologna 1974.

GUSMÁN, M. D. L., «La esperanza de la Vida Religiosa (desde la mirada de una laica)», Congregatio Generalis, 5 – 15 september 2011 (Niagara Falls), *pro ms.*

GUTIÉRREZ, G., «La memoria e la esperanza», *An.O.Carm.* 56 (2005) 216-212.

_____, «La importancia del punto de vista», *An.O.Carm.* 56 (2005) 212-217.

HAMILTON, B., «The impact of crusader Jerusalem on Western Christendom», *The Catholic Historical Review* 80 (1994) 695-713.

HEERS, J., *La ville au Moyen Âge en Occident. Paysages, pouvoirs et conflits*, Paris 1990; trad. italiana, *La città nel Medioevo in Occidente: paesaggi, poteri e conflitti*, Milano 1995.

HEFELE, H., *Die Bettelorden und das religiöse Volksleben Ober-und Mittelitaliens im XIII. Jahrhundert*, Leipzig-Berlin 1910.

HENDRIX, S.H., «In quest of the Vera Ecclesia: the crises of Late Medieval Ecclesiology», *Viator* 7 (1976) 347-378.

HOUSLEY, N., *Contesting the Crusades*, Oxford 2006.

HUYGHE, G., «I rapporti tra i vescovi e i religiosi», in G. BARAÚNA, ed., *La Chiesa del Vaticano II. Studi e commenti intorno alla Costituzione dommatica «Lumen Gentium»*, Firenze 1965, 1101-1109.

Istituzioni monastiche e istituzioni canonicali in Occidente (1123-1215). Atti della settima settimana internazionale di studio, Mendola, 28 agosto - 3 settembre 1977, Milano 1980;

JARNUT, J. – JOHANEK, P., ed., *Die Frühgeschichte der europäischen Stadt im 11. Jahrhundert (Städteforschung, Reiche A: Dorstellungen, 43)*, Köln–Weimar–Wien 1998.

JURADO, M. R., «Vita Consacrata e carismi», in R. LATOURELLE, ed., *Vaticano II: bilancio e prospettive vinte cinque anni dopo 1962/1987*, Assisi 1987, 1063-1083.

KASPAR, E., «Gli Ordini Mendicanti: un ceto di vita Religiosa», in *Il Papato duecentesco e gli Ordini Mendicanti. Atti del XXV Convegno internazionale Assisi, 13-14 febbraio 1998*, Spoleto 1998, 5-22.

KASPER, W., «Kommentar», in *Zukunft aus der Kraft des Konzils. Die außerordentliche Bischofssynode '85. Die Dokumente mit einem Kommentar von Walter Kasper*, Freiburg 1986, 49-112; trad. italiana, «Commento», in *Il futuro dalla forza del Concilio. Sinodo straordinario dei vescovi 1985. Documenti e commento di Walter Kasper*, Brescia 1986, 43-104.

_____, *Theologie und Kirche*, Mainz 1987; trad. italiana, *Teologia e Chiesa*, Brescia 1989.

KEHL, M., *Die Kirche: eine katholische Ekklesiologie*, Würzburg 1992; trad. italiana, *La Chiesa: trattato sistematico di ecclesiologia cattolica*, Cinisello Balsamo 1995.

KELLER, H., *Signori e vassalli nell'Italia delle città (secoli IX-XII)*, Torino 1995. (ed.orig. Tübingen 1980).

_____, «La responsabilidatà del singolo e l'ordinamento della comunità. Il cambiamento dei valori sociali nel XII secolo», in G. CONSTABLE – *al.*, ed., *Il secolo XII: la «renovatio» dell'Europa cristiana*, Bologna 2003, 67-88.

KLEINSCHMIDT, H., *Understanding the middle ages: The transformation of ideas and attitudes in the medieval world*, Woodbridge 2000.

KLOPPENBURG, B., *Concílio Vaticano II. Vol. I: Documentária preconciliar*, Petrópolis 1962.

_____, «Votazioni e ultimi emendamenti della Costituzione», in G. BARAÚNA, ed., *La Chiesa del Vaticano II. Studi e commenti intorno alla Costituzione dommatica «Lumen Gentium»*, Firenze 1965, 192-219.

LADARIA, L. F., «Escatologia», *Dizionario di Teologia Fondamentale*, Assisi 1990, 392-395.

LADNER, G. B., «The concepts of "Ecclesia" and "Christianitas" and their relation to the idea of papal "Plenitudo Potestatis" from Gregory VII to Boniface VIII», in *Sacerdozio e regno da Gregorio VII a Bonifacio VIII. Studi presentati alla sezione storica del congresso della Pontificia Università Gregoriana, 13-17 ottobre 1953*, Roma 1954, 49-77.

I laici nella «Societas Christiana» dei secoli XI e XII. Atti della terza settimana internazionale di studio, Mendola, 21-27 agosto 1965, Milano 1968.

LATOURELLE, R., «Introduzione – Vaticano II», in ID., ed., *Vaticano II: bilancio e prospettive vinte cinque anni dopo 1962/1987*, Assisi 1987, 9-19.

LAWRENCE, C.H., *Medieval Monasticism. Form of religious life, in Western Europe in the middle age*, London-New York 1989².

LE GOFF, J., *Tempo della Chiesa e tempo del Mercante: e altri saggi sul lavoro e la cultura nel Medioevo*, Torino 1976.

_____, *La civilisation dell'Occident médiévale*, Paris 1964; trad. italiana, *La civiltà dell'Occidente medioevale*, Torino 1981.

_____, *L'uomo medievale*, ed, Bari 1988.

_____, *À la recherche du Moyen Âge*, Paris 2003; trad. italiana, *Alla ricerca del Medioevo*, Bari 2003.

Le Istituzioni ecclesiastiche della «Societas Christiana» dei secoli XI-XII: Papato, Cardinalato ed Episcopato. Atti della quinta settimana internazionale di studio, Mendola, 26-31 agosto 1971, Milano 1974.

LECLERCQ, J., «La crise du monachisme aux XIe et XIIe siècles», *Bullettino dell'Istituto Storico Italiano per il Medio Evo e Archivo Muratoriano*, 70 (1958) 19-41.

_____, «L'érémitisme en Occident jusqu'à l'an mil», in *L'eremitismo in Occidente nei secoli XI e XII*. Atti della seconda settimana internazionale di studio, Mendola, 30 agosto - 6 settembre 1962, Milano 1965, 27-44

_____, «Monachisme, sacerdoce et mission au Moyen Âge», *Studia Monastica* 23 (1981) 307-323.

_____, «Diversification et identité dans le monachisme au XIe siècle», *Studia Monastica* 28 (1986) 51-74.

_____, «Ecclesia "Corpus Christi" et "Sacramentun Fidei"», in *Chiesa, diritto e ordinamento della «societas Christiana» nei secoli XI e XII*. Atti della nona settimana internazionale di studio, Mendola, 28 agosto - 2 settembre 1983, Milano 1986, 11-25.

_____, «Il monachesimo medievale occidentale», *DIP* 10, 244-246.

LEFF, G., «The apostolici deal in later medieval ecclesiology», *Journal of Theological Studies* 18 (1967) 58-82.

LEONARDI, C., «Monaci, chierici e laici intorno al Vangelo. Il Dio lontano e il Dio vicino nel secolo XII», in G. CONSTABLE, *ed.*, *Il secolo XII: la «renovatio» dell'Europa cristiana*, Bologna 2003, 367-379.

LEYSER, H., *Hermits and the new Monasticism: a study of Religious Communities in Western Europe (1000-1150)*, London 1984.

LIALINE, C.- DOYERE, P., «Erémitisme», in *Dictionnaire de Spiritualité*, IV, Paris 1960, 936-982.

LIPPINI, P., *La spiritualità domenicana*, Bologna 1987.

LOPEZ, R.S., *La rivoluzione commerciale nel Medioevo*, Torino 1975.

_____, *Intervista sulla città medioevale*, Bari 1984.

LORSCHEIDER, A., «Identidade e Espiritualidade do Padre Diocesano», *Revista Eclesiástica Brasileira* 241 (2001) 52-67.

LOZANO-NIETO, J.M., «Vita Apostolica – 1. Aspetti Teoligici e ascetici», *Dizionario Teologico della Vita Consacrata*, Milano 1994, 1781-1790.

MACCARRONE, M., *Vicarius Christi: storia del titolo papale*, Roma 1952.

_____, *Studi su Innocenzo III*, Padova 1972.

_____, «La teologia del primato romano del secolo XI» in *Le istituzioni ecclesiastiche della «Societas Christiana» dei sec. XI-XII. Papato, Cardinalato ed Episcopato*. Atti della quinta settimana internazionale di studio, Mendola, 26-31 agosto 1971, Milano 1974, 21-122.

_____, *Nuovi studi su Innocenzo III*, Roma 1995.

_____, «Lateranense IV. Concilio (1215)», *DIP* 5, 474-495.

MANSELLI, R., *L'eresia del male*, Napoli 1963.

_____, «I vescovi italiani, gli ordini religiosi e i movimenti popolari religiosi nel secolo XIII», in *Vescovi e Diocesi in Italia nel Medioevo (sec.IX-XIII). Atti del II Convegno di Storia della Chiesa in Italia. Roma 5-9 sett. 1961*, Padova 1964, 315-335.

_____, «Certosini e Cisterciensi», in *Il monachesimo e la Riforma Ecclesiastica (1049-1122)*. Atti della quarta settimana internazionale di studio, Mendola, 23-29 agosto 1968, Milano 1971, 79-104.

_____, *Studi sulle eresie del secolo XII*, Roma 1975^2.

_____, «Aspetti e significato dell'intolleranza popolare nei secoli XI-XIII», in O. CAPITANI, ed., *Medioevo ereticale*, Bologna: 1977, 67-88.

MARALDI, V., *Lo Spirito e la Sposa: il ruolo ecclesiale dello Spirito Santo dal Vaticano I alla «Lumen Gentium» del Vaticano II*, Casale Monferrato 1997.

MARCHITIELLI, E., *Chiamati a stare con Cristo*, Roma 1999.

MARTINA, G., «Il contesto storico in cui è nata l'idea di un nuovo Concilio Ecumenico», in R. LATOURELLE, ed., *Vaticano II: bilancio e prospettive vinte cinque anni dopo 1962/1987*, Assisi 1987, 27-82.

MATANIC, A., «Il pensiero di S. Tommaso d'Aquino sulla vita religiosa, in particolare degli Ordini Mendicanti», *Anton* 38 (1963) 119-207.

_____, «La problematica della vita e dell'attività dei primi mendicanti», *Vita Minorum* 31 (1966) 4-19.

MAYER, H. R., *The Crusades*, Oxford 1972.

_____, *Geschichte der Kreuzzüg*, Stuttgart-Berlin-Köln 2000.

MAZZILLO, G., «Comunità ecclesiali di base», *Dizionario di Ecclesiologia*, Roma 2010, 322-329.

_____, «Popolo di Dio», *Dizionario di Ecclesiologia*, Roma 2010, 1084-1097.

McCREADY, W., «Papal *Plenitudo Potestatis* and the source of temporal authority in Late Medieval papal hierocatic theory», *Speculum 48* (1973) 654-674.

McDONNEL, E. W., «The "Vita Apostolica": diversity or dissent», *Church History*, XXIV, 1 (Mar.,1995) 15-31.

MEERSSEMAN, G. G., «I penitenti nei secoli XI e XII», in *I laici nella «Societas Christiana» dei secoli XI e XII*. Atti della terza settimana internazionale di studio, Mendola, 21-27 agosto 1965, Milano 1968, 306-339.

_____, «Eremitismo e predicazione itinerante dei secoli XI e XII», in *L'eremitismo in Occidente nei secoli XI e XII*. Atti della seconda settimana internazionale di studio, Mendola, 30 agosto - 6 settembre 1962, Milano 1965, 164-179.

Les Mendiants en pays d'Oc au XIIIe siècle, Cahiers de Fanjeaux VIII, Toulouse 1973.

MERLO, G.G., «Tra "vecchio" e "nuovo" monachesimo (metà XII – metà XIII secolo)», *Studi Storici* 28 (1987) 447-469.

_____, «Religiosità e cultura religiosa dei laici nel secolo XII», in *L'Europa dei secoli XI e XII fra novità e tradizione: sviluppi di una cultura*. Atti della decima settimana internazionale di studio, Mendola, 25-29 agosto 1986, Milano 1989, 197-215.

_____, *Eretici ed eresie medievali*, Bologna 1989.

_____, *Contro gli eretici. La coercizione all'ortodossia prima dell'Inquisizione*, Bologna: 1996.

_____, «Il cristianesimo latino basso medievale», in G. FILORAMO – D. MENOZZI, ed., *Storia del Cristianesimo II – il Medioevo*, Roma-Bari 1997, 219-314.

MICCOLI, G., «Ecclesiae Primitivae forma», *Studi Medievali I* (1960) 470-498.

_____, «Pier Damiani e la vita comune del clero», in *La vita comune del clero nei secoli XI e XII*. Atti della settimana di studio, Mendola, settembre 1959, Milano 1962, 186-211.

_____, *Chiesa Gregoriana*, Firenze 1966.

_____, «Gregorio VII», in *Bibliotheca Sanctorum, VII*, 1966, 294-379.

_____, «Aspetti del rapporto tra ecclesiologia ed organizzazione ecclesiastica nel primo periodo della Riforma Gregoriana», in *Chiesa e Riforma nella Spiritualità del sec. XI*. Convegni del Centro di Studi sulla Spiritualità Medievale, Todi, 13-16 ottobre 1963, Perugia 1968, 75-116.

MIDALI, M., «Ecclesiologia della Vita Consacrata», *Suplemento al Dizionario Teologico della Vita Consagrata*, Milano 2003, 40-54.

MILITELLO, C., «Corpo di Cristo», *Dizionario di Ecclesiologia*, Roma 2010, 359-374.

'Militia Christi' e Crociata nei secoli XI-XIII. Atti della undecima settimana internazionale di studio, Mendola, 28 agosto - 1 settembre 1989, Milano 1992.

MOLINER, J.M., *Espiritualidad Medieval. Los Mendicantes*, Burgos 1974.

Il Monachesimo e la Riforma Ecclesiastica (1049-1122). Atti della quarta settimana internazionale di studio, Mendola, 23-29 agosto 1968, Milano 1971.

MONTAN, A., «La Vita Consacrata nel Mistero della Chiesa fra Tradizione e Rinnovamento», *Lateranum* 57 (1991) 515-576.

MONTANARI, M., *Campagne medioevali. Strutture produttive, rapporti di lavoro, sistemi alimentari*, Torino 1984.

MONTI, G.M., *Le corporazioni nell'evo antico e nell'alto Medioevo*, Bari 1934.

MORGHEN, R., ed., *Chiesa e Riforma nella spiritualità del sec. XI*, Todi 1968.

_____, *Civiltà medioevale al tramonto: saggi e studi sulla crisi di un'età*, Bari 1971.

_____, *Gregorio VII*, Palermo 1974.

_____, *Medioevo cristiano*, Bari 1978.

MORRIS, C., *The papal monarchy. The Western Church from 1050 to 1250*, Oxford 1989.

MOULIN, L., *La vita quotidiana dei monaci nel Medioevo*, Milano 1988.

MÜHLEN, H., *Una mystica persona. Die Kirche als das Mysterium der Identität des Heiligen Geistes in Christus und den Christen: eine Person in vielen Personen*, München 1967; trad. italiana, *Una mystica persona. La Chiesa come il mistero dello Spirito Santo in Cristo e nei cristiani: una persona in molte persone*, Roma 1968.

MÜLLER, A. – GREINACHER, N., ed., «La riforma della Chiesa», *Concilium* 8 (1972) 3.

Nuove questioni di storia medioevale, Milano 1964.

ODOARDI, G., «Conventualesimo», *DIP* 2, 1711-1726.

O'DONNELL, C. – PIÉ-NINOT, S., *Diccionario de Eclesiología*, Madrid 2001, orig. Inglês, O'DONNELL, C., *Ecclesia: a theological encyclopedia of the church*, Collegeville 1996.

OHLER, N., *I viaggi nel Medioevo*, Milano 1988.

OLSEN, G., «The idea of the Ecclesia Primitiva in the writings of the twelfth-century canonists», *Traditio* 25 (1969) 61-86.

ORABONA, L., *La Chiesa dell'anno mille. Spiritualità tra politica e economia nell'Europa medioevale*, Roma 1988

OTTOKAR, N., *I comuni cittadini nel Medioevo*, Firenze 1936.

PARRA, A., *Os Ministérios na Igreja dos Pobres*, São Paulo 1991.

PENCO, G., *Medioevo monastico*, Roma 1988.

PERETTO, E., *Movimento spirituali laicali del Medioevo. Tra ortodossia ed eresia*, Roma 1985.

PHILIPS, G., *L'Église et son Mystère au IIe Concile du Vatican. Histoire, texte et commentaire de la Costitution Lumen Gentium*, I-II, Paris 1967-1968; trad. portuguesa, *A Igreja e seu mistério no II Concílio do Vaticano*, São Paulo 1968.

PHILLIPS, J., *The Crusades: 1095-1197*, Harlow 2002; trad. italiana, *Le prime Crociate*, Milano 2004.

PICCINNI, G., *I mille anni del Medioevo*, Milano 2007.

PIÉ-NINOT, S., «¿Dónde está la Iglesia?», *Gregorianum* 86 (2005) 3, 593-606.

_____, *Eclesiologia. La sacramentalidad de la comunidad cristiana*, Salamanca 2007.

PIRENNE, H., *Le città del Medioevo*, Bari 1982; orig. francês, *Les villes du Moyen Âge. Essai d'histoire économique et sociale*, Bruxelles 1927.

POMPEI, A. «Francescanesimo», *DIP* 4, 446-464.

La povertà del sec. XII e Francesco d'Assisi. Atti del II Convegno internazionale, Assisi, 17-19 ottobre 1974, Assisi 1975.

PROSDOCIMI, L., «Per la storia della cristianità Medievale in quanto istituzione», in *Le istituzioni ecclesiastiche della «Societas Christiana» dei sec. XI-XII. Papato, Cardinalato ed Episcopato*. Atti della quinta settimana internazionale di studio, Mendola, 26-31 agosto 1971, Milano 1974, 3-18.

_____, «Verso una storia globale della cristianità», in *La Cristianità dei secoli XI e XII in Occidente: coscienza e struttura di una società*. Atti della ottava settimana internazionale di studio, Mendola, 30 giugno - 5 luglio 1980, Milano 1983, XVII-XXV.

PURKIS, W. J., *Crusading Spirituality in the Holy Land and Iberia c.1095–c.1187*, Woodbridge, U.K. 2008.

RAHNER, K., *Schriften zur Theologie*, IV, Einsiedeln: 1960. *Saggi di Cristologia e di mariologia*, Roma 1965.

_____, «Das neue Bild der Kirche», *Geist und Leben* 39 (1966) 4-24.

_____, «Der Dreifaltige Gott als transzendenter Urgrund der Heilsgeschichte», in *Mysterium Salutis*, II, Köln 1967, 317-401.

_____, *Strukturwandel der Kirche als Aufgabe und Chance*, Freiburg 1972; trad. italiana, *Trasformazione strutturale della Chiesa come compito e come chance*, Brescia 1973.

_____, *Wer ist dein Bruder?*, Freiburger 1981; trad. italiana, *Chi è tuo fratello?*, Padova 2006.

RANDO, D., «Essere "maggiore", essere "minore" nelle città», in G. CONSTABLE – al., ed., *Il secolo XII: la «renovatio» dell'Europa cristiana*, Bologna 2003, 183-206.

RANO, B., «Agostiniani», *DIP* 1, 278-381.

RATZINGER, J., *Die christliche Brüderlichkeit*, München 1960; trad. italiana, *La fraternità cristiana*, Brescia 2005.

_____ – VON BALTHASAR, H. U., *Maria Kirche im Ursprung*, Freiburg 1997; trad. italiana, *Maria Chiesa nascente*, Milano 1998.

REDIGONDA, L. A., «Frati Predicatori», *DIP* 4, 923-970.

RÉGAMEY, P.-R., «Carismi», *DIP* 2, 298-315.

«Regola e Costituzioni», *DIP* 7, 1410-1452.

RILEY-SMITH, J., *What were the Crusades?*, Basingstoke 2002.

ROCCA, G., «Regola e costituzioni nel diritto canonico», *DIP* 7, 1440-1449.

RÖSENER, W., *Bauern im Mittelalter*, München 1985; trad. italiana, *I contadini nel Medioevo*, Roma–Bari 1989.

ROSENWEIN, B. H. – LITTLE, L. K., «Social meaning in the monastic and mendicant spiritualities», *Past and Present* 63 (May, 1974) 4-32.

ROSSÉ, G., «Comunità», in R. Penna, *al.*, ed., *Temi teologici della Bibbia*, Milano 2010, 190-199.

ROUILLARD, Ph., «Eremitismo», *DIP* 3, 1230-1236.

ROUSSEAU, O., «La Costituzione nel quadro dei movimenti rinnovatori di teologia e di pastorale degli ultimi decenni», in G. BARAÚNA, ed., *La Chiesa del Vaticano II. Studi e commenti intorno alla Costituzione dommatica «Lumen Gentium»*, Firenze 1965, 111-130.

ROVIRA BELLOSO, J. M., *Vaticano II: un concilio para el tercer milenio*, Madrid 1997.

RUNCIMAN, S., *A History of the Crusades*, Cambridge 1955-1957; trad. italiana, *Storia delle Crociate*, Torino 1993.

SAINSAULIEU, J., «Ermites. En Occident», *Dictionnaire d'Histoire et de Géographie Ecclésiastique*, Paris 1963, 771-787.

SARMIENTO, P. M., «Iglesia», *Diccionario Teológico de la Vita Consagrada*, Madrid 1989, 839-850

SARTORI, L., *La «Lumen Gentium». Traccia di studio*, Padova 1994.

SCAPIN, S. *Nella notte la libertà. Tito Brandsma giornalista martire a Dachau con una antologia dei suoi scritti*, Roma 1985.

SCHULTE, R., «La vita religiosa come segno», in G. BARAÚNA, ed., *La Chiesa del Vaticano II. Studi e commenti intorno alla Costituzione dommatica «Lumen Gentium»*, Firenze 1965, 1063-1092.

SCHULZ, K., «*Denn sie lieben die Freiheit so sehr…*». *Kommunale Aufstände und Entstehung des europäischen Bürgertums im Hochmittelalter*, Darmstadt 1992; trad. italiana, «*Poiché tanto amano la libertà…*». *Rivolte comunali e nascita della borghesia in Europa*, Genova 1995.

SECONDIN, B., «Natura Carismatica della Vita Religiosa», *Consacrazione e Servizio* 12 (1982) 12-25.

_____, «La Consacrazione: Frequenza - significati - prospettive», in ISTITUTO «CLARETIANUM», ed., *L'identità dei Consacrati nella missione della Chiesa e il loro rapporto con il mondo*, Città del Vaticano 1994, 13-46.

_____, *Per una fedeltà creativa - La vita consacrata dopo il Sinodo*, Milano 1995.

_____, *Il profumo di Betania – La vita consacrata come mistica, profezia, terapia*. Guida alla lettura dell'esortazione apostolica «Vita Consecrata», Bologna 1996; trad. portuguesa, *O perfume de Betânia – A vida consagrada como mística, profecia, terapia*. Guia para leitura da exortação apostólica «Vita Consecrata», São Paulo 1997.

SIBILIO, V., *Le parole della prima crociata*, Congedo 2004.

SMAIL, R. C., *Crusading Warfare (1097-1193)*, Cambridge 1956.

SOUTHERN, R.W., *Western Society and the Church in the Middle Ages*, Harmondsworth 1970.

STEIDLE, B., *Beiträge zum alten Mönchtum und zur Benediktusregel*, Sigmaringen 1986.

STEPHANOS M.G.R., «Les origines de la vie cénobitique», *Collectanea Cisterciensia* 49 (1987) 20-37.

SUMPTION, J., *Monaci, Santuari, Pellegrini. La religione nel Medioevo*, Roma 1981.

TABACCO, G., «Vescovi e Monasteri», in *Il monachesimo e la Riforma Ecclesiastica (1049-1122)*. Atti della quarta settimana internazionale di studio, Mendola, 23-29 agosto 1968, Milano 1971, 105-123.

_____, «Autorità Pontifícia e Impero», in *Le istituzioni ecclesiastiche della «Societas Christiana» dei sec. XI-XII. Papato, Cardinalato ed Episcopato*. Atti della quinta settimana internazionale di studio, Mendola, 26-31 agosto 1971, Milano 1974, 123-152.

_____, «Cristianità e Impero fino al concordato di Worms», in *La Cristianità dei secoli XI e XII in Occidente: coscienza e struttura di una società*. Atti della ottava settimana internazionale di studio, Mendola, 30 giugno - 5 luglio 1980, Milano 1983, 3-25.

TAGLIAFERRI, M., ed., *Pier Damiani: l'eremita, il teologo, il riformatore (1007-2007)*. Atti del XXIX convegno del Centro studi e ricerche antica provincia ecclesiastica ravennate, Faenza-Ravenna, 20-23 settembre 2007, Bologna, 2009.

TANGORRA, G., «Riforma», *Dizionario di Ecclesiologia*, Roma 2010, 1202-1208.

TEIXEIRA, F. L. C., *Comunidades eclesiais de base*, Petrópolis 1988.

TELLENBACH, G., *The growth of papal government in the middle age. A study in the ideological relations of clerical to lay power*, London 1955.

_____, «Impero e istituzioni ecclesiastiche locali», in *Le Istituzioni ecclesiastiche della «Societas Christiana» dei secoli XI-XII: diocesi, pievi e parrocchie*. Atti della sesta settimana internazionale di studio, Mendola, 1-7 settembre 1974, Milano 1977, 21-40.

_____, «Gregorianishe Reform Kritische Besinnungen», in K. SCHMID, ed., *Reich und Kirche von dem Investiturstreit*, Sigmaringen 1985, 99-119.

_____, *The Church in western Europe from the tenth to the early twelfth century*, Cambridge 1993.

TELLO, N., «Vaticano II», *Diccionario Teológico de la Vita Consagrada*, Madrid 1989, 1779-1793

THOMSON, W.R., «The Image of the Mendicants in the Chronicles of Mathew of Paris», *ArchFrancHist* 70 (1977) 3-34.

TILLARD, J., «Renovación», *Diccionario Teológico de la Vita Consagrada*, Madrid 1989, 1571-1581.

TINSLEY, E. J., *The Imatation of God in Christ: an Essay on the Biblical Basis of Christian Spirituality*, London 1960.

TORRES, S, ed., *A Igreja que surge da base*, São Paulo 1982.

TYERMAN, C. H., *The Invention of the Crusades*, Basingstoke 1998; trad. italiana, *L'invenzione delle crociate*, Torino 2000.

ULLMANN, W., *Il papato nel Medioevo*, Bari 1987.

VASINA. A., «Cristianità e 'Civitates' nel mondo italiano in rapporto al movimento crociato», in *La cristianità dei secoli XI e XII in Occidente: coscienza e strutture di una società*. Atti della ottava settimana internazionale di studio, Mendola, 30 giugno - 5 luglio 1980, Milano 1983, 213-234.

VAUCHEZ, A., ed., *Ermites de France et D'Italie (XIe-XVe siècle)*, Rome 2003.

VERNET, F., *Les Ordres Mendiants*, Paris 1933.

VICAIRE, M.-H., *L'imitation des Apôtres, moines, chanoines, mendiants (IVe-XIIIe siècles)*, Paris 1963; trad. italiana, *L'imitazione degli apostoli*, Roma 1964.

_____, «Bulletin d'Historie Ecclésiastique. Recherches sur le premier siècle des Ordres Mendiants», *Revue des Sciences Philosophiques et Théologiques* 57 (1973) 675-691.

_____, «Recherches sus le premier siècle des Ordres mendicants», *Revue des sciences philosophiques et théologique* 57 (1973) 675-691.

_____, «Vita Apostolica», *DIP* 10, 192-203.

VILLEY, M., *La Croisade: essai sur la formation d'une théorie jurídique*, Paris 1942.

VINOGRADOFF, P., «Il Feudalismo», in H. M. GWATKIN, al., ed., *Storia del Mondo Medievale. II. L'espansione islamica e la nascita dell'Europa feudale*, Cambridge 1999^2, 702-733.

_____, «Le origine del feudalismo», in H. M. GWATKIN, al., ed., *Storia del Mondo Medievale. II. L'espansione islamica e la nascita dell'Europa feudale*, Cambridge 1999^2, 397-421.

VIOLANTE. C., *Studi sulla cristianità medievale*, Milano 1972.

_____, «Pievi e parrocchie nell'Italia centro-settentrionale durante i secoli XI e XII», in *Le Istituzioni ecclesiastiche della «Societas Christiana» dei secoli XI-XII: diocesi, pievi e parrocchie*. Atti della sesta settimana internazionale di studio, Mendola, 1-7 settembre 1974, Milano 1977, 643-799.

_____, *Prospettive storiografiche sulla società medioevale*, Milano 1995.

La vita comune del clero nei secoli XI e XII. Atti della Settimana di Studio Mendola, settembre 1959, Milano 1962.

VITALI, D., *Sensus Fidelium – Una funzione ecclesiale di intelligenza della fede*, Brescia 1993.

_____, ed., *Annuncio del vangelo, forma Ecclesiae*. Atti del XVIII congresso nazionale dell'associazione teologia italiana, Cinisello Balsano 2005.

_____, «Chiesa, popolo adunato nell'unità del Padre, del Figlio e dello Spirito Santo *(LG 4)*», *Ecclesia Mater* 2 (2008) 87-95.

_____, «Chiesa Popolo di Dio», *Ecclesia Mater* 1 (2009) 22-29.

_____, «Il Popolo di Dio, popolo sacerdotale e profetico», *Ecclesia Mater* 2 (2009) 79-89.

_____, «La chiesa da riformare: l'esclesiologia damianica», in M. TAGLIA-FERRI, ed., *Pier Damiani: l'eremita, il teologo, il riformatore (1007-2007)*. Atti del XXIX convegno del Centro studi e ricerche antica provincia ecclesiastica ravennate, Faenza-Ravenna, 20-23 settembre 2007, Bologna, 2009, 197-232.

_____, «Carisma», *Dizionario di Ecclesiologia*, Roma 2010, 108-121.

_____, «I Laici nella Lumen Gentium», *Ecclesia Mater* 2 (2010) 72-85.

_____, «Lumen Gentium VI: I Religiosi», *Ecclesia Mater* 3 (2010) 140-151.

_____, «Lumen Gentium V: La universale vocazione alla santità», *Ecclesia Mater* 1 (2011) 13-22.

_____, «Indole escatologica della Chiesa pellegrinante e sua unione con la Chiesa celeste», *Ecclesia Mater* 2 (2011) 81-91.

VITOLO, G., *Città e coscienza cittadina nel Mezzogiorno medievale (secc. IX-XIII)*, Salermo 1990.

_____, *Medioevo. I caratteri originali di un'età di transizione*, Firenze 2000.

VOLPE, G, *Medioevo italiano*, Firenze 1923.

_____, «Le sorgente nuove e antiche dell'eresia medievale: i patari e i catari», in O. CAPITANI, ed., *L'eresia medievale*, Bologna: 1971, 143-156.

XERES, S., *La Chiesa corpo inquieto. Duemila anni di storia sotto il segno della riforma*, Milano 2003.

Zukunft aus der Kraft des Konzils: die ausserordentliche Bischofssynode '85 die Dokumente mit einem Kommentar von Walter Kasper, Freiburg 1986; trad. italiana, *Il futuro dalla forza del Concilio. Sinodo straordinario dei vescovi 1985. Documenti e commento di Walter Kasper*, Brescia 1986.

ÍNDICE DE AUTORES E NOMES

MARIA DE JESÚS: 156, 157
MARIA/N. SENHORA DO CARMO: 21, 137, 140, 141, 164, 266, 270, 276, 279, 280, 284, 291, 301, 303, 305, 313, 314, 322, 327, 329, 334, 350, 355, 356, 357, 365, 366, 367, 368, 371, 372, 379, 384, 385, 387, 391, 442, 504-505, 506, 507, 509, 529
MARK: 309
MARTINA: 177, 178, 179, 186
MARTINO: 139, 140, 142
MATANIC: 80
MAURI, Nazarenus: 264
MAYER: 69
MAZZILLO: 206, 498
MCCAFFREY: 131
MCCREADY: 49
MCMAHON: 12, 112
MEERSSEMAN: 64, 75, 100
MERLO: 63, 65, 66, 79, 81, 82, 83, 87
MESTERS: 102, 112, 126, 128, 129, 130, 134, 145, 294, 295, 298, 367, 396, 401, 415, 424, 442, 454, 455, 478, 506, 511
MICCOLI: 38, 41, 45, 47, 57, 60, 61, 62, 80
MIDALI: 239
MIDILI: 454
MILITELLO: 194
MOLINER: 81, 88
MONTAN: 231, 233, 234, 240
MONTANARI: 27
MONTI: 27
MORGHEN: 27, 45, 46, 47, 48, 51, 55, 65
MORRIS: 39, 83, 90
MORRISON: 127, 128, 129, 130, 396, 401
MOSCA: 104, 107, 108, 109, 114, 126, 131, 137, 144, 398, 399, 400, 405, 408, 412, 416

MOULIN: 79
MÜHLEN: 199, 201
MULHALL: 112
MÜLLER: 179
MULLINS: 127, 131, 132, 133
MULLOOR: 145
NICOLAS D'AMIENS: 68
NICOLAU I: 41
NICOLAU II: 45, 47
NICOLAU V: 146
NICOLAUS GALLICUS: 141
NNADOZIE: 145
NUNO ALVARES PEREIRA, santo: 317
O'DONNELL: 182, 184, 185, 190, 260, 261, 299, 306, 308, 310, 311, 313, 314, 320, 375, 380, 381, 385
ODOARDI: 147
OHLER: 27
OLSEN: 56, 57, 59, 60
O'NEIL, Míceal: 354
ORABONA: 39, 76, 77
OTÃO I: 52
OTTOKAR: 27
OTTONE DI FRISINGA: 66
PAGLIARA: 396, 402
PALUMBO: 112, 139, 140, 395, 396, 442, 444
PAULO VI: 187, 244, 260, 265, 273, 279, 284, 285, 290, 357, 431, 484
PELTIER: 98
PENCO: 79
PERETTO: 63, 64, 73
PHILIPS, G.:189, 198, 205, 206, 207, 209, 210, 216, 217, 225, 226, 230, 232, 234, 235
PHILLIPS, J.: 69, 70, 72, 73, 74
PICCINNI: 27
PIÉ-NINOT: 95, 182, 184, 185, 190, 199, 205, 216, 306, 399, 467, 522
PIER DAMIANI: 47, 50, 51, 57, 59, 60

PIO II: 120, 146
PIO IV: 161
PIO V: 161
PIO VI: 150
PIO IX: 177
PIO X: 184
PIO XI: 184, 306
PIO XII: 182, 194, 201, 222, 231
PIRENNE: 31, 32, 35
PLATTIG: 410
POIROT: 145, 417
POMPEI: 83
POSLUSNEY: 169
POSSANZINI: 112, 131, 404, 408, 414, 418, 438
PROSDOCIMI: 39, 43
PURKIS: 69, 72
RADCLIFFE: 480
RAHNER: 11, 13, 177, 180, 187, 198, 288, 466, 468, 469, 489, 494, 498, 511
RANDO: 34
RATZINGER: 465, 468, 505
REDIGONDA: 84
RÉGAMEY: 243
RENNA: 131, 138, 396, 424
RIBERA: 262
RIBOT: 107, 110, 111, 125, 141, 155
RIERA, Pedro: 155
RILEY-SMITH: 69
ROCCA: 83, 261
ROHRBACH: 98
ROMERAL: 396, 416, 420, 442, 456, 485, 486, 503
RÖSENER: 27
ROSENWEIN: 91
ROSSÉ: 443
ROSSETTI: 27
ROUILLARD: 77
ROUSSEAU: 237
ROVIRA BELLOSO: 179
RUNCIMAN: 69

RUPERTO DE DEUTZ: 135
SAGGI: 98, 116, 119, 120, 121, 148, 149, 150, 151, 152, 153, 154, 158, 159, 160, 161, 275, 276, 277, 282, 283, 284, 294, 295, 298, 300, 301, 303, 309, 312, 505
SAINSAULIEU: 75
SALIBA: 131
SANTA TERESA DE JESÚS: 154, 155, 156, 157, 158, 160, 161, 292
SANVICO: 98
SARMIENTO: 224, 227, 240, 241, 249
SARTORI: 198
SASTRE SANTOS: 57
SCAPIN: 487
SCHRADER, K.: 191
SCHULTE: 230, 247
SCHULZ: 31
SECONDIN: 100, 103, 104, 106, 107, 108, 110, 111, 112, 119, 131, 133, 134, 137, 139, 144, 219, 222, 223, 229, 243, 244, 246, 251, 396, 397, 398, 402, 403, 406, 407, 408, 410, 414, 421, 438, 439, 442, 443, 445, 474, 475, 479, 481, 183, 489
SEIBEL: 288
SIBERTO DE BEKA: 111, 141
SIBILIO: 69
SIMÃO STOCK: 529
SISTO IV: 120, 152
SISTO V: 161
SLEIMAN: 145
SMAIL: 69
SMET: 98, 103, 114, 116, 120, 139, 161, 162, 163, 164, 165, 166, 170, 171, 261, 299, 504, 505, 506
SORETH: 117, 141, 149, 150, 166, 261
SOUTHERN: 39
STARING: 98, 108, 110, 125, 141
STEGGINK: 80, 82, 112, 138, 143,

INDICE GERAL

SEGUNDA PARTE: CONCILIO VATICANO II
E A RELEITURA DA ESPIRITUALIDADE CARMELITA